普通高等教育"十一五"国家级规划教材
北京市高等教育精品教材立项项目
北京大学优秀教材
北京大学口腔医学教材
住院医师规范化培训辅导教材

口腔修复学

Prosthodontics

（第3版）

主　　编　周永胜
副 主 编　刘云松　潘韶霞
主　　审　冯海兰
编　　委（按姓名汉语拼音排序）

陈　立（北京大学口腔医学院）　　谭建国（北京大学口腔医学院）
葛严军（北京大学口腔医学院）　　王　勇（北京大学口腔医学院）
韩　冬（北京大学口腔医学院）　　杨　坚（北京大学口腔医学院）
李　健（北京大学口腔医学院）　　杨亚东（北京大学口腔医学院）
刘建彰（北京大学口腔医学院）　　叶红强（北京大学口腔医学院）
刘晓强（北京大学口腔医学院）　　张　豪（北京大学口腔医学院）
刘玉华（北京大学口腔医学院）　　张　磊（北京大学口腔医学院）
刘云松（北京大学口腔医学院）　　周建锋（北京大学口腔医学院）
潘韶霞（北京大学口腔医学院）　　周永胜（北京大学口腔医学院）
孙玉春（北京大学口腔医学院）

秘　　书　刘晓强（兼）

北京大学医学出版社

KOUQIANG XIUFUXUE

图书在版编目（CIP）数据

口腔修复学：第 3 版 / 周永胜
主编. —3 版. —北京：北京大学医学出版社，2020.11（2024.4 重印）
ISBN 978-7-5659-2239-8

Ⅰ. ①口… Ⅱ. ①周… Ⅲ. ①口腔科学－矫形外科学－医学院校－教材 Ⅳ. ① R783

中国版本图书馆 CIP 数据核字（2020）第 144725 号

口腔修复学（第 3 版）

主　　编：周永胜
出版发行：北京大学医学出版社（电话：010-82802495）
地　　址：（100083）北京市海淀区学院路 38 号　北京大学医学部院内
电　　话：发行部 010-82802230；图书邮购 010-82802495
网　　址：http://www.pumpress.com.cn
E-mail：booksale@bjmu.edu.cn
印　　刷：北京信彩瑞禾印刷厂
经　　销：新华书店
责任编辑：法振鹏　　责任校对：靳新强　　责任印制：李　啸
开　　本：850 mm×1168 mm　1/16　　印张：30.75　　字数：900 千字
版　　次：2005 年 8 月第 1 版　2020 年 11 月第 3 版　2024 年 4 月第 2 次印刷
书　　号：ISBN 978-7-5659-2239-8
定　　价：95.00 元
版权所有，违者必究
（凡属质量问题请与本社发行部联系退换）

北京大学口腔医学教材编委会名单

总 顾 问	张震康
总 编 审	林久祥　王　兴　马绪臣
主 任 委 员	俞光岩　郭传瑸
副主任委员	李铁军　周永胜

委　　　员（按姓名汉语拼音排序）

蔡志刚　陈霄迟　邓旭亮　邸　萍　董艳梅　范宝林　傅开元
甘业华　郭传瑸　华　红　江　泳　李铁军　李巍然　林　红
林　野　刘宏伟　栾庆先　欧阳翔英　　　　秦　满　佟　岱
王晓燕　夏　斌　谢秋菲　徐　韬　俞光岩　岳　林　张　磊
张　伟　张　益　张祖燕　郑利光　郑树国　周永胜

秘　　　书　董美丽　孙志鹏

第 3 版序

八年制口腔医学教育是培养高素质口腔医学人才的重要途径。2001 年至今，北京大学口腔医学院已招收口腔医学八年制学生 765 人，培养毕业生 445 人。绝大多数毕业生已经扎根祖国大地，成为许多院校和医疗机构口腔医学的重要人才。近 20 年的教学实践证明，口腔医学八年制教育对于我国口腔医学人才培养、口腔医学教育模式探索以及口腔医疗事业的发展做出了重要贡献。

人才培养离不开优秀的教材。第 1 轮北京大学口腔医学长学制教材编撰于 2004 年，于 2014 年再版。两版教材的科学性和实用性已经得到普遍的认可和高度评价。自两轮教材发行以来，印数已逾 50 万册，成为长学制、本科五年制及其他各学制、各层次学生全面系统掌握口腔医学基本理论、基础知识、基本技能的良师益友，也是各基层口腔医院、诊所、口腔科医生的参考书、工具书。

近年来，口腔医学取得了一些有益的进展。数字化口腔医学技术在临床中普遍应用，口腔医学新知识、新技术和新疗法不断涌现并逐步成熟。第 3 轮北京大学口腔医学教材在重点介绍经典理论知识体系的同时，注意结合前沿新理念、新概念和新知识，以培养学生的创新性思维和提升临床实践能力为导向。同时，第 3 轮教材新增加了《口腔药物学》和《口腔设备学》，使整套教材体系更趋完整。在呈现方式上，本轮教材采用了现代图书出版的数字化技术，这使得教材的呈现方式更加多元化和立体化；同时，通过增强现实（AR）等方式呈现的视频、动画、临床案例等数字化素材极大地丰富了教材内容，并显著提高了教材质量。这些新编写方式的采用既给编者们提供了更多展示教材内容的手段，也提出了新的挑战，感谢各位编委在繁忙的工作中，适应新的要求，为第 3 轮教材的编写所付出的辛勤劳动和智慧。

八年制口腔医学教材建设是北京大学口腔医学院近八十年来口腔医学教育不断进步、几代口腔人付出巨大辛劳后的丰硕教育成果的体现。教材建设在探索中前进，在曲折中前进，在改革中前进，在前进中不断完善，承载着成熟和先进的教育思想和理念。大学之"大"在于大师，北京大学拥有诸多教育教学大师，他们犹如我国口腔医学史上璀璨的群星。第 1 轮和第 2 轮教材共汇聚了 245 名口腔医学专家的集体智慧。在第 3 轮教材修订过程中，又吸纳 75 名理论扎实、业务过硬、学识丰富的中青年骨干专家参加教材编写，这为今后不断完善教材建设，打造了一支成熟稳定、朝气蓬勃、有开拓进取精神和自我更新能力的创作团队。

教育兴则国家兴，教育强则国家强。高等教育水平是衡量一个国家发展水平和发展潜力的重要标志。党和国家对高等教育人才培养的需要、对科学知识创新和优秀人才的需要就是我们的使命。北京大学口腔医院（口腔医学院）将更加积极地传授已知、更新旧知、开掘新知、探索未知，通过立德树人不断培养党和国家需要的人才，加快一流学科建设，实现口腔医学高等教育内涵式发展，为祖国口腔医学事业进步做出更大的贡献！

在此，向曾为北京大学口腔医学长学制教材建设做出过努力和贡献的全体同仁致以最崇高的敬意！向长期以来支持口腔医学教材建设的北京大学医学出版社表示最诚挚的感谢！

俞光岩　郭传瑸

2020 年 6 月

第 2 版序

2001年教育部批准北京大学医学部开设口腔医学（八年制）专业，之后其他兄弟院校也开始培养八年制口腔专业学生。为配合口腔医学八年制学生的专业教学，2004年第1版北京大学口腔医学长学制教材面世，编写内容包括口腔医学的基本概念、基本理论和基本规律，以及当时口腔医学的最新研究成果。近十年来，第1版的14本教材均多次印刷，在现代中国口腔医学教育中发挥了重要作用，反响良好，应用范围广泛：兄弟院校的长学制教材、5年制学生的提高教材、考研学生的参考用书、研究生的学习用书，在口腔医学的诸多教材中具有一定的影响力。

社会的发展和科技的进步使口腔医学发生着日新月异的变化。第1版教材面世已近十年，去年我们组织百余名专家启动了第2版教材的编写工作，包括占编委总人数15%的院外乃至国外的专家，从一个崭新的视角重新审视长学制教材，并根据学科发展的特点，增加了新的口腔亚专业内容，使本套教材更加全面，保证了教材质量，增强了教材的先进性和适用性。

说完教材，我想再说些关于八年制教学，关于大学时光。同学们在高考填报志愿时肯定已对八年制有了一定了解，口腔医学专业八年制教学计划实行"八年一贯，本博融通"的原则，强调"加强基础，注重素质，整体优化，面向临床"的培养模式，目标是培养具有口腔医学博士专业学位的高层次、高素质的临床和科研人才。同学们以优异成绩考入北京大学医学部口腔医学八年制，一定是雄心勃勃、摩拳擦掌，力争顺利毕业获得博士学位，将来成为技艺精湛的口腔医生、桃李天下的口腔专业老师抑或前沿的口腔医学研究者。祝贺你们能有这样的目标和理想，这也正是八年制教育设立的初衷——培养中国乃至世界口腔医学界的精英，引领口腔医学的发展。希望你们能忠于自己的信念，克服困难，奋发向上，脚踏实地地实现自己的梦想，完善人生，升华人性，不虚度每一天，无愧于你们的青春岁月。

我以一个过来人的经历告诉你们，并且这也不是我一个人的想法：人生最美好的时光就是大学时代，二十岁上下的年纪，汗水、泪水都可以尽情挥洒，是充实自己的黄金时期。你们是幸运的，因为北京大学这所高等学府拥有一群充满责任感和正义感的老师，传道、授业、解惑。你们所要做的就是发挥自己的主观能动性，在老师的教导下，合理支配时间，学习、读书、参加社团活动、旅行……"读万卷书，行万里路"，做一切有意义的事，不被嘈杂的外界所干扰。少些浮躁，多干实事，建设内涵。时刻牢记自己的身份：你们是现在中国口腔界的希望，你们是未来中国口腔界的精英；时刻牢记自己的任务：扎实学好口腔医学知识，开拓视野，提高人文素养；时刻牢记自己的使命：为引领中国口腔的发展做好充足准备，为提高大众的口腔健康水平而努力。

从现在起，你们每个人的未来都与中国口腔医学息息相关，"厚积而薄发"，衷心祝愿大家在宝贵而美好的大学时光扎实学好口腔医学知识，为发展中国口腔医学事业打下坚实的基础。

这是一个为口腔事业奋斗几十年的过来人对初生牛犊的你们——未来中国口腔界的精英的肺腑之言，代为序。

徐 韬

二〇一三年七月

第1版序

北京大学医学教材口腔医学系列教材编审委员会邀请我为14本8年制口腔医学专业的教材写一个总序。我想所以邀请我写总序，也许在参加这14本教材编写的百余名教师中我是年长者，也许在半个世纪口腔医学教学改革和教材建设中，我是身临其境的参与者和实践者。

1952年我作为学生进入北京大学医学院口腔医学系医预班。1953年北京大学医学院口腔医学系更名为北京医学院口腔医学系，1985年更名为北京医科大学口腔医学院，2000年更名为北京大学口腔医学院。历史的轮回律使已是老教授的我又回到北京大学。新中国成立后学制改动得频繁：1949年牙医学系为6年，1950年毕业生为5年半，1951年毕业生为5年并招收3年制，1952年改为4年制，1954年入学的为4年制，毕业时延长一年实为5年制，1955年又重新定为5年制，1962年变为6年制，1974年招生又决定3年制，1977年再次改为5年制，1980年又再次定为6年制，1988年首次定为7年制，2001年首次招收8年制口腔医学生。

20世纪50年代初期，没有全国统一的教科书，都是用的自编教材；到50年代末全国有三本统一的教科书，即口腔内科学、口腔颌面外科学和口腔矫形学；到70年代除了上述三本教科书外增加了口腔基础医学的两本全国统一教材，即口腔组织病理学和口腔解剖生理学；80年代除了上述五本教科书外又增加口腔正畸学、口腔材料学、口腔颌面X线诊断学和口腔预防·儿童牙医学，口腔矫形学更名为口腔修复学。至此口腔医学专业已有全国统一的九本教材；90年代把口腔内科学教材分为牙体牙髓病学、牙周病学、口腔黏膜病学三本，把口腔预防·儿童牙医学分为口腔预防学和儿童口腔病学，口腔颌面X线诊断学更名为口腔颌面医学影像诊断学，同期还增设有口腔临床药物学、口腔生物学和口腔医学实验教程。至此，全国已有14本统一编写的教材。到21世纪又加了一本殆学，共15本教材。以上学科名称的变更，学制的变换以及教材的改动，说明新中国成立后口腔医学教育在探索中前进，在曲折中前进，在改革中前进，在前进中不断完善。而这次为8年制编写14本教材是半个世纪口腔医学教育改革付出巨大辛劳后的丰硕收获。我相信，也许是在希望中相信我们的学制和课程不再有变动，而应该在教学质量上不断下功夫，应该在教材和质量上不断再提高。

书是知识的载体。口腔医学教材是口腔医学专业知识的载体。一套口腔医学专业的教材应该系统地、完整地包含口腔医学基本知识的总量，应该紧密对准培养目标所需要的知识框架和内涵去取舍和筛选。以严谨的词汇去阐述基本知识、基本概念、基本理论和基本规律。大学教材总是表达成熟的观点、多数学派和学者中公认的观点和主流派观点。也正因为是大学教材，适当反映有争议的观点、非主流派观点让大学生去思辨应该是有益的。口腔医学发展日新月异，知识的半衰期越来越短，教材在反映那些无可再更改的基本知识的同时，概括性介绍口腔医学的最新研究成果，也是必不可少的，使我们的大学生能够触摸到口腔医学科学前沿跳动的脉搏。创造性虽然是不可能教出来的，但是把教材中深邃的理论表达得深入浅出，引人入胜，激发兴趣，给予思考的空间，尽管写起来很难，却是可能的。这无疑有益于培养大学生的创造性思维能力。

本套教材共14本，是供8年制口腔医学专业的大学生用的。这14本教材为：《口腔组织学与病理学》《口腔颌面部解剖学》《牙体解剖与口腔生理学》《口腔生物学》《口腔材料学》《口腔颌面医学影像学》《牙体牙髓病学》《临床牙周病学》《儿童口腔医学》《口腔颌面外科学》《口腔修复学》《口腔正畸学》《预防口腔医学》《口腔医学导论》。可以看出这14本教材既有口腔基础医学类的，也有临床口腔医学类的，还有介于两者之间的桥梁类科目教材。这是一套完整的、系统的口腔医学专业知识体系。这不仅仅是新中国成立后第一套系统教材，也是1943年成立北大牙医学系以来的首次，还是实行8年制口腔医学学制以来的首部。为了把这套教材写好，教材编委会遴选了各学科资深的教授作为主编和副主编，百余名有丰富的教学经验并正在教学第一线工作的教授和副教授参加了编写工作。他们是尝试着按照上述的要求编写的。但是首次难免存在不足之处，好在道路已经通畅，目标已经明确，只要我们不断修订和完善，这套教材一定能成为北京大学口腔医学院的传世之作！

张震康
二〇〇四年五月

第 3 版前言

口腔修复学是口腔医学专业学生要学习的专业必修课之一，具有知识更新快、多学科交叉和实践性强等特点；它既有口腔临床医学的属性，也有生物医学工程的学科特性。因此，要想学好、应用好这门课程，需要具有多学科的知识背景，也要有高度的耐心和医学人文品格。

本书是北京大学为口腔医学八年制本科阶段学生组织编写的系列教材中的一本。第 1 版于 2005 年出版，2013 年再版，已至少被 15 届八年制学生使用，同时也被国内其他兄弟院校选作教材或参考书使用，已成为具有北京大学特色的长学制教材。该教材是普通高等教育"十一五"国家级规划教材、北京市高等教育精品教材立项项目，也是北京大学优秀教材，其质量受到全国师生的广泛认可。由于科技的快速发展，第 2 版《口腔修复学》的理论、知识和技术需要不断更新；此外，我们也发现第 2 版还存在一些表述不够严谨之处，因此，再版此书十分必要。

本书共十四章。由于口腔数字化修复技术应用的普及度越来越高，除了更新第十四章"口腔数字化修复技术"外，新版书在第三章"牙体缺损的修复"部分增加了"椅旁数字化修复技术"的内容；在其他章节中，针对一些成熟的新技术、新材料和新概念也进行了介绍叙述；突出了本教材既注重三基，又注重介绍前沿知识的特色。我们秉承修改错误，更新已成熟的新知识为原则，对所有章节都进行了认真修订。同时，本书还继续保留了每章的英文小结和全书的中英文专业词汇索引等内容。本书后期将增加数字化内容，包括临床病例分析等；如果条件具备，也将配套虚拟教学内容，以丰富本教材的教学效果，大家可以拭目以待。

本书由第 1、2 版主编冯海兰教授审阅，她为本书质量的持续提升做出了卓越贡献。本书第 1、2 版的老专家或编者如周书敏、洪流、韩科、吕培军、徐军、王新知、谢秋菲等教授也为本书的传承和发展做出了贡献，我们对他们表示衷心的感谢。书中部分临床照片与图片由姜婷、谭京、Daniel Wismeijer 等提供，部分图片由党院办王迪老师绘画，在此对他们的支持表示感谢！我们希望本教材既好教，也好学，能促进各位读者的专业成长。由于我们的水平有限，教材难免有瑕疵或不足之处，恳请各位读者批评指正，以利我们改进，使之成为一本传世之作。

周永胜

第 2 版前言

本书是北京大学为八年制本科生组织编写的系列长学制教材中的一本。口腔修复学是口腔医学专业学生要学习的专业主课之一，学时多，实习内容多，对理论及实践均有严格的要求，是一门知识更新快且实用性很强的学科。

本书第 1 版于 2005 年出版，已至少被 7 届 8 年制学生使用，同时也被国内其他一些兄弟院校选作教材应用。期间，本书的编写质量受到许多学生和老师的好评，当然也不乏意见和建议。我们作为编者和教师，在教学的过程中，也发现一些描述不严谨以及编写不合理之处。尤其是，随着时代的发展，知识理念的更新和新材料、新技术的涌现，使《口腔修复学》再版修订成为迫在眉睫的工作。

此次再版书分 14 章，比第 1 版书增加了"计算机辅助设计与制作在口腔修复学的应用"一章；因为该部分内容发展很快，已大大深入到各类修复体的设计制作中，是学生需要学习和了解的内容。我们也秉承修改错误，增加已成熟的新知识的原则，对其他章节进行了认真修订。同时，每章还编写了英文小结，全书增加了中英文的名词索引和口腔修复学术语。另外，在编者中除了有我科富有多年教学经验的老教师外，还加入了工作在教学和临床一线的中青年教师，体现了新老交替，为使《口腔修复学》一书能够可持续发展，成为广大师生喜爱的优秀教材奠定了基础。

书中部分临床照片与图片由姜婷、谭京、Daniel Wismeijer 提供，在此对他们的支持表示衷心的感谢！我们尽力编写一本高水平的好用的教材，但难免有不足之处。恳请各位读者批评指正，以利我们改进。

冯海兰　徐　军　周永胜
二〇一三年五月

第 1 版前言

本书是北京大学为八年制本科生组织编写的系列长学制教材中的一本。口腔修复学是口腔医学专业学生要学习的专业主课之一，学时多，实习内容多，对理论及操作有同样严格的要求，是一门实用性很强的学科。

全书分十三章，基本按照缺损性疾病由轻到重的顺序进行了理论与修复方法的介绍。请了我科有多年教学经验的教师们来编写，基本上涵盖了国际上口腔修复学的知识体系，并配有相应的图表及参考文献供参考。

我们尽力编写一本高水平的好用的教材，但编后仍感到有不足之处。因时间较紧只好再版时再修订了，恳请各位读者批评指正，以利我们改进。

冯海兰　徐　军
二〇〇五年六月

目 录

第一章 绪论
Introduction ······················ 1
一、口腔修复学的定义 ··············· 1
二、口腔修复学的工作内容和范畴 ····· 1
三、口腔修复学的发展过程 ··········· 1
四、口腔修复学的学科特点及学习方法 · 4
五、口腔修复学的发展趋势 ··········· 4
六、我国口腔修复学发展面临的现状和
　　工作意义 ························ 5
Definition and Terminology ·········· 6
参考文献 ···························· 6

第二章 临床接诊、口腔检查、治疗计划及修复前准备
Outpatient Reception, Oral Examination, Treatment Planning, and Preprosthetic Preparation ······ 7

第一节 初诊、复诊和复查
　　　　First Visit, Appointment, and
　　　　Follow-up Visit ··············· 7
一、初诊 ···························· 7
二、复诊 ···························· 8
三、复查 ···························· 8
四、临床接诊的要求和艺术 ··········· 9

第二节 病史采集
　　　　History Taking ················ 9
一、主诉 ···························· 9
二、现病史 ························· 10
三、既往史 ························· 10
四、家族史 ························· 11

第三节 口腔检查
　　　　Oral Examination ············ 11
一、一般口腔临床检查 ·············· 11

二、X线检查 ······················· 15
三、研究模型检查 ·················· 16
四、咀嚼功能检查 ·················· 16

第四节 咬合接触检查和𬌗架应用
　　　　Examination of Occluding Contact
　　　　and Application of Articulator ··· 17
一、咬合接触的临床检查 ············ 17
二、𬌗架在口腔修复中的应用 ········ 20

第五节 诊断、预后及治疗计划
　　　　Diagnosis, Prognosis, and
　　　　Treatment Planning ··········· 23
一、诊断 ··························· 23
二、预后 ··························· 23
三、治疗计划 ······················· 23

第六节 病历记录
　　　　Clinical Recording ············ 24
一、病历书写格式 ·················· 24
二、病历书写要求、注意事项及管理 ·· 25
三、电子病历的应用与管理 ·········· 26

第七节 修复前的口腔准备
　　　　Preprosthetic Oral Preparations ·· 26
一、修复前口腔的一般准备 ·········· 26
二、修复前的外科处理 ·············· 28
三、修复前的正畸治疗 ·············· 28
Summary ·························· 30
Definition and Terminology ········· 31
参考文献 ··························· 32

第三章 牙体缺损的修复
Restoration of Defected Teeth ···· 33

第一节 概述
　　　　Overview ···················· 33
一、牙体缺损的病因 ················ 33

二、牙体缺损的影响 …………… 34
三、牙体缺损修复治疗的适应证 …… 34
四、牙体缺损的修复体种类 ………… 34
五、牙体缺损修复的基本过程 ……… 35

第二节　牙体缺损的修复原则
　　　　Principles for Restoration of
　　　　Defected Teeth …………… 35
一、生物学原则 ………………… 36
二、力学原则 …………………… 39
三、美学原则 …………………… 43

第三节　牙体缺损修复各论
　　　　Restorations of Defected Teeth ‥ 47
一、嵌体 ………………………… 47
二、铸造金属全冠 ……………… 53
三、部分冠 ……………………… 59
四、烤瓷熔附金属全冠 ………… 63
五、全瓷冠 ……………………… 83
六、桩核冠 ……………………… 93
七、贴面 ………………………… 98

第四节　牙体缺损的椅旁数字化修复
　　　　Chairside Digital Restoration of
　　　　Defected Teeth …………… 109
一、椅旁数字化修复技术历史和概述‥109
二、椅旁数字化修复系统介绍 ……… 110
三、椅旁数字化修复适应证及临床注意
　　事项 ………………………… 110
四、椅旁数字化修复材料 …………… 110
五、椅旁数字化修复流程 …………… 111

第五节　印模的制取
　　　　Impression Making ………… 114
一、印模制取前的工作准备 ………… 114
二、印模制取技术 …………………… 116
三、印模的消毒 ……………………… 118

第六节　暂时修复体
　　　　Provisional Prosthesis/Interim
　　　　Prosthesis ………………… 119
一、常用暂时修复体的主要作用 …… 119
二、暂时修复材料的所需特性和属性‥119
三、常用的暂时修复体材料 ………… 120
四、暂时修复体制作的方法 ………… 120
五、暂时修复体的粘接 ……………… 122

第七节　修复体的试戴和粘接
　　　　Try-in and Cementation 122

一、修复体的试戴 …………………… 122
二、修复体的粘接 …………………… 124

第八节　修复后的维护和出现问题的处理
　　　　Postoperative Care and Problem
　　　　Solving …………………… 125
一、固定修复体戴入后的维护 ……… 126
二、修复体可能出现的问题及处理‥126
三、预后 ……………………………… 129
Summary ……………………………… 130
Definition and Terminology ………… 131
参考文献 ……………………………… 131

第四章　牙列缺损的固定局部义齿修复
Fixed Partial Dentures for
Replacing the Missing Teeth …… 133

第一节　固定义齿的组成与类型
　　　　Components and Classification of
　　　　Fixed Partial Denture ……… 134
一、固定义齿的组成 ………………… 134
二、固定义齿的类型 ………………… 135

第二节　固定义齿修复的适应证和生理基础
　　　　Indication and Physiological Basis
　　　　of Fixed Partial Denture ……… 137
一、适应证的选择 …………………… 137
二、固定义齿修复的生理基础 ……… 138
三、基牙的选择 ……………………… 138

第三节　固定义齿的设计
　　　　Design of Fixed Partial Denture 143
一、固位体的设计 …………………… 143
二、桥体的设计 ……………………… 144
三、连接体的设计 …………………… 149

第四节　固定义齿的固位及力学方面的考虑
　　　　Retention and Mechanical
　　　　Considerations of Fixed Partial
　　　　Denture …………………… 150
一、固定义齿的固位 ………………… 150
二、影响固位的力学因素 …………… 151

第五节　临床操作步骤和技工室制作流程
　　　　Clinical Operation Steps and
　　　　Laboratory Process ………… 155
一、初诊临床操作步骤 ……………… 155
二、技工室制作流程 ………………… 156
三、椅旁数字化固定桥制作 ………… 157

四、复诊临床操作步骤 …………… 157
第六节　修复后可能出现的问题及处理方法
　　　　Possible Problems and Solutions
　　　　after Restoration …………… 158
　一、基牙可能出现的问题 ………… 158
　二、牙龈及剩余牙槽嵴处可能出现的
　　　问题 …………………………… 158
　三、固定桥可能出现的问题 ……… 158
Summary ……………………………… 159
Definition and Terminology ………… 159
参考文献 ……………………………… 160

第五章　牙列缺损的粘接固定修复
Resin-bonded Fixed Partial Denture for the Replacement of Missing Teeth …………………………… 161

第一节　概述
　　　　Overview ……………… 161
第二节　金属粘接桥
　　　　Metal Framework Resin-bonded
　　　　Fixed Partial Denture ……… 161
　一、金属翼板粘接桥的优缺点 …… 162
　二、金属翼板粘接桥适应证的选择及其
　　　注意事项 ……………………… 162
　三、金属翼板粘接桥基牙固位体的
　　　设计 …………………………… 162
　四、金属翼板粘接桥的临床及技工室
　　　操作步骤 ……………………… 163
第三节　非金属粘接桥
　　　　Non-metallic Resin-bonded Fixed
　　　　Partial Denture ……………… 164
　一、全瓷粘接桥 …………………… 165
　二、纤维强化复合树脂粘接桥 …… 166
第四节　单端粘接桥
　　　　Cantilever Resin-bonded
　　　　Partial Denture ……………… 168
第五节　其他形式的粘接桥
　　　　Other Forms of Resin-bonded Fixed
　　　　Partial Dentures …………… 169
　一、半固定式金属粘接桥 ………… 169
　二、分段式粘接桥 ………………… 170
　三、无冠粘接桥 …………………… 171
第六节　粘接桥修复的并发症及处理
　　　　Complications and Management
　　　　of Resin-bonded Fixed Partial
　　　　Denture ……………………… 172
　一、脱粘 …………………………… 172
　二、折裂 …………………………… 172
Summary ……………………………… 173
Definition and Terminology ………… 173
参考文献 ……………………………… 173

第六章　牙列缺损的可摘局部义齿修复
Removable Partial Denture for Restoring Partial Edentulism …… 175

第一节　概述
　　　　Overview ……………… 175
　一、可摘局部义齿的适应证与禁忌证 … 175
　二、可摘局部义齿的优缺点 ……… 176
　三、可摘局部义齿的种类 ………… 176
第二节　牙列缺损的分类
　　　　Classification of Partial
　　　　Edentulism ………………… 177
第三节　可摘局部义齿的组成
　　　　Components of the Removable
　　　　Partial Denture …………… 178
　一、固位体 ………………………… 178
　二、连接体 ………………………… 190
　三、义齿基托 ……………………… 201
　四、人工牙 ………………………… 202
第四节　可摘局部义齿的模型观测
　　　　Cast Surveying of RPD ……… 204
　一、模型观测器 …………………… 204
　二、模型观测的基本概念 ………… 205
　三、模型观测的目的 ……………… 206
　四、就位道的确定 ………………… 207
　五、模型观测的步骤 ……………… 208
第五节　可摘局部义齿的设计
　　　　Design of Removable Partial
　　　　Denture ……………………… 210
　一、可摘局部义齿的设计原则 …… 210
　二、可摘局部义齿的支持、固位和
　　　稳定 …………………………… 211
　三、可摘局部义齿的分类设计 …… 218
第六节　诊断、治疗计划与修复前准备
　　　　Diagnosis, Treatment Planning and

Mouth Preparations………… 224
　一、医患交流 ……………………… 224
　二、临床检查 ……………………… 224
　三、诊断 …………………………… 226
　四、治疗计划 ……………………… 226
第七节　可摘局部义齿的基牙预备
　　　　Preparation of Abutment Teeth … 229
　一、余留牙形态调改 ……………… 229
　二、基牙预备 ……………………… 229
第八节　印模、模型与𬌗关系记录
　　　　Impression, Casts and Recording
　　　　of Occlusal Relation…………… 231
　一、印模 …………………………… 231
　二、模型 …………………………… 234
　三、𬌗关系记录或颌位关系记录…… 234
　四、上𬌗架 ………………………… 235
第九节　可摘局部义齿的制作过程
　　　　Laboratory Procedure of RPD … 236
　一、铸造支架式可摘局部义齿的
　　　制作过程 ……………………… 236
　二、胶连式可摘局部义齿的制作 … 242
第十节　可摘局部义齿的戴用与维护
　　　　Delivery and Maintenance of
　　　　RPD …………………………… 243
　一、义齿初戴 ……………………… 243
　二、义齿戴入后可能出现的问题与
　　　处理 …………………………… 245
第十一节　可摘局部义齿的修理
　　　　Repair of RPD ………………… 250
　一、义齿基托的重衬 ……………… 250
　二、义齿换托与重新排牙 ………… 251
　三、基托折裂、折断的修理 ……… 252
　四、卡环、支托折断的修理 ……… 252
　五、人工牙折断或脱落的修理 …… 252
　六、义齿上添加人工牙、卡环的修理… 253
Summary …………………………………… 253
Definition and Terminology ……………… 254
参考文献 …………………………………… 255

第七章　牙列缺损的固定-活动联合修复
　　　　Fixed-removable Prostheses for
　　　　Restoring Partial Edentulous Jaws … 256
第一节　附着体

　　　　Attachment …………………… 256
　一、附着体的分类 ………………… 256
　二、常用附着体的特点及适应证 … 257
第二节　套筒冠修复体
　　　　Telescopic Prostheses ………… 261
　一、套筒冠修复体的分类 ………… 262
　二、套筒冠修复体的适应证 ……… 262
　三、套筒冠修复体的优缺点 ……… 263
　四、套筒冠材料的选择 …………… 263
第三节　临床操作程序
　　　　Clinical Procedures of Fixed-
　　　　Removable Prostheses ………… 263
　一、口腔检查、治疗计划及修复体
　　　设计 …………………………… 263
　二、基牙预备 ……………………… 264
　三、义齿制作 ……………………… 265
　四、义齿的戴入及随访 …………… 265
　五、义齿戴入后常见问题及处理 … 265
Summary …………………………………… 266
Definition and Terminology ……………… 267
参考文献 …………………………………… 267

第八章　牙列缺损的覆盖义齿修复
　　　　Overdentures for Restoring Partial
　　　　Edentulous Jaws ………………… 268
第一节　概述
　　　　Overview ……………………… 268
第二节　覆盖义齿的生物学基础
　　　　The Biological Basis of
　　　　Overdenture …………………… 269
　一、保留牙根改善义齿的支持和固位… 269
　二、保留牙根利于维持牙槽骨高度… 269
　三、保留牙周本体感受器的作用 … 270
　四、覆盖义齿对基牙的保健作用 … 270
　五、保留牙根提高义齿的功能 …… 271
　六、保留牙根对患者心理的影响 … 271
第三节　覆盖义齿的分类
　　　　The Category of Overdenture … 271
　一、根据基牙的功能不同分类 …… 271
　二、根据覆盖义齿的范围不同分类… 272
　三、根据覆盖基牙的成分不同分类… 272
　四、覆盖局部义齿分类 …………… 272
第四节　覆盖义齿的适应证及优缺点

　　　　　Indications, Advantages and
　　　　　Disadvantages of Overdenture··273
　　一、覆盖义齿的适应证·················273
　　二、覆盖义齿的优缺点·················273
第五节　覆盖义齿的治疗过程
　　　　　The Clinical Procedures for
　　　　　Overdentures ·······················273
　　一、覆盖义齿的治疗计划·············273
　　二、治疗前的准备·····················276
　　三、覆盖义齿的设计·················277
　　四、临床治疗过程·····················279
第六节　覆盖义齿患者的随访
　　　　　Follow-up of Overdenture
　　　　　Wearer··································284
　　一、患者定期复查的重要性·········284
　　二、戴义齿后常出现的问题·········284
　　三、将覆盖义齿改为全口义齿·····285
Summary···286
Definition and Terminology ················286
参考文献···286

第九章　牙列缺失的全口义齿修复
Complete Dentures for Restoring Edentulous Jaws··············288

第一节　概述
　　　　　Overview······························288
　　一、无牙颌的流行病学···············288
　　二、牙列缺失的影响···················288
　　三、牙列缺失的全口义齿修复·····288
　　四、牙列缺失的种植义齿修复·····289
第二节　全口义齿修复的生理基础
　　　　　Physiological Foundation of
　　　　　Complete Denture Prosthodontics··289
　　一、无牙颌的解剖结构与标志·····289
　　二、牙列缺失后的组织改变·········292
　　三、全口义齿与无牙颌组织的关系·293
第三节　全口义齿的固位与稳定
　　　　　Retention and Stability of Complete
　　　　　Dentures ·····························295
　　一、全口义齿的固位原理·············295
　　二、影响全口义齿固位和稳定的因素··297
第四节　检查、诊断和修复前准备
　　　　　Examination, Diagnosis and
　　　　　Preparing Treatment···············298
　　一、检查与诊断·······················298
　　二、修复前的口腔准备···············301
第五节　无牙颌的印模和模型
　　　　　Impression and Cast of Edentulous
　　　　　Jaw····································302
　　一、印模·································302
　　二、模型·································305
第六节　无牙颌患者的颌位关系记录
　　　　　Maxillomandibular Relationship
　　　　　Recording for Edentulous Patient··307
　　一、确定垂直距离·····················307
　　二、确定正中关系·····················308
　　三、颌位关系记录的方法·············309
第七节　模型上𬌗架
　　　　　Mounting the Casts on
　　　　　Articulator ···························312
　　一、𬌗架·································312
　　二、面弓转移上𬌗架···················313
　　三、确定髁导斜度·····················315
　　四、确定切导斜度·····················315
第八节　人工牙的选择与排列
　　　　　Selection and Arrangement of
　　　　　Artificial Teeth ·····················316
　　一、人工牙的选择·····················316
　　二、人工牙的排列原则···············317
　　三、排牙方法··························319
第九节　全口义齿的𬌗型与平衡𬌗
　　　　　Occlusal Scheme and Balanced
　　　　　Occlusion of Complete Dentures··322
　　一、全口义齿𬌗型·····················322
　　二、平衡𬌗·····························322
　　三、平衡𬌗理论························323
　　四、改良𬌗型··························325
第十节　全口义齿的试戴
　　　　　Complete Dentures Try-in········328
　　一、义齿蜡型口外初步检查·········328
　　二、检查基托··························328
　　三、验证颌位关系·····················328
　　四、检查人工牙排列与美观效果····329
　　五、发音检查··························329
第十一节　全口义齿的初戴与调𬌗
　　　　　　First Insertion and Occlusal Grinding

　　　　　　　　of Complete Dentures ············330
　　一、全口义齿初戴 ·····················330
　　二、咬合检查与选磨调𬌗···········330
　　三、给患者的戴牙指导 ············332
第十二节　全口义齿的维护
　　　　　　Maintenance of Complete
　　　　　　Dentures ···············333
　　一、全口义齿初戴后的复查安排 ······333
　　二、戴全口义齿后可能出现的问题和
　　　　处理 ····························333
　　三、全口义齿的修理 ················336
第十三节　单颌全口义齿
　　　　　　Single Complete Denture······337
　　一、单颌全口义齿修复中的问题 ······337
　　二、单颌全口义齿修复要点 ············338
第十四节　即刻全口义齿
　　　　　　Immediate Complete Denture···339
　　一、即刻全口义齿的优点 ············339
　　二、即刻全口义齿的缺点 ············339
　　三、即刻全口义齿的禁忌证 ·········339
　　四、即刻全口义齿修复治疗步骤 ······339
Summary ································342
Definition and Terminology ···············343
参考文献 ································343

第十章　种植义齿修复
Dental Implant Restoration ······344
第一节　种植修复的生物学基础
　　　　　Biological Basis of Dental Implant
　　　　　Restoration ················344
第二节　种植体的基本结构
　　　　　Basic Structure of Dental Implant··345
　　一、种植体 ··························345
　　二、基台 ····························347
　　三、上部结构 ·······················349
第三节　种植修复治疗的适应证
　　　　　Indication of Implant Therapy ··349
　　一、种植修复治疗的适应证 ·········349
　　二、种植修复治疗适应证选择的
　　　　注意事项 ························349
第四节　种植修复前的检查与准备
　　　　　Examination and Preparation Before
　　　　　Implant Therapy ············350
　　一、患者全身状况 ··················350
　　二、一般口腔临床检查 ············351
　　三、X线检查 ······················351
　　四、模型检查 ·······················352
　　五、种植修复前的准备 ············353
第五节　种植修复的设计
　　　　　Design of Implant Therapy ······353
　　一、种植修复的原则 ················353
　　二、种植修复的设计内容 ··········354
第六节　种植体植入手术的基本原则
　　　　　The Basic Principles of Implant
　　　　　placement Surgery ···········358
　　一、口腔种植外科手术 ············358
　　二、种植外科手术的基本原则 ······359
第七节　种植义齿修复的临床方案
　　　　　The Prosthodontic Options for
　　　　　Implant Denture ··············361
　　一、种植单冠的修复设计 ··········361
　　二、多个牙连续缺失的种植固定
　　　　修复设计 ·······················362
　　三、种植可摘局部义齿设计 ·········363
　　四、全口种植修复设计 ············363
　　五、即刻种植、即刻修复及即刻负载··368
　　六、种植手术后的过渡义齿 ·········369
　　七、种植义齿的印模技术 ···········369
　　八、种植义齿的戴牙与咬合调整 ······371
第八节　口腔种植修复并发症
　　　　　Complications Related with Oral
　　　　　Implant Therapy ···············373
　　一、外科并发症 ·····················373
　　二、生物学并发症 ··················378
　　三、力学并发症 ·····················380
Summary ································384
Definition and Terminology ···············385
参考文献 ································385

第十一章　颌面缺损修复
Maxillofacial Rehabilitation ··387
第一节　概述
　　　　　Overview ····················387
　　一、学科范畴 ·······················387
　　二、颌面缺损的病因 ···············387
　　三、颌面缺损的分类 ···············387

四、颌面缺损的影响 …………… 388
五、颌面缺损修复的心理健康支持 ·· 389
第二节 颌面修复学科的发展简史及展望
Brief History and Future
Development of Maxillofacial
Prosthetics ………………… 389
一、早期颌面修复学科的简况 …… 389
二、现代颌面修复学科的发展概况 ·· 390
三、未来颌面修复学科的发展方向 · 393
第三节 颌骨缺损的修复
Rehabilitation of Defect of Maxilla
or Mandible ………………… 394
一、颌骨缺损的修复原则 ………… 394
二、上颌骨缺损的修复 …………… 395
三、下颌骨缺损的修复 …………… 401
第四节 面部缺损修复
Rehabilitation of Facial Defects ·· 404
一、面部缺损的修复原则 ………… 404
二、耳缺损修复 …………………… 405
三、鼻缺损修复 …………………… 406
四、眼球缺失的修复 ……………… 408
五、眶缺损的修复 ………………… 409
第五节 颌面部缺损的数字化修复
Digital Rehabilitation of Oral
Maxillofacial Defects ………… 411
一、面部缺损的数字化修复 ……… 411
二、上颌骨缺损的数字化修复 …… 412
Summary ……………………………… 414
Definition and Terminology ……………… 415
参考文献 …………………………………… 416

第十二章 口腔修复治疗与颞下颌关节
Prosthetic Treatment and
Temporomandibular Joint ……417

第一节 口腔修复治疗与颞下颌关节的理
论背景
Background of Prosthetic Treatment
and Temporomandibular Joint ·· 418
一、颞下颌关节紊乱病的多因素
致病机制 ……………………… 418
二、颞下颌关节的功能适应性 …… 419
三、口腔修复与颞下颌关节的治疗
理念 …………………………… 419

第二节 修复治疗中的颞下颌关节功能保护
Function Protection of
Temporomandibular Joint in
Prosthetic Treatment ………… 420
一、修复治疗对口颌系统功能的影响 420
二、修复治疗前的颞下颌关节功能
检查和临床评价 ……………… 420
三、修复治疗中口颌系统功能保护
方法 …………………………… 420
第三节 颞下颌关节紊乱病的修复治疗
Prosthetic Management of
Temporomandibular Disorders ·· 421
一、颞下颌关节紊乱病的修复治疗
原则 …………………………… 421
二、颞下颌关节紊乱病的可逆性
修复治疗 ……………………… 421
三、颞下颌关节紊乱病的不可逆性
修复治疗 ……………………… 426
四、修复治疗与颞下颌关节紊乱病
其他治疗手段的配合 ………… 427
Summary ……………………………… 428
Definition and Terminology ……………… 429
参考文献 …………………………………… 429

第十三章 牙周炎的修复治疗
Prosthetic Therapy for
Periodontitis ………………… 431

第一节 牙周炎修复治疗的生理基础
Physiological Basis of Prosthetic
Therapy for Periodontitis …… 431
一、牙周夹板固定的生物力学原理 ·· 432
二、牙周组织的代偿功能 ………… 433
三、促进牙周组织的愈合 ………… 433
四、建立协调的殆关系 …………… 434
五、改善全身健康 ………………… 434
第二节 口腔检查
Oral Examination ……………… 434
一、牙齿及牙列 …………………… 434
二、牙周组织 ……………………… 435
三、殆关系 ………………………… 435
四、X线检查 ……………………… 436
第三节 牙周炎修复治疗的适应证和治疗
原则

　　　　Indications and Principles
　　　　of Prosthetic Therapy for
　　　　Periodontitis ················ 436
　　一、适应证 ···························· 436
　　二、治疗原则 ························ 436
　　三、患牙的去留问题 ·············· 437
　第四节　牙周炎修复治疗的方法
　　　　Methods of Prosthetic Therapy for
　　　　Periodontitis ················ 437
　　一、调𬌗 ······························· 438
　　二、正畸疗法 ························ 439
　　三、牙周夹板 ························ 440
　Summary ································ 443
　Definition and Terminology ········ 443
　参考文献 ································ 443

第十四章　口腔数字化修复技术
　　　　Digital Prosthodontics ········ 444
　第一节　概述
　　　　Overview ····················· 444
　　一、口腔数字化修复技术的发展 ····· 444
　　二、口腔数字化修复技术的基本概念 ··· 444
　　三、口腔数字化修复的常见应用流程 ·· 446
　第二节　数字化印模技术

　　　　Digital Impression Technology · 448
　　一、直接数字印模技术 ············ 448
　　二、间接数字印模技术 ············ 449
　第三节　计算机辅助设计技术在口腔修复
　　　　领域的应用
　　　　Application of CAD in
　　　　Prosthodontics ················ 449
　　一、固定修复体的数字化设计 ········ 449
　　二、可摘局部义齿的数字化设计 ····· 452
　　三、全口义齿的数字化设计 ·········· 453
　　四、种植个性化基台的数字化设计 ·· 455
　　五、赝复体的数字化设计 ············ 456
　第四节　计算机辅助制造技术在口腔修复
　　　　领域的应用
　　　　Application of CAM in
　　　　Prosthodontics ················ 456
　　一、口腔修复体的减材制造技术 ····· 456
　　二、口腔修复体的增材制造技术 ····· 457
　Summary ································ 459
　Definition and Terminology ········ 459
　参考文献 ································ 460

中英文专业词汇索引 ················ 461

第一章 绪 论

Introduction

一、口腔修复学的定义

口腔修复学（prosthodontics）是应用符合口腔生理和生物力学的方法，采用人工装置（artificial device）修复口腔及颌面部各种缺损并恢复其生理功能，预防或治疗口颌系统疾病的一门口腔临床学科，是口腔医学（stomatology）的重要分支和组成部分。

二、口腔修复学的工作内容和范畴

口腔修复学的临床工作内容可以概括为以下几个方面：①牙体缺损或变色牙的修复治疗，如牙体缺损的全冠修复、牙体缺损的贴面或嵌体修复、牙齿变色的贴面修复等；②牙列缺损的修复治疗，如牙列缺损的种植义齿修复、常规固定义齿修复和可摘局部义齿修复等；③牙列缺失的修复治疗，如牙列缺失的全口义齿修复、种植覆盖全口义齿修复和种植固定义齿修复等；④颌面缺损的修复治疗，如颌骨缺损的义颌修复，如眼、眶、耳、鼻缺损或面部联合缺损的义眼、义眶、义耳、义鼻等面部赝复体修复；⑤牙周疾病的修复治疗，如针对牙周病松动牙的固定式或可摘式夹板固定等修复治疗；⑥颞下颌关节疾患的修复治疗，如采用𬌗垫治疗等可逆方法治疗颞下颌关节紊乱病等。其中，牙体缺损、牙列缺损、牙列缺失的治疗内容占口腔修复专业治疗内容的主要部分，它们也是本科生和研究生等各类学生重点学习和掌握的内容。

口腔修复学的研究工作内容主要包括以下几个方面：①研究口腔颌面部各类缺损及相关口颌系统疾病的病因和机制，如先天缺牙的病因和机制、颞下颌关节紊乱病相关病因和机制等；②研究口腔修复学相关诊断和防治方法，提高口腔及颌面部各类缺损的修复效果和质量；③研究和提高口腔修复材料的性能，研发新型口腔修复材料，以提高和改善口腔修复的质量和效果；④研究口腔修复学前沿、创新的理论和技术，尤其是利用多学科交叉的手段或平台，发展口腔修复学新理论、新技术和新疗法，如新型数字化技术、人工智能技术、口腔组织再生技术等。

依据口腔修复学的工作内容和工作任务，口腔修复学既属于口腔临床医学范畴，也属于生物医学工程范畴，具有广阔的发展前景。

三、口腔修复学的发展过程

（一）世界口腔修复学历史概览

世界口腔修复学的发展历史悠久。其历史可以追溯到几千年前。具体的例证表现在，许多原始的口腔修复体在世界各地的墓穴考古中被发现。公元前 2600 年，在古埃及可以见到有眼鼻耳等类似颌面赝复体的出土文物。在公元前 1000 年的古埃及和同期的叙利亚的墓葬中曾看到用金属丝或金属带将天然牙固定在一起来恢复缺失牙的痕迹。公元前400年，人类已开始用义齿代替缺失牙。在古印第安和古埃及的墓葬中，甚至发现过用种植方式实施口腔修复的证据。以上证据或历史痕迹表明人类已在远古就开始了口腔修复的尝试。

到了文艺复兴时期，欧洲的口腔修复得到了较快发展，如存在应用异体牙或小牛骨雕刻成人工牙用于修复缺失牙的情况；最早的口腔修复体的图片也是这个时期的Ambroise Pare（1509—1590）绘制的；16世纪出现了使用木头雕刻全口义齿，用兽骨、象牙雕刻成局部义齿的记载。1728年法国著名牙医和军医Pierre Fauchard出版了首部牙病专著《外科牙医学》，该书的出版标志着牙医学（dentistry）成为了正式的独立学科，也标志着近代牙医学大幕的开启；在该书中，写入了对口腔修复体的认识。金冠在1746年首次被巴黎的Mouton提及；1789年，华盛顿总统的全口义齿成为了当时口腔修复学发展的例证，他的义齿采用的是木头雕刻，也有报道包括金质基托，但一般采用弹簧辅助固位。1840年，美国马里兰州建立了世界第一个牙科学院——巴尔的摩牙科学院，牙医学正式进入了大学教育阶段，同时也开启了口腔修复学的教育。18世纪末期，桩冠的雏形已有报道，但因当时根管治疗技术尚不完善，故桩冠技术的应用还存在很大的问题。1873年，Beers发明了瓷甲冠（porcelain jacket crown）的概念。1886年，底特律牙医Charles Herry Land制作了第一个铂箔（platinum foil）基底的瓷甲冠。上述技术的发展使得当时的口腔修复技术得到了较大发展。

19世纪20年代被认为是现代口腔医学的开端。其中失蜡铸造技术的采用被认为是现代口腔修复学的一个里程碑，后发展为精密铸造技术，至今在固定义齿、可摘义齿等修复方面仍被广泛使用；19世纪中期，牙医开始采用陶瓷烧制牙，用橡胶材料制作义齿的基托，开始采用金属锤造冠桥技术；20世纪30年代，丙烯酸树脂的出现也给现代口腔修复学带来了革命性变化，丙烯酸树脂人工牙和基托的广泛应用以及延用至今，说明了其优点和贡献。20世纪60—70年代，酸蚀-复合树脂粘接技术的出现导致了粘接性、微创修复的快速发展，使得口腔修复的粘接效果得到显著改善。

陶瓷在口腔修复中的历史可谓悠久。前述的19世纪中后期的瓷甲冠可被称为是全瓷冠或全瓷修复体的发端。20世纪50年代，白榴石的发展促进了瓷粉配方的改良，为陶瓷熔覆金属修复技术发展奠定了基础；1962年，Wenstein AB等研制成功烤瓷熔覆金属工艺，被誉为口腔修复领域发展的又一项重要标志，该技术应用范围广泛并持续应用至今。20世纪中期到现在，各类全瓷修复材料不断涌现，如铸造陶瓷、粉浆涂塑玻璃渗透陶瓷、热压铸全瓷、可切削陶瓷等为口腔美学修复奠定了材料基础；20世纪80年代，氧化铝、氧化锆等高强度全瓷修复材料的逐步发展奠定了全瓷功能和美学修复的未来。同时，可切削或可数字化加工的陶瓷材料的出现，也为数字化美学修复奠定了坚实基础。

种植义齿被称为人类的第三副牙齿，是现代口腔修复学发展的重要标志，但其发展历史也谓一波三折。真正的骨内牙种植术开始于19世纪初，人们用金、铱、钽、钴合金、不锈钢等材料植入颌骨替代缺失的牙，如1809年Maggiolo制作了一个黄金种植体并将其植入新鲜拔牙创内，继而在其上方行冠修复。此后多名学者尝试用不同的金属材料植入颌骨并完成修复，但由于缺乏基础理论的研究，临床失败率很高而未被广泛应用。1947年，Formiggini用钽丝扭成螺旋锥状植入颌骨，取得初步成功，他因此被尊为现代口腔种植学的奠基人。1948年Gustav Dahl完成了第一例骨膜下种植，Goldburg等在1949年用钴铬合金制作骨膜下种植义齿，此后各种外形、材料制作的牙种植体层出不穷，曾在20世纪中期形成一个口腔种植的热潮。但是，上述探索并未获得长期成功。1952年，瑞典歌德堡大学的Brånemark教授发现骨结合（osseointegration）现象；1965年，他将研发的骨结合钛种植体用于第一例临床病例，成功地修复了腭裂缺损；1982年，他在加拿大多伦多的"临床牙医学的骨结合（Osseointegration in Clinical Dentistry）"学术会议上，报道了大量长达15年骨结合的临床研究结果，被学界公认为突破性进展。骨结合指的是种植体表面应与骨组织形成紧密结合，不应有任何软组织介于其间。该理念的提出奠定了口腔种植技术的基础。在随后的发展中，口腔种植技术逐渐成熟，并作为一种与天然牙形态、功能以及美学效果接近的修复方式，成为牙齿缺失修复的首要选择。

数字化技术在口腔修复学中的应用越来越广泛，也代表着其未来的发展趋势和方向。计算机辅助设计/计算机辅助制造技术（computer-aided design/computer-aided manufacturing，CAD/CAM）的概念来源于工业机床领域。1971年，法国的Francois Duret博士首次将CAD/CAM技术引入口腔修复领域，被称为口腔修复CAD/CAM的创始人。1983年，Duret博士的第一台CAD/CAM样机问世，1985年，Duret博士制作了世界上第一个CAD/CAM全冠，开启了数字化修复的历史，1986年椅旁数字化固定修复开始应用。目前，数字化技术在固定修复、可摘义齿、种植义齿等修复中得到推广。

（二）中国口腔修复学发展史概览

我国的口腔医学发展也具有悠久的历史。文献记载，砷剂失活牙髓（公元2～3世纪）、汞合金牙充填术（公元659年）、牙刷使用（公元950年）和牙再植术等最早被中国应用。东汉医学家张仲景撰写了《口齿论》，该书既是我国第一本口腔医学专著，也是世界上最早的牙科学文献，还有当时一些文献也都代表了我国为世界牙科/口腔医学发展的贡献。我国口腔修复学的早期历史脉络见于早期的考古发掘，也可见于早期的文学或史学著作，如南宋诗人陆游所著《岁晚幽兴》中有"卜冢治棺输我快，染发种齿笑人痴"的诗句，他自己注释道"近闻有医以补堕齿为业者"，可见在南宋时期已有专门从事镶牙的医生了。楼钥（1137—1213）所著《攻媿集》中《赠种牙陈安上》记载："陈生术妙天下，凡齿之有疾者，易之以新，才一举手，使人保编贝之美。"说明陈生的镶牙技术高超，在宋代义齿修复技术已经被普遍应用了。13世纪，马可·波罗曾记载："这个省区的男人和女人，都有用金箔包牙的风俗，并且依照牙齿的形状包镶得十分巧妙，并能保持与牙齿的一致性。"上述记载说明了当时的镶牙技术达到了很好的水平。此外，Kerr与Roger（1877年）曾提及中国人用象牙、兽骨雕刻成牙，用铜丝或肠线结扎在真牙上修复缺牙的方法比欧洲早了几个世纪。但令人遗憾的是，在世界现代口腔修复发展的几个标志性进步方面，我国口腔修复长期处于落后追赶局面。只在近年来，我国在数字化和智能化口腔修复、颌面缺损修复等领域处于世界先进水平，如北京大学吕培军教授1990年前后即开始研究数字化可摘义齿的设计和人工智能技术的研究，但离世界领先水平还有一定的距离。

在口腔修复学教育方面，我国也取得不少成绩。据记载，1907年，加拿大牙科医生W. Lindsay来到中国，成为最早在中国系统传授西方牙科知识的人；1917年，华西协和大学开设牙医学系，标志着现代牙医学教育在中国起航；1934年上海震旦大学设立了牙科学校；1935年，在南京建立了由中国人创办的第一所牙医专科学校；1939年哈尔滨的北满医大设立了齿学部；1943年北平大学医学院（现北京大学医学部）成立了齿学系；1949年北京大学的毛燮均教授提出发展牙医学为口腔医学的理念，并于1950年经国家教育部和卫生部批复成立了我国第一个口腔医学系。1954年，北京医学院口腔医学系等院校仿苏联相继建立口腔矫形学（含口腔修复学和口腔正畸学）教研室，口腔修复学教育走上新的征程，并开启了研究生培养。上述历史进程建立了包括口腔修复学在内的现代西医口腔医学体系。1978年，口腔正畸学从口腔矫形学中分出，单独成立学科；1978年，国务院学位委员会恢复硕士生招生，口腔修复学硕士生招生恢复；1981年，国务院学位委员会设立第一批博士点培养研究生，口腔修复学博士培养启动；1988年，北京医科大学（现北京大学医学部）首批口腔修复学专业学位博士研究生毕业；2001年，北京大学等院校相继开始培养八年制（博士学位）学生；2002年，北京大学等少数院校相继自主设置口腔修复学二级学科培养研究生；每年有近千名研究生在攻读口腔修复学的硕士、博士学位；通过几代口腔修复工作者的艰苦努力，在这一学科领域逐渐缩小了与世界上发达国家的差距；2011年，北京大学口腔医学院、四川大学华西口腔医学院等八个口腔医学院校的口腔修复科获批国家临床重点专科建设，促进了口腔修复专科/学科的建设。

在教材编写方面，1954年，朱希涛教授编著出版《冠桥学》《牙科材料学》，1955年欧阳官编著《全口义齿学》。1962年，北京医学院的毛燮均、朱希涛教授主编的《口腔矫形学》（口腔修复学的旧称）一书成为我国口腔修复领域的第一本教材，由人民卫生出版社出版。此后，我国相继组织编写全国统编本科教材《口腔修复学》，目前已出版至第8版；2011年以来，我国又相继出版了口腔修复研究生规划教材《口腔修复学》《口腔固定修复学》《全口义齿修复学》等；针对口腔修复住院医师和专科医师培养的国家级规划教材《口腔修复学》也相继组织编写。此外，北京大学医学出版社出版了北大医学特色的《口腔修复学》长学制教材，目前出版至第3版；四川大学等院校也相继组织编写本校教材，供本科教学使用。以上教材的编写为我国培养口腔修复学人才奠定了坚实的基础。

在口腔修复行业学会发展方面，也取得了一定的成绩。1951年，中华医学会口腔科学会成立；1986年中华医学会口腔科学会口腔修复学组成立；1996年中华口腔医学会成立，成为国家一级学会；1997中华口腔医学会口腔修复专业委员会成立，此后，每3～4年换届，目前已成立第七届口腔修复学专委会。2014年，中华口腔医学会口腔颌面修复学专委会成立，它以颌面缺损修复的学科发展和学术引领为目标，是口腔修复和口腔颌面外科等专业交叉融合发展的平台。上述专委会定期举办学术会议进行学术交流，在指南制定、行业规范和引领学科发展方面发挥了积极作用。

四、口腔修复学的学科特点及学习方法

口腔修复学涉及生物学、基础医学、临床医学、口腔基础医学、口腔临床医学、材料学、计算机科学、工程技术、美学、医学人文等相关学科。因此，它的第一个学科特点体现的是多学科交叉融合。所以，在学习本门课程时，应具备扎实和广博的学科知识基础。

口腔修复治疗过程多且复杂。因此，实践性极强是口腔修复学科的第二个学科特点。所以，在学习本门课程中应加强实践，提高技能；同时，因为修复过程多且复杂，所以也要求从事本专业时要具备高度的耐心和细心。

口腔修复学的第三个学科特点是它体现的是科学、技术和艺术的完美结合。口腔修复工作的目标是既要恢复口腔颌面组织的形态和功能，也要满足其美学要求和患者心理健康。作为一名口腔修复医师和技师，修复口腔颌面部组织的形态和功能，要求掌握本学科的科学和技术知识；若要恢复其美学功能，则需要口腔修复医师和技师具有很好的艺术修养和审美能力；只有全面体现科学、技术和艺术的结合，才能使口腔修复效果达到现代口腔修复的理念要求。

口腔修复学的第四个学科特点是其发展进步迅速，与数字化、智能化及其他高新技术和新材料的发展息息相关。所以，从事本专业时，需要及时学习和跟进新技术和新材料的发展趋势，具有合作理念和创新理念，既要适应本学科的发展趋势，也要积极促进本学科的发展。

五、口腔修复学的发展趋势

口腔修复学的学科内容具有多学科交叉的特点，这决定了其发展依赖于生物科学、计算机科学、材料科学和其他科学技术的发展。因此，其发展趋势可以概括为以下七个方面：

1. 牙齿缺失的种植修复将越来越广泛　种植修复体被认为是人类的第三副牙齿，具有良好的固位、稳定和支持能力，具有与天然牙近似的舒适性和咀嚼功能，避免了传统可摘义齿、固

定桥等修复方式的不足，符合现代修复理念，将是现代和未来修复缺失牙的主要方式。

2. 微创修复治疗将越来越广泛　随着修复材料的美学性能、机械性能和粘接性能的改善，以微量预备或无预备的修复方式在逐步增加。此微创修复方式最大的优点是保存牙体组织，符合生物修复原则，在合理掌握适应证的情况下具有很好的修复效果。

3. 口腔修复将越来越重视美学与功能的兼顾　口腔颌面组织及牙齿多位于美学区，随着人们对美好生活的向往日益增强，患者不仅要求咀嚼功能恢复良好，还对美学修复效果越来越重视。所以兼顾美学和功能的修复是未来的发展趋势。

4. 仿生口腔修复材料的需求及应用将会明显增加　口腔修复材料的生物安全性、生物相容性、生物功能、质感、表面形貌、内部构造等方面均要求与人体组织器官的构型等特征呈现仿生模拟。因此，仿生化是口腔修复材料研究和应用的发展趋势。

5. 口腔数字化修复的应用将日益广泛　目前，已有许多数字化口腔修复技术，如固定冠桥的数字化技术、颌面缺损的数字化修复技术的临床操作效率和安全性，修复体的加工效率、精确性和准确性都明显提高，在临床已得到较广泛应用；而且上述技术对临床医师和技师的传统操作技能的依赖性也显著降低。因此，数字化口腔修复技术将逐步全面替代传统修复的过程和制作模式，数字化口腔修复是未来的发展趋势。

6. 智能或智慧口腔修复将被广泛应用　智能或智慧化口腔修复医疗技术和管理正在逐步兴起和研发中，如基于智能语音的病历录入系统可提高口腔修复病历书写效率；口腔修复过程中的智能诊断、智能设计和智能数据提取等都将显著提升口腔修复治疗过程的效率和准确性；未来，智能或智慧化的口腔修复技术将逐步被广泛应用，成为其重要的发展趋势。

7. 口腔修复将向口腔再生修复方向转变　口腔修复学的发展趋势可以概括为"3R"。第一个"R"是替代（replacement），指的是应用人工材料直接修复口腔颌面部组织的完整性，部分或全部恢复口腔颌面部系统的功能，如应用瓷贴面、全冠、固定桥、可摘义齿等修复牙体或牙列缺损及牙列缺失；"替代的修复方式"目前仍在常规使用，它代表的是传统的修复技术。第二个"R"是重建（reconstruction），指的是应用自体或异体组织，依据人类口腔的生物、生理和生物力学特征重塑或重建口腔颌面组织器官的形态和功能；其中种植牙和颌骨/牙槽骨重建等技术是重建技术的代表；它代表了现代和正在发展中的口腔修复技术。第三个"R"是再生（regeneration），指的是利用组织工程技术生成新的口腔颌面部组织，以修复缺损或缺失的口腔颌面组织和功能；它代表了口腔修复未来的发展方向。"3R"（替代、重建和再生）分别代表着传统、发展中和未来的口腔修复技术，反映了口腔修复最终的发展目标。

六、我国口腔修复学发展面临的现状和工作意义

1. 口腔修复工作任务艰巨，工作意义巨大　第四次全国口腔健康流行病学调查是在2015年进行的，其报告于2018年发表，它是我国目前最新且最权威的口腔健康调查资料。调查结果显示：35～44岁、55～64岁和65～74岁组存留牙齿数分别为29.6颗、26.3颗和22.5颗；35～44岁、55～64岁和65～74岁组的牙周健康率分别为9.1%、5.0%、9.3%。35～44岁年龄组：过去12个月内的就医率仅为19.8%；有67.7%的人牙列完整（不包括第三磨牙）；18.6%有未修复的缺失牙；3.0%有非正规义齿；无牙颌率小于0.01%；在有缺失牙的人群中修复的比例为59.7%。55～64岁年龄组：过去12个月内的就医率仅为20.0%；有33.8%的人牙列完整（不包括第三磨牙）；38.9%有未修复的缺失牙；9.6%有非正规义齿；无牙颌率为1.1%；在有缺失牙的人群中修复的比例为61.5%。65～74岁年龄组：过去12个月内的就医率仅为20.5%；有18.3%的人牙列完整（不包括第三磨牙）；47.7%有未修复的缺失牙；13.1%有非正规义齿；无牙颌率为4.5%；在有缺失牙的人群中修复的比例为63.2%。上述调查结果显示，

我国口腔健康水平仍然不理想，就医率不高，缺牙修复率仍然有待提高，并且还需要显著减少非正规义齿。但是，与10年前的第三次全国口腔健康流行病学调查结果相比，第四次全国流调结果显示我国人群缺牙及修复情况有改善，如：65～74岁组平均留牙数增加1.5颗，无牙颌率下降2.3%，义齿修复率由42%提高至63.2%，非正规义齿率也明显下降。但因我国人口基数大，缺失牙的修复比率和修复质量仍有较大提升空间，因此我国口腔修复工作的任务仍然艰巨，口腔修复工作的意义重大。一方面要继续做好口腔健康教育，让患者能预防口腔疾病并及时自觉地就医；另一方面，针对口腔修复问题，要尽早地进行口腔修复，及时终止口腔修复疾病的发展，尽快恢复丧失的口腔颌面组织形态和功能，保持患者口颌系统和整个身心的健康。

2. 不同地区的口腔修复水平存在很大差异　　口腔修复需求与不同地区人民生活水平的高低和口腔健康教育和促进的程度直接相关。我国地域广阔，各地区经济发展存在很大的不平衡。因此，口腔修复新技术和新疗法的普及应用程度，患者对口腔修复需求的迫切性方面存在很大差异。这需要口腔修复工作者研发更多的适宜技术，促进全国各地区口腔修复的平衡发展；同时，也需要加强欠发达地区口腔修复的健康教育和促进，尽快弥补口腔修复发展的地区不平衡性。

3. 老龄社会加重老年口腔修复的需求　　根据流行病学特点，口腔修复专业的服务对象以老年人居多，尤其是我国进入老龄化社会后，老年口腔修复的需求更大。因此，口腔修复工作者应该更多研究口腔器官的增龄性变化特征和老年人的生理心理变化特征，积极研究和发展适宜于老年人的口腔修复技术。

综上，我国口腔修复工作者和未来拟从事口腔修复专业的后来者，需要很好地学好、应用好口腔修复学知识和技能，不断探索和创新口腔修复学理论和方法，服务于"健康中国""健康口腔"的国家卫生和健康发展战略，为促进中国及世界口腔修复学科发展做出贡献。

（周永胜）

Definition and Terminology

口腔修复学 (prosthodontics): Prosthodontics is one of the dental specialties pertaining to the rehabilitation, and maintenance of the oral function, comfort, appearance, and health of patients by the replacement of missing or deficient teeth and/or maxillofacial tissues with biocompatible substitutes.

口腔修复体 (prosthesis): An artificial replacement for restoring the form, function, and esthetics of oral or maxillofacial tissues or organs such as teeth, mandibles, etc. It is an artificial device of different type such as inlay, crown, bridge, denture, or maxillofacial prosthesis, etc.

参考文献

［1］冯海兰，徐军. 口腔修复学. 2版. 北京：北京大学医学出版社，2013.
［2］赵铱民. 口腔修复学. 7版. 北京：人民卫生出版社，2012.
［3］王兴. 第四次全国口腔健康流行病学调查报告. 北京：人民卫生出版社，2018.
［4］周大成. 口腔医学史考. 北京：人民卫生出版社，1998.
［5］Shillingburg HT, Sather DA, Wilson EL, et al. Fundamentals of Fixed Prosthodontics (4th edition). London: Quintessence Books, 2012.
［6］Rosenstiel SF, Land MF, Fujimoto J, et al. Contemporary Fixed Prosthodontics (5th edition). Amsterdam: Elsevier, Mosby, 2016.

第二章　临床接诊、口腔检查、治疗计划及修复前准备

Outpatient Reception, Oral Examination, Treatment Planning, and Preprosthetic Preparation

第一节　初诊、复诊和复查
First Visit, Appointment, and Follow-up Visit

临床接诊是医患之间交流、制订并逐步完成治疗方案的过程。根据患者就诊程序、任务和内容的不同大致可分为初诊、复诊和复查三个阶段或形式。三个阶段或形式的划分有利于从理论上对临床接诊的任务和内容进行理解，它表明的是临床接诊过程中存在的三个阶段。

一、初诊

初诊（first visit）是医患交流以及整个治疗过程的开始，涉及治疗计划、治疗内容、治疗目标和治疗效果的商定，为治疗计划的实施和完成打下基础。

（一）初诊的目标

初诊的目标是制订一项相对全面合理的、符合口腔修复学原则的，患者能够理解并接受的治疗计划或方案。

（二）初诊的内容

1. 准确获悉患者的主诉，了解患者对治疗效果的要求和期望。
2. 详尽收集患者相关的病史，如现病史、既往史等。
3. 系统全面地完成口腔专科检查（包括研究模型分析）及必要的全身检查。
4. 根据患者全面的检查情况进行初步诊断。
5. 针对患者的主诉、要求和期望，根据患者的检查情况提出初步但全面的治疗计划和备选方案。
6. 根据治疗计划和备选方案的不同特点向患者做详细解释，包括修复类型选择、相关治疗程序、可能的并发症（complications）或意外情况（accidents）、治疗周期、治疗费用和治疗效

果等,在征得患者理解和完全同意的情况下确定最终治疗计划。

7. 规范地、详实地、全面地书写初诊病历。医师的告知内容要记录详实、明确。对于难度大、效果不肯定或容易出现并发症、医疗意外的修复治疗项目,一定要与患者或监护人签署知情同意书(informed consent),以减少和避免医疗纠纷的发生(如活髓牙预备时可能导致意外穿髓或继发牙髓炎,预期修复美观效果不佳或种植手术的风险等都需预先告知患者)。

8. 为患者提供必要的专业指导,对不同科室转诊的安排提出合理化建议。

9. 临时处理或紧急情况处理。如患者固定修复体脱落要求紧急粘接,或外伤等导致前牙美观受损需要紧急恢复美观处理,或患者有急性牙髓或根尖周炎症需要紧急拆除原有修复体等。

总之,口腔修复治疗是对单个或多个牙咬合、形态和功能进行恢复、甚至重建的过程。由于它往往建立在牙体牙髓、牙周等多学科治疗的基础之上,因此初诊时进行全面系统的检查和全面系统的治疗计划是非常关键的。一旦检查或设计存在遗漏或不全面,如该拔除的牙齿没有拔除、该根管治疗的牙齿没有完善治疗等,将使修复治疗的周期延长或者使修复早期发生失败。

二、复诊

复诊(appointment)是患者按照初诊治疗计划完成相关转诊治疗(如牙体牙髓治疗、牙周治疗或口腔颌面外科治疗)后重新接受口腔修复治疗并最终完成修复治疗的过程。复诊是治疗计划实施和完成或者是治疗目标实现的过程,可以一次或分数次完成。

(一)复诊的目标

复诊的目标是将初诊时确定的最终治疗计划按照医疗规范、医疗质量要求完成。

(二)复诊的内容

1. 确认其他科室转诊治疗后的效果,重新系统全面地完成口腔专科检查及必要的全身检查并重新评估口腔的条件。

2. 根据患者现在的情况相应修改治疗计划或方案。一般来说,此阶段治疗计划或方案的修改主要涉及口腔修复专业的修改,如初诊时认为经牙体牙髓科治疗后可以直接作为基牙的,现在却需要先进行桩核全冠修复才能作为基牙等。但有时仍需要患者进行其他科室的转诊治疗,如患者经外科拔牙并经3个月恢复后牙槽嵴出现骨突、骨尖等需要行口腔颌面外科修整术等。

3. 根据治疗计划进行修复体设计、牙体预备和种植手术等。

4. 试戴修复体,调改修复体至合适后戴入。

复诊与初诊的任务和内容并没有绝对的界限,将它们进行适当划分有利于对口腔修复治疗程序的理解。一般来说,初诊的内容有时并不能一次完成,而复诊的部分内容有时能在初诊时一次完成。

三、复查

当修复治疗完成、患者满意戴上修复体时,并不意味着修复治疗的过程已经结束。为了达到持续观察修复体使用效果等目的,一般要求患者定期或不定期来医院进行专业检查、信息反馈、接受健康指导甚至治疗处理等,此过程即为复查(follow-up)。

复查的目的或任务:

1. 对于全口义齿、可摘局部义齿、种植义齿等许多复杂口腔修复,戴牙后常常会出现压痛、松动等不适情况,复查可以解决上述问题,因此它是完善修复过程的一个重要步骤。

2. 及时跟踪观察修复体使用情况,结合患者的反馈信息和专业检查情况,及时发现和处理可能或已经存在的问题，并指导患者合理使用修复体，从而提高修复体的远期成功率。

3. 了解患者口腔卫生状况，督促患者保持口腔卫生，促进修复体的长期成功。

4. 系统、长期评估所采用修复方法的治疗效果，有利于总结临床经验，为临床科研积累资料，同时也为医师自身的发展与提高创造条件。

5. 利于保持医患之间良好的关系，合理并最大限度地利用医疗资源。

因此，口腔修复医师应当重视复查尤其是定期复查（periodic follow-up）的作用。对不同修复类型的患者应进行分类归档记录，并利用现有的各种通讯手段与患者保持联系，防止医疗信息的丢失。

四、临床接诊的要求和艺术

无论是初诊、复诊和复查，临床接诊时均要保持良好的医患关系和医患沟通，并建立互信的关系。要达到该目标，临床接诊时需注意一定的接诊艺术，并保持高尚的职业道德和修养要求。

1. 始终体现"以人为本，以患者为中心"的优质服务理念。
2. 体现人文精神，对患者的病痛、不适具有安慰之心。
3. 尊重对方，平等相待，使医患双方处于一个相互信任的平等交流的位置。
4. 采取悦纳的心态，对待患者的要求、质疑甚至是误解采取心平气和的大度胸怀。
5. 以医学科学的精神对待疾病和治疗，以理服人，使患者心悦诚服。
6. 交流的语言通俗易懂，对疾病的预后、治疗程序、治疗效果等做到全面的知情同意，医师尽到告知义务和注意义务，患者享有知情权和选择权。
7. 注意语言沟通的技巧，多使用安慰性、称赞性或鼓励性的语言，必要时使用保护性语言和模糊语言，避免因语言不当引起不良的心理刺激或避免使用绝对性语言、夸大性语言。
8. 问诊时注意提问的方式，避免以诘问、审问或质问的口吻提问，合理采用"开放式"和"封闭式"提问，既能掌握谈话节奏也能把握患者的心态。
9. 诊疗过程体现"舒适诊疗"模式，严格遵循"三无理念"，即无菌操作、无痛治疗、无近远期障碍。

第二节 病史采集
History Taking

病史采集可通过医师的问诊或问卷来获得。目的是了解患者的主诉（包括患者就诊的目的和对修复的要求）、现病史、既往史、家族史等。

一、主诉

主诉（chief complaint）是患者就诊的主要原因和迫切要求解决的主要问题。

口腔修复科患者的主诉通常是要求修复缺损或缺失牙，或者是要求改善因牙齿缺失、缺损、变色、外伤等导致的咀嚼、美观或发音功能障碍等。也有患者的主诉是要求解决因旧义齿导致的疼痛不适或咀嚼、美观功能降低等。颞下颌关节紊乱病（temporomandibular disorders，TMD）患者的主诉则通常是咀嚼肌疼痛，开闭口弹响、疼痛或开口受限等。总之，医师应从患者主诉中了解其对修复治疗的具体要求。

二、现病史

现病史（present history）一般包括主诉疾病开始发病的时间、原因、发展进程和曾经接受过的检查和治疗。对导致牙体缺损、牙列缺损或缺失、颌面缺损、TMD 等疾病的原因，持续时间以及进行过何种修复，修复的次数及其修复效果如何都要进行详细记录。

三、既往史

在询问既往史（past history）时要侧重了解与本病有关的部分。既要询问患者的全身健康情况、营养情况和饮食习惯，也要询问口腔疾病情况等。由于患者的精神、心理状态直接影响修复治疗效果，因此也应注意询问。具体地说，采集既往史应注意从全身系统病史和口腔专科病史两方面入手。

（一）全身系统病史

全身系统病史可通过直接询问或设计表格问卷的形式完成。无论何种方式都需简单明了。表格问卷的方式因避免医患之间直接询问的尴尬而值得推广使用。采集患者全身系统病史时应从以下几个方面着手进行询问和记录：

1. 是否具有影响患者耐受力的疾病　例如心脏病、脑血管病、糖尿病、呼吸系统疾病、肝、肾疾病等；由于现代口腔修复治疗不仅复杂，治疗周期也长，因此患者必须具有足够的耐受力，尤其当采用种植义齿修复时，心血管疾病和糖尿病等疾病的严重程度要控制在允许的范围内。如果患者不具备足够的耐受力，应尽量采取简单的修复方法；如心脑血管疾病患者不能耐受拔牙，应尽量采用过渡性义齿修复。当某些疾病影响患者的自理能力或自我卫生保健时，应暂缓进行修复治疗等。

2. 是否具有影响口腔组织支持、固位等能力的疾病或身体状态　例如骨质疏松症可能加重剩余牙槽嵴的吸收，并可能影响种植体骨结合的速度；糖尿病患者牙周组织容易发生炎症，从而使基牙支持能力降低；舍格伦综合征（Sjögren's syndrome）患者基牙容易发生龋齿，影响固定修复体、可摘局部义齿基牙的长期支持和固位能力，对于全口义齿则影响义齿的固位力等。

3. 是否能耐受药物的使用，是否为过敏体质　活髓牙预备、种植手术需要使用局部麻醉药，局部麻醉药中的肾上腺素等血管收缩药有引起血压升高的风险，应当考虑患者是否能耐受；种植手术预防性用药、局部麻醉药以及要使用的口腔科材料等是否可能会引起过敏也需谨慎；因此了解患者是否具有过敏史非常重要。

4. 是否有长期服用治疗慢性病但对口腔修复计划实施有影响的药物史　如长期服用阿司匹林类药物对种植体植入等外科手术有影响；服用治疗骨质疏松的药物如双膦酸盐可能对颌骨健康以及种植体骨结合有影响等。

5. 是否具有传染性疾病史　乙肝、丙肝、艾滋病、梅毒等传染病患者或携带者的唾液、血液中可能带有病毒或致病微生物，治疗过程中、灌制模型、模型操作等过程都可能会造成病毒传播或交叉感染，应当采取适当措施保护医务人员以及其他患者的安全。

6. 是否具有某种传染性疾病的接触史或流行病学史　口腔修复治疗涉及大量喷溅、喷雾的操作，易引起某些通过飞沫、气溶胶传播的传染性疾病的交叉感染；在疫情发生时期，应特别注意询问和了解患者是否在近期往返过疫区或有无与确诊病例、疑似病例等有接触史；上述措施利于保护医患健康，利于防控疫情。

7. 心理卫生状况以及精神疾病史　患者的心理和精神卫生状况影响各类修复体的修复效果，也影响颞下颌关节病及咬合相关疾病的修复治疗效果。因此，了解患者的心理和精神卫生状况对治疗的成功越来越重要。

（二）口腔专科病史

完整的口腔专科病史应全面，它是进一步口腔检查、治疗的不可缺少的重要参考，具体包括：

1. 口腔修复治疗史（prosthodontic history） 是否进行过修复，既往所采用的修复类型、使用年限以及使用的效果如何，是否存在设计缺陷等都是重要的参考资料。了解它们有利于合理确定下一步的治疗计划，有利于判断口腔修复的预后，避免以前发生的类似错误。

2. 牙体牙髓治疗情况（restorative and endodontic history） 完善的牙体牙髓治疗往往是牙体缺损修复、局部义齿基牙修复的基础。对于牙体牙髓治疗情况不详的应该拍X线片协助诊断，必要时还应请牙体牙髓专科医师协助诊断治疗。

3. 牙周病史（periodontic history） 明确患者的牙周健康状况及口腔卫生维护情况对口腔修复的远期疗效十分重要。既往是否有牙周病，曾做何种治疗，治疗效果如何将决定下一步治疗能否进行以及今后的口腔修复效果。

4. 正畸治疗史（orthodontic history） 对于涉及口腔修复、正畸联合治疗的病例，前期正畸治疗的效果、可能的并发症影响口腔修复治疗的效果及预后；另外，口腔正畸治疗后一段时间内牙齿的移位或复发可能相对明显；因此，对于有口腔正畸治疗史的患者要掌握合理的修复时机，要按照口腔正畸和口腔修复各学科相关的原则进行合理治疗。

5. 口腔颌面外科治疗情况（history of oral maxillofacial surgery） 对于经过颌骨等颌面结构切除的、经过正颌外科治疗后的患者，对于植骨术后的患者以及拔牙、牙槽骨修整术后的患者，应结合外科治疗的有关资料，将外科治疗与口腔修复治疗计划全面整体地加以考虑。

6. 颞下颌关节紊乱病史（history of temporomandibular disorders） 一方面，颞下颌关节紊乱病史会影响修复体的设计和咬合的调整，并影响口腔修复的成败。另一方面，如果忽视颞下颌关节紊乱病史，有时修复体可能会成为加重TMD的原因。

7. 放射影像资料（radiographic history） 对于了解既往的口腔科治疗史尤其是牙体牙髓治疗、牙周治疗、种植治疗等情况有重要价值，为口腔修复治疗提供了重要的参考依据。

四、家族史

某些口腔疾病如先天性缺牙、遗传性乳光牙本质，外胚叶发育不良、颅骨锁骨发育不全等与遗传因素有关，应对患者家庭成员有关相似疾病做相应调查；家族史（family history）为口腔修复诊断和治疗提供必要的参考。

第三节 口腔检查
Oral Examination

对口腔修复患者的口腔检查，其基本方法与口腔颌面外科等其他学科相同，本节仅结合口腔修复的特点，介绍口腔检查的要求和方法。

一、一般口腔临床检查

一般口腔临床检查手段包括视诊、触诊、听诊等。通过这些手段可以获取很多有用的临床资料。

(一)口腔外部检查

1. 颌面部外形 通过视诊仔细观察和检查患者的颌面部外形特征,应注意:

(1)面部皮肤颜色、营养状态。

(2)颌面部左右两侧对称性。

(3)颌面部各部分比例关系是否协调,有无面部畸形,面下1/3的高度是否协调,有无增高或降低现象。

(4)上下唇的外形突度、唇红部的外形、上下前牙位置与口唇的关系。

(5)患者侧面轮廓是直面型、凸面型还是凹面型,颅、颌、面、牙各部分的前后位置和大小比例是否正常,有无颌骨前突或后缩等畸形。

2. 颞下颌关节区 通过视、触和听诊在患者开闭口、前伸、侧方和咬合运动时,检查以下项目:

(1)两侧颞下颌关节的活动度:用手指触摸颞下颌关节区,检查两侧髁突运动度大小和对称性,有无压痛,并注意疼痛发生的部位、性质、触发区等。

(2)两侧颞下颌关节的听诊:主要检查有无关节弹响(click),弹响在下颌运动的什么阶段(如开口初、中、末和闭口初、中、末)发生,弹响声音的性质(如摩擦音、破碎音、弹响声)以及有无疼痛等。

(3)外耳道前壁触诊:用双手小指放在外耳道前壁,嘱患者做牙尖交错咬合,检查当上下颌牙列紧咬时,两侧髁突冲击强度是否一致。

(4)咀嚼肌的扪诊:最常用的是对嚼肌、颞肌进行扪诊,检查其有无压痛及压痛点的部位,同时嘱患者紧咬,检查咀嚼肌收缩的强度和左右两侧对称性,判断有无因𬌗干扰而引起的咀嚼肌功能紊乱,必要时尚需对翼内肌、翼外肌、二腹肌、胸锁乳突肌等做进一步检查(图2-1)。

3. 下颌运动检查 主要指开口度(mandibular opening)、开口型(patterns of mandibular opening)以及下颌前伸或侧向运动的检查。

开口度检查:是指患者大张口时,上下中切牙切缘间的垂直距离,可用钢刻度尺或游标卡尺等测量。正常开口度为3.7~4.5 cm,如超过4.5 cm,为开口度过大;如不足3.7 cm,为开口度轻度受限;如不能开口,为开口受限。当牙列缺失做全口义齿修复时,如垂直距离恢复得过高,可使患者开口度减小。

开口型的检查:开口型是指下颌自闭口到大张口整个过程中下颌运动的轨迹。主要检查患者在开口时,下颌有无偏斜。正常开口型正面看是直向下的,如"↓"。如一侧翼外肌功能受

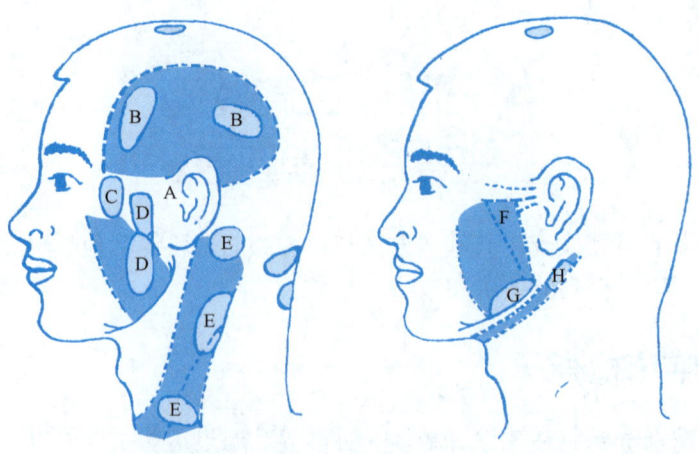

图2-1 颌面部及颈部肌肉扪诊部位示意图
A. 关节囊;B. 颞肌;C. 颞肌腱;D. 咬肌;E. 胸锁乳突肌;F. 翼外肌;G. 翼内肌;H. 二腹肌后腹

抑制，则下颌颏部偏向患侧。

下颌侧向运动检查：当下颌侧向运动时，向两侧的运动范围基本相等。一般下颌最大侧方运动范围约为 12 mm。如果侧向运动的幅度变小或不对称，表示受限侧对侧翼外肌功能受损。

下颌前伸运动检查：正常情况下，下颌前伸运动时下切牙能超过上切牙的前方，并呈直线向前运动。如果下颌不能前伸或前伸受限，表示两侧翼外肌功能可能受到抑制或消失。

如果患者出现开口受限、下颌有偏斜或下颌侧向运动受限等症状时，还可进一步用下颌运动轨迹仪检查。

（二）口腔内部检查

1. 口腔卫生情况（oral hygiene） 口腔修复治疗的过程要求在良好的口腔卫生情况下进行。因此，首先要了解患者的口腔卫生习惯，并注重检查患者牙菌斑、牙结石的情况，有无牙龈出血、肿胀等情况。如果口内有旧修复体，更应注意其卫生状况如何，这样有利于进行针对性的口腔卫生指导。

2. 缺牙部位的情况（edentulous space examination）

（1）缺牙部位伤口愈合情况：一般牙齿拔除后 3 个月伤口完全愈合，此时牙槽骨吸收快速期已过，牙槽嵴处于相对稳定的阶段，此时修复有利于义齿的稳定和贴合。如果拔牙后即刻进行可摘局部义齿或全口义齿修复，即为即刻义齿修复，目的是使患者避免忍受无牙后造成的美观、发音、咀嚼等功能降低。但是无论何种早期修复，在 3～6 个月后，由于剩余牙槽嵴的吸收，应进行重衬或重新制作。有关各种修复体最佳修复时间的问题请参照有关章节。

（2）缺牙的部位、数目、类型（location, number, and type of lost teeth）：检查患者是牙体缺损还是牙列缺损或缺失；检查牙齿缺失的部位在上颌还是下颌、前牙还是后牙；检查是单个牙缺失还是多数牙缺失，是间隔缺失还是游离端缺失等。缺失部位、数目和类型的不同会影响修复设计的不同。

（3）缺牙间隙（edentulous space）：检查缺牙区近远中间隙（mesio-distal space）的距离、𬌗龈间隙（occluso-gingival space）的距离（或颌间距离的大小）。此距离对于修复体的设计至关重要，它主要决定着修复体的强度、美观等因素。

（4）缺牙部位剩余牙槽嵴情况（examination of residual ridge）：缺牙区剩余牙槽嵴是否吸收，吸收的程度如何影响可摘义齿支持能力的大小；而对固定义齿来说，剩余牙槽嵴的形状影响桥体龈端的设计，而桥体龈端的设计则影响牙槽嵴黏膜的健康。根据缺牙区剩余牙槽嵴吸收程度不同可以将之分为四级：Ⅰ型：高圆形牙槽嵴（high well-round residual ridge），即剩余牙槽嵴高度和宽度均足够；Ⅱ型：刃状牙槽嵴（knife-edge residual ridge），即剩余牙槽嵴的高度无明显吸收或轻度吸收而宽度呈中至重度吸收；Ⅲ型：低圆形牙槽嵴（low well-round residual ridge），即剩余牙槽嵴高度和宽度均中度吸收；Ⅳ型：低平状或凹形牙槽嵴（depressed residual ridge），即剩余牙槽嵴高度与宽度均呈重度吸收或吸收达基骨或基骨以下。

检查剩余牙槽嵴还要检查牙槽嵴有无组织缺损，有无骨尖、骨棱、残根存在，并注意有无压痛区。例如：注意检查上颌结节颊侧是否过突，有无倒凹影响上颌义齿就位和造成压痛可能；注意检查上颌硬区、下颌隆突、内斜嵴情况，因为骨突、骨嵴上面覆盖黏膜薄，戴义齿后易发生疼痛。检查有无松软牙槽嵴并影响义齿的支持与固位。另外，患者如果曾经进行过修复，还需注意检查是否有因原义齿边缘过短及压迫造成的旧义齿边缘处骨质增生等。

3. 余留牙的情况（residual teeth examination） 若是牙列缺损患者，则应对余留牙逐个进行检查，首先应检查邻近缺隙的基牙，其次是其余牙齿。检查的项目主要有：

（1）余牙的部位、数目、形态等一般情况（general conditions）。

（2）牙体及牙髓情况（restorative and endodontic examination）：检查余牙的牙色、有无龋

齿，充填治疗情况，何种充填材料，有无继发龋，是否经过牙髓治疗和根管治疗，根充是否完善，根尖及根周情况，有无叩痛及瘘管等。

检查余牙有无牙体缺损，楔状缺损，有无冠折或隐裂，有无磨损，有无过锐牙尖和边缘嵴，有无牙本质暴露、过敏症状。

（3）牙周情况（periodontal examination）：检查牙龈有无充血肿胀、增生或退缩现象；上皮附着有无丧失。检查是否有牙周袋，牙周袋的深度是否正常、有无溢脓现象（通常情况下需对每颗牙测量和记录6个部位的牙周袋深度）。检查牙齿有无松动（mobility），松动度一般以Ⅰ、Ⅱ、Ⅲ度记录。

临床上常用的牙松动度测量和记录的方法有两种：

1）以牙松动幅度计算

Ⅰ度松动：松动幅度不超过1 mm。

Ⅱ度松动：松动幅度为1～2 mm。

Ⅲ度松动：松动幅度大于2 mm。

2）以牙松动方向计算

Ⅰ度松动：仅有唇（颊）舌向松动。

Ⅱ度松动：唇（颊）舌向及近远中向均有松动。

Ⅲ度松动：唇（颊）舌向及近远中向松动，并伴有垂直向松动。

检查牙齿有无根分叉病变，根分叉病变（furcation involvement）一般以Ⅰ、Ⅱ、Ⅲ、Ⅳ度记录，具体分度方法请参考《临床牙周病学》。

（4）邻面接触区的情况（proximal contact examination）：检查余牙接触区有无食物嵌塞现象。

（5）余牙的位置（location of residual teeth）：检查邻近缺隙的上下颌牙齿有无倾斜移位、过长或伸长，余留牙有无错位牙、低位牙，左右侧𬌗平面是否在一水平面上，𬌗曲线是否正常。还需重点检查余留牙的位置与缺牙区剩余牙槽嵴的颊舌向位置关系，因为该关系影响缺牙区排牙的位置。

（6）𬌗关系（occlusal examination）

1）牙尖交错𬌗的检查：检查上下牙列是否有广泛均匀的𬌗接触关系；检查牙尖交错𬌗时前后牙的覆𬌗、覆盖关系，有无深覆𬌗、深覆盖，有无反𬌗、对刃𬌗、锁𬌗等现象；检查有无牙齿或颌骨的前突或后缩现象。检查上下第一磨牙咬合是中性𬌗、近中𬌗还是远中𬌗关系。检查上下牙列中线是否一致，并与面部中线的位置和上唇系带是否一致，左右侧𬌗平面是否匀称。

2）牙尖交错𬌗（intercuspal occlusion）的早接触、侧方𬌗（lateral contact）和前伸𬌗（protrusive contact）的𬌗干扰（occlusal interference）检查：检查牙尖交错𬌗时有无牙尖的早接触（premature contact）以及侧方和前伸功能运动时有无𬌗干扰，有无创伤𬌗（traumatic occlusion）。

3）息止颌位（rest jaw position）的检查：比较息止颌位与牙尖交错𬌗位时下牙列中线有无变化，检查息止𬌗间隙大小有无异常。当上下颌牙齿出现重度磨耗或磨损或因其他因素导致面下1/3垂直距离降低时，要注意检查息止𬌗间隙大小，并测量面下1/3高度，以判断修复或咬合重建时拟抬高咬合的量。

4. 口腔黏膜及软组织的情况（examination of oral mucosa and soft tissue）

（1）检查口腔黏膜色泽是否正常，并注意黏膜厚度、移动性和韧性情况。检查黏膜有无炎症、溃疡、瘢痕及角化存在。如戴过义齿的应格外注意义齿承托区黏膜的颜色和移动性，判断有无义齿性口炎、松软牙槽嵴、有无义齿边缘刺激造成的黏膜溃疡等。除此之外，还需注意有无舌炎及口角炎等。

（2）检查唇、颊、舌系带的形状及附着点位置，注意它们是否会影响修复体的固位，是否影响义齿基托边缘伸展。

（3）检查舌体的大小、形态、活动度及位置。

（4）检查唾液的分泌量及黏稠度，有无舍格伦综合征的相关表现。

5. 颌骨及颌弓关系情况（jaw bones and arches） 若是上下牙列缺失的患者，检查上下颌弓大小和上下颌弓对应位置关系、颌间距离大小等；当单颌牙列缺失且对颌为牙列缺损或完整牙列时，更应注意上下牙槽嵴与牙弓大小或位置关系是否协调，颌间距离是否足够等，以评价修复后效果。

如有牙槽嵴和颌骨缺损，则需注意缺损的部位、范围对口腔功能的影响程度。对于少量牙槽嵴缺损，则可用一般修复体进行修复，如果是大范围牙槽嵴及颌骨缺损，则应遵循颌面缺损修复原则制作颌骨缺损的赝复体。

6. 对原有修复体的检查（examination of existing restorations）

（1）对原有冠及固定义齿的检查：检查原有冠或固位体有无松动，边缘密合度和边缘长短情况，检查𬌗面有无磨穿及过高点，固位体的外形，桥体与牙槽嵴顶的密合情况，以及基牙牙龈、缺牙区剩余牙槽嵴有无炎症等。

（2）对原有可摘局部义齿的检查：检查𬌗支托是否有折断，义齿下沉情况，义齿基托是否压迫软组织，黏膜有无溃疡和炎症，卡环在基牙牙面的位置是否合适和密贴，咬合关系是否正确，义齿设计是否合理等。

（3）对原有全口义齿的检查：检查正中𬌗、正中关系、垂直距离、𬌗平面是否正确，丰满度、美观是否满意；检查人工牙牙面的磨耗程度，排列位置是否正确，有无前伸𬌗、侧方𬌗平衡及𬌗干扰；检查上下颌全口义齿的固位力、稳定和边缘伸展情况，有无义齿性口炎，上下颌牙槽嵴前部有无松软黏膜组织等。通过上述检查一般可以获知造成义齿重新修复的原因。

（4）对原有种植义齿的检查：检查种植义齿的骨吸收情况、咬合情况以及种植体周软组织的健康情况等。通过上述检查可以判断现有种植义齿的修复效果，是否需要维护或调整，能否影响新的修复等。

总之，通过检查和了解原修复体存在的缺点，为重新修复提供了重要参考。如原修复体不合适，在重做前应停戴旧修复体1周以上，并对已经存在的义齿性口炎等情况进行治疗。

二、X线检查

X线检查是诊断口腔颌面部疾病的一种重要的常规检查方法，能为口腔修复临床提供许多重要的信息。

（一）用于牙体缺损患牙、口内余留牙、缺牙区局部牙槽嵴情况的根尖片（periapical film）检查

1. 了解基牙或待修复牙牙体解剖情况，包括：牙体硬组织厚度、牙髓腔的状态、髓角的位置、根的长度、宽度及完整性（有无根吸收及根折）、根管分布情况及根管粗细等。

2. 发现和检查龋病的进展，尤其是邻面、牙颈部、根部等临床不易发现的区域，并可了解龋的深度与牙髓的关系。

3. 了解牙髓治疗情况：包括根管充填情况，根尖周疾病进展及愈合情况。

4. 了解牙周治疗情况：包括牙槽骨吸收破坏的程度，牙周膜情况、根分歧病变情况以及相关治疗效果等。

5. 了解有无阻生齿、先天缺牙、埋伏牙、缺牙部位有无可疑龈下残根等。

（二）曲面体层片检查

曲面体层片（panoramic radiograph）可全面了解颌骨、牙列、牙周支持骨的大致情况，对

快速确定牙槽骨内是否有残根存留（buried root），有无未萌出牙（unerupted tooth），有无第三磨牙阻生（impacted third molars）很有帮助。但是由于该检查方法图像变形率大，放大率为10%～20%，且垂直向和水平向放大率也不一致。因此，它在判断牙槽骨支持组织状况、牙根形态、有无龋齿或龋齿的范围等方面不够准确，仅提供初步参考。

（三）锥形束CT检查

锥形束CT（cone beam computed tomography，CBCT）出现于20世纪90年代，与常规CT检查相比X线辐射剂量显著降低。CBCT检查投照时间短，而且其空间分辨率好，各种测量结果较准确；与轴位体层检查相比，CBCT检查时不需要复杂的定位，一次旋转扫描360°（甚至不到360°）即可获取图像数据，并可根据临床需要重建出任意方向（如轴位、冠状位、矢状位、曲面体层及其他任意方向）的体层影像。CBCT检查可以对上颌窦、鼻腔、下颌神经管、颞下颌关节、牙等解剖结构进行标记、定位、检查、测量，并可观察这些结构在各个层面的位置；并可提供牙槽嵴在不同方向上的厚度或高度；可方便临床医师利用CBCT数据进行种植修复术前设计、模板制作甚至可将其影像信息直接用于种植治疗过程；同时，CBCT可用于辅助诊断颞下颌关节紊乱病及牙体牙周相关疾病等。

（四）其他X线检查方法

1. 颞下颌关节的其他X线检查方法　包括颞下颌关节侧斜位、髁突经咽侧位及关节造影等，它们能为颞下颌关节的结构、关节间隙提供一定的影像学信息。

2. 头颅侧位定位片（cephalometric radiograph）　可以用于分析颅、面、颌、牙的形态、位置及其相互间的变化关系，对了解𬌗平面的位置关系有一定的价值。

三、研究模型检查

研究模型（study cast）检查可弥补口腔内检查的不足，利于仔细观察牙齿的位置、形态突度、牙齿磨损或磨耗情况、咬合关系、𬌗曲线以及组织倒凹、隆突等，必要时可将上下颌模型上𬌗架（mounting the articulator）进行分析研究（见本章第四节），制订治疗计划和修复体设计。

四、咀嚼功能检查

牙列缺损或缺失后，均会不同程度地影响咀嚼功能，甚至影响下颌运动。如单侧后牙缺失未及时修复时会造成偏侧咀嚼习惯，由于两侧咀嚼肌收缩力不相等可使面部外形不对称，下颌牙尖交错𬌗位时偏位；如两侧后牙缺失会造成前牙咀嚼食物，由于垂直距离减低，还可形成假性深覆𬌗。上述情况如果长期不能很好地解决甚至可能导致颞下颌关节疾患。因此，在进行修复前，必要时对咀嚼功能进行检查，判断咀嚼功能受到影响的程度及其继发的下颌运动有无异常，检查咀嚼肌收缩及协同作用情况，下颌处于牙尖交错𬌗位时是否稳定，从而判断牙与口颌系统功能紊乱的关系，为制订口腔修复计划及口腔修复治疗提供参考，并对口腔修复治疗效果进行评价。常用的咀嚼功能检查方法包括𬌗力（occlusal force）检测、咀嚼效能（masticatory efficiency）的检测、下颌运动轨迹（mandibular movement track）检查以及咀嚼肌肌电图检查（electromyograph，EMG）等。这些方法的测定和使用请参考《牙体解剖与口腔生理学》第3版有关章节。

（周永胜）

第四节　咬合接触检查和𬌗架应用
Examination of Occluding Contact and Application of Articulator

一、咬合接触的临床检查

咬合接触是上下颌牙齿之间的碰撞，在牙齿接触过程中实现咀嚼食物，引导及稳定颌位，保持修复体及相关牙齿在颌骨中位置稳定。咬合功能恢复是修复体作为天然牙替代物的必要条件，咬合接触则是咬合恢复的直接体现。健康天然牙的正常咬合接触以上下颌牙齿碰撞引起牙周膜足够形变，进而引发牙周膜内压力触感器激发神经信号传入中枢为主要生理特征，修复体的合理咬合接触虽然与修复类型密切相关，但是一般以满足合理𬌗力分布的情形下，不干扰现有咬合状态为佳（咬合重建除外）。咬合接触检查则是在理解咬合生理特征的前提下，实现合理咬合的必要临床技能。

（一）咬合接触检查的准备

咬合检查前应询问患者颞下颌关节及咀嚼肌等相关的症状和体征。如果患者有颞下颌关节、颌面部等相关症状和体征，已引起下颌位置的继发变化，应行进一步影像学检查，必要时转专科门诊进行诊治。在检查前应与患者说明在咬合检查过程中的下颌位置和动作及咬合力度，以使患者在相对自如放松状态下配合完成相应的下颌动作。虽然大多数患者对体位和头位变化引起的咬合接触变化不敏感，但是咬合检查时患者体位以接近患者咀嚼状态时的体位为宜，不应使患者处于过度平躺及后仰，避免患者处于特殊的强迫头位及下颌位置。进行咬合检查前应准备好相应的物品：隔湿棉卷、酒精棉球、咬合纸夹、不同厚度及颜色的咬合纸等，必要时需预先准备研究模型、𬌗架等特殊装置。

（二）咬合接触检查的方法

牙齿咬合接触点检查从物理现象来说是上下颌牙齿的碰撞检查，由于临床视野的限制，牙齿咬合面的接触状态不能被直视，因此需要以间接的方式来显示上下颌相对牙齿咬合接触面的碰撞，临床常用的咬合检查方法有以下几种：

1. 咬合纸检查法　通过用不同厚度及颜色的咬合纸，使被检查的牙齿或修复体表面染色从而间接推定咬合接触点的部位，也可根据颜色深浅初步判断咬合接触的面积和力度。这种咬合接触检查方法相对简单易用，可以检查正中及非正中咬合接触，是临床应用最广泛的咬合接触检查方法。

2. 牙线检查法　一般用于检查前伸、侧方等非正中咬合运动中的咬合接触，由于有接触发生的部位牙线会被阻挡致不能被拉出，据此可以判定舌、腭侧是否有咬合接触存在。这种方式不依赖染色等对被检查牙齿、修复体表面特征及易被唾液影响等特点，通过物理阻隔直接判定咬合接触存在与否，如果进一步治疗涉及调𬌗等操作，还需用咬合纸等进一步检查定位接触点。

3. 铝蜡、硅橡胶等咬合记录材料印记法　用咬合记录硅胶、软化的铝蜡等初期流动性良好的材料，在实际咬合动作前放置于上下颌牙列的表面，在咬合发生后保持并待材料凝固后取出。相比于咬合纸染色易受牙齿表面特征及唾液污染等影响，这种方法主要依据咬合记录材料在凝固后被穿透程度来反映上下颌牙齿的接触状态，是一种相对准确的牙尖交错𬌗咬合接触检查方法。需要指出的是，此法应用的咬合记录材料在咬合接触发生时其硬度必须小于牙周膜，否则在咬合碰撞发生时材料本身的硬度会干扰咬合接触的发生部位。

4. 口内直接观察　一个稳定、经年使用的天然牙列其磨耗面能严密接触吻合，而正常视力能分辨的厚度一般在 100 μm 左右，口腔科医生的职业训练及辅助头戴式放大镜等装置一般能分辨更小的厚度。借助于治疗前双侧牙列颊侧磨耗面等特征部位的对合程度，可以分辨戴修复体后是否存在咬合误差及对咬合误差程度进行初步的估计，因此口内直接观察也是一种咬合接触简单实用的初步检查方法。

5. 数字化咬合接触检查设备　随着信息技术的发展，原本应用于工业的各种膜状压力传感装置逐步被用于咬合接触检查，市售的系统有 T-Scan、Dental Prescale、Bausch OccluSense 等，这些系统有别于较早光弹薄膜片，能借助数字信号采集及处理手段获得上下颌牙齿咬合碰撞部位、力度、时相等更丰富的物理过程信息。但是由于这些膜状压力传感器其厚度、硬度等与牙周膜的力学性能有较大差别，而且工业应用场景也不是牙齿咬合面的复杂曲面结构，其获得信息过程与天然牙咬合接触的生理状态有一定差别，并非完全真实的咬合接触状态，因此在临床使用过程中可以适当参考，其获得的信息还需结合临床情形进行综合判断。

（三）咬合纸在咬合接触中的应用

咬合纸是临床最常用的咬合接触检查手段，其原理是使咬合接触部位染上咬合纸附带的颜色，从而间接推定咬合接触的存在。为了比较准确地在临床检查咬合接触，需要注意以下几个方面。

1. 被检查牙齿和修复体咬合面的处理　过于光滑的牙齿和修复体表面及唾液对表面污染不利于咬合纸颜色附着，因此在咬合检查前应先清洁表面并用 75% 乙醇清洁处理被检查牙齿和修复体的表面，必要时可用橡皮杯等处理修复体表面，对唾液分泌比较多的患者应进行必要的隔湿处理，避免检查过程中的唾液再次污染。

2. 咬合纸的选择　由于咬合支持组织及前后牙受力状态不同，应该选择不同厚度和颜色的咬合纸。由于黏骨膜有比较大的弹响模量，黏骨膜支持义齿（如全口义齿）在咬合力作用下可以发生比较大的位移，因此可以选择 100 μm 左右相对较厚的咬合纸；牙周正常的后牙受轴向力为主，一般可选 20 μm 左右的咬合纸；前牙是承受非轴向力的单根牙可选择低于 20 μm 的咬合纸进行咬合检查；对于骨结合的单个种植修复咬合检查，一般以采用 8 μm 咬合纸在其他天然牙重咬情形下能被有阻力地顺利抽出为宜。对于口内情况复杂、有不同咬合支持状态并存的咬合，应根据各种咬合支持组织的支持能力综合判断，选择不同厚度的咬合纸。咬合纸颜色是另一个选项，对需要反复检查核对正中和非正中咬合接触的检查，可以选择相同厚度、不同颜色的咬合纸用于区分正中及非正中的咬合接触。

3. 咬合接触点的颜色判别　咬合纸使用后会在被检查的牙齿表面留下不同颜色层次的印记，需要指出的是，并非所有颜色部位是需要去除的咬合高点。在正确使用咬合纸情况下，被检查牙齿和修复体表面的颜色多少是咬合纸颜料在不同咬合压力作用下释放的程度。应根据咬合印记判断无咬合接触区、正常咬合接触区及咬合高点区（图 2-2）。

4. 两次咬合法检查咬合接触　由于咬合纸结构不同，不同咬合纸在修复体及牙齿表面的染色能力有差异，为准确检查咬合接触点，可以选择两次咬合法检查接触点，在适当处理的被检查咬合面先用较厚、染色性较好的咬合纸进行第一次的咬合动作，使有可能发生咬合接触的部位留下比较多的颜料，紧接着用不同颜色、合适厚度的咬合纸进行第二次咬合动作（图 2-3），这样可以在第一次咬合印记的基础上留下第二次更为准确、清晰的咬合印记，有助于提高咬合检查的敏感度和特异度（图 2-4）。

（四）咬合接触检查的注意事项

1. 上下颌牙齿的咬合接触状态主要取决于与上下颌颌骨的相对位置，此外还与被检查牙齿及修复体的松动状态有关。即使上下颌骨位置能相对稳定，如果被检查的牙齿及修复体在咬

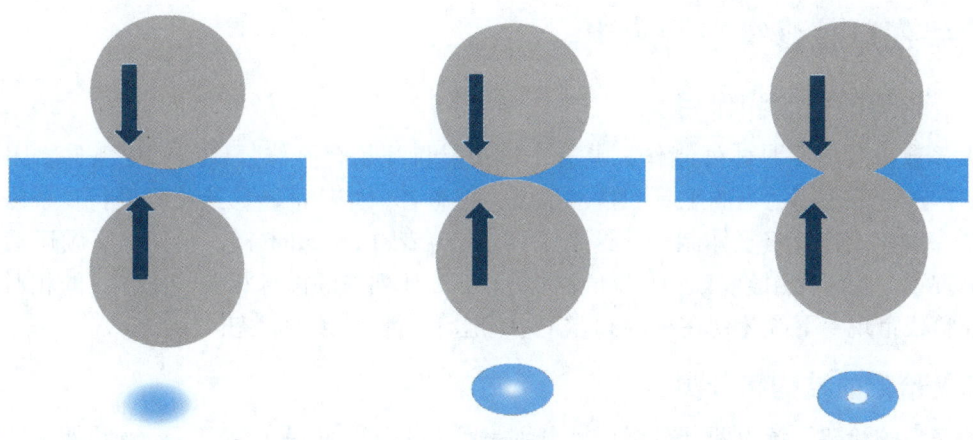

图 2-2　咬合纸的接触点颜色判别

上下牙尖间距离小于咬合纸厚度时咬合纸使牙面染色，间距越大染色越浅

上下牙尖有正常咬合接触，接触点部位轻微染色，接触点周围深染色

有咬合高点时，高点部位无染色，高点周围逐渐深染色，咬合纸被咬穿

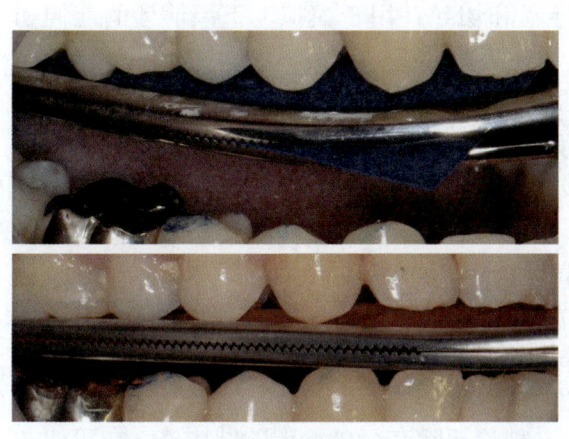

图 2-3　第一次咬合动作后显示染色面积大（使用厚咬合纸），用不同颜色、厚度咬合纸对同一部位咬合进行两次检查

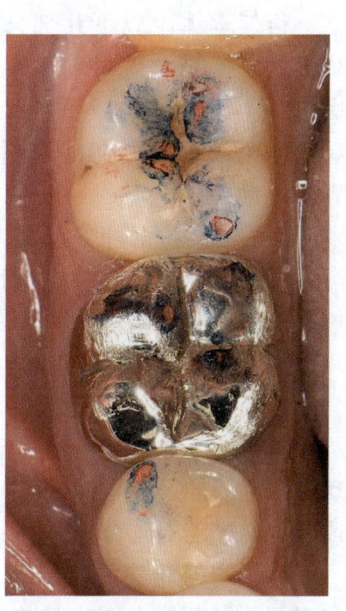

图 2-4　咬合接触部位显示两种颜色提高检查的敏感性及特异度

合力作用下出现移位，也会导致不准确的咬合接触点。因此，在咬合检查前首先应评估颌位稳定、患者的配合程度及被检查患牙的松动程度。

2.注意咬合接触检查的效率。咬合接触检查需要患者配合做重复下颌动作。过于频繁、持续时间较长的下颌动作容易导致相关咀嚼肌疲劳等导致下颌动作失真，牙周膜内的本体感受器也会由于重复刺激或力度过大导致反应性下降。因此，在临床操作中应注意咬合接触检查的效率，以期在短时间内达成理想咬合状态。首先需总体上控制修复体的精度，不至于在口内大量调改，修复体的良好咬合状态应该在修复体制作阶段已经完成，而非口内大量调改产生。此外，还应注意咬合调整的效率，一般初期咬合调整的量可以相对较大，此后再逐渐减少，直至后期精细调整到位，有些患者可在咬合调整初步完成后，择期再做精细调整。

3.注意少部分患者的特殊咬合体验。有少部分患者对咬合变化非常敏感并有一些自认为与咬合相关的诉求，在咬合接触检查中除精细操作、准确定位外，不宜单纯以患者主观感觉为咬合调整依据进行频繁的反复调𬌗，更不能以患者主观体验进行非主诉的天然牙调𬌗，甚至全牙列广泛调𬌗。

二、𬌗架在口腔修复中的应用

（一）𬌗架的概念和作用

绝大多数修复体都是体外制作，具有个体功能特征是合格修复体的必要条件。因此，在修复体制作过程中需用适当的工具和技术手段，把患者个体特征转移给技师进行复杂修复的治疗前诊断、治疗设计及修复体制作，这个工具就是𬌗架（articulator），𬌗架是下颌运动的体外模拟机械装置。临床使用𬌗架是为了准确重现上下颌牙列与颌面部相关组织器官的相对位置关系，并在𬌗架重现上下颌牙列在正中和非正中状态下的咬合接触状态。

（二）𬌗架的结构和分类

一般完整的𬌗架系统由两部分组成，分别是𬌗架本体及面弓（facebow）。𬌗架主要用于体外模拟上下颌牙列在各种状态下的相对位置和接触关系，而面弓主要用来确定上下颌模型与口外相关颌面部组织器官、面部参考平面的位置关系。

𬌗架本体由以下几部分组成：上下颌体用于模拟上下颌骨，上下颌体上各有一定的机械结构借助石膏等材料固定上下颌模型。并使上下颌模型的位置关系尽可能接近口内实际状态，上下颌体构成了𬌗架的主体部分，在其后端左右两侧各有髁球-髁槽结构模拟人体双侧颞下颌关节，在其前端的上部或下部有切导盘和切导针用于模拟上下颌前牙的前伸和侧方运动。

面弓主要由两部分组成，一个是能固定于双侧外耳道及面部前方（一般是鼻梁）的弓形结构，另一个是能连接弓体和上颌牙列的机械结构（一般是𬌗叉及万向关节）。

依据𬌗架的结构及体外模拟上下颌相对位置关系能力，适合临床应用的𬌗架可以分成以下几种。

1. 简单𬌗架（铰链𬌗架，simple articulator，hinge articulator） 这种𬌗架的最主要特征是仅有上下颌体借铰链轴固定在一起，没有可调节的髁导及切导结构，仅能模拟下颌的开闭口动作，无前伸及侧方动作模拟能力，而且如果模型在𬌗架上的旋转半径与人体差别过大，也易致牙尖交错𬌗的咬合误差。

2. 平均值𬌗架（average value articulator） 这种𬌗架除有简单𬌗架的结构外，在𬌗架左右双侧髁导部位有固定的前身髁导斜度（25°）及侧方髁导斜度（15°），这种固定不能调节参数的𬌗架其实不适合功能个性化修复的要求，一般用于黏膜支持义齿修复。

3. 半可调𬌗架（semi-adjustable articulator） 它是临床适用性最高的𬌗架，一般与配套面弓一起使用。此类𬌗架可以根据患者口内正中和非正中咬合情况，通过制取不同咬合状态的咬合记录，在𬌗架上调出相应的双侧髁导及切导的前伸和侧方数值，并依据面弓确定上颌模型在𬌗架中的位置。

4. 全可调𬌗架（full adjustable articulator） 传统的全可调𬌗架主要用于全面、精确地模拟人体下颌运动的各种细节，其相关的组件有运动面弓用于测量患者双侧下颌铰链轴位置，以使上下颌模型能精确重现口内的牙尖交错𬌗，𬌗架双侧髁球之间的距离也可调节以拟合每一个体实测铰链轴在体表的位置关系，此外有些全可调𬌗架还能模拟个性化的髁球运动，模拟下颌后退运动及下颌侧方运动中的迅即侧移等下颌动作细节。全可调𬌗架由于操作复杂，技术敏感性高，传统全机械结构的全可调𬌗架已经很少在临床应用。随着计算机技术在口腔内的应用，通过数字化技术进行下颌功能参数采集以获得𬌗架参数，结构简化的全可调𬌗架在咬合重建等复杂修复中已有广泛应用。

此外，尚有依据𬌗架髁导结构不同的𬌗架分类：把髁球在上颌体，髁槽在下颌体的𬌗架称为 Nonarcon 𬌗架（Condylar 𬌗架），简称 C 型𬌗架；把更接近颞下颌关节状态、髁球在下颌，髁槽在上颌的𬌗架称 Arcon 𬌗架。两种𬌗架在一般临床使用过程无明显区别，只是 C 型𬌗架上用模型抬升咬合垂直距离时，其前伸髁导斜度会发生相应的变化。

（三）𬌗架使用的临床步骤

1. 使用前准备 𬌗架在临床使用前需仔细检查其完好程度，务必使切导针、髁突等处于零位，𬌗架在开闭口运动中稳定无明显晃动。还需准备工作模型、咬合记录材料、上𬌗架专用石膏等相应材料，并与患者说明操作过程及患者在面弓转移及咬合记录过程中的必要配合。

2. 面弓转移及制取咬合记录 临床常用的面弓是经验面弓，又称耳弓，是测量下颌运动铰链轴运动面弓的简化。在面弓转移过程中，首先需要把𬌗叉与上颌牙列及模型建立唯一稳固位置的连接，在全口义齿中需要把全口义齿𬌗叉加热后插入蜡𬌗堤中，天然牙列模型需在𬌗叉上放置一定的咬合记录材料在口内与上颌牙列相贴合，待材料硬固后再在工作模型上核对是否足够吻合。其次把面弓的弓状主体固定在双侧外耳道及鼻前部，此时更主要的是核对弓体平面在面部侧面与𬌗架参考平面（鼻翼耳平面或眶耳平面）平齐，在前部与瞳孔连线平齐。面弓弓体的参考平面主要由不同品牌𬌗架的设计理念决定，不同的参考平面会导致上下颌模型在𬌗架中倾斜程度不同，必要时需与技师明确参考平面，避免出现修复体制作过程中𬌗平面及前牙倾斜和位置的误差。待弓体平面确定后再把带着咬合记录或蜡𬌗堤的上颌叉在口内完全就位后，用面弓万向关节或其他机械装置进行刚性连接。连接完成后带着𬌗叉及上颌弓体从患者口内及面部完整取出备用，需特别指出的是取出之后，𬌗叉及其上部已固定的万向关节在上𬌗架过程中不能再更改，否则会严重影响面弓转移的效果。

𬌗架相关的咬合记录主要包括正中和非正中两部分，正中咬合记录曾要求记录正中关系位及牙尖交错位咬合记录，随着𬌗学研究的深入，现在主流做法是天然牙的正中咬合记录以牙尖交错位为主，全口义齿等全口修复可以记录正中关系位，但即使记录正中关系位，也需在口内核对其可用性或经临时性修复等在口内验证可行使功能。非正中咬合记录包括下颌前伸状态咬合记录及下颌左右侧方状态咬合记录。需要指出的是，不管用何种材料获得何种颌位的咬合记录，必须在口外模型上核对其吻合度及咬合记录能使上下颌模型获得稳定、唯一的对合。

由于修复种类和要求不同，并非所有的病例都需面弓转移及采集正中和三种非正中咬合记录，只要技师能从现有模型及其他临床资料等获得足够外形或功能信息用于修复体的个性化功能咬合形态制作，上述有些步骤可酌情省略，在全口义齿修复中，咬合支持的容错性较大，上下颌蜡堤在口内的稳定度不足，经常采用经验公式由前伸髁导斜度推导侧方髁导斜度（侧方髁导斜度＝前伸髁导斜度 /8 ＋ 12）。

3. 上下颌模型上𬌗架 上颌模型有面弓转移时，依据面弓转移的𬌗叉位置固定在𬌗架上，固定方法需要参照各种品牌𬌗架的使用说明书，需指出的是，上颌模型在上𬌗架时应严格按照𬌗叉位置进行，并控制上颌模型与𬌗架上颌体架环之间的空隙，以免过量石膏堆积引起的变形。此外，由于面弓转移获得的中线实际上是面弓两侧外耳道固定球之间的平分线，并非患者面部表面软组织的中线，因此在面弓转移及上𬌗架时还需对面部中线在上颌模型上进行标示。

下颌模型需借助咬合记录或上下颌牙齿的尖窝嵌合关系与上颌模型暂时稳定固定后再借石膏固定在𬌗架下颌体的架环上。与上颌模型固定时也为避免石膏凝固膨胀，下颌模型固定石膏也不宜过多。此外，依据传统的𬌗架理论，下颌模型与上颌模型的相对位置应是正中关系状态，以满足上下颌牙列开闭合处于铰链状态以对应𬌗架横向轴，但是随着颞下颌关节及𬌗学研究的证实，铰链轴理论及正中关系𬌗已不被认为是天然牙列所必须，因此牙尖交错位上𬌗架逐渐成为临床常用的方法。

(四)𬌗架参数的调节

修复体的功能性不仅体现在牙尖交错𬌗时的接触状态，更需使修复体的前伸、侧方咬合形态符合个体颞下颌关节及咀嚼肌功能运动特征，在模型上𬌗架之后，通过全可调和半可调𬌗架对双侧髁导和切导参数设置使技师在修复体制作阶段实现对修复体咬合面形态的精确控制，一个没有上述参数设定的𬌗架仅能实现开闭口状态的咬合，无法全面模拟前伸及侧方状态的咬合状态，而这种非正中的咬合形态是个性化咬合形态的重要组成部分，往往会明显影响口颌系统功能的发挥。

𬌗架参数调整包括位于𬌗架后部的双侧髁导参数调整和位于𬌗架前部的切导参数调整，一般先行髁导参数调整，用前伸咬合记录调整双侧髁导的前伸髁导斜度，下颌左侧方或右侧方的侧方咬合记录调整相应对侧的侧方髁导斜度。待𬌗架双侧前伸和侧方髁导参数确定后，再依据模型牙列磨耗形态等调整切导的前伸及左右侧方度数。

随着计算机技术的发展逐渐出现各种下颌运动的电子化采集、分析系统。在获得下颌动作数字化信息基础上结合𬌗架的机械构造原理，可以不经口内制取各种咬合记录，用下颌运动轨迹确定上颌模型在𬌗架中位置及所有𬌗架髁导及切导参数信息，相对于传统在口内制取咬合记录及咬合记录在𬌗架模型上拼对来调节𬌗架参数，在临床上应用此法简便而准确。此外，现在虽然有所谓的全数字化"虚拟𬌗架"，其𬌗架的结构组成、参数调节及上下颌数字化牙列及其𬌗架中位置等都以数字化方式呈现，但其基本原理还是沿用传统实体模型和𬌗架体系，受制于数字化修复流程、制作工艺等有待改进，大范围修复如不经实体模型及𬌗架验证、调改，修复体的全流程数字化制作往往会带来较大的咬合误差，从而失去修复体𬌗架制作的意义。

(五)𬌗架使用过程的注意事项

𬌗架是为提升修复体符合个性化功能特征的工具，经过严谨𬌗架应用的修复体更符合患者颞下颌关节及咀嚼肌的个体功能特征，短期内更易被患者适应，长期更有利于患者口颌系统功能健康及修复体的长期稳定，但是即使是全可调𬌗架也不是提升修复体精度的工具，修复体精度提高涉及整个修复治疗流程，模型上𬌗架及𬌗架上制作修复体只是其中一个环节，需要特别强调的是，修复体制作的良好精度控制是实现功能修复的必备条件，否则即使是𬌗架上制作的个体功能特征完备的修复体𬌗面形态，在口内戴牙过程中由于咬合误差过大也需返工重做，口内大量调改由技师依据原有临床信息制作的个体功能特征咬合面形态会失去使用𬌗架制作修复体的意义。此外，还需说明的是，𬌗架髁导、切导位置与参数与𬌗架中的模型是唯一对应关系，如治疗前后要用同一𬌗架参数的复杂修复，应使治疗前后的模型及切导盘在𬌗架中处于相同位置。

临床选择𬌗架应以适用为原则，非必须不应选择过于复杂的𬌗架，不主张简单病例用复杂𬌗架，因为复杂𬌗架技术敏感度高，易致操作过程误差积累。理应从修复种类及修复体需实现的下颌功能控制作为选择使用𬌗架的依据，单牙或少部分患牙修复时，如修复部位不是下颌前伸、侧方运动的唯一决定因素，就没有必要使用半可调或全可调𬌗架并进行面弓转移和所有的正中及非正中咬合记录过程。对于咬合重建等复杂、大范围的固定修复要求精确颌位控制等则应采用半可调或全可调𬌗架，否则修复体戴入口内后会对口颌系统功能带来不同程度的冲击，严重者可致功能失调、修复体失效等一系列问题。

(张 豪)

第五节　诊断、预后及治疗计划
Diagnosis, Prognosis, and Treatment Planning

一、诊断

诊断（diagnosis）是医生根据收集的信息资料、检查发现、X线片、研究模型、特殊检查结果、会诊结论等加以综合分析，然后根据相关专业知识对患者病情做出的判断，它是制订完善治疗计划和预后评估的基础。

二、预后

预后（prognosis）是对疾病发展可能的一种估计，受全身（systemic）和局部因素（local factors）的影响，也受非临床因素的影响。全身因素包括患者的年龄、健康状况、系统性疾病和心理卫生因素等。全身因素会影响口腔支持组织（包括所修复患牙和基牙的牙周支持组织、剩余牙槽嵴）的耐受水平和整体修复治疗效果，如糖尿病患者牙周组织的抵抗破坏吸收的能力较全身因素正常者差，因此全身因素是保证口腔修复长期成功的前提。局部因素则是口腔局部的因素，如牙齿自身、牙周支持组织、牙槽嵴支持能力大小、口腔咬合状态以及口腔卫生情况等局部条件，是影响预后的直接因素。例如牙列缺损患者如果余留牙牙槽骨已发生过不同程度的吸收，为患者进行可摘局部义齿修复时其长期疗效显然会受到明显影响。非临床因素是指患者的时间、精力，经济承受能力，患者对治疗方案的理解及付出的意愿等。非临床因素也决定着治疗方案的选择和实施，它越来越成为影响预后的一种重要因素。

三、治疗计划

治疗计划（treatment planning）是经过上述资料收集、口腔检查、综合诊断并在评估预后之后提出的，是适合患者意愿的、全面的修复治疗程序。它包括修复前的准备、修复需要的条件、修复体的类型选择、修复的预后等。口腔修复治疗计划应按诊疗的顺序及轻重缓急来制订，治疗计划的制订可以按照以下程序进行：

1. 制订治疗计划时应该充分了解患者的要求、就诊目的和期望值。分析患者要求的合理性是否符合修复原则。如果不符合修复原则则应说服患者，如果不能够说服患者则应停止治疗。例如一些患者口腔卫生条件很差，许多牙齿Ⅲ度松动仍强烈要求按照现有条件进行修复，在无法说服的条件下应停止下一步程序。

2. 修复医师采集病史，收集临床信息资料，进行全面口腔检查并做出合理诊断及预后分析，选择适合患者要求和适合患者自身条件的所有可能方案。

3. 将上述结果告知患者，让患者自己或其监护人了解其口腔情况和修复条件，并告知可能采取的修复方法、每种可能修复方法的优缺点、各自所需的修复前准备、并发症或意外情况、各自方法所需的大概时间及相关费用等。

4. 患者根据医师提供的上述信息从中选择适合自己的方案或意向。在患者有了修复意向后，医师还应就这个方案做更详细的告知。包括介绍口腔修复所用的材料类型、具体的程序（包括修复前准备及其他科室的转诊治疗要求、转诊治疗顺序等）和大概就诊次数、复诊、复查要求以及相关费用等。对于与该方案相关的并发症或医疗意外情况应做进一步介绍，必要时需请患者在知情同意书上签字。

5. 将上述经医患双方认可的治疗计划记录在病历中。

按照上述程序详细、全面地制订和记录治疗计划对医患双方都是有益的。医师尽了告知义务和注意义务，患者享有了完全的知情权和选择权，如此才能最大限度地避免医疗纠纷的发生。

第六节　病历记录
Clinical Recording

病历（clinical records）是对疾病检查、诊断、治疗的重要依据，也是医学的宝贵资料。完整的病历记录不仅有利于日常医疗工作的进行和管理，而且通过大量病历资料的积累，更有利于进行临床经验的总结、进行科研以及提高医疗质量，从而促进口腔医学事业的发展。除此之外，病历资料还可为医疗纠纷和医疗鉴定提供对医方有利的证据。因此，医师必须认真书写病历，完整准确地完成记录工作。

一、病历书写格式

完整的病历应包括以下内容：

（一）一般情况
一般情况包括姓名、年龄、民族、籍贯、职业、婚姻状况、住址及电话、门诊号、就诊日期等。

（二）主诉
主诉包括患者的主要症状及持续时间，以及患者就诊的主要目的和要求。

（三）现病史
与主诉有关的疾病发生情况，包括自觉症状、治疗经过及疗效等。

（四）既往史
既往史包括过去健康情况、曾患疾病、治疗情况等。

（五）家族史
与患者疾病有关的家族情况，必要时要进行询问。

（六）检查
按口腔检查方法及内容，根据患者疾病的具体情况，全面而有重点地将检查结果记录在病历上。

（七）诊断
根据检查所得的资料进行综合分析和判断，对疾病做出合乎客观实际的结论，称为诊断。如对疾病不能确诊时，可做初步诊断或以临床印象等名称代之。

（八）治疗计划和修复设计
根据病情及口腔检查结果，并结合患者的要求，制订治疗计划和修复治疗的设计，可绘出设计图及用文字等形式表示。

（九）治疗过程记录
记录医师向患者告知的内容、患者在修复治疗过程中或每次就诊时医师做的具体治疗工作及治疗效果、患者的反应、下次预计要进行的工作。记载要简明扼要，每次就诊必须写明日期，医师必须签名。

为了便于病历记录和资料的总结，在病历书写时，对牙位的记载要用统一符号表示。常用的牙位记录方法请参考《牙体解剖与口腔生理学》有关章节。

二、病历书写要求、注意事项及管理

（一）病历书写的总体要求

1. 病历是具有法律依据的文件，因此病历书写应当字体工整，页面整洁，无自创和错别字，不得涂改以免造成不可挽回的损失。
2. 病历描述要语言通顺，运用术语正确，绘图标记正确。
3. 病历记录要全面，按照病历书写格式逐项填写，不要漏项。
4. 主诉牙或主诉病的首诊均按初诊要求书写病历，复诊或复查是指主诉牙或主诉病的继续治疗过程。
5. 病历必须准确地反映出患者初诊时的情况，记载医生的诊断、治疗计划以及治疗中可能发生的并发症、意外情况和预期效果，记载患者对治疗计划的选择，并详细记载治疗的经过、转诊情况、治疗的预后和治疗后的结果。

（二）病历书写的注意事项

病历既是开展临床研究的重要资料，也是医疗纠纷鉴定、医方进行自我保护的重要证据。因此，病历书写要注意以下事项：

1. 对初诊患者的病情，要作全面而准确的描述。重要检查项目的阴性结果及体征应有记录，不要漏写。支持诊断的异常发现、检查结果、X 线片、研究模型等必须充分而详细地记录下来。在模型等上面注明日期、病历号、部位等以防止与其他患者的资料混淆。
2. 诊断和治疗计划的书写要清楚明了，不应忽视记载口腔内其他病理性改变的诊断和治疗计划，以免由于病历书写过于简单而失去提供科研资料的可能，同时，由此还可引发纠纷，在医疗鉴定中无法保护自身。
3. 对修复治疗过程中可能发生的并发症、意外情况或治疗风险，对整个治疗计划的优缺点和预期治疗效果，对治疗费用的估计等都应事先告知患者或其监护人。告知项目要在病历中记录全面，并征得患者同意后才可开始治疗。必要时应让患者在知情同意书上签字。例如，拆除旧的铸造全冠时，医师对冠内的情况无法了解，原有牙体组织可能剩余极少，甚至无法承受拆冠时的震动而会发生从冠颈部的折断，或者拆完冠后患牙需进行根管治疗、牙周治疗等复杂治疗。如果事先未告知患者上述风险和可能发生的后续治疗和费用，当治疗结果与患者的预期不符时，医疗纠纷就会即刻发生。对于过渡性的临时修复，治疗的风险和预期结果会更差，更应注意上述事项。
4. 对于患者坚决要求进行的治疗项目，如果不符合修复原则，应说服患者并让其充分考虑并同意后才开始治疗，上述过程应该记录在案。如果患者坚持不合理的要求，医方应当拒绝开始治疗。

（三）病历资料的管理

1. 病历既是具有法律性的文件，又是临床重要的医疗资源，应妥善保管，做到及时归档记录。对于有研究价值的病历资料，医生应分类记录，对病历号、患者姓名及相关联系方式应及时准确地记录，以备随时调用。
2. 合理利用计算机和网络技术进行病历资料管理。

三、电子病历的应用与管理

电子病历（electronic medical record，EMR）是在医疗活动过程中，使用信息系统生成的文字、符号、图表、图形、数字、影像等数字化医学信息，并能实现存储、管理、传输和重现的医疗记录，是病历的一种记录形式。它已在全国范围内应用，口腔修复医生应很快适应这样的发展，因为电子病历对于医疗质量管理和监控、临床研究、临床教学、检索查阅方便快捷，可起到事半功倍的效果。口腔修复门诊电子病历的书写内容同常规病历，上述病历书写格式和要求也同样适用。电子病历可以规范病历书写格式和病历内容，采用结构化的电子病历系统，可方便电子病历信息的查询和访问，利于口腔修复医疗质控，利于促进医疗质量、医疗安全和医疗效率的提高。

第七节 修复前的口腔准备
Preprosthetic Oral Preparations

修复前的口腔准备是指经过全面检查、诊断之后，按照拟订的口腔修复设计，对口腔组织的病理情况或影响修复效果的情况，进行适当的处理，以保证预期的效果。

一、修复前口腔的一般准备

（一）去除不良修复体

当口腔内的修复体已丧失功能，并刺激周围组织而又无法进行修改时应去除；对一些设计和制作不当的不良修复体也应去除。

（二）确定牙齿去留

保留天然牙和经过根管治疗的牙根，有利于义齿的支持、固位和稳定，并防止牙槽骨的吸收。另外，牙周膜具有本体感受器，当承受𬌗力时可将信号传入神经中枢。同时，牙周膜感受器具有很强的生理辨别能力，具有辨别方向、区别食物体积大小等能力。故从口腔修复治疗效果考虑，应尽量保留天然牙及牙根。但是，当出现以下情况时，应考虑拔除。

1. 一般来说，对于牙槽骨吸收达到根长 2/3 以上，牙松动达Ⅲ度者应予以拔除。
2. 残根、残冠大面积缺损达龈下，无法利用牙冠延长术或正畸牵引等获得牙周生物学宽度要求的。
3. 残根、残冠缺损虽位于龈上或齐龈，但牙根短，无法利用桩核修复或无法用作覆盖基牙的。
4. 其他无法进行完善牙体牙髓治疗的牙齿。
5. 严重干扰口腔修复进行的错位牙、移位倾斜牙、阻生牙等。
6. 位于正常𬌗曲线或颌弓之外的牙齿，影响下颌运动，对口腔修复无帮助并且有妨碍，且影响咀嚼功能时应拔除。
7. 对个别孤立牙的去留，应根据孤立牙的牙体、牙周健康情况，根据牙冠的形态、位置、部位慎重地予以考虑。例如8|8近中倾斜，但下颌其他牙均缺失且牙槽嵴吸收较重，如留之有利于义齿的固位和支持时应保留，但对义齿修复无益且又有妨碍的应拔除。

（三）牙体牙髓科治疗

对于余留牙中的龋齿，应根据牙髓情况分别进行充填治疗、根管治疗。对于残根应区别对待，不要一概拔除；某些残根，如牙槽骨高度正常，根面至少齐龈，经过完善的根管治疗后，可利用其作为根内固位体的基牙或覆盖基牙者，应予以保留。如果磨牙为大面积缺损甚至为残根、残冠，若根分歧及根尖无明显病变，经过完善的根管治疗后，也可予以保留，用桩核加全冠修复后可作为基牙。这样的治疗设计可避免形成后牙游离端缺失，并可增加可摘局部义齿的支持和稳定。

（四）牙周治疗

1. 牙周组织的健康可确保印模的准确性，对修复体的远期成功也至关重要。因此，在修复治疗前应进行洁治，清除牙结石和牙菌斑，并嘱患者保持良好的口腔卫生习惯。

2. 对于牙周炎患者，应该进行牙周系统治疗。

3. 治疗松动牙。对于松动牙的去留，应根据具体情况而定。如果某些松动牙是由于创伤𬌗或不良修复体造成的，在病因去除后，可逐渐恢复稳固。某些松动牙的牙槽骨虽已吸收了1/2，经过牙周治疗，调磨牙冠并改变冠根比例和减轻𬌗力负担后，牙齿可变稳固。

4. 对于外伤或龋齿等导致的患牙边缘位于龈下较深，要求暴露边缘或者重新建立生物学宽度（biologic width）的情况，需要进行牙冠延长术（crown lengthening surgery，参见《临床牙周病学》）；行牙冠延长术时，牙槽嵴顶高度需修整降低至牙体缺损断面或根面根方至少3.5 mm（2 mm的生物学宽度，1 mm的龈沟深度，0.5 mm龈上牙体组织）处（图2-5）；牙冠延长术可导致冠根比增加、龈缘线与邻牙不协调、手术可能波及邻牙等问题；对于上述情况能否接受牙冠延长术需综合考虑美观因素、骨内的牙根长度、对邻牙的影响、根分叉是否会暴露、软组织厚度等因素；术后6周龈缘位置基本达到稳定，因此一般在术后6周开始修复；有临床研究显示牙冠延长术3~6个月后生物学宽度及牙龈缘位置不再发生变化，因此对于美观要求高的患者，最终修复体应在术后至少3个月才开始，之前可以使用暂时性修复体进行修复。

此外，对于露龈笑（gummy smile）、牙龈线不协调等要求进行美观修复时，需要进行牙龈美学手术甚至牙冠延长术。

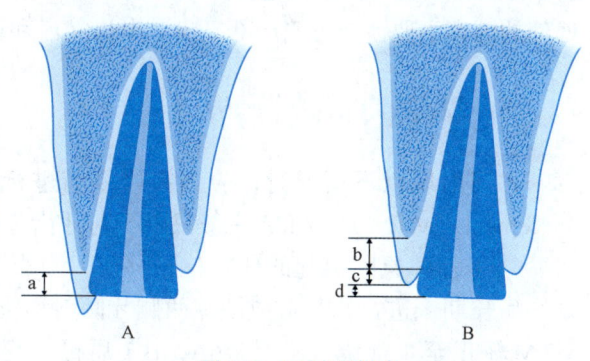

图2-5　牙冠延长术
A. 牙冠延长术前；B. 牙冠延长术后
a. 术前牙槽嵴顶至根面或断面距离小于生物学宽度，且龈沟深度不足或消失；b. 生物学宽度（2 mm）；c. 龈沟深度（1 mm）；d. 龈上牙体组织高度（至少0.5 mm）

（五）口腔黏膜疾患的治疗

如果口腔黏膜组织有溃疡、白色损害、炎症等黏膜病征，必须先做治疗，以免口腔修复操作和修复体本身对黏膜产生刺激而使疾患加重。对于有义齿性口炎的患者，除了彻底停戴旧义齿外，还需积极采取措施消除炎症。

（六）调𬌗与选磨

当出现以下情况时，应进行调𬌗或选磨。调𬌗可以在修复前完成，也可以在修复前仅进行初步的和必要的调𬌗，然后再在修复时结合牙体预备进行。

1. 调磨过长牙　缺牙时间过长而未及时修复，往往会造成对颌牙的过长。过长牙不仅丧失了功能，并且造成了𬌗干扰，减少了修复的𬌗龈间隙，应进行调磨。调磨时，视情况可一次调磨或分次调磨，必要时，可在去髓和根管治疗后再进行调磨，使过长牙达到正常𬌗曲线且有足够的𬌗龈间隙，以利于修复治疗；对于重度过长牙，它甚至可咬至对颌缺隙的牙槽嵴黏膜或者出现咬合锁结，造成修复困难，此种情况下可对其进行根管治疗，截冠后以全冠改形；当然，对于过长牙，如果条件允许，还是优先选择正畸压低以改变其𬌗曲线，对其去髓和根管治疗不是首选。

2. 不均匀磨耗牙尖、边缘嵴的调磨 当牙齿𬌗面磨耗不均匀时，在上颌的颊尖、下颌的舌尖，经常会出现尖锐的牙尖、边缘嵴，从而引起食物嵌塞或𬌗创伤，也可能出现颊、舌软组织刺激等不适症状；因此，有必要对尖锐尖、嵴进行磨低、圆钝处理。

3. 创伤性咬合（traumatic occlusion）的调磨 当上、下颌牙列在牙尖交错𬌗有早接触点或非正中运动有𬌗干扰时，往往会造成牙体和牙周组织损伤。对上述早接触点或𬌗干扰应进行调𬌗处理。必要时可取研究模型在𬌗架上进行观察后再调𬌗。选磨调𬌗的原则和方法请参照本书第十三章。

二、修复前的外科处理

口腔软硬组织的正常形态结构是口腔修复成功的重要条件。对尖锐的骨尖骨突，明显的骨突、骨嵴形成的过大组织倒凹，增生的软组织、松软黏膜组织等，均应进行外科修整或去除。无论是软硬组织增生，还是退缩或缺损，一般都可通过外科处理解决。例如：如果牙槽嵴低平影响修复体固位，可通过牙槽嵴唇颊沟加深术或前庭成形术（labio-buccal sulcus extension or vestibuloplasty）、牙槽嵴重建术（reconstruction of atrophic residual ridge）解决。有关修复前外科处理的内容主要涉及可摘局部义齿、全口义齿和种植义齿修复的术前准备，请参考有关章节。

三、修复前的正畸治疗

1. 当出现以下情况时，应当在修复前进行微小移动的正畸治疗（minor orthodontic tooth movement，MTM）。MTM一般只限于对牙齿少量的移动，不涉及咬合的大量调整。

（1）各种原因引起的牙错位、移位，当影响修复治疗时可采用正畸治疗矫正位置。如牙缺失后长期未进行修复造成缺隙两侧牙倾斜移位，用固定修复无法获得共同就位道时，可采用MTM矫正至正常位置（图2-6A，B）后再修复。当牙齿过长时，也可采用MTM矫正至正常

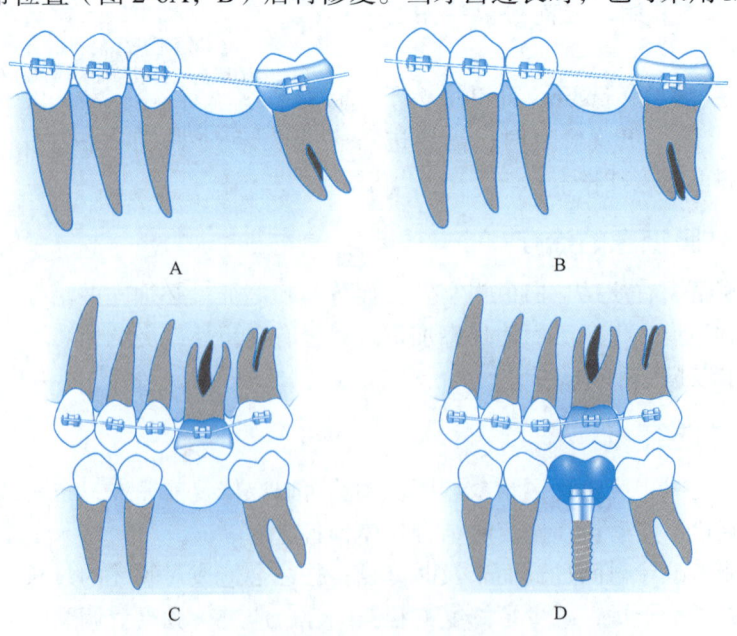

图2-6　MTM矫正牙齿移位
A. 左下第二磨牙前倾矫正开始；B. 左下第二磨牙位置恢复完成
C. 上颌第一磨牙过长下垂矫正开始；D. 上颌第一磨牙压低完成后种植修复下颌缺失牙

位置后再进行修复（图 2-6C，D）。

（2）当外伤、龋损导致断面或根面位于龈下，当患牙根长、支持骨足够时，可通过 MTM 将患牙牵引到适当位置，以暴露断面或根面而达到保留和修复患牙的目的。MTM 需牵引的距离约等于牙体缺损根面或断面最低边缘至牙槽嵴顶的距离＋生物学宽度（约 2 mm）＋1 mm 龈沟深度＋至少 0.5 mm 的龈上高度（此高度把牵引距离降至最低，也利于形成牙本质肩领）（图 2-7）。与牙冠延长术相比，MTM 正畸牵引虽然也可减少牙槽骨内的绝对牙根长度，但是其冠根比相对牙冠延长术更有利（图 2-8）；但正畸牵引往往伴随着牙槽骨和牙龈附着会随着基牙的牵引而向牙冠方向移位，当牵引前牙周组织正常无缺损时，MTM 可能使临床冠变短不协调，需要配合牙冠延长术将牙槽骨和龈缘恢复到与邻牙协调的水平（图 2-8）。

（3）当牙列缺损伴有前牙间隙或仅有前牙间隙需要消除间隙进行美学修复时，可先将间隙关闭或集中到适当位置后再进行修复。

2. 当患者有深覆𬌗、深覆盖、𬌗曲线不良、牙齿明显移位等严重畸形时，在条件许可的情况下，应当在修复前采用系统全面的正畸治疗，以矫正患者的𬌗曲线、𬌗类型，最好使其在达到个别正常𬌗后才开始修复治疗。但是，由于口腔修复科患者大多是成人，成人正畸的难度、成功率以及并发症必须考虑。同时，还需结合患者的治疗要求、时间和经济承受能力等因素综合考虑。该方案必须通过与口腔正畸专业医师的共同会诊并慎重考虑后方能实行。

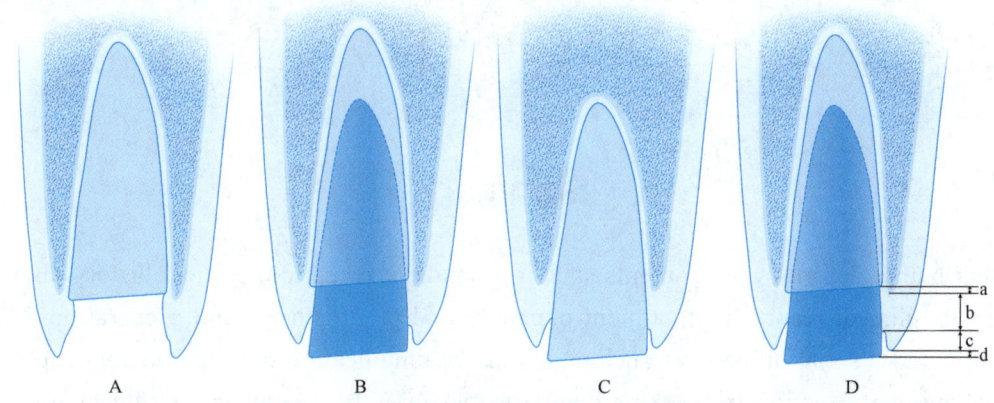

图 2-7　正畸牵引［正畸牵引的距离至少为：a + b + c + 0.5 mm（d）］

A. 龈下残根正畸牵引前；B. MTM 向下牵引的图示；C. 牵引至合适位置；D. 牵引的距离图示

a. 牙体缺损根面或断面最低边缘至牙槽嵴顶的距离，当最低边缘位于牙槽嵴顶以下时，a 值为正数，当最低边缘位于牙槽嵴顶以上时，a 值为负数；b. 约 2 mm 的生物学宽度；c. 1 mm 龈沟深度；d. 至少 0.5 mm 的龈上高度

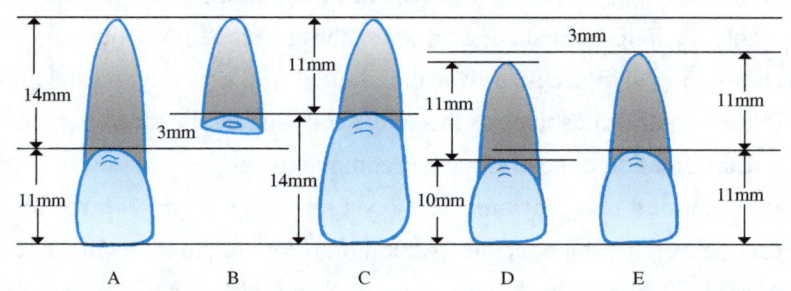

图 2-8　牙冠延长术与正畸牵引对冠根比、临床冠长的影响

A. 中切牙平均的冠根比约为 11∶14；B. 牙齿断面或根面位于釉牙骨质界下方 3 mm；C. 牙冠延长术导致与邻牙不协调的临床冠长度，冠根比也出现不协调，约为 14∶11；D. 正畸牵引术后的牙齿冠根比相对牙冠延长术时的冠根比更有利于牙齿稳定，约为 10∶11，但可能使临床冠变短；E. 正畸牵引术后结合进一步的牙龈成形术或牙冠延长术，可获得与邻牙较为协调的临床冠长，此时的冠根比约为 11∶11

（周永胜）

进展与趋势

本章对口腔修复的临床接诊、病史采集、口腔检查、病历记录、治疗计划以及修复前的准备等内容进行阐述。在临床接诊中，定期复查（periodic recall visit or follow-up）的重要性日益凸显；定期复查利于及时发现问题从而保证修复体的长期成功，同时定期复查利于积累临床证据和开展长期的临床研究，从而为循证口腔修复学（evidence-based prosthodontics）的发展奠定基础。病史采集更应注意全面的信息收集，它是制订合理治疗计划的基础，即使有再先进的检查手段也不能代替病史采集。口腔检查更侧重于准确、全面、便捷的客观数据的提供；随着科技的发展，越来越多的先进检查手段将会给口腔检查带来革新。例如，以CBCT为代表的更加准确的X线检查手段将使种植修复、颞下颌关节紊乱病等疾病的诊断、治疗更加便捷、有效，同时也为数字化、精准化种植修复打下了坚实的基础。预后是对疾病发展可能的一种估计。对疾病预后的判断将更加依赖医师对患者全身系统性因素、局部因素以及经济等非临床因素的全面评估。在病历记录中，合理利用计算机和网络技术进行病历资料管理将成为趋势。电子病历已在逐步推广应用中，它将全面取代传统的病历，并对医疗质量进行实时管理和监控，对临床研究、信息检索提供更方便、客观以及全面的数据。此外，在修复前的口腔准备中，多学科合作进行治疗前设计、口腔准备、治疗方案的确定将更加受到重视，并为获得最佳的治疗效果起到关键作用。

Summary

This Chapter describes the contents such as outpatient reception, clinical history taking, oral examination, clinical recording, treatment planning, and preprosthetic oral preparations. Clinical reception includes serial procedures such as mutual communication between doctors and patients, history taking, oral examination, making diagnosis, planning the treatment, and finishing the whole treatments. Because there are different procedures, tasks, and contents, the clinical reception can be divided into 3 phases: first visit, appointments, and periodic recall visits or follow-up. Periodic recall visits are scheduled for patients to monitor the function and comfort of the prosthesis and to verify the oral conditions and oral hygiene in proper maintenance after wearing the prosthesis. Periodic recall visits are indispensable for long-term success of a prosthesis and help to solve the problems in time. This follow-up procedure is also necessary for the clinical trial or study and helps to provide solid and long-term evidence which contributes to the evidence-based treatment. A patient's history should include all pertinent information concerning chief complaints, along with any personal information, including relevant previous medical and dental experiences, and family history. Thorough examination and data collection which include general oral examination, roentgenograph, study cast analysis, and masticatory function checking, etc. are indispensable for the prospective prosthodontic patients. A comprehensive clinical examination helps diagnose, identify the likely prognosis, and make proper treatment planning. A typical diagnosis condenses the information obtained during the clinical history taking and examination. It is the basis for full treatment planning and right prognosis evaluation. Prognosis is an estimation of the likely course of a disease. It is influenced by general factors (age, systemic disease, etc.), local factors (oral conditions), and other non-clinical factors (such as economic factor, compliance). Treatment planning consists of formulating a logical sequence of treatment designed to restore the patient's dentition to good health, with optimal function and appearance. The plan should be presented in written form and should be discussed in detail with the patient. Good communication with the patient is essential when the plan is formulated. The patient's preferences are paramount in establishing a suitable treatment plan. An appropriate plan informs the patient about the current conditions, the extent of dental treatment proposed, the time and cost of treatment, the level of professional follow-up, and home care needed for success. Comprehensive treatment planning ensures that oral preparation is undertaken in a logical and efficient sequence aimed at bringing the teeth and their supporting structures to optimal health. In addition, before any irreversible procedures are undertaken, the patient should understand that some details may need to be modified during the course of treatment. Clinical record is a medical document officially recording the specific conditions of a patient that exist currently or previously, which facilitates the examination, diagnosis, treatment, and study of a disease. Complete clinical recording is also conducive to well manage the medical works and improve the medical quality. Clinical records can be used as legal documents or a medical testimony when medical disputes take place or a medical identification is required. Preprosthetic oral preparation refers to the treatment procedures that need to be accomplished before prosthodontics can be properly undertaken. It contains serial treatments or logical procedures including multidisciplinary collaborations designed to facilitate the fabrication of prostheses or to improve the prognosis of prosthodontic cares.

Definition and Terminology

复查 **(follow-up)**: Periodic recall visit scheduled for patients to monitor the function and comfort of the prosthesis and to verify the oral conditions and oral hygiene in proper maintenance after wearing prosthesis.

病史采集 **(history taking)**: Collecting of the medical information by inquiry of doctors and questionnaire which aims to understand the chief complaints, present history, past history, and family history of a patient.

主诉 **(chief complaint)**: The patient's primary reasons for seeking treatment.

诊断 **(diagnosis)**: The determination of the nature of a disease.

预后 **(prognosis)**: A forecast to the probable consequence of a disease or a course of therapy.

治疗计划 **(treatment plan)**: The sequence of procedures planned for the treatment of a patient after diagnosis.

病历 **(clinical records)**: A medical document officially recording the specific conditions of a patient that exist currently or previously, which facilitates the examination, diagnosis, treatment, and study of a disease.

修复前的口腔准备 **(preprosthetic oral preparations)**: Serial treatments or procedures including multidisciplinary cooperation designed to facilitate the fabrication of prostheses or to improve the prognosis of prosthodontic cares.

修复前外科处理 **(preprosthetic surgery)**: Surgical treatments prepared to facilitate the fabrication of prostheses or to improve the prognosis of prosthodontic therapy.

参考文献

[1] 冯海兰,徐军.口腔修复学.2版.北京:北京大学医学出版社,2013.
[2] 朱希涛.口腔修复学.2版.北京:人民卫生出版社,1987.
[3] 徐君伍.口腔修复学.3版.北京:人民卫生出版社,1994.
[4] 马轩祥.口腔修复学.5版.北京:人民卫生出版社,2003.
[5] 巢永烈.口腔修复学.北京:人民卫生出版社,2011.
[6] Shillingburg HT, Sather DA, Wilson EL, et al. Fundamentals of Fixed Prosthodontics (4th edition). London: Quintessence Books. 2012.
[7] Rosenstiel SF, Land MF, Fujimoto J, et al. Contemporary Fixed Prosthodontics (5th edition). Elsevier, Mosby. 2016.

第三章　牙体缺损的修复

Restoration of Defected Teeth

第一节　概　述
Overview

牙体缺损（tooth defect）是口腔常见病和多发病，发病率为24%～53%。牙体缺损是指由于各种原因引起的牙体硬组织不同程度的外形和结构的破坏和异常，表现为牙体失去了正常的生理解剖外形，造成正常牙体形态、咬合及邻接关系的破坏。牙体缺损常常对牙髓、牙周组织、咀嚼、发音、面容甚至对全身健康等产生不良影响。

牙体缺损可以采用口内直接充填的方法治疗，但如果牙体缺损严重，剩余牙体组织薄弱，无法为充填体提供良好的固位，剩余牙体本身和充填体无法达到足够的强度，或者为了满足更高的美学要求时，单纯用充填治疗不能获得满意的效果，就应采用修复治疗的方法。

牙体缺损的修复是用人工制作的修复体恢复缺损牙的形态、美观和功能。用于牙体缺损修复治疗的修复体包括嵌体、贴面、部分冠、全冠和桩核冠等。

一、牙体缺损的病因

牙体缺损最常见的病因是龋病，其次是外伤、磨损、楔状缺损、酸蚀和发育畸形等。

1. 龋病　由于细菌的作用造成牙体硬组织脱矿和有机物分解，表现为牙体硬组织的变色、脱钙软化和龋洞形成，病变进一步发展可伴随牙髓充血、牙髓炎、牙髓坏死、根尖周炎、根尖周脓肿等。龋坏严重者，可造成牙冠部分或全部破坏，形成残冠或残根。

2. 牙外伤　由于牙冠受到意外撞击或咬硬物引起牙折，前牙牙外伤的发病率较高。失髓牙（即根管治疗后的牙，endodontically-treated tooth）、隐裂牙等牙体自身强度下降，也可在正常咬合力下引起牙折。牙外伤轻者表现为切角或牙尖局部小范围折裂，重者可出现整个牙冠折裂或冠根折断。

3. 磨损　是指过度的机械摩擦导致的牙体硬组织缺损，多表现为牙冠咬合面的缺损，常由于喜食硬物等不良咀嚼习惯或夜磨牙等引起。全牙列重度磨损可能会造成面部垂直距离降低，导致口腔咀嚼功能障碍和面部美学缺陷，甚至引起颞下颌关节病。

4. 楔状缺损　又称牙颈部非龋性缺损（non-carious cervical lesion），常表现为尖牙、前磨牙唇颊面的牙颈部楔形缺损。发病率随年龄增长而增高。病因有磨损、酸蚀、应力等因素。常伴有牙本质过敏、牙龈退缩，严重者可出现牙髓暴露甚至牙折。

5. 酸蚀症　是牙齿长期受到酸的作用而发生脱矿，造成牙齿硬组织的缺损。常见于工作环境经常接触盐酸、硝酸等酸制剂的人群，长时间过量饮用酸性饮料的人群，以及有消化道反酸疾病的人群等。主要表现为长期接触弱酸的牙面缺损呈刀削状的光滑表面或陷窝状形态。常伴有牙本质过敏，牙面染色、龋坏等。

6. 发育畸形　造成牙体缺损的发育畸形是指在牙发育和形成过程中出现形态、结构的异常。常见的造成牙体缺损的牙结构发育畸形包括釉质发育不全、牙本质发育不全、氟牙症及四环素牙等。牙齿的形态发育畸形是发育过程中牙冠形态的异常，常见的有过小牙、锥形牙等。

釉质发育不全症轻者牙冠呈白垩色或褐色斑，严重者则出现牙冠形态不完整。釉质钙化不良者牙釉质硬度降低，牙釉质表面粗糙且有色素沉着。

氟牙症是在牙发育期间，由慢性氟中毒所致的牙体组织损害，牙冠表面出现白垩色或黄褐色斑块，重者出现釉质实质性缺损。

四环素牙又称四环素色素沉着，是在牙冠发育期间，由于受到四环素族药物的影响造成牙冠变色和釉质发育不全，牙冠呈灰褐色或青灰色，釉质透明度降低，失去光泽。严重者还可出现牙冠发育不全。

二、牙体缺损的影响

由于牙体缺损的范围、程度不同，以及牙列中牙体缺损患牙的数目不同，可能产生下列并发症及不良影响：

1. 牙体和牙髓症状　牙体表浅缺损可能无明显症状。如缺损累及牙本质层或牙髓，可出现牙髓刺激症状甚至出现牙髓炎症、坏死及根尖周病变。

2. 牙周症状　牙体缺损者发生在邻面，会破坏正常邻接关系，造成食物嵌塞，引起局部牙周组织炎症，并可能发生邻牙倾斜移位，影响正常的咬合关系，形成创伤𬌗。牙体缺损若发生在唇舌轴面，破坏了正常轴面外形，可引起牙龈炎。

3. 咬合症状　大范围及严重的牙体咬合面缺损不但影响咀嚼效率，还会形成偏侧咀嚼习惯，严重者会影响垂直距离及出现口颌系统的功能紊乱。

4. 其他不良影响　缺损发生在前牙可直接影响患者的美观、发音。全牙列残冠、残根会降低垂直距离，影响患者的面容及心理状态。残冠、残根常成为病灶而影响全身健康。

因此，牙体缺损应及时修复治疗以终止病变发展，恢复牙冠原有形态和功能，防止并发症。

三、牙体缺损修复治疗的适应证

牙体缺损一般情况下可采用充填的方法进行治疗。充填法操作简单，可在口内直接完成，牙体预备量少，有利于保存剩余的牙体组织。但在下列情况下应采取修复的方法进行治疗：

1. 牙体缺损过大，牙冠剩余牙体组织薄弱，充填材料不能为患牙提供足够的保护，而且由于充填材料自身性能所限，难以承受咀嚼力而易发生变形和断裂者。
2. 牙体缺损过大，充填材料无法获得足够的固位力而易脱落者。
3. 需要加高或恢复咬合者。
4. 患者𬌗力过大，有夜磨牙习惯等导致牙冠重度磨耗、牙冠过短者。
5. 氟牙症、四环素牙等牙体变色，需改善牙齿外观且美学要求高者。
6. 牙体缺损的患牙需用作固定义齿或可摘局部义齿的基牙者。

四、牙体缺损的修复体种类

根据修复体修复牙体的范围、修复体的制造工艺、修复体所用的材料类型、修复体的结构特点等，可将牙体缺损修复分为下列类型：

1. 嵌体（inlay） 为嵌入牙冠内的修复体。如果同时覆盖部分或全部牙尖，则称为高嵌体（onlay）。

2. 部分冠（partial coverage crown） 覆盖部分牙冠表面的修复体。

（1）3/4 冠（three-quarter crown）：没有覆盖前牙唇面或后牙颊面的部分冠修复体。

（2）7/8 冠（seven-eighth crown）：仅颊面近中 1/2 未被覆盖的部分冠修复体。

3. 贴面（laminate veneer） 主要覆盖牙冠唇颊面的修复体，采用全瓷或树脂材料制作，主要依靠粘接固位。目前临床上把主要覆盖后牙𬌗面、依靠粘接固位的修复体称为𬌗贴面（occlusal veneer）。

4. 全冠（complete crown） 覆盖全部牙冠表面的修复体。

（1）金属全冠（metal complete crown）：以金属材料制作的全冠修复体。铸造金属全冠（cast complete crown）：以铸造工艺过程制作的金属全冠修复体。

（2）非金属全冠（non-metal complete crown）：以树脂、瓷等修复材料制作的全冠修复体。

1）树脂全冠（resin crown）：以树脂材料制作的全冠修复体。

2）全瓷冠（all-ceramic crown）：以各种全瓷材料制作的全冠修复体。

（3）复合全冠（compound complete crown）：以金属与瓷或金属与树脂材料制成的具有复合结构的全冠修复体。

1）烤瓷熔附金属全冠（porcelain-fused-to-metal crown，PFMC）：又称金属烤瓷全冠，简称金瓷冠。是在高温条件下在金属基底上制作的金瓷复合结构的全冠。

2）金属树脂复合全冠（metal-resin crown）：在金属基底上覆盖树脂牙面的复合全冠。

5. 桩核冠（post-and-core crown） 是在残冠或残根上利用插入根管内的桩固位，形成金属桩核或树脂核，然后再制作全冠的修复体。

五、牙体缺损修复的基本过程

牙体缺损的修复首先是根据患者的牙体缺损病因、缺损大小、缺损牙的位置、咬合关系以及患者的要求等制订周密的修复治疗计划，选择修复体的类型，进行修复前的各种准备工作，包括患者的口腔卫生宣教、牙髓、根尖病的根管治疗、牙周治疗、修复前的正畸治疗等。一切准备完成才可以进入下面的修复治疗，包括牙体预备、印模和模型的制取、修复体的技工制作，修复体的临床试戴，最后使用粘接水门汀粘接在口腔内。

（谭建国　陈　立）

第二节　牙体缺损的修复原则
Principles for Restoration of Defected Teeth

牙体缺损的修复就是使用嵌体、贴面、部分冠、全冠、桩核冠等各种人工修复体恢复缺损患牙的正常生理形态、功能和美观，人工修复体的基本功能是替代了缺损的牙体组织。制作人工修复体的材料有合金、复合树脂、瓷等。修复体首先就是一个应用于人体口腔内的机械结构，应满足力学的原则。但人工修复体不仅是简单的替代缺损的牙体组织，不是一个单纯的机械结构，而更重要的是一种治疗手段，修复体应能够保护所修复的患牙及其周围的口腔组织，应满足生物学的原则，牙体缺损的修复治疗成功的标准是要达到生理性修复体的要求。另外，随着人们对美的要求提高，修复体不仅要求满足咀嚼功能的需要，还应达到美学的要求。很多氟牙症、四环素牙、畸形牙等患者就医的主要要求就是改善牙齿的美观，因此牙体缺损的修复还需要满足美学原则。

为此，在进行牙体缺损的修复设计时要遵循生物学原则、力学原则和美学原则。三原则贯穿于牙体缺损修复治疗的每个过程。这三条原则又是矛盾的统一体，过分强调其中的某一原则就会影响其他原则的实现。在进行牙体缺损修复的设计时，要综合分析、具体评价。

一、生物学原则

由于各种病因造成的牙体缺损，患牙正常的形态和功能产生了障碍。缺损的牙体组织不能自我再生，需要使用各种修复体进行修复，恢复患牙正常的形态和功能。理想的修复体材料是与缺损的牙体组织有着相同的组成和结构的生物组织，但是目前修复牙体缺损的嵌体、贴面、部分冠、全冠和桩核冠等各种修复体是采用合金、瓷或复合树脂等材料制作完成的机械体。这种机械体需要在口腔生理环境中行使生理功能，必须符合生物学原则。

生物学原则的意义是指修复体要满足对所修复牙及周围口腔组织的生理保健要求。

（一）尽量保存患牙牙体硬组织

牙体缺损的修复是一个有损伤的治疗过程，要使用高速涡轮机带动各种金刚砂车针或钨钢车针对牙体硬组织进行必要的磨除，即牙体预备（tooth preparing），将患牙预备成具有特定形态的牙体预备体（tooth preparation）。

牙体预备要达到以下目的和要求：

1. 去除腐质等病变组织，防止病变发展。

2. 消除修复体的就位障碍，形成良好的就位道（path of placement），使修复体可以顺利地戴在牙体预备体上。倾斜牙齿可先行正畸矫正，避免为满足就位道的要求而磨除过多的牙体组织。

3. 开辟修复体所占据的空间，使修复体有一定的厚度，满足强度和美学的要求。应尽量选择磨牙少的修复体类型，如贴面较全冠磨牙少，部分冠较全冠磨牙少。牙体预备应满足修复体类型和修复材料所要求的最小适合厚度。

4. 形成良好的固位形和抗力形，固位形包括轴向固位形（retention form）和非轴向固位形（resistance form）。预备体各相对轴面应互相平行，理论上殆（切）向聚合度不超过6°，避免聚合度过大而磨除过多的牙体组织及影响固位。

5. 磨改过长牙、错位牙等。

6. 预防性扩展，为了达到自洁，修复体的边缘应位于自洁区。

牙体预备在达到以上要求的基础上应尽可能少磨牙，尽量保存患牙的牙体组织。

（二）保护牙髓组织

健康的牙髓组织可以为牙体硬组织提供营养，可以防止根尖病变的发生。健康的牙髓组织还具有生理反馈功能，避免咬合力过大导致牙齿的折裂。牙体缺损修复中要最大限度地保护牙髓组织的健康。

牙体缺损修复的治疗过程会对牙髓产生不良的影响，包括牙体预备、印模制取、预备体消毒、修复体粘接等，最主要的牙髓损害来自牙体预备。

牙体预备过程中对牙体组织的磨除就是在牙齿上进行的外科手术过程，是一个有创伤的治疗过程，会对牙髓产生不良的影响。术后可能会出现牙本质的敏感，甚至会出现牙髓炎、牙髓坏死。牙体预备时对牙体的磨除往往要进入牙本质。牙本质是一个有生命的组织，与牙髓关系密切，牙本质与牙髓可被看作一功能性整体，称作牙本质—牙髓复合体（dentin-pulp complex）。牙本质中存在大量的牙本质小管，牙本质小管中含有来源于牙髓的成牙本质细胞突起和牙本质小管液。不同部位的牙本质小管的密度有变化，越靠近牙髓，牙本质小管的密度越大，牙体预备对牙髓的影响亦越大。

首先，牙体预备时高速车针与牙体接触，导致摩擦产热，温度升高是对牙髓损害的主要因素。有研究表明：牙髓温度升高 4.1℃，有 15% 牙髓坏死；温度增高 8.2℃，有 60% 牙髓坏死；髓腔温度升至 51.7℃时，全部的牙髓发生坏死。其次，牙体预备后牙本质的通透性（permeability）增大。牙本质小管中的小管液存在由牙髓向釉牙本质界的正压力，压力大小约为 15 mm 水柱。牙本质被磨切后，牙本质小管开放，小管液渗出。越接近髓腔，牙本质小管密度越大，在釉牙本质界附近牙本质小管的密度为 15 000～20 000/mm^2，而在接近髓腔处牙本质小管的密度增大为 45 000～60 000/mm^2；因此，越接近髓腔，牙本质的通透性越大，各种物理、化学以及细菌对牙髓的损害越明显。有研究认为：牙体预备后应马上使用牙本质粘接剂等封闭牙本质小管，降低牙本质的通透性。

化学刺激也是造成牙髓损害的因素。牙体缺损修复过程中对预备体消毒、使用粘接水门汀粘接，都会对牙髓产生化学刺激。

细菌是造成牙髓损害的另一因素。牙体预备应去尽腐质，修复体粘接前应对预备体表面消毒，应保证修复体边缘密合度，防止边缘继发龋。

为了保护牙髓，牙体缺损修复应注意的问题有：

1. 选择磨除牙体组织较少的修复体。
2. 牙体预备时喷水降温，避免车针对牙体压力过大，尤其是在预备轴沟（groove）及针道（pin hole）时。
3. 牙体预备尽量一次完成。
4. 牙体预备完成后戴用临时冠，以隔离外界对牙髓的刺激。
5. 粘接前对预备体消毒要选用刺激性小的消毒剂。
6. 选用的粘接水门汀对牙髓刺激小。
7. 去除所有腐质，防止继发龋坏。
8. 修复体边缘密合，达到良好的边缘封闭。

（三）保护牙周组织

牙体缺损修复在以下几个方面可以对牙周组织产生影响：

1. 修复体的边缘（margin） 修复体戴到患牙的牙体预备体之上，修复体的组织面与预备体表面紧密接触，修复体组织面与预备体之间接触界面的外缘线是唯一可以与口腔环境发生连通的区域，称为修复体的边缘。牙体预备体上与修复体边缘相对应的部位称作终止线（finish line）。修复体与牙龈相近或接触的边缘，称为龈边缘（gingival margin），它与牙周组织的健康关系密切。全冠的边缘均为龈边缘，部分冠、嵌体等的边缘除了龈边缘外，还可以有位于𬌗面、轴面的边缘。

（1）修复体龈边缘的位置：其设计关系修复体的牙周组织健康、固位和美观等。修复体龈边缘根据其与牙龈缘的位置关系可以分为龈上边缘（supragingival margin）、平龈边缘和龈下边缘（subgingival margin）。

龈上边缘位于牙龈缘以上，不与牙龈接触，有以下优点：①边缘牙体预备时不易损伤牙龈；②印模制取方便，不用排龈（gingival displacement）；③有利于牙周健康；④容易检查边缘的密合度等。

龈下边缘位于龈沟内，也称龈沟内边缘，为牙龈所遮盖，优点是美观、固位好，但有以下缺点：①备牙时容易损伤牙龈；②取印模时需要排龈；③不易检查边缘的密合度；④容易造成牙龈的炎症和牙龈退缩。

从对牙周组织保健的角度认为，龈上边缘最好，而龈下边缘最差。修复体的龈边缘越接近龈沟底，越容易引起牙龈炎症。通常修复体的边缘尽可能放在龈上。但是在某些特殊情况下则需采用龈下边缘：①牙体缺损至龈下；②牙冠高度不足，需要增加固位；③为了美观，前牙烤瓷熔附金属全冠的唇面边缘要放在龈下；④牙颈部过敏，需要修复体覆盖；⑤邻面接触区较低，已至龈嵴顶。

即使设计龈下边缘，修复体的龈边缘也要尽可能离开龈沟底的结合上皮，减少对牙龈的有害刺激。一般要求龈边缘距龈沟底至少 0.5 mm。

（2）边缘的形态：修复体边缘形态，也就是预备体终止线形态的设计和选择要考虑到边缘密合度、修复体材料的强度、修复体的美观、牙龈的健康等因素。理想的边缘形态要符合的要求是：①容易制备；②容易制取清晰的印模；③有明确的终止线形态，便于修复体制作；④边缘密合；⑤修复体边缘有足够的强度，如金属强度高，可以使用厚度薄的边缘；瓷和树脂等必须有足够的边缘厚度。

修复体的边缘形态主要有以下几种类型（图 3-1）：

1）刃状边缘（knife edge）：采用这种边缘牙体组织磨除量少，但是修复体边缘的位置不易确定，边缘过薄，蜡型易变形，修复体边缘强度不足，一般用于强度高的金属边缘。刃状边缘主要用于倾斜牙齿或年轻恒牙，为了减少磨牙量；以及边缘位于难以制备的部位，如上颌磨牙远中邻面。

2）斜面（bevel）：一般为 45°角斜面，可以增加边缘的密合度、保护边缘薄弱的牙体组织，去除无基釉等。适用于所有预备体的终止线，常用于嵌体洞形𬌗面洞缘边缘，嵌体邻面洞形的颊舌轴面和 3/4 冠邻面轴沟的唇颊轴面的竖斜面（flare）。斜面可以与无角肩台或有角肩台联合使用。斜面一般用于强度高、边缘性良好的金属边缘。

3）无角肩台（chamfer）：修复体边缘有足够的厚度，边缘的位置明确，容易制作。无角肩台的牙体制备也较容易，可以使用圆头（round end）或鱼雷状（torpedo）的金刚砂车针制备。临床上常用于铸造金属全冠和氧化锆全瓷冠的龈边缘、部分冠以及烤瓷熔附金属全冠的舌侧金属边缘、贴面的龈边缘等，边缘的宽度一般为 0.5 mm。如增加无角肩台的宽度，形成深无角肩台（heavy chamfer），也可用于烤瓷熔附金属全冠的唇面边缘及全瓷冠的边缘。

4）有角肩台（shoulder）（图 3-2）：修复体边缘有足够的厚度，一般为 1.0 mm，边缘位置明确，但需磨除牙体组织较多。常用于烤瓷熔附金属全冠的唇面边缘及全瓷冠的边缘，为修复体提供足够的边缘厚度，满足强度及美学要求。由于 90°的内线角（internal line angle）可以造成应力的集中，可以改良为圆钝的内线角，减少牙体组织的应力集中。有角肩台边缘与牙体轴面的交角一般为 90°，也可以为 120°等钝角，主要为了减少边缘无基的薄弱牙体组织的产生。有角肩台边缘可以与斜面联合使用，称为有斜面的有角肩台（shoulder with bevel），可以增加边缘密合度，保护边缘薄弱的牙体组织，适用于烤瓷熔附金属全冠，不能用于全瓷冠；但

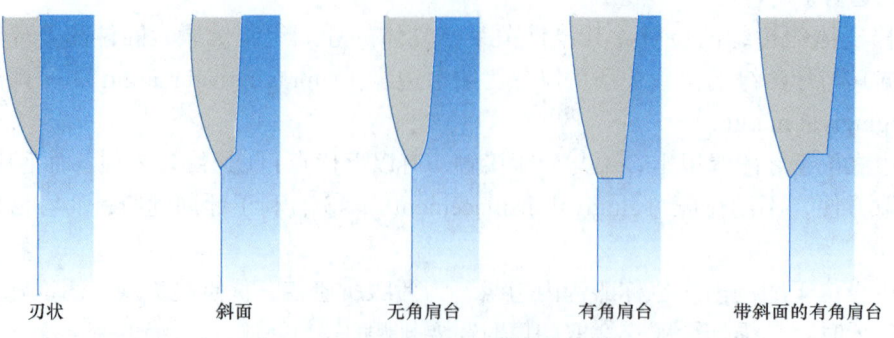

| 刃状 | 斜面 | 无角肩台 | 有角肩台 | 带斜面的有角肩台 |

图 3-1　修复体的边缘形态

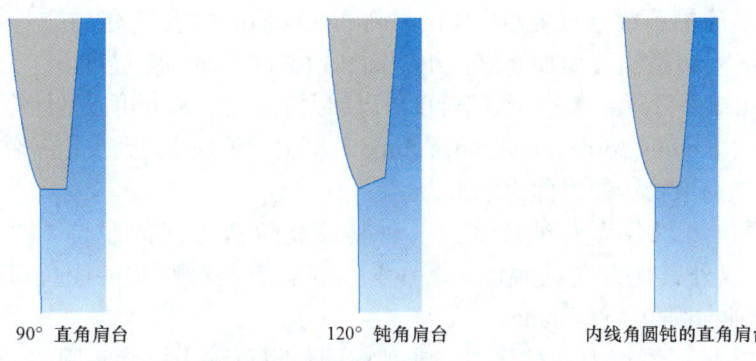

图 3-2　修复体的有角肩台边缘

此类边缘预备、印模制取、技工制作、临床检查困难等原因，在临床实践中较少采用。

（3）修复体边缘的适合性（marginal adaptation）：修复体的边缘是修复体组织面与预备体之间接触界面唯一可以与口腔环境发生连通的区域，修复体的边缘应与相邻预备体的终止线紧密贴合无间隙，而且形态协调一致。修复体边缘的密合可以防止粘接水门汀的溶解、继发龋的产生和牙菌斑的附着。修复体的边缘没有绝对的密合，制作精密的修复体可以将边缘微隙控制在数十微米。修复体的边缘要求与牙体轴面外形协调一致，不能有悬突或者台阶。为了增加边缘的密合度，要求牙体预备体终止线清晰、光滑、连续；印模、模型、蜡型精确；铸造精密。

2. 邻面接触区的建立　邻面接触区的要求包括邻面接触区的位置、大小、形态和松紧度。其中邻面接触区的松紧度是最重要的因素。临床常见的是修复体的邻面接触区过松，导致食物嵌塞。食物嵌塞则会导致牙周组织炎症和邻面龋坏等。

3. 修复体的轴面形态　正确恢复轴面的外形高点。轴面外形高点可以在咀嚼过程中为牙龈提供保护，利于食物对牙龈产生适当的按摩作用，有利于牙龈的健康。轴面外形过突，则食物在咀嚼过程中不能为牙龈提供按摩作用，牙颈部容易积聚牙菌斑。轴面外形过平，不能为牙龈提供良好的支持，咀嚼时食物对牙龈可产生有害的撞击。

二、力学原则

嵌体、部分冠、全冠和桩核冠等牙体缺损的各种修复体是采用合金、瓷或复合树脂等材料制作完成的机械体，它首先要符合力学的各种要求。修复体需要长期地固定在牙体组织上行使各种口腔生理功能，而不发生脱位、破裂，同时所修复牙也不能发生折裂、破坏。

力学原则要求修复体和所修复的患牙要建立良好的固位（retention）和抗力（strength）。

（一）固位

固位是指在预备体上就位良好的修复体，能够固定于其上，并在口腔内行使各种功能时能抵抗各种作用力而不发生移位和脱落的特性。

1. 固位原理　牙体缺损修复体的固位力主要来源于摩擦力、约束力和粘接力。

（1）摩擦力（frictional force）：是两个相互接触而又相对运动的物体间所产生的作用力。物体在滑动过程中所产生的摩擦力叫滑动摩擦力。当外力不大，两个相互接触的物体有相对滑动的趋势时所产生的摩擦力称为静摩擦力。静摩擦力的大小对修复体的固位意义重大。

按照物理学上的静摩擦定律：

$$F_{max} = fN$$

其中，F_{max} 为最大静摩擦力，f 为摩擦系数，N 为两物体间的正压力。

修复体要达到良好的固位，就需要尽量提高最大静摩擦力，也就是需要增加两物体间的摩擦系数和正压力。摩擦系数与两接触物体的材料和接触面的性质有关，接触面越粗糙，则摩擦系数越大。因此，可以适当地增加修复体组织面和预备体表面的粗糙度。

增加修复体组织面与预备体之间的密合度可以加大正压力，从而可以增加修复体的摩擦固位。

（2）约束力（binding force，resistance force）：物体位移时受到一定条件限制的现象称为约束。约束加给被约束物体的力称为约束力。

修复体的脱位可以分为两种形式：一种是反就位道方向的脱位（图 3-3），另一种就是除了反就位道以外其他方向的脱位（图 3-4）。对应着两种脱位的固位可以分为轴向固位（retention）和非轴向固位（resistance）。

轴向固位主要依靠摩擦力和粘接力。非轴向固位也可称为抗旋转固位，依靠预备体的非轴向固位形（resistance form）产生对修复体脱位的约束力。如图 3-4 所示，全冠修复体受到侧向力时，会产生旋转的趋势，以对侧的龈边缘为转动中心，以龈边缘之间的牙冠直径为旋转半径。粗箭头所指部位位于旋转半径以外的预备体组织阻挡脱位的发生，产生非轴向固位或抗旋转固位。当预备体结构完全位于旋转半径以内时，则不会产生抵抗旋转脱位的非轴向固位。

（3）粘接力（adhesion）：是指粘接剂（adhesive）或粘接水门汀（cement or luting agent）与被粘接物体界面上分子间的结合力。对于牙体缺损的直接充填治疗，临床常用的树脂充填体是通过粘接剂粘接固位于所修复的牙体硬组织上。对于牙体缺损的修复体，各类修复体需要使用粘接水门汀粘接在牙体预备体上，粘接力是修复体固位力的重要来源之一。

粘接力的产生机制主要有机械嵌合（mechanical interlock）和由粘接水门汀与被粘接物体间形成的共价键、离子键所形成的化学结合。

目前临床所使用的粘接水门汀主要有以下几类：①磷酸锌水门汀（zinc phosphate cement）；②聚羧酸锌水门汀（zinc polycarboxylate cement）；③玻璃离子水门汀（glass ionomer cement）；④树脂水门汀（resin cement）；⑤树脂改良玻璃离子水门汀（resin-modified glass ionomer cement）；⑥复合体水门汀（compomers）。

磷酸锌水门汀、聚羧酸锌水门汀和玻璃离子水门汀对牙体组织和修复体的粘接主要通过机械嵌合，玻璃离子水门汀还可以与牙体组织中的钙离子有一定的螯合作用。三种粘接水门汀均可溶于唾液，修复体边缘暴露的水门汀会逐渐被溶解，产生边缘微漏（microleakage）。磷酸锌水门汀在聚合前酸度较高，要避免对牙髓的刺激。聚羧酸锌水门汀对牙髓刺激小，可用于近髓的牙体，但聚羧酸锌水门汀抗压强度较低，避免用于受力较大的修复体的粘接。玻璃离子水门汀强度高、并可释放氟离子，有防止继发龋产生的作用，是目前常用的粘接水门汀。

树脂水门汀是近年来发展非常迅速的一种粘接水门汀，粘接强度高、自身强度高、颜色美观、不溶于唾液，可用于固位性较差，需要提高粘接力的修复体的粘接。亦可用于贴面、粘接桥等以粘接固位力为主的修复体的粘接。但其费用较高、操作较复杂、技术敏感度高。树脂水门汀一般和粘接剂组合使用，在需要粘接的牙体预备体表面和修复体组织面涂布粘接剂，然后使用树脂水门汀连接牙体预备体和修复体。

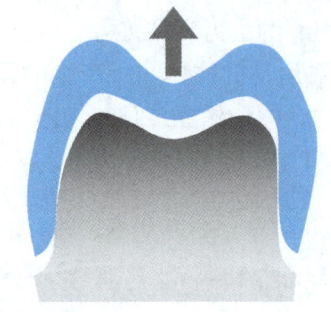

图 3-3　修复体反就位道方向的脱位

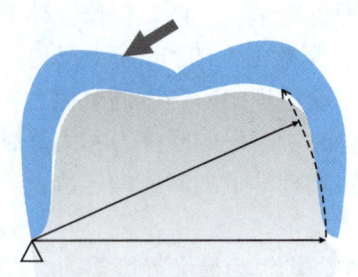

图 3-4　修复体反就位道以外方向的脱位

树脂粘接水门汀对釉质的粘接主要通过使用磷酸酸蚀，在釉质表面形成蜂窝状结构，粘接剂进入形成良好的机械嵌合。对牙本质的粘接较为困难，1982年日本学者中林宣南提出了混合层（hybrid layer）理论，奠定了牙本质粘接的理论基础。首先通过酸蚀去除牙本质表面的玷污层（smear layer），同时牙本质表面脱矿，形成数个微米厚的胶原纤维网状结构；然后同时具有亲水基团和疏水基团的粘接功能单体进入胶原纤维网，代替了酸蚀脱去的羟基磷灰石，与胶原纤维一起构成混合层。混合层的机械嵌合是牙本质粘接的主要机制。根据对牙本质表面的玷污层的处理方式的不同，牙本质粘接剂可以分为全酸蚀（total etching）和自酸蚀（self-etching）两种模式。全酸蚀粘接剂通过磷酸酸蚀将玷污层完全去除，自酸蚀粘接剂没有单独的磷酸酸蚀步骤，保留玷污层，将玷污层部分溶解改性。对合金、瓷等修复体的粘接可以在喷砂、氢氟酸酸蚀等表面粗化提高机械嵌合的基础上，使用偶联剂（coupling agent），在树脂粘接水门汀与合金、瓷之间形成牢固的化学结合。

树脂改良玻璃离子水门汀和复合体水门汀是近年新发展的粘接材料，目的是希望能结合玻璃离子水门汀释氟、钙离子螯合和树脂水门汀粘接强度高、不溶于唾液、可光照聚合等优点。其临床应用有待于进一步的研究。

2. 临床影响修复体固位的因素　修复体的固位形式主要可以分为包绕预备体表面的冠外固位和进入牙体内部的冠内固位。全冠等主要为冠外固位，嵌体、桩核等主要为冠内固位。临床影响修复体固位的因素主要有：

（1）预备体相对轴面的聚合度（taper）：预备体各相对轴面应互相平行，理论上 ( ) 向聚合度小于6°。研究表明：预备体相对轴面聚合度超过6°，固位力就会有明显的降低。聚合度越小，修复体与预备体之间的摩擦固位越大，对修复体脱位的约束力越大。如图3-5所示，聚合度过大，修复体可以在多个方向脱位；聚合度小，则修复体只可以反就位道方向脱位（图3-3）。

（2）预备体的 龈高度：其高度越大，不仅修复体与牙体预备体之间的接触面积大，增加了摩擦力和粘接力，更重要的是预备体的 龈高度越大，当修复体有旋转脱位的趋势时，预备体能够抵抗旋转脱位的约束力越大。如图3-6所示，预备体的 龈高度越大，位于旋转半径以外的预备体部分越多，抵抗脱位的约束力越大。

（3）预备体的直径：在预备体的 龈高度相同的情况下，预备体的直径越大，旋转脱位的半径越大，预备体位于旋转半径之内的可以抵抗旋转脱位的部分越少（图3-7），约束力固位越小。

（4）增加辅助固位：为了增加修复体的固位，可以增加辅助固位形，如沟（groove）固位形、针道（pin hole）固位形和洞固位形（box form）固位。

1）沟固位形（图3-8）：是一种常用的辅助固位形，如用于部分冠的邻轴沟，还可用于全冠的轴面用来增加

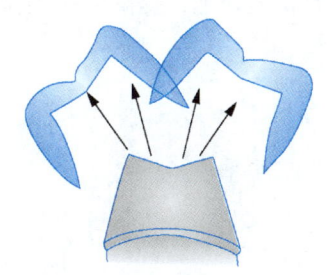

图3-5　预备体的聚合度与修复体的脱位

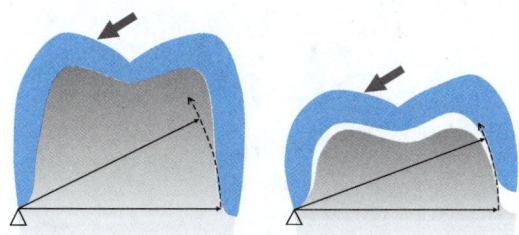

图3-6　预备体 龈高度对修复体固位的影响

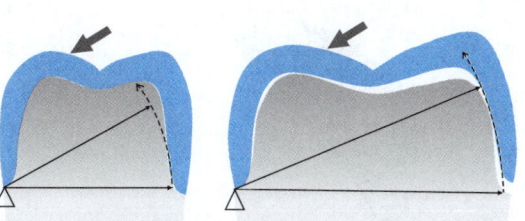

图3-7　预备体的横截面直径对修复体固位的影响

固位。沟固位形虽可以增加修复体与预备体的接触面积，从而增加摩擦力和粘接力，但沟固位形主要的固位原理是增加了预备体对修复体的约束力，减少了修复体移位的自由度。如图3-9所示，图A中全冠受到侧向力时有旋转脱位的趋势，预备体的轴面不能提供足够的约束。这时图B增加一个沟固位形，沟固位形减少了旋转半径，可以为全冠提供额外的约束力，防止了全冠的旋转脱位。

沟固位形位于预备体的轴面，深度约进入牙体组织1 mm，龈端形成1 mm肩台。方向必须与修复体的就位道方向一致，两条以上的沟应互相平行。沟的形态为半圆形，沟的一侧轴壁必须清晰，能抵抗脱位。

2）针道固位形：是进入牙体内的一种固位形，固位能力强，常作为辅助的固位形。深度一般为2 mm，应进入健康的牙本质内。针道固位形受力时在牙体组织内产生有害的拉应力，最好用于活髓牙，失髓牙的使用应慎重。在失髓牙针道的深度可适当加深。针道的直径一般为1 mm。针道应放置在强壮的牙体内，避开髓角等易损伤牙髓的位置。前牙一般放置在舌面窝近舌隆突处（图3-10）。后牙可放置在牙尖间的沟窝处。针道的方向应互相平行，并且与修复体的就位道方向一致。

3）洞固位形：是进入牙体内的具有特定形态的洞，又称箱状固位形，是嵌体的主要固位形。

①深度：至少为2 mm，洞越深固位越好。但过深会损害牙髓，增加磨牙量，降低了牙体的强度。

②洞壁：洞的所有轴壁都必须与就位道一致。相对轴壁平行或微向𬌗面外展。

③鸠尾固位形（图3-11）：为了防止修复体向邻面水平脱位，需要在𬌗面预备鸠尾固位形。鸠尾固位形的预备尽可能利用缺损区和发育沟，既达到固位的目的，又不影响牙体的抗力。鸠尾的峡部一般放在两个相对牙尖三角嵴之间，宽度为颊舌尖之间宽度的1/4～1/3。

4）洞缘斜面：洞固位形的洞缘是修复体边缘所在，为了增加边缘密合度和保护边缘的牙体组织，金属嵌体可以制备斜面，特别是在𬌗面洞缘，一般为45°。

（5）选择性能良好的粘接材料：在良好的固位形设计的基础上，选择良好的粘接水门汀可以提高修复体的固位。近年来，粘接技术发展很快，新的粘接材料不断出现，提高了粘接能力。对于固位性较差的修复体可以选用粘接力强大的树脂粘接水门汀，并对修复体表面进行粗化和偶联剂处理，提高粘接固位力。

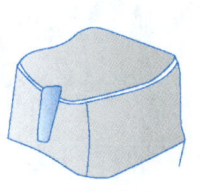

图3-8 沟固位形

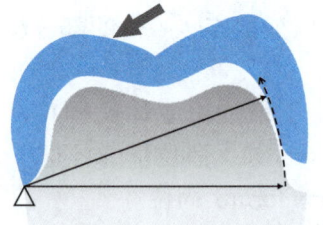

图3-9 轴沟的抗旋转脱位作用

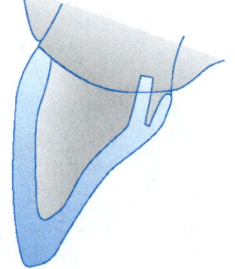

图3-10 前牙舌隆突处的针道固位形

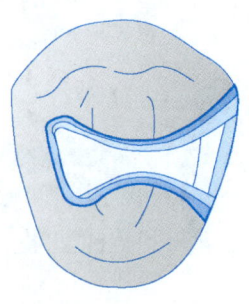

图3-11 鸠尾固位形

（二）抗力

抗力是指预备体与在其上就位良好的修复体，在口腔内行使各种功能时，能抵抗各种作用力而不发生变形和折断的能力。抗力包括患牙剩余牙体组织的抗力和修复体的抗力。

1. 患牙牙体组织的抗力 取决于剩余牙体硬组织的质和量，以及牙体预备体抗力形的设计。保存剩余牙体组织的质，就是尽量保存牙髓的健康。失髓牙牙体组织其接受牙髓来源的主要血液供应丧失，仅剩牙周膜和牙槽骨的间接血供，牙齿水分减少、弹性降低、脆性增加，机械性能下降。牙髓组织的丧失导致牙齿本体感觉的显著下降，当牙体受到过大咬合力作用时不能产生保护性的神经反射，有证据表明根管治疗后的牙齿的压力阈值比活髓牙要高57%；因此，临床中可见失髓牙容易发生冠折和根折，而活髓牙较失髓牙可以更好地抵抗咬合力。

剩余牙体硬组织的量是决定牙体抗力的重要因素，在满足修复体强度和美观要求的基础上应尽量少磨牙。牙体的抗力主要来源于健康的牙本质，没有牙本质支持的釉质，通常称作无基釉或悬釉，容易在受力时折裂，应予以去除。

牙体预备体的抗力形就是预备体的形态能够防止牙体组织在受力时出现折裂。对于抗力形的设计要注意以下几点：

（1）预备体的两面相交的线角边缘部位容易出现薄弱的牙体组织和无基釉，应制备斜面，尤其是在金属嵌体𬌗面洞形的洞缘要制备洞斜面。

（2）处于咬合面的修复体边缘，即对应的预备体的终止线，是强度薄弱区，要离开咬合接触点。

（3）进入牙体组织内产生固位的修复体部分，如针道、固位沟、洞固位形，以及进入根管的桩，在受力时会对牙体组织内产生有害的拉应力。而牙釉质、牙本质等牙体硬组织是脆性的，能够抵抗较大的压应力，但不能抵抗拉应力；因此，在设计这些结构时应特别注意牙体的抗力，应放置在牙体组织强壮的部位。近中𬌗远中（MOD）嵌体如剩余颊舌壁薄弱，或为失髓牙，可以设计为能够保护剩余牙体组织的高嵌体。

2. 修复体的抗力 是指修复体要求有良好的机械强度，在口腔内行使各种功能时，能抵抗各种作用力而不发生变形和折断。为了提高修复体的抗力应注意以下几点：

（1）选择机械性能良好的修复体材料。

（2）牙体制备要磨除足够的牙体组织厚度，如铸造金属全冠𬌗面磨除在功能尖至少1.5 mm，非功能尖至少1.0 mm。

（3）选择合适的龈边缘类型：龈边缘是受力时应力的集中区，要求有足够的强度。对于铸造金属全冠和部分冠，0.5 mm 宽的无角肩台是适宜的；而玻璃基陶瓷全瓷冠一般选择1.0 mm 宽的肩台。

（4）洞缘斜面的设计：合金修复体有良好的边缘强度，可以设计洞缘斜面；而瓷、树脂修复体边缘强度差，不能设计洞缘斜面。

三、美学原则

随着人们对美的要求的提高，修复体不仅要求满足咀嚼功能的需要，还应达到美学的要求。如很多氟牙症、四环素牙等患者就医的主诉就是改善牙齿的美观。因此，牙体缺损的修复还需要满足美学原则。

（一）牙体缺损美学修复临床流程

牙体缺损的美学修复包括美学设计、美学表达和美学实现三个主要步骤。

1. 美学设计 是根据口腔美学标准或共识，对患者的口腔美学缺陷及其严重程度进行分析评价，为后续的美学表达和实现提供参考和依据。在对患者进行美学设计之前，需要尽可能详细地采集患者资料，如临床照片、视频、模型、根尖片等，也可以对患者进行牙列及面部扫描，将采集资料进行有效组织整合，可构建"虚拟患者"进行后续分析。

口腔美学分析需要全局观，包括面部分析、唇齿关系分析、牙龈分析和牙齿分析等，每个部分都可从不同角度并可依据相应的标准进行分析设计，对于前牙美学区而言，以下前牙美学四要素最为关键：

（1）上中切牙切缘位置：研究表明，休息位时上中切牙的唇下暴露量年轻女性约为 4 mm，男性约为 2 mm，随着年龄的增长，上唇的长度会变长，因而暴露量减少。

（2）上中切牙牙冠的宽长比：美观的上中切牙牙冠宽度和长度之比为 75%～85%。

（3）上中切牙龈缘位置：两上中切牙龈缘应对称，牙龈顶点与尖牙基本平齐，微笑时牙龈暴露应小于 3 mm。

（4）上前牙的宽度比：正面观时相邻上前牙的宽度比也非常重要，通常指上侧切牙与上中切牙、上尖牙与上侧切牙之间的宽度比，常用的宽度比例有黄金分割比例和 Preston 比例。黄金分割比例两个比值均为 0.618，Preston 比例两个比值分别为 66% 和 84%。根据北京大学口腔医学院一项针对中国人前牙美学参数的网络调查研究，被调查者中选择 Preston 比例的人最多，黄金分割比例选择率不到 10%。

2. 美学表达　是美学修复重要的中间环节，将二维或三维设计的未来修复体形态通过诊断蜡型或 3D 打印的方法制作出来，并可以进一步通过诊断饰面、临时冠桥等将修复体形态复制到患者口内，使患者参与体验并共同确定最终修复体的形态。

美学表达也是一个医技、医患沟通的过程，医生将设计结果传递给技师，技师通过制作诊断蜡型，或者通过 3D 软件设计、打印将效果呈现。当修复体形态复制到患者口内后，患者可以通过发音、外观及咀嚼功能等进行综合分析评价，提出修改意见，深度参与到修复过程中来。

虽然美学有一定的普遍性和客观性，但仍具有很强的主观性。因此，不同的年龄、性别、民族、文化和教育背景的患者对美的标准和理解会有所不同，通过美学表达的环节可以将医生的设计和患者的期望进行良好的融合，使最终制作完成的修复体能很好地满足患者要求。

3. 美学实现　是指在美学分析和表达的基础上，通过选择合理的治疗程序、良好的团队合作并用恰当的技术和材料最终实现良好的美学效果。在牙体缺损的修复中，部分冠、烤瓷熔附金属全冠和全瓷冠在美学实现的过程中有不同的要求。

（二）牙体缺损修复体的美学设计

1. 部分冠的美学设计

部分冠的优点是暴露金属少，较金属全冠美观。修复设计时要以尽量不露金属为主要原则：

（1）邻面边缘的位置不应超过邻唇或邻颊线角，尤其是在上颌前牙和双尖牙的部分冠。

（2）前牙部分冠的唇侧边缘不应超过切端与唇面相交的线角，上后牙部分冠的颊侧边缘应限制在牙尖的颊侧外斜面以内。

2. 烤瓷熔附金属全冠和全瓷冠的美学设计

美观是烤瓷熔附金属全冠和全瓷冠最吸引人的一个优点，而美观恰恰是烤瓷熔附金属全冠和全瓷冠设计、制作中最复杂、最困难的一个方面。所谓烤瓷熔附金属全冠和全瓷冠的美观，就是要求其能够最大限度地模拟天然牙的外观。影响烤瓷熔附金属全冠和全瓷冠的美学因素主要有颜色、形态、排列、半透明性、表面质地和表面特征色等；反过来，两种修复体的制作、结构、成分等也会影响颜色的特征改变，而且两者对颜色的影响也存在区别。这里重点讨论烤瓷熔附金属全冠和全瓷冠的颜色、半透明性、表面质地和表现特征色。

（1）烤瓷熔附金属全冠和全瓷冠的颜色：颜色是影响烤瓷熔附金属全冠和全瓷冠美观的

一个主要因素，人们对此进行了大量的研究。颜色是非常复杂的一个物理现象，既具有其客观性，又受人的主观因素的影响。

1) 有关颜色的基本概念

①颜色的产生：没有光线则没有颜色，物体所表现出的颜色是由其反射出的可见光的波长决定的。不同波长的可见光在人眼中产生不同的颜色反应。物体的颜色受其物理性质、所处光源、周围其他物体的颜色以及人眼对颜色的感知能力等的影响。

②光源：是影响物体颜色的重要因素。临床工作中所使用的光源主要有以下三种：

a. 自然光：常被用作标准光源。光谱分布均匀，但是也受时间、大气湿度等因素影响。晴天中午的非直射自然光是比较理想的烤瓷熔附金属全冠和全瓷冠的比色用光源。

b. 白炽灯：光谱中黄光成分较多，而缺少蓝、蓝绿光线。

c. 荧光灯：光谱中蓝光成分较多，而缺少黄、橙光线。因此，在白炽灯及荧光灯下进行烤瓷熔附金属全冠和全瓷冠的比色时要注意其影响。

③人眼对颜色的感知：视网膜中的视锥细胞和视杆细胞在对颜色的感知中所起功能不同。视杆细胞只感知光线的强弱，在暗环境中发生作用。视锥细胞可感知物体的颜色，在明亮环境中发生作用。视锥细胞可分成3种，分别对红光、绿光、蓝光敏感。

④颜色的适应性：人眼对颜色的感知存在适应现象。随着对某种颜色注视时间的增加，人眼对这种颜色的感知能力逐渐下降，而对其互补色的感知敏感性增强。所以在比色时时间要短，不要长时间地注视。比色时可利用蓝色来增强人眼对黄色的敏感力。

⑤同色异谱现象（metamerism）：在同一光源下两种物体具有相同的颜色但它们有着不同的光谱组成，这种现象被称为同色异谱现象。这种问题在烤瓷熔附金属全冠和全瓷冠的比色时要加以避免，可在几种不同的光源下进行比色。

2) 颜色的描述：对颜色的描述方法很多，这里介绍两种常用的颜色描述系统。

①孟塞尔系统（Munsell system）是目前最常用的表色系统之一，临床上比色就是基于此系统。孟塞尔系统将物体的颜色由其三种视觉特性来描述：

色调（color hue）：又称色相。是颜色的基本特性，是由物体所反射光线的波长决定的。孟塞尔系统中有10种基本的色调，即红（R）、黄（Y）、绿（G）、蓝（B）、紫（P）5种主要色调和它们的5种中间色调：黄红（YR）、绿黄（GR）、蓝绿（BG）、紫蓝（PB）、红紫（RP）。每种色调又可分成10个等级。以下还可进一步分级。天然牙的色调一般为黄和黄红，范围为6YR～9.3YR。

饱和度（chroma）：又称彩度，是指色调的深浅，即色调浓度的高低。饱和度最低为0，即无色。每种色调可达到的最大饱和度不同。天然牙的饱和度一般为0～7。

亮度（value or lightness）：又称明度，是指物体反射光线的强弱。孟塞尔系统的亮度值由黑至白有0～10共11个等级。天然牙的亮度值一般为4～8。

②CIE颜色系统：是国际照明委员会（CIE）1978年为定量地测量颜色而规定的一种标准色度系统。在此系统中颜色由三刺激值L*、a*、b*表示。L*表示亮度。a*、b*分别代表红绿度和黄蓝度，其两者的绝对值大小决定饱和度的大小。采用此系统颜色可以定量计算，此系统在口腔医学中多用于科研。

③天然牙的颜色：入射光线照在天然牙牙冠表面会产生反射、透射、吸收和散射，这些现象综合形成牙的颜色。牙本质色是天然牙颜色的主要来源，釉质的厚度和半透明性可影响牙的颜色。天然牙的颜色主要有以下特点：

a. 天然牙的颜色存在性别差异，女性牙色的亮度高于男性，而饱和度较低，色调偏黄。

b. 上前牙中，中切牙亮度最大，尖牙亮度最小，但尖牙的饱和度最高。

c. 颜色在同一牙面上也存在部位特异性，中1/3代表牙色最好，切端和颈部色受周围组织影响较大。牙中 1/3 亮度较大，而牙颈部饱和度最大，切端饱和度最小。

④颜色随年龄而变化，随年龄的增长，牙色改变明显，亮度逐渐降低，而饱和度逐渐增加，牙色逐渐变深，由白黄到黄橙到棕橙，并出现磨耗、染色等特征色。

⑤中国人牙色与欧美人有差异，中国人牙色偏淡，亮度较高，牙色分布范围较窄。

（2）半透明性（translucency）：是影响烤瓷熔附金属全冠和全瓷冠美观的另一个重要因素。天然牙的牙冠由釉质、牙本质、牙髓组成，入射光照至天然牙冠可产生透射现象。釉质的分布、厚度与质量是影响天然牙牙冠半透明特性的主要因素。全瓷冠的半透明性要优于烤瓷熔附金属全冠。

1）天然牙牙冠釉质的分布：Sekin 将天然牙牙冠中釉质的分布分成三类：

A 型：整个牙面覆盖均匀的半透明釉质，半透明性分布均匀。

B 型：半透明性仅在切端明显。

C 型：半透明性在切端及两个邻面明显。

2）天然牙的乳光现象（opalescence）：自然界中的一种宝石——蛋白石（opal）在反射光下会出现乳蓝色，在透射光下会呈现橙红色，这种现象称为乳光现象。蛋白石中乳光现象产生的原因由其内部结构组成。蛋白石主要由球状的二氧化硅颗粒组成，颗粒之间的间隙内充满了水分子，这样光线进入蛋白石中会产生散射现象。在反射光下可见光经内部散射后，只有波长较短的蓝光进入人眼而产生乳蓝色的外观。天然牙的釉质有着与蛋白石相似的内部结构。釉质主要由无机物组成，约占 95%。无机物以羟基磷灰石结晶的形式存在，组成釉柱。有机物含量很少，主要存在于柱间质，围绕在釉柱的周围。羟基磷灰石结晶的直径约为 100 nm，可见光进入釉质内，短波长的蓝光、紫光被散射或反射出来，而长波长的橙红光则能透射出来，因此釉质在反射光下呈灰蓝色，在透射光下呈橙红色，具有乳光效应。

为了更加真实地模拟天然牙，烤瓷熔附金属全冠和全瓷冠在需要的情况下就要模拟釉质中的乳光效应。但乳光效应的模拟比较困难，临床上常常通过在切端瓷的内部上色来模拟灰蓝色的乳光现象。有的瓷粉中添加了高折射率的氧化物颗粒，可以模拟天然牙的乳光效应。

（3）烤瓷熔附金属全冠和全瓷冠的表面质地：表面质地同样是影响烤瓷熔附金属全冠和全瓷冠的美观的重要因素。

天然牙牙冠表面质地随年龄的增长变化很大；青少年天然牙牙面粗糙度较大，牙冠表面有明显的水平向的表面平行线，以及切龈向的发育沟。随着年龄的增长，机械磨耗的产生，这些表面平行线及发育沟越来越不明显，牙面越来越光滑，亮度逐渐增高。

表面质地影响入射光线在牙面上的反射、散射和吸收。表面粗糙度增加可以减少牙面的亮度，同时还可能改变牙面的色调、饱和度及半透明性。因此，在烤瓷熔附金属全冠和全瓷冠的制作时要准确地形成其表面的质地。根据不同的表面质地选择烤瓷熔附金属全冠和全瓷冠的最后上釉、抛光的方法。

（4）表面特征色：天然牙牙面除了颜色，半透明性等以外，还具有一些独特的、个性化的视觉特征，包括隐裂、染色、磨耗面、钙化不全的白垩色斑点等，我们将其称为表面特征色。表面特征色同样是影响烤瓷熔附金属全冠和全瓷冠的美观的重要因素。Muia 甚至将表面特征色和色调、饱和度与亮度并列形成新的四维牙色系统。金瓷冠中准确的表面特征色的模拟可使其显得更加真实，特别在中老年的天然牙齿中常可见到根外露、染色点、磨耗面、染色的修复体以及染色的裂纹等。医师的职责就是将这些特征色准确地记录在技工单上，为技师的制作提供明确的信息。当然这些表面特征色的设计要与患者一起进行。

（谭建国　陈　立）

第三节 牙体缺损修复各论
Restorations of Defected Teeth

一、嵌体

嵌体（inlay）是一种嵌入牙体内部，用以恢复牙体缺损患牙形态和功能的修复体。在修复牙体缺损的各种修复体中，嵌体一般用于修复牙体缺损量较小的患牙，多用于后牙。嵌体是冠内修复体，位于牙体内部，由牙体组织所包绕，其固位方式主要是洞固位形。由于嵌体位于牙体内部，嵌体受力时将力传导至固位形的侧壁后在剩余牙体内部产生拉应力，而牙釉质、牙本质的力学特征是抗压而不抗拉，过大的拉应力会造成牙体折裂，所以嵌体是一种能修复牙体组织缺损而不能为剩余牙体组织提供保护的修复体。因此，采用嵌体修复时要求剩余牙体组织有足够强度来提供抗力，并保证修复体的固位。

（一）嵌体的类型

1. 根据嵌体覆盖牙面的不同 可以分为单面嵌体、双面嵌体和多面嵌体。

2. 根据嵌体修复牙体缺损的部位不同 可以分为𬌗面嵌体（occlusal inlay）、颊面嵌体（buccal inlay）、邻𬌗嵌体（proximal-occlusal inlay）（图3-12）等。邻𬌗嵌体有：近中𬌗（MO）嵌体、远中𬌗（DO）嵌体、颊𬌗（BO）嵌体、舌𬌗（LO）嵌体、近中𬌗远中（MOD）嵌体、颊面𬌗远中（BOD）嵌体等。另一类一般由MOD嵌体演变而来的覆盖部分或全部牙尖的称为高嵌体（onlay）。

3. 根据制作嵌体材料的不同 可以分为合金嵌体、瓷嵌体和树脂嵌体等。

（1）合金嵌体：制作嵌体的合金有金合金、镍铬合金等。金合金化学性能稳定、铸造收缩小、有良好的延展性和机械性能，是制作后牙嵌体的理想材料。

（2）瓷嵌体：制作瓷嵌体的常用全瓷材料可以选择长石质瓷（feldspathic porcelain）或玻璃陶瓷（glass ceramics）。瓷嵌体的制作方法有热压铸（heat-press casting）、计算机辅助设计与计算机辅助制作（CAD/CAM）等。全瓷材料具有天然牙的颜色和半透明性，有良好的美观性能。

（3）树脂嵌体：制作树脂嵌体方法是用特定的高强度硬质树脂在技工室加工而成。树脂嵌体弹性模量与牙本质近似，不易折裂，对对𬌗牙磨耗小，破损后易修补、易抛光；是一种良好的美学嵌体。

（4）树脂陶瓷复合材料嵌体：一般采用CAD/CAM方法制作（参见本章第四节）。

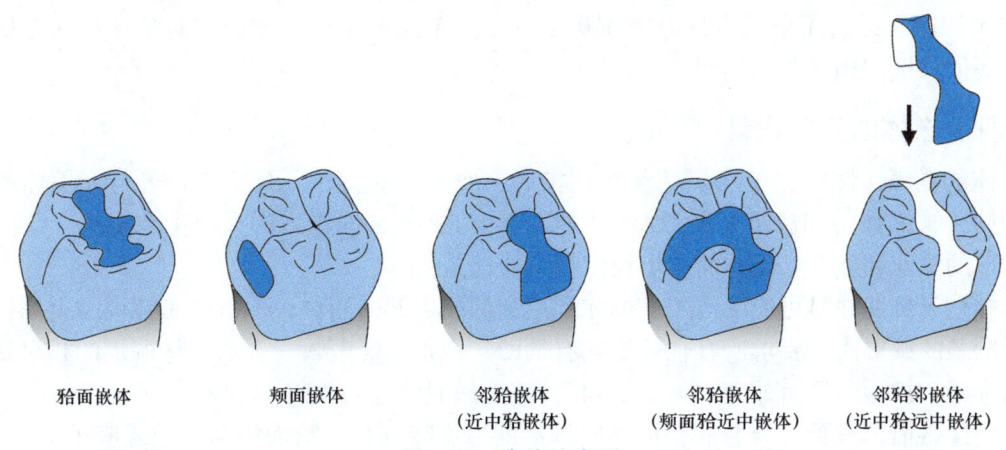

| 𬌗面嵌体 | 颊面嵌体 | 邻𬌗嵌体
（近中𬌗嵌体） | 邻𬌗嵌体
（颊面𬌗近中嵌体） | 邻𬌗邻嵌体
（近中𬌗远中嵌体） |

图3-12 嵌体的类型

（二）嵌体的优缺点

1. 嵌体的优点　与充填体相比，嵌体具有以下优越性：

（1）嵌体可以更好地恢复咬合接触关系和邻面接触关系。由于嵌体一般在口外模型上制作，嵌体比充填体更能精确地恢复𬌗面的尖窝形态和邻面接触区的部位、大小、松紧等，从而能更好地建立与对𬌗牙的咬合关系和邻面接触关系。

（2）嵌体具有良好的机械性能。制作嵌体采用的合金材料或全瓷材料比树脂等充填材料具有更好的机械性能，能抵抗外力而不易出现变形、折裂等。

（4）嵌体具有良好的美学性能。瓷嵌体和树脂嵌体比树脂充填材料具有更好的美学性能。

（5）嵌体具有良好的生物学性能。嵌体制作时通过高度抛光可以减少菌斑的附着从而有更好的生物学性能。

2. 嵌体的缺点

（1）嵌体是边缘线较复杂的修复体，通常在龋坏率低、口腔卫生好的情况下应用。

（2）嵌体（除外高嵌体）能修复缺损的牙体组织，但不能为剩余的牙体组织提供良好保护，以防止牙齿折裂。

（3）因就位等要求嵌体牙体预备需去除洞壁倒凹，其牙体制备量较充填体稍大。

（4）通常采用间接法制作，不能一次完成。

（三）嵌体的适应证和适应证选择的注意事项

1. 嵌体的适应证　能够采用充填法修复的牙体缺损原则上都可以采用嵌体修复。以下牙体缺损情况适用嵌体修复：

（1）充填法修复不能为充填体获得足够的固位。

（2）充填法修复不能为充填体和所修复牙体组织获得足够抗力。

（3）充填法修复不能满足美观要求。

（4）充填法修复不能获得良好的咬合接触和邻面接触关系。

但嵌体所能修复的患牙牙体缺损不能过大，应有足够的剩余牙体组织来保持牙体自身的抗力并为修复体提供支持。

2. 嵌体适应证选择的注意事项

（1）容易劈裂的牙齿，如失髓牙、洞形过深、剩余牙壁薄弱等应避免使用。

（2）为美学要求高的患者选择嵌体修复时应注意牙位及缺损部位的选择，如上颌后牙𬌗面金属嵌体对美观影响较小，而下颌则不同；如前磨牙采用瓷、树脂嵌体修复时其边缘线的位置尽量避免位于牙冠表面，以免粘接界面的暴露影响修复效果。

（3）当患者有磨牙症、紧咬牙、磨耗重等患牙受力大的情况存在时，应避免使用。

（4）深龋患牙采用金属嵌体时需避免采用导热率高的金属类型；若对𬌗牙存在金属修复体时，嵌体宜选用相同金属类型。

（四）嵌体的修复设计

嵌体的洞形（图 3-13）除了在预防性扩展、底平、壁直、点线角清楚等与充填体的窝洞要求相同外，嵌体的固位主要通过洞固位形（box form），固位力的大小主要取决于洞固位形形成洞形的深度和形态。嵌体的洞形设计基本要求是：

1. 轴壁无倒凹并尽可能平行　充填体利用窝洞的倒凹来固位，但嵌体是在模型上制作完成后戴入制备的洞形内，要求所有轴壁不能有倒凹，否则不能戴入。金属嵌体洞形的相对轴壁要求尽量平行，或微向𬌗面外展 6°（图 3-14），非金属嵌体外展 12°～15°。

2. 洞缘斜面的设计　合金制作嵌体时洞形的边缘特别是在𬌗面洞形的边缘应预备 45° 的洞

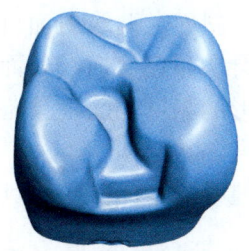
图 3-13 嵌体的洞形

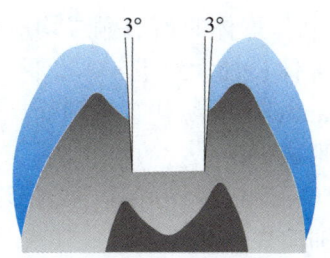
图 3-14 轴壁的外展度

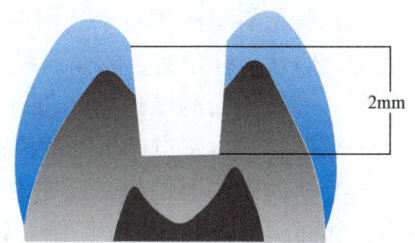
图 3-15 瓷和树脂嵌体无洞缘斜面

缘斜面（cavo-surface angle）。它的作用是去除洞缘无牙本质支持的釉质，防止边缘釉质折裂；增加边缘的密合度，防止继发龋的产生。但瓷嵌体和树脂嵌体不能制备洞缘斜面（图 3-15），因为金合金有着良好的延展性，金属修复体边缘虽薄但不易折裂，而瓷和树脂材料必须有足够的厚度才能满足强度要求。

3. 辅助固位形 为了增加固位，还可以增加针道固位形（pin hole）、沟固位形（groove）等辅助固位。

（五）合金嵌体的牙体预备

以邻𬌗嵌体的牙体预备（图 3-16）为例：

1. 𬌗面洞形的预备 去净腐质后建立𬌗面轮廓。用咬合纸仔细检查咬合接触点的位置，根据缺损大小和咬合接触点的位置，设计洞形的外形和扩展范围。

使用短锥状钨钢车针或金刚砂车针预备洞形。无缺损时预备从点隙处开始，有龋坏的牙预备由缺损处开始，通过釉牙本质界深达牙本质，预备洞的深度至少为 2 mm。洞越深，固位越好，但牙体组织的抗力会下降。洞形的底应预备成平面，底平可使应力均匀分布。去腐后洞底多为不规则状，可使用垫底材料将洞底垫平，当洞预备较深时为保护牙髓也可以预备为不同深度的洞底平面。所有轴壁要求尽量平行或𬌗向外展 6°，建立箱形结构。

洞形可作适当的预防性扩展。洞形边缘应位于健康的牙体组织内并离开咬合接触点 1 mm。因为修复体的边缘无论是从强度还是防龋来说都是一薄弱区域，所以为了保护修复体的边缘和洞缘的牙体组织，预备𬌗面洞形时𬌗面轮廓的外形线应避开咬合点。

为了防止嵌体水平脱位，需要在𬌗面预备鸠尾固位形（图 3-17）。鸠尾固位形的预备应尽可能利用缺损区和发育沟，既达到固位的目的，又不影响牙体的抗力。鸠尾的峡部一般放在两个相对牙尖三角嵴之间，宽度为颊舌尖宽度的 1/4～1/3。

2. 邻面洞形的预备 使用平头锥状钨钢车针或金刚砂车针预备邻面箱状洞形。邻面箱状洞形的三个轴壁和𬌗面洞形的三个轴壁应保持平行，与就位道方向一致。两颊舌轴壁可外展 6°，邻面洞形的底即龈壁又称龈阶（gingival ledge），宽 1.0～1.5 mm，底的平面与髓壁近垂直以提供抗力，其洞斜面为 45°～60°。邻面箱状洞形的颊舌轴壁和龈壁应离开邻面接触点位于自洁区，洞形与邻牙应有 0.6 mm 的间隙以方便制取印模。

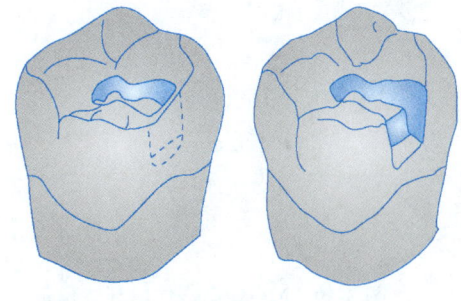
图 3-16 邻𬌗嵌体的牙体预备

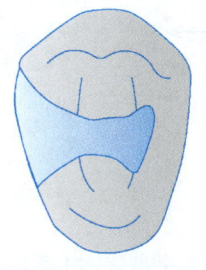
图 3-17 鸠尾固位形

3. 洞缘斜面的预备　选用金属材料制作嵌体时所有洞缘均应预备洞缘斜面。洞缘斜面可使用火焰状车针预备，𬌗面洞缘斜面与牙体长轴大致呈45°。牙尖高锐、牙尖斜度大时洞斜面变窄，可在𬌗面洞缘预备无角肩台（chamfer）边缘代替洞斜面。邻面洞形的龈壁洞斜面预备45°～60°；颊舌壁方向平行就位道避免形成倒凹。

4. 辅助固位形的建立　如需辅助固位形固位，可在𬌗面洞形的底部健康牙本质部位放针道，邻面洞形的轴壁与龈阶结合处可放轴沟来辅助固位。

5. 最后精修完成　连接各轴线角形成连续光滑的外形，用抛光车针仔细抛光边缘线。

（六）高嵌体

高嵌体（图3-18）是覆盖部分或全部牙尖的嵌体修复体。临床上高嵌体常覆盖后牙全部𬌗面，一般由MOD嵌体演变而来。当牙体缺损大导致剩余牙体组织颊舌壁薄弱、邻面受到累及导致MOD缺损时，预备嵌体洞形后在受力时容易产生牙体折裂，此时可通过采用覆盖牙体整𬌗面的方法，使牙体内部有害的拉应力转变为压应力以保护剩余的牙体组织，防止牙齿劈裂。

1. 高嵌体的优缺点

优点：高嵌体可使牙壁的受力性质由嵌体时的拉应力改为压应力，从而使牙折的可能性大为减小。

缺点：牙体预备较复杂，边缘线较长。

2. 高嵌体的适应证和注意事项

（1）高嵌体的适应证：①取代较大面积的充填体；②后牙的多面缺损；③洞形𬌗面部分宽度较大时用嵌体无法支持，但有完整的颊舌壁可保留而不需全冠修复的情况；④有牙尖需保护；⑤𬌗重建时，恢复咬合关系。

（2）高嵌体适应证选择的注意事项：邻面洞形颊舌壁外形线超过轴线角或缺损大，使其固位力下降明显时应使用全冠代替。

3. 合金MOD高嵌体的牙体预备　见图3-19。

（1）预备MOD嵌体：使用与预备邻𬌗嵌体相同的方法预备𬌗面以及近远中邻面洞形。

（2）磨除牙尖，预备𬌗面：沿𬌗面解剖外形均匀磨除，功能尖磨除1.5 mm，非功能尖1.0 mm；方法见本节"二、铸造金属全冠"。

（3）预备𬌗台：在功能尖的外斜面咬合接触点以下约1 mm处预备终止边缘，形态为直角肩台或无角肩台，宽度1 mm，保证修复体有足够的厚度防止在行使功能时变形。

（4）在所有的边缘上建立光滑连续的外形线，用火焰状车针在下颌的颊尖、上颌的舌尖的𬌗台上形成45°、0.5 mm的颊𬌗斜面、舌𬌗斜面。下颌舌尖预备出0.5 mm的反斜面，上颌颊尖预备出0.5 mm反斜面（contra bevel）（图3-18），由于其预备方向与原牙尖斜面的预备方

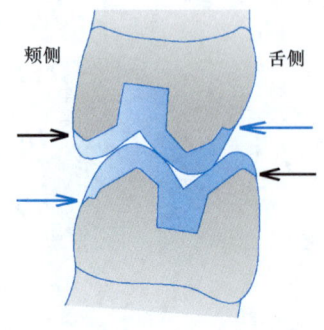

图3-18　合金高嵌体（蓝色箭头指示颊𬌗或舌𬌗斜面；黑色箭头指示反斜面）

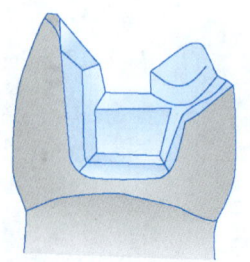

图3-19　MOD高嵌体的牙体预备

向相反,所以被称为反斜面。

(七)嵌体的试戴与粘接

所有修复牙体缺损的修复体在技工室完成后,都需要由医生在口内试戴,合适后才能粘接,相对于其他种类的修复体而言,嵌体体积最小,试戴时最不容易操作,尤其需要小心,防止患者误吸误咽。

其步骤如下:

1. 去除洞形内的暂封物,清洗干净。
2. 检查嵌体组织面有无瘤子及附着物。
3. 可用试戴喷剂喷在组织面上,在预备体上轻轻试戴,不能用力,否则会引起折裂;并用较细的车针逐步磨除标记出的阻碍就位之处,直至完全就位。
4. 检查有无翘动、固位如何、边缘是否密合、咬合是否有高点或干扰等,如有问题做调整。
5. 调𬌗。
6. 再次检查全部边缘是否密合。
7. 上釉(瓷嵌体)、抛光、粘接。

嵌体修复体较小,通常不易取下,操作时应注意不可用不锈钢锐器钩住边缘强行取下,因为制作金合金嵌体一般使用Ⅱ或Ⅲ型合金,较洁治器等不锈钢器械软,强行取下会损伤边缘。如为邻𬌗嵌体,可用牙线从邻面带下,或用粘蜡、粘棒从𬌗面粘下。将嵌体取下抛光后,清洁消毒嵌体组织面与洞形。粘接时隔离唾液后,将粘接水门汀放在组织面上后迅速将修复体就位于预备洞形内。嵌体最好使用树脂水门汀粘接,金属嵌体也可以选择玻璃离子类水门汀粘接,但非金属嵌体必须用树脂水门汀粘接。

附:合金嵌体的技工制作

临床上嵌体的牙体预备完成,制取印模(impression),然后就转入技工室制作阶段。合金嵌体的技工室制作主要包括以下步骤:工作模型和代型制备,蜡型制作,包埋、铸造,最后打磨、抛光完成。

1. 工作模型(master cast)和代型(die) 制取工作印模后,使用人造石等模型材料灌注工作模型,技师将在此工作模型上制作嵌体。工作模型应再现与所修复牙齿有关的各种信息,工作模型需要满足以下要求:

(1)精确再现所修复牙的牙体预备体的形态。
(2)精确再现所修复牙的牙体预备体与邻牙等的关系。
(3)便于嵌体的蜡型制作。
(4)具有足够的强度和表面硬度。
(5)精确再现咬合关系。

为了便于蜡型的制作,工作模型上的所修复牙的牙体预备体部分应能够从工作模型上取出,并能够精确地回位于工作模型上,这部分称为代型。制作活动代型(removable die)的方法有代型钉(dowel pin)、Pindex 系统和 Di-lok 托盘等。活动代型制作完成后要对其进行修整。将代型从模型中取出,用梨形或菠萝形钨钢钻距预备体边缘 0.5~1 mm 修整代型根部,代型根面部分形态应近似天然牙,用球钻修整龈缘处石膏,暴露预备体边缘,最后用尖头手术刀完成对终止线的修整。用圆头雕刻刀平整终止线以下的代型根面部分,使其表面光滑。如果根面部分不平整,雕蜡型颈缘时会影响雕刻刀平滑经过,造成蜡型表面皱褶。

2. 蜡型(wax pattern)制作 修整后的代型表面涂一层硬化剂,以防止蜡型制作中损伤模型,涂间隙剂(spacer)以预留出粘接水门汀的空间。间隙剂厚 20~40 μm,均匀涂抹于距终止线 0.5～1 mm 的牙体预备体模型上。间隙剂干燥后表面涂一层分离剂，以便于制作完成的蜡型从石膏代型上取出。

蜡型用包埋材料包埋，加热将蜡型熔化挥发，形成铸模腔，将熔化的合金注入铸模腔内，冷却后形成铸件。嵌体蜡型常用嵌体蜡（inlay wax）制作，嵌体蜡具有加热熔融后流动性好、不易剥脱、不易破损、光滑、冷却后较坚硬，便于精细雕刻等优点，是一种理想的蜡型材料。

制作嵌体蜡型的方法有直接法、间接法和间接直接法三种。直接法是在口内预备的牙体预备体上直接制取嵌体蜡型。优点是免去了制取印模和模型等步骤，但口内制作蜡型操作不便，患者不适，一般只用于简单嵌体蜡型的制作，临床上很少使用。临床上常用的是间接法制作嵌体蜡型，即在工作模型和代型上进行蜡型制作。该法操作直观，可以精确地再现邻接面、边缘、针道固位形等复杂形态。

临床常用的有滴蜡法，用蜡勺熔蜡滴在代型上，充满嵌体洞形的点线角，钉洞和固位沟内，再次滴蜡时注意用热蜡刀烫熔上次所滴蜡之边缘，使每次滴的蜡完全熔解连接在一起，还能防止气泡形成。多次滴蜡，形成咬合面和邻接面形态。最后蜡型表面光滑精修完成。蜡型在反复加热及操作过程中，其内部会产生应力，应力一旦释放，将导致蜡型变形，所以为减小变形，蜡型不应离开代型，一旦从代型上取下，应尽快进行包埋铸造。

3. 包埋、铸造　合金嵌体使用失蜡法（lost wax）铸造而成，包括三个基本步骤：首先用耐火的包埋材料包埋蜡型，称为包埋（investing），其次加热使蜡型彻底熔化挥发，形成修复体铸型腔，称为焙烧（burnout），最后将熔化的合金注入铸型腔内形成铸件，称为铸造（casting）。

包埋前要在嵌体蜡型上安插铸道（sprue），铸道是熔化的合金进入铸型腔的通道。铸道一般选用一定粗度的蜡线制作，固定在蜡型的适当部位，单面嵌体一般在蜡型中央，双面嵌体安插在边缘嵴处。在距离蜡型约 2 mm 的铸道上可加一扁圆形蜡球，在铸造中，当铸件收缩时补偿铸件体积的收缩，称为储金球。储金球的大小应与蜡型的体积相当。储金球应位于铸圈的热力中心处（图 3-20）。

（1）包埋（图 3-20）：目前临床上使用的包埋材料一般为磷酸盐类包埋材。选择相应大小的铸圈和铸造座，在铸圈内侧距铸圈两端 5 mm 处放置薄蜡片作为内衬，以利于包埋材膨胀，方便开圈，增加透气性，蜡型应放置于距铸圈底面 5～6 mm 处，保证铸圈底部有足够厚度和强度，防止铸造离心力使熔融金属穿出，同时也保证了蜡型离开热力中心区。

（2）焙烧：包埋材凝固 1～2 h 后将铸圈进行焙烧，目的是使蜡型彻底熔化挥发，形成修

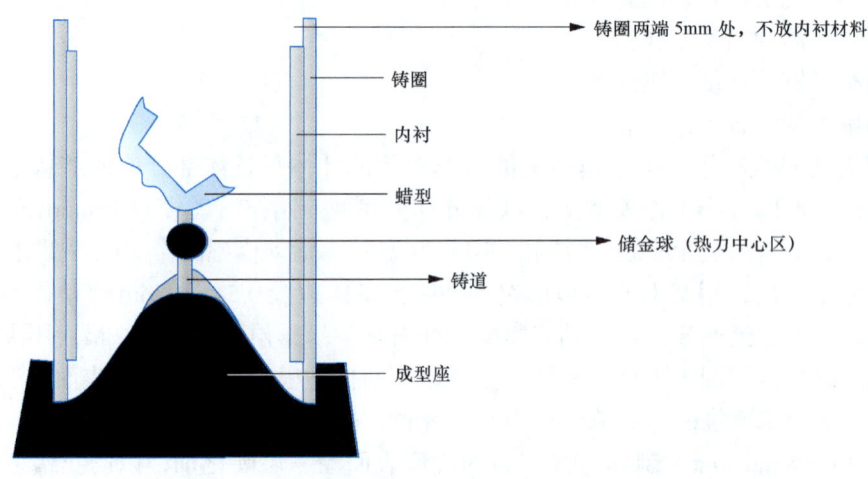

图 3-20　包埋时蜡型、铸道与铸圈的关系

复体铸型腔，而且使包埋材受热膨胀，补偿铸件的收缩。

（3）铸造：铸圈焙烧完成后进行铸造。一般采用高频离心铸造机，将合金熔化，利用离心力将熔化的合金注入铸型腔内。熔铸后铸圈口朝上放于安全处，室温自然冷却，以减少铸件脆性和体积收缩。

4. 磨光和抛光（finishing and polishing） 铸圈完全冷却后开圈，喷砂清除铸件周围的包埋材。使用树脂切盘切割铸道，切割时要尽量靠近铸件，但是不能破坏铸件。切割时一定要注意支点和自我保护，同时，也可准备冷水及时冷却切割时产生的高温。

磨除嵌体铸件组织面因铸造产生的瘤子、结节等，使嵌体在代型上顺利就位。调改咬合面和接触点，形成正确的咬合关系和邻面接触关系，检查边缘是否密合。使用磨具由粗向细磨平嵌体表面，橡皮轮磨光，最后用毡轮或干抛光布轮蘸抛光膏进行抛光。将完成的嵌体送至临床试戴。

（谭建国　刘玉华　陈　立）

二、铸造金属全冠

铸造金属全冠（complete cast crown）是采用失蜡法铸造而成、覆盖牙齿𬌗面及所有轴面的金属全冠修复体。铸造金属全冠具有良好的固位力和机械强度，是临床上长期使用效果理想的修复体。

铸造金属全冠根据所使用的铸造合金（casting alloy）不同，可分为贵金属合金（precious alloys）铸造全冠，如金钯合金铸造全冠（gold-palladium alloy）和非贵金属合金（non-precious alloys）铸造全冠，如镍铬合金（nickel-chromium alloy）铸造全冠两种类型。

用金合金制作的铸造全冠精密度高，硬度与釉质相似，生物相容性好。而用镍铬合金制作的铸造全冠价格便宜，但硬度远高于釉质，易造成对𬌗牙磨耗，极少数人可有过敏倾向。临床应用时应尽可能采用以生物相容性能以及铸造性能均较好的贵金属合金作为修复材料。选择合金时还应考虑邻牙、对𬌗牙、活动义齿所用材料的种类。为防止修复后异种金属所产生的微电流对牙髓的刺激，防止腐蚀、不同材料强度不匹配等问题，应尽量选择同种类的材料。

（一）铸造金属全冠的优缺点

1. 优点

（1）具有全冠的优点。与嵌体、部分冠等其他类修复体相比，全冠的固位和抗力更佳，也是最常应用的固位体。

（2）铸造金属全冠因材料强度高，需要切割的牙体组织相对较少。

（3）金属全冠可以最大限度地弥补牙体的缺损，满足冠外形的要求，而不必担心冠厚薄不均所导致的问题，并可添加轴沟、箱形等辅助固位形。

（4）边缘强度高、变形小、准确、密合，并可高度抛光。

（5）易于调改、调𬌗，不易破损，是长期使用效果非常理想的一种修复体。

2. 缺点

（1）金属材料不美观，因而不能应用于前牙、前磨牙，甚至对可显露部位的磨牙也不建议使用。

（2）与部分冠相比，全冠需要切割的牙体组织多，不易检查牙髓状态。

（3）与部分冠等修复体比，更多的边缘区域与牙周组织接触，尤其是采用龈下或龈沟内边缘时，对牙周组织的潜在影响更大。

（二）适应证和适应证选择的注意事项

1. 适应证

（1）后牙牙体缺损后余留的牙体组织不能单独承受正常范围殆力，采用其他修复体难以获得足够固位力且预备体可为全冠提供固位和抗力者。

（2）后牙固定义齿的固位体。

（3）因发育问题、釉质发育不全、轻度错位等原因需要采用修复的方法改善牙冠的形态来恢复正常邻接和殆关系的后牙。

（4）可摘局部义齿的后牙区基牙需改形、保护者。

（5）严重牙本质过敏的后牙，其他治疗方法无效者。

（6）隐裂的后牙需预防牙折者。

（7）作为种植义齿的上部结构来修复后牙缺失。

2. 适应证选择的注意事项

（1）未完成牙体或牙髓治疗的患牙不宜使用。

（2）对于美学要求高的患者，可显露的牙位均不宜使用。

（3）对合金中某金属元素过敏者不宜使用该合金。

（4）牙冠过短，无法为修复体提供足够修复空间和固位者，不宜使用。

（三）铸造金属全冠设计

1. 铸造金属全冠牙体预备的基本要求（basic requirements） 是满足其固位、抗力和正常行使功能的基础，具体要求包括（图3-21）：①全冠殆面金属的厚度在非功能尖最小为1.0 mm，在功能尖最小为1.5 mm，这是保证修复体具有足够抗力的要求；②全冠各相对应轴壁应相互平行，或殆向聚合度（convergence）小于6°，这是满足修复体获得足够固位力的保证；③全冠边缘的最佳选择为龈上、宽0.5 mm的无角肩台（chamfer）。

2. 铸造金属全冠牙体预备的特殊考虑 在铸造金属全冠牙体预备的过程中有两个方面需要特殊考虑，也就是在预备中要注意形成功能尖斜面和非功能尖斜面：

（1）功能尖斜面（functional or centric cusp bevel）：在功能尖上预备与患牙牙体长轴约成45°、1.5 mm宽的斜面（图3-22A、B），功能尖斜面与对殆牙的牙尖三角嵴平行（图3-22B，图3-23A）。

按照牙冠外形进行全冠牙体预备时，为更好地保证全冠的强度和最大程度满足保存牙体组织的要求需预备功能尖斜面。功能尖斜面的设计对于修复体形成正确的外形、理想的强度和最大程度保存牙体组织有重要意义。

如预备不当会出现的问题有：①功能尖斜面未形成或预备量不足，导致修复体在该处形成过薄或穿孔（图3-23B）；②为了防止修复体在该处形成过薄或穿孔，需要在此处加厚金属，结果导致该处外形过突，造成咬合高点或形成干扰，临床上只能通过调改对殆牙才能获得正常咬合（图3-23C）；③如果不预备功能尖斜面，则需要通过加大该处轴面聚合度来避免以上两种情况的发生，这样一方面加大了预备量，另一方面也使修复体固位力因聚合度的增加而明显下降（图3-23D）。

（2）非功能尖斜面（nonfunctional or noncentric cusp bevel）：通常上颌磨牙有颊侧倾斜的趋势，在全

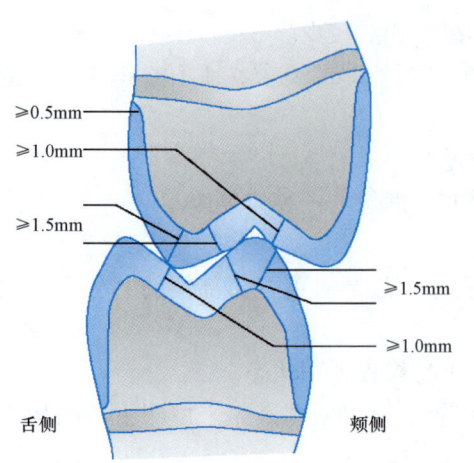

图3-21 全冠牙体预备的基本要求和标准

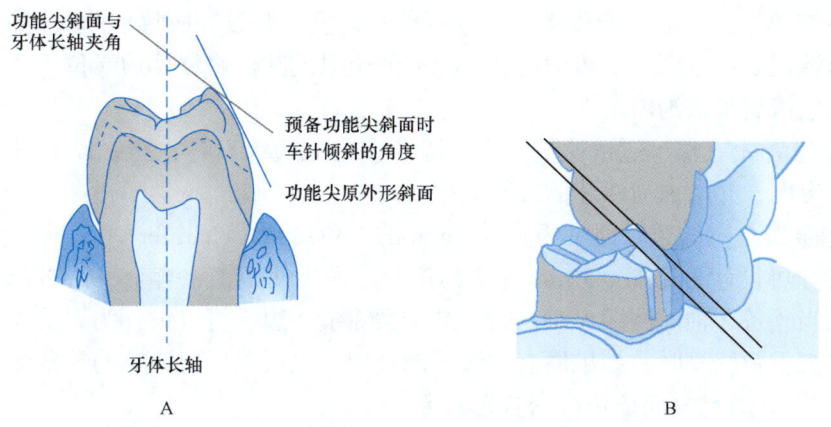

图 3-22 功能尖斜面
A. 功能尖斜面磨除时要求车针的倾斜斜面要比功能尖原有外形更平一些；B. 功能尖斜面与对㖞牙的牙尖三角嵴平行

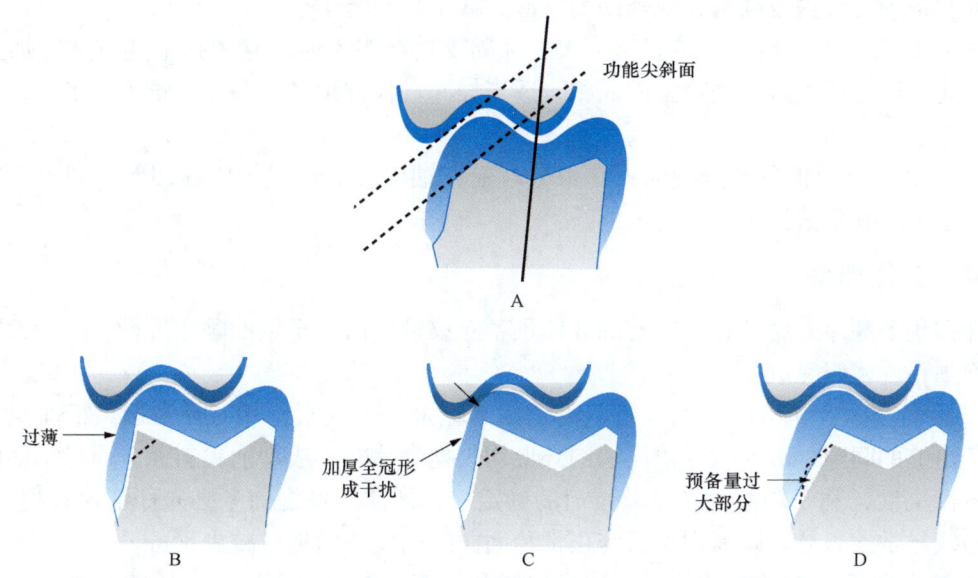

图 3-23 功能尖斜面预备不当时可能出现的问题

冠牙体预备时㖞颊线角处的磨除量应足够，此处可形成一个 0.6 mm 磨除量的斜面，称为非功能尖斜面（图 3-24），此处若磨除不够将形成过突的外形轮廓。而下颌磨牙舌轴面一般较直，通常不需要预备非功能尖斜面。

3. 铸造金属全冠的设计原则（principles for design） 修复前的正确设计是保证金属全冠成功的先决条件。在修复之前，应对修复体的边缘、㖞力、咬合、形态、所用修复材料、固位方式、粘固方式等做出恰当的设计，并对预后做出估计。

（1）铸造金属全冠的边缘通常为龈上，尤其当牙周病变导致牙根暴露时更应采用龈上边缘。龈上边缘切割牙体组织较少，易于辨认，易于取模，易于清洁，因而较易保证牙周的健康。

当存在以下情况时，可使用龈沟内边缘：①当预备牙临床冠短、牙体外形小等固位力较小时，可使用龈沟内边缘增加轴面高度、增加固位和阻挡作用面积；②当充填体边缘位于龈沟内或齐龈时，全

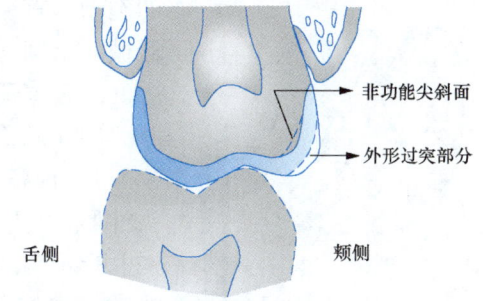

图 3-24 上颌非功能尖磨除时要求形成非功能尖斜面，否则容易导致外形过突

冠边缘要盖住充填体边缘而位于龈沟内；③当楔状缺损、劈裂等所致牙体缺损位于龈沟内时，全冠边缘应与缺损处密合而位于龈沟内；④当旧的全冠或其他修复体边缘位于龈沟内时，新做的全冠边缘也应该放于龈沟内。

（2）老年患者牙冠长、冠根比例大者，除了应将冠边缘设计在龈缘以上外，还要适当增加全冠轴面突度，并增加与邻牙的接触面积。

（3）铸造金属全冠的边缘通常为宽 0.5 mm 的无角肩台（chamfer）。但对于前磨牙和剩余牙体组织少的牙可设计为宽度 0.3 mm 小无角肩台。而当使用镍铬合金、钴铬合金强度相对大的修复材料或当预备牙轴面倒凹大时，为了减少磨除量，边缘可以设计为刃状或羽状边缘。当旧修复体拆除需重新修复时，如果原有边缘形态合理，也可以保留原有的预备体边缘形态（即使是直角肩台等），关键是保证边缘密合无悬突。

（4）必要时增加辅助固位形：在有些情况下需要增加全冠的固位力或增加抵抗旋转脱位的作用，如临床牙冠短等其他导致固位力不足的情况或作为固定桥的基牙时，可以在预备体的相应轴面制备固位轴沟或制备其他辅助固位形，减小其旋转半径。

（5）当对𬌗牙为天然牙、患者𬌗力大、牙周支持组织差时，除了按上述方法增加全冠固位力外，还要注意适当减小全冠𬌗面面积，适当加深食物排溢沟，并注意𬌗力的平衡，防止侧向力。

（6）当磨牙出现根分歧病变时，在根分歧上方轴面处要形成相应的凹形，利于未来在此处不形成悬突和利于清洁。

（四）牙体预备

1. 牙体预备顺序　铸造金属全冠的牙体预备建议遵照由简至繁的顺序进行。一般为𬌗面磨除、轴面预备、精修完成。

（1）𬌗面磨除：从𬌗面开始预备只需考虑磨除量一个因素，相对易掌握。𬌗面预备的要求是预备足够的间隙，磨除时要依照解剖外形均匀地磨除并形成功能尖斜面。通过𬌗面的磨除可降低轴面高度，利于轴面预备及就位道的确定。在牙体预备之前务必先仔细检查咬合关系，对于𬌗曲线异常的患牙，则需根据其与正常𬌗面曲线的差距增加或减少预备量。

（2）轴面预备：需考虑就位道、边缘位置和形态、磨除量等因素，比𬌗面预备困难。预备时一般应遵循先颊、舌面再邻面的顺序，以利于对邻牙的保护。先预备颊、舌侧轴面使颊侧、舌侧向颊邻、舌邻轴角处充分扩展，尽可能减少邻面颊舌向宽度，以便于邻间隙的打开。

轴面预备要求是消除倒凹，建立固位形，预备时轴面尽量平行，其聚合度应小于 6°；并形成 0.5 mm 的无角肩台，且光滑连续。

（3）修整各轴线角及边缘，精修完成。

2. 预备所需器械或车针（instruments and armamentarium for preparation）　牙体预备时所用的车针没有固定的规定。医师可以根据预备量和所期望达到的预备体形态来确定所用车针的类型、直径和形状。表 3-1 是铸造金属全冠牙体预备时所用车针、器械的示例。

3. 牙体预备步骤（procedures in tooth preparation）

（1）𬌗面预备（occlusal reduction）

1）预备深度指示沟（guiding groove）（图 3-25）。用平头或圆头柱形金刚砂车针（直径为 1 mm）沿𬌗面沟嵴形成一定深度的指示沟，指示沟的深度在功能尖控制在略小于 1.5 mm（如 1.3 mm），在非功能尖控制在略小于 1.0 mm（如 0.8 mm）。指示沟预备的目的是使𬌗面牙体组织能够依照其解剖外形定量均匀地磨除。另外，对

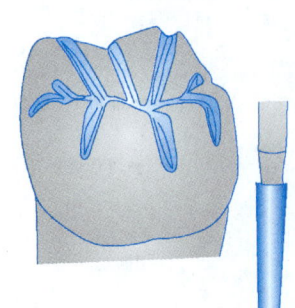

图 3-25　深度指示沟的预备

表 3-1　铸造金属全冠牙体预备所用车针、器械示例

预备步骤和用途	所用车针、器械
殆面深度定位沟（guiding groove） 殆面磨除（occlusal reduction）	平头或圆头锥状金刚砂车针（直径 1 mm） flat-end or round-tipped tapered diamond（d = 1 mm）
轴面磨除（axial reduction）	圆头锥状或鱼雷状金刚砂车针（直径 1 mm） round-tipped tapered or torpedo diamond（d = 1 mm）
邻面磨除时用于破坏接触、通过邻面 （passing through the proximal axial surface）	细针状锥状金刚砂车针 needle-like tapered diamond
邻面磨除（proximal axial reduction）	圆头锥状或鱼雷状金刚砂车针（直径 1 mm） round-tipped tapered or torpedo diamond（d = 1 mm）
固位沟（retention groove）	平头锥状金刚砂车针（直径 1 mm） flat-end tapered diamond（d = 1 mm）
殆面磨除量检测 （verification of occlusal clearance）	基托蜡及蜡厚度测量规 utility wax and wax caliper 殆面磨除测量具（occlusal reduction guage）
精修、完成（finishing）	宽的圆头锥状金刚砂车针（直径＞1 mm） wide, round-tipped tapered

于殆曲线异常的患牙（如伸长或低殆的患牙），则需依据其与理想殆面的差距增加或减少预备量。

2）殆面牙体组织的磨除（occlusal reduction）（图 3-26）。用平头或圆头锥形金刚砂车针（尖端直径为 1 mm）磨除指示沟间的牙体组织。磨除可分两部分进行，首先磨除殆面的近中或远中一半，保留另一半作为对照，然后依照标准再磨除另一半牙体组织。

3）预备功能尖斜面（functional cusp bevel）（图 3-26）。沿功能尖的外斜面形成一个 1.5 mm 宽的斜面并移行至邻间隙。功能尖斜面一般与牙体长轴大致呈 45°（图 3-22，图 3-23A）。

预备后可用软蜡片或殆记录材料检查预备的厚度，并注意在牙尖交错殆、前伸殆以及侧方殆时均应有足够的间隙。

（2）颊舌面的预备（buccal and lingual reduction）

1）预备定位沟（axial alignment groove）（图 3-27A）。用直径为 1 mm 圆头锥状金刚砂车针分别在颊、舌面的中央及近、远中轴线角处各预备三条定位沟。定位沟与设计的全冠就位道平行，通常与牙体长轴平行。定位沟的深度为金刚砂车针圆头的一半进入牙体组织，其龈端恰好形成 0.5 mm 宽无角肩台的形状。

2）颊舌面的磨除（buccal and lingual reduction）（图 3-27B）。用同一圆头锥状金刚砂车针（直径为 1 mm）磨除定位沟之间的牙体组织，先磨除颊或舌面的一半，以另一半牙体组织作为参考，然后再磨除另一半。磨除到邻轴线角时在不损害邻牙的基础上尽量向邻面扩展以减少

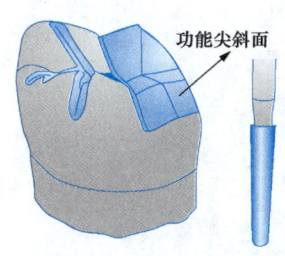

图 3-26　殆面磨除及功能尖斜面预备

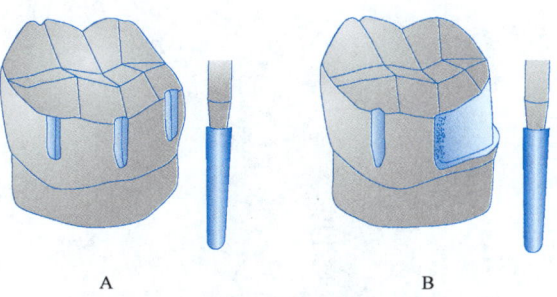

图 3-27　辅助定位沟的预备及轴面磨除
A. 轴面定位沟的预备；B. 颊舌面的磨除

与邻牙接触的预备量（图 3-28）。同时在龈端形成深 0.5 mm 的无角肩台。

（3）邻面预备（proximal axial reduction）

1）邻面预备要特别注意对邻牙的保护。特别是当患牙邻面与邻牙的接触区颊舌径𬌗龈径都很大时很容易磨到邻牙。邻面预备时要选用细的针状金刚砂车针，让其尽可能地贴近邻面接触区，可采用上下拉锯动作沿颊舌方向慢慢通过邻面，预备同时尽量让细针状金刚砂车针与邻牙之间存留一薄层牙釉质以保护邻牙不受损伤，这层釉质可在磨除同时自动脱落也可用探针将其剥落（图 3-29）。

2）当用细针状车针预备出足够空间后，再用圆头锥形金刚砂车针（直径为 1 mm）修整邻面，形成宽 0.5 mm 的邻面无角肩台边缘，并与颊舌面边缘连续。

（4）固位沟（retention groove）的预备（图 3-30）：为增加全冠的固位力可预备固位沟，用钨钢车针或平头金刚砂车针预备固位沟，沟的深度为 1 mm、𬌗龈高 > 3 mm，其方向与全冠的就位道一致。全冠固位沟一般首选预备在邻面部位。

（5）精修完成（图 3-31）

1）𬌗面修整：一般来说，当𬌗关系比较正常时，按𬌗面外形均匀磨除后的间隙也同时会为前伸𬌗与侧方𬌗运动制造出足够的间隙。但当磨耗不均匀、𬌗面外形欠佳、𬌗关系不正常时，如不能调改对𬌗牙，则需注意检查前伸与侧方运动时预备体𬌗面与对𬌗牙𬌗间隙是否足够，必要时可作适当修整。

2）轴面修整：①完善共同就位道：颊舌与近远中 4 个轴壁是分别预备的，检查 4 个壁是否组成了一个就位道；用口镜从颊舌侧可判断近、远中两个轴壁，从𬌗面上方可判断 4 个轴壁是否在一个共同就位道里。②去除倒凹调整聚合度：一般来说，预备体𬌗龈径若大时，聚合度可略大；𬌗龈径若小，聚合度也应越小。③修整各线角使之圆钝。

正常情况下，全冠修复后的轴面外形，应与原来天然牙冠外形轴面相同；冠龈关系发生改

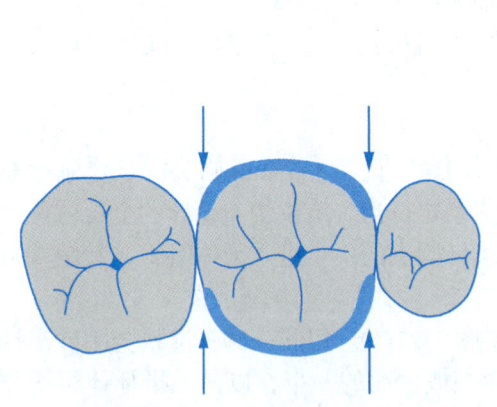

图 3-28 颊舌轴面预备时尽量向邻面接触区扩展

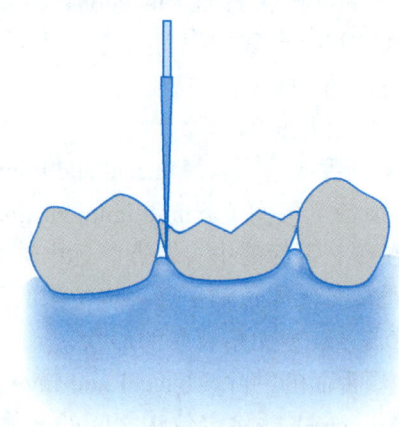

图 3-29 在通过邻面时，细针状金刚砂车针与邻牙之间始终存在薄薄一层预备牙的釉质保护邻牙

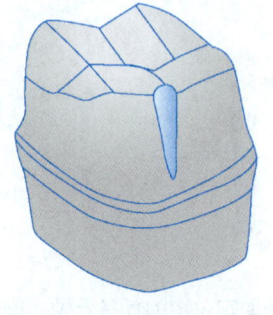

图 3-30 固位沟的预备

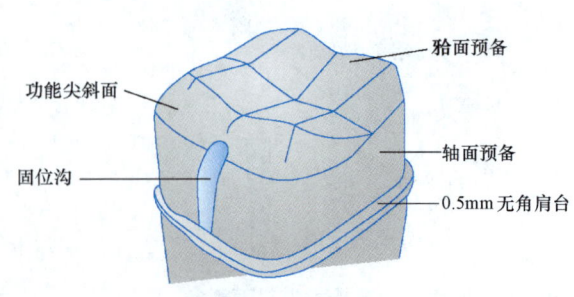

图 3-31 精修完成

变后，冠的外形也应相应改变，才有利于牙龈的健康。龈外展隙 4 个轴角处，形态过凸不利于龈乳头的自洁时可作修整。

3）边缘修整：用稍大直径细粒度（fine-grit）的圆头锥状金刚砂车针修整预备体的边缘，形成宽 0.5 mm 清晰光滑的无角肩台，用探针尖端探查可以感到明显的防止龈向下滑的阻力。良好的预备体边缘应是医生易辨认（医生可以清楚地看到，知道边缘的位置、形态、宽度，易于判断冠边缘是否与预备体边缘密合）；印模材易复制（印模材可以流到边缘每一处，印记边缘每处细节，凝固后不变形）；模型材料易复制（模型材料可以将印记记存的全部信息轻易复制出来）；技师易辨认（技师可以从模型上轻易、准确地判断边缘的位置、形态、宽度，了解医生的设计意图）。

（五）取印模，戴临时冠

取印模见本章第五节。

临时冠可用预成冠重衬，也可用间接法制作，用临时粘接水门汀粘接，凝固后去除多余的水门汀。

（六）全冠的试戴与粘接

全冠试戴时，检查就位、边缘、咬合情况以及调改、粘接等程序基本同嵌体。

由于全冠的制作目的不同，所以除了要检查就位、边缘、咬合等常规项目外，对于隐裂牙、牙本质过敏牙要特别注意裂缝、过敏颈部等处的包被情况；全冠轴面、𬌗面外形、牙尖斜度、磨耗度等应与整个牙列协调，不要刻意追求标准解剖形态，应修平修复体过大牙尖斜面，以减小侧向力，保证全冠在前伸𬌗、侧方𬌗应无𬌗干扰；可摘局部义齿基牙的全冠，要注意是否达到了提供固位和支持等方面的设计要求：如卡臂尖处倒凹的大小，邻面导平面的位置形态，下方倒凹大小，𬌗支托窝的深度和外形等，如不合适，应在粘接前磨改；对于用于恢复邻接触的全冠，要注意邻牙接触面的大小、形态、位置、冠戴入后的松紧度，也需调改合适并抛光后再粘接。牙龈退缩时，为防止水平食物嵌塞，可采用随着牙龈乳头的降低增大邻接面的𬌗龈径，减小龈外展隙的办法来处理。铸造全冠固位力差且𬌗力大者可用高强度的树脂类粘接水门汀，也可在全冠的组织面作喷砂、电解蚀刻、粗化处理及应用活化剂处理后再粘接。

（周永胜）

三、部分冠

部分冠是覆盖于部分牙冠的表面，用以恢复牙体缺损患牙的形态和功能的固定修复体。

部分冠的应用是修复理念深化的体现，部分冠在满足功能要求的同时保存了更多的牙体组织，如唇颊面的保留使患牙的自然外观得到保存；远中面的保留使修复体更易就位于近中倾斜基牙上。在烤瓷熔附金属全冠、全瓷冠等牙色修复体问世前，部分冠曾经广泛应用于美学要求较高的牙体缺损的修复，或用作固定义齿的固位体。

部分冠可以命名为前牙 3/4 冠、后牙 3/4 冠、7/8 冠和邻面半冠等。部分冠的分数命名法是修复体轴面与牙冠轴面的覆盖比值。

（一）部分冠的优缺点

1. 优点

（1）比金属全冠美观。

（2）磨牙少，更符合保存牙体组织修复原则。

（3）相对全冠，其与牙龈接触的龈边缘短，对牙龈刺激更小。

(4) 试戴时易检查边缘。
(5) 粘接时易就位。
(6) 因有天然牙牙面显露，粘接后方便牙髓活力的测试。

2. 缺点
(1) 美观性不如烤瓷熔附金属全冠、全瓷冠。
(2) 牙体预备复杂。
(3) 固位和抗力不如全冠类修复体。
(4) 边缘线较长，发生继发龋的概率增加。

(二) 部分冠的适应证和适应证选择的注意事项

部分冠一般适用于颊面牙体组织健康完整且冠长大于或等于平均冠长的牙，外形宽大的牙有利于部分冠的固位与抗力的建立。

1. 部分冠的适应证
(1) 中等程度的牙体缺损（唇颊面完整，并且有足量的健康牙体组织支持）
(2) 𬌗力轻、桥体跨度小的固定桥的固位体。
(3) 牙周夹板的固位体。
(4) 恢复咬合或𬌗面改形。
(5) 恢复前牙切道。

2. 部分冠适应证选择的注意事项
(1) 对美学要求高的患者不宜采用。
(2) 龋病易感人群、口腔卫生保持不佳者及活动性牙周炎患者不宜使用。
(3) 临床冠短固位不良者、唇/颊舌径小难以预备邻轴沟以及邻面外形凸邻轴沟预备易产生无基釉者不宜采用。
(4) 不宜用于跨度大固定义齿的固位体。
(5) 不宜用于大面积牙体缺损尤其是根管治疗后的患牙。

(三) 部分冠的修复设计

部分冠的修复设计原则是尽量保留唇颊壁牙体组织以维持美观、并利用邻轴沟以获得固位。邻轴沟（图3-32）的设计对部分冠的美观和固位起着决定性的作用。

邻轴沟的设计包括邻轴沟的位置、方向和形态、深度等因素。

1. 轴沟的位置 一般位于唇颊轴线角与颊侧接触点之间。轴沟应在邻面磨除面以内，尽量靠唇颊侧，覆盖尽可能多的牙面，以获得最大固位力。但是为了不暴露金属，轴沟唇颊壁的竖斜面（flare）不应超过邻唇或邻颊轴线角。

2. 轴沟的方向 应与部分冠的就位道一致，在前牙应与唇面切2/3平行、在后牙与牙体长轴平行。3/4冠近远中两轴沟应互相平行，𬌗（切）向聚合度为6°。

3. 轴沟的形态 轴沟的舌侧壁应与邻面呈直角，以抵抗部分冠向舌侧脱位。其唇颊壁应稍向外扩展，预备竖斜面，去除薄弱牙体组织。

4. 轴沟的深度 在龈端为1mm，在𬌗面或切端略深，长约4mm，止于外形线上0.5mm。

(四) 部分冠的牙体预备

1. 上颌前牙3/4冠的牙体预备（图3-33）
(1) 切端磨除：均匀磨除1mm的切端牙体组织，形成与牙

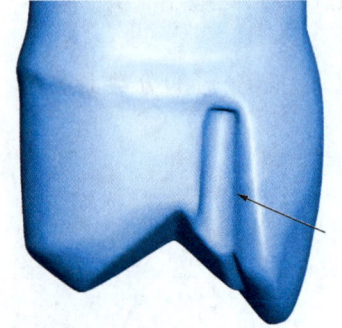

图3-32 上颌前磨牙邻面轴沟

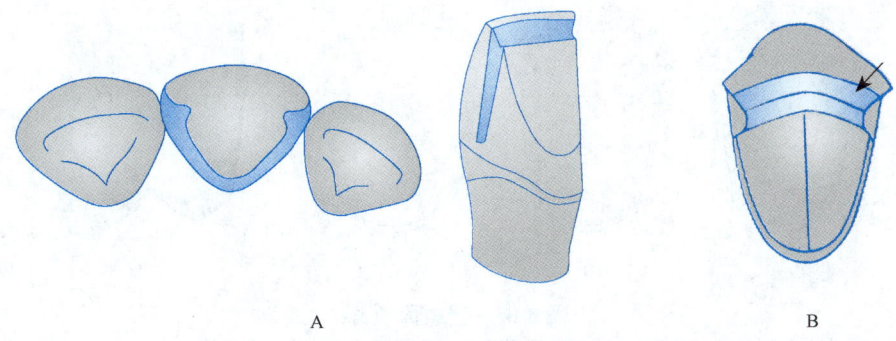

图 3-33　上颌前牙 3/4 冠预备（轴沟、切端沟）
A. 上颌前牙 3/4 冠及其邻面轴沟；B. 切端沟

长轴呈 45°的斜面。斜面不要超过切端与唇面的线角，以免暴露金属，影响美观。

（2）舌面磨除：用水滴状金刚砂车针按舌窝形态均匀磨除 0.5～1.0 mm。然后用圆头锥形金刚砂车针与唇面切 2/3 平行修整舌隆突，形成舌侧轴壁以提供固位。边缘形成无角肩台。

（3）邻面磨除：用圆头锥形金刚砂车针磨除近远中邻面，形成邻面无角肩台边缘。

（4）轴沟预备：用锥形裂钻预备邻面轴沟，轴沟与唇面切 2/3 平行。

（5）切端沟（incisal offset）预备：用锥形裂钻在切端磨除面内预备"V"型切端沟，连接近远中轴沟，切端沟的唇侧与舌侧宽度比为 2∶1（图 3-33B）。

（6）精修完成：圆钝所有线角和边缘。

由于美观原因，上颌前牙 3/4 冠的牙体预备要求很高，目前临床上上颌前牙 3/4 冠已很少用，医生一般选择牙体预备相对容易的瓷类全冠修复体。

2. 上颌后牙 3/4 冠的牙体预备（图 3-34）

（1）𬌗面的磨除：用柱状金刚砂车针预备深度指示沟，沟的深度在功能尖为 1.5 mm，在非功能尖为 1.0 mm。特别注意的是非功能尖即颊尖舌斜面的指示沟应从𬌗面中央的 1.0 mm 向颊尖顶逐渐变浅为 0.5 mm。指示沟预备后磨除指示沟之间的剩余牙体组织，预备功能尖斜面。

（2）轴面磨除：用直径 1 mm 的圆头柱形金刚砂车针在牙冠舌面的中央及近远中舌轴线角处磨出 3 条定位沟，同时保留颊面的完整。定位沟与 3/4 冠的就位道方向也就是牙体长轴方向平行。先磨除定位沟之间的舌面牙体组织，然后预备邻面，方法同金属全冠。但邻面的磨除不应超过邻颊线角（特别是近中）以免暴露金属影响美观。定位沟的深度为金刚砂车针圆头的一半进入牙体组织，其龈端恰好形成 0.5 mm 宽无角肩台。

（3）轴沟的预备：轴沟是部分冠获得固位力的关键。轴沟的预备对部分冠十分重要。将末端直径约 1 mm 的平头锥形钨钢车针置于邻面磨除面内并尽可能靠近颊面的位置，方向与就位道一致，深度在龈端为 1 mm，长度接近邻面轴壁长度并在磨除面内，应大于 4 mm。轴沟形成后会在轴沟颊侧形成无支持的牙体组织（图 3-35）或"凸起"（图 3-36），此为薄弱牙体组织或影响就位，应使用细金刚砂车针将其磨除的同时使轴沟的颊侧壁向外扩展成一轴斜面或称竖斜面（flare）；轴沟舌壁则应与邻面轴壁垂直成直角。

（4）𬌗面沟（occlusal offset）的预备：用平头锥形金刚砂车针在颊尖的舌斜面预备 V 形𬌗面沟。V 形沟的舌侧壁可短于颊侧壁。𬌗面沟与切端沟相似，它连接两邻面轴沟形成修复体边缘的增力环以增强修复体的机械强度。

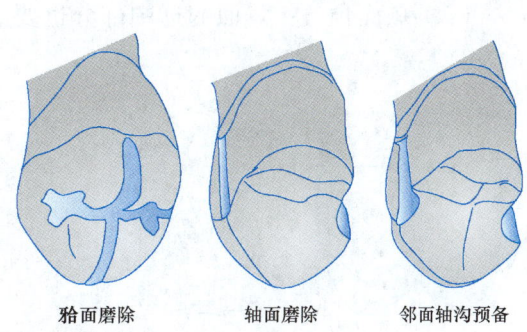

𬌗面磨除　　轴面磨除　　邻面轴沟预备

图 3-34　上颌后牙 3/4 冠的牙体预备

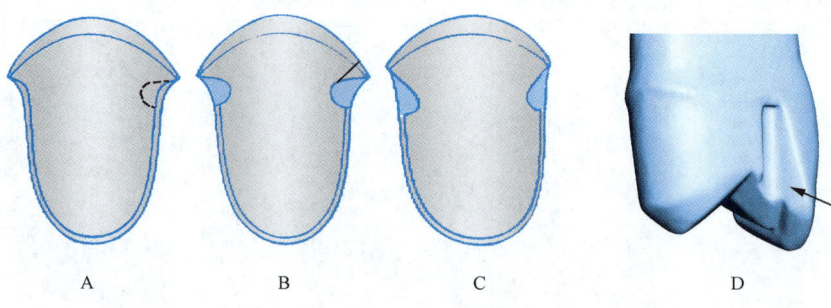

图 3-35 竖斜面预备

A. 轴沟预备的方向及位置（虚线部分）；B. 轴沟颊侧至黑色实线间的部分为无支持的牙体组织；C、D. 竖斜面形成

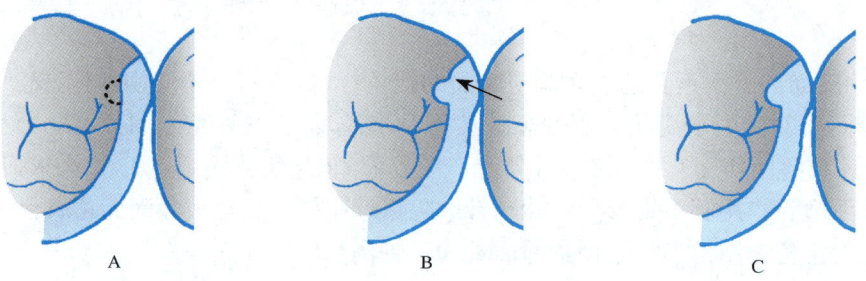

图 3-36 细金刚砂车针将"凸起"去除形成竖斜面，轴沟舌壁则应与邻面轴壁垂直成直角

A. 轴沟预备的方向及位置（虚线部分）；B. 轴沟颊侧箭头指示部分为"凸起"牙体组织；C. 竖斜面形成

（5）颊尖反斜面（contra bevel）的预备：为保护颊尖薄弱的牙体组织，由颊尖顶沿颊尖斜面磨制 0.5 mm 宽 45° 的斜面，由于其方向与原牙尖斜面的预备方向相反，所以被称为反斜面，该斜面的伸展不应超过颊尖外形至颊面，以避免暴露金属（图 3-37）。

（6）精修完成：用细粒度的圆头锥形金刚砂车针修整边缘，圆钝所有线角。

3. 下颌后牙 3/4 冠的牙体预备特点（图 3-38） 下颌后牙 3/4 冠的牙体预备与上颌后牙基本相同，但有其自身的特点：下颌后牙颊尖为功能尖，为抵抗咀嚼力应增加金属厚度。

（1）𬌗面、舌面、邻面预备同上颌后牙 3/4 冠。

（2）颊面预备：在颊尖的颊斜面上预备𬌗面直角肩台或深无角肩台，肩台宽约 1.0 mm，在𬌗接触区下 1.0 mm。

（3）轴沟预备：同上后牙 3/4 冠。

（4）𬌗面肩台预备：𬌗面肩台连接两侧邻面轴沟，与上颌后牙 3/4 冠的𬌗面沟的功能相似。

4. 7/8 冠的牙体预备（图 3-39） 7/8 冠常用于上颌磨牙，仅保留颊面的近中部分，其固位力大于 3/4 冠。在牙体预备时，与上后牙 3/4 冠不同的是颊面的远中部分也要磨除，7/8 冠远中轴沟移位于颊面而使轴沟的预备较 3/4 冠容易。

（1）𬌗面、舌面、邻面预备同上颌后牙 3/4 冠。

（2）颊面预备：颊面的远中部分也要磨除，预备时从远中面预备继续向颊面预备。一般

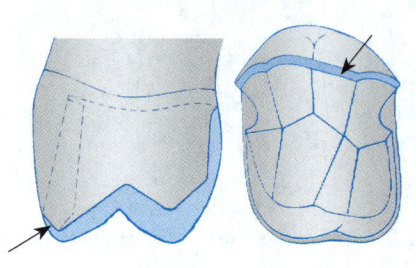

图 3-37 反斜面

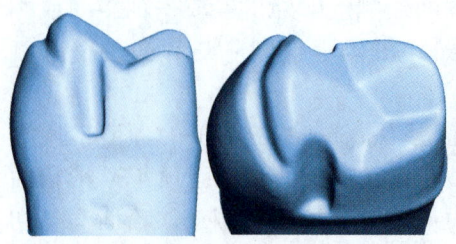

颊尖的颊斜面上形成 1.0mm 直角肩台

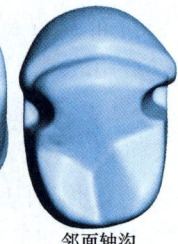

邻面轴沟

图 3-38 下颌后牙 3/4 冠

预备至刚刚覆盖颊沟处,并在颊沟处预备颊轴沟,其作用相当于 3/4 冠的远中轴沟。

（3）轴沟预备：近中轴沟同后牙 3/4 冠,颊侧轴沟一般预备在颊沟处,如有缺损应包被住缺损后使近中还应有 1.5～2 mm 健康牙体组织作边缘位置。宽度、深度同近中轴沟。

（4）𬌗面沟预备：连接近中轴沟与颊面轴沟,由于 7/8 冠的两轴沟位置接近,所以𬌗面沟相对较短,预备方法同上颌后牙 3/4 冠。

（5）反斜面预备：同上颌后牙 3/4 冠。

（6）修整：因远中轴沟移至颊侧,边缘修整较容易。

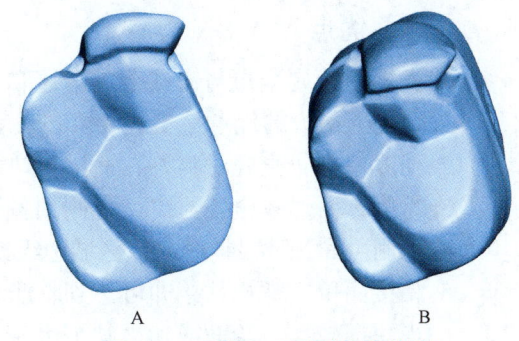

图 3-39　后牙 7/8 冠预备体外形
A. 𬌗面观　B. 𬌗颊面观

5. 后牙邻面半冠的牙体预备（图 3-40）　邻面半冠（proximal half crown）是后牙 3/4 冠的改良形式,可看作是将 3/4 冠向颊侧旋转 90°放置,多用于近中倾斜的下磨牙需要修复近中缺失牙又不接受正畸治疗时可用此冠作固位体。

（1）𬌗面预备：根据𬌗接触情况均匀预备 1.0～1.5 mm 的间隙,注意远中要止于𬌗面远中边缘嵴近中。

（2）轴面预备：预备近中、颊侧、舌侧三轴壁,注意要与近中基牙形成共同就位道。

（3）轴沟预备：在颊、舌侧预备面的远中,靠近边缘处,预备出两个与共同就位道一致的轴沟,形成明确的沟内近中壁,深度、长度、外形同后牙 3/4 冠。

（4）𬌗面沟预备：连接两侧轴沟在𬌗面的远中形成明确的𬌗面沟以形成增力环,为防近中脱位还可在𬌗面沟中央的远中窝处预备洞形或预备鸠尾使鸠尾远中的扩大部分与两侧𬌗面沟相连。

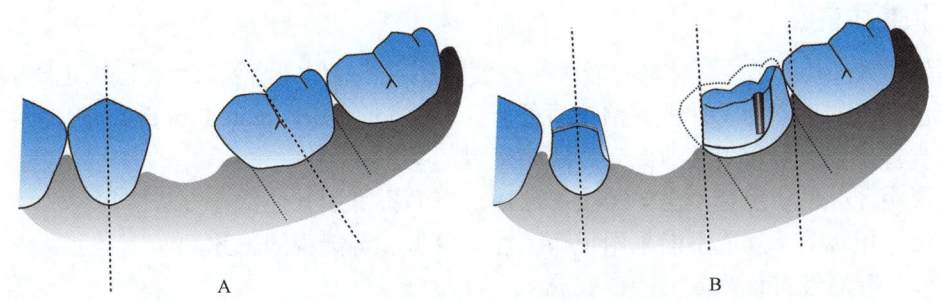

图 3-40　改良的 3/4 冠（邻面半冠）
A. 下颌第一磨牙近中倾斜　B. 改良 3/4 冠的设计使其易于就位而不受远中邻牙的影响

（五）试戴与粘接

部分冠的试戴过程与要求同嵌体。

部分冠粘接时,因粘接水门汀排溢容易,因而就位良好。

（谭建国　刘玉华　陈　立）

四、烤瓷熔附金属全冠

烤瓷熔附金属全冠（porcelain-fused-to-metal crown，PFMC）又称金属烤瓷联合冠,简称金瓷冠（metal-ceramic crown）,是瓷粉经过高温烧结熔附于金属内冠表面而形成的全冠修复体。金瓷冠兼有金属全冠机械强度好和全瓷冠美观的优点,是一种较理想的修复体。

上颌磨牙烤瓷熔附金属全冠修复案例

（一）优点

烤瓷熔附金属全冠与铸造金属全冠和全瓷冠相比，具有以下优点：

1. 金瓷冠最大的优点是美观效果和强度均较佳，结合了全瓷冠美观和金属冠强度高的优点。
2. 强度一般较全瓷材料好，适用于口内任何区域，也适用于后牙大跨度长桥的固位体。
3. 舌侧预备量较全瓷冠少，舌侧预备可以参照金属全冠。
4. 采用金属颈环设计时，该区域边缘设计可采用刃状或无角肩台等预备量保守的边缘类型。
5. 粘接简单，常规粘接即可达到临床要求。
6. 当缺损较大、𬌗面或切端缺损大于 2 mm 时，金属烤瓷冠可以用金属基底恢复过多缺损部分。

（二）缺点

烤瓷熔附金属全冠与铸造金属全冠和全瓷冠相比，具有以下缺点或不足：

1. 金瓷冠的半透明特征、仿真性、美观性不及全瓷冠（一般指长石质瓷和玻璃陶瓷类）。
2. 金瓷冠唇侧预备量相对全瓷冠较多，容易造成意外露髓。
3. 唇侧金属边缘有发生金属离子析出从而造成颈缘灰线的可能。
4. 与铸造金属全冠比，有发生瓷裂、崩瓷的可能。
5. 前牙唇侧边缘往往放于龈沟内，不利于牙龈的健康。
6. 多数烤瓷材料［除低熔水热烤瓷材料（low fusing hydrothermal porcelains）外］可能会引起对𬌗牙的磨损（abrasion）。
7. 少数患者对某些金属存在过敏的可能。
8. 可能影响某些影像学检查（如核磁共振成像等），可能造成伪影或有致牙冠发生脱位风险。

（三）适应证

1. 因龋坏或外伤等造成牙体缺损较大，充填治疗或其他保守修复治疗无法满足要求的患牙。
2. 变色牙，如失髓牙（即根管治疗后的牙，endodontically-treated tooth）、四环素牙和氟斑牙等要求改善美观而不宜用其他保守方法修复者。
3. 畸形小牙、釉质发育不全等需改善牙冠形态而不宜用其他保守方法修复者。
4. 错位、扭转等不宜或不能采用正畸治疗，要求改善美观的患牙。
5. 根管治疗后经桩核修复的残根残冠。
6. 烤瓷固定义齿的固位体。
7. 牙周病修复治疗的固定夹板。
8. 作为种植义齿的上部结构来修复牙齿缺失。

（四）适应证选择的注意事项

1. 若其他相对磨牙少的修复方法可以满足患者美观、强度等方面的要求时，不建议使用金瓷冠修复。
2. 对前牙美学要求极高者，避免采用可能出现颈部灰线的金瓷冠类型。
3. 对金属过敏者要避免使用含可疑过敏金属元素的合金。
4. 尚未发育完全的年轻恒牙避免使用。
5. 牙髓腔宽大、髓角高耸等容易发生意外露髓的牙齿避免使用，必要时先做根管治疗后再行修复。
6. 无法提供足够固位形和抗力形的患牙，要避免直接使用金瓷冠修复。
7. 深覆𬌗、咬合紧，在没有矫正情况下且无法获得足够修复空间的患牙避免使用。

8. 有夜磨牙症患者或有其他不良咬合习惯者，不建议使用。

（五）金瓷冠的制作类型和特点

金瓷冠的制作主要包括金属基底冠（metal copings）制作和瓷粉烧结熔附（sintering）两个步骤。绝大多数金瓷冠的烤瓷方式是一致的，就是直接在基底冠上进行瓷粉堆塑和烧结。但是它们在基底冠的制作方法上却存在一定的不同。下面按照基底冠制作方式的不同简单介绍两种金瓷冠的制作方法。

1. 传统铸造基底冠（conventional cast copings）烤瓷 传统铸造基底冠是目前应用最广泛的一种烤瓷方法。它通过失蜡铸造工艺获得理想的基底冠形态和结构。其最主要的优点是金瓷结合线可以根据要求放置在合理的位置上，即根据瓷覆盖后牙𬌗面或前牙舌面多少可以做成部分瓷覆盖或全瓷覆盖两种不同形式。而其他方法一般只能做成全瓷覆盖型，因此在𬌗面或前牙舌面预备量受限时会影响或限制其使用。传统铸造基底冠烤瓷是掌握的重点，有关其制作原理、烤瓷合金、烤瓷工艺等将在后面重点介绍。

2. 金沉积基底冠（gold electroformed copings）烤瓷 金沉积基底冠是利用电沉积原理制作的纯金基底冠。它是把满涂金属银漆、具有导电性的预备体代型作为阴极放入含金离子的电解液里，在电流作用下，阴极吸引带正电的金离子并在预备体代型表面进行离子交换中和反应，从而离析出 0.3 mm 均匀厚度的纯金层。因为在电沉积过程中，在每平方毫米面积上每秒析出的金原子约为 10^{16} 个，以此速度形成的纯金结构已不再是典型自然纯金的立方体晶体结构，而是一无微孔、致密的非立方体晶体结构，从而大大提高了纯金本身的强度。据报道，金沉积后其强度达到了类似Ⅲ型金合金的强度。但是有关其临床应用的研究报告并不多，有待进一步应用总结。

（六）烤瓷合金和瓷粉

铸造基底冠上烤瓷是目前最常见的金瓷冠制作方法，我们将在以下部分中重点介绍其相关知识。

1. 烤瓷合金

（1）烤瓷金属的分类：按照其抗氧化和抗腐蚀能力（oxidation and corrosion-resistance）以及稀有程度（scarcity）可以简单将它们分为三类：贵金属、非贵金属和钛。

贵金属（noble metal）：由于其化学惰性（inertness）使其具有抗氧化和抗腐蚀能力。在口腔科应用中至少有 7 种贵金属：即金和铂族的 6 个元素铂（platinum）、钯（palladium）、铱（iridium）、锇（osmium）、铑（rhodium）、钌（ruthenium）。若按稀有度或商业价值看，除上述 7 种金属外，有学者认为银（silver）也可算作贵金属。但是在口腔科中银不宜作为贵金属，因为它容易被腐蚀，铸造时容易吸氧、形成铸造孔隙。另外，含银化合物渗入瓷层容易使金瓷冠变色（discoloration），使色调容易变黄，或浅棕色，甚至绿色（greenish hue）。

非贵金属（base metal or non-noble metal）：与贵金属相反，其在高温下易被氧化。由于其抗腐蚀能力较弱，易析出金属离子，可能是导致牙龈灰染的原因。据报道部分非贵金属还具有致敏性。口腔科中应用的主要有镍、铬、钴、铝等。由非贵金属组成的烤瓷合金主要有镍铬合金、钴铬合金等。近年来，不含镍元素的钴铬合金逐渐被重视，据初步报道，钴铬合金的致敏性低于镍铬合金，且对瓷有良好的湿润性。

钛（titanium）：近年来，钛也被应用于烤瓷修复中。实际上，钛应该属于非贵金属范畴，但由于它具有许多不同的特性，因此被单独列出。由于钛具有优良的生物相容性、耐腐蚀性、X 线的半阻射性和低导热性，又由于其矿藏丰富，因此被认为具有较高的应用价值。但是它在烤瓷工艺应用中具有很多缺点，如熔点很高；铸造加工困难；极易被氧化，氧化膜厚度不易控制而容易影响金瓷结合强度，因此烤瓷温度要求低于 800℃，需用低温瓷粉；钛的热膨胀系数低,需要使用热膨胀系数更低的专用瓷粉等;以上缺点限制了它在烤瓷工艺中的广泛使用。

(2)烤瓷合金应具备的要求和标准:生物相容性(biocompatibility)是烤瓷合金应用在临床的基本要求,但与铸造冠、桥用合金和可摘局部义齿铸造支架用合金相比,烤瓷合金至少还有四个特殊的要求:

1)烤瓷合金必须能够在表面形成氧化膜(oxide layer)以便与瓷形成化学结合。对于非贵金属合金,占主要成分的非贵金属在烤瓷高温烧结过程中有自然被氧化的趋势。而对于贵金属合金,尤其是贵金属含量高的合金,由于其自身的抗氧化性和抗腐蚀能力高,不能提供氧化膜,因此需在该合金中加入微量的非贵金属元素(base metal)以促进金属氧化膜的形成。

2)烤瓷合金的热膨胀系数(coefficient of thermal expansion,CTE)必须略大于饰面瓷材料,但不是越大越好,而且两者最理想的差距是$(0.9\sim1.5)\times10^{-6}/℃$。若差距大于$1.7\times10^{-6}/℃$,这时金瓷结合界面上形成的剪切力足以破坏金瓷的结合。这是压缩性金瓷结合机制产生的基础。当烤瓷合金的 CTE 略大于瓷时,修复体烧结冷却后,由于金属收缩大于瓷,故在瓷内形成有利的压应力;反之,当烤瓷合金的 CTE 小于瓷时,瓷层内将形成不利的拉应力,容易发生瓷裂或剥脱(图3-41)。另外,烤瓷瓷粉若烧结次数过多会导致瓷粉中白榴石成分的改变,从而引起瓷的热膨胀系数的变化,若因此而引起 CTE 不调也容易导致瓷裂。

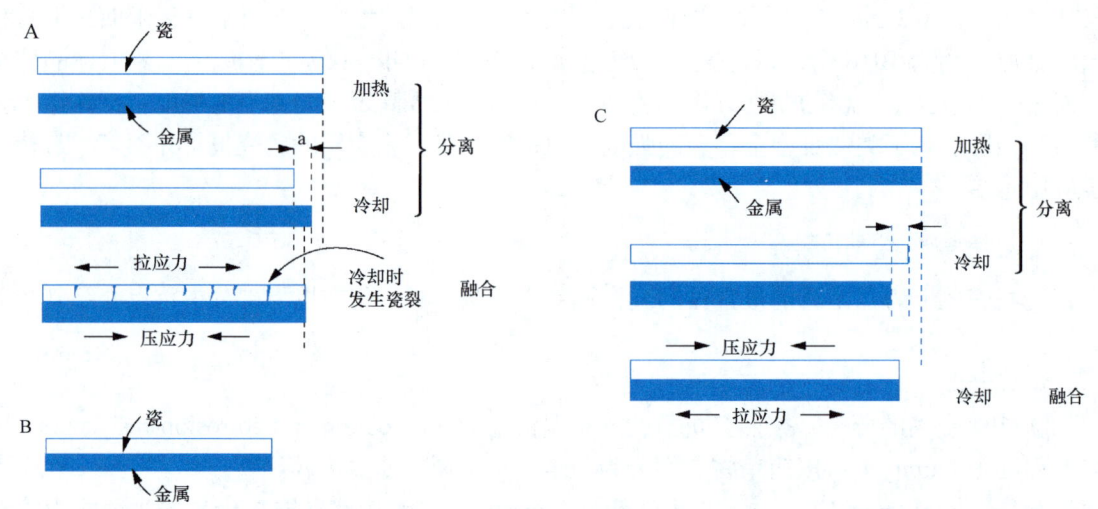

图3-41　A.当瓷 CTE 大于烤瓷合金时;B.当瓷 CTE 等于烤瓷合金时;C.当瓷 CTE 略小于烤瓷合金时

3)烤瓷合金的熔解温度必须显著高于烧结于其上的饰面瓷材料至少170～280℃,以保证在堆瓷烧结、上釉过程中金属基底不熔解、蠕变、挠曲。

4)烤瓷合金在烤瓷烧结的温度范围内变形率应该极小,这种抵抗高温变形的能力被称为高温强度(high temperature strength)或抗熔垂性能(sag resistance)。

(3)烤瓷合金的分类

1)根据 American Dental Association(ADA,1984年)标准,烤瓷合金可简单分为三类:①高含量贵金属合金(high noble):贵金属(金、铂、钯)含量≥60%以及金含量≥40%;②贵金属合金(noble):贵金属(金、铂、钯)含量≥25%;③非贵金属合金(predominantly base):贵金属(金、铂、钯)含量<25%。

2)根据合金组成成分,烤瓷合金可分为三大类,即贵金属合金(noble metal alloys)、非贵金属合金(non-noble metal alloys)以及纯钛或钛合金(pure titanium or titanium alloys),它们再分别被分为下列许多类型:

贵金属合金 noble metal alloys
- 金铂钯合金 gold-platinum-palladium
- 金钯银合金 gold-palladium-silver
- 金钯合金 gold-palladium
- 钯银合金 palladium-silver
- 高钯合金 high-palladium

非贵金属合金 base metal alloys / non-noble metal alloys
- 镍铬合金 nickel-chromium
- 钴铬合金 cobalt-chromium

纯钛或钛合金 pure titanium or titanium alloys

（4）烤瓷合金临床使用的选择标准：临床使用时是否选择贵金属合金或者非贵金属合金，主要是依据美学因素、生物相容性、生物力学因素、经济因素等多方面考虑。一般认为，贵金属合金具有生物相容性、铸造性能、边缘密合度和适合性更佳等优点，同时贵金属耐腐蚀、不易导致牙龈灰染、美学效果较非贵金属合金更好。在机械强度方面，应注意到含金量高的贵金属合金比高钯低金类贵金属合金差，但它们的机械强度又都较非贵金属合金差，因此在长跨度固定桥修复中要注意合理使用。同时，价格因素也是我们必须考虑的因素之一。在临床上，应根据上述因素并结合患者意愿综合选择使用。

2. 瓷粉分类、组成及相关结构 参见《口腔材料学》相关章节。

（七）金属和瓷结合的机制

有关金瓷结合的机制至今仍未定论，但至少有四种结合理论被广泛接受。它们是：①化学结合；②范德华力；③压力结合；④机械固位。其中，化学结合被大多数研究者认为是金瓷结合中最主要、最关键的结合机制。

1. 化学结合（chemical bonding） 在金合金等贵金属合金中加入的微量元素如锡、铟、镓或铁等在空气中烧结时会移到合金表面形成氧化物，然后与瓷粉不透明层中的类似氧化物结合。对于非贵金属合金不需再额外加入一些微量元素，因铬极易氧化并与瓷粉不透明层氧化物形成稳定的结合。但是化学结合的强度受氧化膜厚度的影响，氧化层厚度的控制对防止金瓷结合失败非常关键。如果过厚则会减弱化学结合的强度。若金属基底表面污染也会减弱化学结合的强度。以上是金瓷化学结合的一种理论，即氧化层是金属基底与瓷之间结合的桥梁。另外一种理论则认为金属表面氧化物被不透明瓷熔解，瓷直接与金属表面形成原子接触（atomic contact），共享电子。从化学角度看，在金瓷结合中共价和离子结合均存在，但厚度一般只需要一层单分子氧化膜层就足够了。

2. 范德华力（vander Waals force） 它是带电分子之间相互吸引的亲和力。其对金瓷结合力的贡献较小，但它可能是引发金瓷化学结合的启动因素。

3. 压力结合（compression bonding）（图 3-41C） 瓷是脆性材料，耐压不耐拉。因此，压力结合机制是金瓷结合的又一重要因素。烤瓷合金热膨胀系数必须略大于瓷的热膨胀系数，在金瓷冠烧结冷却后金属收缩大，对瓷形成压缩使瓷层形成压应力而非拉应力。根据瓷覆盖金属基底面积的多少又可以简单将金瓷冠分为全瓷覆盖（full porcelain veneer）或部分瓷覆盖（partial porcelain veneer）两种类型。全覆盖型金瓷冠压力结合作用发挥充分，而对于部分覆盖型金瓷冠则只能部分发挥压力结合作用。因此，对于部分覆盖型金瓷冠，瓷面对金属内冠的包绕应大于 180°，不应仅仅是平面的覆盖。因此，这就要求前牙舌侧瓷金结合线的位置距内冠的切端至少为 1.0～1.5 mm。

4. 机械固位（mechanical retention） 通过无污染磨石修整打磨，然后再用 200 目粒度氧化铝喷砂基底冠表面，由此形成的粗糙微孔可以提供机械锁结（mechanical interlocking）固位，同时也增加了化学结合的表面积。

（八）金瓷冠的基本结构和要求

1. 金瓷冠的基本结构 金瓷冠是由金属内冠和熔附于其上的瓷层（porcelain veneer）构成。瓷层又可分为不透明层、牙本质瓷、釉瓷和透明瓷（图 3-42）。

（1）金属内冠（metal coping）：亦称基底冠，是金瓷冠的重要组成部分。铸造而成的金属内冠与预备体紧密贴合，构成了金瓷冠良好固位和边缘密合的基础。当修复的患牙牙体缺损较大时，可以用基底冠恢复牙冠正确的解剖轮廓，使其上的瓷层厚度均匀一致，应力分布均匀，起到很好支持瓷层、防止瓷层折裂的作用。金属内冠的另外一项重要功能是内冠金属表面可形成氧化膜，它与瓷层形成牢固化学结合，是金瓷结合的重要组成部分，从而能有效防止瓷剥脱，为金瓷冠提供最佳强度。

（2）不透明层（opaque）：直接附于金属内冠表面，其基本功能主要是与金属形成牢固的化学结合，同时起到遮盖金属内冠颜色并构成金瓷冠基础色调的作用。

（3）牙本质瓷和釉质瓷（body porcelain and enamel porcelain）：牙本质瓷也称体瓷。牙本质瓷和釉质瓷分别相当于天然牙冠的牙本质和牙釉质。它们覆盖于不透明层之上，重建天然牙的外形及颜色。

（4）透明瓷（clear porcelain or transparent porcelain）：透明度较釉质瓷更高，用于覆盖前牙冠的唇面，后牙的颊、牙合面或修复体上高度矿化透明的局部。

此外，还有修饰瓷（modifying porcelain），它主要配合牙本质瓷和釉质瓷使用来改善修复体颜色。

2. 金瓷冠的基本要求（图 3-43）

（1）金属内冠的要求：①金属内冠要能恢复牙冠正确的解剖形态轮廓；②金属内冠要有

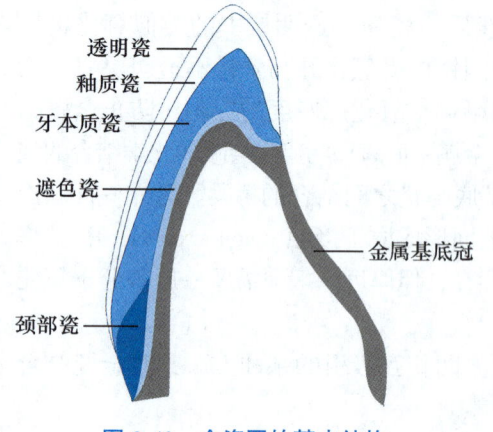

图 3-42 金瓷冠的基本结构

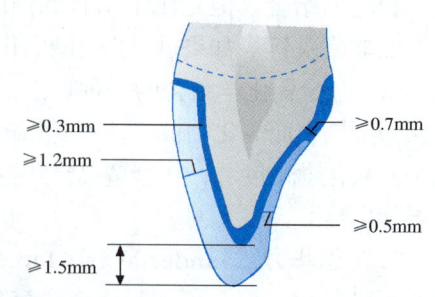

图 3-43 金瓷冠各组成部分厚度的基本要求

足够的厚度，承托瓷部位的金属内冠厚度至少为 0.3 mm；③能保证瓷层厚度均匀，牙体缺损过大部分应由金属内冠自身弥补；④金属内冠为瓷层提供足够的空间，唇面至少 1.0 mm，切端 1.5～2.0 mm；⑤瓷金结合边缘应离开𬌗接触区至少 1.5 mm，瓷金交接呈直角端端对接，内线角圆钝；⑥金属内冠表面形态光滑、圆凸，避免深凹及锐角，并无任何铸造缺陷。

（2）不透明层的要求：不透明层应均匀地覆盖在金属表面。其厚度因选用金属的不同及使用不同的商品瓷粉而有所差异。通常 0.2～0.3 mm 厚的不透明层即可较好地遮盖金属底色，同时构成修复体的基础色调。

（3）牙本质瓷、釉质瓷和透明瓷：精确地比色，选择最适合的瓷粉是牙本质瓷、釉质瓷、透明瓷正确应用的基础。牙本质瓷的厚度要求一般不小于 1.0 mm，而且厚度要均匀。釉质瓷和透明瓷应用的位置和厚度要适当，要求最大限度地模仿患者的半透明特征。

（九）金瓷冠的设计原则

1. 金瓷冠总体设计原则　应用于金瓷冠的瓷粉属于低熔或超低熔瓷粉，单独使用时其不足以达到咀嚼时的强度要求。因此，需要用金属基底为瓷提供支持和强度。金属基底冠是整个金瓷冠成功的基础和关键，要理解金瓷冠的设计原则首先要知道金属基底冠的功能和设计原则，所以金瓷冠的设计主要表现在金属基底冠的设计上。

金属基底冠与预备体之间最好是被动的适合，它也是整个金瓷冠就位和密合的前提和基础。金属基底表面的氧化物是金瓷化学结合的关键。基底为脆性特点的瓷提供坚固的支撑和足够的强度；同时它可恢复牙齿的缺损，保证瓷层厚度的均匀和特征的发挥，一般认为龈 1/3 瓷的理想厚度是 1 mm，为了保证切和𬌗 1/3 的半透明性和正确的外形，1.5～2 mm 则是此部位理想的厚度，但是无金属支持部分瓷的最大厚度是 2 mm，除此之外的其余部分应该由金属基底来形成。设计时要考虑以下几个方面：

（1）牙尖交错𬌗时咬合接触的位置是位于金属上还是瓷上（即金瓷冠设计为全瓷覆盖还是部分瓷覆盖）：咬合在金属上与咬合在瓷上对于预备量的要求是不同的（图 3-44A，C）。对于后牙，𬌗面为金属覆盖者要求𬌗面有 1～1.5 mm 的磨除量，而𬌗面为全瓷覆盖时则需要 2 mm 的磨除量。对于上前牙也是如此，若咬合接触在瓷上，舌面窝磨除量至少为 1.0 mm，若咬合接触在金属上，舌面窝磨除量可减少为 0.7 mm。因此，对于咬合紧或𬌗龈距小的牙齿，选用咬合面为金属的部分瓷覆盖不失为一种好的设计。

（2）金瓷交界（metal-porcelain junction）与牙尖交错𬌗接触点的位置关系：如𬌗接触区接近或位于金瓷交界处（图 3-44B），则金瓷交界区频繁咬合接触会形成一个拉应力集中区，由于瓷耐压不耐拉的特性，所以在金瓷交界区容易发生瓷崩裂或折断。因此，任何功能性咬合如果能避开金瓷交界至少 1.5 mm 以上的话（图 3-44A，C），将很好地防止交界区的瓷崩裂。同时，设计时一定要尽量避免前伸、侧方运动频繁通过金瓷交界区。从这个意义上说，全瓷覆盖设计比部分覆盖更优越。

（3）金瓷交界（metal-porcelain junction）的形式（图 3-45）：金瓷的交界应该是清晰光滑连续的。金属和瓷是端对端（butt-to-butt）对接，即金属基底在金瓷交界处的外形呈直角，但是内角是圆钝的。

（4）要求牙尖或切端瓷层最厚不大于 2 mm，应保持均匀的瓷层厚度。若瓷层厚度大于 2 mm，

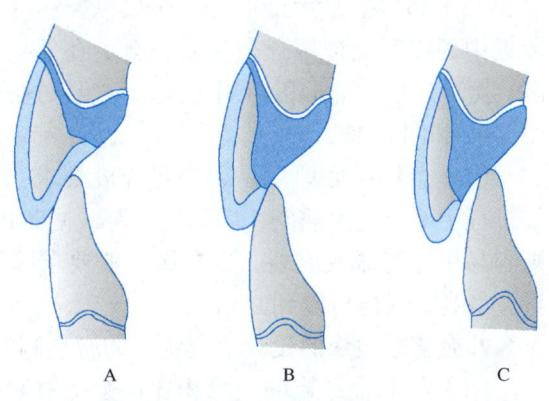

图 3-44　A. 牙尖交错𬌗咬合在瓷上；B. 牙尖交错𬌗咬合在金瓷交界上；C. 牙尖交错𬌗咬合在金属上

此时瓷层不能很好地受到金属基底的支持，瓷层在受到殆力时处于剪应力（shearing force）下，容易发生瓷裂。因此，当牙体缺损较多时应该依据正常牙齿外形用金属恢复出相应的基底冠形状，尤其在牙尖和切端部位，使烧附其上的瓷层厚度基本一致，使牙尖或切端瓷层在受到殆力时有金属基底的支持，并处于压应力下，这样可以防止瓷裂（图3-46）。

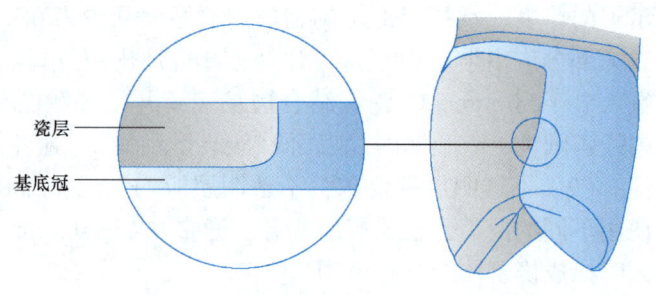

图 3-45　金属与瓷应该是端对端对接

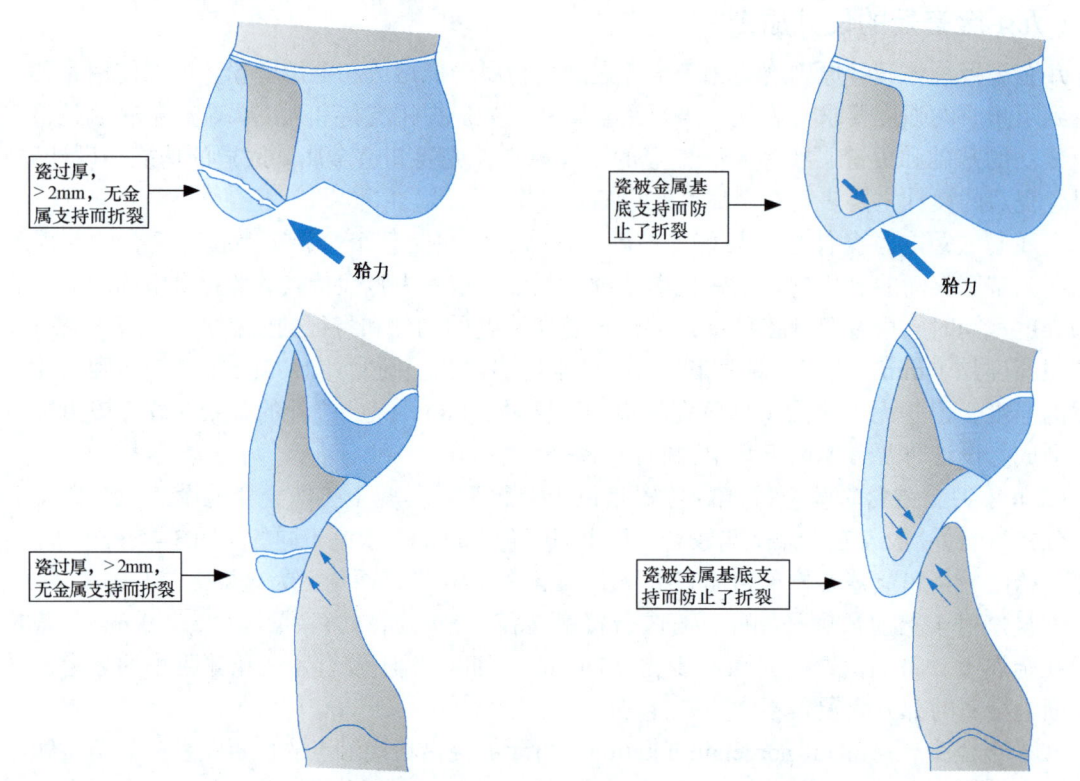

图 3-46　瓷层厚度应小于 2 mm，应该有金属基底的支持

（5）邻接区是用瓷还是用金属恢复：一般认为，为了美观，前牙区近远中邻接区和前磨牙近中邻接区应该用瓷来恢复，至少在邻接区唇侧都应该用瓷来恢复。一般前磨牙远中邻接区、磨牙近远中邻接区可用金属来恢复，这样对美观影响不大。具体邻接区的恢复形式可参见图 3-47 和图 3-48。

（6）金属基底厚度是否满足强度要求：金属基底的厚度应该满足强度的要求，使其在烧结过程中不会发生蠕变、塌陷变形等，同时也要求其在戴入口内并承受殆力时不发生变形，否则容易引起瓷脱或崩裂。贵金属一般要求厚度约为 0.5 mm，非贵金属合金由于其机械强度比贵金属高，最薄可以到 0.3 mm。

2. 金瓷冠边缘的设计　金瓷冠的唇颊侧的边缘是金瓷冠制作中的重点和难点。

（1）与全金属冠的边缘相比，金瓷冠唇颊侧边缘的结构和操作都比较复杂。金瓷冠边缘设计和制作中易出现的问题：

1）边缘密合度：边缘密合是所有全冠的基本要求，金瓷冠唇颊边缘达到良好密合度有如

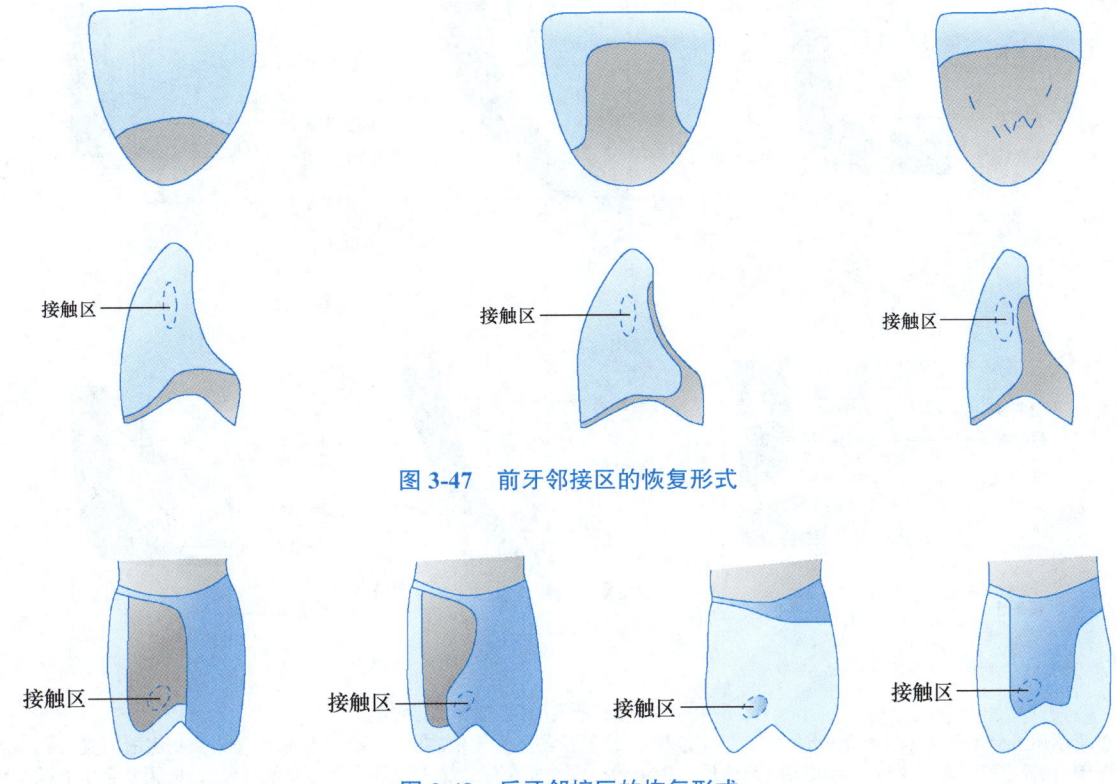

图 3-47 前牙邻接区的恢复形式

图 3-48 后牙邻接区的恢复形式

下难点:①如果是全瓷边缘,瓷在烧结过程中收缩较大,不易达到良好的边缘密合度;②金瓷冠唇颊边缘处金属内冠的厚度往往较薄,而在金瓷冠的制作过程中金属内冠要经过铸造、打磨、高温烧结等过程,这些操作都增加了金属内冠边缘部位变形的可能,造成边缘密合性的不良。如金属内冠在铸造及打磨等冷加工过程中有残留应力,这些残留应力在高温时会造成金属内冠的弯曲变形,在烤瓷的高温下金属还会产生一定的蠕变。

2)边缘的强度:金瓷冠的边缘部位是应力比较集中的区域,而金瓷冠唇颊侧边缘的瓷层比较脆弱,容易产生崩瓷等问题。

3)边缘的牙龈保健:金瓷冠唇颊侧边缘由三种不同材料组成:金属、不透明层和牙本质瓷。其中不透明层粗糙度大,无法上釉和抛光。边缘不透明层的显露容易造成牙龈的损害。

4)边缘的美观:金瓷冠的预备体在龈边缘处能为金瓷冠提供的空间很有限,一般仅为 1.0 mm 或更少。在此有限的空间内要容纳金属内冠、不透明层和牙本质瓷三种材料。因此,金瓷冠的龈缘部位容易出现金属内冠暴露、牙龈透黑以及不透明层暴露等缺点,从而影响金瓷冠的美观。

(2)边缘的类型:常用的金瓷冠唇颊侧边缘的类型有三种(图 3-49):①金属颈环边缘,它们分别对应的预备体边缘为直角肩台(图 3-49A)和无角肩台(图 3-49B);②全瓷边缘,可以有两种形式:金属基底冠与直角肩台接触(图 3-49C),金属基底冠与直角肩台离开约 2 mm(图 3-49D);③刃状金属边缘,它们分别对应的预备体边缘为无角肩台(图 3-49E)或直角肩台(图 3-49F)。其特征和优缺点分述如下:

1)金属颈环边缘:与预备体龈边缘接触的全部为金属内冠,形成高度至少约 0.8 mm 的金属颈环。优点是强度好,边缘密合度好,可高度抛光,不易变形弯曲。缺点是美观性较差,易暴露金属。一般用于后牙或患者笑线低、不露边缘的前牙情况;预备体边缘可以是直角肩台(图 3-49A),也可以是铸造金属全冠适合的边缘类型,如无角肩台等(图 3-49B)。

2)刃状金属边缘:与预备体龈边缘接触的全部是金属内冠,但无金属颈环,边缘逐渐变

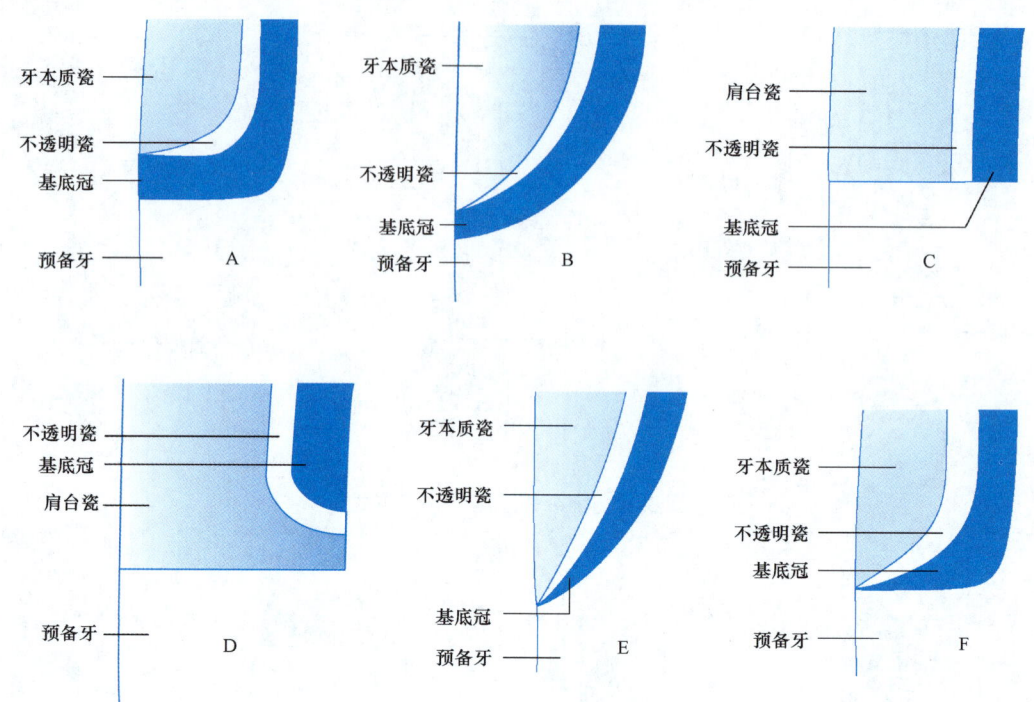

图 3-49　金瓷冠唇颊侧边缘常见类型

A.金属颈环边缘（预备体为直角肩台）；**B**.金属颈环边缘（预备体为无角肩台）；**C**.全瓷边缘（金属基底冠与直角肩台接触）；**D**.全瓷边缘（金属基底冠与直角肩台离开约 2 mm）；**E**.刃状金属边缘（预备体为的无角肩台）；**F**.刃状金属边缘（预备体为直角肩台）

薄，在牙表面处形成刃状，这样就可以减少金属颈环暴露的缺点，且可以保留其边缘密合性好，强度好等优点。但是这种边缘的制作要求很严格，制作不好常易出现边缘弯曲变形或不透明层金属暴露等缺点。采用这种边缘时，预备体的龈边缘宜做成较宽的直角或有角肩台（图3-49F），以增加金属边缘的强度和为瓷提供较多的空间；而预备体边缘为浅的无角肩台时，不利于为瓷提供足够空间（图3-49E）。

3）全瓷边缘：金属内冠的边缘仅覆盖预备体龈边缘内侧的一小部分，约 0.3 mm（图3-49C），其余部分全部为瓷覆盖。其优点是美观性好，不容易暴露金属和不透明层；缺点是强度差、边缘密合度差，操作较复杂。肩台部分需使用特殊的肩台瓷，其强度、熔点都比一般的牙本质瓷高。为了更好地提高金瓷冠边缘半透明的特性，有学者提出一种新的全瓷边缘，即金属内冠的边缘不与预备体龈边缘接触，而留存 2 mm 左右的间隙（图3-49D）。这种边缘对强度、密合度的要求更高，操作更复杂。

（十）金瓷冠的牙体预备

1. 前牙金瓷冠的牙体预备

（1）预备顺序：牙体预备如果按一定顺序操作，将使牙体预备更容易进行。一般来说，前牙金瓷冠的牙体预备可以依据以下步骤进行：①切端磨除；②唇面预备；③磨开邻面；④舌侧轴面预备；⑤邻面预备；⑥舌面窝预备；⑦各轴线角及边缘修整、精修完成。此预备顺序是将邻面打开和邻面预备步骤分别先于舌轴面或舌面窝进行，与后牙全冠预备时先颊舌侧后邻面预备的程序略有不同。虽然也可以按照后牙铸造全冠的顺序进行前牙金瓷冠预备，但是由于前牙的解剖形态与后牙不一致，预备时的困难点也会有所不同。具体表现为：①前牙邻面区唇舌径较薄，与磨开后牙邻面相比，前牙邻面打开并不困难，而且相对后牙区来说，前牙视野清楚，不易损害邻牙；②由于舌面窝凹陷，预备舌面窝时很容易触及邻牙，而且舌面窝预备时视野十分受限，打开邻面后将有利于保护邻牙；③前牙舌隆突或舌侧轴面多数不明显，舌侧轴面高度和舌侧聚合度不易控制,先磨开邻面后接着进行舌侧轴面而不是舌面窝预备有利于尽量形成一定的舌侧轴面高度,也利于判断舌侧轴面的预备方向和聚合度。总之,保持一定的预备顺序有利于操作的进行,但它并不是固定不变的。单从技术角度来看,上述预备顺序为操作者提供了一种相对最佳的预备程序和临床思考路径。

(2)牙体预备步骤:前牙金瓷冠的预备可以按照九个步骤进行(图3-50)。

1)唇面及切端深度指示沟(depth orientation groove)预备(图3-50A):用平头锥形或圆头锥形金刚砂车针在切端和唇面分别预备深度指示沟。其中,切端指示沟应预备出2~3条,深度为1.8 mm。唇面深度指示沟则应分为两个面预备:切端部分(切1/2或2/3)和龈端部分(龈1/2或1/3)。切端部分磨除时应与其解剖外形相平行,龈端部分则应与就位道或牙体长轴相平行。按照上述方向要求在切端和龈端部分各预备出2~3条指示沟,指示沟深度为1.2~1.3 mm。值得注意的是,所有深度指示沟的深度要比实际要求的预备量小,余留量待修整时磨除。

2)切端磨除(incisal reduction)(图3-50B):切端磨除量为2 mm,若预备牙过长或低龄,磨除量还需参考邻牙或者以最终修复体切端长度来确定。可选用平头锥形或圆头锥形金刚砂车针磨除指示沟间牙体组织。先磨除近中半或者远中半,将另外一半作为磨除量的参考。

3)唇面磨除(labial reduction)(图3-50C,D):按照唇面指示沟深度指示,唇面分为两个平面磨除:切端与原有牙面形态一致;龈端部分与牙体长轴一致并决定全冠的就位道。磨除量约为1.4 mm。在磨除龈端的同时形成平齐龈的1 mm直角肩台,待以后修整肩台时再磨除

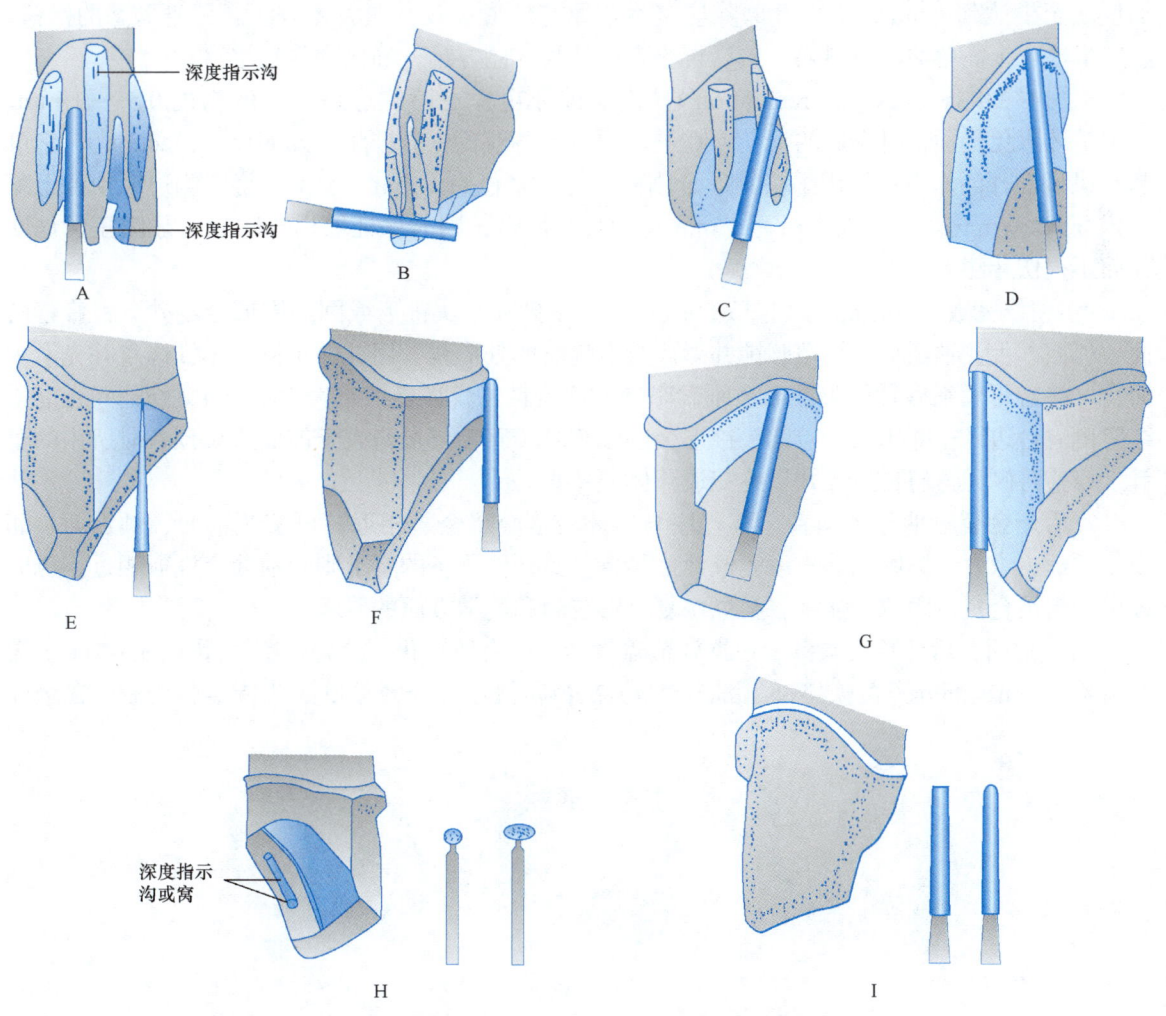

图3-50 前牙金瓷冠的预备

至龈沟内 0.5～1 mm。同时，龈端部分磨除时要与牙体长轴大致平行，它与随后形成的舌侧轴面形成 6°左右的聚合度，是 PFMC 固位稳定的基础。另外，磨除至邻面接触区时要求车针在不接触邻牙时尽量向舌、腭侧扩展，为邻面的预备打下基础。

4）磨开邻面（proximal preparation）（图 3-50E）：用细针状金刚砂车针在不接触邻牙的情况下通过接触区，磨除时细针状车针与邻牙间保留有预备牙的一薄层釉质（方法类似于铸造金属全冠预备，图 3-29），它起到隔绝、保护邻牙的作用，随着车针的通过，这层釉质保护层也会自动脱落。接着进一步磨除邻面，大致消除邻面倒凹。

5）舌轴面预备（reduction of lingual axial wall）（图 3-50F）：用直径为 1 mm 的圆头锥形金刚砂车针预备舌侧轴面，先预备 3 个指示沟，指示沟深度以在龈端形成 0.5 mm 宽的无角肩台为准，方向与唇面龈 1/3 或牙体长轴平行以形成固位形。然后磨除指示沟间组织形成舌侧轴面，边缘位于龈上或与龈齐，并形成宽度为 0.5 mm 的无角肩台。磨除至邻面接触区时车针在不接触邻牙时尽量向邻接区扩展。

6）邻面预备（proximal preparation）（图 3-50G）：用平头锥形或圆头锥形金刚砂车针分别从唇侧、舌侧扩展原有的唇、舌侧边缘，使最终唇舌侧边缘交汇在接触区偏舌侧，使今后的 PFMC 邻面饰瓷获得良好的光线通透性，否则易使最终修复体美学效果欠佳。

7）舌面窝预备（lingual fossa reduction）（图 3-50H）：用小球形金刚砂车针做指示沟或形成 3 个指示窝，深度为 0.6～0.8 mm，然后用轮状金刚砂车针磨除舌面窝达 0.7～1 mm，磨除厚度在仅有金属的部分可为 0.7 mm，在有瓷面的部分及在金瓷交界的全金属部分要适当增加使之至少达到 1 mm，舌面窝磨除应基本与原有外形一致，如尖牙应注意舌嵴形态的保留，不应形成一个简单的窝或斜面。最后再检查前伸𬌗、侧方𬌗，确保磨除量足够。

8）边缘预备（margin preparation）：由于前牙金瓷冠唇侧边缘位于龈沟内 0.5～1 mm，为保护牙龈免受预备时车针的损伤，在进行边缘预备前首先应排龈（gingival retraction），它可起到机械推开的作用；再用平头锥形金刚砂车针（直径为 1 mm）预备，将唇侧边缘预备至龈沟内 0.5～1 mm，并形成边缘为 1 mm 宽的直角肩台，同时保证取出排龈线时牙龈正常地回弹而不损伤牙龈。

9）精修完成（finishing）（图 3-50I）：应用细砂粒平头锥形或圆头锥形金刚砂车针修整唇面、邻面、舌侧轴面，将线角圆钝并形成光滑连续的外形线。用钝的小桃形车针修整并光滑舌面窝，接着再用细砂粒平头锥形金刚砂车针或肩台钻（直径要求略大于 1 mm）修整并光滑连续唇侧肩台边缘，并用细砂粒圆头锥形金刚砂车针（直径要求略大于前面边缘预备时所用的车针）修整舌侧无角肩台边缘并最终完成牙体预备。

2. 后牙金瓷冠的牙体预备 其程序与后牙铸造金属全冠相近，可按照𬌗面、颊舌面、邻面、颈部边缘、精修磨光等程序完成牙体预备。其牙体预备的要求则与前牙金瓷冠相近，也应按设计满足金瓷冠固位、强度、金瓷修复材料空间和美学方面的要求。

（1）𬌗面：后牙𬌗面预备量根据瓷覆盖设计不同有所变化：全瓷覆盖类型（图 3-51A）需要磨除 2 mm；部分瓷覆盖类型（图 3-51B）在金属覆盖部分磨除量同铸造金属全冠，在金瓷

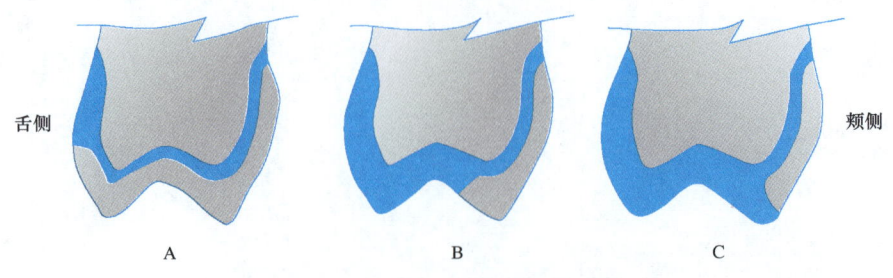

图 3-51　后牙金瓷冠的瓷覆盖类型

交界及瓷覆盖区磨除量则为 2 mm；仅颊面烤瓷的金瓷冠类型（图 3-51C）𬌗面磨除量同铸造金属全冠。

𬌗面磨除一定要注意形成功能尖斜面。最后再次检查𬌗面，特别是功能尖在牙尖交错𬌗、前伸𬌗、侧方𬌗时均应有足够的修复空间。

（2）轴面：颊侧磨除量为 1.4 mm，以保证足够的瓷厚度，否则瓷会形成不透明外观或者形成外形过突。上牙的颊侧𬌗 1/2 外形常常轻微向颊倾，预备时要注意形成一定的非功能尖斜面（图 3-24），否则该处的外形容易过突；龈 1/2 则需要与牙体长轴或就位道一致。下牙的舌侧一般较直，一般只需要注意与就位道平行即可。

（3）边缘：颊侧肩台预备同前牙金瓷冠，经典的边缘为宽度为 1 mm 直角肩台（图 3-49F）。肩台位置可以根据后牙的位置变化。对于可能暴露金属的区域如上颌第一前磨牙，为了美观，肩台位置应当置于龈沟内。上磨牙以及下颌第二前磨牙、下磨牙由于颈部边缘不易显露，可以采取金属颈环形式的龈上边缘，此种设计不仅边缘预备量少（图 3-49B，图 3-51），边缘牙龈的健康、金瓷冠强度、密合度也更佳。舌侧、邻面的边缘预备同前牙金瓷冠，主要为 0.5 mm 的无角肩台。

（十一）比色

烤瓷修复的比色（shade selection）过程包括：①对患者余留牙色调、饱和度和亮度的感知和判别；②详实地描述和记录患牙各区域的颜色特征；③通过技工加工单或计算机网络图像传输等途径向烤瓷技师准确地传递牙色信息。比色后，烤瓷技师根据临床传递的牙色信息，使修复体色彩学特性准确地再现，或经过调整使烤瓷修复体能够达到与患者相匹配的自然美。因此，比色是金瓷冠准确制作的基础。通过比色和信息传递，烤瓷技师才能够进行修复体的色彩再现。否则，比色不准确会导致金瓷冠修复失败甚至导致临床纠纷的产生。因此，掌握色彩学的相关理论（详见本章第二节），明确比色的方法和技巧至关重要。

1. 商业比色板（commercial shade guide）的使用　比色板由能基本代表天然牙颜色色调、饱和度和亮度的标准烤瓷牙面组成，它是传递牙色信息的重要载体。临床上金瓷冠的比色通常是医师采用比色板以目测方式进行的。目前比较常用的比色板有 Vitapan Classical 比色板（shade guide）、Vitapan 3D-Master Shade Guide 和 Ivoclar Chromascop 比色板等。下面简单介绍两种常用比色板的应用。

（1）Vitapan Classical 比色板（shade guide）

1）Vitapan Classical 比色板的特点和缺陷（图 3-52）：该比色板于 1983 年投入应用，可以称它是比色板中的国际标准，目前的商品名为 Vita Classical A1-D4 比色板。该比色板根据色调的不同分成 A、B、C、D 四组。在比色板中，比色卡通常按照上述 4 组分别排列，而在临床应用中，若以亮度为优先比色条件时，建议比色板中的比色卡按照 B1、A1、B2、D2、A2、C1、C2、D3、A3、D4、B3、A3.5、B4、C3、A4、C4 的顺序排列。A 组的色调（reddish-brownish）与天然牙正常色调吻合度较高，色调偏橙黄、棕黄，常用于青年人。B 组的色调（reddish-yellowish）接近纯黄色，天然牙中并不多见。A、B 组的组合常用于中年人，用来表达界于 A，B 之间的色调。C 组（greyish shades）可看作 B 组的一个补充色调，与 D 组色调相似，但亮度较低、偏灰，常用于中、老年人或四环素牙。D 组（reddish-grey）可看作 A 组的补充，色调与 A 组相近，亮度较低，牙色偏红。该比色板的缺陷包括以下几个方面：首先，比色板所包括的颜色范围过窄，不能完全表达天然牙色。如

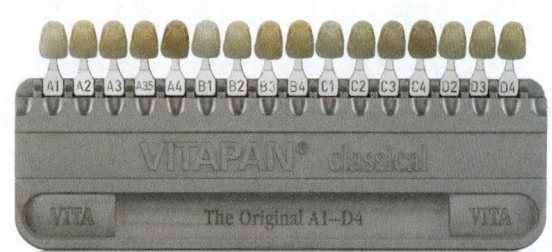

图 3-52　Vitapan Classical 比色板

比色板中橙色缺乏，仅表现为黄色系列，而天然牙的颜色多位于黄橙色区域。其次，比色板的制作与金瓷冠相差甚远，比色板无金属基底，且瓷层厚度为 2～3 mm，而金瓷冠有金属基底、须用遮色瓷遮色，瓷层厚度是 1.4 mm，因此比色板表现的颜色效果与金瓷冠实际颜色缺乏一致性。另外，该比色板的颜色范围是以西方人的颜色数据制作的，与东方人牙色特征略有差异。该比色板虽然不能完全满足临床要求，但它仍为目前临床比色较常使用的工具。

2）比色方法和步骤：用该比色板比色时，在一定程度上可以依据先定色调、后定饱和度和亮度的程序进行。

①色调的选择。比色时，首先选择色调。在 A、B、C、D 四组牙面中选择最接近的色调。选择色调时要根据天然牙中饱和度较高的区域，如尖牙、牙颈部等来选择。

②饱和度的选择。在已决定的色调组中选择与天然牙最接近的饱和度。

③亮度选择。金瓷冠的亮度可通过瓷粉中添加白粉或表面上色等方法进行小范围的增高或降低。在金瓷冠的制作中最容易出现的一个错误是亮度大于相邻的天然牙，使金瓷冠看起来很不自然。

④即使在同一牙面中，天然牙的颜色也存在部位的差异性，因此比色时最好根据牙色的分布特点将牙色分区进行（图 3-53），特别要注意龈 1/3、切 1/3 及邻间隙颜色的变化。必要时还可把"氟斑""隐裂"、半透明区域绘图标记在修复技工单上，以供技师参考。

（2）Vitapan 3D-Master 比色板（图 3-54）

1）Vitapan 3D-Master 比色板的优点：Vitapan 3D-Master 比色板于 1998 年投入应用，该比色板在 Vitapan Classical 比色板基础上进行了很大的改进。与其他比色板系统对比，它具有以下突出的优点：①其牙齿颜色覆盖区大，精确度高。②该比色板系统是按照色度测量的原则建立起来的，容易定量化。也就是说，它对色彩的三种参数，如亮度、饱和度以及色调进行了等距离划分。每一种颜色色卡的三个参数都为等距离逐次安置，使其中间颜色的复制更易定量化，同时也使医师与技工之间传达的颜色信息更可靠、准确。使技师可以在相对明确的参数指导下对一种颜色进行复制。③正因为该比色板颜色参数的等距离和相对定量化的分布使得该比色过程和定色方式更确定、更系统化、更简单。④该比色板还将那些出现最频繁的牙齿颜色置于比色板中部，出现概率低的牙色置于比色板周围，方便进行比色。正因为以上优点的存在，大大降低了比色错误率。

2）Vitapan 3D-Master 比色板的特点：Vitapan 3D-Master 比色板依据亮度（Value，Lightness）可分为 6 级（0～5）；依据饱和度（chroma）可分为 3 级（1～3），中间也可有 1.5, 2.5 存在；依据色调（hue）可分为 3 级，分别为 L：偏黄（more yellowish）；M：中间色调；R：偏红（more reddish）。

3）比色方法和步骤

①亮度（value, lightness）的选择：第一步要求选择亮度。从 0～5 共 6 个亮度等级中选择与天然牙最接近的亮度。具体方法是把 6 个亮度等级组中色调为中间 M、饱和度为 2 的色卡取出用于亮度选择。

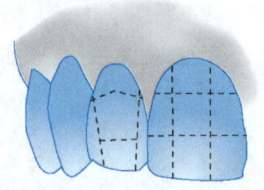

图 3-53　牙齿比色的分区记录举例：
九区记录（1|）和五区记录（2|）

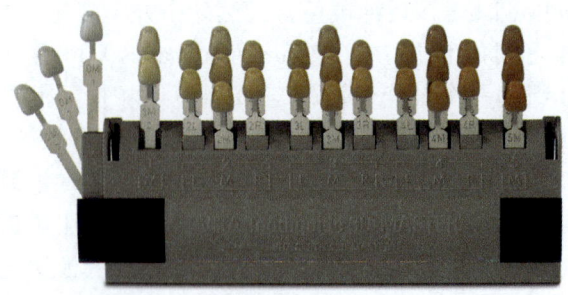

图 3-54　Vitapan 3D-Master 比色板

②饱和度（chroma）的选择：第二步是在 1～3 之间的饱和度等级中选择合适的饱和度。具体方法是在已决定的亮度组中，将中间色调 M 的色卡组取出，选择与天然牙最接近的饱和度（1～3）。

③色调（hue）选择：第三步是确定色调（L、M 或 R）。具体方法是将天然牙的牙色与第二步从 M 组里选中的、饱和度相对合适的色卡相比，看天然牙的牙色是偏黄（L）还是偏红（R）。由此确定最合适的色卡后，将具体结果标注在颜色信息表或技工加工单上，必要时辅以文字说明。

目前的 Vitapan 3D-Master 比色板更名为 Vita Toothguide 3D-Master 比色板。基于比色的便利性，新的 Vita Linearguide 3D-Master 使用与 Vita Toothguide 3D-Master 相同的 29 个比色卡（含漂白比色卡），但比色更为简便，仅需两个步骤：①使用 0M2、1M2、2M2、3M2、4M2、5M2 的 6 个亮度比色卡（value guide）确定合适的亮度组（0～5）；②选择相应的比色卡组（the corresponding chroma/hue guide）：在选定的亮度组内选择饱和度和色调相匹配的色卡。

2. 比色仪器的使用 使用传统比色板的比色主要基于视觉比色，其比色的准确性和稳定性易受多种主观因素的影响。仪器比色具有客观和定量的特点，可在一定程度上弥补视觉比色的不足，但其测色的准确性、稳定性还需进一步改进。随着科学技术的进步，比色仪器的优势将逐渐显现出来，并将被临床广泛应用。根据测色原理的不同，比色仪器主要分为两类：色度计比色仪和分光光度计比色仪。

（1）色度计比色仪：可直接测量颜色的三刺激值（L^*、a^*、b^*），通过过滤可见光谱中的 3 或 4 个区域的光来决定物体的颜色。其特点是测色效率高，具有较好的稳定性，但准确性往往不如分光光度计比色仪。该测色仪测量时若配有标准的 D65 光源，可以排除外界光源的影响。有的比色仪有 4 个测量模式，分别为 Tooth（天然牙）模式、Porcelain（瓷牙）模式、Bleach（漂白牙）模式和 Analysis（分析）模式。将比色仪测量所获得的数据上传并通过相应电脑软件对牙齿颜色进行分析，可以获得牙齿的色调、亮度和饱和度，上述数据也可与 Vitapan Classical 16 色比色板或 Vitapan 3D-Master 比色板相匹配，甚至也可以获得推荐的瓷粉配方。

（2）分光光度计比色仪：可以捕捉物体反射、散射和透射光的光谱，这些数据经处理后可转换为物体的颜色信息。点测量型分光光度计比色仪的探头直径约为 5 mm，适合用于测量牙中部的颜色；全牙面测量型分光光度计比色仪既可捕捉牙齿甚至牙列的图像，也可反映出牙齿在周围环境中表现的真实色彩，其配套软件一般功能较为丰富，能对牙齿颜色进行详细分析，因而能获得客观、全面、更准确的临床比色信息，并且是医技交流的有力工具。

根据比色仪一次测量牙面面积的大小不同，比色仪可被分为点测量型和全牙面测量型比色仪，无论是色度计比色仪还是分光光度计比色仪，都可分为点测量型和全牙面测量型。

1）点测量型比色仪：其测量形式通常为接触式。由于牙齿表面非理想平面，因此在测量时存在边缘信息丢失效应，可导致比色误差的产生。

2）全牙面测量型比色仪：可以捕捉整个牙面反射和散射的光，不存在边缘丢失效应。该比色仪通常配套有功能强大的处理和分析软件，可以在后期对牙齿及修复体的颜色进行详细分析。同时，该仪器能够拍摄牙齿图像，可为技师提供直观的参考。

3. 常规比色的条件与技巧 比色时，除了了解色彩学理论及比色板知识外，还需注意以下比色的工作条件以及比色的技巧，掌握这些事项将帮助医师正确合理地比色。

（1）比色的工作条件：①医师与技师之间首先应该建立良好的交流关系，对所应用的瓷粉、色彩学知识、比色方法以及比色注意事项等有较深的认识，以尽量减少信息交流产生的误差。②诊室中的比色环境应该认真设计，在白色自然光条件下或是模拟日光照射条件最好。四周的环境包括家具、物品等以灰色基调为好，不能有反光物或颜色鲜明的物品。③比色的时机应适宜。首先，比色的医师应该避免身体疲劳，应该精神饱满，否则视觉敏锐度会下降；其次，比色的时间应在就诊的开始，趁医师的眼睛还未疲劳；最后，比色时间要短、前 5 秒的第一印象很重要，以免视锥细胞疲劳。因为凝视时间越长，视锥细胞激活后越容易对被观察到的颜色进行补偿作用。④选择科学实用的比色板。最好选用比色范围广、容易调色的由同一种修复材料制成的比色板；如果比色板制作条件或结构能与金瓷冠尽量相似的话，这样的比色板会更好。⑤比色光源和观察方向要适宜。最好为少云晴天的自然光，以上午 9 时至 11 时，下午 13 时至 16 时为宜，因为该时段较少受大气层干扰，光谱最全，而早晚有黄色光线、无云晴天含蓝色光线、正午含绿色光线的干扰。采光以向南为好。⑥比色时医生的眼睛应与所比色的牙齿在同一水平位置，比色者位于患者与光源之间。⑦比色区的牙齿应清洁，无牙菌斑、色素、残留物等的附着。比色前最好用橡皮杯（rubber cup）、磨光膏（prophylaxis paste）磨光比色区，并彻底清洁。⑧请患者去除或避免戴用影响比色的干扰物、饰品，如化妆品、鲜艳的衣物、闪亮的耳环、眼镜等。⑨有条件的情况下，在标准光源下进行比色，然后在多种光源下进行综合评价，以避免同色异谱现象；为了尽量避免各种客观和主观条件的干扰，建议必要时结合计算机比色仪进行比色。

（2）比色的技巧：①比色时医师的眼睛可先注视蓝色背景，因为视锥细胞对蓝色疲劳会增强其对互补色黄色的敏感性。②选择亮度时，环境光线不要过强，可半闭眼睛，这样可使视杆细胞活跃。③采用尖牙为选择色调的参照牙，因为尖牙的饱和度较高。④对比色板稍稍湿润后再进行比色效果更好。⑤对于牙面尚完整或部分完整的预备牙，最好选择在预备之前进行比色，以最大程度记录原预备牙的颜色和形态特征，以最大限度模拟原牙的形态及色泽等。⑥根据邻牙、对侧同名牙和对𬌗牙进行分析，根据表面颜色特征比色，并且将患者的年龄、性别综合起来考虑，帮助患者得到颜色最协调合适的烤瓷牙。⑦在比色的同时，最好同期进行天然牙摄影以作为辅助手段观察牙齿颜色、形态及表面特征等。⑧对于牙齿切缘、邻接面透明度的影响也需加以考虑，用不同透明度的比色卡给患者比色来选择烤瓷牙颜色，这对于正确的比色是有帮助的。⑨尽量采用分区比色，尤其是将牙分为 9 分区而不是 3 分区来进行各分区的比色。⑩如难以选到相似的牙色，可选择最接近的低饱和度、高亮度的牙色，这样可以采用上色的方法来弥补。⑪可使用排除法进行比色，逐渐排除与牙齿颜色不符的比色卡。

由于对颜色感知的差异和对美学概念理解的不同，比色时要征求患者的意见，最终的比色结果应该让患者接受。否则，即使是正确的比色结果，如果患者认为不理想，也是徒劳。

（十二）烤瓷工艺

以前牙为例。

1. 金属基底冠的制作（fabrication of metal coping or metal substructure）

（1）工作模型和代型的制备：工作模型和代型的制备同嵌体、铸造金属全冠的制备过程一样，主要包括以下步骤：①工作模型修整（trimming the master cast）；②插代型钉（dowel pins）；③灌注底座（base）；④锯代型（die）、修整代型（trimming the die for wax-up）；⑤涂石膏硬化剂（hardening agent）、间隙剂（die spacer）、分离剂（separating agent）。

（2）蜡型（wax pattern）制作

1）用蜡恢复所要修复牙的理想解剖形态和凸度（completing the wax up to its full and ideal contour）。

2）回切（cutback）蜡型，在保证基底冠蜡型足够厚度的同时留出瓷修复空间；回切的目的是通过去除均匀厚度的蜡（切端 1.5 mm，唇面及邻面 1 mm，舌面饰瓷覆盖区至少 0.5 mm）以提供足够的、均匀厚度的瓷层，防止瓷层厚度过薄或过厚，从而有利于形成正确、美观的修复体形状和结构。瓷层过薄会影响瓷层的美观和强度。过厚则使瓷层失去金属基底的支持、容易发生瓷裂，同时过厚的瓷层也容易使瓷体中心排气差，增加气孔率。因此，当牙体缺损较大时，缺损区应由金属基底恢复，而不是用过厚的瓷层来恢复外形。回切的另一目的是有利于正确地放置金瓷结合线位置和正确地形成金瓷结合线形状。具体操作步骤为：①按修复空间、咬合关系设计并确定金瓷结合线的位置，确定修复体为全瓷覆盖还是部分瓷覆盖及邻面接触区形式等（图3-47，图3-48）。②用合适的蜡刀或手术刀画线，标记咬合面和邻面金瓷结合线、边缘线位置，标记切端回切量。用蜡刀形成深度定位沟定位唇面、邻面和舌面回切量（图3-55A，B）。③切端回切量为1.5 mm，用合适蜡刀去除定位沟间或标记线内的蜡，使切端瓷层达到足够厚度从而恢复天然牙的半透明特征，同时也避免形成过厚（>2 mm）的无金属基底支持的瓷层。④唇面、邻面回切量为1.0 mm，使唇面、邻面瓷层达到足够厚度从而形成天然牙的层次感和透明特征。⑤舌面回切至少为0.5 mm，只要其达到瓷所需厚度和强度即可。⑥雕刻金瓷结合线时，用平圆头雕刻刀形成一清晰、光滑、直角但内线角为圆钝的外形结构。使金瓷结合处呈端对端的对接（图3-45）。⑦唇面、邻面边缘用勺形或平圆头雕刻刀形成一无角肩台外形。

3）精修蜡型，使蜡型表面光滑连续、各线角和交界圆钝、边缘清晰连续。因为尖锐的棱角、尖峰会引起瓷内应力集中而易发生瓷裂。最后完成的蜡型在瓷覆盖区（除外因牙体组织缺损较大需增厚基底的区域）最薄处厚度应为0.5 mm。在铸造并打磨完成后基底冠瓷覆盖区厚度最薄处可达到0.3 mm。

4）在立体显微镜或其他放大设备下小心封闭边缘。

5）在舌侧非瓷覆盖区，并在尽量避开咬合的舌侧轴面上用一3 mm长细蜡线连接，当基底冠铸造完成后此处形成一3 mm钉状突起，供烤瓷时夹持基底冠使用，此结构被称为夹持柄。

6）安插铸道（sprue）和底座（crucible former）。

（3）包埋（investing）、铸造（casting）、开圈（devesting）、喷砂（sandblasting）、在工作模型上试戴铸件（fitting the castings on the working casts）：金属基底冠蜡型完成后可按铸造嵌体或铸造金属全冠一样常规进行包埋、铸造、开圈，然后喷砂去除附着在铸件上多余的包埋材，再用切盘将铸道切除，并在工作模型上试戴就位（seating and fitting the castings），然后再去除表面的瘤子和多余的铸道，进行初步打磨。

（4）打磨、完成（grinding and finishing the metal substructure）：通常，采用回切法（cutback）形成的金属基底冠不需要过多的打磨修整。打磨的要求是：

1）在瓷覆盖区：在此区域金属基底冠厚度除在牙体缺损较大处较厚外一般厚度较均匀一致，为0.3 mm。用测量尺测量厚度，将过厚区域磨除到上述适当厚度；若咬合建立在瓷覆盖区，还要检查在牙尖交错𬌗、前伸𬌗、侧方𬌗时是否均有足够的烤瓷空间。空间不足时需要用

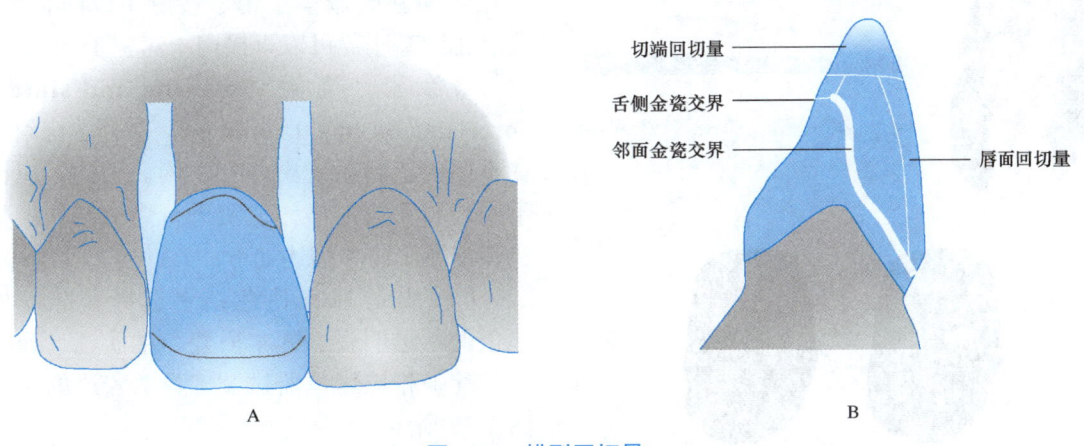

图 3-55 蜡型回切量

A. 在唇侧颈部边缘线上0.5~1 mm处划线标记边缘回切终止范围，在离切端1.5 mm处划线标记切端回切量
B. 基底冠蜡型回切邻面观

测量尺检查该区域厚度是否足够。如果过厚，则需调改至合适厚度以提供足够烤瓷空间；若此处基底冠厚度不足，说明基底冠金瓷结合线位置设计错误或者牙体预备量不够，此时需依据情况重新制作基底冠或者重新牙体预备。

2）在非瓷覆盖区：如果咬合在此区域，则需调殆至合适水平，使之在牙尖交错殆无早接触、非正中运动无殆干扰。如果咬合不在此区域，则不用进行过多调改。

3）金瓷结合线：应该清晰、连续，外形成直角，内线角圆钝。

4）边缘：应该清晰连续，呈深无角肩台形状。

5）上述过程完成后，可以将基底冠送至临床进行试戴和比色。如果金瓷结合线、咬合、边缘等达到设计的要求，基底冠就可以送回技工室进行烤瓷。

（5）基底冠瓷结合面的处理（treating the porcelain bearing surface）

1）精细磨光（final finishing）：基底冠临床试戴合适后，需要对之进一步进行磨光。选择细粒度磨石对基底冠所有瓷覆盖区进行最后修整磨光，使之光滑连续，呈缎面样光滑外观（satin finish）（图3-56A）。在打磨时必须永远朝一个方向（unidirectional finishing）进行，以此方式打磨表面才能光滑不会储存污物（图3-56B）。否则多方向打磨会使表面不规则（irregularities），造成许多陷窝，污物容易储存在陷窝中造成污染，从而不利于金瓷结合（图3-56C）。必须注意的是，此步的精细磨光绝对不能使用橡皮轮（rubber wheel）进行磨光，否则会造成金瓷结合界面的污染，破坏金瓷结合强度。

2）喷砂（sandblasting）：用直径125 μm氧化铝（alumina）颗粒在2×10^5 Pa压力下喷砂金瓷冠瓷覆盖区，喷砂不仅可以清除基底冠表面附着物及对氧化物起到清洁作用，同时通过形成微观的粗化面（roughening），可提供更多的化学结合面和机械固位锁结。喷砂后的表面呈磨砂状（图3-56D），为了避免油污等杂质污染，喷砂表面不要再用手接触。

3）高压水蒸汽冲洗或超声波清洗基底冠：经喷砂后的基底冠可以用高压水蒸汽冲洗，也可以放在蒸馏水内用超声波清洗5 min，去除基底冠表面的残屑。清洗后的表面也禁止用手接触，以防污染或玷污。

4）预氧化（preoxidizing）：将清洗后的金属基底冠放在耐火陶土底座或托架（sagger tray）上，再根据合金的操作说明将其放进烤瓷炉（porcelain furnace）内加热氧化处理（图3-56E）。过去把此过程称作除气（degassing）并不科学，因为此加热过程主要是为了在金属基底冠表面形成一层适当厚度的氧化膜以便为金瓷结合提供基础。当然，此加热氧化过程也可以进一步去除基底冠表面的有机杂质（organic surface impurities）和操作中混入基底冠表层的气相污染物（entrapped gaseous contaminants）。氧化后的基底冠禁止用手接触，以防止污染。经氧化的基底冠可以直接用于烤瓷了。

2. 涂瓷、烧附（layering and sintering porcelains on metal copings） 涂瓷、烧附过程在不同的瓷粉系统中略有不同。因此，应根据不同瓷粉系统的操作说明进行烤瓷制作。具体步骤和方法简单描述如下：

（1）根据临床比色结果选择和准备相应颜色的不透明瓷、牙本质瓷、釉质瓷、透明瓷等，准备相应烤瓷器械及工具。瓷层的结构如图3-57所示。

（2）薄层不透明瓷的应用（application of wash opaque）：薄层不透明瓷（wash opaque）

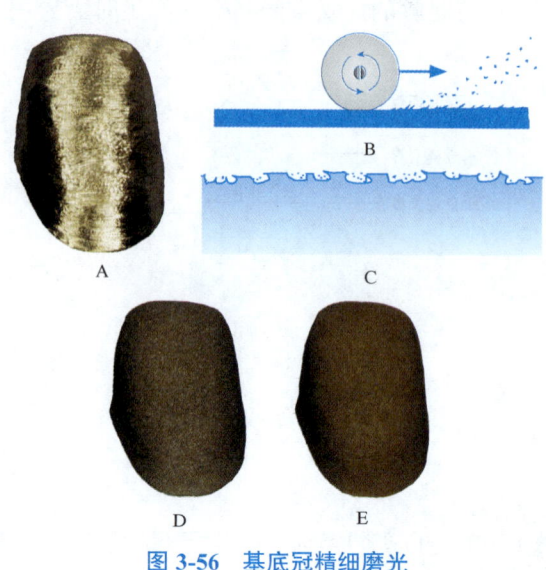

图3-56　基底冠精细磨光

有三种产品供应或使用方式：粉状（powder wash opaque）、糊状（paste wash opaque）和喷雾（spray-on method）。

1）粉状薄层不透明瓷（powder wash opaque）的使用：用玻璃调刀将粉状薄层不透明瓷粉和专用液混合呈糊状，用专用毛笔在基底冠瓷覆盖区表面涂上一薄层。

2）糊状薄层不透明瓷（paste wash opaque）的使用：用专用毛笔在基底冠瓷覆盖区表面涂上一薄层。

3）喷雾法（spray-on method）的使用：在专用玻璃器皿内将粉状薄层不透明瓷（powder wash opaque）与喷雾专用液（spray-on liquid）混合，然后再用喷雾的方法将之薄薄地喷在基底冠瓷覆盖区表面上。

在基底冠上涂完薄层不透明瓷（图 3-58A）以及在完成薄层不透明瓷烧结后（图 3-58B）都不能完全遮挡金属的底色。

薄层不透明瓷的烧结有以下三点作用：

1）进一步通过烧结去除残留有机物，薄层不透明瓷的使用是为了使残留有机物更容易逃逸。

2）产生有利于化学结合的氧化膜。

3）烧结瓷层并产生化学结合。

（3）不透明瓷的应用（applying the opaque）：不透明瓷（opaque）的应用方法同薄层不透明瓷（wash opaque）一样，也有三种产品供应或使用方式：粉状、糊状和喷雾。三种方式的具体操作方法也彼此相同，只是后者要求不透明瓷彻底遮盖金属底色，并且要求不透明瓷在烧结后呈均匀的一薄层覆盖（图 3-59）。一般不透明瓷层总厚度不应超过 0.2 mm。不透明瓷的烧结程序要依据产品的说明使用。

（4）牙本质瓷的堆塑（applying the dentine porcelain）

1）牙本质瓷（dentine porcelain）或称体瓷（body porcelain）。使用时将合适颜色的牙本质瓷粉和专用液（或蒸馏水）进行调拌。在牙本质瓷的应用中，不同的瓷粉系统的要求和操作可能略有不同，要依据说明使用。如一些瓷粉系统在堆塑牙本质瓷前需要先堆塑一层不透明牙本质瓷（opaque dentine），也有许多瓷粉系统有专门的颈部牙本质瓷（neck dentine）等。因此，牙本质瓷的堆塑程序一般是先堆塑一层不透明牙本质瓷（若有），然后是颈部牙本质瓷（若有）。对于没有上述两种特殊牙本质瓷的系统，堆塑过程一般也应从牙颈部开始，然后逐层进行。

2）堆瓷一般以弹性好的貂毛毛笔进行，在堆瓷过程中应辅以振动（使用技师专用小木锤或振水刀柄轻轻敲击石膏代型对应的模型底座部分）使瓷粉中水分析出，然后用吸水纸巾吸除表面水分。这些过程是为了使瓷粉堆塑致密，以减少瓷粉烧结时的收缩，并增加金瓷结合面。另外，若瓷粉中水分较多，高温烧结时还可能引起瓷层内气孔率增加，从而影响修复体颜色和

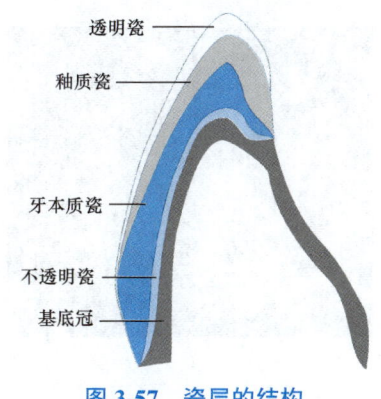

图 3-57　瓷层的结构

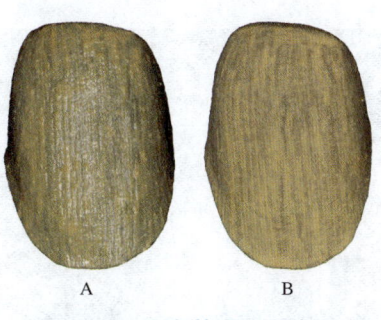

图 3-58　A. 在基底冠上涂完薄层不透明瓷；B. 薄层不透明瓷烧结后

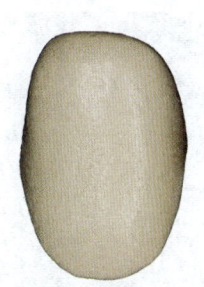

图 3-59　不透明瓷烧结后

强度。值得注意的是，有些瓷粉系统不需要振动吸水，如果振动吸水反而会减小强度。因此，需要针对不同瓷粉系统进行操作。最后，逐层堆塑完牙本质瓷并用小毛刷或专用雕刻刀初步雕刻外形，使其长度和厚度都比全冠实际外形略大（图3-60）。

（5）釉质瓷的堆塑：釉质瓷的应用需要根据患者牙齿切端、邻面的透明度特征进行堆塑。常规堆塑时，在唇面牙本质瓷或体瓷上的切1/3～1/2处，用手术刀按图3-61A、B所示进行反切，在唇面向切端舌侧方向倾斜形成一个斜面。在舌面牙本质瓷上近切端处按唇面一样形成一个向切端唇侧倾斜的小斜面。切端也要相应进行适当的缩短。另外，在唇面再形成2～3个纵形凹槽（图3-61C、D），以模仿天然牙发育叶的形状。将选好的釉质瓷调成糊状，同法在上述反切斜面上铺釉质瓷，振动，吸除水分，小毛刷刷出唇侧解剖外形并刷光滑（图3-61E，F），此时堆塑完成的结构应比实际烧结最终完成的全冠略大。

（6）透明瓷的堆塑：用毛笔挑取透明瓷覆盖在除颈部1/3外的釉质瓷表面，此时堆塑完成

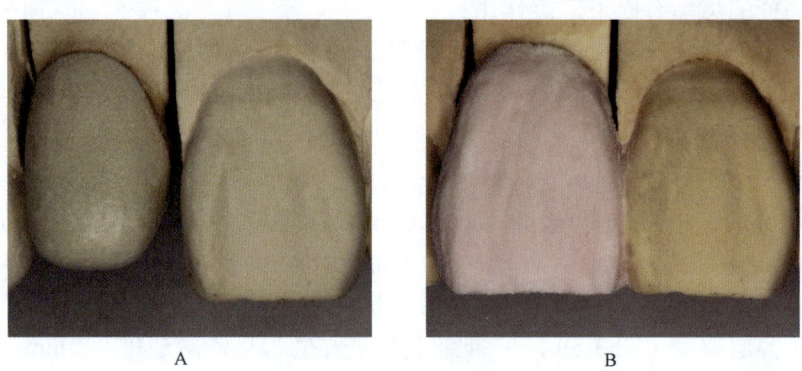

图3-60　牙本质瓷堆塑
A.不透明瓷烧结完成、牙本质瓷堆塑前；B.牙本质瓷堆塑初步完成

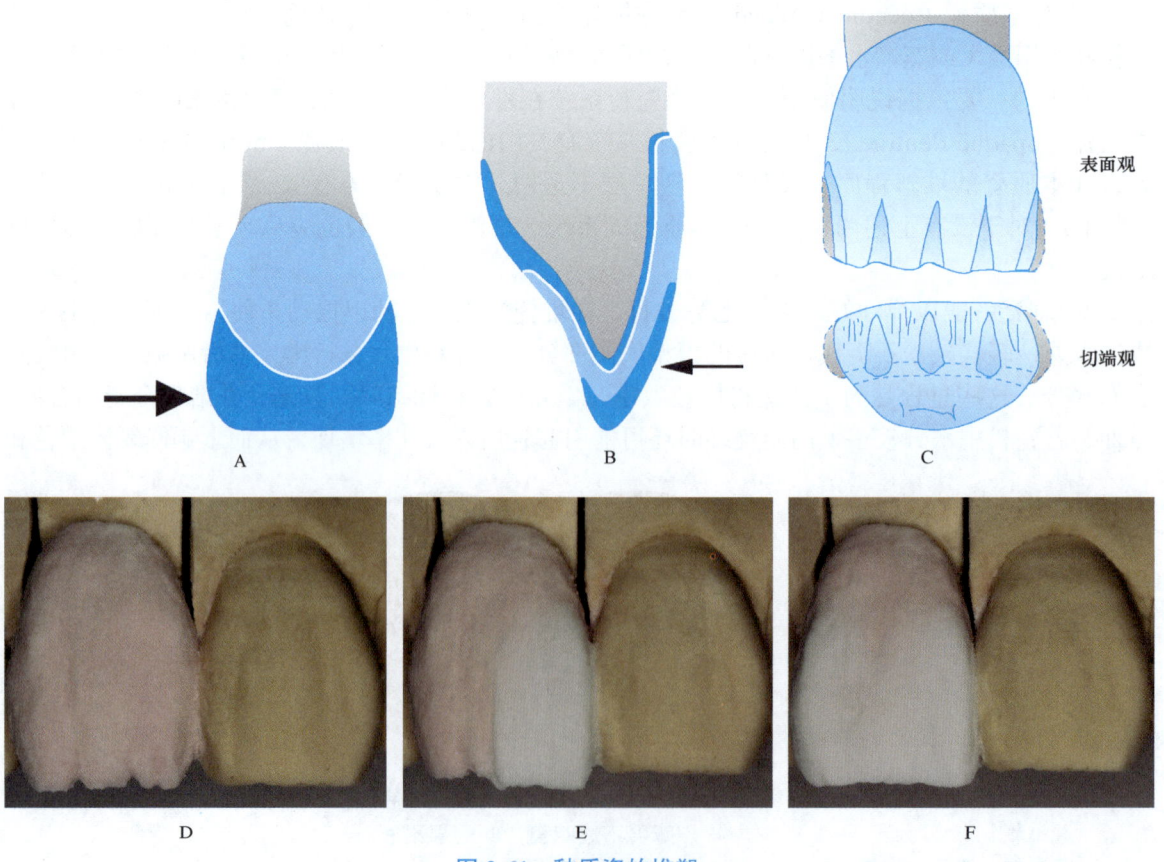

图3-61　釉质瓷的堆塑

的结构应比实际烧结最终完成的全冠厚,其长度和厚度都比全冠实际外形大 15% ~ 20%,以补偿瓷在烧结过程中的体积收缩。

（7）调整舌侧咬合至合适。

（8）用夹持钳夹住基底冠舌侧的夹持柄,将堆塑完成尚未烧结的金瓷冠从代型和模型上取下来。将邻面接触区瓷粉缺损处用牙本质瓷铺上,使接触区比烧结后实际接触区突度略大,以弥补烧结收缩,然后用小毛刷刷光滑。

（9）将最终堆塑完成的烤瓷冠放在烤瓷炉膛边干燥,待水分充分蒸发后,再进行炉内烧结,完成修复体瓷层外形。烧结程序和过程必须依据不同瓷粉系统和不同烤瓷炉的操作说明使用。烧结程序完成后,待烤瓷冠缓慢冷却至室温,即可在代型上试戴了。

3. 金瓷冠的模型试戴（seating and fitting）、染色（staining）和上釉（glazing）

将烧结完毕、冷却的烤瓷冠在代型和模型上试戴,调改接触区松紧度使烤瓷冠完全就位。然后调整烤瓷冠唇面突度和切端长度,使之外形与同名牙对称或与邻牙外形协调。然后再调殆,达到牙尖交错殆无早接触点、非正中运动无殆干扰。如果部分区域还需加瓷,先用超声波清洗,然后再按上述方法添加牙本质瓷、釉质瓷或（和）透明瓷。然后按程序烧结完毕、冷却,再在代型和模型上试戴。接着根据邻牙唇面的解剖特征用金刚砂等磨具进行外形特征修整,如发育沟、沟嵴条纹的形成等。然后在上釉前,整个瓷面应该用同一种磨具进行轻轻打磨,使瓷面的粗糙度（roughness）一致。之后先在冠的表面均匀地涂布一薄层透明的釉剂（a film of glaze）,再用外染色瓷粉按照比色要求在冠的唇面染色,或加上局部特征性染色。干燥后再次放在烘烤盘（firing tray）上进行上釉,待烧结过程结束并缓慢冷却至室温后可送至临床试戴。

（十三）金瓷冠的临床试戴

金瓷冠的临床试戴步骤同铸造金属全冠一致。最大的不同是金瓷冠在完成就位、咬合调整后还需进行外形、颜色的修改和调整,以做到与邻牙色泽、外形特征相协调。理论上,经技工室模型试戴后不再需要很大的调改。但如果金瓷冠的突度、长度、外形和色泽特征等还需进一步调整修改,或者部分区域还需要加瓷时,可以送回技工室加瓷修改。然后再依上法一并完成上釉（glazing）。待缓慢冷却至室温后,由技师将金瓷冠舌侧的夹持柄用切盘切掉,再按金属全冠打磨抛光程序完成非瓷覆盖区的金属抛光,然后即可送至临床进行粘接。

五、全瓷冠

全瓷冠是全部由瓷粉经高温烧结而成或由预成全瓷块经切削加工而成的全冠修复体。由于全瓷冠无金属遮挡光线,它可以逼真地再现天然牙的颜色和半透明特性（translucency）,是美学效果最好的修复体。最早因其机械性能较差而没有被广泛使用。但随着材料科学和技术的发展,陶瓷材料的机械强度和制作工艺不断提高和改进,使得全瓷冠的应用也越来越广泛。全瓷冠的应用历史可以追溯到 100 多年前。C. H. Land 最早采用铂箔基底（platinum foil matrix）作为底层进行全瓷冠的制作。发展至今,全瓷类修复体制作方法已有多种。当今最主要的制作方法有热压铸（hot-pressing）、计算机辅助设计和计算机辅助制作（computer-aided design and computer-aided manufacturing,CAD/CAM）等方法。全瓷材料也由过去的低强度长石质瓷和玻璃陶瓷向高强度氧化物多晶陶瓷发展,适应证也由过去单纯制作嵌体、贴面过渡到全冠、固定桥,甚至 4 个单位的后牙全瓷固定桥也成为可能。

全瓷冠修复案例

（一）全瓷材料的分类

目前,用于口腔修复的全瓷材料种类和市场品牌较多,但它们都可以按照其主要结构组成，如结晶相（crystalline phase）或增强相（reinforcing phase）种类、含量等进行分类，也可按照修复体制作加工工艺划分。通过对全瓷材料化学成分、结晶相组成以及加工工艺的了解，有利于我们很好地掌握这些材料的性能和临床适用情况，从而使其功能得到最大限度发挥。

1. 按材料的结构组成划分

口腔修复全瓷材料可以简单概括为三类：长石质瓷、玻璃陶瓷和氧化物多晶陶瓷。

（1）长石质瓷（feldspathic procelain）：其成分和结构以玻璃相为主，含有少量的结晶相；其半透明性良好，但材料强度相对较低；主要用于烤瓷饰面（金属烤瓷和全瓷的饰瓷）和用于制作可切削陶瓷瓷块。这类全瓷材料可用于贴面、嵌体、高嵌体和全冠（除外磨牙）修复，当有足够牙体组织和釉质支持时，其长期修复效果较理想。

（2）玻璃陶瓷（glass ceramics）：由玻璃相和结晶相组成；一般是指特定的含有晶种的玻璃通过热处理控制晶化获得结晶相，形成微晶玻璃，或通过一定的工艺将玻璃和结晶相复合在一起而获得的玻璃相和结晶相复合体。根据玻璃陶瓷中结晶相的不同，玻璃陶瓷还可以分为二硅酸锂增强玻璃陶瓷（lithium disilicate reinfored glass ceramic）和云母基增强玻璃陶瓷（mica reinfored glass ceramic）等。

还有一种特殊玻璃陶瓷是玻璃渗透陶瓷（glass-infiltrated ceramics）。因为其氧化物含量较高，强度也较高，可以用于磨牙单冠修复，粘接的要求与氧化物陶瓷相似，一些学者把其归类于氧化物陶瓷，称之为玻璃渗透氧化物陶瓷。但是，由于其由玻璃相和结晶相组成，可以理解为玻璃相和结晶相的复合体，为了便于理解，本书把其归类为玻璃陶瓷。玻璃渗透陶瓷是在晶体骨架中渗透入玻璃。这类材料也称粉浆涂塑玻璃渗透陶瓷（slip casting, glass-infiltrated ceramics），是将镧系玻璃粉涂覆于部分烧结的陶瓷晶体骨架上，玻璃粉熔融后通过毛细管作用渗入陶瓷颗粒之间的孔隙中，形成一种互穿网络结构。根据玻璃渗透陶瓷中晶体骨架的种类不同，分为氧化铝基玻璃渗透陶瓷（alumina based glass infiltrated ceramic）、尖晶石基玻璃渗透陶瓷（spinel based glass infiltrated ceramic）和氧化锆增韧氧化铝玻璃渗透陶瓷（zirconia toughened alumina glass infiltrated ceramic）。氧化铝基玻璃渗透陶瓷的弯曲强度达450 MPa，而氧化锆增韧氧化铝玻璃渗透陶瓷的弯曲强度可达600 MPa，可用于磨牙单冠和后牙三单位固定桥的修复，但该类材料的透光性不甚理想，工序复杂，生产效率低，目前临床较少使用。

（3）氧化物多晶陶瓷（oxide polycrystalline ceramics）：多晶陶瓷指由一类以上的同种或异种单晶组成的结晶陶瓷，包括碳化物陶瓷、氮化物陶瓷、氧化物陶瓷等，范围很广。目前口腔修复只用氧化物陶瓷，故此类陶瓷概括为氧化物多晶陶瓷。它是由一类以上氧化物晶体组成的陶瓷，不含或含有很少量的非晶相。根据氧化物的种类不同，分为致密烧结氧化铝陶瓷（densely sintered alumina ceramic）、氧化锆陶瓷（zirconia ceramic）和复合陶瓷（ceramic composites）等。由于致密烧结氧化铝陶瓷强度仍不理想，临床失败率较高，临床已不再使用。目前口腔修复主要应用四方相氧化锆多晶陶瓷（tetragonal zirconia polycrystals，TZP）和少量的氧化锆氧化铝复合陶瓷（alumina-added zirconia ceramics）。氧化锆陶瓷大多含有3%～5%的氧化钇作为稳定剂，使其在室温维持在四方晶相，即为氧化钇稳定的四方相氧化锆（yttria stabilized tetragonal zirconia polycrystals）。其弯曲强度可达1000 MPa左右，临床适用范围较为广泛。近年来，氧化锆陶瓷材料的透光性和美学性能都有明显改进，而且目前很多氧化锆全瓷系统都可提供多种不同颜色的瓷块供选择，甚至不同层色的多层氧化锆瓷块，或者可通过染色获得与修复体目标颜色相协调的基底冠或修复体。引入增材制造技术后，当前采用三维打印氧化锆也已能够制作出兼具力学可靠性及一定美学性能的全解剖结构修复体，但离临床常规应用还有一定距离。

在上述分类基础上，也有学者把树脂陶瓷复合材料称作树脂基陶瓷（resin-matrix ceramics）或混合陶瓷（hybrid ceramics），并归类于特殊全瓷材料；其力学性能、美学性能、临床适应证等与玻璃陶瓷相似。但上述材料本质为树脂基复合材料，不属于陶瓷材料。它是由树脂基质和无机陶瓷颗粒材料混合而成，其中一类为树脂基质中加入无机陶瓷颗粒填料，另一类为陶瓷网络结构中加入树脂基质。其优点包括：具有与牙本质相近的弹性模量，在制作后牙嵌体等冠内修复体时利于降低牙齿劈裂的概率；比长石质瓷、玻璃陶瓷和氧化物多晶陶瓷易于加工和调整；可用树脂进行修理或调整。因其含有树脂，不能被烧结，加工方式主要为计算机辅助设计与制作（参见本章第四节）。

2. 按加工或制作工艺划分 全瓷材料包括以下几种类型（具体步骤和介绍见后）：①常规粉浆涂塑瓷（conventional powder-slurry ceramics）或称常规烧结全瓷材料（sintered all-ceramic materials）；②铸造玻璃陶瓷（castable glass ceramic：a glass which can be crystallized by heat treatment）；③热压铸（hot-pressing）或注射成型玻璃陶瓷（injection-molded glass-ceramic）；④粉浆涂塑、玻璃渗透瓷（slip-casting，glass-infiltrated ceramics）；⑤电泳沉积（electrophoretic deposition）及玻璃渗透铝瓷或锆瓷；⑥计算机辅助设计和计算机辅助制作用陶瓷（或称CAD/CAM陶瓷）（all ceramics used for CAD/CAM）。

CAD/CAM陶瓷包括切削成型陶瓷材料（machined ceramics）和增材制造陶瓷材料（additive manufactured ceramics），后者也称作三维打印陶瓷材料（3D printed ceramics），尚在不断研发和完善之中；临床主要应用切削成型陶瓷材料。

根据加工工艺的不同，切削成型陶瓷材料（machined ceramics）又可分为两种：①可切削或机械加工玻璃陶瓷（machinable glass ceramics）：该类陶瓷一般经一次切削加工就形成了修复体的最终外形，如制作嵌体、高嵌体、全冠等；②机械加工加致密烧结陶瓷（machined densely sintered ceramics）：该类陶瓷一般经切削加工及烧结后形成的是修复体的内核或基底，然后需要常规烧烤饰瓷形成修复体最终外形（双层瓷结构）；由于半透明特征不断改善，该类陶瓷也可经切削加工及烧结后形成最终修复体外形（单层瓷结构）。

以上工艺中，常规粉浆涂塑、热压铸、CAD/CAM陶瓷较为常用。上述工艺主要是指修复体加工的工艺模式，其中某些工艺包含了瓷材料增强增韧的强化工艺，如玻璃渗透、致密烧结等。因此，若按瓷材料强化工艺的不同，全瓷材料可被分为分散强化（dispersion strengthening）、玻璃渗透（glass-infiltration）、致密烧结（densely sintered）等不同类别。

3. 按完成全瓷修复体最终外形和结构的方式划分 全瓷材料包括以下两种主要应用类型：

（1）单层瓷结构（monolayered or monolithic structure）：利用加工工艺如直接粉浆涂塑、热压铸、CAD/CAM等直接形成修复体最终的外形和结构，然后再通过上色或染色形成最终修复体。

（2）双层瓷结构（bilayered structure）：由基底冠和饰瓷构成的双层瓷结构，即利用加工工艺如粉浆涂塑玻璃渗透、热压铸、CAD/CAM等先形成一个强度较高但透明度较低的冠核或核基底形状（core，or coping），然后在冠核基底上涂塑烧烤透明度更高的长石瓷（veneered with more translucent feldspathic frit）或专用瓷形成与天然牙类似的半透明特性和层次感。

全瓷修复产品极多，无论何种产品均有它相对的优点和缺点。医师在选择某种产品时一定要根据产品的特性合理使用。要根据产品的边缘适合性、弯曲强度、弹性模量、美观或半透明性、操作的复杂程度、设备的要求和临床长期成功率等综合考虑。

（二）全瓷冠修复的优缺点

1. 优点 一般来说，全瓷冠与烤瓷熔附金属全冠相比，具有以下优点：①全瓷冠最大的优点是美学效果更佳、半透明度（translucency）与天然牙更相似；②全瓷材料组织相容性好，无毒性，也无金属刺激或过敏等现象，颈部也无金属灰染的现象发生；③全瓷为热和电的不良导体，化学性能稳定，在口腔湿润环境中不易发生腐蚀、溶解等；④与金属烤瓷冠相比，其唇侧磨除量因无金属基底存在而可以适当减少，全瓷冠（长石质瓷和玻璃陶瓷类）一般唇侧需 1 mm 的磨除量，而金瓷冠则需要 1.4 mm 才能达到较好的美学要求；⑤具有较高透明度类型的全瓷冠，可以通过不同颜色的粘接水门汀适当调整使其达到最佳颜色效果；⑥可避免金属对某些影像学检查（如核磁共振成像等）的影响。

2. 缺点　　与烤瓷熔附金属全冠相比，全瓷冠具有以下缺点或不足：①许多类型的全瓷材料强度仍不能达到理想要求，为了满足其强度要求和防止折裂，全瓷冠预备时邻面、舌侧磨除量比金属烤瓷冠相对较多；②与金属边缘相比其边缘强度略差；③透光性好的全瓷材料受基牙的底色影响，对粘接水门汀的颜色选择严格；④尽管目前很多高强度全瓷材料被广泛使用，但它们仍有着严格的适应证，要特别注意前后牙使用的区别及适用条件，特别当用于固定桥修复时，除了严格按照材料要求选择适应证外，连接体𬌗龈径、唇舌径必须尽量大，连接体断面尺寸至少达到 4 mm×4 mm，但是，这会干扰龈乳头，可能容易引起牙周炎症；⑤高强度全瓷材料的基底核瓷与饰瓷之间的结合能力有限；⑥与金属烤瓷冠相似，许多类型的全瓷冠也能引起对𬌗牙的磨损。

（三）适应证与临床注意事项

1. 适应证　　原则上，全瓷冠的适应证与烤瓷熔附金属全冠的适应证相似。

（1）牙体缺损较大，美学要求高，其他保存修复无法达到要求者，尤其适用于前牙。

（2）失髓牙、四环素牙及氟斑牙等变色牙要求改善美观，其他保存修复无法达到美学要求者。

（3）畸形牙、釉质发育不全、错位扭转牙等需用全冠改善外形和外观，患者对美学要求高者。

（4）牙体缺损要求修复，对金属过敏或者不希望使用金属或者因临床检查需要不能使用金属成分的患者。

（5）根管治疗后经桩核修复的残根残冠。

（6）全瓷固定义齿的固位体。

（7）作为种植修复的上部结构来修复牙齿缺失。

2. 适应证选择的注意事项　　与金瓷冠相比，全瓷冠修复时所修复牙邻面及舌侧预备量较大，而且加上一些全瓷冠强度相对较弱，因此在选择全瓷冠时要注意以下事项：

（1）𬌗面、轴面、边缘等不能达到足够要求的预备量时不能使用。

（2）针对长石瓷、玻璃陶瓷等低强度全瓷材料，预备牙缺损较大使全瓷修复体局部厚度大于 1.5～2 mm 时应避免直接使用，需要用桩核或其他方法恢复后方可进行。

（3）年轻恒牙、髓角高易露髓者，不建议使用。

（4）其他保存修复方法可以满足患者美观等修复要求时不建议使用。

（5）美学要求不高且𬌗力大的区域如后牙区不宜选择低强度的全瓷冠。

（6）预备牙有金属桩核时或变色牙变色严重时不宜使用透明度高的全瓷冠。

（7）要依据全瓷材料的强度和美观性的不同来选择，透明度佳而强度低的全瓷系统不宜用于后牙单冠、固定桥等，透明度较低的高强度全瓷材料不宜用于前牙冠桥修复。

（8）可摘局部义齿基牙改形或作为基牙保护时不宜采用低强度类型的全瓷冠。

（9）夜磨牙症、咬合力大的患者不建议使用。

（四）全瓷冠牙体预备的标准和要求

全瓷冠牙体预备的标准和要求与金瓷冠类似，预备方法也相似，但是全瓷冠在磨除量和边缘类型上具有特殊的要求。以常规长石瓷、玻璃陶瓷前牙全瓷冠为例，具体的标准和基本要求如下：

（1）全瓷冠厚度均匀，切端为 1.5 mm，唇舌面及邻面为 1.0 mm（图 3-62A）。

（2）边缘为有角肩台，与预备体轴面呈直角或略小于 90°，宽 1.0 mm，内线角圆钝，此时，颈部边缘瓷层内形成压应力，不易引起瓷裂（图 3-62B）。若肩台角度大于 90°，颈部边缘瓷层将形成不良拉应力，容易引起瓷裂（图 3-62C，D）。

（3）𬌗接触区要位于有预备体牙体硬组织支持的部位。

（4）前伸和侧方𬌗时要无干扰，尽量呈多牙接触或组牙功能𬌗。

需特殊说明的是，单层结构的氧化锆冠（全锆冠）在牙体预备量和边缘类型上略有不同，本节不做介绍。椅旁数字化全瓷修复内容请参见本章第四节。

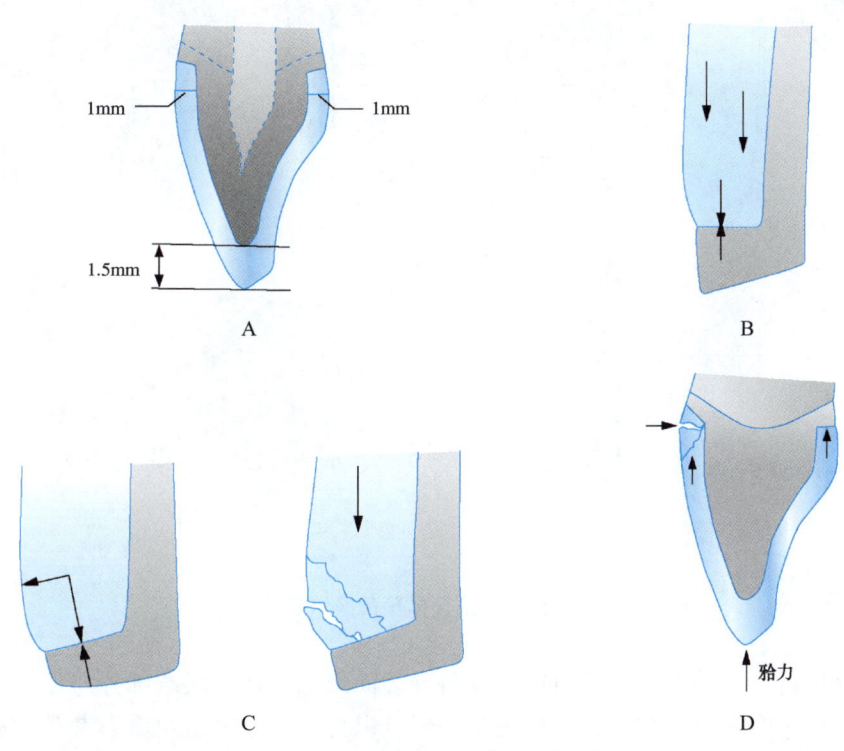

图 3-62　全瓷冠牙体预备

（五）牙体预备

全瓷冠的牙体预备顺序、步骤与金瓷冠类似，下面以上前牙牙体预备为例说明，具体操作可以按照九个步骤进行。

1. 唇面及切端深度指示沟（depth orientation groove）预备（图 3-63A）　用平头锥形或圆头锥形金刚砂车针在切端和唇面分别预备深度指示沟。其中，切端指示沟应预备出 2~3 条，深度为 1.3 mm。唇面深度指示沟则应分为两个面预备：切端部分（切 1/2 或 2/3）和龈端部分（龈 1/2 或 1/3）。切端部分磨除时应与其解剖外形相平行，龈端部分则应与就位道或牙体长轴相平行。按照上述方向要求在切端和龈端部分各预备出 2~3 条指示沟，指示沟深度为 0.8 mm。值得注意的是，所有深度指示沟的深度要比实际要求的预备量小，余留量待修整时磨除。

2. 切端磨除（incisal reduction）（图 3-63B）　切端磨除量需确保下颌在前伸、侧方等功能运动过程中有 1.5 mm 的空间。若预备牙过长或低𬌗，磨除量还需参考邻牙或者以最终修复体切端长度来确定。可选用平头锥形金刚砂车针磨除切端指示沟间牙体组织。磨除时先磨除一半，以另一半牙体组织作为参考指示，保证足够磨除量。

3. 唇面磨除（labial reduction）（图 3-63C，D）　按照唇面指示沟方向和深度指示，唇面

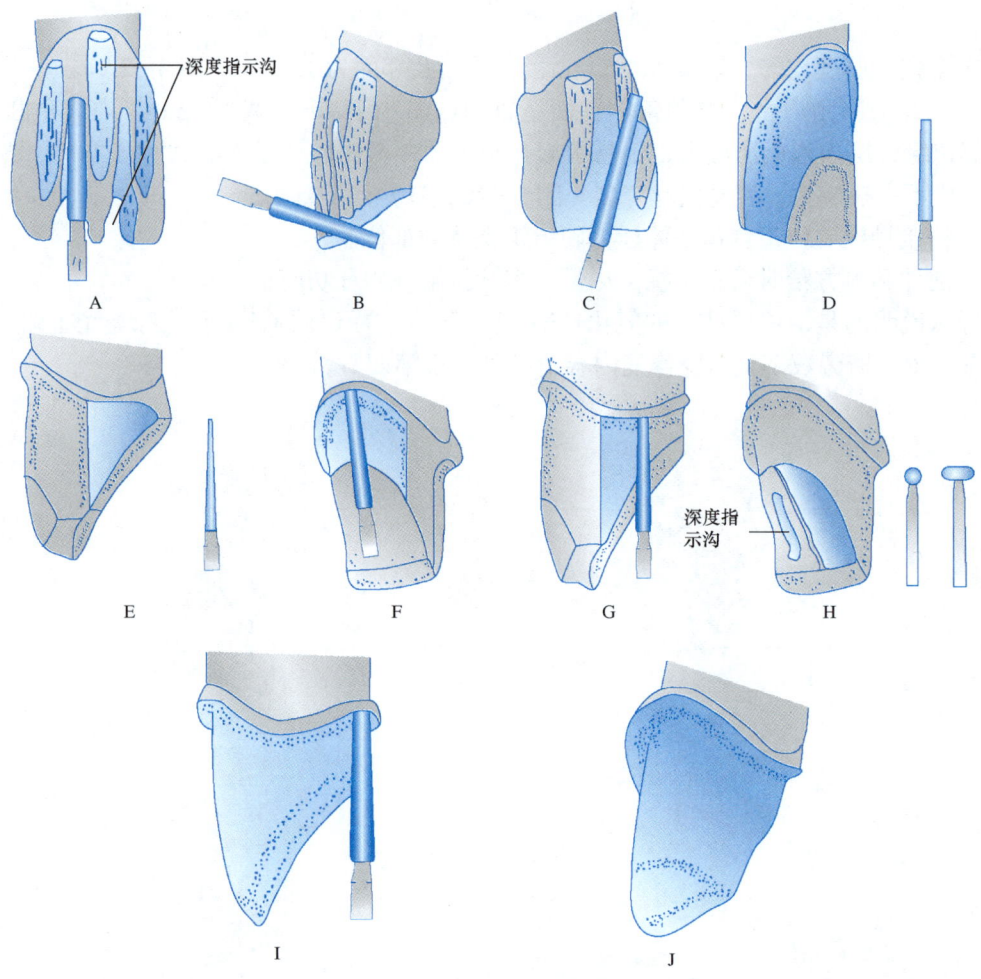

图 3-63　上前牙全瓷冠牙体预备操作步骤

磨除分为两个部分进行。切端部分磨除时应与预备牙牙面形态一致，龈端部分与牙体长轴一致并决定全冠的就位道。磨除时先磨除近中或远中一半，以另一半牙体组织作为参考指示，以保证足够磨除量，唇面最终的磨除厚度为 1.0 mm。在磨除龈端部分时应同时形成边缘为 1.0 mm 宽内线角圆钝的直角肩台，先保持齐龈的位置，待到修整时再备至龈下 0.5 mm。同时，龈端部分磨除时要与牙体长轴大致平行，它与随后形成的舌侧轴面形成小于 6°左右的聚合度，是全瓷冠固位稳定的基础。当磨除至邻面时车针在不接触邻牙时尽量向舌侧扩展、腭侧扩展，为邻面的预备打下基础。

4. 磨开邻面（proximal preparation）（图 3-63E）　由于前牙舌面外形凹陷，加上舌隆突以及舌侧轴面一般不明显，先磨开邻面有利于舌轴面和舌面窝的预备以及保护邻牙。由于前牙邻面预备时视野清楚，而且邻面厚度不大，磨开时车针的方向以及对邻牙的保护容易进行。磨除时选用细针状金刚砂车针在不接触邻牙的情况下通过接触区，磨除时细针状车针与邻牙间保留有预备牙的一薄层釉质，它起到隔绝、保护邻牙的作用，随着车针的通过，这层釉质保护层也会自动脱落。接着进一步磨除邻面，大致消除邻面倒凹。

5. 舌轴面预备（lingual axial wall reduction）（图 3-63F）　用直径为 1 mm 的平头锥形金刚砂车针预备舌侧轴面，先预备 3 条指示沟，指示沟深度以消除倒凹并在龈端形成宽度略小于 1.0 mm 的直角肩台为准，方向与全瓷冠就位道方向一致，与唇面龈端部分轴面或牙体长轴形成 6°左右的聚合度，是全瓷冠固位稳定的基础。然后磨除指示沟间组织形成舌侧轴面，边缘与龈齐或位于龈上，最终在龈端形成 1.0 mm 宽的直角肩台。磨除至邻面接触区时车针在不接触邻牙时尽量向邻接区扩展。

6. 邻面预备（proximal preparation）（图3-63G） 用平头锥形金刚砂车针或柱形车针分别从唇侧、舌侧扩展原有的边缘，最终使唇舌侧边缘交汇，光滑连续，形成1.0 mm宽的直角肩台。

7. 舌面窝预备（lingual fossa reduction）（图3-63H） 选用小球形金刚砂车针在舌侧形成3～5个指示窝，深度为0.8 mm，并用该车针将指示窝连成深度指示沟，然后用橄榄球样或轮状金刚砂车针磨除舌面窝达1.0 mm。舌面窝磨除应基本与原有外形一致，不应形成一个简单斜面。最终确保下颌在前伸、侧方等功能运动过程中应有1.0 mm的空间。

8. 边缘预备（图3-63I） 由于前牙全瓷冠唇侧边缘位于龈下，因此在进行预备前首先应排龈（gingival retraction），它可机械推开牙龈并保护牙龈免受预备时车针的损伤。再用平头锥形金刚砂车针（直径为1 mm）将唇侧边缘预备至龈下0.5 mm，并形成边缘为1 mm宽的内线角圆钝直角肩台。

9. 精修完成（finishing）（图3-63I，J） 应用细砂粒平头锥形金刚砂车针修整唇面、邻面、舌侧轴面，并将线角圆钝及光整，用钝的小桃形钻修整并磨光舌面窝，接着再用细砂粒平头锥形金刚砂车针或肩台钻（直径要求略大于1 mm）修整并光滑连续唇舌侧、邻面肩台边缘，清除无基釉，形成清晰连续的边缘。

（六）全瓷冠的试戴与粘接

1. 全瓷冠的试戴 步骤与金属烤瓷冠等修复体相同，但有以下注意事项：

（1）暂时修复体粘接时应避免使用含有丁香油的暂时粘接水门汀。

（2）长石质瓷、玻璃陶瓷类全瓷修复体的强度一般较低，戴入、试咬合高点时切忌用力，避免折裂，必要时需粘接后才能调整咬合。

（3）粘接前应仔细清除基牙上的暂时粘接水门汀等残留物，建议常规使用不含油或氟化物的浮石粉（pumice）抛光清洁基牙粘接面。

（4）因全瓷冠有较高的透明度，最终的修复效果受修复体本身的颜色、树脂水门汀、基牙底色的影响。因此，对于高透明度的全瓷修复体，粘接前应使用与树脂水门汀配套的试色糊剂（try-in paste）模拟粘接后的效果，必要时需调整修复体的染色或选择更为合适的树脂水门汀。

2. 全瓷冠的粘接 全瓷冠粘接时，需考虑全瓷冠的主要组成成分、强度以及粘接水门汀类型等因素。根据这些因素的不同，粘接水门汀的类型和使用方法也会有所差别。

（1）全瓷材料应选择树脂水门汀粘接，以减少或避免全瓷修复体的折裂。

（2）使用树脂水门汀粘接长石质瓷和玻璃陶瓷类全瓷修复体有利于提高其强度。对于长石质瓷和玻璃陶瓷类全瓷材料（除外玻璃渗透瓷）的粘接，首先用氢氟酸酸蚀修复体内表面，使其表面粗化，以利于形成微机械嵌合；然后硅烷化（silanization）修复体内表面，使全瓷修复体与树脂水门汀之间形成化学结合；再用合适颜色的树脂水门汀进行粘接。由于长石质瓷和玻璃陶瓷类全瓷材料本身的强度较低，不建议采用喷砂的方法粗化粘接表面。

（3）对氧化锆全瓷修复体的粘接需要区别对待：以氧化锆为主要成分的全瓷冠因不含玻璃基质，不能被氢氟酸酸蚀；而且其瓷粘接面也不易与单纯涂布的硅烷偶联剂形成化学结合。有学者提出通过摩擦化学法（tribochemistry）、热解法（pyrolytic technique）等作用使硅氧复合物结合到不含硅酸盐的瓷粘接面上，然后再使用偶联剂涂布处理的方法。对于氧化锆类的多晶陶瓷，有学者认为在粘接前先对修复体组织面进行喷砂形成微机械嵌合，有助于提高粘接力。但是由于过度的机械处理会影响氧化锆材料的力学性能，一次喷砂压力不宜过高，一般不超过3个大气压，喷砂材料一般选择直径小于50 μm的氧化铝颗粒，喷砂时间一般为20秒。

修复体组织面涂布10-甲基丙烯酰氧癸基二氢磷酸酯（MDP）等磷酸酯类前处理剂（primer）或使用含MDP的树脂水门汀能与氧化锆形成化学结合，可推荐使用该类前处理剂或树脂水门汀粘接氧化锆全瓷修复体。此外，自凝树脂类水门汀也利于氧化锆全瓷修复体的粘接。

（七）全瓷冠材料及制作工艺简介

1. 常规粉浆涂塑瓷（conventional powder-slurry ceramics）或烧结全瓷材料（sintered all-ceramic materials）的工艺 常规粉浆涂塑技术或烧结全瓷材料的制作工艺类似于烤瓷熔附金属全冠（PFMC）的制作。主要用于制作瓷甲冠（porcelain jacket crowns，PJC）和贴面。它是将一定量的瓷粉用蒸馏水调拌成粉浆，涂塑在铂箔基底（platinum foil matrix）或特种耐火代型材料（refractory die material）上，经过高温烧结制成全瓷冠的技术。通常情况下，一次成型就能完成全瓷修复体的制作。但全瓷材料烧结时的体积收缩（volume shrinkage）可达30%～40%，目前，这种收缩时产生的孔隙（porosity）可通过真空烧结（vacuum firing）减少到5.6%～0.56%。常规烧结全瓷材料由于强度不高，边缘适合性略差，操作技术敏感性高，越来越被其他工艺所代替，但因其美观效果好，在瓷贴面修复方面具有一定的应用价值。

一般常规粉浆涂塑瓷（conventional powder-slurry ceramics）或烧结全瓷材料（sintered all-ceramic materials）依据结晶相又可分为以下5种主要类型：①长石质瓷；②氧化铝基核冠陶瓷（alumina-based core porcelain）；③白榴石增强长石质烤瓷（leucite-reinforced feldspathic porcelain）；④氧化镁基核瓷（magnesia-based core porcelain）；⑤氧化锆纤维增强的长石质烤瓷（zirconia fibers-reinforced feldspathic porcelain）。

2. 粉浆涂塑、玻璃渗透陶瓷（slip-casting，glass-infiltrated porcelain） 粉浆涂塑玻璃渗透全瓷材料（slip-cast，glass-infiltrated all-ceramic material）目前已不常用。其核心是高强度的玻璃渗透氧化铝、氧化锆或尖晶石等陶瓷底层材料。所谓粉浆涂塑（slip-casting）是将液状 Al_2O_3 或其他粉浆涂塑在复制的专用耐火代型上，然后耐火代型上的孔隙通过毛细管作用（capillary action）吸收粉浆中的水分使粉浆致密（condensation）形成基底冠或核冠（core）雏形的过程。然后，将其连同耐火代型一起放在高温下烧结形成多孔的核冠底层（孔隙率为20%～30%）。接着再涂上镧系玻璃料进行渗透烧烤（infiltration firing），熔化后的玻璃渗入氧化铝或氧化锆或尖晶石等微粒孔隙中，从而消除了微粒间的孔隙并限制可能的裂纹扩张，增强了材料的强度。内核冠形成后，再常规堆塑饰瓷材料完成最终修复体。该系统包括尖晶石（spinel）、氧化铝（alumina）、氧化锆（zirconia）三种类型，其强度依次由低到高，透明度则由大到小。尖晶石类型透明度较高而抗弯强度相对较低（300±60 MPa），主要适用于前牙单冠，也可用于嵌体、高嵌体及后牙单冠；氧化铝透明度适中，抗弯强度高，可达450±50 MPa，适用于前牙三单位桥和前、后牙单冠，氧化锆强度相对最高，挠曲强度可高达600±30 MPa，但是因其透明度较低而主要适用于后牙单冠和三单位固定桥。

粉浆涂塑玻璃渗透强度增高的原因可能有：①高强度的氧化铝、氧化锆或尖晶石微粒限制了裂纹的扩展；②玻璃料渗入氧化铝、氧化锆或尖晶石颗粒间的孔隙中，形成均匀的立体交联结构；③氧化铝、氧化锆或尖晶石的热膨胀系数略大于玻璃料的热膨胀系数，冷却时可在玻璃表面产生压应力。其优点包括：全瓷冠边缘适合性或密合性好，密合度在18.6～44.5 μm之间；耐磨性类似牙釉质，不对对𬌗牙产生过度磨损。但其缺点包括：核是不透明的；加工需特殊设备；花费大，制作时间长等。

另有一种新型玻璃渗透陶瓷的制作方法。其通过等离子喷涂枪将氧化铝喷涂至旋转的耐火代型上形成基底冠雏形，然后再进行上述相同的玻璃渗透过程形成基底冠，再常规烤瓷形成全瓷冠。

3. 电泳沉积、玻璃渗透陶瓷（electrophoretic deposition，glass-infiltrated porcelain） 全瓷沉积系统（electro-layered ceramic system）使用的氧化铝、氧化锆或尖晶石粉浆等同于粉浆涂塑玻璃渗透全瓷材料，只是在形成粉浆基底冠雏形的过程中未采用粉浆涂塑的工艺，而采用的是类似金沉积工艺的电泳沉积技术（把陶瓷颗粒分散在介质中形成悬浮的胶体粒子，后者在电场作用下做定向移动，在电极或工作代型上沉积形成均匀致密的瓷层）将全瓷粉浆直接沉积在工作代型上，形成全瓷基底冠锥形，玻璃渗透等其他程序等同粉浆涂塑玻璃渗透全瓷材料。瓷粉经过电泳沉积后，其密度均匀增大，所以强度高于同种成分的普通玻璃渗透全瓷材料，边缘密合度也更佳。该技术也不常用。

4. 铸造玻璃陶瓷（castable dental ceramic） 是用失蜡铸造工艺成型的陶瓷。它是经铸造工艺使玻璃态成形，之后经热处理产生结晶相而瓷化的玻璃陶瓷材料。铸造陶瓷主要有两大类：一类为云母系铸造玻璃陶瓷（micaceous glass-ceramic），其晶化前玻璃体含 SiO_2、MgO、K_2O 较多，晶化后生成物主晶相为四硅氟云母。另一类为磷酸钙结晶类铸造玻璃陶瓷，其晶化前玻璃体含 CaO、P_2O_5、SiO_2 较多，晶化后生成物是磷灰石类结晶（$CaO-P_2O_5-MgO-SiO_2$）。

铸造陶瓷修复体的技工制作过程主要有四个步骤：①在高温（1350～1400℃）下将晶化前玻璃体进行熔化，通过失蜡技术进行玻璃的铸造成型，制成修复体的坯体。②将坯体进行结晶化热处理使之瓷化形成玻璃陶瓷修复体，此步可明显提高玻璃陶瓷的强度和韧性。③在模型上试戴修复体。④着色和上釉。

铸造玻璃陶瓷在物理机械性能、导热率、透明性和半透明性（透明性达50%）、折光率和硬度等均与牙釉质接近；但是其制作费时、复杂，强度较差，操作技术敏感性强，已经不被临床应用。

5. 热压全瓷材料（heat-pressed all-ceramic materials）或注射成型玻璃陶瓷（injection-molded glass-ceramic） 此类系采用注射成型法或热压工艺制作全瓷修复体的玻璃陶瓷。热压铸的过程在某种程度上类似于铸造玻璃陶瓷的铸造过程。常规制作修复体或基底冠蜡型、包埋，然后在一定压力的加压下将软化而不是熔化的瓷注射或压铸到因失蜡形成的蜡型空腔中形成修复体锥形或基底冠（图3-64），然后上色或在基底冠上涂塑烧结饰瓷材料。该方法可用于制作全瓷冠、嵌体、高嵌体、贴面及前牙及前磨牙固定桥。有报道认为其边缘适合性优于高强度氧化铝全瓷类修复体。热压可避免大孔隙存在，并可促进晶相很好的分散，机械性能可达最大。

根据增强晶相的不同，该型全瓷材料主要包括尖晶石注射成型核瓷（spinel injection-molded core material）、白榴石基（leucite-based）热压成型全瓷材料、二硅酸锂基（lithium disilicate-based）热压成型全瓷材料3种类型。其中以二硅酸锂长晶体（Li_2SiO_5，0.5～5 μm）为增强相的全瓷材料应用较为广泛，它们主要适用于贴面、前后牙单冠和前牙或前磨牙三单位桥的修复等。该技术形成的修复体弯曲强度可达到350～400 MPa。

6. 利用计算机辅助设计与计算机辅助制作（computer-aided design and computer-aided manufacturing，CAD/CAM）的全瓷材料 计算机辅助设计与计算机辅助制作技术，简称CAD/CAM，是将光电子、计算机信息处理及自动控制机械加工技术用于制作嵌体、全冠等修

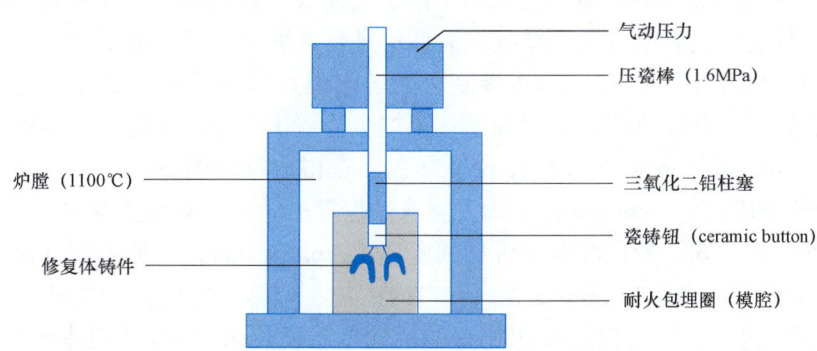

图3-64　热压铸全瓷热压铸过程示意图

复体的一门修复工艺。该技术起源于20世纪70年代，1983年开始引入口腔修复领域并成功地进行了临床应用。截至目前，已有十多种制作修复体用CAD/CAM系统面世，可以用这些系统在较短时间内（最短可在30 min内）为患者制作全瓷嵌体、贴面、全冠和固定桥。由于该技术可为患者提供优良的修复体，减少了繁杂的加工步骤，省时省力，因此临床较为常用。

要了解CAD/CAM全瓷修复技术，我们必须了解以下两个不同的方面：①适用于某CAD/CAM系统的陶瓷材料。②用于全瓷修复加工的CAD/CAM系统；一个CAD/CAM系统并不一定适用于所有的可切削陶瓷，同样，某一种切削陶瓷也并不能用于所有CAD/CAM系统。有一些全瓷材料甚至有专门设计的CAD/CAM系统。还需要说明的是，目前的CAD/CAM全瓷修复技术的全瓷加工部分主要为（切削）减法加工，3D打印等增材制造加工技术制作全瓷修复体还在发展和完善之中，本书不做介绍。

（1）可切削陶瓷（machinable all-ceramic material）或CAD/CAM陶瓷：可切削陶瓷就是能用普通金属机械加工，进行车、刨、铣等加工的特种陶瓷。陶瓷的玻璃基质中所含的结晶相在陶瓷加工时既允许裂纹切入，又能限制其任意扩展，表现出了良好的可切削性。可分为两种类型：①可切削或机械加工玻璃陶瓷（machined glass ceramics）。该型可切削陶瓷通过切削瓷块或瓷坯一次就直接形成了最终修复体的外形，然后通过修改上色完成。该类玻璃陶瓷一般强度较低，经切削加工容易在修复体表面留有显微裂纹或瑕疵。②机械加工和致密烧结陶瓷（machined densely sintered ceramics）：该型可切削陶瓷一般包括两种加工方式。第一种适用于双层结构全瓷冠，即两步完成最终修复体：首先通过切削已烧结的高强度瓷坯（sintered ceramic blanks）形成基底冠，或者切削预烧结低密度瓷坯（presintered ceramic blanks）并烧结形成致密高强度基底冠（前者切削加工困难、易造成显微裂纹；后者则避免上述缺点，即使在切削预烧结低密度瓷坯时形成裂纹后也能在烧结阶段将其弥补；前者精确度较高；后者烧结后会发生体积收缩，因此需要提前预留一定的放大率），然后在基底冠上涂塑、烧结配套的饰瓷形成最终修复体的外形；该类型材料主要是以氧化铝或氧化锆为增强相的高强度核瓷（core porcelain）。第二种适用于单层结构全瓷冠，如全锆冠（monolithic zirconia crown）：该加工方式为一步完成，与前述双层结构不同的是，经切削和致密烧结后形成的是最终修复体外形，不需要再烧结表层饰瓷了。

（2）用于全瓷切削、加工的CAD/CAM系统：大致有两种方式：①CAD/CAM技术；②复制切削技术（copy-milling technology）。

1）CAD/CAM技术（computer-aided design/computer-aided manufacturing technology）：用计算机辅助设计和计算机辅助切削工艺将可切削陶瓷制成修复体的技术，简称CAD/CAM技术。绝大多数系统应用CAD/CAM技术进行修复体或冠核（或基底冠）制作。但这些系统扫描的对象和方法有所不同：一些系统直接扫描口内预备体，取得口内的光学数字印模（optical impression），一些系统扫描的是预备体的代型，然后由计算机系统在扫描基础上设计基底冠或全冠等修复体；一些系统直接扫描的是在工作模型上完成的修复体蜡型或树脂型。然后计算机将数字修复体进行适当放大以补偿烧结收缩后即可进行计算机辅助切削工作了。

椅旁CAD/CAM系统可以在口内直接制取光学印模并进行数字化设计与制作，临床可选择一次就诊完成修复。其经典制作步骤如下：①按全瓷冠预备标准进行常规预备；②预备体表面喷粉（coat the preparation with opaque powder）以获得清晰的图像（许多新系统不需要此步骤）；③口内光学印模（optical impression）制取，保存；④在计算机上确认边缘、标记边缘，进行计算机辅助设计；⑤将颜色匹配的可切削瓷坯（ceramic blanks）放入切削仪内，进行计算机辅助切削、制作，一般需20 min完成；⑥口内试戴、调整、染色；⑦酸蚀、硅烷化瓷冠内表面（酸蚀、硅烷化的步骤需根据所用材料的不同要求使用），用合适树脂水门汀进行粘接。具体内容参见本章第四节。

还可在技工室通过扫描工作模型或修复体蜡型的方法进行制作。其经典制作步骤描述如下：①按全瓷冠预备标准进行常规预备，取印模灌注超硬石膏模型；②代型修整，保证边缘清晰，方便扫描；③用光栅式或其他扫描系统扫描代型、邻牙及咬合或扫描修复体蜡型，将数据传输至计算机设计系统或中心工作站进行设计制作；④利用计算机进行辅助设计，并传输至切削仪进行修复体或基底冠切削（对于致密烧结全瓷材料，一般形成的是一个放大的修复体或基底冠雏形），然后烧结，得到尺寸匹配合适的修复体或基底冠；⑤将修复体或基底冠返回技师，对基底冠进行饰瓷堆塑烧结、上色并完成最终修复体。

2）复制切削技术（copy-milling technology）：复制切削技术系统由一个接触式数字化仪和一个微型铣床组成。一般需要技师先在工作模型上完成最终修复体或基底冠的树脂型（resin pattern），然后，数字化仪"读"出树脂型（resinpattern）的表面形状，并将形状信息直接同步传递到铣床上进行瓷坯（ceramic blanks）切削，工作原理类似于一个小型钥匙配制机器。由其组成可见，该系统简单易于掌握，只要学会模数转换仪和懂得基本的机械加工知识即可。该系统边缘精确性据报道与传统的烤瓷烧结技术相当。最早该系统只能用于制作嵌体和高嵌体，其后由于含尖晶石、氧化铝、氧化锆等专用瓷坯的使用，该系统又可用于贴面，全冠，前、后牙三单位固定桥，其适应证基本等同于粉浆涂塑玻璃渗透瓷；目前该方法已少被采用。

（周永胜　刘晓强）

六、桩核冠

桩核冠是修复大面积牙体缺损的一种常用的修复方法。大面积牙体缺损是指患牙冠部硬组织大部缺失，甚至累及牙根。

由于牙冠剩余硬组织量很少，单独使用全冠修复无法获得良好的固位。为了增加固位，根管是一个可以利用的固位结构，可以将修复体的一部分插入根管内获得固位，插入根管内的这部分修复体被称为桩（post or dowel）。利用桩为全冠提供固位的方法已经有了几个世纪的应用历史，早期使用时桩和冠是一体的（one piece），出现于1878年的Richmond crown就是一个典型代表；这类利用桩插入根管内以获得固位的冠类修复体被称为桩冠（dowel crown）。

目前使用的桩核冠对传统的桩冠进行了改良，将桩和外面的全冠分开制作，各自独立，称作桩核冠（post-and-core crown）。与早期的一体式的桩冠相比，桩核冠有以下优点：①易于获得良好的边缘密合度；②改善剩余牙体组织内的应力分布，降低根折风险；③可以单独更换外面的全冠，而不需将桩取出；④如果作固定义齿的基牙，易于取得共同的就位道。

下后牙铸造金属桩、全瓷冠修复案例

上前牙纤维桩、全瓷冠修复案例

（一）桩核冠的组成

为了更好地理解桩核冠的结构，按照功能的不同可以把桩核冠分为三个组成部分：

1. 桩（post or dowel） 插入根管内的部分，利用摩擦力和粘接力等与根管内壁之间获得固位，进而为核和最终的全冠提供固位。是整个桩核冠固位的基础，固位是桩的主要功能。桩的另一个功能是传导来自冠、核和牙冠剩余硬组织所承受的外力，桩可以改变牙根原有的应力分布模式。

根据材料的不同，桩可以分为：

（1）金属桩：包括金合金、镍铬合金、钛合金等；金属桩具有良好的机械性能，是常用的桩材料，但美观性较差。

（2）瓷桩：主要使用强度较高的氧化锆；其美观性好，但氧化锆弹性模量较高，增加了根折的风险。

（3）纤维增强树脂桩：包括碳纤维桩、玻璃纤维桩、石英纤维桩等。玻璃纤维桩、石英纤维桩等具有与牙体相近的色泽，美观性好。纤维增强树脂桩具有与牙本质相近的弹性模量，与弹性模量较高的氧化锆瓷桩和金属桩相比，能减少桩修复后根折的风险。

根据制作方法，桩可以分为铸造桩（custom cast post）和预成桩（prefabricated post）。铸造桩采用失蜡铸造法个别铸造完成，为桩核一体的金属桩核。预成桩则为预成的半成品桩，有不同的形态和大小，根据根管的具体情况选择使用，核的部分为树脂等材料，固定于预成桩上。纤维增强树脂桩是目前临床常用的预成桩类型。

2. 核（core） 固定于桩之上，与牙冠剩余的牙体硬组织一起形成最终的全冠预备体，为最终的全冠提供固位。

制作核的材料有金属、银汞合金、玻璃离子水门汀、复合树脂等。金属核一般是与金属桩铸造为一体的金属桩核，强度好，桩与核为一体，不会发生分离（图3-65A）。当后牙多个根管方向不一致时，则需采用分裂桩核进行修复（图3-65B）。银汞合金、玻璃离子水门汀、复合树脂等材料制作的核一般与预成桩配合形成直接桩核，其中复合树脂具有强度高、美观和易操作等优点，并且可以通过树脂粘接剂处理，与剩余的牙体组织形成良好的结合，增强了核的固位（图3-65C）。用于制作核的树脂材料称为核树脂。

3. 全冠（full crown） 位于核与剩余牙体组织形成的预备体之上，恢复牙齿的形态和功能。详见全冠一节。

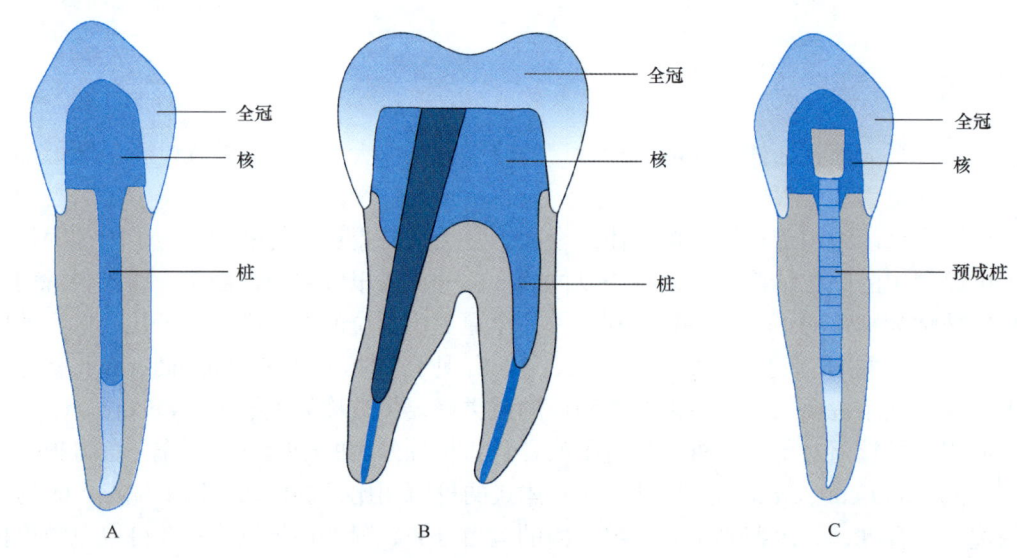

图3-65 桩核
A.铸造一体式桩核；B.铸造分裂桩核；C.预成桩＋树脂桩核

（二）桩核冠的设计

牙体缺损修复体类型的选择主要取决于牙体缺损的大小或者剩余牙体组织的多少。当冠部牙体组织大部缺损时，只能采用桩核冠修复。这类牙体缺损由于结构上的特点存在两个修复上的难点：一是大面积的牙体硬组织缺损，剩余的牙体难以为全冠提供良好的固位；二是牙体硬组织的缺损往往累及牙髓，需要根管治疗。失去牙髓的营养和剩余牙体硬组织的减少导致牙齿强度的显著下降，修复后容易发生冠折、根折。因此，提高固位和抗力的设计是桩核冠修复成功的关键。

1. 剩余牙体硬组织的设计

（1）尽量保存剩余牙体组织：患牙的强度主要取决剩余牙体组织的量，尽量保存剩余牙体硬组织是桩核冠修复中的基本原则。根据所选择的最终全冠修复体的要求对剩余牙体组织进行预备，然后去除龋坏、薄壁等，其余的则为要求保存的部分。这部分剩余牙体与核一起形成全冠预备体。

(2) 牙本质肩领 (ferrule)：剩余牙体硬组织的设计中一定要遵从牙本质肩领的要求。牙本质肩领是大面积牙体缺损桩核冠修复中一个非常重要的概念，要求最终全冠修复体的边缘至少要包过剩余牙体组织断面高度的 1.5～2.0 mm。影响桩核冠修复后远期效果的因素中，剩余健康牙体组织的量和牙本质肩领的意义远远大于桩、核或全冠材料的选择。牙本质肩领可以提高牙齿的完整性，增强患牙的抗折强度，防止冠根折裂。

早在 1878 年 Richmond Crown 的设计中就体现了牙本质肩领的理念。1976 年 Eissman 和 Radke 第一次使用"牙本质肩领效应 (ferrule effect)"的术语来描述这一概念，认为将全冠边缘向龈方延伸 2 mm 所形成的环绕于冠部牙面 360° 圆周的铸造金属环产生了"牙本质肩领效应"。1990 年 Sorensen 和 Engelman 对牙本质肩领效应的定义作了改进和完善："全冠颈部的金属环 360° 包绕牙体预备体龈边缘冠方的剩余牙体组织，被包绕的牙体组织的相对轴面平行。其作用就是通过包绕剩余的牙体组织提高牙齿的抗力。"

综合以上概念，桩核冠所要修复的大面积牙体缺损患牙，其最终全冠预备体龈边缘冠方保存的理想高度至少为 1.5～2.0 mm 且相对轴面平行的牙体组织，形成牙本质肩领。这部分牙体组织被最终全冠的颈部 360° 包绕，这种包绕可以形成对剩余牙体组织类似"箍"的效应，以提高所修复牙齿的抗力，形成牙本质肩领效应。

因此，桩核冠理想的牙本质肩领要达到以下要求（图 3-66）：①全冠的边缘位于健康的牙体组织之上；②全冠边缘所包绕的剩余牙体组织的高度至少为 1.5～2.0 mm；③全冠边缘所包绕的剩余牙体组织的相对轴面尽可能平行；④全冠边缘尽可能 360° 包绕剩余牙体组织；⑤全冠边缘不侵犯结合上皮，不破坏生物学宽度。

(3) 生物学宽度 (biologic width)：当冠部牙体组织全部缺损或者缺损位于龈下时，剩余的牙体不能达到理想的牙本质肩领要求。为了获得牙本质肩领可以采用两种方法：一是手术去除一定的牙龈和/或牙槽骨并暴露根方一定量牙体组织的牙冠延长术 (crown lengthening surgery)；二是通过正畸力将牙根向殆方牵引。牙冠延长术和正畸牵引一定要遵从生物学宽度的要求。

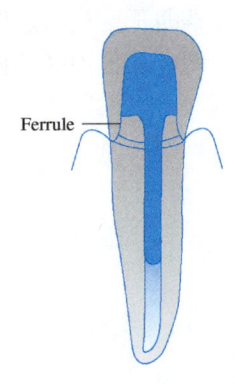

图 3-66　牙本质肩领

生物学宽度是与修复学关系非常密切的一重要的牙周学概念。生物学宽度是指牙周组织的龈沟底至牙槽嵴顶之间至少保留 2 mm 的距离。这 2 mm 的生物学宽度包含 0.97 mm 左右的结合上皮和 1.07 mm 左右的牙周纤维结缔组织。

生物学宽度的临床意义：2 mm 的生物学宽度是保证牙周组织健康的基本条件。修复体龈边缘的位置一定不要过于向龈方伸展而造成结合上皮的损伤，破坏 2 mm 的生物学宽度。在修复前的牙周治疗，如冠延长术、龈修整术等，生物学宽度是决定其适应证选择、手术方案设计的重要因素。破坏了 2 mm 的生物学宽度，就会导致牙龈的炎症、退缩或牙周袋的形成。为了达到牙本质肩领和生物学宽度的理想要求，牙槽嵴顶以上要保留至少 4 mm 的牙体组织。包括 2 mm 的生物学宽度，1.5～2.0 mm 的牙本质肩领和 0.5 mm 的全冠边缘与龈沟底之间的距离（图 3-67）。

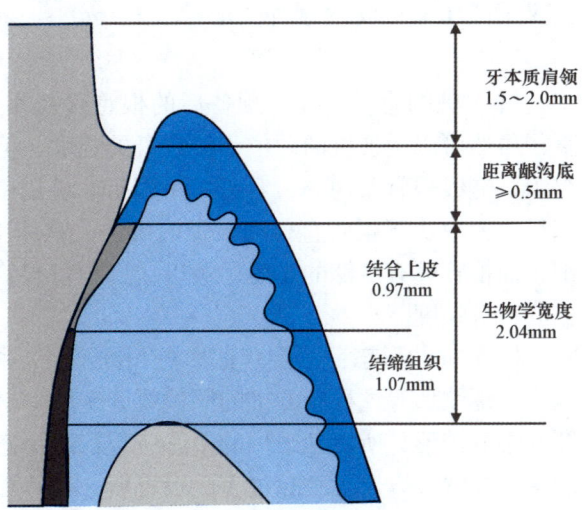

图 3-67　牙本质肩领和生物学宽度

2. 桩的设计

（1）桩的适应证：并非所有的大面积牙体缺损都需要在根管内使用桩。桩的主要功能是为核提供固位，当剩余的牙体不足以为核提供足够的固位时，则需要在根管内插入桩。

桩的另一个功能是传导来自冠、核和牙冠剩余硬组织所承受的外力，桩可以改变牙根的应力分布，弹性模量作为桩材料的重要参数之一对牙根的应力分布有重要影响。理想的桩应具有和牙本质相近的弹性模量，使作用力可以沿整个桩长均匀分布，减小应力集中。铸造金属桩弹性模量高，应力往往直接传导到桩与根管壁牙本质的界面，使该处及桩末端应力集中，常导致不可修复性的牙根纵行或斜行断裂。纤维增强树脂桩与常规铸造金属桩相比，除具有美观等优点外，其更显著的特性就是具有与天然牙本质接近的弹性模量，有利于减少根内应力集中，降低根折风险。因此，是否使用桩、使用什么材料的桩，还要兼顾冠部剩余牙体组织的强度和牙根的强度，满足修复后牙齿抗力的要求。

（2）桩的长度：与固位和所修复的残根残冠的抗力都密切相关。适当增加桩的长度可以提高固位力和均匀分布应力。但过分增加桩的长度会导致过多地磨除根管壁牙本质，降低牙根的强度，破坏根尖的封闭。桩的长度取决于牙根的长度、锥度、弯曲度和横截面形态。对桩的长度有以下要求（图3-68）：①桩的长度至少应与冠长相等；②桩的长度应达到根长的2/3～3/4；③在牙槽骨内的桩的长度应大于牙槽骨内根长的1/2，达不到这一要求会导致根管壁在牙槽嵴顶区应力过度集中，容易发生根折；④桩的末段与根尖孔之间应保留3～5mm的根尖封闭区。根尖区侧枝根管多，根管充填难以完全封闭，桩进入根尖封闭区容易引起根尖周的病变。

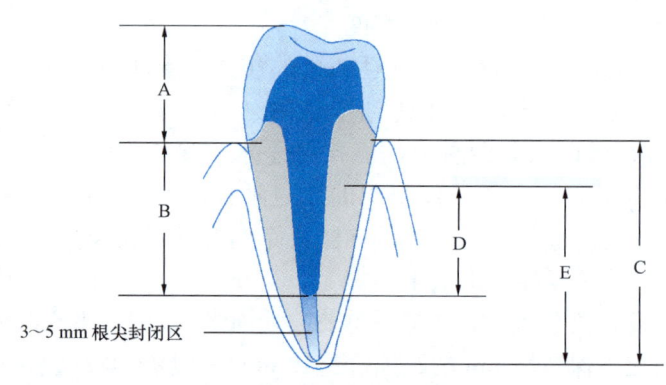

图 3-68　桩的长度要求
A.冠长；B.桩长；C.牙根长度，B≥A，B≈2/3C～3/4C；D.牙槽骨内桩的长度；E.牙槽骨内的根长，D≥1/2E

（3）桩的直径：要与预备后的根管直径相适应，桩与根管壁之间尽可能密合。增加桩的直径虽然可以增加桩的固位和桩自身的强度，但是过分增加桩的直径必然要磨除过多的根管壁组织，造成根管壁薄弱，容易发生根折。桩周围的根管壁要求至少有1mm的厚度。所以桩的直径主要取决于根管直径和根径的大小，临床上理想桩的直径为牙根直径的1/3。如果根管过细，而根管壁有足够的厚度，可以适当预备根管内壁，扩大根管直径，以增加桩的直径，提高桩的自身强度。

（4）桩的形态：主要有柱形桩和锥形桩。根据桩的表面形态又可分为光滑柱形、槽柱形、锥形、螺纹形等。柱状的桩的固位要好于锥形桩，但由于牙根的形态一般为由牙颈部向根尖逐渐变细的锥形，所以理想桩的形态应与根的形态一致，根据根管壁的厚度桩的末端不要过于强调平行柱状，以避免磨除过多的根管壁，导致根管侧穿或根折。螺纹形的桩可以旋转嵌入根管内壁产生主动固位，在几种形态的桩中固位最好。但由于在桩的旋入中可以在根管壁产生应力,增加了根折的风险,目前临床一般不再使用,在根管壁较薄弱时更应避免使用。

(5)桩的材料:选择桩的材料一是根据最终全冠的美学要求,二是要考虑桩对牙根抗力的影响。当最终的全冠为全瓷冠时,全瓷冠的优点为半透明性好,金属桩核容易暴露金属色,影响全瓷冠的美学效果。桩核的材料需要选择与牙本质颜色相似的,可选择玻璃纤维桩、石英纤维桩、瓷桩等。

不同材料的桩其机械性能差异很大,镍铬合金桩和瓷桩的弹性模量远远大于牙本质,而纤维增强树脂桩的弹性模量与牙本质近似。弹性模量与牙本质近似的桩可使应力在牙根内均匀分布,减少根折的风险。为了防止根折,可选用弹性模量与牙本质近似的纤维增强树脂桩。但这类桩自身强度较低,而且受力时应力集中于牙颈部,当牙冠牙颈部剩余牙体不足时容易产生牙颈部冠折,或者全冠边缘封闭破坏,因此纤维增强树脂桩应使用在冠部剩余牙体组织具有理想的牙本质肩领的牙齿。大面积牙体缺损剩余牙体组织越多,使用纤维增强树脂桩的可能性越大。

(三)桩核冠的修复步骤

1. 修复时机的确定　桩核冠修复的前提是需要对患牙进行完善的根管治疗。一般需要在根管治疗后观察一定时间,确认没有任何自发痛、叩痛等临床症状,原有的瘘管已经完全愈合,才可以进行桩核冠的修复。在观察期间使用暂时充填材料或过渡性充填(视观察时间长短选择充填材料)严密封闭根管口,防止冠方微漏。根据治疗前患牙的牙髓状况和根尖周病变大小等,需要观察的时间长短不同:

(1)原牙髓正常或有牙髓炎症但未累及根尖周者,根管治疗后的观察时间可以尽量缩短,在观察无自发痛、叩痛等临床症状后可以尽早开始修复。

(2)有根尖周炎的患牙一般需要在根管治疗后观察一周左右,确认没有临床症状才可开始修复。

(3)根尖周病变范围过大的患牙,应在根管治疗后等待根尖病变明显减小,并且无临床症状才可以开始桩核冠修复。

2. 牙体预备

(1)患牙牙体预备前必须拍摄 X 线片,了解牙根的长度、直径、外形,根管的形态、粗细,根管治疗的情况,以及根尖周和牙槽骨的情况等。以便确定桩的长度、直径等的设计。

(2)冠部剩余牙体组织的预备:根据所选择的最终全冠修复体的要求进行冠部剩余牙体组织的磨除,这时全冠的边缘可位于龈上或齐龈,待桩核戴入粘接后,最后全冠预备时再确定边缘的位置。然后去除薄壁、原充填物、龋坏组织等。尽量保存剩余的牙体组织,理想的全冠边缘应位于缺损断面的龈方至少 1.5～2.0 mm,形成牙本质肩领且不破坏生物学宽度。

(3)去除根充材料:根据设计的桩的长度去除根充材料,保留至少 3～5 mm 的根尖封闭区。去除根充材料的方法有机械法和热力法,目前临床常用的是机械法。使用根管预备钻(如 Gates Glidden drill)等器械由细到粗去除设计桩长度的根充材料。

(4)根管的预备:使用根管预备钻(如 Peeso reamer)等器械由细到粗直到相应的根管直径,去除根管壁的微小倒凹,将根管壁修整平滑。对于铸造桩核,需要尽量去除髓室壁的倒凹,使之与桩的就位道方向一致。对于预成桩,需要用相应型号的根管钻预备,同时试戴预成桩,以桩能被动就位且有一定固位力为宜。

(5)精修完成:根管预备完成后,再次修整冠部剩余牙体组织,去除薄壁、无基釉等。

3. 桩核的制作　制作方法可以分为直接法和间接法。直接法桩核就是使用纤维增强树脂桩等预成桩和核材料在口内直接形成桩核。间接法桩核就是先在模型上或口内制作桩核的铸型,然后在技工室完成桩核的铸造。

（1）直接法桩核的制作：根管预备完成后，选择与最后的根管预备钻直径相应的预成桩，使用水门汀粘接在根管内。然后使用核材料完成核的制作，临床最常用的核材料是核树脂。完成的核与保留的剩余牙体组织一起，经过预备后形成最终全冠的预备体外形（图 3-69）。

直接法桩核可以在临床一次完成桩核的制作，减少患者的就诊次数。直接法桩核由于其桩和核分开制作，不需要为共同的就位道去除髓室壁的倒凹，保存了牙体硬组织，增加牙齿的抗力。在后牙单个桩固位不足时，可以不必考虑不同根管的方向不同而使用多个根管放置预成桩。

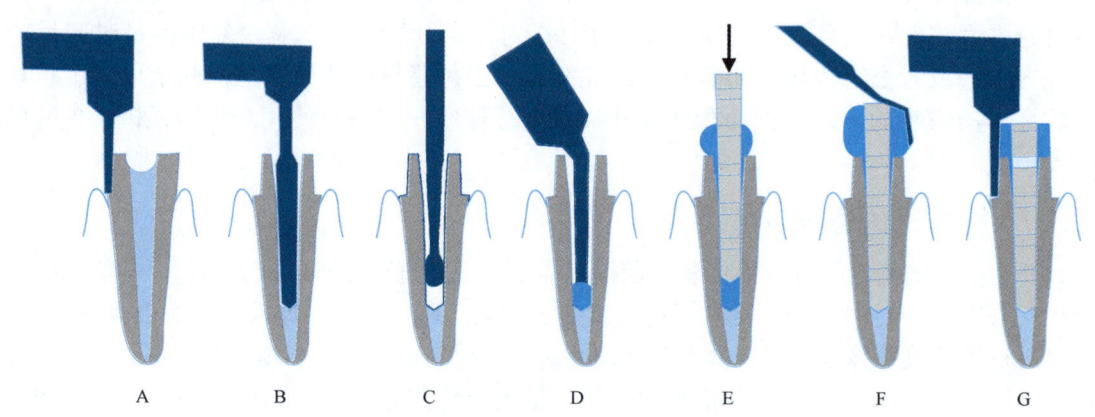

图 3-69　纤维桩树脂核制作流程
A. 高速手机全冠预备；B. 低速手机根管预备；C. 涂布树脂粘接剂；D. 注入树脂水门汀
E. 插入纤维桩；F. 堆塑树脂核；G. 高速手机全冠预备

（2）间接法桩核的制作：首先要制作桩核的铸型，桩核铸型可以在口内直接完成，或是先制取印模，灌注模型后在模型上制作。目前最常用的是在模型上制作。

1）印模的制取：桩核的印模最好选用硅橡胶或聚醚橡胶等强度较高的印模材料。用气枪和纸捻将根管干燥后，使用螺旋充填器顺时针旋转将印模材导入根管内，然后根管内插入金属或塑料的加强钉，防止灌模时桩的印模弯曲变形。将注满印模材料的托盘就位于口内，完全凝固后取出，灌注工作模型。印模制取完成后需要使用暂时充填材料严密封闭根管口。

2）铸型的制作：使用嵌体蜡或铸型树脂在模型上制作桩核的铸型。后牙就位道不一致的多根管可以采用分裂桩（multi-piece post-and-core）的方法制作桩核（图 3-65B）。铸型完成后常规包埋、铸造，打磨、抛光。口内试戴、粘接。为了减少根管预备后造成的逆向微渗漏，建议尽早试戴和粘接桩核。

4. 最终全冠的制作　桩核口内粘接完成后，进行全冠牙体预备，这时可最后确定边缘的位置。常规取印模、灌注工作模型，全冠技工制作，临床试戴完成后粘接。

（谭建国　刘晓强）

七、贴面

（一）贴面简介

贴面是在不磨牙或少量磨牙的情况下，应用粘接技术，将瓷、复合树脂等修复材料覆盖在表面缺损牙体、着色牙、变色牙、畸形牙或磨耗磨损牙等牙患部位，以恢复牙体正常形态或改善其色泽的一种修复方法。

1. 理想贴面应具备的条件
（1）厚度小，一般不超过 0.8 mm。
（2）表面及边缘光滑，对牙龈无刺激。
（3）能恢复牙齿正常外形，能遮挡牙齿的变色。
（4）能逼真模仿天然牙牙色、表面质地及半透明特征，与邻牙协调。
（5）抗磨损，抗折裂，经久耐用。
（6）长久抗着色。
（7）抗边缘微漏。
（8）易于预备和制作。
（9）易于修理或重做。
（10）价格便宜。

2. 贴面的分类　贴面的类型可以按照修复方法和修复材料的不同分别进行划分：
（1）按修复方法分：贴面可以分为直接法贴面修复（direct veneer restoration）和间接法贴面修复（indirect veneer restoration）两种类型。直接法贴面修复指的是在口内直接、一次操作完成贴面制作、粘接全过程的方法；而间接法贴面修复指的是将技工室制作的贴面（laboratory-manufactured veneers）在口内试戴、粘接完成的方法。间接法贴面修复与直接法贴面修复的最大区别就是前者贴面的制作是口外间接制作的，而后者是口内直接堆塑完成的。因此，间接法贴面修复（除使用预成贴面外）多需要两次就诊方能完成。

（2）按修复材料分：按修复材料的不同，贴面可以分为复合树脂贴面（composite veneers）、瓷贴面（porcelain veneers or all ceramic veneers）、丙烯酸树脂贴面（acrylic veneers）等类型。临床最常用的是瓷贴面，丙烯酸树脂贴面一般用于过渡性修复。

（3）按修复部位分：通常情况下，我们提及的贴面都是唇侧或颊侧贴面，主要用于修复唇颊侧的缺损、变色等；根据牙体缺损的范围等情况，贴面也可以从唇或颊面扩展至邻面和舌面。临床上，磨损或酸蚀症常导致后牙𬌗面和前牙舌面出现无明显洞型的表浅性缺损，这类牙体缺损也可以采用贴面技术进行修复。目前临床上把主要覆盖后牙𬌗面、依靠粘接固位的修复体称为𬌗贴面（occlusal veneer）；把主要覆盖前牙舌侧、依靠粘接固位的修复体称为舌贴面。贴面通常完整地覆盖了某一牙面；但对于某些小范围局限性缺损，贴面可以仅覆盖部分牙面，此类型贴面可被称为部分贴面。部分贴面修复时，要更加注意其固位、美观、边缘等设计要求。

一般来讲，复合树脂贴面既可用于直接法贴面修复，也可用于间接法贴面修复；而全瓷贴面、丙烯酸树脂贴面则主要用于间接法贴面修复。

（二）全瓷贴面

全瓷贴面是直接覆盖到牙面上的薄层瓷面结构，这类修复体可用于改善变色牙的颜色、改善畸形牙的形态以及关闭牙间隙等。由于瓷贴面的牙体预备量很少，只在牙釉质内，因此更有利于牙髓的保护。将瓷贴面的内表面和釉质表面酸蚀后用硅烷偶联剂、树脂粘接剂、树脂水门汀进行粘接，可使瓷贴面获得足够的强度。因此，相对全瓷冠、金瓷冠，全瓷贴面在牙体、牙髓组织保护方面具有明显的优越性。又由于全瓷贴面在美观效果、抵抗磨损、色泽稳定性、边缘密合以及牙龈刺激性等方面优于直接或间接树脂贴面，使之成为牙齿美学修复中最受欢迎的修复方法之一。

全瓷贴面的广泛应用首先取决于口腔陶瓷的发展和改进。1958 年，Ceramco 成为第一个用于瓷贴面修复的陶瓷产品。它属于长石类，由白榴石增强，采用常规粉浆涂塑烧结而成。Cerinate 与其相似，它们都利用了长石瓷半透明特征好的优点。之后不同的技术和玻璃陶瓷材料如热压铸陶瓷，CAD/CAM 技术等相继应用于瓷贴面修复当中。也就是说，美观、透明度高、强度好、精度高的陶瓷越来越多地应用于瓷贴面修复中，使得该技术越来越成熟。

其次，全瓷贴面的发展也取决于树脂水门汀及其相关粘接技术的不断发展和更新。20世纪80年代早期出现了把瓷和酸蚀后的釉质面粘接起来的方法，自此，瓷粘接技术才得以发展。瓷贴面通常用氢氟酸或其衍生物酸蚀，这是决定瓷贴面粘接强度的最重要方法。酸蚀后粘接界面剪切粘接强度（shear bonding strength）明显增加。另外，硅烷偶联剂（silane）的应用也增加了化学粘接强度。因此，酸蚀后的瓷、硅烷、树脂水门汀和酸蚀后的釉质之间剪切粘接强度的增加明显扩大了全瓷贴面的应用范围。

1. 全瓷贴面修复的优缺点

（1）优点：①颜色美观，可较逼真地模仿天然牙的形态结构、表面特征；②牙体预备非常保守，是微创修复的基础，利于牙髓活力的保存；③经氢氟酸酸蚀后的瓷贴面粘接强度相对较其他贴面系统强；④高磨光性的全瓷表面不利于菌斑附着，有利于牙龈健康；⑤边缘的密合性佳，有利于减少牙龈刺激和边缘微漏；⑥瓷的内在强度高，抗磨耗和磨损能力较直接或间接复合树脂强；⑦色泽稳定性较其他类型贴面佳，不会发生吸水膨胀，边缘微漏或染色现象也较其他类型贴面轻。

（2）缺点：①间接法制作对临床及技工工艺要求极高，操作较精细，制作过程费时；②价格比直接法和间接法复合树脂贴面相对偏高；③需二次就诊；④粘接前需用试色糊剂调配好颜色，一旦与釉质粘接后，不能改变颜色；⑤瓷贴面较脆，制作时操作困难，而且粘接步骤较复杂；⑥与牙齿粘接后，若发生折裂等问题时不易修理，必须重新制作；⑦对重度染色牙的遮色效果欠佳；⑧牙体预备比直接法复合树脂贴面要求严格。

2. 适应证与临床注意事项

（1）适应证：全瓷贴面有较好的半透明特征，美观效果好，但是其强度不够大，因此主要适用于前牙和前磨牙。全瓷贴面的适应证主要包括：①釉质发育不良、轻度龋损、外伤等其他因素导致的唇面、切端或牙尖釉质缺损；②变色牙，如失髓牙、四环素牙及氟斑牙的美学性修复；③改善前牙外观形态，如畸形牙、过小牙等；④轻度错位牙，如扭转牙等，患者不愿意接受正畸治疗；⑤牙间隙：关闭间隙和其他多个不美观的间隙；⑥过短牙或磨耗牙加长切端且釉质量足够者；一般认为，切端的长度加长到2.0 mm不会明显改变修复体或者牙的抗折性能；⑦在𬌗力不大，釉质粘接面足够的情况下，也可用于上颌舌侧、上下颌磨牙的𬌗面缺损或磨损/磨耗。

（2）适应证选择的注意事项：①上颌牙严重唇向错位或唇向移位、反𬌗牙不宜采用；②牙列拥挤时不宜采用；③牙间隙较大且患者不接受正畸治疗时不宜采用；④严重深覆𬌗时或咬合紧时下颌牙不宜采用；⑤下颌唇面严重磨损无间隙者不宜采用；⑥有磨牙症、咬异物等习惯的患者不建议使用；⑦预备牙缺损较大使全瓷修复体局部厚度大于2 mm时应小心或避免使用；⑧当重度釉质发育不良等造成釉质粘接面不足时，贴面的粘接力不仅下降，而且贴面与牙表面的封闭作用也下降，容易发生微漏或染色，此时建议不使用贴面修复，应优先考虑全冠修复。

3. 用于瓷贴面修复的全瓷材料分类　目前，用于口腔修复的全瓷材料种类很多，但它们并不都适用于瓷贴面的应用。按照其主要组成成分或结晶相（crystalline phase）的不同以及加工工艺的不同，可以将它们划分为以下类型（具体分类参见全瓷冠章节）。

（1）用于瓷贴面修复的全瓷材料主要为长石质瓷和玻璃陶瓷；氧化物多晶陶瓷如致密烧结氧化铝全瓷材料、高透氧化锆也可被用于全瓷贴面修复。按主要组成材料或结晶相划分，用于瓷贴面修复的全瓷材料有：①高强度长石或透长石瓷（feldspathic/or sanidine reinforced）（白榴石含量低）；②白榴石增强型长石瓷（leucite reinforced）；③二硅酸锂增强型（lithium disilicate reinforced）玻璃陶瓷；④云母结晶增强的玻璃陶瓷（mica reinforced）等。此外，也有使用高透氧化锆多晶陶瓷制作瓷贴面的报告。

（2）按加工制作工艺划分，用于瓷贴面修复的全瓷材料有以下几种主要类型：

1）常规粉浆涂塑瓷（conventional powder-slurry ceramics）或称常规烧结全瓷材料（sintered all-ceramic materials）。

2）热压铸（hot-pressing）或注射成型玻璃陶瓷（injection-molded glass-ceramic）。

3）计算机辅助设计和计算机辅助制作用陶瓷（或称 CAD/CAM 陶瓷）（all-ceramics used for CAD/CAM）。根据工艺的不同，CAD/CAM 陶瓷又可分为两种：①可切削或机械加工玻璃陶瓷（machinable glass ceramics）：该类陶瓷一般经一次切削加工就形成了瓷贴面的最终外形，然后修改上色最终完成。②机械加工加致密烧结陶瓷（machined densely sintered ceramics）：该类陶瓷（如致密烧结氧化铝陶瓷）经切削加工及烧结后形成的是 0.25 mm 厚的瓷贴面基底，然后需要常规烧结饰瓷形成瓷贴面最终外形；也可经加工和烧结一次成形的，然后上色完成，如高透氧化锆全瓷材料。

4）预成瓷贴面（prefabricated porcelain veneers）。

4. 全瓷贴面牙体预备（preparation for porcelain veneers）

本书介绍的全瓷贴面牙体预备原则、方法等针对的是经典全瓷贴面；针对特殊类型的瓷贴面，如舌侧贴面、殆面、无预备瓷贴面等，不在此书的介绍范围之内。

（1）全瓷贴面牙体预备原则：①尽量减少牙体预备量，若釉质粘接面足够，可考虑采用更加微创的改良贴面预备类型；②牙体预备均匀、适量，并且应保证足够的空间来形成修复体的正确形态，使 0.5～0.8 mm 厚的贴面修复后不致形成过凸的牙齿外形；③应有足够的釉质粘接面以提供有效的粘接；④边缘应光滑连续，边缘线应位于釉质层以利于边缘封闭，并尽量设计于易清洁区；⑤龈边缘最理想的是无角肩台，位置可以齐龈或者稍位于龈沟内；⑥预备体无尖锐内线角；⑦预备体无倒凹影响贴面就位。

（2）全瓷贴面牙体预备量的影响因素：全瓷贴面牙体预备量的多少取决于以下因素：①牙齿的相对位置：当牙齿舌侧倾斜时，很少量的牙齿磨除便可达到美观修复效果；当牙齿为正常位置时，也应磨除适量牙釉质，否则贴面修复后会形成外形过大、过突；若牙排列位置略靠唇颊侧，磨除量则应适当增加。②染色牙遮色的必要：对于染色较重的牙齿，唇侧预备量要比正常颜色牙齿适当增加，若估计不能达到有效遮盖，更换设计为全瓷冠或金瓷冠修复。③龈边缘位置：龈下边缘美观，但是预备略难，需多磨除牙齿，对牙龈刺激相对大；而龈上边缘预备相对简单，预备量少，易于清洁，有利于牙周健康。④患者美学要求：患者对美观和颜色的要求和态度要在牙齿预备前了解，它影响确定遮色的程度、效果以及边缘位置的放置等。⑤牙间隙是否存在：牙间隙的存在往往可以减少牙体预备量。⑥釉质粘接面足够大或缺损非常小时，可考虑改良预备或无预备设计，进一步减少预备量。⑦牙色正常的牙齿，若采用高透明度的瓷贴面修复，可进一步减少预备量；若牙齿需要增加凸度，有时还不需要预备。

（3）牙体预备分型：根据切端牙体预备方式的不同以及切端牙体组织与贴面的对接关系不同，常规牙体预备的设计大致可以分为三型（图 3-70）：①开窗型（window type）；②对接型（butt-to-butt type）；③包绕型（overlap type）。对接型和包绕型切端均有瓷覆盖，由于瓷耐压不耐拉，因此瓷贴面覆盖切端使贴面在对刃切割等功能状态时承受的是压应力，有利于预防瓷裂。不仅如此，瓷覆盖切端还能为贴面提供垂直终止作用，有利于帮助贴面的正确就位和粘接，并可减少贴面内的应力集中。但是，对接型和包绕型预备量较开窗型多。由于开窗型不包绕切端，有利于保存切端或舌侧牙体组织，这对上颌牙非常有利，因为该类型不破坏原有的前伸切道，瓷牙交界也不受咬合的影响。因此，在大多情况下，上颌牙可以优先考虑开窗型设计。

另外，在牙体预备中切端预备采取何种方式还取决于其他三个因素：①切端是否需要加长；②切端是否有足够的厚度；③咬合关系。当切端需要加长时，应该采用对接型或包绕型，具体依切端厚度而定：当切端厚度足够时，瓷覆盖可以终止于舌侧形成包绕型，而当厚度不足时，

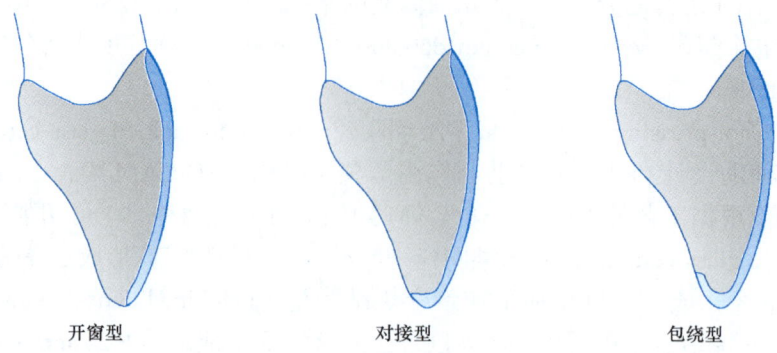

图 3-70　全瓷贴面牙体预备的设计分型

则只能采用对接型。当切端不需要加长时，瓷贴面预备既可采用包绕型和对接型，也可采用开窗型，具体依切端厚度而定，只是在前两型中切端需磨短少许。当采用对接型或包绕型时，还需考虑咬合关系。一般要求牙尖交错𬌗时咬合接触离开舌侧的瓷牙交界至少 1 mm，否则，瓷裂往往会发生在交界处。因此，对于上颌牙，当舌侧咬合紧而不能达到上述要求时，最好采用开窗型。对于下颌牙，由于采用开窗型时瓷牙交界一般无法避开咬合接触，因此采用对接型或包绕型成为首选。

（4）牙体预备所用的特殊车针：瓷贴面预备时要求尽量减少预备量，而且还要保证有足够多的釉质粘接面。为了达到上述要求，预备量从牙体颈部到切端一般分别不超过 0.3～0.8 mm。预备时如果使用专门设计的器械能简化牙体预备。为了达到这样的预备目标，往往需要特殊的金刚砂深度指示车针。市场中有不同的贴面预备深度指示车针系统供应。本文简要介绍两类：一类系统的形状如图 3-71 所示呈多轮状。它的轴是无砂轴，直径一般为 1 mm，当在其上套上三个直径为 1.6 mm 的金刚砂轮时，金刚砂轮超出无砂车针轴的半径是 0.3 mm，因而就形成了指示沟深度为 0.3 mm 的指示车针。如果当金刚砂轮直径为 2.0 mm 或 2.6 mm 时，就形成了指示沟深度分别为 0.5 mm 或 0.8 mm 的指示车针。用该车针进行牙体预备时，当预备到无砂车针轴与牙面接触平齐时，即形成了相应深度为 0.3 mm、0.5 mm、0.8 mm 的指示沟（图 3-72）。另一类系统的形状如图 3-73A。它的头部形成单轮状，有从 0.2 mm 至 1.0 mm 逐级加大等不同型号。切割时保持车针轴与牙面平行就可获得相应深度的指示沟（图 3-73B，C）。

（5）牙体预备过程：瓷贴面的最小厚度在 0.3～0.5 mm。均匀的牙体预备量可以按照有序的步骤来完成。

1）唇面预备（facial reduction）：应该分两个平面进行（图 3-74A）：龈端 1/3～1/2 和切端 2/3～1/2。由于牙颈部的釉质很薄，因此唇面龈端 1/3～1/2 部分的牙体预备量应尽量少。其标准的预备量一般是 0.3～0.5 mm。当牙齿颈部无明显染色、且所用瓷材料强度足够时，预备量以 0.3 mm 为佳。当牙颈部有一定染色或瓷强度不够时，多应达到 0.5 mm。而唇面切端

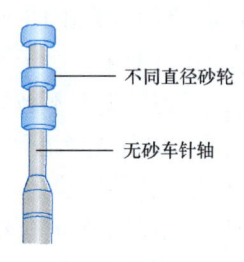

图 3-71　瓷贴面预备深度指示车针

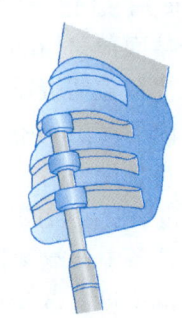

图 3-72　牙面深度指示沟形成

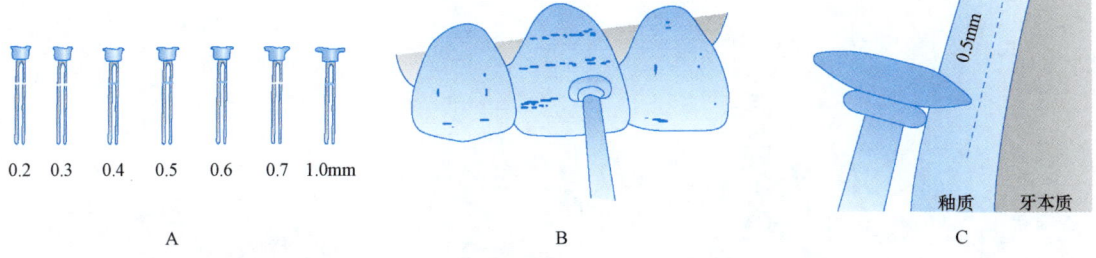

图 3-73 贴面预备深度指示车针系统与深度指示沟

2/3～1/2 和切嵴部分最理想的预备量是 0.5～0.8 mm。同样依据患牙染色程度以及瓷材料强度不同可以使用不同的预备量。当牙齿无明显染色且所用瓷材料强度足够时，预备量以 0.5 mm 为佳。当牙染色明显或瓷强度不够时，多应达到 0.8 mm。

预备时首先用专用金刚砂刻度指示车针在牙颈部形成 0.3 mm 或 0.5 mm 的指示沟（图 3-74B），在切端部分形成 0.5 mm 或 0.8 mm 的指示沟（图 3-72），然后利用圆头锥形车针去除深度指示沟之间的剩余牙体组织，可先磨除龈端 1/2（图 3-74C，D），然后再磨除切端 1/2（图 3-74E～G）。此时，切端或龈端部分分别被磨除到相应的深度。然后再进一步形成龈缘的初步形态，用车针圆形末端刚好在平齐龈或龈上 0.5 mm 的位置形成小的无角肩台（图 3-74H），等待以后龈缘精修预备时再进一步磨除到最终位置和形态。

2）邻面预备（proximal reduction）：是唇面预备的延续，用圆头锥形车针继续原来的预备直达邻面，并务必保证有足够的预备量，而且预备邻面时务必使车针长轴和牙体长轴保持一致（图 3-74I）。邻面的预备应扩展到接触区，但不应该破坏接触区，最大程度可以进入接触区达 1 mm（图 3-74J）。但近、远中接触区均应该用金刚砂条锉开少许（图 3-74K），以使代型锯

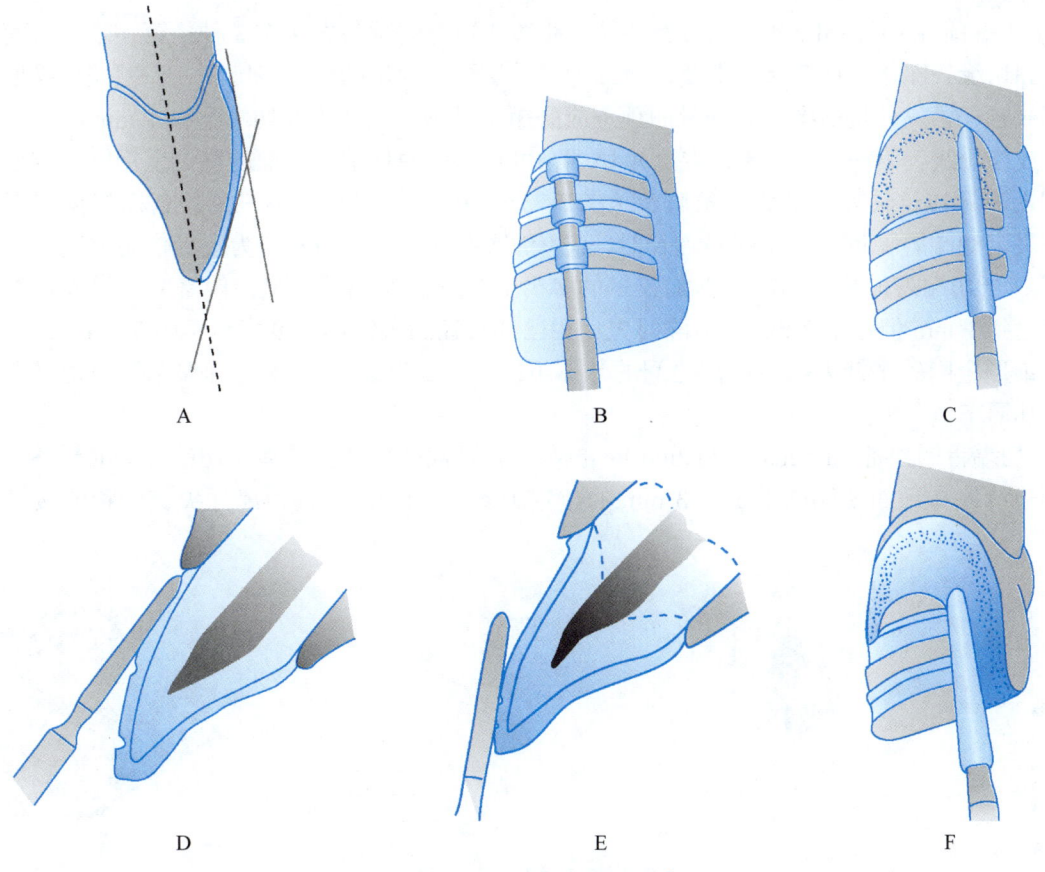

图 3-74 唇面与邻面预备

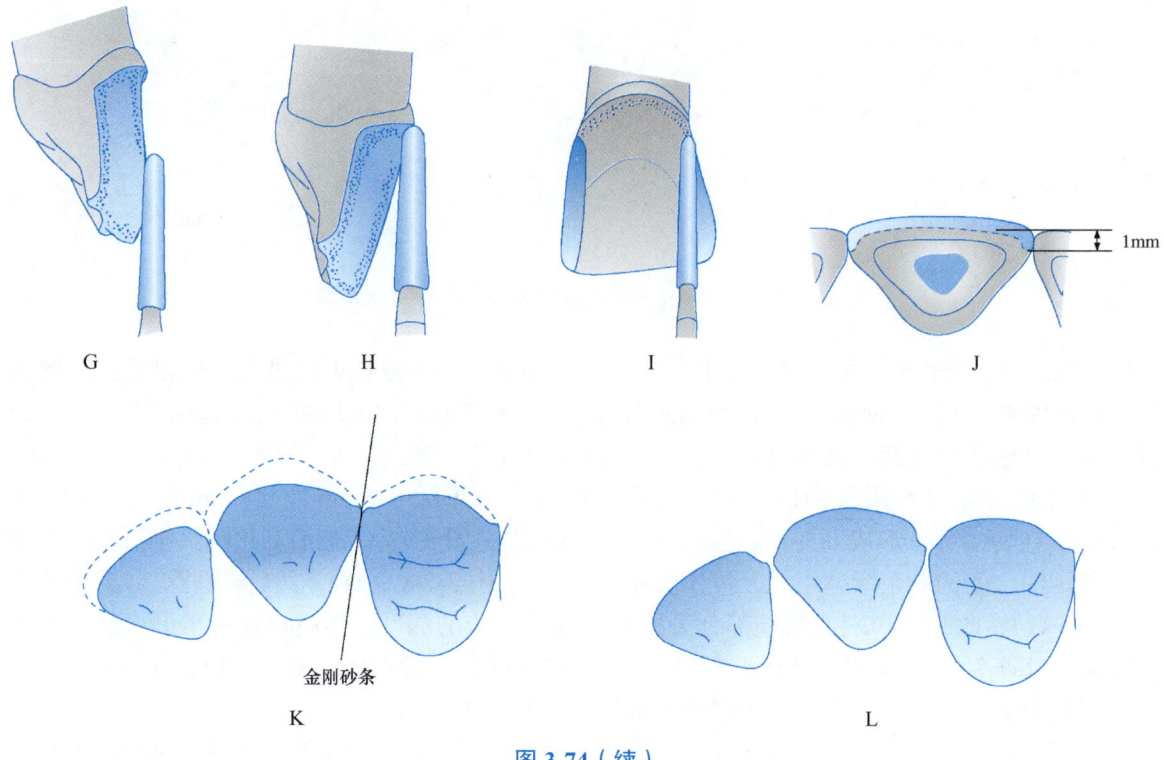

图 3-74（续）

开时容易且不会破坏预备体邻面的边缘，当多个牙需要做贴面修复预备时，更要注意相邻接触区的适当打开（图 3-74L）。当用瓷贴面恢复邻面间隙时，邻面预备可适当向舌侧延伸甚至包绕整个邻面。

3）切端预备（incisal reduction）：切端终止线或边缘的预备方法有 3 种：第一就是唇面预备终止到切缘，即切端长度保持不变；第二种就是切缘有少量的预备或磨短，瓷覆盖切缘形成端对端接触；第三种是切缘也有少量的预备或磨短，且预备到达舌面切端下缘 1 mm 左右，在舌面形成终止线。第一种预备不需要磨短切端，可在唇侧原切端预备面的基础上用圆头锥形车针在切端顺牙体长轴方向形成无角肩台（图 3-75A，B）。第二种、第三种预备需根据切端是否加长决定切端磨除量。当切端不加长时，患牙切端需先磨除 1 mm，为瓷提供足够空间（图 3-75C）；当切端需加长时，需根据加长量的多少适当减少切端磨除量，使修复体最终切端全瓷厚度达到 1 mm 但小于 2 mm。磨除时先使用已知直径的车针作深度指示（图 3-75D），然后用圆头锥形金刚砂车针去除指示沟之间的牙体组织（图 3-76A），磨除时确保车针与切缘平行以保持其形态。

4）切端舌侧预备（lingual reduction）：包绕型瓷贴面的牙体预备涉及切端舌侧的预备。切端舌侧边缘线在舌面切端向下 1～3 mm 的位置（图 3-76B），并且距离牙尖交错𬌗的接触区

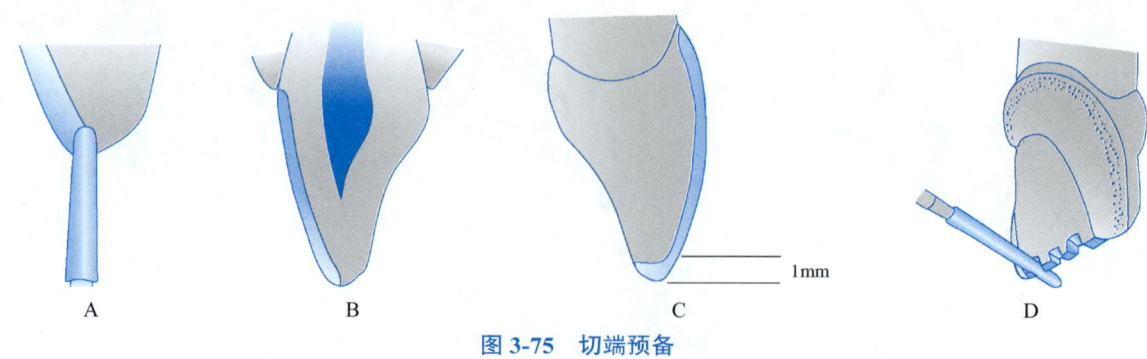

图 3-75 切端预备

至少 1.0 mm 的距离，同时也应与两边邻面边缘线连接（图 3-76C）。预备时用圆头锥形金刚砂车针完成舌侧终止线或边缘的预备。保持车针与舌面平行，利用车针末端圆头形状形成 0.5 mm 深的无角肩台。舌面边缘线常在近中切角和远中切角处形成切迹（图 3-76D）。包绕切端的设计不仅可以使瓷处于压应力状态，还可以增加机械固位和粘接面积，而且试戴和粘接时有利于稳定的定位和终止作用。但是它的缺点是磨牙量相对增加，对就位道的要求严于其他两种类型。当然，贴面是否采用舌侧边缘线还要取决于牙体组织的厚度和患者的咬合情况。当咬合过紧时，舌侧边缘线无法让开牙尖交错殆接触点 1 mm 时，舌侧边缘线可放在切缘上形成对接型，如果不需要加长切端还可采用开窗型。如果牙体组织极薄，舌侧边缘线也应当放在切缘上形成对接型，若放在舌面，可能会暴露牙本质和使预备体变得过短。

5）龈缘预备（gingival margin finishing）：在唇面和邻面预备中已经初步形成雏形，此步骤只需进一步修整龈缘使之达到相应位置。针对不同美学需求龈缘位置可以设计为龈沟内 0.5 mm 或齐龈缘两种位置。对于齐龈的边缘，预备方法简便，且贴面易磨光，不刺激牙龈；而对于龈沟内边缘，它有利于美观，预备前应先置入排龈线，可直视贴面边缘位置，使贴面龈缘易于修整，并减少牙龈损伤。龈缘预备一般使用圆头锥形车针形成宽 0.3 或 0.5 mm 的无角肩台，要求光滑连续。由于龈边缘在釉质上比在牙本质、牙骨质或者玻璃离子上有更好的边缘封闭，又由于大部分前牙唇面龈端 1/2 的釉质相对比较薄，因而这个区域理想的牙体预备量为 0.3～0.5 mm（图 3-76E）。

6）预备体的精修（finishing the preparation）：目的是去除有可能导致贴面应力集中的尖锐点线角，尤其是在切角和舌面的交界处（图 3-76F）。舌侧预备完后，用圆头锥形金刚砂车针去除唇面、邻面及舌面预备交界处有可能形成的尖锐地方。精修完成后的预备体应该没有尖锐的点线角，龈边缘光滑连续（图 3-76G）。

5. 印模制取（impression taking） 由于贴面修复牙体预备的龈边缘通常齐龈或者稍位于龈沟内，因此取印模时通常需要排龈。印模材料可以使用硅橡胶类或者聚醚橡胶印模材料。

6. 暂时性修复体（temporary restorations） 因为牙体预备多位于釉质层内，所以术后敏

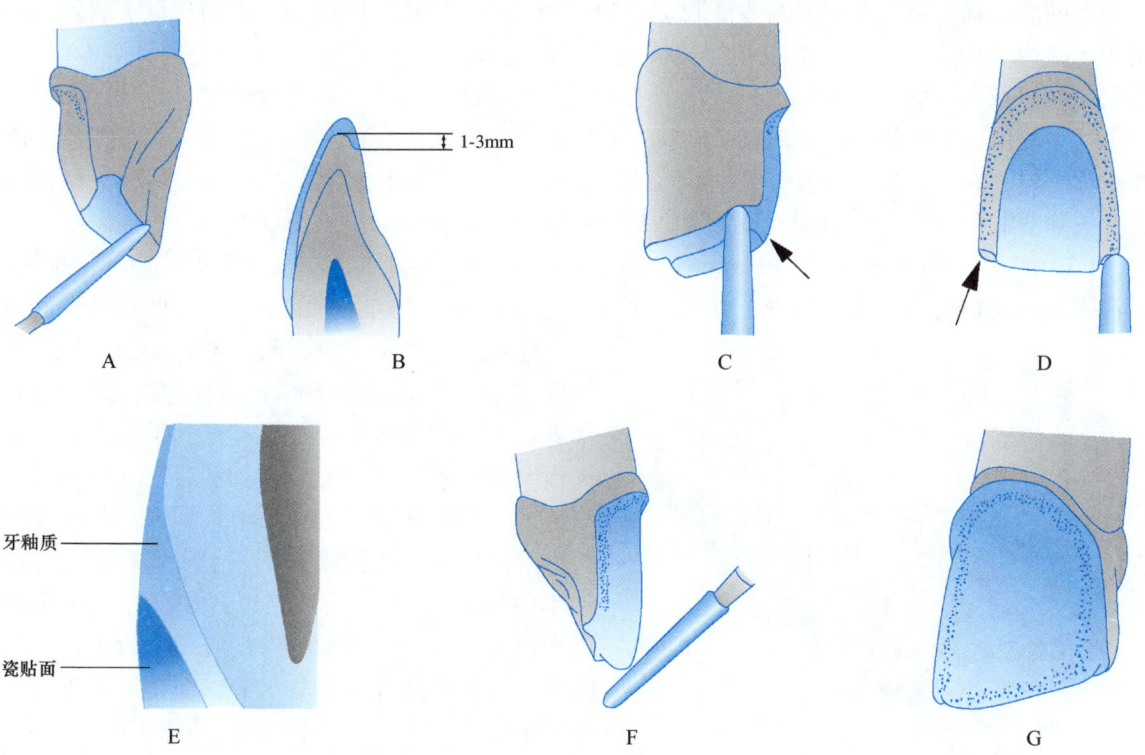

图 3-76 切端舌侧、龈缘预备与预备体精修

感一般不明显。由于做暂时性修复体不仅浪费时间，结果也可能会影响修复体的就位和粘接，因此尽量不做暂时性修复体。对于坚持要做的患者，可以使用光固化微颗粒型复合树脂。制作前在唇面预备体上涂一点或两点酸蚀剂酸蚀表面。酸蚀面积必须很小，否则很难去除。然后再用复合树脂恢复牙体形态。复诊试戴贴面时需完全去除旧修复体，去除时一定要小心避开龈边缘、近远中边缘和舌侧边缘等，防止破坏预备体结构和边缘完整。

7. 比色（shade selection） 瓷贴面比色的方法与金瓷冠相似，但是瓷贴面修复的最后颜色不仅取决于瓷的颜色，还受以下因素的影响：①基牙预备体固有的颜色；②所选瓷的颜色和所用的不透明瓷的量；③树脂水门汀的颜色和不透明度等。通常情况下，瓷贴面比色时如果没有合适的色卡被选择，此时应该尽量选择亮度偏大、饱和度偏低的颜色，以便利用今后的外染色、树脂水门汀等进行调色，因为加深已选择的颜色比减轻颜色要容易得多。

8. 全瓷贴面的技工室制作（manufacturing porcelain veneers in lab） 根据全瓷材料加工工艺的不同可以有常规烧结工艺、热压铸工艺和CAD/CAM工艺。铸造玻璃陶瓷工艺由于费时、昂贵等因素已经很少被使用。热压铸工艺和CAD/CAM工艺制作瓷贴面的方法可以参考全瓷冠中的有关叙述。本节中主要介绍常规烧结法制作全瓷贴面的工艺流程。

（1）工作模型和代型的制作（fabrication of working casts and removable dies）：基本同全冠的制作。但是工作模型的底座形成务必使用如Di-Lok Tray类的托盘以利于灌注和制作耐火可摘代型（图3-100）。只是锯代型时与制作全冠时略有不同，锯代型是从模型基底开始锯起，当锯刃到达牙间乳头并距离邻面龈边缘有1.0 mm的距离时，用指力挤压即将分开的两部分使代型和邻牙、整体模型分离。相反，如果锯代型是从牙面开始将会损坏邻面边缘或边缘线。用同样的方法分离其他代型和与之相连的牙齿。然后修整代型，并用红色铅笔标记出边缘。然后常规往代型上涂两层间隙剂（对于变色较深的区域可以采取适当增加一层间隙剂，以增加将来树脂水门汀的厚度起到一定的遮色作用），间隙剂离边缘应有1.0 mm的距离。最后把代型重新归位于Di-Lok Tray固定的工作模型上。

（2）耐火代型的制作（fabrication of refractory dies）：利用流动性好，硬固后有一定弹性和强度的聚乙烯硅氧烷复制材料（硅胶）灌制代型阴模。先将工作模型（连同托盘）放置于翻制用型盒内，固定好，使用真空调拌机按比例调配硅胶，在振荡器上灌入型盒内，等60分钟硅胶凝固后取出模型，打开托盘，取出需要翻制耐火材的预备牙位的石膏代型，将其余牙位的石膏代型复位，关闭托盘，在阴模上复位。在需要复制耐火材料的牙位处，使用真空搅拌机调拌耐火材料，在振荡器上小心并振动灌入耐火材料，形成耐火代型和工作模型。待耐火材料固化，去除复制阴模。此时耐火代型形成，打开托盘，代型便可取出（图3-77）。

（3）耐火代型的准备（preparation of refractory dies）：堆瓷之前应该对耐火代型进行排气，以消除氨和硫黄气体对瓷的污染。这些有害气体也有可能污染烤瓷炉的炉膛，因此排气的最初阶段应在茂福炉中完成，然后再转移到预热过的烤瓷炉中，在非真空条件下继续进行加热循环，接着让耐火代型自然冷却到室温。烘烤之后，耐火代型的颜色应该均匀一致。然后用专用铅笔标出边缘，并把代型浸泡在水中直到饱和。接着在代型上涂上一薄层封闭剂（牙本质瓷和釉料各占一半的混合物），然后烧结以封闭代型，再重复一次以形成完全封闭。如果没有完全封闭，多孔的耐火材料将从瓷中吸收水分，使得堆塑烤瓷十分困难。

（4）堆瓷（porcelain layering）、烧结（firing）

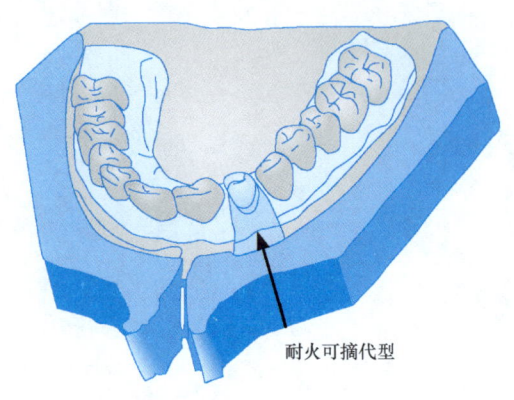

耐火可摘代型

图3-77 耐火代型的制作

上色（staining）、上釉（glazing）和完成（finishing）：烤瓷贴面最大难点之一在于在遮盖变色的同时还要保持牙的自然外观。一种方法就是在堆塑牙本质瓷、釉质瓷和半透明瓷之前，用遮色牙本质瓷或不透明瓷来遮盖牙体组织的颜色，但是它会产生蜡白样结果。因此，不建议使用不透明瓷来遮色。对于严重变色牙不适合采用瓷贴面进行修复，可以用全瓷冠、金瓷冠进行替代。而对于轻度变色牙可以采用后续上色、粘接等步骤来进行解决。

制作瓷贴面的堆瓷方法和制作常规烤瓷熔附金属全冠的方法相似，但在以下方面略有不同：①制作瓷贴面时堆瓷的厚度明显小于后者；②制作瓷贴面时不透明瓷的应用和烧结通常是不必要的，瓷贴面更注重使用互补色瓷、修饰瓷、外染色、粘接等方法达到遮色的效果。由于制作瓷贴面时需要在很薄瓷层范围内完成形态、色调的逼真模仿，因此难度更高。

制作瓷贴面时，首先堆牙本质瓷到形成完全的形态，再用一薄纸和轻微的振动去除多余的水分，同时使瓷致密。对于需要内插色从而形成个性化或特征化颜色的修复体需在这一步完成。对于变色牙，也可在变色区添加特殊互补色的牙本质瓷和修饰瓷以中和变色区。然后修整龈缘，再用尖锐的刀片回切切端 1/3～1/2，为釉质瓷提供空间。半透明性要达到什么程度决定了回切的深度和范围。釉质瓷须由牙本质瓷支持。如果回切时贯穿整个切缘而没有牙本质瓷支持，那么烧结后的瓷透明性太高，缺乏色彩而显得呆板。在切端塑形时要适当加大体积以补偿瓷烧结收缩。同样用薄纸和轻微的振动吸水去除多余的水分，并使瓷致密，然后完成并光滑修复体各轴面。从工作模型中取出代型，往邻面堆瓷以形成邻面形态。再仔细检查边缘并去除多余的瓷粉。

把堆完瓷的耐火代型放在烤瓷炉前的耐火粘土托架（sagger tray）上，先干燥再进行烧结（sintering）。待修复体及代型自然冷却到室温后，再将之放回工作模型中。检查修复体的形态和咬合，并用细的金刚砂（fine-grit diamond）或绿磨石（green stone）进行必要的修改或调磨。对于不够的区域可以通过加瓷、重新烧结完成，然后再放回工作模型检查调改，直至合适。

当形成理想的形态、边缘以及咬合接触之后，还需要根据邻牙特征进行表面上色或染色（staining），并在耐火代型上对瓷贴面进行烧结，然后再涂釉液（glaze）进行上釉。冷却之后，用 1% 的稀盐酸在通风的地方用超声清洗机融化去除耐火材料代型，并在最初的人造石代型上确认贴面边缘的完整性。完成后即可送到临床试戴。

9. 全瓷贴面的试戴、粘接和完成（try-in，bonding and finishing or polishing）

（1）瓷贴面的试戴、修整：瓷贴面试戴的内容包括瓷贴面是否完全就位、所有边缘是否密合、形态和大小是否协调、颜色是否匹配，咬合是否有干扰，接触区是否合适等，试戴的方法基本与金瓷冠相似。为了避免折断，在就位和检查瓷贴面时只能使用温和的力。调𬌗可以选择在贴面粘接就位后再进行，否则容易在调𬌗时发生瓷裂。瓷贴面的外形、大小合适后应让患者确认是否满意，同时确认颜色是否满意。因烤瓷贴面是纯瓷粉烧结而成的，失去原耐火代型支持后的烤瓷贴面不宜再进炉烧结和上釉，否则每次进炉上釉烧结都会发生外形变化，影响适合性（热压铸或切削加工的瓷贴面则可进炉上釉、烧结）。

（2）树脂水门汀颜色的选择、处理：每一种树脂水门汀系统均具有不同的颜色（A1、A2、A3、不透明、透明等颜色）供选择，同时每套系统都提供与上述颜色树脂水门汀相对应的试色糊剂（try-in paste）供试色用。瓷贴面粘接前应先用试色糊剂（try-in paste）进行试色，以找出最佳颜色的树脂水门汀。对于牙色正常的预备牙，透明色一般就可达到很好的效果，而对于变色牙则不宜采用透明色树脂水门汀，此时需增加不透明树脂水门汀以达到遮色目的。但是如果单独使用不透明树脂水门汀进行遮色往往会产生蜡白样结果。因此，建议不要单独使用不透明树脂水门汀进行贴面粘接。通过在 A1、A2、A3、透明等颜色树脂水门汀中加入适当比例的不透明树脂水门汀往往会起到很好的效果，贴面的半透明特性不会被破坏，而且也起到了遮色效果。因此，在正式粘接前用试色糊剂反复试色是必要的，它可以帮助确定最佳的配色方案和比例。另外，向树脂水门汀里加入适量互补色也可起到遮盖变色区的目的。当然，通过加厚树脂水门汀的方法也是有效的遮色手段，在工作代型上涂间隙剂时适当涂厚就可为树脂水门汀提供额外空间。对于染色较重的患牙可以综合采取以上方法进行遮色。

（3）瓷贴面的处理：粘接前瓷贴面粘接面首先要进行喷砂和超声波清洗处理。为了使瓷贴面和树脂水门汀（resin luting cement）粘接，需对上釉后的贴面内表面进行酸蚀（acid-etching）。一般采用5%的氢氟酸凝胶（hydrofluoride gel），酸蚀30 s～1 min。酸蚀时要防止酸蚀剂溢出贴面内表面。酸蚀使瓷上形成许多微孔凹陷，加强了和树脂水门汀之间的机械嵌合作用（interlocking）。酸蚀后用蒸馏水喷雾冲洗，务必冲洗干净。然后干燥并涂上硅烷偶连剂（silane）。硅烷偶联剂的作用是使瓷中的SiO_2和粘接树脂的bis-GMA聚合体间产生一定的化学粘接（chemical bonding），并能使瓷和树脂之间的间隙变小。因此，硅烷化（silanization）能有效促进瓷的粘接。

（4）牙面的处理：釉质面的处理通常采用37%磷酸酸蚀30 s～1 min，而对于少量牙本质暴露区则需减少酸蚀时间，一般不超过10 s。酸蚀完毕用大量蒸馏水冲洗20 s，并用无油无水气枪吹干，然后涂前处理剂（primer）、牙本质粘接剂（dentin bonding agent）、牙釉质粘接剂，再将适当颜色的树脂水门汀涂在硅烷化后的贴面内表面，就位并光固化。

（5）粘接、固化、磨光：粘接贴面时应该用菲薄的赛璐珞条对每个修复牙的近远中进行隔离，对于龈沟内边缘还需进行常规排龈。按上述步骤将贴面粘接就位后，首先可以采用分区光固化法逐步进行固化。在保证贴面就位的情况下，在各边缘区分段光固化几秒钟，每固化一个区域就清除相应边缘区域过多的水门汀，当所有边缘区多余水门汀去除后，取出排龈线、赛璐珞条，再用牙线清除邻面过多水门汀。随后彻底光固化。粘接完毕后，应该进行调𬌗，保证在牙尖交错𬌗时无早接触，在前伸和侧方𬌗时无干扰。然后应用颗粒逐级变细的橡皮轮逐级进行抛光。最后也可应用磨光杯和磨光刷蘸含金刚砂粉粒的抛光膏进行抛光。而邻面则可用砂粒逐级变细的金刚砂条磨光。

10. 瓷贴面修复后的维护　瓷贴面修复后应注意以下几点：

（1）修复后的牙齿应注意清洁，除注意刷牙外，每天饭后均应使用牙线清洁邻面，因为邻面是贴面的边缘线位置。

（2）避免过大的咬合力和不良咬合习惯，避免咬硬物。

（3）运动时应注意保护。

（4）定期进行口腔复查。

（三）其他类型贴面的介绍

1. 直接法复合树脂贴面（direct composite veneers）　是在口内一次直接完成贴面制作、粘接的修复方法。具体方法步骤可参考《牙体牙髓学》相关章节。本节对其操作步骤作扼要介绍。

（1）比色：通常要选择三种颜色的复合树脂：一种为修复牙齿龈端的颜色，一种为修复中部的牙本质颜色，另一种为切端的透明色。选择颜色的过程中要保持牙齿湿度，以保证在光源下可反射一定程度的光，使选择的颜色更接近自然；同时选择颜色时也要注意使用合理的光源。

（2）预备牙齿唇侧面：目的包括以下几个方面：①增加复合树脂和釉质的粘接强度；②提供优良的边缘线；③提供贴面厚度所需的空间，从而使牙齿不致过突，并能有利于复制天然牙颜色。它的预备步骤大致为：①首先在唇面切端、龈端1/2分别磨出0.3 mm和0.5 mm深的指示沟；②唇侧面分切端、龈端两部分分别进行磨除，龈端1/2磨除深度约0.3 mm，切端1/2磨除深度约 0.5 mm；③龈端磨除应达到龈下少许，形成 0.3 mm 宽的无角肩台；④近远中邻面磨除在不破坏接触点的情况下应尽量向舌侧伸展；⑤切端磨除至切缘顶。

（3）酸蚀釉质面：用 37% 的磷酸酸蚀釉质预备面，然后用蒸馏水喷雾彻底冲洗 20 s，再用无水无油气枪干燥釉质面，处理后的牙齿粘接面呈现为无光泽的白垩色。

（4）涂釉质粘接剂或遮色剂：在酸蚀釉质面上均匀地涂上一层釉质粘接剂，并用无水无油气枪轻吹至均匀，然后光照固化 20 s。对于染色牙则需使用适量遮色剂，越薄越好，但是要注意不能涂至预备面的边缘，光固化 20 s。

（5）堆塑复合树脂：将菲薄的赛璐珞条对每个修复牙的近远中进行隔离，并将已选用的具有合适颜色的复合树脂进行分层堆塑，通常分三步进行添加。第一步是覆盖牙颈部区，然后光固化 20 s；第二步是将牙本质颜色的复合树脂从颈 1/3 至切缘进行添加，光固化 20 s；第三步是用切端透明树脂添加在切端，光固化 20 s。切端透明树脂的添加量需要参考邻牙的透明度进行适度添加，透明度应与邻牙协调。

（6）修整，抛光，完成。

2. 间接法复合树脂贴面修复（indirect composite veneers） 应用的适应证、禁忌证、牙体预备以及粘接与瓷贴面修复基本相似，区别只是在于材料和加工工艺的不同。目前国际上有多种间接复合树脂系统可专门用于间接树脂贴面修复。每个系统都有其本身的固化设备及相关程序，但是基本固化方法是一致的，多数采用光、热双重固化的方式，使得间接复合树脂贴面的抗折强度、耐磨性明显提高。

3. 树脂陶瓷复合材料贴面 一般为椅旁数字化制作，见本章第四节。

（周永胜）

第四节　牙体缺损的椅旁数字化修复
Chairside Digital Restoration of Defected Teeth

一、椅旁数字化修复技术历史和概述

1971 年，法国马赛大学的 Francois Duret 教授首次把计算机辅助设计和计算机辅助制作（computer-aided design and computer-aided manufacturing，CAD/CAM）技术引入到口腔修复领域，开创了数字化口腔修复的新时代，并在 1983 年法国的 Garanciere 会议上公开展示了世界上第一台牙科 CAD/CAM 原形机，随后第一台 CAD/CAM 系统（Duret 系统）问世。1985 年，瑞士苏黎世大学 Werner H. Mormann 教授主导研发的世界上第一台椅旁 CAD/CAM 系统（CEREC 1 系统）问世，CEREC 1 系统只能制作嵌体和贴面。此后，CEREC 椅旁修复系统经历了 CEREC 2、CEREC 3、CEREC 3D 和 CEREC AC 等不同阶段的发展，口内扫描仪从红光扫描系统逐步发展为蓝光扫描系统，到现在主要应用的真彩扫描系统，能制作的修复体种类逐步丰富，切削效率逐步提高。目前，椅旁 CAD/CAM 系统能设计和制作嵌体、高嵌体、贴面、全冠、固定桥、种植个性化基台/冠、种植外科导板等。

椅旁数字化修复系统，主要应用口内扫描、修复设计软件和小型数控切削设备，在诊室内完成修复体的快速设计和制作，从而使临床上牙体预备和修复体试戴粘接能在一次就诊即可完成。修复材料主要为全瓷和树脂陶瓷复合材料。随着扫描技术和数字化制作技术（特别是三维打印技术）的发展，广义的椅旁数字化修复还包括基于多种扫描技术、快速数字化设计软件和多材料、多模式的混合加工技术的快速设计和制作种植外科导板、𬌗垫、个别托盘、诊断义

齿、诊断模型等的椅旁数字化技术。

二、椅旁数字化修复系统介绍

椅旁数字化修复系统包括三维扫描、计算机辅助设计和计算机辅助制作三个子系统。

椅旁三维扫描系统主要是利用口内扫描仪，在口内直接获取口内软硬组织的三维数字化模型，避免了印模制取、传递及储存和石膏模型灌制过程中的误差。早期的口内扫描需要喷粉，现在大部分口内扫描仪都支持不喷粉扫描。

椅旁计算机辅助设计系统包括计算机硬件和修复设计软件。修复设计软件可以和扫描软件整合在一起（如 CEREC 系统），也可以作为独立设计软件。椅旁修复设计软件有以下特点：①设计功能专一：这类软件设计功能不追求全面，仅需椅旁常规修复需要的设计功能，如嵌体、高嵌体、全冠、贴面和种植个性化基台等；②设计流程简单：步骤简单，便于学习和使用；③设计参数预置：修复体的设计参数根据经验值预置于软件后台，不在常规设计流程中，需要时可调整设计参数；④设计智能化：需要提高复杂设计环节的智能化，简化交互设计的难度，以缩短设计所需时间。

椅旁计算机辅助制作系统主要是小型化的数控切削或磨削设备，广义的椅旁计算机辅助制作系统也包含高效率的小型三维打印设备。设备要小型化、轻量化以适应在诊室椅旁应用，同时还要求有较高的加工精度和效率。

成套的椅旁数字化修复系统包括完整的三维扫描、计算机辅助设计和计算机辅助制作三个部分，主要有 CEREC 系统、Planmeca 系统（原 E4D 系统）和 Carestream 系统，其中以 CEREC 系统应用最广。有的椅旁数字化修复系统包含三个子系统中的一个或两个，称为开放式椅旁数字化修复系统，支持数据以通用格式导出和（或）导入；如 TRIOS 口内扫描仪和 TRIOS Design Studio 修复设计软件，iTero 口内扫描仪和朗呈口内扫描仪。

三、椅旁数字化修复适应证及临床注意事项

1. 适应证
（1）牙体缺损。
（2）畸形牙或过小牙。
（3）牙间隙。
（4）轻、中度的牙色异常。
（5）轻度的牙列不齐。
（6）牙列缺损。

2. 适应证选择时的注意事项
（1）依据修复体类型选择适应证。
（2）应用贴面修复重度异色牙时慎用。
（3）有紧咬牙、磨牙症等口腔副功能时慎用。

四、椅旁数字化修复材料

椅旁数字化修复的材料为预成可切削材料，按材料的成分主要分为三大类：全瓷材料、树脂陶瓷复合材料和树脂材料。全瓷材料包括长石质瓷、二硅酸锂增强玻璃陶瓷和氧化锆陶瓷等。全瓷材料是目前临床常用的椅旁 CAD/CAM 材料。具体分类、材料性质和适用修复类型见表 3-2。

表 3-2 常用的椅旁 CAD/CAM 修复材料的分类

材料类型		弯曲强度（MPa）	弹性模量（GPa）	适合修复类型
全瓷材料	长石质瓷、白榴石增强长石质瓷	100～160	45～62	单颗修复
	二硅酸锂增强玻璃陶瓷	300～420	70～95	单颗修复、三单位固定桥（不含磨牙）慎用[#]
	氧化锆陶瓷	>800*	210	单颗修复、三单位或四单位固定桥[#]
树脂陶瓷复合材料		150～250	12～30	单颗修复
树脂材料		100～150	3	单颗修复，临时修复

*部分美学或高透氧化锆材料的弯曲强度可能达不到 800 MPa；[#]固定桥适应证部分见第四章第五节。

五、椅旁数字化修复流程

椅旁数字化修复流程主要包括牙体预备、口内扫描、数字化设计、修复体制作和试戴粘接等。

（一）牙体预备

椅旁数字化修复的牙体预备步骤和原则同传统的全瓷修复接近，但是也有自己的独特之处，主要因为数字化和传统方法修复体的制作方式不同；目前修复体的椅旁数字化制作主要采用数控切削技术，切削的外形会受到切削车针的直径和长度的影响，对一些过锐的边缘和内线角无法切削成形；所以数字化修复牙体预备的时候和传统的预备相应有些不同。在数字化修复牙体预备的时候要注意以下几点：一是为适应数字加工设备进行牙体预备，二是为适应切削材料的性能进行牙体预备，三是要利于光学扫描设备获取准确和完整的三维图像。

椅旁数字化修复的牙体预备原则包括：

1. 预备体边缘清晰明确、光滑连续，尽量位于有牙本质支持的釉质上。
2. 预备体无倒凹。
3. 预备体点线角圆钝，防止出现应力集中。
4. 嵌体预备时不需预备洞缘斜面。
5. 牙体预备可不扩展到邻面自洁区，但邻面龈方边缘应与邻牙界限分明。
6. 尽量保证修复体的厚度均匀一致，避免出现修复体厚度突然的变化。
7. 尽可能保留活髓，并保留足够的牙本质厚度。
8. 预备体最小外形尺寸处不小于数控机床切削车针最小直径，以确保切削时车针能够进入并形成与预备体形态精准适合的修复体。
9. 根据所选择的材料确定不同修复体类型的最小厚度（表 3-3），临床可依据修复体最小厚度要求进行牙体预备；当轴面倒凹较大时，轴面预备量会相应变大。

（二）口内扫描

1. 扫描仪器准备　根据口腔器械消毒灭菌技术操作规范（WS 506-2016），扫描头属于中度危险口腔器械，在每次使用前后均需对扫描头进行清洁和消毒。应按照设备说明书进行消毒灭菌，或在使用时采用屏障保护措施（扫描头保护罩等），达到高水平消毒或灭菌水平。扫描前按说明书要求进行定期校准。系统启动后，扫描头需按照说明书要求做防雾化准备（如预热）。

2. 口内准备　口内预备体干燥，边缘暴露清晰（必要时可以排龈），无渗出、无遮挡。

3. 摄像头操作　整体扫描程序：①工作牙列；②对𬌗牙列；③咬合关系。

表 3-3 不同类型和材料修复体的建议最小厚度（mm）

材料类型 / 预备量		贴面	嵌体 / 高嵌体	全冠
全瓷	长石质瓷、白榴石增强长石质瓷	肩台 0.5 mm, 唇面 0.5～0.8 mm, 切端 1.5 mm, 𬌗面 2 mm（𬌗贴面）	𬌗面深度 1.5～2 mm（窝沟处 1.5 mm, 牙尖处 2 mm）, 𬌗面最小宽度 1.5 mm	𬌗面 / 切端 2 mm, 肩台 1 mm、轴面 1～1.5 mm
	二硅酸锂增强玻璃陶瓷	肩台 0.3～0.5 mm, 唇面 0.5～0.8 mm, 切端 1～1.5 mm, 𬌗面 1～1.5 mm（𬌗贴面）	𬌗面深度 1～1.5 mm, 𬌗面最小宽度 1～1.5 mm	𬌗面 / 切端 1.5 mm, 肩台 0.8～1.0 mm、轴面 1～1.5 mm
	氧化锆陶瓷	肩台 0.3 mm, 唇面 0.5 mm, 切端 1 mm, 𬌗面 1 mm（𬌗贴面）	𬌗面深度 1 mm, 𬌗面最小宽度 1 mm	𬌗面 / 切端 1～1.5 mm, 肩台 0.5 mm, 轴面 0.8～1.2 mm
树脂陶瓷复合材料		肩台 0.2～0.4 mm, 唇面 0.4～0.6 mm, 切端 1 mm, 𬌗面 1 mm（𬌗贴面）	𬌗面深度 1.5 mm, 𬌗面最小宽度 1.5 mm	𬌗面 / 切端 1～1.5 mm, 肩台 0.8～1 mm, 轴面 1～1.5 mm*
树脂		（—）	（—）	𬌗面 / 切端 1.5～2 mm, 肩台 1 mm, 轴面 1～1.5 mm（主要用于临时冠桥修复）

备注：所有修复类型所用材料均默认为单层材料；舌贴面的厚度要求同𬌗贴面；涉及轴面预备时，预备量（修复体厚度）需依据去除倒凹量、保证聚合度及肩台宽度的要求来适当调整；具体某种材料的适应证和建议修复体最小厚度参考产品说明书综合确定；* 有的树脂陶瓷复合材料不能做全冠。

口内单牙列扫描顺序，建议按照厂家推荐路径操作，如无明确操作方法，建议扫描按以下顺序进行：①咬合面；②颊侧 / 舌侧；③邻接面。

4. 扫描数据的质量检查　扫描获得的数字印模中预备体边缘完整，预备体表面无孔洞、无缺损，表面光滑连续，邻牙近预备体侧表面完整，对𬌗牙咬合面完整，咬合关系与口内一致。

（三）数字化设计

椅旁 CAD/CAM 系统修复体形态的设计主要有 3 种方式：数据库法、镜像法和复制法。

1. 数据库法　指根据预备体的形态、邻牙和对𬌗牙形态和软件自带的数据库生成修复体外形。特点是方法简单易行，能较快获得修复体外形，但修复体形态个性化程度稍差，细节和纹理等个性化特征的模拟稍差。CEREC 系统中，这种方法被称为"生物再造（biogeneric）"。常用于后牙修复体形态设计。

2. 镜像法　指将同一牙弓对侧同名牙的形态镜像翻转至修复牙位，以获得修复体形态。相对数据库法而言，镜像法具有更好的个性化特征，但需要患牙对侧同名牙的形态完整，牙列基本对称。适用于一些对侧同名牙形态和位置较理想的患者，可用于前牙修复体形态的设计。

3. 复制法　指通过复制牙体预备前的形态、诊断蜡型、诊断饰面获得修复体形态。生成的修复体外形准确，在软件中需要调整的量较小，但需要基牙牙体预备前形态完好或先制作诊断蜡型或诊断饰面。复制法适用于椅旁 CAD/CAM 前、后牙修复，特别是基牙预备前形态完好、无对称性同名牙参考或需重建多颗前牙外形、多颗前后牙同时修复等。

上述三种方式直接生成的修复体，绝大部分都还需进行少量的调整和修改，可采用自由编辑工具进行修改。应选用合适的修复体设计方式，尽量减少自由编辑修改，以提高设计效率。

（四）修复体制作

修复体制作包括数字化制作和后处理两部分。

椅旁数字化修复系统的数字化制作，目前多采用数控切削技术制作完成。选择类型和大小合适的可切削材料,设置合适的切削支撑杆后进行自动化切削;部分切削设备还有多种切削模式可供选择。

切削后的修复体,还需要进行一定的手工后处理,才能满足临床的最终要求。切削后处理主要包括外形修整、再结晶、抛光、外染色、上釉、切端回切加饰瓷等。以上后处理步骤,根据不同的材料和临床要求选择,并不是每一个步骤都需要。

1. 外形修整 切削完成后的修复体会有一个或多个连接到原可切削材料的支撑杆,如未自动离断则需手工离断。修复体上离断后的断端需进行修整和打磨,形成修复体正常外形。

2. 再结晶 有的椅旁修复材料是完全结晶的状态,切削后无需结晶;有的材料是半结晶状态,如二硅酸锂增强玻璃陶瓷和氧化锆陶瓷,切削完成后需再次烧结进行结晶,才能获得正常的颜色和足够的强度;有的材料可以选择性结晶,结晶前强度较低适用于修复体强度要求不高的病例,结晶后强度高适用于修复体强度要求高的病例。

3. 抛光 指通过逐级机械摩擦的方法使修复体表面光滑。当修复体目标颜色与可切削材料颜色较接近时,常可通过选择合适颜色和半透明性的可切削材料进行加工,然后抛光即可获得较理想的美学效果。

4. 外染色 对于邻牙颜色与可切削材料颜色不匹配或邻牙表面有特征色的患者,修复体外染色是一种较常用的后期美学处理方法。前牙建议常规采用外染色的方法,后牙美观要求高的患者也可采用。

5. 上釉 通过在修复体表面涂刷一层釉液后烧结或光固化,使修复体表面光滑(图 3-78)。通常情况下,上釉和抛光后的修复体美学效果并无明显区别,但上釉的优势在于,可同期通过接触点加瓷或树脂和外染色对修复体的邻接关系和颜色进行微调。氧化锆修复体的咬合区域(窝沟点隙除外)不建议上釉,否则容易导致表面釉层后期剥脱形成粗糙面。

6. 切端回切加饰瓷 指先切削成全解剖冠,然后将切 1/3 回切后加饰瓷(图 3-79)。对于低半透明性的瓷块虽然饱和度和明度能与天然牙匹配,但切端半透明性不够的情况,可通过切端回切加饰瓷改善美学效果。椅旁 CAD/CAM 修复切端回切加瓷操作过程略复杂,需要技师配合和额外的技工设备。部分 CAD 软件也具备数字化回切功能,可直接设计并切削出切端形态呈指突状的修复体,有利于后期切端直接加饰瓷。对于部分美观要求较高或切端半透明性较高的情况,切端回切加饰瓷可获得更好的美学效果。该方法主要用于全瓷材料,对其他材料也可根据厂家说明书回切后添加相应饰面材料,提高美学效果。

(五)试戴和粘接

试戴和树脂粘接步骤同传统方法制作的修复体,详见相关章节。

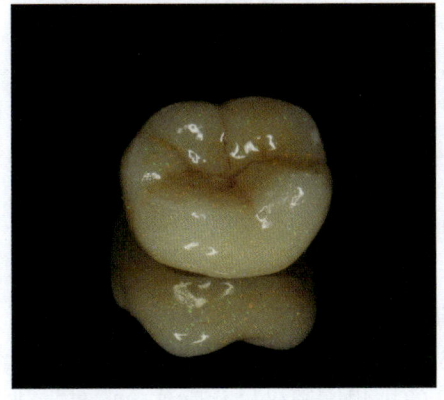

图 3-78 全瓷修复体外染色后

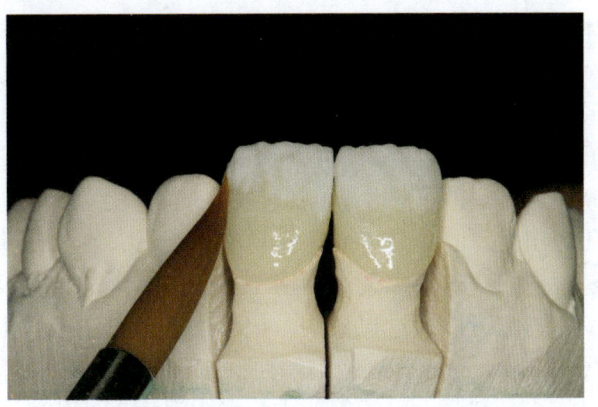

图 3-79 切端回切后加饰瓷(饰瓷烧结前)

(叶红强 杨 坚)

第五节　印模的制取
Impression Making

牙体缺损的各类修复体不可能在口腔内直接制作，需要先在口内制取印模，灌注模型（除外椅旁数字化修复），然后在模型上制作完成。印模的精确度是保证修复体质量的重要基础。影响印模精确度的因素主要有牙龈组织健康的状态、唾液和龈沟液等体液的控制、牙体预备的设计、牙体预备和暂时冠佩戴过程中的软组织处理、排龈技术和印模技术等。根据这些影响因素，我们要充分做好印模制取前的工作准备，掌握正确的排龈技术和印模制取技术。

一、印模制取前的工作准备

（一）维护健康的牙龈组织状态

影响预备体牙龈组织健康的因素包括：预备前牙龈应处于良好的健康状态，预备时应避免对牙龈的损伤，预备后能够维护牙龈健康，不会因暂时修复体外形、边缘、抛光的缺陷引起牙菌斑滞留导致局部的炎症反应。特别注意对于前牙区薄龈型的牙龈，在牙体预备时发生牙龈损伤情况下容易导致牙龈退缩，此时可以采用暂时冠修复，待牙龈恢复健康后，重新确定边缘的位置后再取最终的工作模型。

（二）液体控制

口腔是潮湿的环境，取印模前应采用强力吸引器、吸唾器、隔湿等方法对唾液分泌进行控制，以保持预备体表面的干燥。

龈沟液渗出、牙龈出血会使预备体边缘区的印模材料产生移位或间隙，或使得预备体边缘线再现不清，显著影响印模的精确度，导致模型不成功。控制龈沟液和牙龈出血的产生前提是在牙龈健康的情况下进行牙体预备，若牙齿在预备前有牙龈或牙周炎症，应建议患者先进行牙周治疗；另外，对于预备时龈沟液的渗出、牙龈出血还应采取有效的控制措施，现在一般结合排龈技术同时完成，具体方法见排龈技术中的一些药物的使用。

（三）排龈技术

排龈（gingival displacement）是将预备体边缘的终止线暴露得更清晰，以使印模能够准确地复制预备体边缘信息的一种方法。对于龈下或龈沟内边缘，牙体预备会使牙龈失去原有牙体组织的支持而塌陷并覆盖预备体边缘，导致印模材料无法清晰、完整地复制预备体边缘的宽度、终止线等；应用排龈技术的主要目的就是通过排龈技术使预备体的龈边缘与牙龈之间形成间隙，能够让印模材料流入其间而形成清晰、准确的边缘形态。研究表明龈边缘处最小0.2 mm 宽度的间隙即可以获得足够的印模材料进入，从而形成精确的边缘区印模而无变形和撕裂；排龈的另一个目的就是通过联合化学药物等方法控制预备体边缘龈沟内的龈沟液渗出或牙龈出血，防止其影响印模精度。当然，在排龈中还需特别注意的是，排龈所导致的牙龈移位是可逆的，避免永久性创伤。

排龈可以通过机械法、化学法、外科法或以上联合的方法获得。机械法中有铜圈法、排龈线（displacement cord）法，其中目前最常用的是排龈线法。化学法包括使用组织收敛剂硫酸铝或止血剂肾上腺素等。排龈线中浸润上述化学药物后进行的排龈属于机械化学法；此外，排龈膏技术也是一种机械化学法排龈技术。外科法一般借用电刀或激光的方法进行龈沟内上皮的切除，以获得排龈间隙。下面简单介绍几种常用的排龈技术。

1. 排龈线机械法排龈　牙龈组织具有黏弹性特点，当排龈线取出时，排开的牙龈会有短暂的时间保持排开位置，然后再回弹到最初的位置。短暂的排开时间是取印模的最佳窗口时间。排龈时，无论采用单线还是双线技术，在水平移动软组织的同时，应以持续且可控的最小力小心地放置排龈线，以免龈沟上皮衬里受伤。

（1）单线法技术：适于健康的牙龈组织，无出血、龈沟较浅的边缘，是简单且创伤小的方法。选择与预备体周长相匹配、适合直径的排龈线（图3-80A），使用排龈器（图3-80B）将排龈线以一定的方向和力度压入龈沟，注意施力的方向不要直接指向龈沟底，向龈沟内压入排龈线时，应先将排龈线的一端压入牙龈较松弛的邻面，然后再向唇颊或舌面压入（图3-80C）。排龈线留在龈沟内（图3-80D）5～7分钟，确认充分暴露预备体边缘且软组织不妨碍印模材料进入龈沟。排龈线取出后马上取印模，排开的牙龈一般在30～45秒内恢复原状。

（2）双线法技术：适于龈沟较深，且牙龈相对松弛的情况。双线排龈是用排龈器将细的排龈线（000）放在龈沟中（无需使用止血剂）；然后再放粗的排龈线（可浸有止血剂）。双排龈线留在龈沟内4分钟即可。

多颗牙齿同时排龈时，排龈时间不易控制。此时，要注意一定的排龈顺序，位于美学区域、易发生龈退缩的牙位应放到最后进行，以降低在美学区域发生龈退缩的风险。建议排龈的顺序是磨牙、前磨牙，然后是尖牙和中切牙，最后是更容易发生龈退缩的侧切牙。

2. 以排龈线为基础的机械化学法　当排龈线和化学止血剂如肾上腺素、硫酸铝、硫酸亚铁等联合使用时，也称为机械化学法。肾上腺素浸渍排龈线的方法，使其在排龈期间可提供有效的血管收缩和止血作用；同时，临床医生应避免在牙龈组织较大范围损伤的情况下使用高浓度的肾上腺素，以免产生局部和全身副作用。硫酸铝和硫酸铝钾可产生最小的血管收缩，它通过组织收缩、沉淀组织蛋白以及通过抑制血浆蛋白来阻止毛细血管出血，具有止血和排龈作用。硫酸亚铁是另一种用于浸渍排龈线的收敛剂，使用后，亚铁离子易将牙龈组织和牙齿结构染成黄棕色至黑色，在取印模之前应仔细清除所有止血剂的痕迹，以免影响印模材对表面细节复制的准确性。

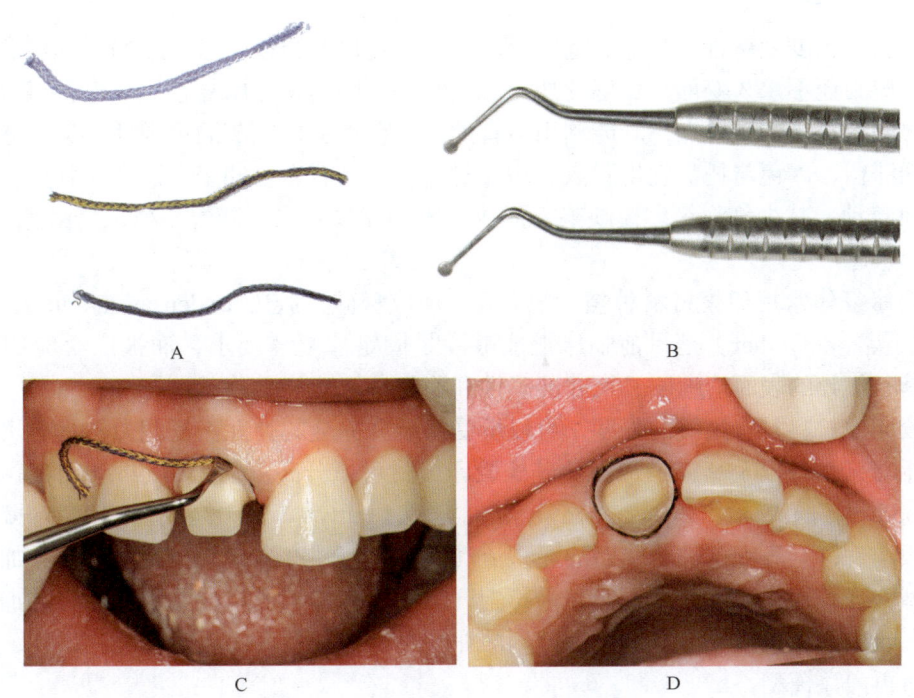

图3-80　排龈器具和排龈方法
A. 不同粗细的排龈线（由上往下为粗到细）；**B**. 排龈器；**C**. 排龈方法；**D**. 排龈线完全就位后的效果

将止血剂与排龈线结合使用有两个注意事项：第一是反弹性充血的发生，通常发生在拔除排龈线后，这可能影响印模的有效性和准确性；第二是这些化学物质可能引起炎症反应，会影响龈下结缔组织并随后引起潜在的牙龈退缩。

3. 排龈膏排龈 它是将可注射糊剂（排龈膏）注入龈沟产生作用，排龈膏进入龈沟有挤压排开牙龈的机械作用，其中包含 15% 的氯化铝可产生收敛、止血作用，所以，也是一种机械化学排龈法。它在减少龈沟液和止血功效方面类似于肾上腺素浸泡单线排龈法；由于其具有亲水性，可以相对容易地从龈沟冲洗掉。该法适用于齐龈和位于龈沟内很浅的边缘。

4. 有机硅聚合物排龈 新型的有机硅聚合物排龈材料通过聚合形成海绵状气泡，产生排开牙龈的机械排龈作用。其机理是该材料所包含的两种膨胀型组分在固化过程中会因聚合反应产生氢气。它比传统的排龈线排龈法更省时、省力，也利于简化排龈过程，减小牙龈的创伤。

5. 高频电刀 应用于局部有肉芽形成，或者缺损位于龈下、需要切除部分组织和因多种原因所致的牙龈出血情况。方法是：局部表面麻醉；选择刀头；设置功率（注意采用最小功率原则，避免损伤）。使用时按照一定顺序进行间断切割或止血，同一部位再次切割前有足够的时间间隔（5～10 s）。它禁用于戴有心脏起搏器的患者；电刀头不能接触金属修复体、金属充填物、活髓牙。此外，高频电刀法容易引起牙龈退缩，慎用于前牙唇侧较薄的牙龈。

二、印模制取技术

（一）托盘选择

选择合适的印模托盘，不会损伤口腔软、硬组织，使放入的印模材料厚度分布均匀。选择防止印模变形的钢性托盘，托盘与牙齿之间应留有足够的间隙，以允许至少有 3 mm 厚度的印模材料。印模托盘有合适的高度，以防止印模材料从关键区域流出，同时不得造成印模制取的阻力。为防止从口中取出印模时印模从托盘上脱离，建议使用带孔和有倒凹的托盘；也可采用托盘粘合剂涂在托盘与印模之间形成粘合。

（二）印模材料

印模材料的精度受聚合、收缩、化学反应、热变化以及弹性变形的影响。理想的印模材料应具有承受应力而不永久变形，良好的加压触变性和足够的弹性回复率。印模材料应该在流动性和黏性之中有恰当的结合点，既能利用适宜的流动获得良好细节的再现性，又能通过黏性使其有良好的滞留，以免与托盘发生脱离。印模材料还应具有良好的亲水性，使其更容易在湿润的牙体表面流动，减少气泡等印模缺陷，形成清晰的印模效果。随着 CAD/CAM 系统的出现，数字印模越来越广泛。

1. 固定修复体常用印模材料种类 缩合型/加成型硅橡胶（condensation/addition silicone）和聚醚橡胶类（polyether）是目前临床上能够满足固定修复体要求，而被广泛应用的印模材料。它们具有优异的表面清晰度、尺寸准确性和稳定性。

硅橡胶印模材料具有足够的强度，可以承受撕裂并完全的弹性恢复能力，具有出色的细节再现性、相对亲水性以及高撕裂强度。硅橡胶印模材可以分高流动型（light body）、中流动型（medium body）、低流动型（heavy body）和油泥型（putty）。其中高流动型细节再现性最好，可以进入龈沟、钉洞等细微部分。而油泥型流动性差，但强度高，聚合后收缩小。加成型硅橡胶与缩合型硅橡胶相比，反应后无醇和水等副产物产生，体积稳定性要更好；有的加成型硅橡胶材料在聚合中会释放氢气，取印模后即刻灌注模型会在模型表面产生蜂窝状表现，一般需放置半小时后再灌注模型。

聚醚橡胶类是亲水性弹性印模材料，尺寸稳定性优异。凝固后不宜放在比较潮湿的地方，以免吸水后膨胀，影响印模的准确性。

藻酸盐印模材料因其表面清晰度和尺寸稳定性较差，只能用于研究模型的制取。

2. 印模材料的制取方法 无论采用哪种印模材料，在制取印模之前，应采用湿的棉球清洁预备好的牙齿，以去除牙齿表面上可能影响印模完整性和准确性的任何止血剂。然后用水轻轻冲洗牙齿和排龈线，以确保排龈线湿润，干燥的排龈线可能会在移除排龈线的过程中增加上皮撕裂和出血的风险。

硅橡胶和聚醚橡胶是固定修复的常用印模材料，制取方法可分为一步印模法和两步印模法，每种方法各有不同的特点，临床上要根据不同的需求选择最适宜的印模方法。

（1）一步印模法：具有简便易行、节约时间、可获得准确印模的优点，在临床上受到临床医生的欢迎。一步印模法又分为双相一步法和单相一步法的印模技术。

1）双相一步法（double mixing）是高流动型和低流动型两组分的硅橡胶印模材料联合使用的方法。助手将自动调和机调拌的低流动型材料放入托盘内，术者同时将高流动型材料注入预备体周围和其他牙的𬌗面上，托盘就位后两种印模材料结合在一起，同时聚合形成双相一步法印模。托盘上的低流动性印模材料可以给预备体周围的高流动性印模材料较大压力，促使其更充分地流向龈沟内（图3-81A）。该方法相对两步印模法简化了操作程序，避免了初印模修整不完善带来的印模不准确、变形等问题。但是该印模技术也有一定的技术敏感度，由于两种印模材料需要同时调拌、同时聚合，需要助手和术者有良好的配合。

2）单相一步法（monophase）是应用聚醚橡胶等中流动性印模材料采用的方法。单相一步印模法具有操作更简单，技术敏感性低的优点。它的方法是将印模材料通过自动混配机混合后，先注满托盘，然后注入专用的口内印模注射器中，将口内注射器中的印模材料注入预备体周围和其他牙的𬌗面上，随后将托盘放入口内，使两部分印模材融合在一起，大约4分钟完成聚合，一步制取出印模（图3-81B）。

（2）两步印模法：主要是硅橡胶印模材料中的油泥型和高流动型两个组分配合使用的方法，也称双相两步法（putty-wash）技术。高流动型可以精确地再现预备体边缘等精细形态，油泥型组分强度高、收缩小，在口内就位时可以对高流动型材料施加压力，使其更好地进入龈沟内。制取的方法是先用油泥型印模材料在口内制取初印模，待初印模凝固后取出，刮除印模中预备体周边及妨碍再次口内就位的邻间隙、龈缘等部位，制备排溢道，然后，将调和好的高流动型印模材料注入刮除后的初印模上和预备体周围，托盘重新放入口内凝固后取出，得到终印模（图3-82）。该方法的优点是利于多个牙位修复体印模的制取，便于获得龈缘边缘的完整；缺点是两步印模耗费时间，如果初印倒凹去除不够，再就位准确性不够时，会使高流动型材料受压而发生位移，导致印模形成误差。

一步法和两步法相比印模材料的选择，印模技术方法的掌握更会影响印模结果。无论是在

图3-81 一步印模法
A. 双相一步法技术；**B.** 单相一步法技术

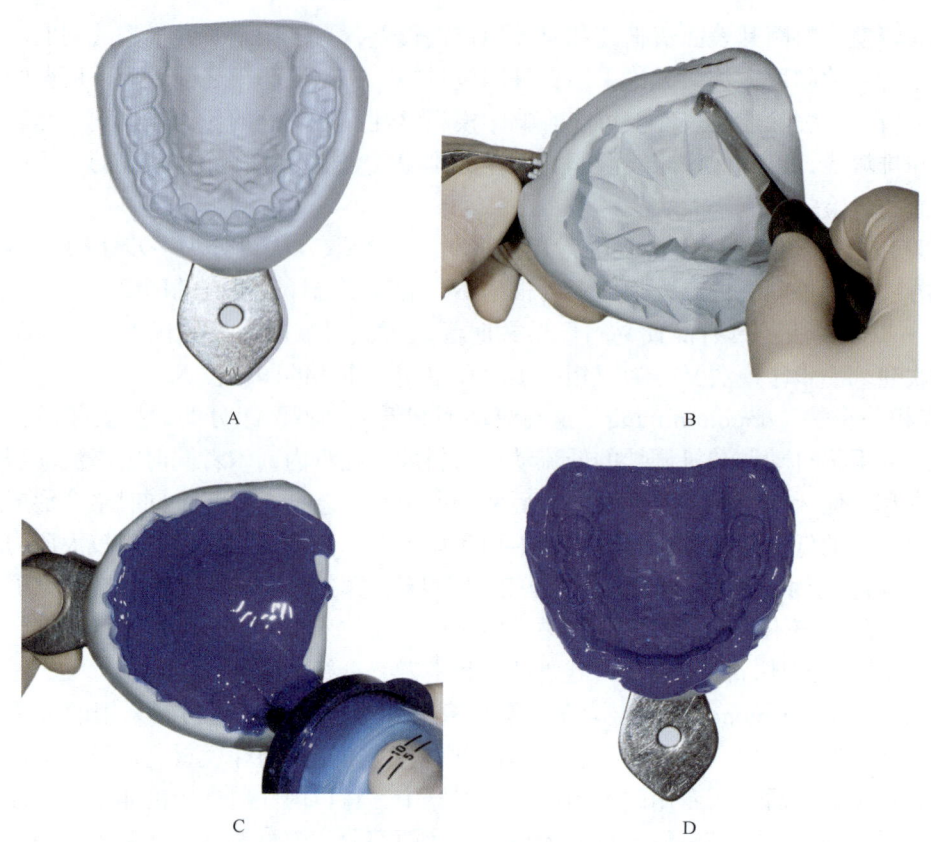

图 3-82 双相两步印模法
A. 油泥型印模材取初印模；B. 刮除阻碍印模再就位区；C. 高流动型印模材料注入刮除后的初印模内；D. 终印模

印模制取前还是印模制取中，使用吸引器、吸唾器进行有效的液体控制都至关重要，但应用时要远离龈沟，以免将该区域的排龈线移位。取印模时，使用口内印模注射器注入印模材料时，应特别注意将注射器的尖端对准边缘线。注射应从最困难的区域开始（通常为远舌区域），先将印模材料注射到龈沟内，并沿边缘线不中断地推进一圈，随后依次不间断注射直到全面覆盖预备体，最后将印模托盘以最小的水平移动方式放到患者的口内，以免产生空隙和阻力。

（三）印模评价

取出印模后，应仔细评估工作印模是否有瘤、空隙、气泡和撕裂，尤其是在预备体边缘。除了对印模的评估外，医生应检查最终工作模型的质量和复制细节情况。

三、印模的消毒

为了防止交叉感染，在灌注模型前需要消毒印模。印模消毒不仅要达到防止医院感染的目的，还要不影响印模的尺寸稳定性和表面清晰度。印模取出后，应立即用自来水冲洗并吹干，然后用化学消毒剂如戊二醛溶液或聚维酮碘、次氯酸钠等进行浸泡消毒。硅橡胶材料比较稳定，适宜于浸泡消毒。而亲水的聚醚橡胶或进行"亲水"改性的硅橡胶印模、藻酸盐印模适宜于应用喷雾剂喷涂并储存在塑料袋中，而不是浸泡在戊二醛或其他消毒溶液中。消毒是预防交叉感染的必要步骤。如果操作正确，消毒不会影响印模的质量。印模经过水冲洗、消毒、再次水冲洗后即可灌注模型。

（刘玉华）

第六节 暂时修复体
Provisional Prosthesis/Interim Prosthesis

牙体缺损的暂时修复体是用于增加预备后牙齿有限时间内的稳定性、恢复一定功能及美学效果，之后由最终修复体所取代的修复体。随着对美学、功能和口腔健康等方面更高水平修复治疗的需求增加，暂时修复体的作用也随之增大。用于诊断性的作用，暂时修复体有助于制订治疗计划和确定最终修复体的形式和功能。作为一种交流工具，暂时修复有助于患者了解治疗预期，理解治疗局限性；同时也助于治疗团队之间的良好沟通。暂时修复体通过在最终修复体戴用前的临时使用还起到了一定的治疗作用。

暂时修复体应满足修复体的生物、机械和美学要求。理想的暂时修复体的要求是：能够保护牙髓、维护牙周组织健康，具有一定的抗折断力和抗脱位能力，能够恢复修复体形态，具有与天然牙相近的颜色。

一、常用暂时修复体的主要作用

1. 降低牙齿敏感并保护牙髓 边缘完整的暂时修复体将保护牙髓免受口腔冷、热变化的刺激。制作过程的缺陷和不当的咬合设计会导致暂时修复体微小的移动，造成边缘微漏，导致边缘开放和粘接剂的流失，进而细菌侵入，会导致不可逆的牙髓刺激和继发性损伤。

2. 防止牙齿折裂 暂时修复体在整个修复治疗中可保护牙齿结构的完整性，所以暂时修复体应有一定的强度要求。

3. 防止牙齿移位 暂时修复体可使预备体与对𬌗牙、邻牙的位置关系保持稳定，防止牙齿的移位，维持修复空间。在牙尖交错𬌗、侧方以及前伸运动中，暂时修复体要以良好的咬合接触来保持牙弓内外稳定性。

4. 恢复一定功能 暂时修复体在咀嚼过程中承担咬合力和其他功能作用力，可恢复一定咀嚼功能；临床医生可以通过测量暂时修复体的厚度，评估预备的空间是否符合修复材料承担咬合力的需求；美学区域的暂时修复体可初步满足患者在治疗期间的美学功能，对暂时修复体的认可有利于提高患者对最终修复体的美学心理适应能力；暂时修复体还可以恢复患者的发音功能等。

5. 作为功能和美学的诊断依据 预期会出现大范围的功能和美学变化时，暂时修复体可以为口腔修复的诊断提供辅助和指导。通过暂时修复体提供的牙体形态、位置、美学等一系列信息，有利于最终修复体达到最佳的牙冠形态、排列位置和美学效果。亦可根据暂时修复体所抬高咬合的高度和位置，评估𬌗重建患者新的咬合关系和垂直距离是否合理，有利于患者适应最终修复体。

6. 维护软组织健康和重塑牙龈外形 暂时修复体可限制牙体预备后龈边缘牙龈组织的塌陷并覆盖预备体边缘，避免对未来修复体试戴和美观产生不利影响。光滑和适当轮廓外形的暂时修复体可以防止菌斑堆积，利于患牙的牙龈健康。

二、暂时修复材料的所需特性和属性

1. 有一定的强度，可最大程度地减少功能和副功能运动期间的破裂可能性。
2. 足够的弹性模量、低脆性，以减少破裂的可能性。
3. 耐磨性，可根据需要维持一定时期新的咬合设计，以实现需要的功能。

4. 生物相容性，以免损害牙髓和软组织。
5. 低放热反应，以减少对牙髓和周围组织造成伤害的可能性。
6. 易于调改。
7. 低聚合收缩率，以方便重衬和调改。
8. 满足一定的美观要求。
9. 可高度抛光。
10. 性价比良好。

三、常用的暂时修复体材料

用于暂时修复的材料有多种，从临床角度出发，掌握各种材料的特性十分重要。以下是暂时修复体最常用的材料。

1. 成品预成冠 采用聚碳酸酯或软质合金制作的不同大小、形态的预成全冠。用于前牙、前磨牙的一般为聚碳酸酯预成冠，颜色近似天然牙。

2. 聚甲基丙烯酸树脂 聚甲基丙烯酸具有良好的性能和成本效益，可分为热凝和自凝两种凝固方式。其物理特性可提供足够的强度和可接受的颜色稳定性，并能实现良好的边缘完整性；相对简单的制作方式，能够有效地重塑暂时修复体的边缘和抵抗修复破损的能力。这类材料的主要缺陷是有较高的聚合收缩率、有限的耐磨性、高放热反应及较强的气味释放。

3. 双丙烯酸树脂 以甲基丙烯酸基质和无机玻璃填料为主要成分。其具有以下优点：①操作简便，可注射使用，临床可在口内一次完成；②聚合时产热少，对牙髓组织刺激小；③色泽美观，有多种颜色选择；④可以良好抛光；⑤临时冠边缘密合。

4. 光固化复合树脂 光固化复合树脂材料多用于暂时修复体龈缘的修整。

四、暂时修复体制作的方法

制作暂时修复体的方法可分为直接法、间接法和间接-直接法。

（一）直接法

直接法是在患者口腔内直接制作暂时修复体，适用于单个或少数牙的暂时修复体制作。其优点是快速、方便，可即刻恢复患牙形态，减少就诊次数。主要方法包括：

1. 成品预成冠重衬法 主要适用于单个牙的暂时修复，在牙体预备完成后操作。预成冠的材料有用于前牙、前磨牙的聚碳酸酯材料和用于磨牙的软质合金材料。方法是：选择大小、形态、颜色合适的成品预成冠，在口内预备体修改合适后，用自凝树脂进行重衬，待其初步硬固后取出；最后修整、调𬌗、抛光完成。预成冠的使用减少了自凝树脂的使用量，降低了对牙髓和组织造成伤害的可能性，并缩短调𬌗时间。其具体步骤是：

（1）牙体预备完成后，选择大小、形态相适合的预成冠，修改后将预成冠放入患者口中试戴，以确认其完全就位并合适。

（2）在基牙上涂上一层薄薄的凡士林用料。

（3）在冠内涂单体以利于重衬材料与预成冠的粘接；将自凝粉末和液体混合后放入预成冠内后，在预备好的牙齿上就位。

（4）凝固初期，洁治器去除多余的材料后取下暂时修复体，几秒钟后重新放入，用水喷洒牙齿和暂时修复体的颈部区域，这个环节可以消除对牙髓和周围软组织的热效应；减少多余材料被卡在组织倒凹中的风险，避免材料硬固带来的再就位困难，缩短调改时间。

（5）聚合最终完成后，从患者的口腔中取出暂时修复体。

（6）用车针修整多余的材料。

（7）在口内预备好的牙齿上重新放置暂时修复体，试戴、调𬌗、抛光。

2. 丙烯酸树脂印模成形法　主要适用于单个或多个牙体外形相对完整的暂时修复体的制作。方法是：牙体预备前，采用合适的印模材料放入口内制取印模形成阴模；牙体预备完成后，将丙烯酸树脂（bis-acryl resin）注入印模中需要制作暂时修复体的牙位；清洁和吹干预备体牙面，将印模重新准确复位于口内并保持至树脂基本硬化；然后从印模内取出暂时修复体；修改、调𬌗、抛光。其具体步骤如下：

（1）口内制取牙体预备前的印模作为暂时修复体外型的阴模，可以是包括预备体邻牙的局部印模。

（2）预备完成后，将调和后的材料在其工作时间内注满预备牙的阴模内，注入时避免出现气泡。

（3）将阴模完全就位于口内预备体上，当材料成型时取出印模。如果预备体为树脂类材料，需使用凡士林等分离剂。

（4）待材料基本聚合凝固后，将印模和修复体依次取出。

（5）修整暂时修复体外形，在口内预备好的牙齿上试戴、调𬌗、抛光，最后临时粘固。

（二）间接法

间接法是在口外模型上制作暂时修复体的方法，适用于多个暂时修复体的同时制作，尤其适用于𬌗重建暂时修复体的制作。在模型上制作的间接法与直接法相比，容易塑造良好的轴面及𬌗面形态，具有较好的密合性和边缘完整性。与直接法相比，间接法避免了材料聚合过程中温度和化学物对牙髓、牙龈的影响，牙髓的损伤和软组织刺激性较小。缺点是患者等待戴入暂时修复体的时间较长。CAD/CAM 技术的发展会为其应用提供更好的前景。

1. 丙烯酸树脂成形法　适合牙体外形相对完整的多个暂时修复体的制作。方法是：可以采用与直接法相同的印模材料，同样在口内制取牙体预备前的印模；与直接法的区别是，将注入丙烯酸树脂的印模复位于牙体预备后灌注的模型上而不是口内。需要注意的是要在模型预备牙及相邻牙上涂分离剂，其余步骤同直接法。

2. 热凝树脂成形法　适用于多个、特别是需要调整牙冠形态的暂时修复体，尤其适用于𬌗重建暂时修复体的制作。方法是用蜡在牙体预备后的模型上雕塑暂时修复体蜡型，然后完成热凝树脂需要的常规装盒、冲蜡、装胶、热处理、开盒、打磨抛光等步骤；临床上在口内预备好的牙齿上试戴、调𬌗、抛光，最后临时粘固。

（三）间接-直接法

间接-直接法是在研究模型设计暂时修复体的形态，采用甲基丙烯酸甲酯或复合树脂类材料在模型上制作壳状暂时修复体，随后在预备好的牙齿上重衬。

间接-直接法与直接技术相比，少量的材料聚合使其产热少，化学刺激性小以及聚合收缩率降低，对预备基牙和软组织的刺激减小。由于在牙体预备之前制作好了修复体外形，可最大程度地减少椅旁调整所需的时间，为临床医生提供了方便。该技术的缺点是，在模型上制作修复体时，如果未充分预备模型或未将暂时修复体厚度减薄至 0.5 mm 或更薄，则在进行口内重衬之前可能需要大量调磨壳状暂时修复体。

使用间接-直接法暂时冠的制作步骤如下：

1. 口内牙体预备前——间接法

（1）制取印模、灌注模型。

（2）在模型上按照牙体预备的要求进行预备，可适当减少牙体的磨除量。

（3）按照上述间接热凝树脂法完成制作。即用蜡在牙体预备后的模型上雕塑暂时修复体蜡型，然后常规制作完成。最后将其修整并形成均匀、厚度不超过 0.5 mm 的"壳状"暂时修复体。

2. 口内牙体预备后——直接法
（1）口内试戴模型上制作的"壳状"暂时修复体并使其完全就位。
（2）其余步骤同成品预成冠重衬法。
（3）其他处理方法与前面的直接法相同。
（4）待完全凝固后取下调磨，抛光，调牙合。

五、暂时修复体的粘接

暂时修复体制作完成后，采用临时粘接水门汀将其粘接在牙体预备体上。

对暂时粘接水门汀有以下要求：①有一定的粘接力，能使暂时修复体粘接在牙体预备体上，在长期修复体戴入前不脱落；②粘接力大小适当，容易取下暂时修复体；③对牙髓无刺激，或者有安抚、保护作用；④暂时修复体取下后，附着在预备体上的残留水门汀容易被去除；⑤对水门汀的长期粘接无不良影响。

以前常用的暂时粘接水门汀为氧化锌丁香油水门汀。但由于丁香油可以阻碍树脂的聚合，影响树脂类水门汀的粘接，现在临床使用的暂时粘接水门汀中多不含丁香油。

（刘玉华）

第七节　修复体的试戴和粘接
Try-in and Cementation

一、修复体的试戴

修复体的口内试合（try-in）就是将制作完成的修复体在患者口内试戴的过程，包括检查修复体是否符合临床质量要求，对发现的问题进行调改，对不能调改的问题则重新制作。

修复体口内试合时主要的检查内容如下：

（一）就位

修复体应该能够顺利就位，临床上从边缘密合度、咬合、是否有翘动等几个方面，判断修复体是否完全就位于牙体预备体上。

1. 修复体完全就位的标志
（1）边缘密合：特别是检查全冠的龈边缘是否达到设计的位置。
（2）咬合良好：咬合基本合适，没有明显的高点。如果咬合过高，首先检查修复体是否完全就位，然后再进行调牙合。
（3）修复就位后稳定无翘动：全冠就位后如出现颊舌向的翘动，则可能在邻面接触区或邻面预备体边缘处存在支点，应予以调改。如果确定修复体未能完全就位，首先检查修复体组织面有无明显的障碍，是否有铸造产生的金属小瘤等，如有则使用车针磨除。然后可使用薄的咬合纸，或者专用的橡胶类、有色清漆类试戴剂，检查修复体组织面、预备体表面和邻面接触区的就位障碍点，确定障碍位置后加以调磨，直至修复体完全就位。

2. 影响修复体就位的原因
（1）修复体组织面有铸造产生的金属小瘤或残留的包埋材等杂质：可用车针加以清除。

（2）预备体上有倒凹：前牙全冠较易出现倒凹的部位是预备体唇面切 1/3 与中 1/3 交界处。原因是在牙体预备时未按唇面的弧面分两个平面磨除，或此处磨除量不足。轻度的倒凹可少量修改全冠组织面或预备体表面的相应部位。排除方法是：使用专用高点检查指示剂或指示材料检查阻碍部位，操作时将上述指示材料均匀涂布或喷涂在修复体内面，形成一层薄膜，随后将修复体戴入患牙用手指轻轻按压，待指示材料凝固后取下观察；指示材料被挤走使组织面暴露的区域则为阻碍点。选用大小、形状合适的车针调磨阻碍点后戴入；反复操作，直到修复体彻底就位。倒凹大者应重新预备患牙，重新制作修复体，否则大量调磨基牙及修复体，将造成修复体与基牙的密合度降低，易引起修复体边缘继发龋或因固位不良导致修复体脱落。

（3）牙体预备体上出现支点：基牙预备时形成锐的点、线角，模型存在的损伤都会造成修复体就位时在这些部位产生阻挡，此时可适当调磨基牙的锐利点角和线角，必要时重新制作。

（4）软组织障碍：临时冠边缘不密合或局部牙龈受到损伤易导致牙龈增生，试戴时增生的游离龈阻碍预备体边缘与冠边缘之间的就位。此时，可采用电刀等方法去除增生的牙龈。

（5）修复体与邻牙的接触区过紧：修复体卡在两个邻牙之间颊舌向翘动而不能就位。此时，可通过调改邻面接触区使修复体逐渐就位。

（6）铸造收缩变形：轻微者使用试戴剂检查，确定就位障碍点后磨改；重者返工，重新制作修复体。

（二）固位

修复体完全就位后应具备良好的固位力。医生应对修复体的固位力予以评估。有一定固位力的修复体摘戴时，能感到修复体和预备体间的摩擦力，修复体不会自行脱落。否则应重新制备。

由于牙体预备不符合要求而造成的固位不佳，需要重新牙体预备后取印模，重新制作修复体。如果修复体组织面与牙体预备体之间因密合度轻度不足造成固位不佳，可在边缘密合的条件下，使用高强度的粘接水门汀增加固位。

（三）边缘

在修复体完全就位的情况下仔细观察冠边缘的情况，要求边缘密合度良好，边缘外形与预备体龈边缘一致，无悬突、台阶等。边缘密合度良好，意味着修复体与预备体边缘的间隙小于 50 μm，探针尖难以探入其间。

（四）咬合

修复体戴入后的咬合调改非常重要。借助咬合纸的使用，对修复体的咬合进行仔细的调改是方便有效的方法。修复体戴入前，先用薄层咬合纸记录不戴修复体时邻牙牙尖交错位时的咬合情况；将修复体戴入后与戴入前的咬合记录作对比，作为修复体咬合调改的评估方法。修复体戴入后不应有咬合障碍，在牙尖交错𬌗无早接触点，在前伸𬌗、侧方𬌗时都不应有𬌗干扰。

牙尖交错𬌗早接触的调改：将咬合纸置于修复体与对𬌗牙之间，嘱患者自然咬合，取出修复体只调改导致下颌偏移的咬合高点，反复调改到下颌不再偏移，直至患牙同侧参考牙的咬合接触情况与修复体戴入前相同。

前伸𬌗干扰的调改：修复体在后牙时，前伸运动应无接触；如果前伸时有早接触，应予调改。修复体在前牙时，前牙应该由两组牙或更多组的牙同时保持接触，防止对单组牙造成𬌗创伤。

侧方𬌗干扰的调改：对非工作侧修复体牙尖斜面所有早接触予以调改。检查工作侧修复体早接触并予以调改，但应根据尖牙保护𬌗或组牙功能𬌗来决定颊尖的斜面是否调磨；如果设计目的为尖牙保护𬌗，其他接触点应被磨除；如果设计目的为组牙功能𬌗，这些接触点则需保留，并调改至与尖牙之间的接触相协调的水平。

（五）邻面接触区

修复体与邻牙接触区的设计要符合生理要求才能防止食物嵌塞，保护龈乳头的健康，维持牙列的稳定。邻面接触区松紧要仔细检查，如果戴入后发生嵌塞，只能拆除修复体重做。

邻面接触区合适的标准：就位后牙线有阻力地通过。如果牙线加力不能通过，则说明邻面接触过紧；牙线不加力即可轻松通过，则说明邻面接触过松。还可以使用专用的邻面接触检查片（contact gauge）检查邻面接触的松紧度。邻面接触检查片一般有 3 个厚度：50 μm、110 μm 和 150 μm。天然牙的磨牙接触区松紧度应在 50 μm 以上和 110 μm 以下，即 50 μm 检查片可以通过邻面接触区，但 110 m 检查片不能通过。如 50 μm 检查片不能通过邻面接触区，则表明接触过紧。如 110 μm 检查片可以通过邻面接触区，则表明邻面接触区过松。邻面接触区过紧可以通过调磨修复体的邻面改正；邻面接触区过松可以通过修复体邻面加焊、加瓷来修改；邻面接触间隙过大则需返工重做。过松的邻面接触区是引起食物嵌塞的主要原因。

（六）修复体的外形和美观

修复体的外形应符合生理解剖要求，与邻牙、同名牙协调一致，以有利于食物的排溢和龈乳头的健康。注意修复体颈部的外形应与天然牙一致，颈部过凸易使菌斑聚集；根分叉以上的轴面区域应保持与根分叉外形一致的凹面，以利于牙刷的清洁。

烤瓷熔附金属全冠、全瓷冠等美学修复体的颜色、半透明性等要与邻牙、同名牙协调一致，轻微的颜色差异可以通过表面上色的方法加以修改。

二、修复体的粘接

牙体缺损的修复是一个有创的治疗过程，需要对所修复患牙的牙体组织进行磨除。牙体缺损修复所使用的各种修复体不同于可摘局部义齿和全口义齿，需要长期粘接于牙体组织上，患者不能自行摘戴，医师也必须将修复体破坏后才能取下。因此，牙体缺损的修复治疗必须严格遵从牙体缺损的各项修复原则，全面检查，合理设计，精心制作，确保修复体符合各项生物学、生物力学和美学要求，患者无任何不适后才可以正式粘接。

修复体粘接时需要口内试合完成，经过磨光、上釉、抛光等，最后使用粘接水门汀将修复体粘接在患牙的牙体预备体上。对于较为复杂的病例，可以先使用暂时粘接水门汀，暂时粘接修复体。待患者试用一段时间无任何问题后，再进行正式粘接。

（一）理想的粘接水门汀的要求

1. 粘接力强大。
2. 粘接水门汀自身强度高。
3. 不溶于唾液。
4. 对牙髓无刺激。
5. 粘接后在修复体与牙体预备体之间的被膜薄。
6. 操作简便。
7. 修复体粘接后溢出的多余水门汀容易去除。
8. 性价比优良。

（二）粘接水门汀的选择

目前正式长期粘接修复体的水门汀有磷酸锌水门汀、玻璃离子水门汀、聚羧酸水门汀、树脂水门汀，以及树脂改良玻璃离子水门汀、复合体类水门汀等。使用不同的粘接水门汀时，应了解不同粘接剂的特点、适应证，严格按照使用说明完成操作。

磷酸锌水门汀、玻璃离子水门汀、聚羧酸水门汀使用历史长，操作简单、价格较低。但粘接力一般，可以溶于唾液。边缘处暴露的水门汀在口内可以被唾液慢慢溶解，导致边缘微漏产生继发龋。这三种粘接水门汀不能用于贴面、嵌体、粘接桥等的粘接。聚羧酸水门汀对牙髓刺激小，可用于近髓的患牙的粘接，但抗压强度较低。玻璃离子水门汀是一种临床常用的水门汀，强度较高，可以释氟，可防止继发龋产生。

树脂水门汀粘接力强大，不溶于唾液，可用于贴面、嵌体、全瓷冠、纤维桩、粘接桥等的粘接，可以用于固位不佳的修复体的粘接，在临床上的使用越来越广，但其操作复杂，价格较高，技术敏感度高。

树脂改良玻璃离子水门汀、复合体类水门汀兼有树脂和玻璃离子的特点，粘接力强，不溶于唾液，有一定的释氟性，但其临床效果有待于进一步的研究。树脂改良玻璃离子水门汀由于在聚合时有一定的膨胀，慎用于强度较低的全瓷冠的粘接。

（三）粘接步骤

1. 修复体外表面处理　粘接前应先将试戴时调磨过的部位，如邻接、咬合和边缘等进行抛光、上釉。

2. 修复体组织面的处理　修复体试戴满意后，清洁修复体组织面，清除任何杂质、油污等；75% 乙醇消毒，气枪彻底吹干。为加强固位可以对修复体组织面喷砂处理，长石质瓷和玻璃陶瓷类全瓷修复体可以使用氢氟酸酸蚀处理，增加表面粗糙度，增加机械嵌合。

使用树脂水门汀粘接时，根据修复体的材料不用，需要对修复体组织面使用金属前处理剂（metal primer）、硅烷偶联剂（silane coupling）等，形成化学结合。

3. 牙体预备体表面的处理　牙体预备体表面清洁，75% 乙醇消毒，吹干。使用树脂水门汀粘接时，需要对牙体表面进行酸蚀、前处理（priming）以及粘接处理。

4. 水门汀粘接　修复体组织面和牙体预备体表面处理完成后，调和粘接水门汀，分别放在修复体组织面，以及牙体预备体表面、根管内，将修复体缓慢、完全就位，多余的水门汀溢出。后牙冠粘固时，可以让患者自然咬合就位，或医生指压就位，要避免移位。前牙冠就位后要用力沿牙长轴按压直到材料结固，而不能让患者自然咬合以免侧向力使牙冠倾斜。在粘接水门汀初步固化后，去除冠外多余的粘接水门汀，使用牙线进行邻面清洁。注意不建议过早去除，否则容易在冠边缘的粘固层中形成间隙。

5. 粘接后的检查　粘接完成后再一次检查咬合，调改由于粘接形成的轻微咬合高点，使用牙线再次去除残留的粘接水门汀。

（刘玉华　谭建国）

第八节　修复后的维护和出现问题的处理
Postoperative Care and Problem Solving

无论设计和制作多么优良的固定修复体，粘接后如果被忽视，都可能会失败。修复后的牙齿需要更仔细地清除菌斑和维护，并给予更多的关注。牙体缺损修复后认真的维护、及时的复查不仅利于修复后问题的有效处理，也是保证固定修复长期成功的主要机制。

一、固定修复体戴入后的维护

在固定修复体戴入和粘接后，医生和患者都要意识到修复后的维护对远期效果十分重要。医生应进一步监控患者的牙齿健康，指导患者采取更有效的菌斑控制措施，包括使用口腔卫生辅助工具，如牙线等。对于口内有多单位修复体的患者要强调定期复诊的必要性。及时的复诊有利于在发生不可逆转的损害之前得到必要的干预治疗。

固定修复体粘接后的复查安排包括：

1. 粘接后 7～10 天复诊　医生对修复体的功能和舒适度作进一步评估，了解患者是否已经掌握了正确的菌斑控制方法，检查龈沟内有无残留的粘接剂，阻射性粘接剂有利于 X 线片的辅助识别。并且确认所有的咬合情况都令人满意。

2. 定期复查　对于固定修复体，患者一般能够获得较高的满意度。多数患者是牙髓治疗后的修复，一般不会因疼痛就诊，往往容易丧失早期治疗的契机。医生应建议患者修复后每 6 个月进行一次复查，复查间隔过长可能会导致对继发龋或牙周病发展的忽视。复查内容包括以下几个方面：

（1）病史：患者的病史应根据第二章所介绍的原则对患者进行检查。

（2）口腔卫生的检查：修复和粘接后的复诊结束后，患者在控制菌斑方面的努力往往会有所减弱。医生应让患者认识到牙周的定期维护对修复体远期效果的重要性，使问题及早被发现，能够获得早期纠正治疗。

（3）龋病的检查：每次复诊时，应先彻底干燥牙齿，然后仔细检查潜在的早期病变。牙体缺损修复后，修复体边缘的继发龋、特别是龈下边缘继发龋的早期难以发现，因而往往被忽略。邻面边缘继发龋是修复失败最常见的原因，龋病治疗不及时，疾病可能会迅速发展，甚至会导致牙齿脱落，X 线片的咬合翼片会提供一些邻面信息。对于年龄大的患者，应该特别注意修复体边缘根面龋的发生，检查时使用探针仔细探查牙釉质是否存在病变。早期脱矿可采用诱导牙釉质再矿化的方法，改进牙菌斑控制的方法和局部应用氟化物等；浅龋的治疗可以采用复合树脂或玻璃离子修复；深龋则需要更换整个修复体。

（4）牙髓和根尖周炎的检查：患者如果描述基牙曾有一次或多次疼痛，意味着基牙可能失去活力，应予以必要的检查和治疗。修复体应该每隔几年进行一次 X 线片检查，通过和之前的影像作客观对比分析，有助于根尖周病变的发现。由于修复前根管治疗不完善产生的根尖炎，应予拆除修复体并接受完善根管治疗后再重新修复。

（5）牙周的检查：牙周病经常发生在固定修复体戴入后，特别是预备体边缘置于牙龈下或修复体轮廓不当的地方，如果修复体不合适，炎症会更加严重。在复诊预约时，特别注意到作为牙周病早期症状的牙龈出血、根分叉暴露和牙石形成。轮廓不正确的修复体，应该重新调整或更换。

（6）咬合检查：患者在每次复诊时都要检查咬合功能，询问患者是否有如磨牙症等不良习惯。通过对咬合面的检查可以发现异常的磨损小平面、障碍的迹象，若有上述问题，需进行必要的调整。

二、修复体可能出现的问题及处理

除了常规复诊以外，患者可能会因修复体出现的一些症状和问题而复诊，医生需要采取一定的方法处理：

（一）牙齿敏感

1. 活髓牙修复体完成粘接后出现敏感症状　粘接时消毒药物的刺激、粘接剂选择不当致使其中的游离酸刺激等会引起患牙短时疼痛，如果在牙髓耐受范围内，疼痛一般可自行消失。临床在正式粘接前，应对患牙牙髓状态予以评估，过敏性疼痛严重者应先做安抚治疗，因为如果正式粘接后疼痛不缓解，可能发展为牙髓炎则需拆除修复体进行牙髓治疗。

2. 活髓牙修复体使用一段时间之后出现敏感症状 出现的主要原因可能是继发龋、牙龈退缩、粘接剂脱落或溶解。其原因可能是：预备时龋坏组织去除不彻底；修复体不密合、松动；修复时牙龈炎症导致粘接后牙龈退缩；粘接剂选择或操作不当造成。这些因素一般使得牙本质暴露，引起激发性疼痛。可尝试用树脂材料重新封闭边缘，但一般要将修复体拆除重做。

（二）疼痛

出现疼痛的患者应询问其位置、特征、严重程度、时间和发病情况；询问引起疼痛加重、减轻或改变的因素，判断疼痛是由牙髓、牙周、根尖炎症引起还是咬合创伤引起，并采取适当的治疗措施。

1. 牙髓引起的疼痛 活髓牙修复后牙髓的状态由于有修复体覆盖而不易检查与定位，要详细地检查，包括做温度试验与牙髓活力测验；有时可辅助 X 线片检查。明确诊断后，根据牙髓治疗的需要，决定是否拆除修复体。

2. 牙周炎、根尖周炎引起的疼痛 修复体戴用一段时间之后出现疼痛，应根据临床，结合触诊、叩诊、患牙松动度、牙周组织的情况和 X 线片检查，确定是否有牙周炎、根尖周炎的发生。采用桩核修复体修复后的牙，要判断是否有根管侧穿、牙根折裂等；根管治疗不完善会导致根尖周炎。这些炎症的急性发作会导致明显的疼痛。在做出明确诊断后，针对病因的治疗，如调𬌗、牙周治疗、拆除重做或拔牙等。

3. 咬合疼痛 修复体粘固后短期内出现咬合不适多由创伤引起，通过调𬌗症状就会很快消失。如调𬌗在修复体上进行，应注意磨光。如咬合过高而调𬌗有困难，或是因粘固时修复体未就位应拆除修复体重做。咬合创伤如果不及时处理会引起不可逆的创伤性牙周炎。

（三）龈缘炎

龈缘炎表现为修复体龈边缘处的牙龈组织充血、水肿、易出血、疼痛等。其主要原因是：

1. 食物嵌塞 多由于修复体与邻牙的邻接触关系修复不当所造成，包括邻接触区过松，邻接触区的位置、形态不正确等。食物嵌塞还可能与修复体咬合干扰和咬合接触关系不正确有关。邻接关系不当所造成的食物嵌塞，一般都要拆修复体重新修复。修复体咬合不良所造成的食物嵌塞可先通过调𬌗解决。

食物嵌塞是临床上常见的情况，它不仅使患者感到不适与胀疼，嵌塞的食物发酵、腐败还会有口臭，甚至引起牙周病、龋病。所以在修复体体正式粘接之前，一定要仔细检查，保证不会有食物嵌塞的发生。难以确定时，可以暂时粘接，让患者试戴数日，一切均满意后，再行正式粘接，这样就可以避免或减少在粘接后出现食物嵌塞而导致的修复体拆除。

2. 修复体边缘不正确 修复体的龈缘过长；修复体边缘不密合，食物滞留于修复体龈缘与龈组织之间；修复体边缘有悬突或台阶、表面抛光不够都可引起龈炎。边缘不正确的修复体一般要拆除重新修复。

3. 修复体轴面外形不良 修复体轴面突度的修改常常被忽视或因牙体预备不足引起。未能恢复修复体轴面的生理性突度，在进行咀嚼时，食物顺修复体轴面向龈组织滑动，可造成龈组织的创伤，久之形成龈炎。反之，如修复体轴面突度超过生理性突度，食物沿修复体轴面向龈方向滑动时不能与龈组织接触，又会使龈组织失去食物的生理性按摩作用，龈组织因长期血运不畅，食物滞留，也可造成局部龈炎。轻者可以加强局部清洁，严重的情况需拆除修复体重新制作。

(四)修复体松动、脱落

修复体松动、脱落的主要原因包括：修复体固位不足，预备体固位形不良，修复体不密合；修复体咬合设计不合理，侧向力过大导致修复体脱粘接；粘接时，牙面及修复体粘接面未清洗干净，口内液体控制不当，干燥不彻底等原因导致粘接失败。修复体一旦松动，应尽早取下，根据失败原因采取相应的措施。如为固位力不足，要重新预备基牙、改善固位后重新制作修复体；如为创伤所致，尝试调𬴂抛光后重新粘固；如为粘接失败，要彻底去净残留粘接水门汀，重新粘固或选用性能更好的粘接材料粘固。

(五)修复体穿孔或破裂

修复体穿孔或破裂的主要原因是牙体预备不足、修复体厚度不足或𬴂力大所致。应及早发现，进行认真的检查和分析。如不加以及时处理，就会造成继发龋，甚至使活髓牙发展成为牙髓炎。因此，修复体穿孔与破裂者一般均应将修复体取下，根据具体原因可重新预备预备体，或是换用高质量的修复材料。

烤瓷熔附金属全冠崩瓷的发生并不少见。它通常与结构设计缺陷、制作操作不当、咬合过度或创伤有关。烤瓷熔附金属全冠出现的少量崩瓷可以在口内使用树脂修补，大面积的崩瓷则需拆除重做。对于穿孔的金属修复体原则上应重做。

近年来随着全瓷冠的广泛应用，其折断和崩瓷的发生引起了临床关注。可能的原因有设计不当、预备量不足、患者有咬硬物的习惯等，需要根据原因重新设计或更换材料。

(六)修复体的拆除

固定修复体一旦发生问题，通常需要拆除修复体后才能完成再治疗的过程。在拆除时应仔细操作，否则容易造成创伤或使患牙折裂。无论哪种拆除方法，都要使患者充分理解其风险。特别是桩核修复体拆除的风险极大，失败率高，应充分认知；当不需要重新根管治疗时，尽量保留原有桩核重新进行冠修复。对于根尖炎患者，条件允许时可以选择根尖手术等方法治疗。

拆除修复体的方法如下：

1. 去冠器 适合于松动修复体的拆除。去冠器分手动去冠器和机械去冠器两种，机械去冠器的优点在于振荡力量均匀，持续性好，对基牙刺激小。使用时，利用去冠器上的钩缘钩住修复体的边缘，用去冠器柄上的滑动锤沿就位道相反方向冲击末端，依靠冲击力将残留粘固剂震碎，使修复体脱位。操作时应注意用力的大小及方向，术者手指应有良好的支持点，避免冲打时去冠器滑脱而损伤软组织；修复体快脱位时，用手防护修复体的飞落或避免造成患者误吞。

2. 车针破除 适合于固位较牢的修复体的去除。利用车针将修复体切割或磨除，破坏性地拆除。

拆除全冠时，可从颊舌侧将修复体切割至完全断开，用合适的工具如专用一字螺丝刀、小凿撬松后取下，或用去冠器轻轻震松后取下，操作时注意用力不宜过猛过大，以免造成牙周膜的损伤。嵌体拆除较困难，用车针在嵌体边缘处或嵌体峡部切断，以小凿分段取出，注意不要切割过多以防造成牙折。

拆除桩核修复体是十分困难的，医生要让患者充分了解这个过程的高风险。根内折断的桩核修复体和纤维桩的拆除，可以采用车针磨除、超声振荡的方法，注意纤维桩强度相对小，但颜色与牙本质接近，在显微镜的视野下磨除更安全。拆预成金属桩的方法是去除桩上的残留树脂，用针状车针将桩周围的粘接剂磨出一小缝隙，到达一定深度后，以止血钳或持针器夹住慢慢取出；螺纹桩采用反向旋转的方法。

3. 掏桩器 适合于前牙铸造金属桩核的取出。这是一种专用的器械，方法是将桩核磨改至使掏桩器可以完全就位至根面，根面必须磨成平面，使掏桩器稳定放在其上保持稳定；然后在金属核上制作与之匹配的固位槽，使掏桩器与核部分连接牢固，旋紧上部螺丝以夹紧金属核并缓慢转动尾部螺丝,逐渐把桩拔出。

三、预后

使用固定修复体的患者,必须要有更好的口腔卫生维护习惯才能延长使用时间。如果忽视维护或维护不到位,即使是"完美"的修复体也可以早期失败,而另一方面,良好地执行全面诊疗的程序,注重控制菌斑和维持随访,修复体便可以维持更长的使用时间。

对临床医生而言,重新治疗的患者会使治疗计划更复杂。治疗计划的初期只能初步预测,实施的过程中要依据临床情况做出必要的调整。同时,在修复体的设计中,需要考虑未来口内整体修复的多种可能性,如可能成为可摘局部义齿的固位体;使用金属咬合面以为进一步的咬合调整提供便利;采用龈上边缘的牙齿预备为再修复提供可能。

预测未来可能出现的失败对固定修复治疗计划的成功十分重要,所以,修复体的设计还应简单和便于调整,以适应未来的治疗需要。对医生而言,长期而严格的治疗程序的完成需要更全面的专业知识和更专业治疗的配合。

(刘玉华)

进展与趋势

牙体缺损是口腔临床的常见病和多发病。近年来随着科学技术的进步和口腔预防医学、口腔材料学、口腔修复工艺学等与口腔修复学密切相关学科的发展,牙体缺损的修复无论从致病因素、口腔修复材料、修复体制作工艺、患者对口腔修复效果的要求等方面都发生了重大的进展:

1. 牙体缺损病因的变化　龋病一直是牙体缺损的主要病因,但由于近年来龋病的预防和早期治疗的发展和进步,龋病所导致的牙体缺损比例逐渐下降。但现代饮食结构及生活方式的改变也会引起牙体缺损致病病因的改变,如由于人们日常饮食中弱酸性的饮料、食物等对牙体硬组织的脱矿导致的酸蚀症在牙体缺损修复病例中的比例逐渐上升。因此,在牙体缺损的修复中也应重视对酸蚀症的预防、诊断和治疗。

2. 越来越突出牙体缺损修复的微创理念　牙体缺损修复的微创理念就是在牙体缺损的修复过程中尽可能地少磨牙,更多地保存所修复牙齿健康牙体组织。牙体缺损修复中微创理念的发展是基于粘接技术和全瓷材料的发展。全瓷材料的发展使修复体可以在尽可能小的厚度情况下满足修复体美学和强度的要求。粘接技术的发展使修复体可以更少地依赖于传统的机械固位形而更多地依靠粘接固位,减少为了提高固位而进行的牙齿磨除。

3. 更加重视牙体缺损修复的美学原则　随着社会文明的发展,人们对牙齿美学的要求越来越高,牙体缺损患者就诊的主诉中越来越多的是要求改善牙齿的美观。全瓷修复体可以真实地模拟天然牙的形态、颜色、结构、半透明性等美学特征,成为牙体缺损修复的重要发展方向。

4. 牙体缺损的数字修复技术发展迅速　随着光学印模、计算机辅助设计和计算机辅助制作(CAD/CAM)、三维打印等数字技术的发展,牙体缺损修复的临床操作和修复体的制作工艺也发生了巨大的变化。数字化技术越来越多地应用于牙体缺损的修复治疗设计和制作等过程,使牙体缺损修复更加规范化;数字化技术不仅提高了口腔修复的工作效率和修复体的制作精度,更重要的是提高了牙体缺损修复的医疗质量。

> **5. 牙体缺损修复材料的日新月异** 氧化锆材料性能不断完善，其应用越来越普遍，甚至出现了高透和梯度结构的氧化锆材料，其美学性能和对天然牙的磨耗更加接近生理状态；树脂陶瓷复合材料的发展和应用也逐步得到重视；伴随着数字化技术的不断进步，适应数字口腔修复的材料也在不断更新。此外，新型粘接材料、美学修复材料也正在促进口腔固定和美学修复工作的不断发展。

Summary

Tooth defect is a common disease in dental clinic. The etiologies of tooth defect are caries, tooth trauma, abrasion, erosion, non-carious cervical lesion and developmental deformity. The prostheses of defected teeth can be categorized into inlay, laminate veneer, complete crown, partial veneer crown and post-and-core crown, etc. The ideal restoration for defected tooth must simultaneously fulfill the requirements of biologic, biomechanical, and esthetic principles. But often these principles conflict, one principle may be given too much emphases, and long-term success may be limited by a lack of consideration of other principles. The general clinical procedures for restoration of defected teeth consist of tooth preparation, impression and working cast trimming, restoration fabrication in dental lab, restoration try-in and final cementation.

Inlay is a fixed intracoronal restoration to rehabilitate the esthetics and function of defected teeth. Complete cast crown is often used to restore the posterior teeth. The strength of complete cast crown is superior to that of other restorations, and tooth reduction is less than tooth colored restoration. But esthetic factors may limit its application.

Porcelain-fused-to-metal crown, one of the most widely used fixed restorations, combines the esthetics of an all-ceramic crown with the strength of a cast complete crown. The underlying principle is to reinforce a brittle, more cosmetically pleasing porcelain material through the strength and support derived from the metal substructure. Natural appearance can be achieved by practiced manufacturing and good mastering of the characteristics of porcelains and its auxiliary materials.

All-ceramic crowns are some of the most esthetically pleasing fixed restorations and become more and more popular in dentistry. Because there is no metal coping to block the light transmission, they can, to a great extent, mimic natural tooth structure in terms of color and translucency. The main disadvantage of all-ceramic crown is their susceptibility to fracture, although this is reduced by application of the resin-boned technique and high strength all-ceramic materials.

Porcelain laminate veneering is a more conservative method of restoring the appearance and esthetics of the discolored, pitted, or fractured anterior teeth (premolars are usually indicated as well) through bonding thin ceramic laminates onto the labial surfaces of the affected teeth. The bonding procedure is very critical for its long term success. The main disadvantages of the method include the difficulty in obtaining restorations that are not excessively contoured and the relatively poor capability to block the heavily-discolored teeth.

Post-and-core crown is a restoration in which the post and core are one unit followed by placement of a separately fabricated crown for use in an endodontically-treated tooth with significant loss of tooth structure. When significant coronal tooth loss has occurred, a post-and-core crown is normally required or indicated. During the restoration, the ferrule effect is indispensable in preventing the root fracture during the function.

Definition and Terminology

轴向固位 (retention): The quality inherent in the restoration acting to resist the forces of dislodgement along the path of placement.

轴向固位形 (retention form): The features of a tooth preparation that resist dislodgement of a restoration in a vertical direction or along the path of placement.

非轴向固位 (resistance): The quality inherent in the restoration acting to resist the forces of dislodgement along an axis other than the path of placement.

非轴向固位形 (resistance form): the features of a tooth preparation that increase the stability of a restoration and resist dislodgement along an axis other than the path of placement.

边缘 (margin): The outer edge of a crown, inlay, onlay, or other restorations. The boundary surface of a tooth preparation and/or restoration is termed the finish line or finish curve.

全冠 (complete crown): A restoration that covers all the coronal tooth surfaces（mesial, distal, facial, lingual, and occlusal）.

嵌体 (inlay): A fixed intracoronal restoration；a dental restoration made on working cast indirectly to correspond to the form of the prepared cavity, which is then luted into the tooth.

烤瓷熔附金属全冠或金瓷冠 (porcelain-fused-to-metal crown, or metal-ceramic crown): A crown or dental prosthesis that uses a metal substructure upon which a layer of porcelain or a ceramic veneer is fused to mimic the appearance of a natural tooth.

全瓷冠 (all ceramic crown): A complete ceramic crown or dental prosthesis that restores a clinical crown without a supporting metal substructure.

全瓷贴面 (porcelain laminate veneer): A thin ceramic restoration bonded to remaining enamel or tooth structure that conservatively restores the facial surface and part of the proximal surfaces of discolored, pitted, or fractured anterior and premolar teeth requiring esthetic restoration.

桩核冠 (post-and-core crown): A restoration in which the post and core are one unit followed by placement of a separately fabricated crown for use in an endodontically treated tooth with significant loss of tooth structure. It has an internal post to fit into the prepared root canal to provide retention for the restoration.

牙本质肩领效应 (ferrule effect): The ferrule effect is a 360° metal or ceramic collar of the crown surrounding the parallel walls of the dentin extending coronal to the cervical margin of the preparation. It is thought to help bind the remaining tooth structure together, simultaneously preventing root fracture during function. The result is an elevation in resistance form of the crown from the extension of dentinal tooth structure.

印模 (impression): A negative likeness or copy in reverse of the surface of an object；an imprint of the teeth and adjacent structures for use in dentistry.

排龈 (gingival displacement): The deflection of the marginal gingiva away from a tooth.

参考文献

[1] 冯海兰, 徐军. 口腔修复学. 2版. 北京：北京大学医学出版社, 2013.
[2] 赵铱民. 口腔修复学. 7版. 北京：人民卫生出版社, 2012.

［3］Shillingburg HT, Sather DA, Wilson EL, et al. Fundamentals of Fixed Prosthodontics (4th edition). London: Quintessence Books. 2012.

［4］Rosenstiel SF, Land MF, Fujimoto J, et al. Contemporary Fixed Prosthodontics (5th edition). St Louis: Elsevier, 2016.

［5］Wassell RW, Walls AW, Steele JG. Crowns and extra-coronal restorations: materials selection. Br Dent J. 2002, 192 (4): 199-211.

［6］Raigrodski AJ. Contemporary materials and technologies for all-ceramic fixed partial dentures: a review of the literature. J Prosthet Dent. 2004, 92 (6): 557-562.

［7］Naylor WP. Introduction to metal ceramic technology. Chicago: Quintessence Publising Co., 1992.

［8］The Glossary of Prosthodontic Terms (9th Edition). J Prosthet Dent. 2017, 117 (5s): e1-e105.

［9］中华口腔医学会口腔美学专业委员会，中华口腔医学会口腔材料专业委员会．全瓷美学修复材料临床应用专家共识．中华口腔医学杂志，2019，54 (12)：825-828.

［10］Gracis S, Thompson V P, Ferencz J L, et al. A new classification system for all-ceramic and ceramic-like restorative materials. Inter J Prosthodont, 2015, 28 (3): 227-235.

［11］周永胜，佟岱．口腔修复工艺学．北京：北京大学医学出版社，2014.

［12］刘峰．椅旁数字化修复实战—从入门到精通．北京：人民卫生出版社，2017.

［13］杨坚，冯海兰，魏秀霞，等．CEREC 3D 全瓷冠在前牙修复中的美学效果观察．中华医学杂志，2012，92 (12): 845-847.

［14］杨坚．CAD/CAM 椅旁系统在微创美学修复中的应用．中国实用口腔科杂志，2013，6 (6): 337-341.

［15］杨坚，冯海兰．椅旁计算机辅助设计与辅助制作技术在前牙美学修复中的应用要点．中华口腔医学杂志，2018，53 (4): 217-220.

［16］Otto T. Up to 27-years clinical long-term results of chairside CEREC 1 CAD/CAM inlays and onlays. Int J Comput Dent, 2017, 20 (3): 315-329.

［17］Arnetzl GV, Arnetzl G. Reliability of nonretentive all-ceramic CAD/CAM overlays. Int J Comput Dent, 2012, 15 (3): 185-197.

［18］Lambert H, Durand J C, Jacquot B, et al. Dental biomaterials for chairside CAD/CAM: state of the art. J Adv Prosthodont, 2017, 9 (6): 486-495.

［19］Hung CY, Lai YL, Hsieh YL, et al. Effects of simulated clinical grinding and subsequent heat treatment on microcrack healing of a lithium disilicate ceramic. Int J Prosthodont, 2008, 21 (6): 496-498.

［20］Janyavula S, Lawson N, Lawson N, et al. The wear of polished and glazed zirconia against enamel. J Prosthet Dent, 2013, 109 (1): 22-29.

［21］Cho MS, Lee YK, Lim BS, et al. Changes in optical properties of enamel porcelain after repeated external staining. J Prosthet Dent, 2006, 95 (6): 437-443.

第四章　牙列缺损的固定局部义齿修复

Fixed Partial Dentures for Replacing the Missing Teeth

牙列缺损是指牙列中部分牙齿的缺失；牙列中从缺一个牙到只剩一个牙均被称为牙列缺损（图 4-1，图 4-2）。随着口腔医学的快速发展和我国口腔预防医学事业取得的进步，牙列缺损的发生率逐年降低，但仍有许多患者因龋病、牙周病、外伤、颌骨疾病、发育障碍等原因造成患牙的拔除或缺失而形成牙列缺损。

牙列缺损不会引起疼痛，也不会像肢体的缺损那样引起生活困难，但是牙列缺损的不良影响或危害也是显而易见的，包括：咀嚼功能减退；导致邻牙倾斜、对𬌗牙过长等牙齿位置异常；出现牙间隙（图 4-3）；易造成牙周组织病变或龋病（图 4-3）；影响美观；导致发音功能

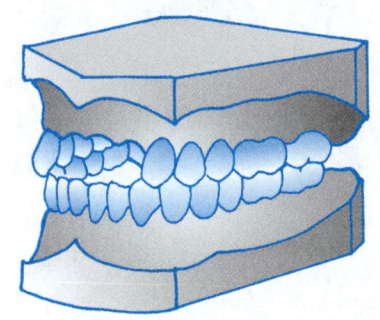

图 4-1　前牙缺失的牙列缺损

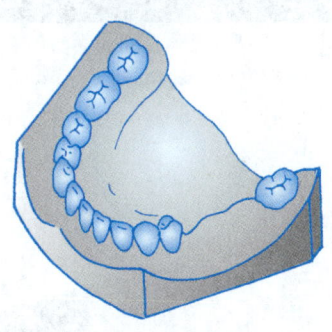

图 4-2　后牙缺失的牙列缺损

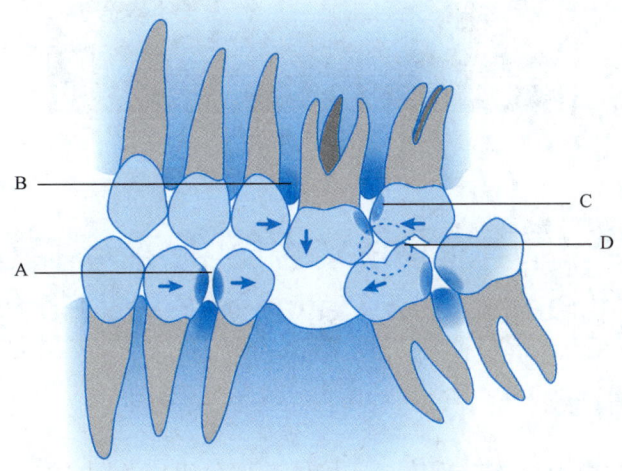

图 4-3　牙列缺损后的牙列变化
A. 牙间隙；B. 牙周组织病变；C. 龋；D. 咬合干扰

障碍等。同时，咀嚼系统的神经、肌肉、关节与咬合是一个有机的整体，任何一部分的异常都会带来其他部分的损害。牙列的完整性是维持咀嚼系统健康的前提，对于这样一个高强度、高频率的受力器官，牙列中有一颗牙缺失便意味着三维动力平衡被破坏，可能造成咬合干扰（图4-3），从而影响颞下颌关节。牙列缺损的影响因缺牙部位和数量不同而有所差异，如果不及时修复，这些不良影响会逐渐累积，最终还可能导致修复困难或无法修复的情况。所以，当牙列缺损后，需要及时地修复治疗。修复牙列缺损的方法主要有固定局部义齿、可摘局部义齿和种植义齿等方法。本章主要讲解固定局部义齿，可摘局部义齿、种植义齿等其他方法将在后面的章节中讲解。

固定局部义齿（fixed partial dentures）又称固定义齿、固定桥（图4-4）。它是修复牙列中一个或几个缺失牙的修复体。靠粘接剂或固定装置与缺牙两侧预备好的基牙或种植体连接在一起，从而恢复缺失牙的解剖形态与生理功能。从义齿分类上它属于局部义齿一类。由于患者不能自由摘戴这种修复体，故简称为固定义齿；又由于其结构很像工程上的桥梁结构（图4-5），也简称为固定桥。由于固定桥的称谓更加简化和形象，所以这个称谓在临床中更加常用。

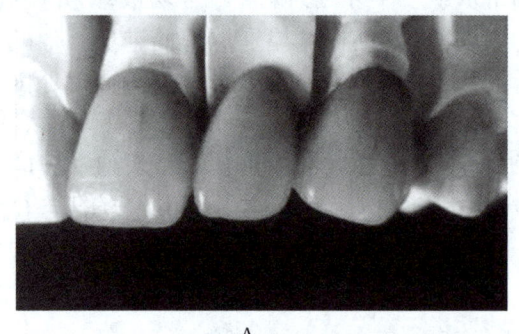
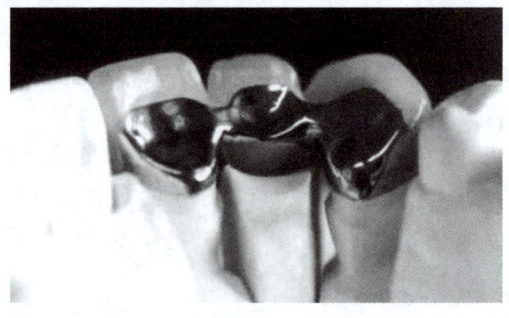

图4-4 固定义齿
A.唇面观；**B**.舌侧观

图4-5 桥梁

第一节　固定义齿的组成与类型
Components and Classification of Fixed Partial Denture

一、固定义齿的组成

固定义齿或固定桥由固位体、桥体、连接体三部分组成（图4-6）。固定义齿需要固定在基牙（abutment）上行使功能，基牙为固定义齿提供支持和固位，但其不属于固定义齿的组成部分。

（一）固位体

固位体（retainer）是固定桥粘接于基牙上的构造，在口腔修复学的历史上桩冠、嵌体、部分冠、全冠都曾做过固定桥的固位体，其中全冠类的固位体最为常用。随着粘接技术的进步，出现了粘接桥，粘接桥的固位体与传统固定桥的固位体结构不同，这些内容请参考粘接桥相关的章节。固定桥靠固位体的固位与基牙连结在一起并将𬌗力通过固位体传给基牙，所以，固位体应有良好的固位力与抗力。

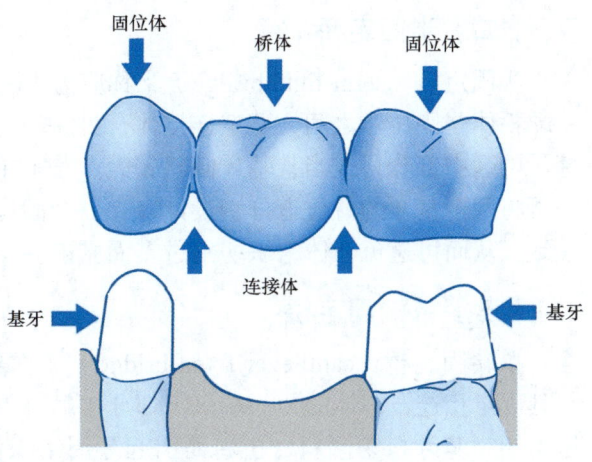

图 4-6　固定义齿的组成

（二）桥体

桥体（pontic）是固定桥的人造牙部分，制作固定桥的目的便是做出桥体，以恢复缺失牙的形态与功能。

桥体并不是缺隙的三维填充，也非缺失牙简单的模仿，其设计需要根据缺牙状态，综合生物学、机械学、美学原则，充分考虑如何清洁，如何保护桥体下方的牙龈组织。所以，固定桥的桥体是为完成缺失牙的咀嚼功能而特殊设计的，是固定桥修复体的一部分。

（三）连接体

连接体（connector）是桥体与固位体的连接部分。按其连接方式不同，分为固定连接与非固定连接。固定连接体（rigid connector）是固位体与桥体之间硬性的（rigid）、完整而无活动的连接方式。非固定连接体（nonrigid connector）是固位体与桥体之间通过栓体、栓道相连的连接方式。

二、固定义齿的类型

固定义齿按其结构分为三种基本类型：双端固定桥、半固定桥和单端固定桥，它们也称简单固定桥（simple bridge）。以上任意两个或两个以上的简单固定桥组合时形成的是复合固定桥（compound bridge）。用种植体作支持的固定桥可称为种植固定桥。用套筒冠作固位体的固定桥又可称作可摘固定桥。基牙非常规预备，依靠树脂粘接剂固位的称作粘接桥（详见本书第五章）。

（一）双端固定桥

双端固定桥（rigidly fixed bridge）又称完全固定桥（图4-7），两端都有固位体，且固位体与桥体之间为固定连接，并借固位体固定在基牙上，基牙、固位体、桥体成为一个整体，𬌗力通过基牙传给牙周组织。双端固定桥与其他结构的固定桥相比，能承受𬌗力大、患者感觉舒适、预后最佳，所以被临床上广泛应用。

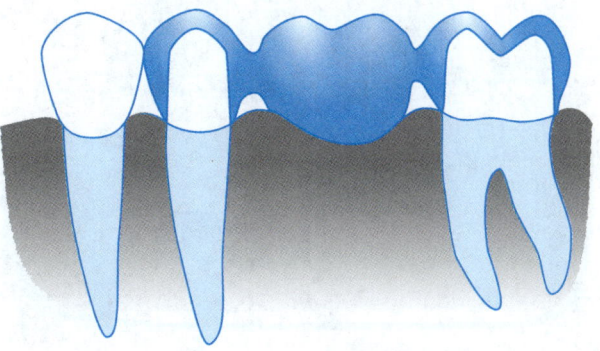

上前牙固定义齿修复案例

图 4-7　双端固定桥

（二）半固定桥

半固定桥（semi-rigid bridge）又称应力中断式固定桥（图 4-8），桥体两端都有固位体，其一端桥体与固位体之间为固定连接体，另一端为非固定相连。半固定桥多用于牙间隔缺失中间基牙的远中部分；或当某基牙倾斜较大、若采用双端固定桥修复，难以取得共同就位道时，这时可将两个基牙的就位道分别设计，在一个固位体上设计的栓道与另一个基牙预备体的就位道一致，从而可避免牙体组织切割过多而露髓。

（三）单端固定桥

单端固定桥（cantilever fixed bridge）又称悬臂梁单端桥（图 4-9），桥体只一端有固位体与其固定相连，桥体的另一端只与邻牙接触。单端固定桥粘接在一端基牙上。这种设计增大了扭力矩，基牙极易倾斜、扭转而引起牙周组织创伤，故一般不能单独使用，尤其不可用于后牙，只在缺牙间隙小时慎用，或用于复合固定桥的个别小间隙。

（四）复合固定桥

复合固定桥是将两个或以上的简单固定桥组合在一起而构成（图 4-10）。当某个基牙需要作前后缺隙的共同基牙时尤为常用，一般多为四个以上单位，有两个以上基牙，就位道比较困难时，其中一部分可设计为半固定桥。

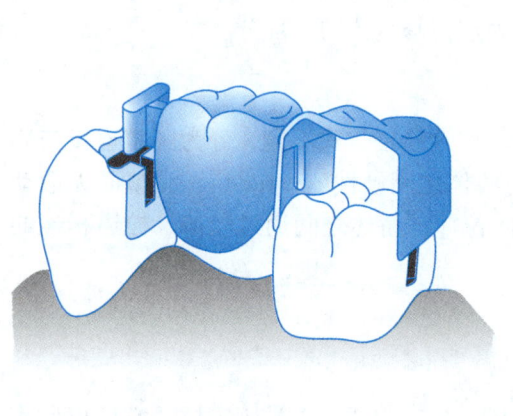

图 4-8　半固定桥

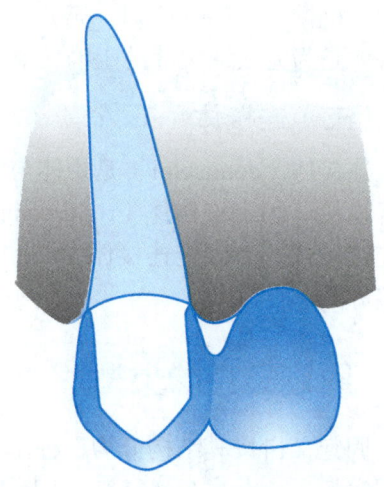

图 4-9　单端固定桥

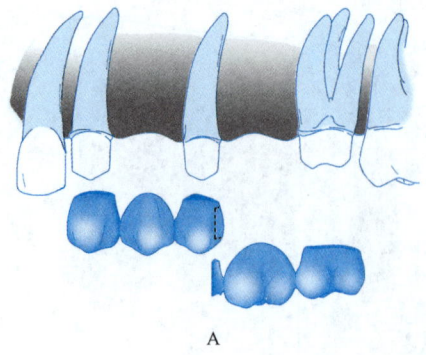
A

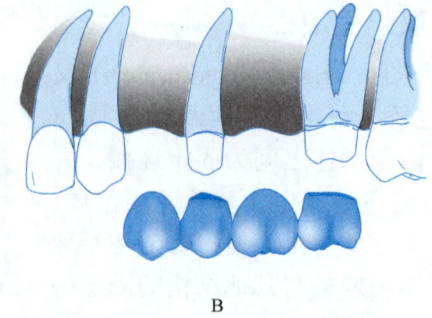
B

图 4-10　复合固定桥

A. 由一个双端固定桥和一个半固定桥组成复合固定桥；**B.** 由一个单端固定桥和一个双端固定桥组成复合固定桥

第二节 固定义齿修复的适应证和生理基础
Indication and Physiological Basis of Fixed Partial Denture

一、适应证的选择

任何一种修复治疗方法都会让患者付出一定的代价。被切割掉的牙体组织不能再生，所以，选择固定义齿修复一定要慎重。近年来，种植修复技术飞速发展，其优势也越来越显著，这些优势包括：远期预后好；修复范围不受限制；避免了邻牙的牙体组织损伤。目前，种植修复已经成为了牙列缺损的首选修复方式。但是种植修复也有一些缺点，包括：费用相对较高；治疗周期相对较长；种植手术对于患者的全身条件和局部牙槽骨条件要求较高，且会出现一些如疼痛、肿胀等术后并发症。所以，固定义齿仍是一种远期预后确定，有一定适用范围的牙列缺损修复方式。

选择固定义齿修复的适应证，一般应从以下几个方面考虑：

（一）缺牙的数目

缺牙的数目也就是桥体的长度。一般情况下，固定修复可修复前牙区的1~4个牙，后牙区1~2个牙。磨牙的游离缺失（远中无基牙），即使是一个牙的缺失，也不宜选择固定义齿修复。

（二）缺牙的部位

一般来说，缺牙的任何部位均可，只要基牙条件允许。但是有两种特殊情况需要特殊考虑。第一种情况是第二磨牙的游离缺失，虽然只缺一个牙，但因为远中为悬臂梁，会对基牙产生很大的扭力，即使在其前面用两个基牙作固位体，也难免对基牙造成损害，所以在临床上应优先考虑种植修复；如果上下第二磨牙均缺失，且其都为游离缺失，此时上下第二磨牙可不修复。第二种情况是尖牙缺失，尖牙受的力位于基牙连线的外侧，扭力矩大，而且侧切牙支持力相对差，所以尖牙缺失需要前面两个基牙和后面的一个基牙作为固位体进行修复。

（三）基牙的条件

固定桥以缺牙的邻牙作基牙，基牙应具备的条件如下：

牙冠：外形正常，有足够𬌗龈径、唇舌径与近远中径，组织健康或有牙体缺损，但剩余牙体组织能满足抗力、固位型的要求。

牙根：长大，多根分叉大的最好，根冠比＞1∶1。

牙髓：无病变或经过完善的根管治疗。

牙龈、牙周组织：健康、骨吸收＜1/3，牙齿无松动。

位置：正常，倾斜度＜25°。

（四）缺牙区咬合关系

咬合关系应基本正常，磨耗度正常，𬌗接触良好、对𬌗牙无过长，否则需调整咬合关系。对𬌗牙若为少量过长，可以考虑直接调磨；如果过长较多，则需要正畸压低或根管治疗后再做冠修复。

（五）缺牙区牙槽嵴情况

一般来讲，拔牙后3个月创口完全愈合，牙槽嵴顶形成咀嚼黏膜后可正式修复。若需拔牙后即刻或早期修复，须用临时桥或可摘局部义齿临时修复。因严重牙周病脱落或拔除的牙齿，其剩余牙槽嵴一般吸收较多，修复前一般需要进行牙槽嵴重建或对桥体进行特殊设计。

（六）其他影响适应证的因素

口腔卫生：龋坏率低、口腔卫生良好的患者，固定修复预后好，修复体边缘不易产生龋坏。

余留牙：余留牙健康、中短期内不需进行修复及拔除的情况下适宜做固定修复。

年龄：高龄不是禁忌证；年龄小者，要考虑牙萌出高度、𬌗稳定性、髓角高度。

职业：教师、歌唱演员等首选固定义齿或种植修复。

全身因素：固定义齿修复要求患者身体比较健康，能耐受治疗操作。因某些全身因素不能进行种植修复，但希望固定修复的患者也可以选择固定义齿修复。

二、固定义齿修复的生理基础

在咀嚼运动中，固定桥所承受的𬌗力几乎全部由基牙承担，即基牙要承担自身的𬌗力和分担桥体的𬌗力。基牙的这种承担额外𬌗力的能力是固定桥修复的生理基础，即牙周储备力。

牙周储备力也称牙周潜力，是指在正常咀嚼运动中，咀嚼食物的𬌗力大约只为牙周组织所能支持力量的一半，而在牙周组织中尚储存了另一半的支持能力。所以在解剖意义上来说，基牙的牙周组织也可以称为固定桥修复的生理基础。固定桥修复正是动用了基牙的部分甚至全部牙周潜力，以承担桥体的额外负担来补偿缺失牙的功能。根据文献报道，用𬌗力计对正常健康人的咀嚼力进行检测，平均值是 22.4～68.3 kg，而日常生活中的𬌗力仅为 10～23 kg，仅使用了牙周潜力的一半或一部分。

三、基牙的选择

基牙的主要功能是支持固定桥，需要负担基牙自身和桥体额外的𬌗力，故要求基牙要有足够的支持能力。同时，固定桥靠固位体固定在基牙上，因此要求基牙应能满足固位体的固位形要求，有良好的固位作用。由于固定桥将各基牙连接成一个整体，故要求各基牙间能够取得共同就位道。最后，在选择基牙时还需要考虑咬合因素。

（一）支持作用

在临床工作中，正确选择基牙的数量，使固定义齿获得足够的支持，能够满足生理咀嚼功能的要求，又不会对自身造成损害是一个固定桥能否成功的前提。那么用什么样的原则来确定基牙的数目呢？主要参考的原则有 Ante 法则和其他一些影响基牙选择的因素。

1. Ante 法则 1926 年，Ante IH 医生提出了后来被 Johnston 等人称作"Ante's law"的论点：基牙牙周膜面积的总和应等于或大于缺失牙牙周膜面积的总和。根据此思路，Tylman，Jepsen，魏治统等相继测量了各牙周膜面积以供选基牙时参考使用（表 4-1）。这些测量尽管因样本的差异得出了不同的测量值，但规律是完全相同的，如第一磨牙牙周膜面积最大，第二磨牙次之，上颌侧切牙面积较小，下颌中切牙面积最小等。为了进一步方便使用，Tylmen 据此规律并参考𬌗力、牙位、牙体形态列出了选用基牙顺序表（表 4-2）。Jepsen 等则将牙列中牙周膜面积最小的牙的数值作为基本单位，比较其他牙牙周膜面积与该数值的比值，称为 Jepsen 牙周膜面积比值（图 4-11），从而使法则运用起来更方便。关于牙周膜面积的测量，大部分学者采用的是测量牙根面积，所以 Jepsen 牙周膜面积比值也称为 Jepsen 牙根面积比值。在多数情况下，通过牙周膜面积比值计算来决定基牙数目是比较容易的。

如上颌 6 缺失，比值为 2.4，5 + 7 的比值和为 1.2 + 2.4 = 3.6 > 2.4，符合 Ante 法则，可以用 5、7 作基牙，固定桥修复 6 缺失。

表 4-1　各牙的牙周膜面积（mm²）

颌	牙位	Tylman	Boyd	Jepsen	魏治统
上颌	8	194	205		
	7	272	417	431	290
	6	335	455	433	360
	5	140	217	220	177
	4	149	220	234	178
	3	204	267	273	217
	2	112	177	179	140
	1	139	204	204	148
下颌	1	103	162	154	122
	2	124	175	168	131
	3	159	272	268	187
	4	130	196	180	148
	5	135	204	207	140
	6	352	450	431	346
	7	282	400	426	282
	8	190	373		

表 4-2　Tylman 选择基牙顺序表

上颌牙位	顺序	下颌牙位	顺序
1	7	1	8
2	8	2	7
3	4	3	6
4	3	4	4
5	5	5	5
6	1	6	1
7	2	7	2
8	6	8	3

上颌 5 缺失，比值为 1.2，4 + 6 的比值和为 1.3 + 2.4 = 3.7 > 1.2，符合 Ante 法则，可以用 4、6 作基牙，固定桥修复 5 缺失。

下颌 4 缺失，比值为 1.2，3 + 5 的比值和为 1.7 + 1.3 = 3.0 > 1.2，符合 Ante 法则，可以用 3、5 为基牙固定桥修复 4 缺失。

上颌 2 缺失，比值为 1.0，1 + 3 的比值和为 1.1 + 1.5 = 2.6 > 1.0，符合 Ante 法则，可以用 1、3 作基牙，固定桥修复 2 缺失。

上颌 4、5 缺失，比值和为 1.3 + 1.2 = 2.5，3 和 6 的比值和为 1.5 + 2.4 = 3.9 > 2.5，符合 Ante 法则，可以用 3、6 作基牙，固定桥修复 4、5 缺失。

但是，Ante 法则应该是在正常情况下的一个一般参考原则，而不能当作绝对的准则。在某些情况下需要修正，这时我们就需要参考影响基牙选择的其他因素。

2. 根冠比　根在骨内，冠在骨外，𬌗面受力点距骨嵴顶的距离越大，力矩越大。理想的根

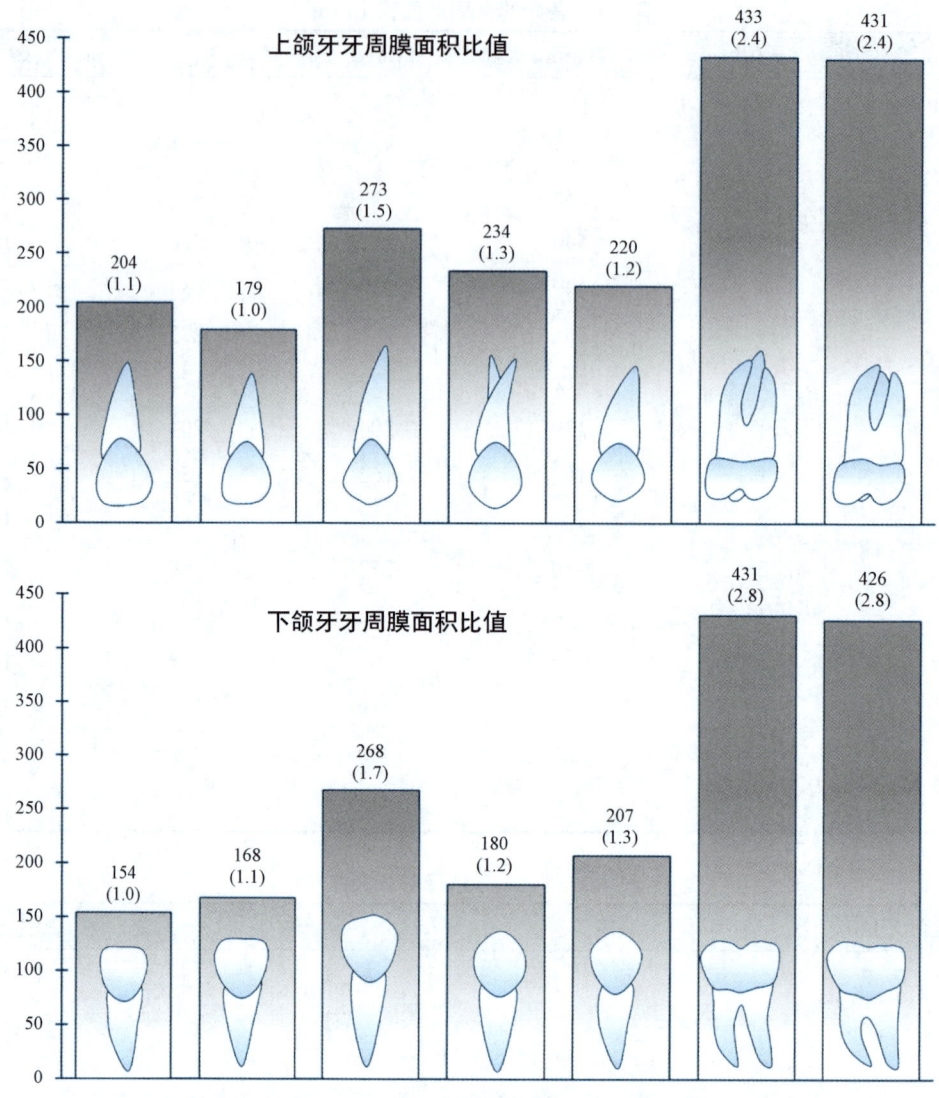

图 4-11　Jepsen 牙周膜面积比值图

冠比应为 3∶2，或不能小于 1∶1，才可保证良好的预后，但如果对𬌗为可摘局部义齿或总义齿，根冠比等于 1∶1 的基牙也可作固定义齿，如果对𬌗牙为真牙列，基牙牙周膜面积总和又等于而非大于缺失牙牙周膜面积总和，再加上根冠比不良，此时应考虑增加基牙。

3. 根的外形与结构　与该牙的支持力大小有关，长而粗大的根比长而细的根牙周膜面积大，抵抗各方向力的能力大；多根牙根分歧发育良好、根间隔大的牙比根间隔小的牙，甚至融合根的牙支持力大许多。有的人 6 会发育成锥形根，也有 8 有良好的根分歧。所以，不一定 6 总是牙周膜面积比 8 大，这是法则需修正的一点，即根的外形与结构会影响牙周膜面积的大小，要参考 X 线片。

4. 基牙的倾斜与移位　桥体的长度取决于基牙间距，如果缺失两颗牙而后因牙齿的移位只剩下一颗牙的间隙，那么，缺失牙牙周膜面积的总和可以减去一颗牙的牙周膜面积。但多数情况下缺隙远中牙向近中倾斜，这便带来新的问题，即共同就位道的方向与力的方向沿牙长轴传导都难以做到。牙齿倾斜后𬌗力的方向并不会随着牙的倾斜而改变一个角度，这样，牙长轴与𬌗力方向会产生一个角度，该牙的牙周膜面积尽管没有减少，但能承受𬌗力的牙周膜会减少，所以 Tylman 等建议超过 25° 便不再适合作基牙。最好是通过正畸手段将倾斜基牙矫正，然后再作基牙。

5. 骨高度降低程度 牙列缺损患者以中老年人居多，即使没有牙周炎，也大多数会有一定程度的牙周组织萎缩、牙槽骨高度降低。怎么能指望一个器官使用了几十年后，仍保持原来的形态、大小、高度。所以，中老年人作固定修复时，Ante 法则又一次要作修正。原四川医学院测量的牙槽骨吸收后余留牙周膜面积的百分比，较好地、定量地解决了这个问题，见表 4-3。

表 4-3 牙槽骨吸收后余留牙周膜面积的百分比（mm^2）

吸收程度	上颌							下颌						
	7	6	5	4	3	2	1	1	2	3	4	5	6	7
总面积	100	100	100	100	100	100	100	100	100	100	100	100	100	100
吸收 1/4	73.44	74.1	63.8	64.9	61.8	62.2	62.8	64.2	65.2	63.6	63.9	61.9	72.2	69.50
吸收 1/2	33.10	38.8	35.5	36.0	33.4	34.4	35.1	37.5	36.8	33.0	36.9	34.1	39.4	36.54
吸收 3/4	10.34	13.8	14.6	16.2	12.2	13.7	13.5	14.6	14.2	11.4	16.2	13.4	15.0	12.76

该结果表明：牙槽骨吸收 1/4 后，6 便丧失了将近 30% 的牙周膜面积，牙周潜力已不足以使基牙多承受 50% 的𬌗力。

6. 牙弓弧度 多数人牙列中的后牙段在一条线上，牙弓的弧度可以忽略不计，但当前牙缺失的时候，有些情况下桥体位于基牙连线之外较远，牙弓的弧度对基牙的影响便不可忽视。21|12 缺失，如仅用 3|3 作基牙，按照 Ante 法则，1.5＋1.5＜1.1＋1.1＋1.0＋1.0，3＜4.2，不仅基牙的牙周膜面积不够；桥体位于两基牙连线之外，还会因杠杆作用对基牙造成倾斜扭力，解决的办法是在支点线的另一侧增加基牙来抵抗，所以应以 43|34 为基牙，3＋2.6＝5.6＞4.2 满足了 Ante 法则。但临床实践也证明，如果前牙牙弓较平直，扭力不大，患者的咬合力不大且 3|3 牙周组织健康时，也可以考虑使用 3|3 作基牙，支持 321|123 的固定桥。

21|12 缺失的时候，尽管 1.7＋1.7＜1.0＋1.1＋1.1＋1.0，即 3.4＜4.2，并且也有基牙位于两基牙连线外形成杠杆力的问题，但与 21|12 缺失不同的是，21|12 桥体受的是龈向与唇向力，而 21|12 桥体受的是龈向与舌向力，对基牙的扭力大为减小，仅用 3|3 作基牙也能长期维持基牙的健康。

上 3 缺失时，一方面桥体在牙弓拐角处，也位于基牙连线的外侧，另一方面上 2 是上牙列中最弱的基牙，所以尽管 1.3＋1.0＞1.5，但为了抵抗唇向扭力，应增加 1，用 1、2、4 三颗牙作基牙。下 3 缺失的情况类似，需要用下颌 1、2、4 三颗牙作基牙。

7. 中间基牙 牙列间隔缺损时，造成了中间基牙。两个缺隙中间，孤立的余留牙成了不得不选择的基牙。如果 4、6 缺失，那么基牙应是 3、5、7，如果 2、4 缺失，那么基牙应是 1、3、5，等于双端固定桥又多了一个中间基牙，这时的固定桥与以往的双端固定桥会有所不同，由于桥较长、跨度大、弧度大，基牙又有前牙又有后牙时问题就突出了。在生理状态下，牙齿有一定的生理动度，切牙唇舌向为 100 μm 左右，尖牙与后牙颊舌向为 60～70 μm，牙齿邻面的磨耗面可清楚地表明该牙的生理动度方向，如果固位体与桥体间均为固定连接，便会产生一个现象，由于不同基牙生理动度方向不同，彼此之间存在一个角度，那么当该桥在功能状态下某区段受力时，非受力段的基牙会受到与原生理动度不同方向、不同大小的扭力，这样久而久之，牙周能耐受的，则固位体与基牙间的粘接界面上会因为力的作用引起松动；牙周不能耐受的则出现骨吸收。为此，需要在中间基牙的远中设计应力中断连接体。

8. 增加基牙 在以上几种情况中，如邻近缺隙的基牙牙周膜面积总和小于缺失牙牙周膜面积总和；根冠比不良；根的外形与结构不良；牙有倾斜；牙槽骨高度有降低等情况下，需要增加基牙，增加的基牙即第二基牙的牙周膜面积应大于等于原基牙的牙周膜面积，并有良好的根冠比。如5、6缺失，4牙根短小，增加3作基牙，3、4、7修复5、6缺失，便符合如上原则，但如4、5、6缺失，欲在近中侧增加2作基牙，则违背了如上原则。

（二）固位作用

固定义齿靠固位体固定在基牙上，这就要求基牙具有良好的固位作用。在临床上，需要检查基牙牙冠是否有足够的高度，牙冠的形态和组织结构是否正常。牙冠高度充足且牙体组织健康的基牙可以预备出良好的固位形，是基牙选择的理想条件。如果基牙有龋坏等小的牙体缺损，需要先行充填治疗；如果基牙缺损严重、固位形差，必要时需要先失活牙髓，然后行桩核修复以获得良好的固位形；此外，失髓牙若牙冠抗力形不足，即使固位形良好，必要时也需行桩核修复，以获得长期的固位。

对于一些发育异常的牙齿，如严重的釉质发育不全等，其牙齿结构松软，釉质残缺，殆面易磨耗，使牙冠高度降低，影响固位体的固位作用，一般不宜选作基牙。并且由于固定桥修复后，固位体龈边缘得不到牙釉质的支持，容易在边缘形成间隙，产生继发龋，引起固位体松动脱落或引发牙髓病变，导致固定桥修复失败。

此外，增加基牙的方法，不仅可以增加基牙的支持能力，也利于增加固位作用。

（三）共同就位道

因固定桥的各固位体与桥体连接成为一个整体，固定桥在桥基牙上就位时只能循一个方向戴入，所以各桥基牙间必须形成共同就位道（图4-12）。在选择桥基牙时，应注意基牙的排列位置和方向，这与牙体预备时能否获得各桥基牙的共同就位道有密切关系。在一般情况下，只要牙排列位置正常，顺着各桥基牙的长轴方向做牙体预备，即可获得共同就位道。对有轻度倾斜移位的牙，可适当消除倒凹，或稍微改变就位道方向，便可获得共同就位道。如果倾斜移位严重，则不宜直接选作基牙进行常规的牙体预备，否则为了求得共同就位道，必须磨除较多的牙体组织，这样容易造成牙髓损伤，而且严重倾斜的牙，殆力不易沿着牙长轴传导，对牙周支持组织不利。

对于严重倾斜移位的牙，如果患者年轻，在有条件时，最好先经正畸治疗改正倾斜移位后，再选作桥基牙（图4-13）；或者选择适当的固位体或连接体设计，使牙体预备时既能取得共同就位道，又不至于损伤牙髓，例如选择近中半冠作为固位体（图4-14）或选择活动连接体（图4-15）。活动连接体可以通过栓体和栓道调整固定桥的就位方向，其具体的结构在连接体部分讲解。

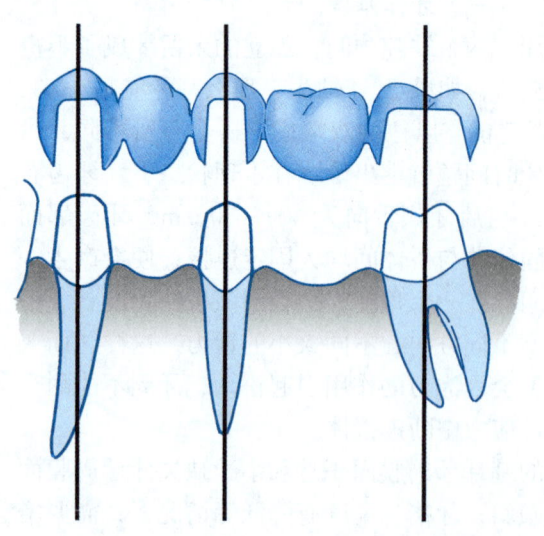

图 4-12　共同就位道

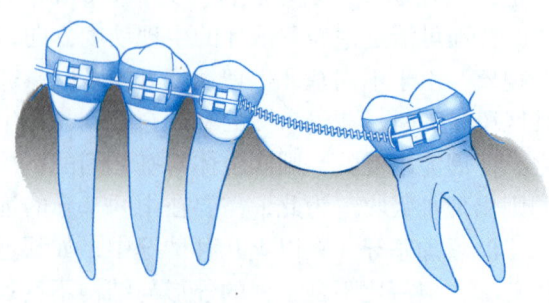

图 4-13　正畸治疗改正基牙的倾斜

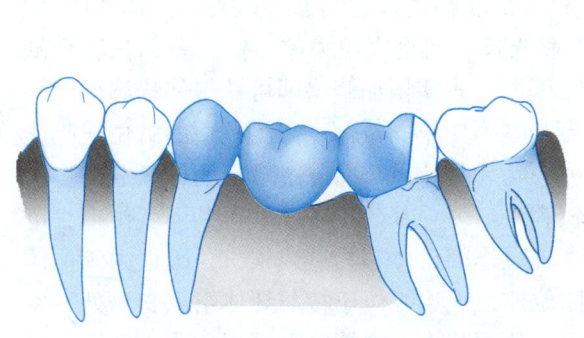
图 4-14　基牙倾斜时选用近中半冠作为固位体

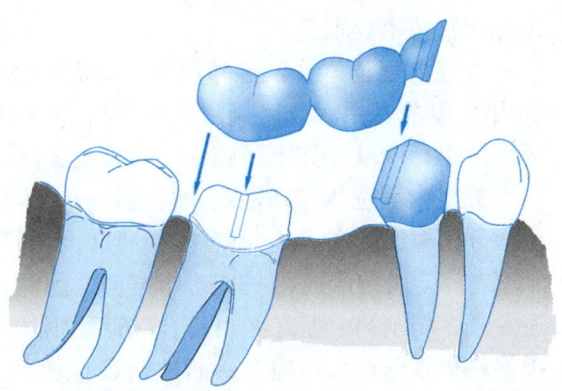
图 4-15　活动连接体调整固定桥就位方向

当缺失牙的情况复杂时，如缺牙较多或有间隔缺牙需要选用多个桥基牙时，应先取研究模型，在导线观测仪上设计就位道。在考虑共同就位道的同时，必须注意尽量少磨除牙体组织，又要考虑排牙的美观效果，调整缺隙的大小。总而言之，在求得桥基牙的共同就位道时，尽量不能为此而损伤基牙的牙髓和牙周组织，并以此作为取舍桥基牙的重要参考因素。

（四）咬合因素

固定桥基牙的选择还需要考虑患者的咬合因素。在适应证部分已经讲述了咬合关系，此外固定桥与对𬌗牙的咬合状态也需要引起关注。如果咬合紧、𬌗力大，则基牙的选择应该更加严格，必要的时候需要增加基牙。一些严重深覆𬌗的病例，前牙无法获得修复空间，可以通过正畸手段矫正，然后再作基牙。如果固定桥的对𬌗牙是可摘局部义齿或总义齿，咬合力小，则基牙选择的时候，条件可以适当放宽。

第三节　固定义齿的设计
Design of Fixed Partial Denture

一、固位体的设计

要想使固定义齿可以良好地恢复咀嚼功能，固位体与基牙之间良好而持久的固位是必不可少的前提之一，为此，固位体应尽可能满足如下要求：

1. 有良好的固位形与抗力形，能够抵挡咀嚼过程中产生的不同大小、不同方向的力而不会松动、脱落、变形、破裂。
2. 各固位体间有良好的就位道，在就位时不会使基牙有任何倾斜、扭转或移位。
3. 不需要过度地磨除基牙的牙体组织，减少牙本质过敏、露髓、牙折的可能性。
4. 能够恢复基牙的解剖形态与外观，并满足生理功能与自洁要求，边缘密合，不刺激牙周组织。
5. 材料的机械强度高、经久耐用，热导率低、不刺激牙髓，化学稳定性好、不易腐蚀变性。

（一）固位体的类型

传统的固位体有三种类型：冠外固位体、冠内固位体和根内固位体。

1. 冠外固位体　包括全冠与部分冠。全冠为临床上应用最广、固位力最强的修复体，包括铸造金属全冠、烤瓷熔附金属全冠、金属-树脂联合全冠、全瓷冠等。部分冠多采用 3/4 冠，后牙偶用 7/8 冠或近中半冠，临床应用较少，其牙体磨除量比全冠少，固位力比嵌体好，但对牙体制备技术要求高。

2. 冠内固位体 包括邻𬌗嵌体与高嵌体。要有与桥体相连接的邻面。这类固位体20世纪80年代以前常用，现已用得很少，因为它不仅外形线长，而且固位力差、抗力差，只适合缺牙间隙小，两基牙邻近间隙恰好有缺损、龋坏或充填体，只需稍加修整即可获得邻𬌗洞形者。

3. 根内固位体 即桩冠。自桩核冠产生后桩冠基本不用作固位体。因为桩冠的就位道只能沿该牙的根管方向，为使就位道一致，容易导致另一基牙牙体组织磨除过多。而桩核冠的核的轴壁在一定程度上可与桩成多个方向。因此，核较容易与另一基牙预备体获得共同就位道，可避免过多切削另一基牙，更符合保存原则。另外，桩冠作固位体容易造成根折，因根内固位体极易在根管壁产生拉应力，而桩核冠的冠为冠外固位体，冠边缘位于核与牙体组织交界处下方的牙本质肩领上，冠与牙本质肩领接触形成箍效应，从而减小根内拉应力，不易造成根折。

（二）设计固位体的注意事项

1. 增强固位体的固位力 无论哪一种固位体，为桥体与自身提供的固位力总要大于为自身作修复体时提供的固位力。固位体固位力的大小取决于基牙条件、固位体的类型及牙体预备的质量。基牙的条件不以医生的意志为转移，固位体的类型如前所述，全冠固位力大于部分冠大于嵌体，而只有牙体预备是医生提高固位体固位力的有效途径。冠类修复体容易脱位的方向是颊舌向，而固定桥容易脱位的方向不仅有颊舌向，还有近远中向（受扭力矩的影响），所以，固定桥固位轴壁的聚合度不仅在颊舌侧，而且在近远中侧都应尽量做到≤6°，以保证固位体有足够的固位力。如果基牙临床冠较短，为增加固位体的固位力，可设计2~4个轴沟。

2. 双端固定桥两端固位体的固位力大小应接近 双端固位体可以均选用冠内固位体，也可均选用冠外固位体或根内固位体，但不能一端为冠内固位体，而另一端为冠外固位体，同为冠外固位体时也最好不要一端为全冠、另一端为部分冠。因为在𬌗力的循环作用下，固位力差的一侧易先松动，但因另一侧固位力良好而固定义齿并不会脱落，甚至不被患者察觉，这样固位体松动的基牙极易发生龋坏，所以，应尽量使两侧固位体的固位力相近。

3. 增加基牙 增加基牙时，第二基牙的固位体应比原基牙固位体的固位力大，因为第二基牙的固位体比原基牙的固位体承受更大的脱位力。

二、桥体的设计

桥体是固定义齿修复缺失牙形态和功能的部分，正如前述，它不是缺隙的三维填充，也不是简单的缺牙模仿，桥体应尽可能满足如下设计要求：①恢复缺失牙的形态与功能。②自洁作用良好，戴入后易清洁。③对下方黏膜无不良刺激。④桥体长度、宽度、形态与基牙的固位体的条件相适应。⑤材料的机械强度高，不变形，不折断。⑥化学稳定性好，不易腐蚀变性。⑦美观、舒适。

（一）桥体的类型

根据桥体所用材料不同可分为：

1. 金属桥体 桥体用金属铸造而成，与固位体一并制成金属固定桥。这种金属固定桥机械强度高，桥基牙磨除的牙体组织相对较少，经高度抛光后表面光洁，感觉舒适。其缺点是不美观，故只能适用于比较隐蔽的后牙固定桥，特别适宜于后牙区缺牙间隙缩小或𬌗龈距离小的情况，也适宜于基牙牙冠较短的病例。虽然其适用范围小，但在某些情况下仍不失为一种较好的选择。

2. 非金属桥体 主要有全树脂和全瓷桥体，与固位体一并制成全树脂或全瓷桥。树脂材料硬度低，易磨损，化学性能不稳定，易变色，易老化，一般只用作暂时性固定桥，其优点是成本低、制作方便，可在戴用永久性修复体之前一定程度恢复缺失牙的形态和功能。目前已有一些新型树脂材料投入临床应用，性能有了明显的提升，可以制作相对较长期的固定桥修复体。

全瓷固定桥硬度大，化学性能稳定，生物相容性良好，美观，舒适。随着口腔材料研究的进展，陶瓷材料的强度得到很大程度的提高，无论是前牙还是后牙，全瓷固定桥已较广泛地用于临床。

3. 金属与非金属联合桥体 以金属-烤瓷桥为主，金属部分可增加桥体的机械强度，并加强桥体与固位体之间的连接。桥体的非金属部分能恢复与天然牙相协调的形态和色泽，满足美观的要求。由于这种桥体兼有金属与非金属的优点，故在临床上广为采用。

（1）金属-烤瓷联合桥体对前、后牙的固定桥修复都适用，制作方法是先铸造桥体的金属基桥架和固位体，再于其表面熔附烤瓷。

（2）金属与树脂联合桥体既可用于前牙桥，也可用于后牙桥，但在烤瓷固定桥广泛应用的今天，金属-树脂联合桥体的使用正逐渐减少。其制作方法是先制作桥体的金属基底桥架，并与固位体相连接，再用树脂恢复桥体的唇、颊面及其余部分。由于树脂材料有前述的缺点，故临床上已经较少采用。

（二）桥体的形态设计

1. 桥体的龈面设计 可设计为接触式和悬空式两种，但以接触式为主，悬空式较少采用。

（1）接触式桥体（mucosal contact pontic）：其龈面与牙槽嵴黏膜接触，在缺牙区牙槽嵴高度正常时一般都采用这种桥体形式。其优点是美观、舒适，有利于发音及牙龈组织的健康。接触式桥体因其龈面形态及其与牙槽嵴顶接触部位的不同可分为以下几种形式。

1）鞍式桥体（saddle pontic）和改良鞍式桥体（modified saddle pontic）：鞍式桥体（图4-16A）的龈面呈马鞍状骑跨在牙槽嵴顶上，与黏膜接触范围较大，外形美观，舌侧感觉舒适。改良鞍式桥体的龈面也是骑跨在牙槽嵴顶上，只是在舌侧减小了桥体龈面与牙槽嵴黏膜的接触面积（图4-16B）。这两种桥体的龈面都呈凹面，无法使用牙线清洁，容易引起桥体龈面黏膜的炎症，所以临床上应避免使用。

2）盖嵴式桥体（ridge lap pontic）：又称偏侧型桥体（图4-17），其龈端与唇颊黏膜的一小部分呈线性接触，舌侧呈三角形开放。其特点是接触面积小，易清洁，但是食物容易在舌侧间隙滞留。

3）改良盖嵴式桥体（modified ridge lap pontic）：又称为牙槽嵴顶型桥体或者改良偏侧型桥体（图4-18A），将盖嵴式桥体唇颊侧的接触区扩大至牙槽嵴顶，但不越过牙槽嵴顶，与牙槽嵴顶接触的形态类似于"T"形（图4-18B）。其特点是可以防止食物进入龈端，易清洁，患者感觉舒适，上、下颌固定桥都可以使用该设计。

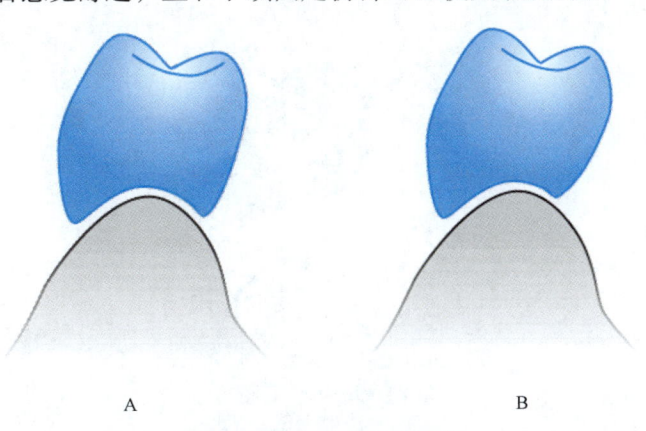

图4-16 鞍式桥体和改良鞍式桥体
A. 鞍式桥体；B. 改良鞍式桥体

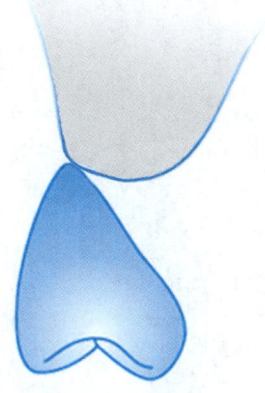

图4-17 盖嵴式桥体

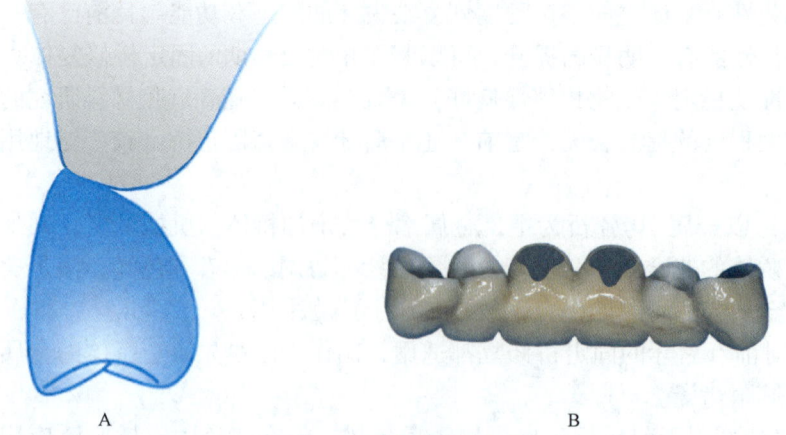

图 4-18 改良盖嵴式桥体　　　　　　　　图 4-19 圆锥形桥体
A. 改良盖嵴式桥体近远中方向剖面图；B. 改良盖嵴式桥体龈面与牙槽嵴顶接触的形态

4）圆锥形桥体（conical pontic）：龈端需尽量制作成凸形，且只与剩余牙槽嵴中点有一点接触（图 4-19）。其特点是便于清洁，但是外观不佳，所以一般用于后牙区，且不适用于牙槽嵴很宽的病例。有学者将圆锥形桥体的龈端形态扩展为球形，称为球形桥体，在临床应用时可以根据牙槽嵴的宽度来确定球的直径。球形桥体可以视为圆锥形桥体的一种特殊形式。

5）卵圆形桥体（ovate pontic）：龈端呈凸形，且位于牙槽嵴表面的凹陷之内，其特点是外观极佳，能够模仿穿龈而出的牙齿形态（图 4-20）。卵圆形桥体需要通过临时桥对牙槽嵴表面进行塑形，所以修复周期较常规固定桥长，复诊次数也更多。

（2）悬空式桥体（no mucosal contact）：龈面与牙槽嵴顶的黏膜不接触，且留出至少 3 mm 以上的间隙，便于食物通过而不聚集，自洁作用良好，又称为卫生桥（图 4-21）。尽管如此，其龈面仍可有牙垢和菌斑附着，自洁作用并不理想。此外，它与天然牙的形态差异大，美观性差，舌感不适，主要用于缺牙区牙槽嵴缺损较大的后牙缺失修复。

2. 桥体的𬌗面设计　　桥体的𬌗面是桥体的咬合功能面，即上前牙的切嵴和舌面，以及下前牙的切嵴和后牙的𬌗面，𬌗面形态恢复是否合理，直接关系固定桥的咀嚼功能及其对基牙支持力的影响。𬌗面的恢复应从以下几个方面考虑：

（1）𬌗面的形态：桥体𬌗面的形态应根据缺失牙的解剖形态及与对𬌗牙的咬合关系来恢复。𬌗面的尖、窝、沟、嵴都应与对𬌗牙相适应，在恢复咬合关系时，咬合接触点应均匀分布，并使接触点的位置在功能尖部位尽量靠近桥基牙𬌗面中心点连线。适当降低非功能尖的高度，以减小固定桥的扭力。切忌形成前伸或侧向运动时的𬌗干扰。有研究表明，正常牙牙周膜对垂直向力与侧向力的耐受力比值为 3.49∶1。

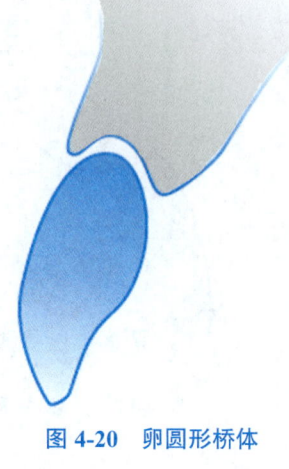　　　　　　　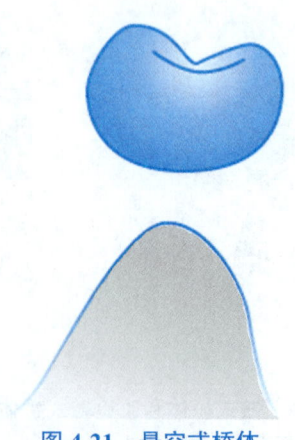

图 4-20 卵圆形桥体　　　　　　　　图 4-21 悬空式桥体

（2）𬌗面的大小：不考虑对𬌗牙、邻牙、同名牙𬌗面外形，只按照教科书中标准牙体解剖𬌗面外形来设计、制作桥体𬌗面的做法明显是错误的。咬合面的大小与咀嚼效能有关，也与基牙承担的𬌗力大小有关。为了减小𬌗力，减轻基牙的负担，保持基牙健康，要求桥体的𬌗面面积小于原缺失牙的𬌗面面积，可通过适当缩小桥体𬌗面的颊舌径宽度和扩大舌侧外展隙来达到此目的。

缩小桥体𬌗面的颊舌径宽度也称为桥体颊舌向减径，可以遵循以下原则：

1）桥体𬌗面颊舌径宽度一般为缺失牙的 2/3；基牙条件差时，可减至缺失牙宽度的 1/2。

2）一般来说，若两基牙条件良好，桥体仅修复一个缺失牙，可恢复该牙原𬌗面面积的 90% 左右；修复两个缺失牙时，可恢复原缺失牙𬌗面面积的 75% 左右，修复三个相连的缺失牙时，可恢复此三牙原𬌗面面积的 50% 左右。

3）对于单端固定桥，由于其杠杆力的作用，𬌗面减径以减小𬌗力更是必要的措施，可在颊舌向减径 1/3～1/2，修复远中游离缺失的单端桥，其近远中径也可以减径 1/3～1/2。

4）在临床设计时，这些数值仅作参考，还需结合患者的年龄、缺牙部位、咬合关系等具体情况灵活应用。

固定桥桥体减径后，可以在一定程度上减轻咬合力，但是这也和食物的性状相关。如果桥体咀嚼单一颗粒状食物，此时桥体减径无法起到减轻咬合力的作用，但是这种情况相对较少，更多的情况是在嚼碎与研磨食物时，桥体咀嚼的食物呈非脆性的团块状，此时桥体减径可以减少接触食物团块的工作面积，起到减轻咬合力的作用，当然，这样需要增加咀嚼次数，延长总咀嚼时间。

减小𬌗力，减轻基牙负担的措施除了减小桥体的颊舌径外，还可以加大桥体与固位体之间的舌外展隙，增加食物的溢出道，减小𬌗面的牙尖斜度等。不与对𬌗牙建立𬌗接触的做法是不可取的，对𬌗牙会过度萌出，从而导致𬌗关系紊乱。

3. 桥体的轴面设计 桥体的轴面包括桥体的唇面、颊面、舌面、腭面及近远中轴面，桥体轴面应能恢复缺失牙的解剖形态和生理突度。桥体的轴面设计要求如下：

（1）唇颊面和舌腭面的外形和凸度：在恢复缺失牙唇颊面外形时，应参照天然牙的解剖形态特点和缺牙区的具体情况，且符合美观要求。同时，正确恢复唇颊面凸度，使得咀嚼运动中食物的排溢流动可以对牙龈组织产生生理性按摩作用，如果轴面凸度恢复过小或无凸度，牙龈组织会过多地受到食物的撞击；而凸度过大，会失去对牙龈组织的生理性按摩作用，导致食物滞留，不利于自洁。桥体舌腭面虽然对美观的要求不高，但也需要适当的凸度，加大舌外展隙，有利于清洁。单端固定桥体有毗邻牙接触关系时，应与邻牙保持良好的接触；桥体的游离端按常规恢复其邻面外形，保持光洁。

（2）唇颊面的排列位置：桥体的排列位置通常和缺失牙间隙一致，排列出的桥体形态与同名牙相似，与邻牙协调，达到美观的要求。如果缺牙区间隙过宽或过窄，可以采取相应的措施。当缺牙区间隙略大于同名牙时，可通过扩大唇面近远中邻间隙、加大桥体唇面突度、制作轴向发育沟纹等措施，利用视角误差达到改善美观的目的。如果缺牙间隙明显大于同名牙，可酌情添加一较小的人工牙。如果上颌第二前磨牙缺失而缺牙间隙较大，可将桥体颊面的颊嵴向近中移动，使近中面至颊嵴的宽度 A′ 与第一前磨牙的相对应的宽度 A 相等（图 4-22）。当缺牙间隙小于同名牙时，可适当多磨除缺牙区两端基牙的近缺隙面，加宽间隙；也可将桥体适当扭转或与邻牙重叠；或是减小桥体唇向突度，制作近远中向横沟纹，使桥体的大小和形态接近同名牙。如果第二前磨牙的缺隙小于同名牙，可将颊面颊嵴偏向远中，使颊嵴近中颊面的宽度与第一前磨牙相等，改善美观（图 4-23）。

（3）唇颊面的颈缘线：桥体唇颊面颈缘线的位置应与邻牙相协调，才能达到良好的美观。如果缺牙区牙槽嵴吸收较多，将桥体按原天然牙的位置排列，让其颈缘与牙槽嵴黏膜接触，桥

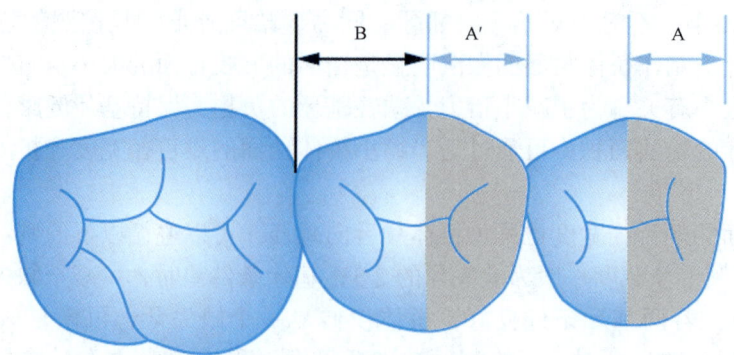

图 4-22　缺牙间隙增大时桥体唇颊面的设计

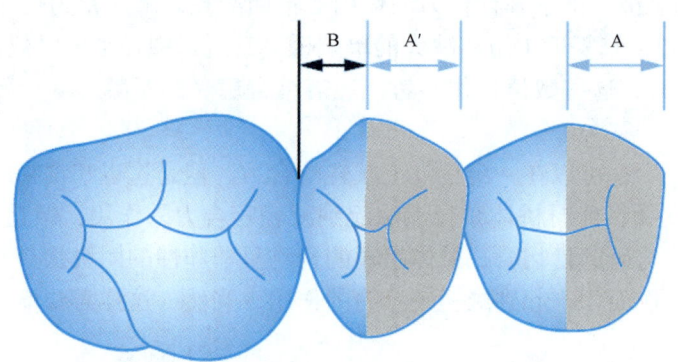

图 4-23　缺牙间隙减小时桥体唇颊面的设计

体牙会显得过长。为了使颈缘线与邻牙协调，可将桥体颈 1/3 适当内收，加大唇面龈 1/3 至中 1/3 的突度，达到对桥体牙形态和美观的要求。

（4）邻间隙的形态：可影响桥体轴面外形。为了不影响美观，前牙唇侧邻间隙的形态尽可能与同名牙一致。后牙舌、腭侧的邻间隙应扩大，以便食物溢出和清洁；后牙颊侧的邻间隙对美观影响不大，也可适当扩大。

（三）桥体的颜色

桥体的颜色、光泽、透明度应该尽量与邻牙和同名牙相接近。对于前牙长桥修复，如 $\underline{321|123}$ 的固定桥修复，桥体的颜色会直接影响修复后患者的美观，所以应该根据患者的性别、年龄、肤色及其他余留牙等信息进行比色。在临床工作中应注意在基牙预备之前进行比色。桥体的颜色受制作材料性能的影响，全瓷桥体、金属烤瓷桥体和金属树脂桥体通过临床比色、分层塑形后，一般可以满足患者的要求。在患者对美观要求不高、缺牙间隙垂直空间较小时，金属桥体可用于后牙缺失病例，此时一般无需关注桥体的颜色。

（四）桥体的强度

桥体的强度主要是指桥体的抗弯强度。在咀嚼活动中，桥体在𬌗力作用下发生弯曲变形，桥基牙会产生屈矩反应，当屈矩反应大于固位体的固位力时，会使固位体松离桥基牙。当固位体的固位力强大时，过大的屈矩会损伤桥基牙的健康或造成固定桥的破坏。对于烤瓷固定桥来说，桥体及整个固定桥的支架部分的强度如有不足，受力时发生的变形，可导致崩瓷的发生。因此，需要分析影响桥体强度的因素采取相应的措施。

1. 影响桥体弯曲变形的有关因素

（1）桥体的厚度、长度与宽度：与桥体的抗弯强度密切相关。在相同条件下，桥体的弯曲形变量与桥体长度的立方成正比，与桥体厚度的立方成反比，与桥体的宽度成反比。当桥体的长度变为原来的 2 倍，变形量为原来的 8 倍（图 4-24）；当桥体的厚度变为原来的 1/2，变形量也为原来的 8 倍（图 4-25）。也可以说，桥体的长度越长或厚度越小，桥体的抗弯性越差。桥体的颊舌径宽度也会影响桥体的强度，所以桥体减径也是有限度的，减径过多，还会导致桥体强度不足；金属-烤瓷联合桥体在舌侧增加金属环，就是尽量增加金属桥架宽度的一种做法。

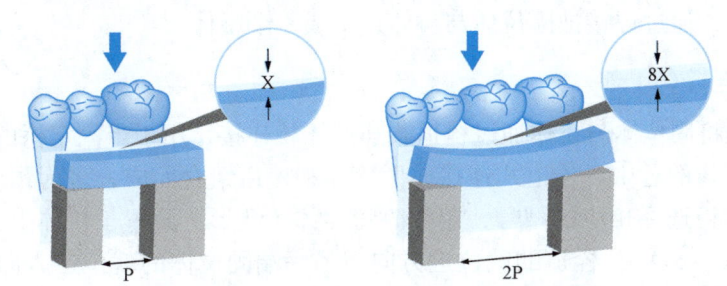

图 4-24　桥体的弯曲形变量与桥体长度的立方成正比

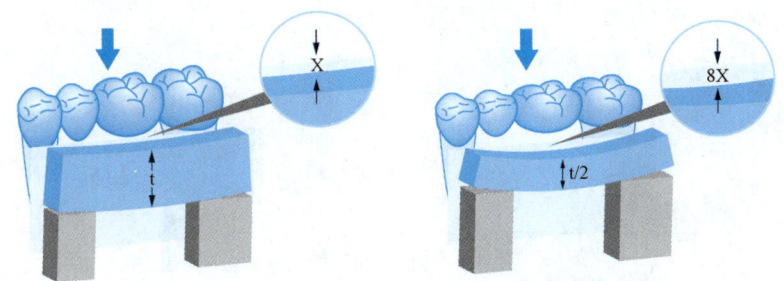

图 4-25　桥体的弯曲形变量与桥体厚度的立方成正比

（2）固定桥支架材料的机械强度：材料的机械强度以材料本身具有的应力极限值来衡量。若材料的应力极限值高，表明该材料的机械强度大，桥体不易发生弯曲变形。

（3）桥体的结构形态：对抗弯强度有较大的影响。若桥体截面形态为平面形，比截面为工字形、拱形者更易发生弯曲变形。

（4）𬌗力的大小：桥体的弯曲变形是在𬌗力的作用下发生的，𬌗力是导致弯曲变形的主要原因。没有𬌗力的作用，桥体是不会发生弯曲变形的。

2. 增加桥体抗弯曲变形的措施

（1）采用具有足够机械强度的材料制作桥体。

（2）对于金属-烤瓷桥体，在不影响美观的情况下，适当增加金属𬌗面或金属桥架的厚度。必要时，后牙可采取全金属桥体，这种情况多见于后牙的失牙区近远中径大或𬌗龈间隙过小的患者。

（3）桥体的金属桥架或金属基底尽可能设计为具有抗弯曲能力的形态，各桥体之间、桥体与固位体之间的连接部分应具有一定的厚度，并使相连部分形成圆弧形，减小应力集中，以增强抗弯曲能力。

（4）适当减轻𬌗力：𬌗力是引起修复体弯曲变形的重要原因之一，过大的𬌗力不仅损害基牙的健康，还会引起桥体弯曲变形，甚至破坏固定桥。减轻𬌗力的方法主要是减小𬌗面的接触面积，可采取减小𬌗面颊舌径宽度、扩大𬌗面舌外展隙、加深𬌗面颊舌沟等措施，以达到减轻𬌗力的目的。

三、连接体的设计

连接体是连接桥体与固位体的部分，因其连接方式的不同而分为固定连接体和活动连接体。

(一)固定连接体

固定连接体是将固位体与桥体完全连接成一个不活动的整体。简单固定桥中除了半固定桥的活动连接端使用活动连接体外,其他都需用固定连接体。根据固定桥的制作工艺不同,分为整体铸造连接体和焊接连接体。整体铸造连接体即在制作固位体与桥体蜡型时就将两者的蜡型相连接,进行整体铸造,使固位体与桥体连接成一个整体。焊接连接体是将固位体与桥体的金属部分分别制成后,通过焊接把固位体与桥体连接成一个整体。

(二)活动连接体

活动连接体是将固位体与桥体通过栓道式连接体相连接,用于半固定桥的活动连接端及复合固定桥的中间基牙的远中。栓道式连接体由栓体和栓道组合而成,多为预成件或预成蜡型,根据𬌗龈径与颊舌径选择相应的型号,制作时将栓体(凸形)放置于桥体上,栓道(凹槽形)位于固位体上(图4-26A),栓道的就位道方向与另一端固位体的就位道方向完全一致,戴入时栓体嵌入栓道内(图4-26B)。

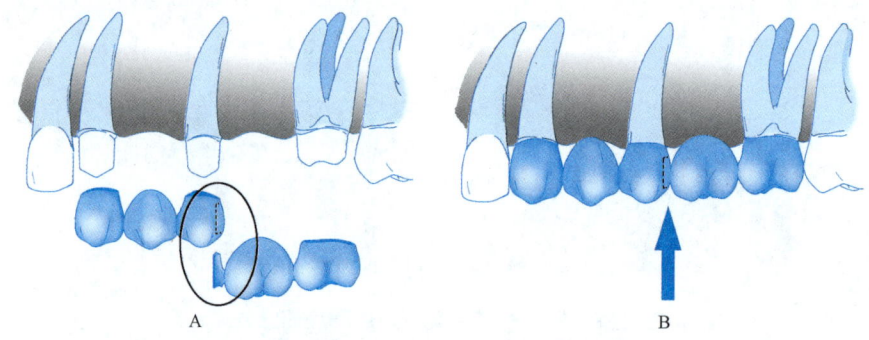

图4-26 栓道式连接体由栓体和栓道组合而成
A.活动连接体就位前;B.活动连接体就位后

连接体的设计,受唇舌径与𬌗龈径的限制,4个外展隙极易使连接体处形成固定桥最薄弱环节。在前牙可增大连接面积的是舌外展隙处,在后牙有舌外展隙与不影响咬合时的𬌗外展隙处。

第四节 固定义齿的固位及力学方面的考虑
Retention and Mechanical Considerations of Fixed Partial Denture

固定义齿的固位是指在口腔行使各种功能运动时,固位体能够牢固地固定在基牙上,抵抗外力,充分发挥使义齿固定的功能作用,不致松动或脱落。良好的固位是固定桥必须具备的重要条件。同时,固定桥作为一个整体,在口腔内行使功能的时候,其受力的复杂程度要远远超过单个牙体缺损的修复体。很多力学相关因素会影响固定义齿的固位,在临床工作中,我们也要重点关注这些力学因素,包括上下颌牙的排列关系、基牙的受力运动和固定义齿的稳定性等。

一、固定义齿的固位

固定桥的固位力主要依靠摩擦力、粘接力和约束力的协同作用。固位体粘固于经过预备的基牙上,与基牙连接成一个整体,固位力大小与基牙冠部形态和结构有关,也与固位体的选择和设计有关。此外,固定桥基牙除承担自身的力外,还要分担桥体的额外力,以及对抗固定桥在功能运动中因应力变形带来的扭力。故固定桥固位体要求的固位力远比单个牙体缺损修复体的固位力大。

二、影响固位的力学因素

（一）上下颌牙的排列关系与固位

在正常的咬合情况下，上颌牙列呈弓形覆盖于下颌牙列的唇颊侧，形成正常的覆𬒈、覆盖关系。在前牙切割食物时，下颌向下、前方伸出后再向上，下前牙切缘与上前牙切缘接触，沿上前牙舌面滑行施力切断食物，再回到牙尖交错位。后牙磨碎食物时，下颌向下侧方移动，下颌后牙颊尖颊斜面沿上颌颊尖舌斜面滑行施力磨碎食物，再回到牙尖交错位，周而复始形成𬒈运循环。

上颌牙列承受着较大的唇、颊向的非轴向力，有可能使上颌牙，特别是单根的上前牙向唇侧移位而失去牙间紧密的邻面接触关系，有扇形散开的趋势，这对固定桥的固位是不利的（图4-27）。当前牙固定桥的一端基牙受到这种非轴向力的作用时，将产生杠杆作用的扭力，迫使远端基牙舌向移位（图4-28），如果远端基牙的固位体为固位不良的3/4冠，则可能发生舌向脱位；这种力的作用对前牙的金属翼板粘接固定桥的固位也是一个很大的考验。上颌磨牙是多根牙，腭根长而粗大，且根分叉的距离较大，增强了对抗颊向移位的能力。后牙固定桥研磨食物时需要较大的力，也要承受一定的非轴向𬒈力，但是上后牙的覆𬒈、覆盖较小，只要固位体设计恰当，可以将这种非轴向力对固位的影响减至最小。

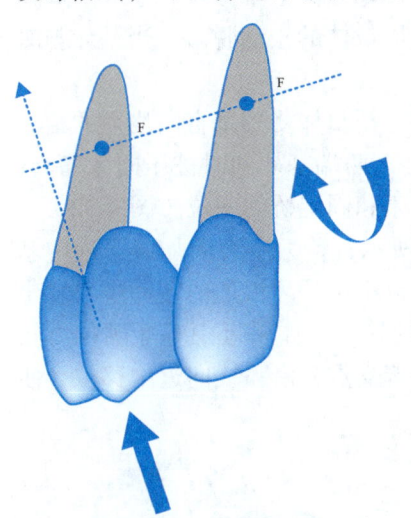

图 4-27　上前牙固定桥承受非轴向力

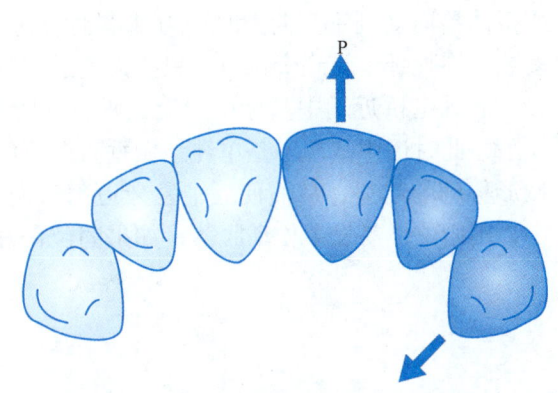

图 4-28　上前牙固定桥一端承受非轴向力

下颌牙列位于上颌牙列的舌侧，下颌牙的排列轴向比较垂直。咀嚼时，下颌牙主要承受舌向力，该力促使牙弓内收，使下牙间的近远中邻面接触更紧密，有利于承受𬒈力并阻止下颌牙舌向移位；此外，下颌牙的牙轴较直，能够承受较大的轴向𬒈力，故对固定桥的固位影响较小。

（二）基牙的受力运动与固位

在正常情况下，牙列中的每一个牙都被牙周膜悬吊在牙槽窝内，具有一定的可动性，当受到较大的颊舌方向、近远中方向和垂直向外力时，可以显示这三个方向的生理运动。单颗牙修复时，修复体在该牙受力时可随同运动，三个方向的运动对修复体的固位影响都很小。但是，固定桥与多个基牙成为一个整体，使固定桥的基牙运动情况与单个牙的修复体完全不同。固定桥的任何部位所受的任何方向、任何大小的力量，都会传递到各个基牙上，一个基牙的运动必然受到其他基牙的牵制、影响，难以预测。固定桥在牙列上的位置不同、桥的跨度不同、各基牙的条件不同，加之力的大小、方向、着力点等的不同，使基牙受到极复杂的外力作用，不利于固位。下面以双端固定桥受力为例分析基牙的运动方式。

1. 颊舌向运动 当双端固定桥基牙稳固、固位体固位良好时，受到均衡的颊向或舌向力，两基牙将沿同一轴按第一类杠杆作用，表现为舌向或颊向的旋转运动趋势，其支点线位于两基牙根尖 1/3 与根中 1/3 交界的连线上（图 4-29）。此时，由于两基牙的运动方向基本一致，若基牙条件好，能够对抗该旋转力，则固定桥的固位良好。如果一端的基牙受舌向𬌗力，系不均衡的外力，该牙不会产生第一类杠杆作用，而是表现为冠部向颊侧移动，而根部略向舌侧移动，其支点线位于该牙根尖 1/3 与根中 1/3 交界处。此时固定桥发生整体旋转移动，并影响另一端基牙，迫使其向舌侧移动（图 4-30）。这种不均衡外力在咀嚼运动中时有发生，产生旋转运动的后果是在固位体和预备体之间出现剪切应力，易使粘固剂层破坏。如果两端基牙和固位体条件均好，对固定桥的固位影响小；如果某一端基牙条件差或者固位体条件差，将会出现该端基牙随固位体运动受损或者该端固位体脱落的情况。可见，用松动牙作基牙或固位体固位力差时，对固定桥的固位影响很大。

2. 近远中向运动 当桥体受近中方向的倾斜𬌗力时，两基牙以支点为中心向近中倾斜移动（图 4-31）。如果两基牙同时向近中倾斜移位，桥体所受到的𬌗力将全部作用在基牙牙冠𬌗面的远中边缘嵴上，若固位体的洞形太浅或轴面聚合度太大，特别是使用邻𬌗嵌体作为固位体时，固位体可能因为基牙的倾斜移动而松动甚至从牙体预备面脱落。基牙近远中向移位与固位体的固位力、桥体的跨度、受力是否平衡、基牙的稳固性有关。如果基牙已有松动或者牙周情况较差，而固位力尚好时，则会产生以基牙为中心的扭力，迫使基牙向近中移位，造成牙周损伤；如果固位体的固位力较差，而基牙又较稳固时，则会导致固位体的松动脱落。当基牙与毗邻牙有良好的毗邻关系时，可传导少量的𬌗力，有助于固位。

3. 垂直向运动 基牙对垂直向𬌗力的承受能力最好。当固定桥整体受到垂直向均衡的𬌗力或桥体𬌗面受到垂直向力时，力基本上沿基牙的长轴方向传导，两端基牙同时被压向牙槽窝，多数牙周膜纤维受到牵拉力，只要力度适当，不影响基牙的健康和固定桥的固位（图 4-32）。

当固定桥近远中基牙单独受到垂直向𬌗力时，如图 4-33 所示，𬌗力垂直向加载于远中基牙上，此时远中基牙不是单纯地做垂直向下的运动，还有沿着近中基牙牙根处的转动中心发生弧形移动的趋势，从而使近中基牙冠部有向远中、向上脱位的趋势。如果近中基牙固位力较小，则固位体易发生松动脱落；如果固位良好，则根尖将会顺着支点，沿弧线向近中移位，使

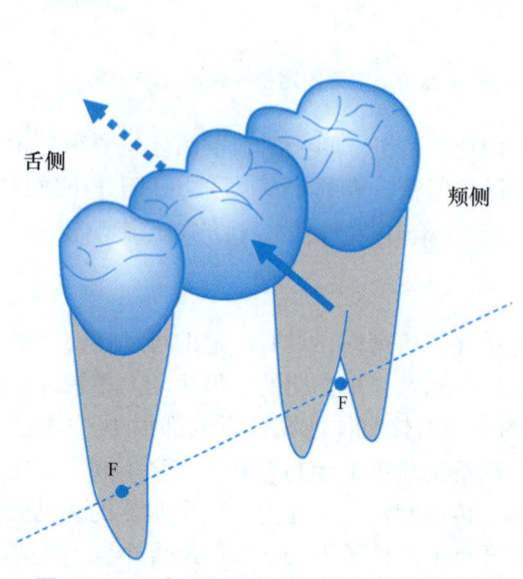

图 4-29 固定桥颊舌向均衡受力后的旋转运动

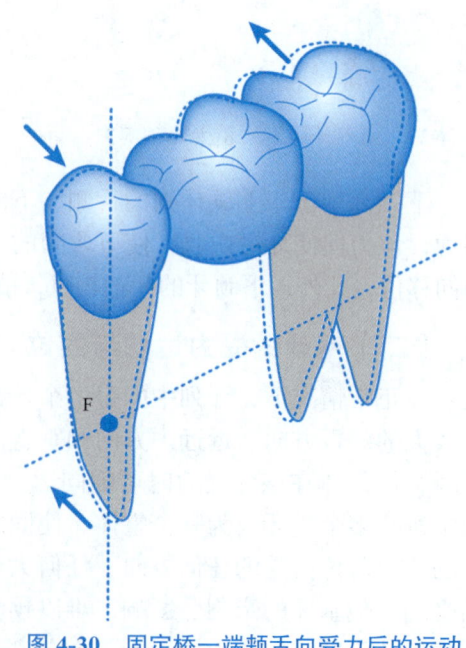

图 4-30 固定桥一端颊舌向受力后的运动

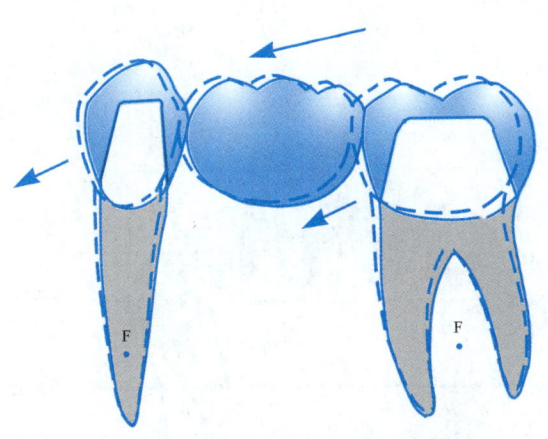

图 4-31　双端固定桥近远中斜向受力后的运动

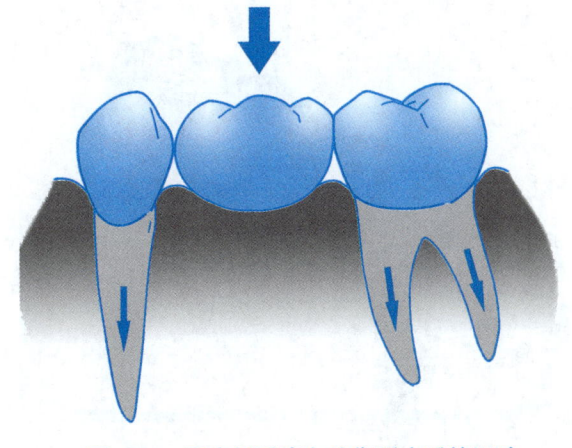

图 4-32　固定桥垂直向均衡受力后的运动

牙周组织受到损害，且桥体跨度越大，损害越大。如果近中基牙松动，这种旋转移动趋势将给其带来严重的后果。

对于复合固定桥的中间基牙，由于位置原因，受到垂直向𬌗力时，有较特别的反应。如图 4-34 所示，当中间基牙上的固位体没有覆盖牙尖时，P 力施加于中间基牙的牙尖上，中间基牙就会向牙槽窝内下沉，固定桥因刚性的原因不易弯曲变形，致使固位体与基牙预备面脱离而松动。同时，复合固定桥在受力时，力的方向、支点的位置更为复杂，因此要求中间基牙的固位体必须有足够大的固位力，尽可能地采用全冠固位形设计。

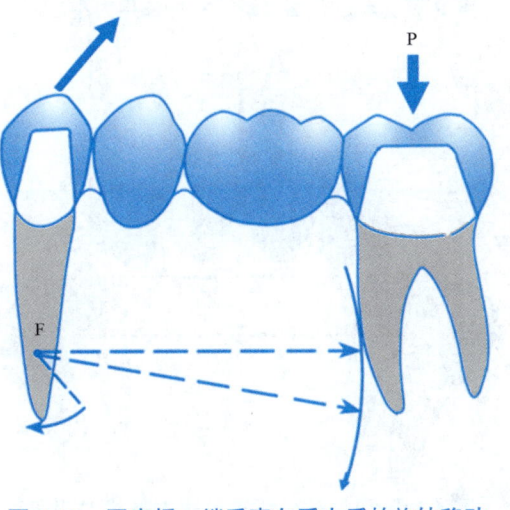

图 4-33　固定桥一端垂直向受力后的旋转移动

（三）固定义齿的稳定性与固位

固定义齿的稳定是指其能抵御各种功能运动时义齿受到的各个方向外力，从而使其在受力时能够保持固定桥的平衡稳定而不会出现翘动。固定桥的稳定性与固位有密切的关系，它是固定桥固位的基础，因为固定桥一旦出现翘动现象，很容易破坏粘固剂的封闭作用和锁结作用、破坏固位体在基牙预备体上的固位，造成固位体的松动脱落。

固定桥的稳定性与固定桥受力时产生的杠杆作用有关，而杠杆作用的产生又和固定桥的结构形式密切相关，不同类型的固定桥在力作用下，对固定桥的稳定性有不同的影响。通常，固

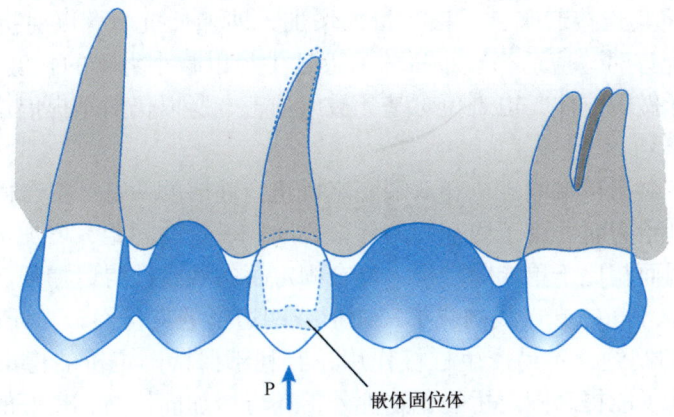

图 4-34　中间基牙垂直向受力后的下沉

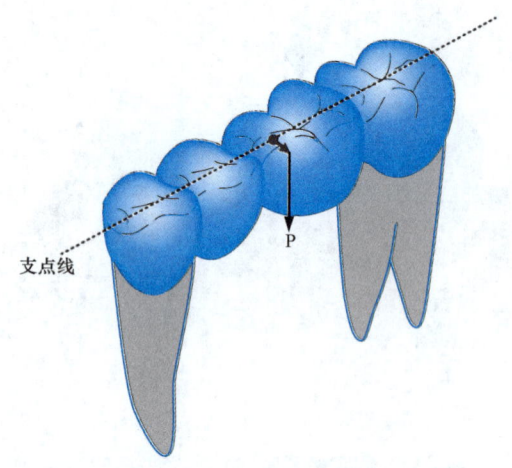

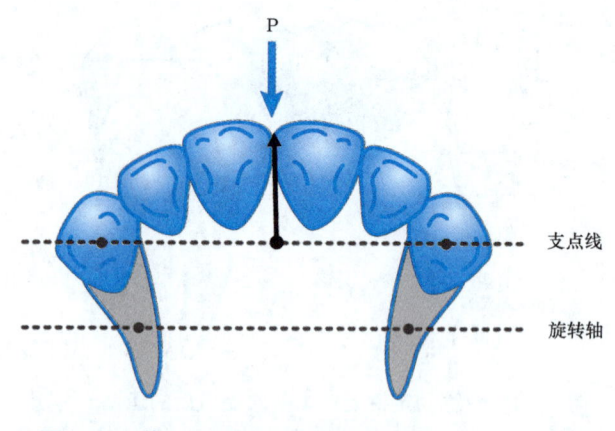

图 4-35　后牙双端固定桥桥体位于支点线上，力点 P 离支点线距离很短，杠杆作用力小

图 4-36　前牙双端固定桥桥体不在支点线上，力点 P 距支点线越远，杠杆作用力越大

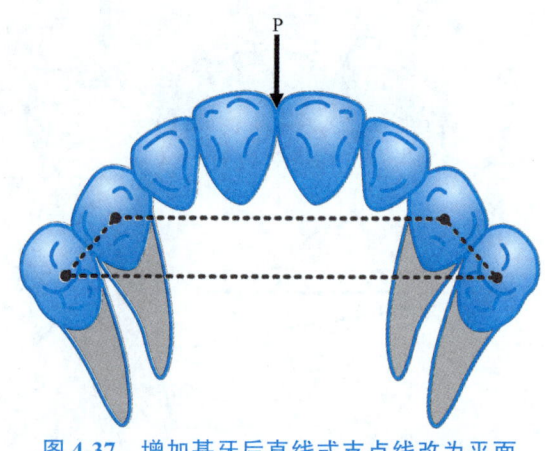

图 4-37　增加基牙后直线式支点线改为平面式支点线

定桥的桥体位于基牙固位体的支点线上时，固定桥的稳定性较好；而在支点线以外时，固定桥的稳定性较差。此外，牙尖斜度、覆𬌗程度也影响固定桥的稳定性。下面从双端固定桥、单端固定桥和复合固定桥三个方面逐一说明。

1. 双端固定桥　其两端基牙中点的连线即为支点线。后牙双端固定桥的支点线通常通过桥体正中，桥体𬌗面受到垂直向力，不易产生杠杆作用或杠杆作用力小，其稳定性好（图 4-35）。前牙双端固定桥的桥体通常不在支点线上，如果在桥体前方中份处加载 P，则基牙支点线以下的根尖 1/3 部连线形成旋转轴，旋转轴之下向舌侧旋转，而旋转轴以上的力点距支点线越远，杠杆作用力越大，这不但会影响固定桥的稳定，还可能对基牙的牙周造成损害（图 4-36）。此时，应考虑增加对抗杠杆作用的力，可在支点线的远中侧增加基牙，将直线式支点改为平面式支点，以增强固定桥的稳定性，同时也增大了固位力（图 4-37）。

2. 单端固定桥　由于桥体的一端游离无支持，当桥体承受𬌗力时，最容易产生杠杆作用力而破坏固定桥的稳定性，甚至导致基牙的损伤。此时，从力学角度考虑，应增加非游离侧的基牙数，通过连接体将其连接起来，牙根数量的增加，即加长抗力臂以对抗杠杆力（图 4-38）。另外，在口内条件允许时，应适当减小桥体的近远中径以减小力臂的长度。从临床角度考虑，即使前面用两个基牙做固位体，也难免对基牙造成损害，所以仍然不提倡这样的设计，远中游离缺失应首选种植修复。

3. 复合固定桥　对于单端固定桥和双端固定桥组合而成的两基牙复合固定桥，虽然是两个基牙，但当桥体受到𬌗力时，由于两基牙的牙根之间有一定的间距，增加了抗力臂的长度以对抗杠杆力的作用，因而相比于单端固定桥，复合固定桥的稳定性得以加强。对于前牙或后牙的多基牙固定桥，各基牙间的支点线构成了三角形或四边形的支持面，当任何一处桥体受力时，将会受到其他基牙的制约，不易产生杠杆作用，有利于保持固定桥的稳定（图 4-39）。此外，增加基牙的方法，除了能提高固定桥的稳定性外，还可增加固位力，良好的固位反过来又有利于固定桥的稳定。

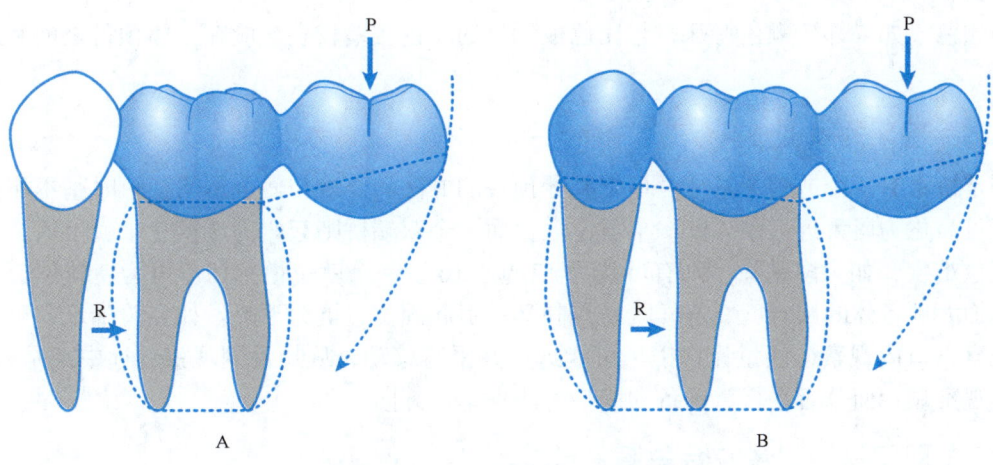

图 4-38 增加基牙可以对抗杠杆作用
A. 单基牙情况；B. 增加近中基牙后的情况

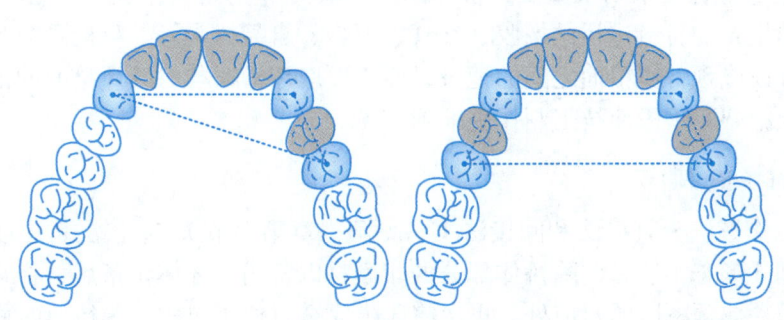

图 4-39 多基牙固定桥的稳定性良好

第五节 临床操作步骤和技工室制作流程
Clinical Operation Steps and Laboratory Process

牙列缺损患者需要经过仔细的临床检查，包括病史采集、口腔检查、模型分析、X 线片检查等，才能做出全面的诊断并制订出合理的治疗计划（详见本书第二章）。

患者如果不需要其他牙体、牙周治疗，便可开始进行固定桥的修复。目前常用的固定桥有金属烤瓷桥、金属桥、全瓷桥等。本部分以金属烤瓷桥为例，说明固定义齿的临床操作步骤和技工室制作流程。其中临床操作步骤主要包括初诊操作和复诊操作，初诊、复诊之间是技工室制作。初诊临床操作包括比色、牙体预备、取印模、记录咬合关系、制作暂时固定桥修复等步骤；技工室制作流程包括模型灌制、代型制作、上𬌗架、制作金属桥架、烤瓷、打磨抛光等步骤；复诊临床操作包括试戴、调改、抛光或上釉、粘接、复查等步骤。当然，除了这些主要步骤外，还可根据情况增加相应的临床或技工室步骤，例如：技工室制作金属桥架后，可以临床试戴一次；复诊调改烤瓷桥时，如果调改量较大或需要改变颜色，则需要技工室上釉或染色。

一、初诊临床操作步骤

（一）比色

在临床工作中，应注意比色需要在基牙预备以前，此时没有视力疲劳，更有利于选出接近邻牙的颜色。如果邻牙颜色特殊，与比色板色片的颜色相差较多，应在牙体预备之前和患者充分沟通。

（二）基牙的预备

固定桥常有两个或多个基牙，单个基牙预备的方法和要求与做金属烤瓷冠时基本相同，一个单冠可简化为唇舌近远中4壁一个就位道，而一个双端桥则起码为8壁一个就位道，明显增加了就位难度，如为多基牙，则有可能为12壁、16壁一个就位道，切不可为使就位道容易获得，而加大预备体的聚合度，这样既易露髓又易引起固位、抗力下降。如经验不足，可取模型口外观察，口内观察应注意让口镜尽可能远放并平行移动，从颊舌侧观察近远中面是否平行，从𬌗面观察颊舌面是否平行，预备和修整时注意车针方向。

（三）取印模、记录咬合关系

固定义齿的印模基本同制作冠时的方法，但单冠预备后多数情况下不影响模型的对位，在固定桥制作时记录咬合关系则很重要，常见的如6缺失57预备后，必须有𬌗记录才能确立正确的𬌗关系。𬌗记录的材料包括硅橡胶、红膏、石膏、自凝树脂等。𬌗记录应为硬组织间的记录，即上下颌牙齿或预备体𬌗面之间的记录，而不要取牙槽嵴与对颌牙𬌗面的记录。其后可采用面弓转移、上𬌗架的手段使技工制作更准确。

（四）暂时桥的制作

暂时桥的制作方法分直接法和间接法（参见第三章第六节）。直接法是先取预备前的印模以记录患者原基牙形态，然后刮除桥体部分的印模材以备用；牙体预备后，将暂时修复体材料调拌并注入印模牙体预备区的对应处，再次将印模完全就位于口内，等待暂时修复材料基本凝固后即可取出印模和暂时桥；然后再对暂时桥进行边缘和外形修整，调整咬合，抛光后即可。间接法是预备后取印模灌模型，在模型上制作暂时桥。暂时桥的作用是防龋、护髓、防对颌牙和邻牙的移位、维持边缘牙龈张力。暂时桥应使用暂时粘接剂粘接。

二、技工室制作流程

（一）模型灌制、代型制作、上𬌗架

临床的印模送到技工室之后，会经过灌注人造石工作模型，制作可拆卸代型的步骤，这些步骤基本同全冠的技工室制作流程，但是固定桥的制作必须在𬌗架上进行，最好采用半可调节𬌗架。

（二）制作金属桥架

金属桥架包括固位体的金属基底、桥体支架和连接体。整体铸造的金属桥架是将固位体金属基底和桥体支架的蜡型连接成整体进行铸造。整体铸造法制成的金属桥架强度高，操作工序简单，为目前国内所普遍采用。但必须注意防止蜡型变形和铸金收缩补偿不足对铸件适合性的影响。

1. 制作金属桥架蜡型　为补偿金属的收缩，在制作蜡型前，通常要在基牙代型上涂布隙料。按照金属烤瓷全冠金属基底的要求，在模型上完成固位体、桥体、连接体的金属基底蜡型，固位体与桥体的接触面为连接体，固位体通过连接体与桥体相连接。桥体因瓷覆盖的范围不同，与金属烤瓷全冠一样亦有两种设计形式：即全层瓷覆盖桥体与部分瓷覆盖桥体。全层瓷覆盖桥体牙的表面，除舌侧颈环和邻面接触区为金属外，其余部分都用瓷层覆盖。部分瓷覆盖桥体的表面，在前牙桥体舌面龈端，后牙桥体𬌗面、舌面，以及前、后牙邻面接触区

用金属恢复，其余部分用瓷层覆盖。部分瓷覆盖多用于前牙桥唇舌径小或后牙桥𬌗龈间隙较小的病例。

2. 铸造及完成金属桥架　烤瓷固定桥金属桥架蜡型完成后，按常规法包埋和铸造。铸件经初磨后，先在模型上试戴，检查桥架的适合性、咬合关系以及是否留足瓷层间隙，并进行必要的调磨。对于共同就位道较为困难的多基牙复合固定桥桥架，可以在口内试戴，做进一步检查和修改。

金属桥架还可以采用分段焊接法，多用于长跨度的固定桥修复体制作。随着烤瓷修复材料性能的提高，加工精度提高，分段焊接法在固定桥修复中的应用也逐渐减少。

（三）金属桥架烤瓷和打磨抛光

金属桥架烤瓷前需要表面处理，包括表面喷砂粗化、清洁和预氧化。表面处理要求与金属烤瓷冠的金属基底表面相同。烤瓷过程中必须注意：恢复每个牙单位的自然外形；应形成清晰的邻间隙和外展隙；尽量减少桥体龈端与牙槽嵴黏膜的接触面积，并尽可能形成凸面，便于清洁；恢复正确的𬌗面形态和咬合关系。金属-烤瓷固定桥技工室制作完成后，要确认达到制作质量标准，包括修复体无缺陷、在代型上边缘密合等。

三、椅旁数字化固定桥制作

椅旁数字化技术可以用来制作固定桥。该技术可提升固定桥修复和制作的效率，其具体修复流程、预备原则和制作过程参见本书第三章第四节。用于椅旁数字化固定桥制作的全瓷材料主要为氧化锆陶瓷，因其美学效果不如玻璃陶瓷，优先推荐用于后牙区三单位的固定桥修复；当使用高透氧化锆材料时，可用于前牙区制作不超过四单位的固定桥。用于椅旁数字化固定桥制作的全瓷材料还包括二硅酸锂增强玻璃陶瓷，其适应证范围仅能用于前牙及前磨牙区域的三单位固定桥，因其强度不足、长期临床成功率欠理想，使用时需谨慎。在临床上如果需要应用临时固定桥，也可以采用预成可切削树脂材料进行椅旁数字化制作。

四、复诊临床操作步骤

（一）试戴、调改

在口内试戴并调改固定桥后，应达到如下要求：固位体边缘与预备体肩台密合，无悬突、短缺；桥体龈端与牙槽嵴黏膜接触无间隙；与对𬌗牙有正常咬合关系，无早接触，前伸和侧方咬合无干扰；修复体形态与邻牙以及对侧同名牙协调。

（二）抛光或上釉

试戴后如果调改量很少，可以应用瓷抛光专用车针进行抛光；如果调改量较大，则需要转回技工室进行上釉。如要改变颜色，也需要在技工室进行染色。

（三）粘接、复查

根据牙髓情况选择相应的水门汀粘接。活髓牙要考虑消毒剂、水门汀对牙髓的刺激。不要涂乙醇，要用温热的风吹干或干棉球擦拭，选择刺激小的水门汀粘接。由于桥体的限制，固位体近桥体一侧很难用牙线清洁残留的粘接剂，此时，可以应用专用的桥体清洁牙线或在粘接前将牙线系在桥体上，粘接完成后使用牙线清洁局部，然后再将牙线抽出。

第六节 修复后可能出现的问题及处理方法
Possible Problems and Solutions after Restoration

一、基牙可能出现的问题

（一）基牙的疼痛

活髓牙在麻醉状态下预备，而后有暂时冠桥的保护，粘接时采用了保护措施与刺激性小的水门汀，但仍有疼痛，则可能距髓腔较近了，引起了牙髓充血，表现为冷热刺激痛。可嘱患者观察，注意保护，不进食过冷过热的食物。如过一段时间症状逐渐减轻直至消失，表明充血消失，恢复正常。如症状加重，并出现了自发痛、阵发痛与放射痛，表明已转为急性牙髓炎，这时可从金属上打孔、开髓进行治疗；烤瓷上开孔易导致瓷裂、崩脱，多需拆除后治疗。由于调𬌗不完善所引起的疼痛多为咬合时疼痛，可仔细检查咬合，发现是早接触点、干扰点后调改，疼痛即可消失。

（二）基牙根面龋蚀

固定桥戴用后，如口腔卫生不良，根面龋坏，要检查龋蚀的深度、范围、是否露髓，未波及修复体边缘的龋坏可酌情充填治疗；波及边缘、范围较大、深度较深时，已不宜充填治疗；因其形成一受力危险截面而易致牙折，应拆除修复体，治疗后重新修复。

二、牙龈及剩余牙槽嵴处可能出现的问题

（一）牙龈或牙槽黏膜红肿

固位体边缘不密合，有残余水门汀都可引起牙龈红肿。尤其是应仔细检查邻面边缘处有无悬突，有无残余水门汀。悬突如为金属则可试行修整，如为烤瓷则不宜修整。绝大多数情况下需拆除重做。如果桥体下方的牙槽嵴黏膜或龈外展隙处牙龈红肿，多数是因为桥体压迫牙槽嵴黏膜所致，此时需要拆除重做。

（二）食物嵌塞

食物嵌塞多因固位体邻面、龈外展隙、桥体龈端等处理不当所致，一般不能修改，需拆除重做。

三、固定桥可能出现的问题

（一）松动（或脱落）

固位体固位不良，水门汀溶解，基牙折断、固位体破损是引起固定桥松动的原因。前两个原因多出现在双端桥固位力差的一端，并有可能伴有一系列问题，均需拆除重做。

（二）损坏

𬌗面过薄而磨穿、崩瓷、树脂脱落、连接体折断、桥体变形等现象。对于崩瓷近年来有树脂类修复方法，但长期效果不佳。一般来说，上述固定桥损坏现象均需拆除重做。

（刘云松　周永胜　徐　军）

进展与趋势

固定义齿作为一种人类已使用了几百年的缺失牙修复方法，其内容的方方面面已被许多学者研究得比较清楚。随着粘接技术和种植技术的发展，修复医生和患者都更倾向于选择不预备或少预备邻牙的修复方式，但是固定义齿仍是一种远期预后确定、有一定适用范围的牙列缺损修复方式。同时，固定义齿相关的理论，包括固定义齿修复的生理基础、共同就位道、连接体的强度等对于粘接修复和种植修复仍然有很大的借鉴价值。未来，随着组织工程技术的发展，牙齿的生物医学再生将会是人类医学史上的又一个革命。

Summary

Missing teeth can be replaced by a tooth supported fixed partial denture. Several factors as biomechanical, periodontal, esthetic, financial and patient's wishes must be considered carefully before making a decision. If the abutment teeth are healthy, the retainers, pontic and connectors are well designed, the fixed partial denture can be expected to provide good function and a long time service for the patient.

Definition and Terminology

固定局部义齿 **(fixed partial dentures，FPDs)**: A dental restoration of one or more missing teeth, which is attached to the prepared natural teeth, roots, or implants by means of cementation.

固位体 **(retainer)**: The part of a denture that unites the abutment tooth with the suspended portion of the bridge.

桥体 **(pontic)**: An artificial tooth on a fixed partial denture, which replaced the lost natural tooth, restores its function, and usually occupies the space previously occupied by the natural crown.

连接体 **(connector)**: The portion of a fixed partial denture that unites the retainer (s) and pontic (s).

双端固定桥 **(rigidly fixed bridge)**: A fixed partial denture in which all the components are rigidly soldered or cast in one piece.

半固定桥 **(semi-fixed bridge)**: A fixed partial denture that offers some stress-breaking. It consists of a major retainer, which is attached to a pontic and is supplied with a dovetail, and a minor retainer, which is supplied with a slot into which the dovetail of the major retainer fits.

单端固定桥 **(cantilever fixed bridge)**: A fixed partial denture in which the pontic is cantilevered, being retained and supported only on one end by one or more abutments.

复合固定桥 **(compound bridge)**: A fixed partial denture which incorporates the properties of two or more bridges.

安氏法则 **(Ante's law)**: The abutment teeth should have combined pericemental area equal or greater in pericemental area than the tooth or teeth to be replaced.

参考文献

[1] 冯海兰，徐军. 口腔修复学. 2版. 北京：北京大学医学出版社，2013.
[2] 徐君伍. 口腔修复学. 3版. 北京：人民卫生出版社，1994.
[3] 马轩祥. 口腔修复学. 5版. 北京：人民卫生出版社，2003.
[4] 赵铱民. 口腔修复学. 7版. 北京：人民卫生出版社，2012.
[5] Shillingburg HT, Sather DA, Wilson EL, et al. Fundamentals of fixed prosthodontics (4th edition). London: Quintessence Publishing Co., 2012.
[6] Rosenstiel SF, Land MF, Fujimoto J. Contemporay fixed prosthodontics (5th edition). St. Louis: The C. V. Mosby Company, 2016.

第五章　牙列缺损的粘接固定修复

Resin-bonded Fixed Partial Denture for the Replacement of Missing Teeth

第一节　概述
Overview

对少数非游离端缺失牙，以全冠作为固位体的传统固定桥修复和种植固定修复是常用的固定修复方法。但是，传统固定桥修复需要磨除大量的天然牙体组织，对于活髓牙还存在损伤牙髓的风险，种植固定修复存在治疗费用较高、治疗周期较长、治疗风险可能较大等缺点，从而使一些患者难以接受。1955年，Michael Buonocore提出釉质酸蚀技术，极大地提高了树脂与釉质之间的粘接强度，在减少牙体组织磨除量的同时，又为修复体的固位效果提供了基础。1973年，Alain L Rochette首次将金属翼板粘接桥应用到下前牙缺失的修复中，揭开了口腔固定修复微创治疗的序幕。

树脂粘接固定义齿（简称粘接桥，resin-bonded fixed partial denture）是一种粘接到牙体组织（主要是牙釉质）的修复体，基牙和固位体的粘接面经过处理为粘接树脂提供了固位力。早期固位体设计为翼状的金属舌板，翼板上打漏斗状孔（Rochette bridge），粘接树脂进入孔中获得机械锁结固位。后来的马里兰桥（Maryland bridge）采用金属翼板粘接面的电解蚀刻处理，增强了树脂固位力，无需制备金属翼板的固位孔。

粘接桥主要通过树脂粘接剂将修复体粘接固定在基牙上，与常规固定桥相比，固位体明显减小，因此具有磨牙少或不磨牙、设计灵活等优点，采用粘接桥修复能够明显减少患者的痛苦。如果适应证选择恰当，经过规范精心的修复治疗，粘接桥的远期成功率不低于传统的固定桥和种植固定修复。随着修复材料、粘接材料和粘接技术的不断进步，粘接桥修复具有良好的发展前景。

依所使用材料的不同，可以将粘接桥分为3类：金属（或金属烤瓷）粘接桥、全瓷粘接桥和纤维强化复合树脂粘接桥，后面两类统称为非金属粘接桥。

第二节　金属粘接桥
Metal Framework Resin-bonded Fixed Partial Denture

金属翼板粘接桥是金属粘接桥的典型代表，指以铸造金属为支架、金属翼板作为固位体、烤瓷熔附金属（或者金属烤塑、整体铸造）为桥体的粘接固定桥（图5-1）。据多数研究结果，金属翼板粘接桥的远期粘接成功率较低、美观效果不佳是其主要缺点，其应用有逐渐减少的趋势。

一、金属翼板粘接桥的优缺点

图 5-1　前牙金属翼板粘接桥

同传统固定桥相比，金属翼板粘接桥具有以下优、缺点：

1. 优点　磨除牙体组织少，明显减少了牙髓暴露的危险。牙体预备大多仅限于基牙的釉质层，因而一般不需要局部麻醉。多采用龈上边缘，对牙周组织影响小。操作简便、快速。所需费用往往较传统固定桥修复少。

2. 缺点　脱落率较高，使用寿命较短。多数研究表明，传统固定桥的 10 年存留率往往在 90% 以上，而金属翼板粘接桥的 5 年存留率多为 70%～80%，适应证相对有限。在前牙区尤其是下前牙区易透金属色。

二、金属翼板粘接桥适应证的选择及其注意事项

1. 适应证

（1）少数牙的非游离端缺失。可用于 1～2 个前牙缺失以及单个后牙缺失的修复。

（2）患者要求固定修复且拒绝大量磨牙，希望采取粘接修复方式。

（3）牙周夹板治疗。

（4）重建前牙切导。

（5）其他特殊需要的过渡性修复。如儿童或青少年个别恒前牙缺失，为保持间隙，防止邻牙移动，起到间隙保持器作用。

2. 适应证选择的注意事项

（1）缺牙间隙过大、缺牙数目过多（连续缺失多于一个后牙或两个前牙）。

（2）患龋率高者。

（3）重度深覆𬌗时，不能用于上前牙缺失的修复。主要原因为：咬合紧，预备量难以获得；若要获得足够的预备量，则须磨除较多牙体组织导致牙本质暴露而影响粘接力；咬合力过大，容易引起粘接桥脱落失败等。

（4）基牙条件不佳：倾斜度过大，双侧基牙长轴明显不一致；基牙临床冠短于 4 mm；基牙有大面积龋坏或大面积充填物，或基牙为失髓牙。

（5）要求改善基牙美观。

（6）有紧咬牙、夜磨牙等口腔副功能。

（7）唾液分泌较多、不易隔湿的患者，且缺乏应用橡皮障的条件。

三、金属翼板粘接桥基牙固位体的设计

从设计角度看，金属翼板粘接桥与传统固定桥之间的主要区别在于固位体部分。金属翼板粘接桥基牙固位体的设计共包括三个部分：环抱部分、支持部分和辅助固位部分。

1. 环抱部分　从𬌗面观，固位体的邻面和舌侧包绕牙冠不小于 180°（图 5-2）。尽可能增

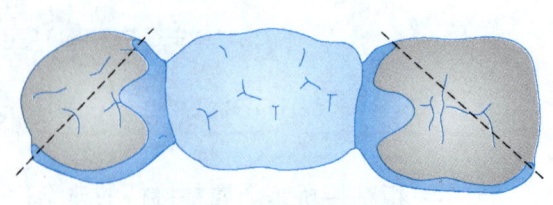

图 5-2　C 形卡抱固位体

大环抱面积，以增加釉质粘接面积，从而提高修复体与基牙之间的粘接强度。基牙近缺隙侧预备导平面，以确定唯一的就位道，限制修复体与就位道方向不一致的运动。

2. 支持部分　前牙舌面的隆突上支托和后牙𬌗面的𬌗支托可以防止修复体龈向移位，𬌗力通过金属支架传导到基牙上，这样可明显减少树脂粘接剂层的应力，有助于提高粘接成功率。此外，支持部分还可起到修复体就位终止点的作用。

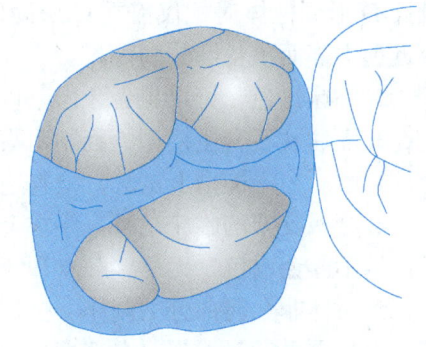

图 5-3　D 形卡抱固位体

可以设计多个支托或杆状支托以提高粘接桥的使用寿命。其中，对于后牙粘接桥，可以通过将 C 形卡抱固位体的设计改变为 D 形固位体设计，以降低金属固位体的弹性，增加固位体的强度，减少因固位体的弹性变形引起的粘接桥脱位（图 5-3）。

3. 辅助固位部分　基牙邻面轴沟是最常用的辅助固位结构，即在基牙近、远中邻面上预备与修复体就位道方向平行的轴沟。如果基牙原来存在𬌗面、邻面或邻𬌗面充填体，可以全部或部分去除原有充填物，形成箱形固位形。辅助固位结构可抵抗支架的舌向移位，防止义齿在功能状态下旋转脱位，能够显著增加粘接桥的固位力，延长粘接桥的使用寿命。

四、金属翼板粘接桥的临床及技工室操作步骤

1. 基牙预备。从基牙磨除量的角度看，粘接桥是固定桥修复中保留牙体组织最多的修复方式。体外试验表明，其牙体预备量仅为常规全冠修复的 1/4～1/2。

（1）前牙预备（图 5-4）：①舌面预备：舌面预备出 0.5 mm 间隙，下前牙磨除可以相对少一些，为确保可靠的粘接效果，尽可能不暴露牙本质，切端边缘距切缘 1～2 mm。由于前牙舌面釉质厚度多数小于 0.9 mm，切忌过量预备。②轴面预备：近缺隙侧邻面片切，略超过邻唇面角；远缺隙侧磨除至邻面接触区舌侧。无角肩台距游离龈缘 1～2 mm。注意邻面不要备成平面，要适应邻面弧度均匀磨除，并确保形成共同就位道。③预备轴沟：近缺隙侧邻面轴沟位于邻唇面角舌侧，远缺隙侧邻面轴沟位于接触区的舌侧，深 1 mm、高 3～5 mm，平行于就位道且应有清晰的末端及龈壁。④预备支托窝：在舌隆突上预备 1～3 个支托窝。

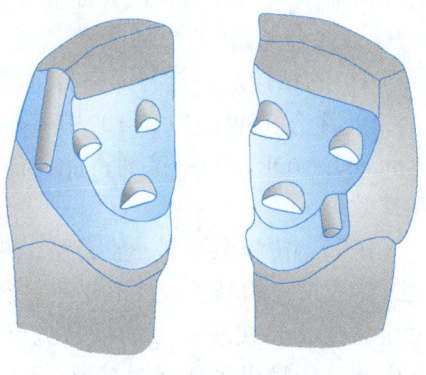

图 5-4　前牙牙体预备

（2）后牙预备（图 5-5）：设计 C 形固位体时，后牙预备与前牙预备方法类似，技术要点如下：①将基牙邻颊轴面角、近缺隙侧邻面、远缺隙侧接触点舌侧邻面和舌面突度降低至龈上 1～2 mm，粘接面𬌗龈高度不小于 2 mm，为了尽量避免牙本质暴露，邻面可采用刃状边缘。②在𬌗面近缺隙侧制备𬌗支托窝，应充分利用𬌗面窝沟及无咬合区，可适当增加 1～2 个𬌗支托窝。③近远中邻面各预备 1 条轴沟，平行于就位道，且尽量置于偏颊的位置。

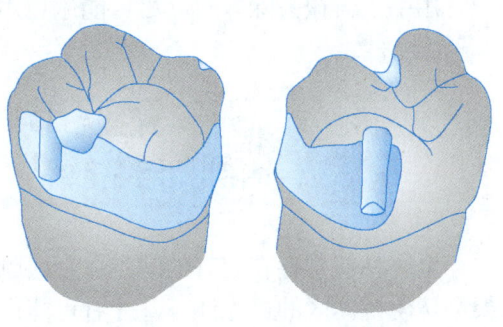

图 5-5　后牙牙体预备

设计 D 形固位体时，仅需在 C 形固位体预备的基础上，沿𬌗面中央窝沟做近远中向预备，连接近远中邻面预备部分即可。

2. 临床比色，记录患者牙齿颜色特征，制取印模。

3. 灌注硬石膏主模型，翻制耐火模型。在耐火模型上制作粘接桥金属支架蜡型，包埋，铸造，打磨。在主模型上试戴，检查边缘密合度，调𬌗，修整外形。

4. 金属支架的临床试戴。要求金属支架戴入后，边缘密合，不下沉，不摆动，不脱位，基牙切端不露金属色，无早接触点和𬌗干扰。试戴结束后，将支架返回技工室。

5. 桥体非金属部分的制作。桥体非金属部分可采用不同的修复材料（瓷或复合树脂）进行恢复。如果患者对美观要求不高，后牙区亦可采用整体铸造的形式。修复体制作完成后，将粘接桥送到临床。

6. 粘接桥试戴，调𬌗，实现桥体𬌗面牙尖交错𬌗轻接触、非正中运动无接触，固位体区根据基牙情况建立咬合接触，同时避免容易造成固位体脱位的咬合接触，修整外形、上釉、抛光。

7. 金属粘接面的处理。金属翼板粘接面需要适当的处理以确保将来良好的粘接效果。金属粘接面处理方法较多，主要有五种：氧化铝喷砂法、电解蚀刻法、硅膜法、化学蚀刻法和镀锡法。目前，最常用的是喷砂法，主要操作要求为：将桥体龈面以成型树脂保护好，用记号笔涂抹翼板组织面以利于显示喷砂效果，用 50 μm 粒度氧化铝、以 0.3 MPa 压强，对粘接面均匀喷砂至涂抹的颜色被完全清除，随后用高压蒸汽喷枪将修复体冲洗干净。如果临床再次试戴修复体，会对翼板组织面造成污染，需要再次喷砂处理。

8. 粘接固定清洁基牙，推荐使用橡皮障。基牙经酸蚀处理，用光-化学双重固化或化学固化树脂粘结剂将修复体粘接固定。粘接剂的选择及规范精细操作尤为重要，原因在于：与粘接金属相匹配的粘接剂才可能有可靠的粘接，严格按照粘接材料的使用说明操作才能保证良好的粘接效果。为了防止前牙区金属透色问题，舌侧面部分可以选择具有遮色效果的粘接剂。目前，主要有下面两种具有代表性的树脂粘接剂。

（1）含有 4-甲基丙烯酸氧乙基偏苯三酸酐酯（4-methacryloxyethyl trimellitic anhydride，4-META）的粘接剂，能与镍铬合金氧化物产生化学粘接。

（2）含有磷酸酯单体 10-甲基丙烯酰氧癸二氢磷酸酯（10-methacryloxy decyldihydrogen phosphate，MDP）的粘接剂，能与镍、铬、钴的氧化物发生化学粘接，与金铂合金也有良好的粘接效果。

9. 医嘱。树脂粘接剂一般需要 24 h 才可完全聚合，在这一段时间内，嘱患者进食软质食物，避免过热或过冷的刺激，且不要使用含乙醇的漱口剂，以免影响树脂粘接材料良好的聚合。

金属翼板粘接桥失败的最常见原因是粘接失败，具体表现形式为修复后粘接桥松动或脱落。因此，应嘱患者勿咀嚼过硬食物，以避免产生过大𬌗力，并强调定期复查的重要性，应保证每半年或一年复查一次，不适随诊，发现问题及时处理。患者接受牙周治疗时，对粘接桥区域宜用手工器械去除牙石，尽可能避免用超声洁牙机，以防超声震动破坏粘接。

第三节　非金属粘接桥
Non-metallic Resin-bonded Fixed Partial Denture

金属粘接桥存在固有的缺点：金属颜色对美观性（特别是前牙区）有一定的影响，金属支架会妨碍桥体区的透光性，基牙有可能产生金属透色，美观要求高的患者难以接受。这使金属粘接桥在美学区的应用受到了较大的限制，为了试图解决以上问题，全瓷粘接桥（all-ceramic resin-bonded fixed partial denture，AC-RBFPD）和纤维强化复合树脂粘接桥（fiber-reinforced composite resin-bonded fixed partial denture，FRC-RBFPD）应运而生。

非金属粘接桥尽管具有明显的美学优势，但强度可靠性尚不如金属粘接桥，主要应用于前牙区；对于间隙与殆力均较大的后牙区，远期失败率较高，目前尚不推荐过多应用。与金属粘接桥相比，为了确保非金属粘接桥的强度，根据所选择的修复材料，可能需要适当增加预备量，进而产生大范围牙本质暴露而无法确保粘接效果的风险，这种情况下应首先考虑设计金属粘接桥，以减少牙体预备量。

一、全瓷粘接桥

全瓷粘接桥是指以全瓷材料制作的非金属粘接桥，目前多以二硅酸锂增强玻璃陶瓷或氧化锆全瓷材料制作修复体支架。

全瓷粘接桥修复案例

（一）AC-RBFPD 的优缺点

同金属粘接桥相比，AC-RBFPD 具有以下优、缺点：

1. 优点

（1）美观效果好。

（2）与天然牙之间的粘接成功率高，尤其是二硅酸锂玻璃陶瓷粘接桥，脱落率最低。

（3）生物相容性好。

2. 缺点

（1）强度较金属粘接桥低，除了饰面破损问题外，全瓷支架也可能折断，后牙区的应用受到很大限制。根据已有的临床循证资料，单纯以嵌体固位的全瓷粘接桥不宜用于后牙区。

（2）为了确保良好的强度，预备量多于金属粘接桥，对于釉质薄的基牙，造成牙本质暴露的风险较大。

（二）AC-RBFPD 适应证的选择及注意事项

1. 适应证 参考金属粘接桥，主要适用于前牙和缺隙较小的后牙修复，对于美观要求较高、拒绝金属修复体的患者尤其适用。

2. 适应证选择的注意事项 参考金属粘接桥，与之不同的是：对于基牙外观差，修复缺失牙的同时需要改善基牙美观的情况，也可以考虑应用全瓷粘接桥，以固位体实现改善基牙外观的目的。

（三）全瓷粘接桥的设计要点

1. 固位设计 以全瓷翼板粘接固位为主，隆突上预备支托窝，邻面设计浅箱形，氧化锆粘接桥可采用邻面轴沟，二硅酸锂全瓷粘接桥可不设计辅助固位形。尽量确保釉质粘接面积，采用与全瓷材料相匹配的树脂粘接剂和粘接方法。如果基牙需要贴面修复改善美观，亦可将固位翼板设计在基牙的唇颊侧。

2. 抗力设计 殆力较大、可供修复体加工的空间较小时，对修复体抗力要求较高，首选氧化锆粘接桥；殆力较小、可供修复体加工的空间较大时，对建立修复体抗力限制较小，首选二硅酸锂全瓷粘接桥。

为了提升全瓷支架薄弱环节的强度，固位体和连接体不能烤饰瓷，连接体舌侧不制作舌外展隙。为了防止崩瓷，在满足美观需要的情况下，桥体区亦可不用饰面瓷，直接用支架材料恢复外形。二硅酸锂全瓷粘接桥固位翼板厚度为 0.5～1 mm，连接体截面 $\geq 8\ mm^2$；氧化锆全瓷粘接桥固位翼板厚度为 0.5～0.8 mm，连接体截面 $\geq 6\ mm^2$。

3. 就位设计 金属粘接桥由于轴沟的限制,均为轴向就位,而前牙全瓷粘接桥一般采用舌侧水平向就位的方式,轴向就位适用于如下情况:①采用轴沟固位形;②修复体邻面需要盖过邻牙接触区,进入唇侧外展隙;③后牙粘接桥。

(四)全瓷粘接桥修复的操作要点

基本治疗流程参考金属粘接桥,技工加工制作参考全瓷固定桥,主要操作要点如下:

1. 牙体预备 主要为舌面和邻面预备。舌面磨除 0.5~0.8 mm,距切端 1~2 mm,龈上无角肩台宽 0.3~0.5 mm,隆突上预备支托窝;基牙近缺隙侧邻面预备浅箱形:深 0.5 mm、殆龈向高度和唇舌向宽度均为 2 mm;氧化锆粘接桥也可采用近远中邻面轴沟作为辅助固位形。

如果修复间隙足够(常见于下前牙区和覆殆较小的上前牙),基牙舌面可以仅做少量牙体预备,磨除少量表面釉质,此时若选择二硅酸锂全瓷材料,由于粘接固位效果好,不需要预备辅助固位形。选择后牙作为基牙时,可增加邻殆面嵌体洞形作为辅助固位形。

2. 临床粘接 根据所用全瓷材料的不同确定粘接方式,二硅酸锂全瓷粘接桥粘接方法参考铸瓷贴面。氧化锆粘接桥在粘接前,需将固位体粘接面用 50 μm 粒度氧化铝、以 0.25 MPa 压强喷砂,以含 MDP 的双重固化树脂粘接剂粘接。

二、纤维强化复合树脂粘接桥

纤维强化复合树脂粘接桥是指通过纤维强化复合体(fiber-reinforced composite,FRC)制作加强支架,以复合树脂建立修复体外形的一种粘接桥修复技术(图 5-6)。纤维的种类主要包括玻璃纤维、碳纤维、聚乙烯纤维等。目前多用玻璃纤维强化复合树脂制作粘接桥。

(一)FRC-RBFPD 的优缺点

同金属翼板粘接桥相比,FRC-RBFPD 具有以下优、缺点:

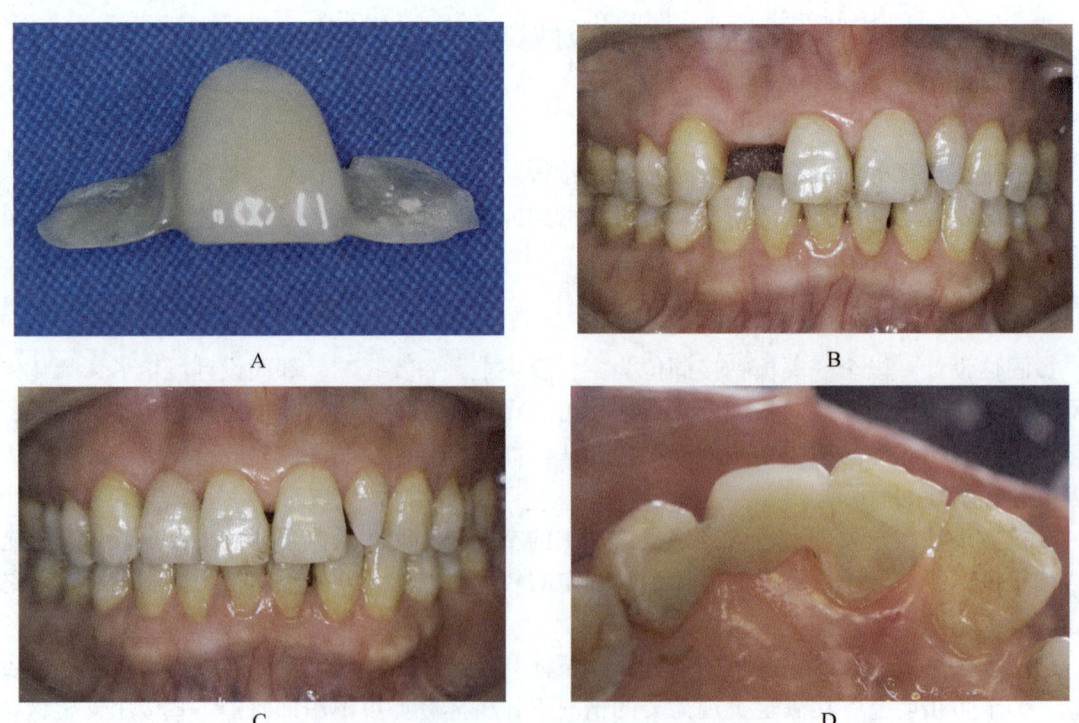

图 5-6 纤维强化复合树脂粘接桥修复上前牙缺失
A. 前牙纤维强化复合树脂粘接桥;B. 修复前;C. 修复后;D. 修复后腭侧观

1. 优点

（1）FRC-RBFPD 与天然牙之间的粘接成功率高。

（2）玻璃纤维支架及表层复合树脂皆属于美学材料，美观效果好。

（3）复合树脂可以减少对𬌗天然牙的磨耗，起到保护作用。

（4）不需要烤瓷、铸造，设备要求低，制作简便。

（5）易于进行口内修理。

（6）属于动态性的治疗方式。由于牙体预备少或未作牙体预备，需要时可以拆除改为其他修复方式。

2. 缺点

（1）修复体强度较金属粘接桥低，修复体折裂发生率较高。

（2）采用复合树脂恢复外形，修复体表面抛光效果较瓷材料差，易着色。

（二）FRC-RBFPD 适应证的选择及注意事项

1. 适应证 主要适用于少数牙缺失的修复（1～2 个前牙缺失以及单个后牙缺失）；基牙不松动，为活髓牙，牙冠完好或邻𬌗面龋或充填物；患者要求固定修复且拒绝大量磨牙；对于美观要求较高、拒绝含金属修复体的患者尤其适用。

2. 适应证选择的注意事项 存在以下情况的患者：缺牙间隙大（缺失多于 2 个前牙或多于 1 个后牙）、基牙牙冠短于 4 mm、基牙为失髓牙、唾液难以控制、有口腔副功能、酗酒、对树脂过敏，应避免使用 FRC-RBFPD 修复。基牙外观差，希望修复缺失牙的同时改善基牙的美观，一般不适用 FRC-RBFPD 修复。

（三）FRC-RBFPD 的固位方式

FRC-RBFPD 的固位方式分为表面粘接固位和洞形粘接固位（图 5-7）。表面粘接固位多用于前牙基牙，洞形粘接固位多用于后牙基牙，也用于有充填物的前牙基牙。设计形式相应地分为翼板固位 FRC-RBFPD、嵌体固位 FRC-RBFPD 和翼板-嵌体混合固位 FRC-RBFPD（尖牙缺失）。

（四）FRC-RBFPD 的纤维支架设计形式

1. 传统支架设计 一束或两束近远中向的单向连续纤维束连接前后基牙，这是最常见的一种支架形式。力学研究表明，这种支架设计能够满足前牙粘接桥的强度要求；对于后牙，在𬌗力较大的情况下，其强度相对不足。因此，传统支架设计适用于前牙缺失的修复。

2. 改良支架设计 主要用于后牙粘接桥。由于在临床应用过程中发现，后牙 FRC-RBFB 采用传统支架设计时，存在加强效果不足的问题，学者们提出了改良的支架设计形式（图 5-8）。方法皆为在传统支架设计的基础上增加桥体区的纤维含量，主要有以下四种：①桥体区增加近远中向纤维；②桥体区增加网状纤维；③桥体区垂直于近远中向纤维增加缠绕的单向纤维；④桥体区增加颊舌横向纤维。实验研究和三维有限元研究表明，第四种支架设计加强效果最为显著。

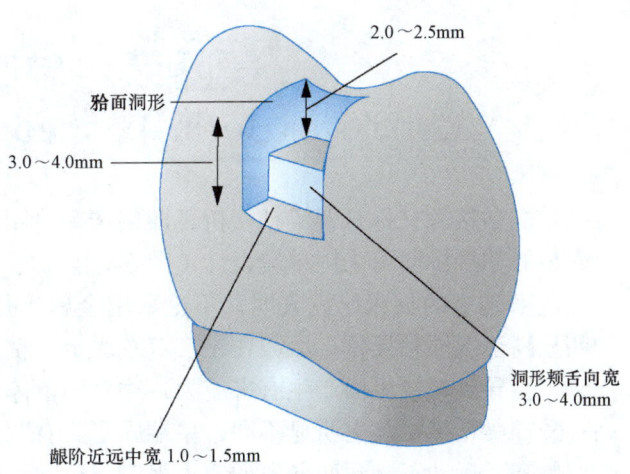

图 5-7 后牙 FRC-RBFPD 的固位洞形和牙体预备量

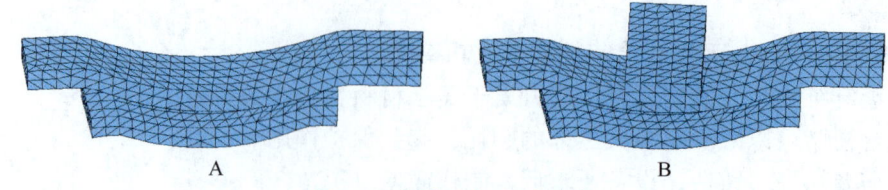

图 5-8 纤维支架设计形式
A. 两束近远中向纤维支架；B. 两束近远中向纤维+一束颊舌向纤维支架

（五）FRC-RBFPD 修复的操作要点

基本治疗流程参考金属粘接桥，主要操作要点如下：

1. 牙体预备

（1）前牙预备：前牙 FRC-RBFPD 多采用翼板粘接固位与金属翼板粘接桥相比，不需要预备轴沟及隆突上支托窝，主要为舌面预备，要确保将来翼板厚度≥0.8 mm，连接体区厚度≥2 mm、宽度为 3～4 mm，肩台宽 0.5 mm。如果修复间隙足够，可以仅做少量牙体预备，如果仅作为半长期性修复，甚至可以不做牙体预备。采用嵌体固位体时，预备形式参照Ⅲ类嵌体洞形，通常需要预备深 1～2 mm 或调磨少量对殆牙，邻面肩台宽 1 mm 以保证技师制作修复体时纤维的稳定放置。

（2）后牙预备：后牙 FRC-RBFPD 的基牙预备体一般参照嵌体洞形的预备原则。

牙体预备要综合考虑牙体组织的保存及为修复体提供足够的制作空间。在前后基牙完好或缺损较小时，通常采用的预备量为：殆面洞形深 2～2.5 mm，前磨牙颊舌向宽 3 mm，磨牙颊舌向宽 4 mm，近远中向长 3.5～4.5 mm；邻面高 3～4 mm；邻面龈阶近远中宽 1～1.5 mm。后牙修复时，如果有足够殆间隙，可做少量牙体预备以利于修复体的制作和粘接。

当基牙牙体缺损较大时，要去除龋坏组织及原有充填物，并按标准洞形完成预备。嵌体洞形预备一般会有较多牙本质暴露，预备完成后需要应用即刻牙本质封闭技术，必要时可用复合树脂部分充填以调整洞形。

一般将边缘置于龈上或平齐牙龈，龈上 1.5～2 mm 是较为理想的位置，必要时也可以采用龈下边缘。

2. 修复体制作　操作过程中注意保证纤维表面不受污染，以确保复合树脂与纤维结合良好，纤维的加强作用得以充分发挥，从而使修复体具有最高的强度。

3. 临床粘接　修复体的粘接面需要喷砂粗化处理，可选择的粘接剂类型较金属翼板粘接桥多，应严格按照所选择粘接剂的使用说明操作。

第四节　单端粘接桥
Cantilever Resin–bonded Fixed Partial Denture

单端粘接桥又称悬臂梁粘接桥，即仅选择单侧一个基牙提供修复体粘接固位的粘接桥。前面介绍的粘接桥均可采用单端设计（图 5-9）。

越来越多的临床研究表明，不论采用金属还是全瓷材料，前牙单端粘接桥的长期成功率均明显高于双端粘接桥。原因在于：双端固定的粘接桥行使功能时，两侧基牙之间由于动度不一致，会导致粘接界面产生有害应力，这对固位体的粘接不利，从而造成临床中粘接失败率较高；悬臂梁粘接桥与之明显不同，单端固定具有双端固定粘接桥所没有的自由运动特性，使由于双侧基牙运动不一致而导致的应力得以避免，从而降低脱粘接的可能性。此外，单端粘接桥还具有如下优点：磨牙量更少、牙体预备简单，由于不存在双端粘接桥的单侧固位翼脱粘接问

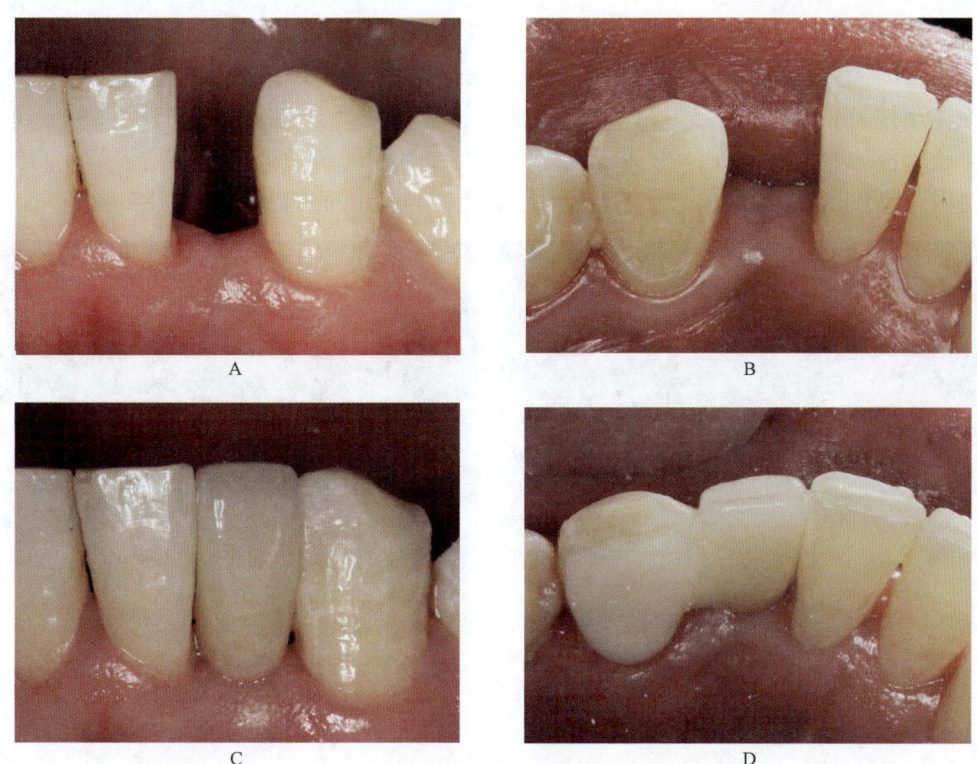

图 5-9　单端铸瓷粘接桥修复下前牙
A.修复前正面观；B.预备后𬌗面观；C.修复后正面观；D.修复后𬌗面观

题，因而继发龋发生率显著降低。

单端粘接桥主要用于以下临床情况：①至少具备单侧的基牙牙根和牙周支持条件良好，并可提供足够的釉质粘接面积；②单个或间隔切牙缺失；③两个下中切牙连续缺失；④单个或间隔后牙缺失且间隙较小。对于间隙较小的单个下切牙或上侧切牙缺失的患者，种植修复损伤邻牙的风险很大甚至无法植入种植体，患者又无法接受或不适于正畸治疗时，在基牙支持能力良好、能确保足够粘接面积的情况下，单端粘接桥是首选的固定修复设计形式。

由于单端粘接桥的粘接面积较双端粘接桥明显减少，因此均应采用翼板固位体设计，除二硅酸锂全瓷粘接桥外，其他材料的粘接桥还需适当增加轴沟、洞形、针道等辅助固位形，以提升粘接的长期稳定性。

在临床操作中，单端粘接桥就位准确性不容易把握，尤其是当缺少辅助固位形和就位终止结构时，粘接时应通过仔细检查桥体位置、固位体边缘密合度等参考标志，确认修复体准确就位，防止粘接过程中移位，也可制作辅助就位装置以便于使修复体准确就位。

第五节　其他形式的粘接桥
Other Forms of Resin-bonded Fixed Partial Dentures

一、半固定式金属粘接桥

常规的金属粘接桥一般适用于跨度不大的单个牙缺失的修复，如用来修复磨牙或两个以上牙缺失时，其脱落率较高。当修复的牙增加时，其跨度的增加不但会造成粘接桥负荷加大，而且基牙所承受力的角度差异也加大，因而增加了金属翼板和牙齿间树脂层的应力，易造成脱粘接。有些学者提出了在粘接桥中引入非刚性连接体，允许其在承受载荷时产生一定的动度，从而减小树脂粘接剂层的应力，降低脱粘接的发生率。在后牙修复两个缺失牙时，修复体中前磨牙的固位体与栓体连接，桥体与栓道连接，通过栓体与栓道将两部分连在一起（图5-10）。非刚性连接体可以选择性地将负荷加在远中基牙上，使前磨牙基牙的负荷减小，有利于基牙的保护。在粘接桥使用非刚性连接体另一个优点就是对于缺乏共同就位道的基牙可以减少预备量。

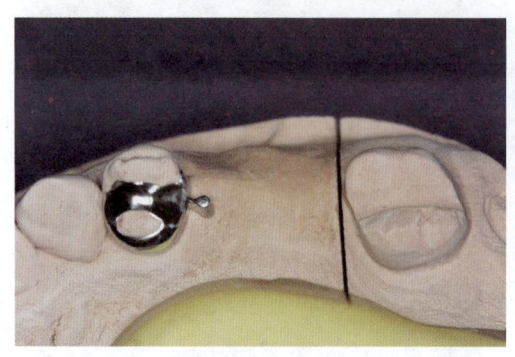 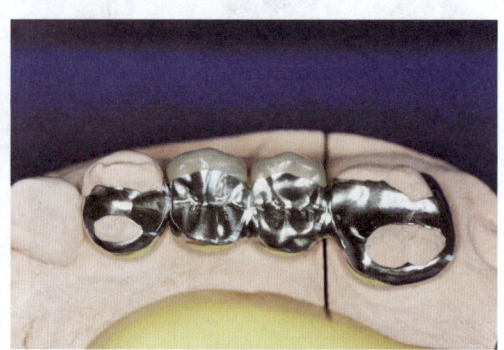

A B

图5-10　半固定式金属粘接桥（一端为非刚性连接体）（由谭京医师提供图片）
A.带有栓体的固位体就位于模型上；B.修复体就位于模型上

二、分段式粘接桥

韩国学者以"尽可能减少磨除基牙的牙体硬组织"为出发点，发明了可以利用基牙邻面倒凹加强固位的分段式粘接桥（图5-11）。分段式粘接桥由3个部分组成，两个独立的固位体和一

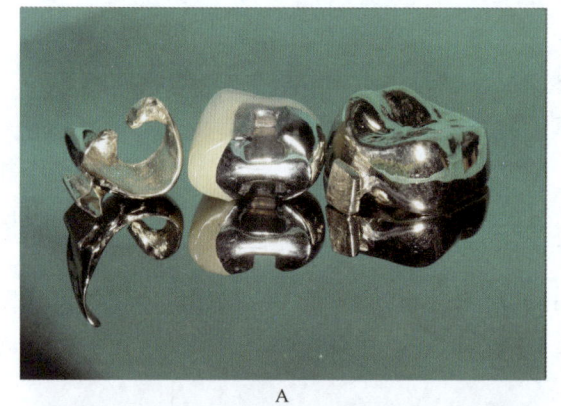 

A B

 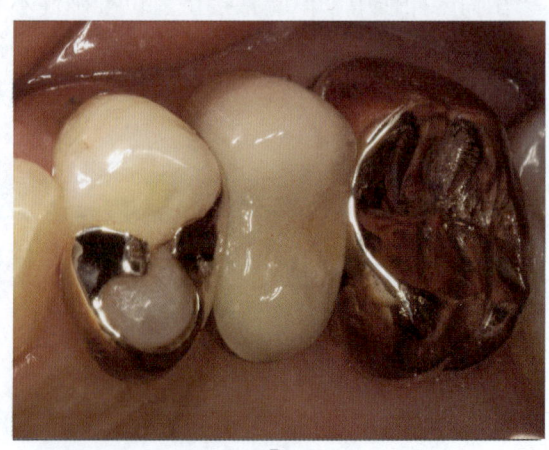

C D

图5-11　分段式粘接桥修复左上第二前磨牙（由彭东医师提供图片）
A.固位体与桥体分离；B.固位体与桥体连接后的𬌗面观；C.固位体与桥体连接后的龈面观；D.修复粘接后𬌗面观

个独立的桥体。分段式粘接桥根据基牙本身的牙体硬组织倒凹设计固位体，利用固位翼的弹性进入基牙的倒凹区，并且保证边缘紧密贴合。粘接桥的两个固位体就位方向不同，而在固位体上制作的连接体有共同的就位道，不但确定了桥体就位方向而且保证了顺利就位。分段式粘接桥获得了3种固位效果：利用固位翼的弹性进入基牙倒凹区；不同基牙上的固位体的就位道不同，形成了机械锁结作用；固位翼与牙面之间、固位体的栓体和桥体的栓道之间树脂粘接，以上3种固位的联合作用能够减少脱粘的发生。北京大学口腔医院对148件分段式粘接桥临床应用效果进行了观察，随访观察6~36个月，平均26个月，后牙分段式粘接桥的完全存留率（95%）明显高于前牙修复体。这可能与后牙基牙能产生更有效的前述的3种固位效果有关。

三、无冠粘接桥

无冠粘接固定义齿（crownless bridge works，简称CBW）由荷兰和德国学者研究开发，结合机械固位和粘接固位的固定修复技术（图5-12）。其原理为，首先将特制固位钉粘接到缺牙区两侧基牙的邻面，桥体部通过栓道形式插入缺牙间隙侧的栓体（固位钉的暴露部分）上，同时将舌侧金属翼板粘接到基牙上达到固位目的。为了避免暴露金属，颊舌向观，固位钉应位于邻面正中稍偏舌侧处；𬌗龈向观，固位钉应位于基牙邻面中1/3。固位钉粘接时注意相互平行，两侧栓附着体的侧壁应该具有共同就位道。与传统粘接桥相比，CBW由栓体（固位钉上）-栓道（桥体中）起到主要的机械固位作用，与仅靠粘接固位相比，能显著提高粘接桥的固位效果。

CBW主要适用于单个前牙和前磨牙缺失的修复。修复前应拍摄X线片，以观察基牙情况。由于固位钉插入牙中的深度为1.65 mm，而下颌中切牙邻面中1/3釉牙本质较薄，所以下颌中切牙缺失不适合采用CBW修复。对于美观要求高的患者，可以选择瓷质固位钉，并用高强度瓷材料制作全瓷的CBW。

但是，由于CBW缺乏长期的随访结果，临床效果还有待进一步观察。

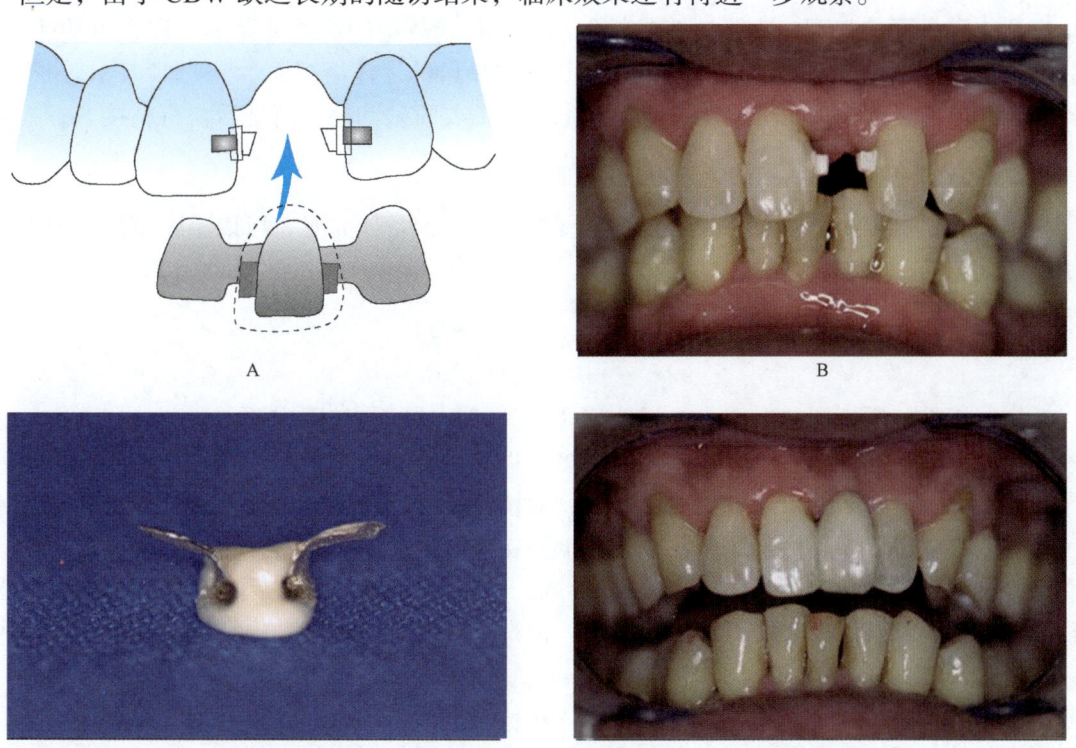

图5-12　无冠粘接桥修复上前牙缺失（由姜婷医师提供图片）
A. 无冠粘接桥修复模式图；B. 两侧基牙上的固位钉；C. 无冠粘接桥；D. 修复后

第六节　粘接桥修复的并发症及处理
Complications and Management of Resin-bonded Fixed Partial Denture

与传统固定桥类似，粘接桥修复后可能出现同样的问题，如继发龋、基牙预备后敏感、牙周病、修复体着色等问题，处理方法参考传统固定桥。对于粘接桥，较特殊的是固位体脱粘及修复体折裂问题。

一、脱粘

脱粘往往表现为修复体松动和脱落。

（一）单侧脱粘

单侧固位体脱粘接如果未及时处理，容易导致严重的继发龋，所以及时发现、及时处理、定期复查非常重要。

在前牙区或缺隙不大的后牙区，如果未脱粘侧基牙支持条件好，可以磨除脱粘侧固位翼，将双端粘接桥改为单端粘接桥。同时，对磨除固位翼侧的基牙预备面用复合树脂覆盖充填处理，以建立合理的外形，防止产生继发龋和牙本质过敏。在后牙区，可以通过一定的方法（如超声震动法）将修复体完整取下，重新粘接。如果不能取下修复体，金属粘接桥则应拆除重做。重新粘接时，牙体预备面及修复体粘接面均需良好的处理以确保粘接效果。

FRC-RBFPD 无需拆除可在口内修理，磨除松动固位体和少量𬌗面（后牙）或舌面（前牙）桥体材料，牙体预备面和桥体处理后，加以纤维和复合树脂，光照固化即可完成。

1. 牙体预备面的处理　去除树脂粘接剂后，再将牙体组织磨除薄薄的一层，再酸蚀处理，目的是去除树脂-釉质或树脂-牙本质混合层，获得新鲜的牙体组织面。

2. 修复体粘接面的处理　去除树脂粘接剂后，需要喷砂和超声清洗后再行粘接。

（二）双侧脱粘

如果粘接桥可以完整取下，没有损坏和变形，基牙预备体完好，可以重新粘接。否则应重新制作修复体。

二、折裂

金属翼板粘接桥折裂的形式多为桥体崩瓷，处理方法同传统固定桥。

全瓷粘接桥折裂主要发生于连接体区，多需拆除后重新修复。对于在前牙区或缺隙不大的后牙区的双端全瓷粘接桥，如果仅单侧折裂，对桥体的外形和功能影响不大，未脱粘侧基牙支持条件好，可以适当修整折断区域，改为单端粘接桥继续使用。

纤维强化树脂粘接桥折裂往往有两种形式：饰面树脂破损和连接体折裂。如果破坏程度较轻且纤维结构没有破坏，可以在口内修理。但是，如果饰面树脂破损严重或纤维结构遭到破坏，应将修复体拆除重做。

如果修复设计、牙体预备、修复体制作、粘接等方面均没有问题，而患者的粘接桥却反复多次发生脱粘、折裂而失败，则应考虑改用种植或传统固定桥修复。

（张　磊　谢秋菲）

进展与趋势

近年来，粘接桥的修复成功率有不断提高的趋势，其进展主要有三个方面：①设计形式的改进；②全瓷粘接桥的应用逐渐增加；③对粘接桥修复成功率和失败形式的深入研究。

循证医学的资料证明，单端粘接桥具有较高的粘接成功率，两单位单端粘接桥的3年成功率可达95%～100%，两单位单端全瓷粘接桥10年成功率可达94%，而双端固位的全瓷粘接桥10年成功率仅为67%。因此，只要相邻基牙牙周、牙体条件允许，在切牙区，以相邻单个基牙支持的单端粘接桥应为粘接桥修复时的首选治疗方法；当牙体组织唇舌向厚度较薄、患者美观要求高时，为了避免金属透色问题，单端全瓷粘接桥是更好的选择。对于上侧切牙区和下切牙区，由于𬌗力相对较小，当基牙、牙槽骨等条件满足固定修复要求时，单端二硅酸锂全瓷粘接桥是一种首选的修复方法，其突出优势在于粘接效果好，粘接失败最少。纤维强化复合树脂粘接桥远期成功率相对较低，越来越多的学者倾向于将其作为半长期性修复体。

Summary

Resin-bonded fixed partial denture, popularly shortened to resin-bonded bridge, which is adhesively cemented to abutment teeth, consists of retainer, connector, and pontic. Considering as a minimally invasive prosthetic method, resin-bonded bridge has the advantages of much less amount of tooth preparation and more design flexibility, which can not only ease patient's pain, but also reduce the difficulty of dentist's operation. Resin-bonded bridges are divided into two categories: metal framework resin-bonded bridge and non-metallic resin-bonded bridge. Among them, the metal-plate resin-bonded bridge and all ceramic resin bonded bridge have been more often used in dental clinics. Careful patient selection, prosthetic design, dedicate operationand good self-maintenance are important factors in predetermining clinical success.

Definition and Terminology

树脂粘接固定义齿 (resin-bonded fixed partial denture): A fixed dental prosthesis that is luted to tooth structures, primarily enamel, which has been etched to provide mechanical retention for the resin cement. Early design incorporated perforations on the lingual plate (Rochette Bridge) through which the resin bonded material passed to achieve a mechanical lock; subsequently, the use of acid etching of the metal plate (Maryland Bridge) eliminated the need for perforations.

单端粘接桥 (cantilever resin-bonded fixed partial denture): a resin-bonded fixed partial denture in which the pontic is cantilevered, i.e., is retained and supported only on one end by one or more abutments.

参考文献

[1] Shillingburg HT, Sather DA, Wilson EL, et al. Fundamentals of Fixed Prosthodontics (4th edition). London: Quintessence Books. 2012.

[2] Rosenstiel SF, Land MF, Fujimoto J. Contemporary fixed prosthodontics (5th edition). Elsevier Inc., 2016.
[3] De Kanter RJ, Creugers NH, VerzijdenCW, et al. A five-year multi-practice clinical study on posterior resin-bonded bridges. J Dent Res. 1998, 77 (4): 609-614.
[4] Kern, M, Sasse M. Ten-year survival of anterior all-ceramic resin-bonded fixed dental prostheses. J Adhes Dent 2011, 13 (5): 407-410.
[5] Mourshed B, Samran A, Alfagih A, et al. Anterior Cantilever Resin-Bonded Fixed Dental Prostheses: A Review of the Literature. J Prosthodont. 2018, 27 (3): 266-275.
[6] van Heumen CC, Kreulen CM, Creugers NH. Clinical studies of fiber-reinforced resin-bonded fixed partial dentures: a systematic review. Eur J Oral Sci. 2009, 117 (1): 1-6.
[7] Lam WYH, Chan RST, Li KY, et al. Ten-year clinical evaluation of posterior fixed-movable resin-bonded fixed partial dentures. J Dent. 2019, 86 (7): 118-125.
[8] 李健，彭东，冯海兰. 分段式粘接桥的临床应用初步观察. 中华口腔医学杂志，2011，46 (6): 326-331.
[9] 姜婷，洪伟，张庆辉. 微型固位钉式无冠粘接固定义齿的临床应用研究. 实用口腔医学杂志. 2004, 20 (6): 665-669.

第六章　牙列缺损的可摘局部义齿修复

Removable Partial Denture for Restoring Partial Edentulism

第一节　概　述
Overview

可摘局部义齿（removable partial denture，RPD）是一种患者可以自行摘戴的牙列缺损修复体，它利用余留天然牙和剩余牙槽嵴做支持，通过义齿的固位装置保持其在牙列中的位置，用以恢复牙列缺损者的缺失牙及周围缺损组织的解剖形态和生理功能。

可摘局部义齿是目前临床上应用广泛的牙列缺损修复方式。根据第四次全国口腔健康流行病学调查报告，我国65～74岁年龄组的平均存留牙齿数是22.5颗。调查样本中，缺失牙患者接受种植义齿修复的人数占0.3%，固定义齿修复人数占26.3%，可摘局部义齿修复人数占20.4%，全口义齿修复人数占5.3%，非正规义齿修复人数占13.1%，未修复人数占47.7%。

一、可摘局部义齿的适应证与禁忌证

（一）可摘局部义齿的适应证

简单来说，可摘局部义齿适用于各种牙列缺损。从只缺失一个牙到单颌牙弓仅剩一个牙，都可采用可摘局部义齿修复。可摘局部义齿尤其适用于以下情况：

1. 缺牙数目多，缺隙过长或有游离缺失的牙列缺损者。
2. 伴有牙槽骨、颌骨或软组织缺损的牙列缺损者。
3. 余留牙牙周健康情况较差的牙列缺损者。
4. 因经济条件、健康状况等原因不能接受种植义齿、固定义齿修复的牙列缺损者。
5. 需升高咬合垂直距离的牙列重度磨耗者。
6. 需利用基托关闭腭裂隙，利用双牙列恢复前牙美观的腭裂者。
7. 拔牙后的即刻临时修复，正式可摘、固定、种植义齿修复前的过渡性或诊断性修复。
8. 生长发育期缺牙儿童的可摘缺隙保持器。
9. 满足特殊美观要求的美容（化妆）义齿。

（二）可摘局部义齿的禁忌证

1. 患有偏瘫、痴呆症、肢/手残疾、癫痫、严重精神障碍等，无正常行为能力，生活不能自理的牙列缺损患者。无法进行义齿摘戴、保管和清洁，或有误吞义齿危险，不宜采用可摘局部义齿修复。

2. 口腔剩余软硬组织存在感染、炎症、外伤、肿瘤性疾病，包括严重的龋病或牙周病，在没有得到完善治疗和有效控制前，不宜采用可摘局部义齿修复。

3. 修复间隙过小，无法保证义齿的足够强度者。

4. 对义齿修复材料过敏，又无其他材料可替代，或患者对义齿异物感明显又无法克服者。

二、可摘局部义齿的优缺点

与常规的固定义齿和种植固定义齿相比，可摘局部义齿有以下优缺点：

1. 优点 ①牙体预备量少；②便于保持口腔清洁；③义齿易于修理和添加；④制作相对简单、费用低；⑤适应证广泛。

2. 缺点 ①体积大，初戴有异物感、影响发音；②反复摘戴，使用不便；③咀嚼效能较差。

三、可摘局部义齿的种类

（一）按义齿的结构及材料分类

1. 铸造支架式义齿（framework denture） 义齿为整体铸造的金属支架，人工牙和塑料基托附着在铸造支架上。铸造金属支架常用材料为钴铬合金、钴铬钼合金、钛金属、金合金。

铸造支架式义齿的优点是强度好、体积小、覆盖组织范围少，相对来说更舒适，自洁作用更好。缺点是制作相对复杂，义齿不易修理和添加。长期使用的正式可摘局部义齿通常采用铸造支架式义齿。

2. 胶连式义齿（plastic denture） 是采用甲基丙烯酸甲酯塑料基托将人工牙和固位体等部分连接成整体的义齿。胶连式义齿的优点是制作简单，容易修理和添加。缺点是义齿强度较差，而且体积大、覆盖组织范围大，舒适性和自洁性较差。因此，胶连式义齿更多用于短期使用的过渡性义齿。

（二）按支持组织分类

1. 牙支持式义齿（tooth-borne denture） 义齿人工牙承受的𬌗力主要由余留天然牙承担。适用于缺失牙不多的非游离缺失，缺隙近远中均有提供支持的基牙。通过义齿位于基牙上的支托，将𬌗力传导至基牙。牙支持式义齿固位、稳定、支持作用好，修复效果最佳。

2. 混合支持式义齿（tooth- and mucosa-borne denture） 义齿人工牙承受的𬌗力由天然牙和缺隙处牙槽嵴黏膜共同承担。适用于游离缺失或长的非游离缺隙，只有缺隙一端有可以提供支持的基牙。人工牙承受的𬌗力一部分通过支托传导至基牙，一部分通过基托分散至牙槽嵴。由于黏膜支持作用较差，容易发生黏膜压痛、牙槽骨吸收、末端基牙受到扭力，修复效果较牙支持式义齿差。

3. 黏膜支持式义齿（mucosa-borne denture） 义齿人工牙承受的𬌗力完全由牙槽嵴黏膜承担。由于牙槽嵴黏膜的支持能力差，义齿容易发生黏膜压痛和牙槽骨吸收。需扩大基托伸展范围，减轻牙槽嵴负担。缺失牙数目少，尤其是非游离缺失者不宜采用。黏膜支持式义齿仅适用于缺失牙数目过多，余留牙牙周健康状况差者。由于其修复效果不佳，应尽量少采用。

（三）特殊类型的可摘局部义齿

1. 种植覆盖可摘局部义齿 在游离端或长缺隙的牙槽嵴处，利用种植体及其上的附着体可以显著改善义齿的支持、固位和稳定，获得与牙支持式义齿同样的修复效果。

2. 弹性义齿 属于胶连式义齿，基托采用有弹性、高强度的聚酰胺材料，包绕基牙，利用其弹性代替金属卡环，起固位作用。缺点是不利于自洁，易致基牙龋坏和牙周问题，不建议采用。

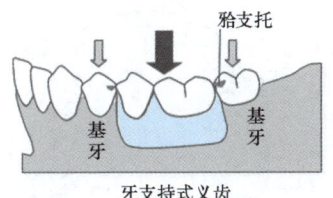 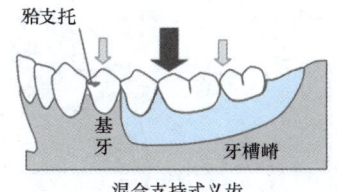 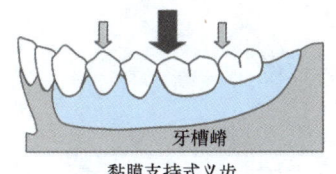

图 6-1 可摘局部义齿的支持方式

3. 𬌗垫式义齿 牙列重度磨耗致咬合垂直距离显著降低者,在固定咬合重建修复前,通常采用胶连式𬌗垫义齿,抬高咬合垂直距离,进行诊断性的过渡修复。利用𬌗垫式义齿,调整垂直距离和水平颌位关系。对于无条件固定咬合重建的患者,也可采用铸造支架式𬌗垫义齿长期修复。

4. 双牙列义齿 常用于上颌前部发育不良、前牙反𬌗的腭裂患者。将人工牙排在余留前牙唇侧,恢复前牙美观和上唇丰满度。可采用胶连式或铸造支架式义齿。

5. 可摘间隙保持器 用于缺牙儿童,保持缺牙间隙,以利于恒牙萌出,并适当恢复缺失牙功能。一般采用胶连式义齿,利于根据生长发育进行调改。

6. 可摘牙周夹板 为铸造支架式结构,利用义齿上的邻间勾、连续卡环,稳定松动牙,分散咬合力,可同时修复缺失牙。

(杨亚东)

第二节 牙列缺损的分类
Classification of Partial Edentulism

牙列缺损有很多种形式,单颌牙缺失的数目与缺隙位置的各种组合有 2^{14} 种可能。为了分析和概括不同缺损情况的特点,便于对可摘局部义齿设计的学习、理解和交流,有必要对牙列缺损进行分类。关于牙列缺损的分类方法有多种,但是全世界最通用的是 Kennedy 分类法。

Edward Kennedy(1925 年)根据缺隙在牙弓上的位置,结合可摘局部义齿鞍基(saddle)与基牙之间的关系,将牙列缺损分为四类(图 6-2)。

第一类:两侧缺隙均位于余留牙的远中,即双侧远中游离缺失。
第二类:单侧缺隙位于余留牙的远中,即单侧远中游离缺失。
第三类:单侧缺隙前后方都有余留牙,即单侧非游离缺失。
第四类:位于所有余留牙的近中,单个跨中线(双侧)的前方缺隙。

Kennedy 分类简洁直观,可以很容易地区分可摘局部义齿的支持方式是牙支持式,还是混合支持式。但是,该分类法过于简单,需要细化规则,才能方便应用(图 6-3)。

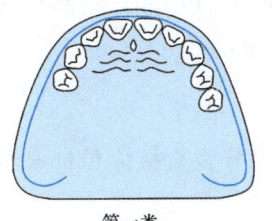 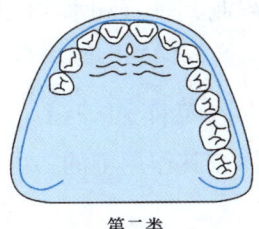 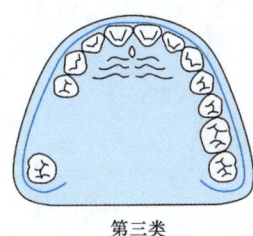 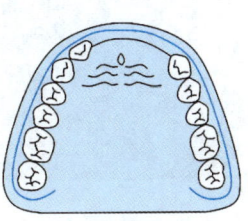

第一类　　　　第二类　　　　第三类　　　　第四类

图 6-2 牙列缺损的 Kennedy 分类

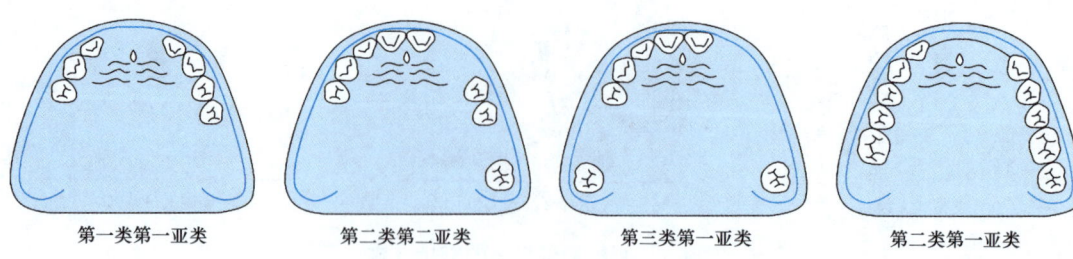

第一类第一亚类　　　第二类第二亚类　　　第三类第一亚类　　　第二类第一亚类

图 6-3　牙列缺损的 Kennedy 分类举例

（一）亚类缺隙的概念

除决定分类的主要缺隙外，如果还存在其他缺隙，则命名为亚类缺隙（modification space）。亚类缺隙以数目命名，另有一个亚类缺隙者，为第一亚类；有两个亚类缺隙者，为第二亚类，以此类推。

（二）应用 Kennedy 分类的 Applegate 法则

1. 分类应在最终拔牙后进行，以免因拔牙改变分类。
2. 如果第三磨牙缺失后不修复，则分类时不考虑。
3. 如果第三磨牙存在并作为基牙，则分类时应考虑。
4. 如果第二磨牙缺失后不修复，则分类时不考虑。
5. 以最远中缺隙（主要缺隙）决定分类。
6. 非主要缺隙以缺隙数量命名为亚类。
7. 亚类命名只考虑缺隙数量，不考虑范围。
8. 第四类没有亚类（因为如果位于跨中线的前部缺隙的远中还有缺隙，它将作为主要缺隙决定分类，即非第四类）。

（杨亚东）

第三节　可摘局部义齿的组成
Components of the Removable Partial Denture

可摘局部义齿由固位体、连接体、基托和人工牙四个部分组成（图 6-4）。

一、固位体

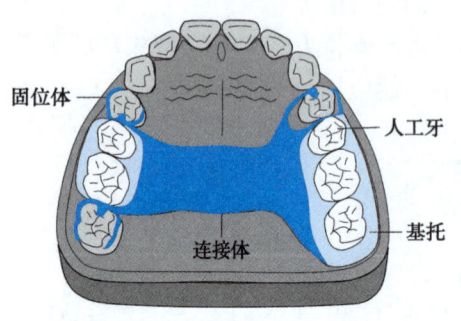

图 6-4　可摘局部义齿的组成

固位体（retainer）有支持、固位和稳定的作用。可摘局部义齿利用其位于基牙上的固位体使义齿固定在牙槽嵴上，限制其垂直和水平动度，将功能性负荷传导至基牙，抵抗义齿受到的脱位力（dislodge force）。

（一）固位体的种类

固位体按其作用不同，可以分为直接固位体和间接固位体。

1. 直接固位体　起主要固位作用的固位体。按其结构分为冠内固位体（intra-coronal retainer）和冠外固位体（extra-coronal retainer）。

（1）冠内固位体：主要是冠内附着体（attachment）。

（2）冠外固位体：包括卡环、套筒冠（telescopic crown）和冠外附着体（extracoronal attachment）。

可摘局部义齿最常采用的直接固位体是卡环（clasp），其他冠内、冠外附着体和套筒冠都较少应用（详见固定-活动联合修复一章）。

2. 间接固位体 作用是辅助直接固位体固位，保持义齿的稳定，防止义齿翘动、旋转、摆动。

（二）卡环的结构和作用

卡环由支托（rest）、卡环体（body of clasp）和卡环臂（clasp arm）三部分组成（图 6-5）。

1. 支托 可摘局部义齿上，位于后牙𬌗面边缘嵴、前牙舌隆突或切端经过预备的支托凹（rest seat）内的部分。支托除作为卡环结构的组件以外，也可单独应用。

（1）支托的作用

1）义齿承受的垂直向咬合力通过支托传递至基牙，起支持作用。

2）防止义齿龈向移位，保持卡环在基牙上的位置。

3）当基牙存在低𬌗、𬌗面间隙等咬合接触不良情况时，可扩大支托范围，用支托恢复与对𬌗牙的咬合接触关系。

4）可摘局部义齿修复时，可将支托置于丧失邻接触的余留牙上，防止垂直食物嵌塞。

5）可作为间接固位装置，保持义齿稳定。

（2）支托的类型

1）𬌗支托（occlusal rest）

位置：通常位于后牙𬌗面近缺隙侧边缘嵴。为了𬌗力的正确传导和避免干扰咬合接触，需置于专门预备的𬌗支托凹内。远中游离缺失的末端基牙上，𬌗支托可放置在近中𬌗边缘嵴。如果磨牙因磨耗、咬合紧，无法在边缘嵴处预备𬌗支托凹时，可将𬌗支托放置在上颌磨牙颊沟，或下颌磨牙舌沟处。

形态：铸造𬌗支托呈圆三角形，𬌗缘处最宽，向𬌗面中心变窄。宽度为磨牙颊舌径的1/3或前磨牙颊舌径的1/2。长度为磨牙近远中径的1/4或前磨牙近远中径的1/3（图 6-6）。𬌗支托

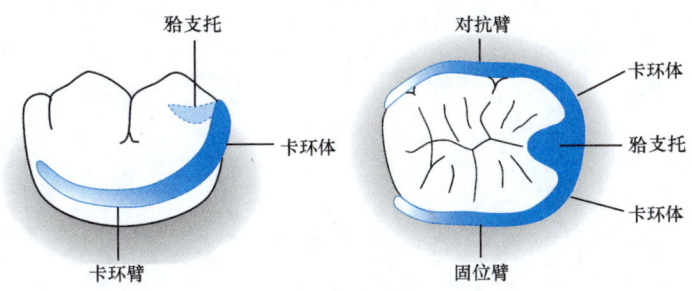

图 6-5 卡环的结构

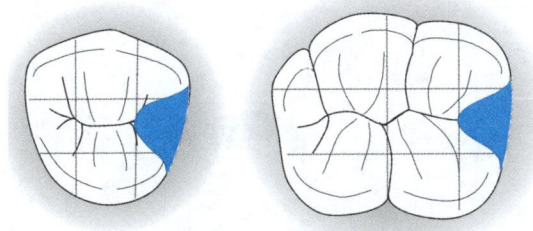

图 6-6 𬌗支托的形态（𬌗面观）

厚度为 1～1.5 mm。与卡体和小连接体结合处不能薄于 1 mm，以免支托折断。𬌗支托底面与小连接体的夹角（也就是支托凹底与垂直向邻面的夹角）必须小于 90°，即𬌗支托的底面为球面，与支托凹成球凹接触，有侧向锁结作用，可以保证𬌗支托与支托凹的位置稳定（图 6-7）。如果这个角度大于 90°，𬌗支托与支托凹底将成斜面接触，在垂直向咬合力的作用下，𬌗支托与支托凹之间将产生侧向滑动，不利于𬌗支托与基牙之间位置关系的稳定。

2）切支托（incisal rest）：位于下颌切牙的切端，或下颌尖牙的近中切嵴（图 6-8）。厚度为 1～1.5 mm，宽度为 2.5 mm。需预备支托凹，切支托骑跨切端的唇舌斜面。因暴露金属，会影响美观。

3）舌支托（lingual rest）：又称舌隆突支托（cingulum rest），从前牙舌面缺隙侧边缘嵴延伸至舌隆突上（图 6-9）。用于舌隆突明显的上颌尖牙和切牙。支托凹底低于舌隆突，为底部圆钝的 V 字型。支托凹底与牙长轴垂直，使通过舌支托传导至基牙的咬合力沿牙长轴方向传导，避免基牙受到有害的唇向作用力，并保证支托在基牙上位置的稳定。舌支托的厚度为 1～1.5 mm，近边缘嵴处宽度为 2.5 mm，长度为基牙舌侧宽度的 1/3。尖牙舌隆突支托还有一种长支托，从远中一直伸展到近中，可同时代替尖牙上卡环的对抗臂。

2. 卡环体 又称为卡环肩（shoulder of clasp），是卡环起始的坚硬部分，与支托和卡环臂相连，并通过小连接体与义齿支架相连。卡环体位于基牙牙冠邻面及颊舌轴角的𬌗方非倒凹区，有支持和稳定义齿的作用，可防止义齿龈向和侧向移位。

3. 卡环臂 环绕基牙牙冠，起始于卡环体，末端游离。卡臂靠近卡体的部分坚硬，游离末端有一定的弹性。卡环通常有两个卡环臂，一个是固位臂（retentive arm），一个是对抗臂

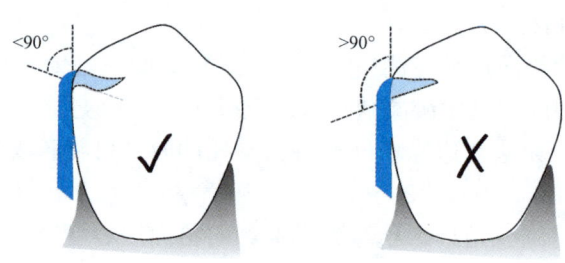

图 6-7　𬌗支托凹的角度

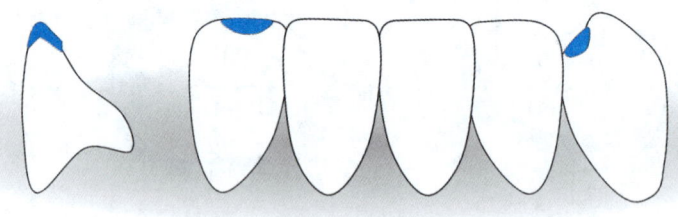

图 6-8　切支托

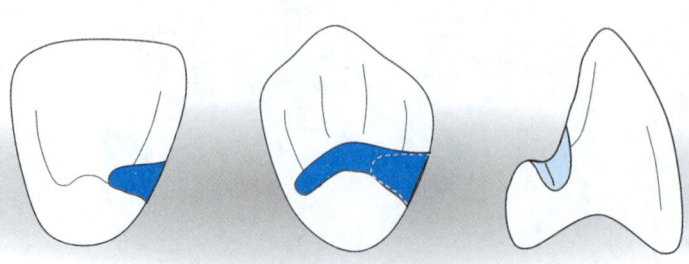

图 6-9　舌支托 / 舌隆突支托

（reciprocal arm），分别位于牙冠的颊面和舌面。固位卡臂的坚硬部分位于非倒凹区，有弹性的卡臂尖进入基牙牙冠唇颊或舌侧的倒凹区。位于倒凹区的卡臂尖部分可以起固位作用，防止义齿𬌗向脱位。而整个卡臂可以抵抗义齿受到的水平向作用力，具有稳定作用。对抗臂不进入倒凹区，其作用是抵消义齿摘戴时卡环固位臂作用在基牙上的侧向力。

（三）卡环应具备的作用

1. 支持作用 卡环必须为义齿提供支持（support）。主要是通过𬌗支托，将义齿承受的咬合力沿牙长轴方向传导至基牙。同时防止卡环龈向移动，避免义齿压迫黏膜组织。保持固位卡臂尖在基牙适当的位置，以保证其发挥作用。

2. 固位作用 固位（retention）是卡环抵抗使其从基牙上𬌗向脱位的作用。固位卡臂尖位于特定的固位倒凹内，当卡环受到脱位力作用时，固位卡臂尖的弹性可以抵抗脱位力。但是，固位是卡环整体的作用，只有卡环各部分保持其在基牙上的位置稳定，固位卡臂尖才能发挥作用。

卡环的固位原理：当义齿受到脱位力作用而发生脱位时，基牙牙面需撑开位于倒凹区内的固位卡环臂，义齿才能向𬌗方（脱位方向）移动，直至固位卡臂离开倒凹区。当义齿发生脱位或产生脱位趋势时，卡环固位臂受到的脱位力 F_d 可以分解为沿牙面切线方向的力 F_t 和与牙面垂直的正压力 F_p，F_p 的反作用力 $F_{p'}$ 作用于卡环固位臂使其发生弹性变形。卡环固位臂沿牙面滑动时，作用于牙面的正压力 F_p 使卡臂与牙面之间产生与 F_t 方向相反的摩擦力 F_f（$F_f = kF_p$，k 为摩擦系数），如图 6-10 所示。摩擦力 F_f 会阻碍卡环固位臂沿牙面的移动，抵抗义齿脱位。义齿脱位过程中，随着卡环固位臂弹性变形量的增加，卡臂对牙面的正压力 F_p，以及由此产生的摩擦固位力 F_f 也逐渐增大。只有当脱位力 F_t 超过 F_f 静摩擦力的最大值时，义齿才会脱位。如果 $F_t < F_f$，义齿将不发生脱位。

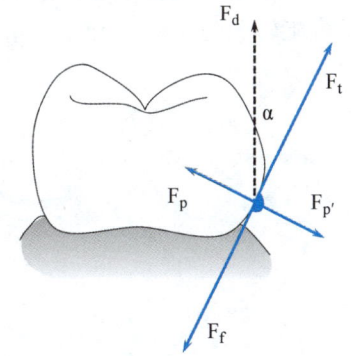

图 6-10　义齿受脱位力作用时固位卡臂和基牙的受力

只有在卡环的对抗臂或相应部分保持义齿与基牙之间的水平相对位置关系稳定的情况下，固位卡臂与基牙之间才会产生摩擦固位力，否则义齿将发生水平向移位，而不能产生足够的固位力。

3. 稳定作用 卡环的稳定（stability）是指卡环与基牙间保持水平向位置关系稳定和抵抗翘动的作用。包括交互、环绕和卡抱三个方面。

（1）交互：在义齿就位和脱出的过程中，固位卡臂进出倒凹区，发生弹性变形，对基牙产生侧向作用力 F_p。为了避免这种侧向压力对基牙的损害，义齿必须在基牙上固位卡臂相对另一侧放置卡臂对抗臂，或基托、小连接体等其他装置。对抗臂必须在固位卡臂接触牙面的同时与基牙接触，并一直保持接触，直至义齿完全就位，以抵消固位臂施加在基牙上的侧向力，起到平衡稳定的作用（图 6-11）。同时，如前所述，只有在对抗臂保持卡环在基牙上位置稳定的情况下，固位臂才能产生固位作用。这就是卡环的交互作用（reciprocation），即卡环固位臂与对抗臂的相互协同与制约作用。

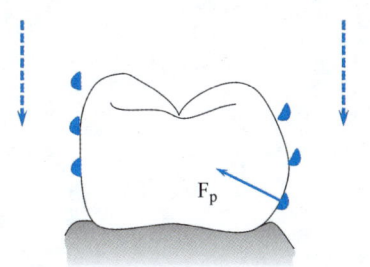

图 6-11　卡环的对抗臂必须抵消固位臂在义齿摘戴时对基牙产生的侧向力

交互作用还指不同基牙上卡环的相互协同和制约作用。位于缺隙前后和牙弓两侧基牙上的卡环要对称放置。缺隙前后基牙上都要放置卡环，固位卡臂尖方向最好对称放置（如固位卡臂尖方向相反或相对），卡环距离越远，交互作用越强。如果缺隙一端无卡环固位，当义齿鞍基此端受脱位力时，另一端基牙上的卡环会受到旋转脱位力（图6-12）。如果该卡环的卡抱（抗旋转脱位）作用差时，义齿将发生旋转脱位或半脱位。如果该卡环的卡抱作用好，可以抵抗旋转脱位力，义齿不会脱位，但将使基牙受到有害的扭力。位于牙弓两侧基牙上的卡环，固位卡臂尖均应位于颊侧（多数情况），或均位于舌侧（少数情况）。避免牙弓一侧固位臂位于颊侧，而对侧卡环的固位臂位于舌侧，这样会导致两侧卡环无法获得交互作用，义齿会发生旋转脱位（图6-13）。

（2）环绕（encirclement）：是指卡环应包绕基牙轴面超过180°。或者说，卡环的包绕是从基牙牙冠发散的轴面到汇聚的轴面。这样才能保证卡环与基牙水平位置的稳定，避免卡环与基牙水平向分离（图6-14）。

（3）卡抱（bracing）：是指卡环环绕基牙防止水平向分离的同时，抵抗卡环的旋转脱位。当基牙牙冠高度过短或卡臂位置过高（近𬌗方）时，卡环容易发生旋转脱位。只有基牙牙冠有足够的高度，固位卡臂放置位置在颊舌面的龈1/3，卡环有足够高度的环绕接触，才能有效地抵抗旋转脱位（图6-15）。同时，固位卡臂位置越低，其产生的侧向力对基牙的影响越小。卡

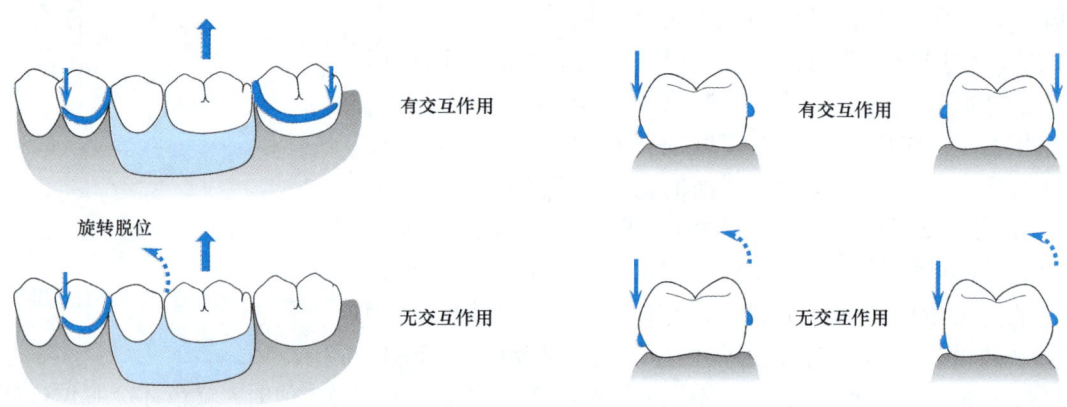

图6-12　缺隙前后基牙上卡环的交互作用　　　　图6-13　牙弓两侧基牙上卡环的交互作用

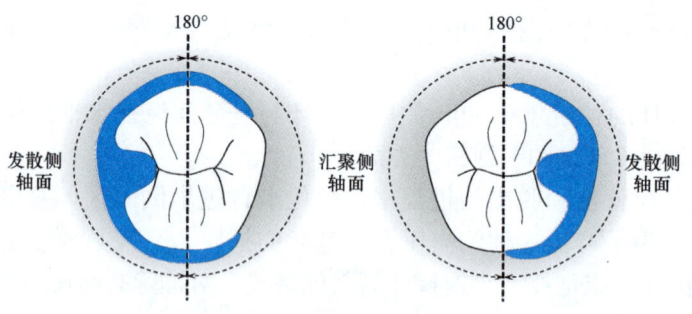

图6-14　卡环环绕基牙

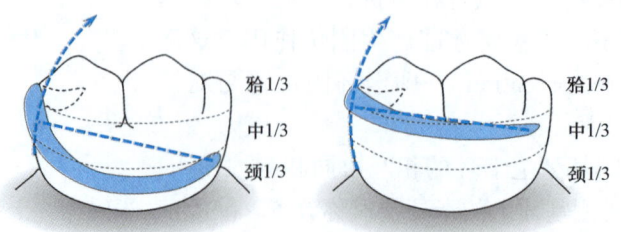

图6-15　卡环的卡抱作用

抱作用越好，卡环抵抗义齿翘动和旋转脱位的能力就越强。但是，因为义齿的翘动，卡环对基牙产生的扭力也会越大。

4. 被动作用 卡环在基牙牙冠上就位后，应处于被动（passive）状态。即在非功能状态下，义齿未受到脱位力作用时，卡环不对基牙施加任何作用力。卡环应避免对基牙产生持续的矫治性作用力，否则会导致基牙移位。

5. 自洁作用 卡环应尽量少覆盖基牙牙体组织，形态、结构有利于自洁，避免食物残渣软垢积存，避免基牙发生龋病和牙周健康损害。

6. 坚固、舒适 制作卡环的材料必须要有足够的强度。要保证固位卡臂有适当的弹性，其余部分足够坚硬，不发生变形。还要尽量减小体积，与基牙和黏膜组织外形一致，尽量减少组织覆盖，让患者感觉舒适。

7. 美观 前部基牙上的卡环应尽量少暴露金属，避免影响美观。

（四）卡环的类型

1. 根据卡环制作方式分类

（1）铸造卡环（cast clasp）：先制作蜡型，与义齿支架一起整体铸造而成。可根据基牙形态和义齿设计要求，制作不同形态的卡环。铸造卡环臂的内表面与牙面贴合，外表面圆突。横截面为半圆形或半个水滴形，𬌗方边缘薄，龈方边缘厚。固位卡环臂的卡体部位宽而厚，至卡臂尖逐渐变薄、变窄（图6-16）。铸造卡环弹性小，卡臂尖进入固位倒凹浅；卡臂粗，与基牙密合，接触面积大，对基牙作用力大。

（2）弯制卡环（wrought wire clasp）：通常采用预成的锻制不锈钢丝，手工弯制而成。钢丝弯制卡环弹性大，卡臂尖进入固位倒凹深；卡臂细，与基牙接触面积小，对基牙作用力小。可用于牙周健康状况不佳，需要减小受力的基牙。前部基牙（尖牙、第一前磨牙）采用钢丝弯制卡环还可以减少暴露金属，有利于美观。与铸造卡环相比，钢丝弯制卡环的缺点是强度略差，与基牙牙面密合性稍差，通常通过塑料鞍基或焊接与义齿支架结合，无法与义齿支架整体铸造。磨牙采用直径1.0 mm（19号）钢丝，前磨牙和尖牙采用直径0.9 mm（20号）钢丝。

2. 根据卡环结构分类

（1）圆环形卡环（circumferential clasp）：由卡环体连接𬌗支托、颊侧固位臂和舌侧对抗臂三部分组成，常称三臂卡环，又称Aker卡环。卡环臂成圆环形，包绕基牙的三个轴面和四个轴角，即包绕基牙牙冠的3/4以上（图6-17）。卡环臂起始于基牙牙冠𬌗方的卡环体，固位卡臂越过外形高点，进入龈方的固位倒凹区，属于凸点上卡环（suprabulge clasp），也称拉型卡环。圆环形卡环的固位、支持、稳定作用均比较好，适用于牙冠外形好的健康基牙，最常用于牙支持式可摘局部义齿。

圆环形卡环的几种变体：

1）圈形卡环（ring clasp）：主要用于上、下颌缺隙远中孤立，且向近中舌侧倾斜的下颌磨牙，或向近中颊侧倾斜的上颌磨牙。基牙倒凹主要位于舌面或颊面近中。下颌圈形卡环的卡体连接近中𬌗支托，卡臂绕过基牙近中颊轴角至颊面，再绕过远中颊轴角至远中邻面，与远中

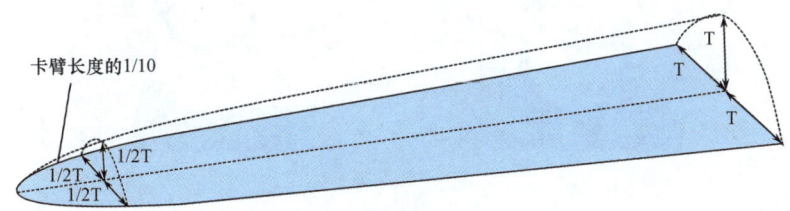

图6-16 铸造卡环臂的形态和尺寸

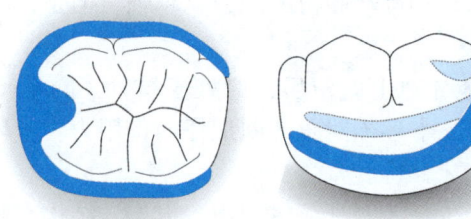

图 6-17 圆环形卡环

边缘嵴的辅助𬌗支托相连,然后绕过远中舌轴角至舌面,向近中伸展,卡臂尖进入舌面近中固位倒凹。圈形卡环除卡臂尖进入倒凹外,其他部分均位于非倒凹区。下颌圈形卡环的颊侧卡臂起对抗臂作用,其颊侧另有辅助臂,从缺隙处义齿支架部分(网状小连接体)伸出,与基牙颊侧牙龈贴合,离开龈缘 3 mm,向远中伸展,然后垂直越过龈缘与颊侧卡臂远中相连。圈形卡环的卡臂较长,辅助臂的作用是增加卡臂强度,防止卡臂变形和卡臂尖弹性过大。远中辅助𬌗支托除起支持作用外,还有固定卡臂和防止基牙继续倾倒移位的作用(图 6-18,图 6-19)。上颌远中孤立磨牙常向近中颊侧倾斜,所以上颌磨牙的圈形卡环走行方向与下颌磨牙圈形卡环颊舌方向相反。

2)回力卡环(back action clasp):固位卡臂尖位于基牙颊面近中(远缺隙侧)倒凹区,卡臂在基牙远中面与𬌗支托相连,再转向基牙舌面的非倒凹区,舌侧对抗臂末端通过小连接体向下与义齿的大连接体相连(图 6-20A)。由于𬌗支托不直接与缺隙鞍基相连,人工牙承受的𬌗力一部分通过基托传导至牙槽嵴,一部分通过连接体、卡环对抗臂和远中𬌗支托,迂回传导至基牙,应力传导得到缓冲,可减轻基牙负担。主要用于远中游离缺失的末端前磨牙。当基牙固位倒凹位于舌面时,回力卡环的固位臂位于舌侧,位于颊侧的对抗臂末端连接小连接体,与义齿鞍基中的网状固位体相连,称为反回力卡环(reverse back action clasp)(图 6-20B)。

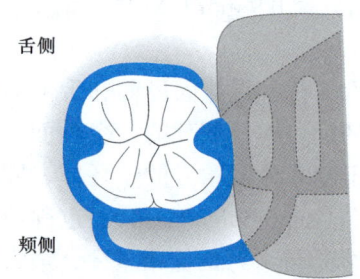

图 6-18 下颌磨牙圈形卡环𬌗面观

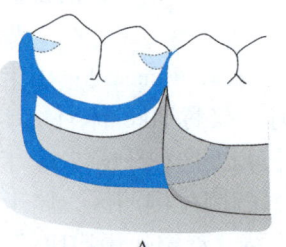

图 6-19 下颌磨牙圈形卡环颊面观(A)和舌面观(B)

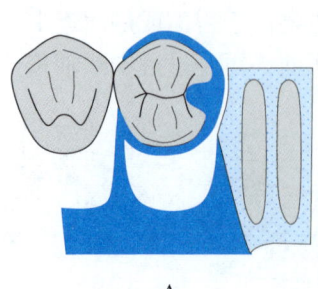
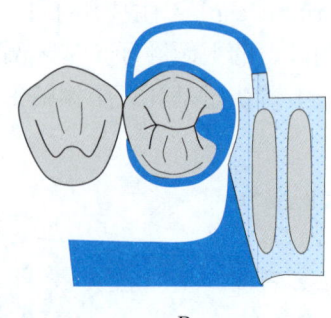

图 6-20 回力卡环与反回力卡环
A. 回力卡环;B. 反回力卡环

3）间隙卡环（embrasure clasp）：圆环形卡环的卡体位于基牙与邻牙𬌗外展隙处预备好的隙卡沟内，𬌗支托位于相邻的𬌗边缘嵴。间隙卡环的卡体舌侧有小连接体，位于舌侧外展隙内，越过龈乳头，与大连接体垂直连接（图6-21）。间隙卡环主要用于非缺隙部位的前磨牙或磨牙。也可用于二型观测线（固位倒凹位于颊面近缺隙侧）的游离缺失末端前磨牙，𬌗支托位于基牙近中𬌗边缘嵴，固位卡臂尖进入基牙颊侧远中倒凹区（图6-22）。当游离端在咬合力作用下向龈方移动时，近中𬌗支托形成支点，位于颊面远中倒凹区的固位卡臂尖随鞍基一起向龈方移动，不会对基牙产生扭力。

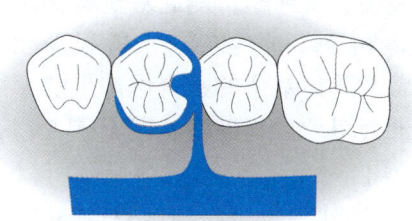

图 6-21 非缺隙侧的间隙卡环

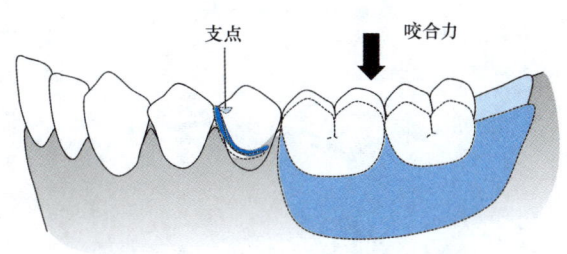

图 6-22 游离缺失末端基牙上的间隙卡环

4）联合卡环（combined clasp）：由两个圆环形卡环通过共同的卡环体相连而成（图6-23）。主要用于非缺牙区两个相邻的基牙上，卡环体位于相邻两基牙间的𬌗外展隙（隙卡沟）内，并连接两个𬌗支托。联合卡环有两个固位臂，分别进入两基牙的固位倒凹。这有两个作用，一是用于单侧缺失，非缺隙侧天然牙冠短，可增强固位力。二是具有抵抗义齿缺隙侧游离端翘动的作用。

间隙卡环和联合卡环都必须有𬌗支托，隙卡沟底预备成圆钝的U形，以获得基牙垂直支持，避免相邻基牙受到楔力。当相邻牙有间隙时，采用间隙卡环或联合卡环还可以避免食物嵌塞。

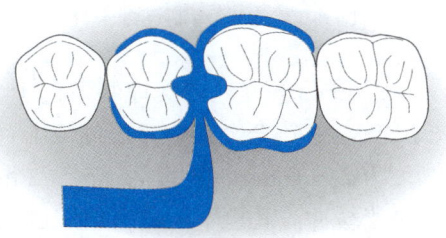

图 6-23 联合卡环

5）尖牙卡环（cuspid clasp）：卡环起始于尖牙近中切嵴处的切支托，顺尖牙舌面近中边缘嵴向下到舌隆突，再经舌面远中边缘嵴向上，绕到远中邻面，从切角下方转至唇面，卡臂在唇面近中进入倒凹区（图6-24）。主要用于舌隆突不明显的下颌尖牙。尖牙卡环因为有切支托，会暴露金属，影响美观。

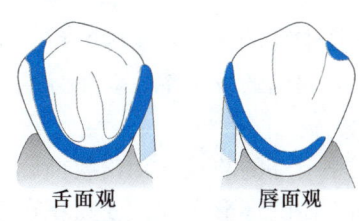

图 6-24 尖牙卡环

6）延伸卡环（extension clasp）：又称长臂卡环（long arm clasp）。卡环臂从邻近缺隙的基牙延伸至其邻牙，固位卡臂尖进入邻牙的倒凹（图6-25）。延伸卡环有夹板固定作用，适用于邻近缺隙的基牙健康状况不佳或无固位倒凹者。由于卡臂较长，为避免弹性过大和变形，卡臂需适当加粗。

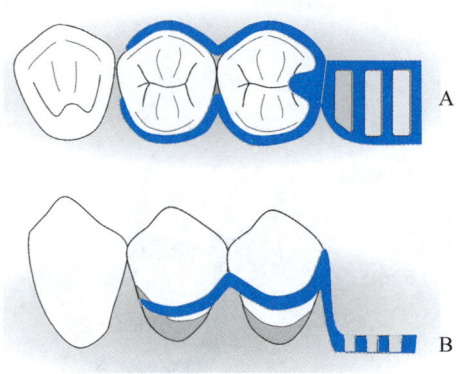

图 6-25 延伸卡环
A.𬌗面观；B.颊面观

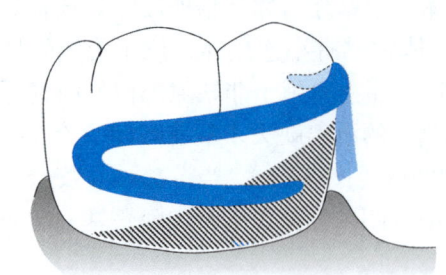

图 6-26　倒钩卡环

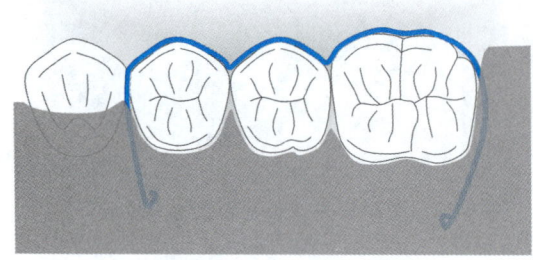

图 6-27　钢丝弯制连续卡环

7）倒钩卡环（reverse hook clasp）：圆环形卡环的颊侧固位卡臂向非缺隙侧伸展后，再从龈方向缺隙侧反折，进入颊面近缺隙侧龈方固位倒凹（图 6-26）。适用于有一定临床冠高度，邻近缺隙的二型观测线基牙。卡臂覆盖牙面多，影响自洁，较少应用。

8）连续卡环（continuous clasp）：卡环成环形包绕两个以上的基牙，无游离卡臂尖，唇颊侧卡臂连续，两端绕过基牙与舌侧起对抗臂作用的基托或大连接体相连（图 6-27）。卡臂很少或不进入倒凹区，靠卡环与基牙的密合性产生的摩擦力固位。常用于余留牙牙周健康状况不佳者，有牙周夹板固定作用。

（2）杆形卡环（bar clasp）：有相对独立的颊或舌侧臂，卡环固位臂有引伸臂（approach arm）与金属支架或基托内的固位网或大连接体相连，从义齿支架（基托固位网）发出，经过牙龈表面，位于基牙龈缘下方至少 3 mm，平行向前延伸，至基牙固位倒凹下方，圆缓地转弯向上，垂直越过龈缘，卡臂尖（足部）进入基牙固位倒凹区（图 6-28）。钴铬合金铸造杆形固位卡臂尖同样进入 0.25 mm 倒凹深度，卡臂尖与牙面接触部分的高度为 2～3 mm、宽度为 1.5～2 mm。卡臂及引伸臂需与牙龈黏膜贴合，但不压迫，必要时需适当缓冲。其也不能进入组织倒凹。杆型固位卡臂需与𬌗支托、起稳定对抗作用的圆环形或杆型对抗卡臂，以及邻面板小连接体等组合应用，才能达到固位、支持和稳定作用。杆形卡环又称为凸点下卡环（infrabulge clasps）。其固位作用是由龈方向𬌗方呈推型固位，也称为推型卡环。

杆形卡环的优点：①弹性好，推型固位作用强；②卡臂与基牙的接触面积小，可降低基牙龋病和牙周病的发生率，对基牙的损伤小；③不显露金属，美观效果好；④可减少末端基牙受到的扭力。

杆型卡环的缺点：①口腔前庭浅、系带附着高、存在组织倒凹者不能采用杆形卡环；②稳定作用不如圆环形卡环；③易积存食物；④卡臂折断不容易修理。

I 杆是杆形卡环的基本形态，此外还有 T 形、U 形、L 形等变异形式（图 6-30）。杆型卡臂通过形态变异，可以调整固位卡臂尖进入倒凹的位置，增加卡环的稳定性，引导卡臂的就位与脱出。

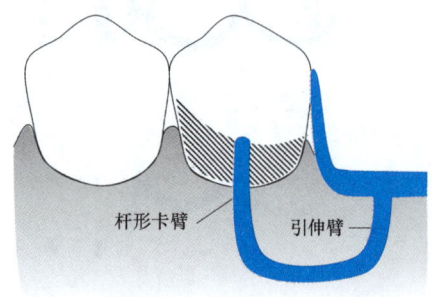

图 6-28　杆形卡臂颊面观

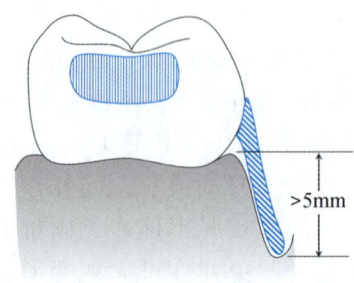

图 6-29　杆形卡臂邻面观及游离末端基牙邻面导平面位置

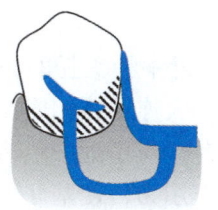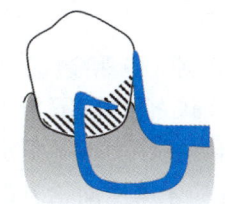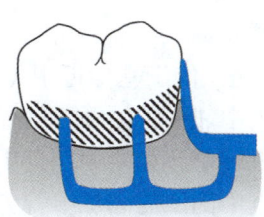

图 6-30　杆形卡臂的变异形式

3. 根据基牙观测线类型分类

（1）一型卡环：当基牙向缺隙相反方向倾斜时，基牙颊、舌面近缺隙侧倒凹小，远缺隙侧倒凹大。模型观测画出的基牙颊/舌面观测线，在近缺隙侧近龈方，在远缺隙侧近𬌗方，此种观测线为一型观测线。圆环形卡环适合一型观测线基牙，称为一型卡环，其固位、稳定、支持作用好（图 6-31A）。

（2）二型卡环：当基牙向缺隙方向倾斜时，基牙颊、舌面近缺隙侧倒凹大，远缺隙侧倒凹小。模型观测画出的基牙颊/舌面观测线，在近缺隙侧近𬌗方，在远缺隙侧近龈方，此种观测线为二型观测线。适合二型观测线基牙的卡环称为二型卡环（图 6-31B）。如圈形卡环、间隙卡环、倒钩卡环，以及 T、Y、U 形杆型卡环。

（3）三型卡环：当基牙向颊或舌向倾斜时，基牙颊或舌面近缺隙侧和远缺隙倒凹均大。模型观测画出的基牙颊/舌面观测线，从近中到远中均靠近𬌗方，此种观测线为三型观测线。用于三型观测线基牙的卡环称为三型卡环（图 6-31C）。三型卡环可以获得良好的固位和支持。但是，因为卡臂过于靠近基牙牙冠的𬌗方，其稳定作用不佳。而且基牙更容易受到侧向力的损害。可通过基牙预备，尽量降低观测线高度。

4. 卡环的组合应用

（1）混合型卡环：指一个基牙上的卡环，颊舌侧分别采用不同形式的卡臂。根据观测线的不同，颊舌侧采用不同型的卡臂。如颊侧为一型卡臂，舌侧为三型卡臂。也可以是不同材质卡臂的组合，如颊侧固位臂采用锻丝卡臂，舌侧对抗臂采用铸造卡臂。还可以是圆环形卡臂和杆型卡臂的组合应用。

（2）RPI 卡环：由近中𬌗支托（mesial occlusal rest）、远中邻面板（distal proximal plate）和颊侧 I 杆（buccal I bar）三部分组成（图 6-32，图 6-33，图 6-34）。主要用于远中游离缺失

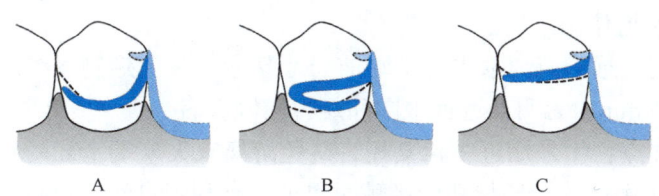

图 6-31　卡环根据观测线类型分类
A. 一型卡环；B. 二型卡环；C. 三型卡环

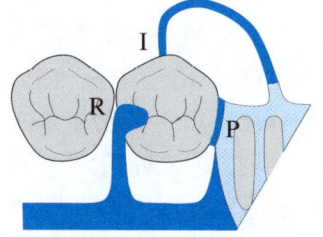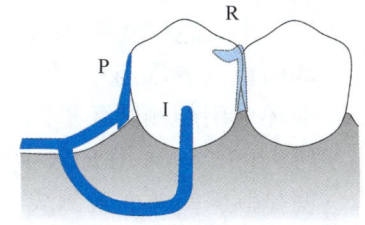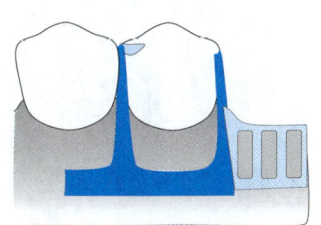

图 6-32　RPI 卡环𬌗面观　　　图 6-33　RPI 卡环颊面观　　　图 6-34　RPI 卡环舌面观

的末端基牙（前磨牙）。

1）近中𬌗支托：位于基牙近中（远缺隙侧）𬌗边缘嵴。近中𬌗支托的小连接体位于舌外展隙内，与基牙近中邻面舌侧预备的导平面贴合，向下与舌侧大连接体相连。

游离缺失的末端基牙如果采用远中𬌗支托，当鞍基下沉时，位于远中𬌗边缘嵴的支托形成支点，位于基牙近中倒凹的固位卡臂尖对基牙产生向𬌗方的作用力，使基牙受到扭力，不利于基牙的健康。而采用近中𬌗支托，使支点前移至近中𬌗边缘嵴，义齿游离端下沉时的转动半径加大，鞍基下沉幅度及牙槽嵴受力更均匀，但牙槽嵴负担会有所增加。如果卡环其他部分能随鞍基下沉，而不对基牙产生作用力，基牙将不会受到扭力。即使𬌗支托传导至基牙的𬌗力偏向近中，由于有近中邻牙的支持，也可避免基牙向近中移位。

2）邻面板：位于基牙远中（缺隙侧）邻面稍偏舌侧，与基牙远中邻面预备的与义齿就位道平行的导平面密切接触。邻面板与导平面密合的作用包括引导义齿就位，接触摩擦力辅助义齿固位，保持卡环的稳定，消除邻面间隙，避免食物嵌塞。当 RPI 卡环用于非游离缺隙的基牙时，导平面和邻面板的高度可以从𬌗缘到龈缘，其固位、稳定和避免食物嵌塞的作用更好。但是，当 RPI 卡环用于游离缺失的末端基牙时，由于义齿游离端是以近中𬌗支托为支点的转动性下沉，如果邻面板与远中导平面接触的垂直向高度过大，随着义齿下沉幅度增加，由于邻面板与导平面的密切接触，会在导平面龈方形成支点，对基牙产生扭力。此时，邻面板与基牙邻面导平面接触部位应不超过邻面𬌗方 1/2 高度（图 6-29）。这样，随着游离端鞍基下沉，邻面板与基牙远中邻面保持接触的同时向龈方移动，与基牙邻面导平面垂直向接触面积减小，解除邻面板对基牙的约束，避免对基牙产生扭力。需要注意的是，对于远中邻面向近中倾斜的游离缺失末端基牙，远中邻面板不能随义齿游离端下沉，而是在基牙远中邻面形成支点。

3）I 杆：引伸臂从游离端鞍基中的金属固位网伸出，平行龈缘，距离不小于 3 mm，然后圆缓弯转向上，垂直跨过龈缘，足部进入基牙颊轴嵴或稍偏近中的固位倒凹。因为义齿游离端以近中𬌗支托为支点转动性下沉时，I 杆的运动方向是向龈方偏近中，所以 I 杆位于颊轴嵴或稍偏近中时可以自由移动。而如果 I 杆位于颊轴嵴的远中，游离端下沉时，I 杆会在牙面形成支点或致卡臂变形。

RPI 卡环的颊面 I 杆、近中邻面舌侧的𬌗支托小连接体、远中邻面偏舌侧的邻面板，从三个方向接触基牙轴面。近中𬌗支托小连接体和远中邻面板共同起到卡环对抗臂的作用。而且近中𬌗支托小连接体和远中邻面板均与一定高度的基牙导平面密合。可以保证 RPI 卡环的稳定，即交互、环绕和卡抱作用。

RPI 卡环适用于远中游离缺失的末端前磨牙基牙。基牙颊侧无组织倒凹，颊侧龈缘至前庭沟底的深度大于 5 mm，无明显近远中向和颊舌向倾斜者。

RPI 卡环的优点：①采用近中𬌗支托，避免游离缺失末端基牙受到扭力；②具有良好的支持、固位和稳定作用；③卡环与基牙接触面积小，有利于自洁，可减少致龋率；④卡臂暴露金属少，有利于美观；⑤通过预备邻面导平面，可减小间隙，避免食物嵌塞。

（3）RPA 卡环：对于颊侧前庭沟过浅，或存在组织倒凹，无法采用 RPI 卡环的远中游离缺失末端基牙，可以采用功能相近的 RPA 卡环。RPA 卡环的近中𬌗支托和邻面板的要求与作用与 RPI 卡环相同。不同的是，RPA 卡环采用颊侧圆环形固位卡臂（Aker 卡臂）代替了 I 杆（图 6-35）。采用 RPA 卡环的基牙需排列位置正常，无明显倾斜，颊面观测线位于牙冠中部，近远中均有倒凹区。Aker 卡的卡臂自远中邻面板颊侧伸出，从基牙颊面

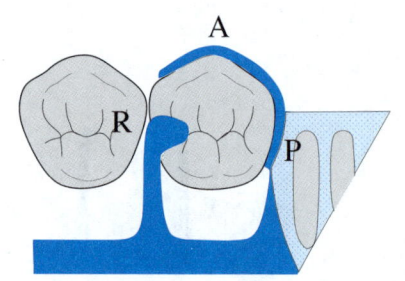

图 6-35　RPA 卡环𬌗面观

远中向前，卡臂尖进入颊面近中的倒凹区。除进入倒凹的卡臂尖外，Aker卡臂的其他部分都必须正好位于观测线处，即与观测线重合，而不是在观测线的殆方（图6-36）。当义齿游离端下沉时，Aker卡臂可以与邻面板一起向龈方移动。如果卡臂位于非倒凹区，游离端下沉时会在此处形成支点，基牙将受到扭力。

（4）悬锁卡环（swing lock clasp）：是一种特殊形式的连续卡环。悬锁卡环由两部分组成，

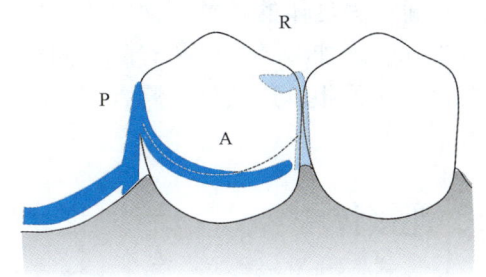

图6-36　RPA卡环颊面观

一个是位于下前牙舌侧的舌板大连接体，起对抗臂作用；一个是位于下前牙唇侧牙龈上的唇杆。唇杆上缘伸出若干个I杆，垂直越过龈缘，进入下前牙唇面倒凹区和非倒凹区，称为固位指（retentive finger）。唇杆的一端在一侧末端余留牙远中颊侧，与义齿金属支架成铰链连接。唇杆的另一端在对侧末端余留牙远中颊侧，与义齿金属支架成锁扣连接。当打开锁扣时，唇杆可以绕另一端的铰链轴向唇侧转动，与牙面脱离。义齿戴入前需先打开锁扣，义齿其他部分戴入就位后，再转动唇杆及固位指就位，并扣住锁扣（图6-37）。

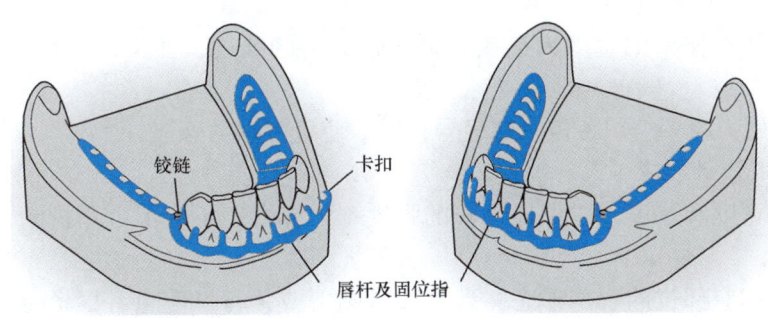

图6-37　悬锁卡环

悬锁卡环用于缺失牙多，余留牙牙周健康状况不佳，余留末端牙不宜采用常规卡环固位的Kennedy第一类牙列缺损。悬锁卡环利用所有余留前牙获得义齿的固位、稳定和部分支持作用，可分散余留牙受力，并对余留牙有夹板固定作用。余留牙有倾斜、扭转时也可以方便就位。但是，深覆殆、唇侧前庭浅的患者不能应用。唇杆加固位指的舒适性和自洁性差，下唇短者容易暴露金属，影响美观。而且因为余留牙牙周健康不佳，难以维持长期疗效。

（三）间接固位体

1. 作用　辅助直接固位体固位，保持义齿稳定。防止游离端义齿以支托或支托连线（支点线）为轴发生翘动、摆动和旋转（见第五节中"可摘局部义齿的稳定"）。减少因义齿转动造成的对基牙的损害。分散殆力，减轻基牙及牙槽嵴的负担。

2. 间接固位体的设计原则

（1）卡环必须有良好的固位作用，使支托保持在支托凹内，否则不能发挥间接固位作用。

（2）间接固位体与义齿游离端应分别位于支点线的两侧。远中游离缺失者，间接固位体应位于支点线的近中；前方游离缺失者，间接固位体应位于支点线的远中；单侧游离缺失者，间接固位体应位于牙弓的对侧。

（3）间接固位体距离支点线越远，间接固位效果越好。

（4）间接固位体不宜放在切牙上，以免将切牙推向唇侧。

（5）间接固位体应有足够的强度。

3. 间接固位体的种类 常用的间接固位体有各种支托、附加卡环，以及有间接固位效果的大连接体（如舌板、连续杆、腭板等）或基托（图6-38）。

二、连接体

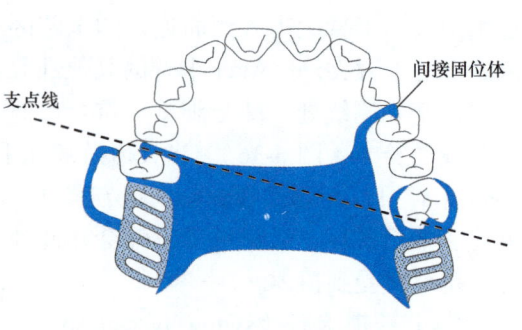

图6-38 支点线与间接固位体

连接体是义齿上将固位体、人工牙等各部件连接成整体的部分，包括大连接体（major connector）和小连接体（minor connector）。

（一）大连接体

义齿上将牙弓两侧的部分连接在一起的金属支架结构称为大连接体。

1. 大连接体的作用

（1）连接作用：将义齿位于牙弓两侧的部分连接成整体。

（2）传力作用：人工牙承受的𬌗力通过大连接体传导到牙弓对侧，将𬌗力分散到所有的支持组织，减轻局部过大负荷。

（3）坚固作用：坚硬的金属大连接体可增强义齿的强度，使义齿在行使功能时不变形、不折断。

（4）舒适作用：减少组织覆盖，减轻异物感，使患者感觉舒适。

2. 大连接体的设计要求

（1）有一定宽度和厚度，以保证足够的强度。无弹性、不变形、不折断，使义齿其他部分发挥有效作用。

（2）外形与相应部位的解剖形态一致，边缘圆滑或移行，使患者尽量感觉舒适。不妨碍唇、颊、舌的功能活动。

（3）不进入组织倒凹，边缘远离龈缘。覆盖骨性隆突部位、切牙乳突和龈缘时需适当缓冲（relief）处理。不压迫活动性强的软组织。

（4）根据连接体所在位置、受力情况和支持组织的健康情况，调整其大小、外形、厚度。在保证强度和支持前提下减少对牙和黏膜组织的覆盖。

3. 下颌大连接体

（1）舌杆（lingual bar）：形态为杆状，宽度为4～5mm，横截面呈半梨形，上缘厚1mm，下缘厚2mm，边缘圆钝。舌杆位于下颌牙舌侧龈缘与舌系带和口底黏膜反折之间，上缘需让开下颌牙舌侧龈缘，距龈缘至少3mm（图6-39，图6-40）。在不妨碍舌及口底组织运动的前提下，舌杆的位置越低越好。舌杆体积虽小，但有足够的强度。而且覆盖组织少，位置低，患者感觉舒适。但是正因为覆盖组织少，所以舌杆应避免压迫黏膜。

关于舌杆与牙槽嵴黏膜的关系，传统的观点是，根据牙槽嵴舌侧外形，有三种情况：①垂直型：杆与

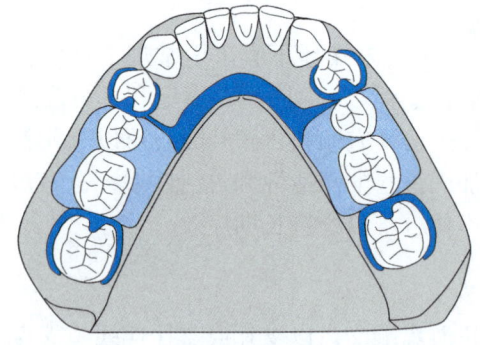

图6-39 舌杆

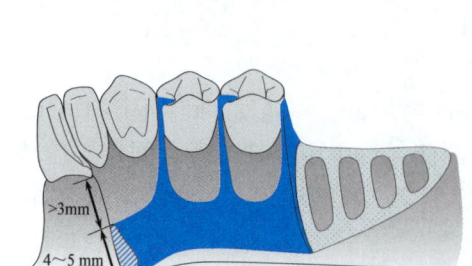

图6-40 舌杆的位置与横截面形态

黏膜轻轻接触。②斜坡型：牙支持式义齿，杆与黏膜轻轻接触；混合支持式义齿，杆应让开黏膜 0.3～0.4 mm。③倒凹型：杆应让开倒凹区，不影响义齿摘戴（图 6-41）。牙槽嵴为斜坡型者，采用混合支持式义齿时，需要在舌杆下做 0.3～0.4 mm 缓冲的目的是避免因远中游离端翘起，导致舌杆前部压迫黏膜。但此种情况最佳的方法应该是在支点线前方（第一前磨牙近中𬌗边缘嵴）设置间接固位支托。由于舌杆本身没有稳定作用，后牙缺失较多时，应采用具有稳定作用的舌板，来对抗义齿游离端的翘起。对于舌侧牙槽嵴为倒凹型者，如果口底有足够深度，舌杆应尽量置于非倒凹区。避免舌杆与组织间空隙积存食物残渣。

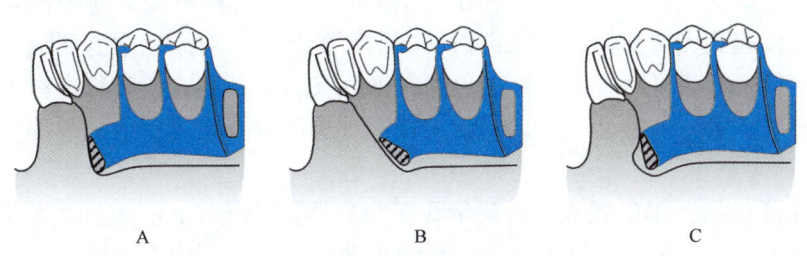

图 6-41　舌杆与黏膜的位置关系
A. 垂直型；B. 斜坡型；C. 倒凹型

舌杆适用于口底有足够深度者，舌侧龈缘至舌系带和口底黏膜反折的距离不小于 7 mm。舌侧牙槽嵴有明显组织倒凹，如过大的下颌隆突，应先予以手术去除。如不能手术去除，则不宜采用舌杆。因下颌余留牙严重舌倾，会导致舌杆无法就位者，也不能采用舌杆。此外，舌杆因不能提供间接固位作用，也不适用于后牙缺失多的游离端义齿。

（2）双舌杆（double lingual bar）：由舌杆和连续杆（continuous bar）两部分组成（图 6-42）。连续杆又称舌隆突杆（cingulum bar）或 Kennedy 杆，位于下前牙舌隆突之上。厚度为 1 mm，宽度为 2～3 mm。为避免连续杆对下前牙产生唇向作用力，下前牙舌面需进行适当预备，使舌隆突尽量水平支撑连续杆。

与舌杆相比，双舌杆的优点是具有支持和稳定作用。连续杆具有支持义齿和稳定松动下前牙的作用。也可以作为间接固位体，对抗义齿远中游离端的翘起，有增强义齿稳定的作用。缺点是，连续杆突出于下前牙舌隆突之上，患者舒适感不佳。而且连续杆和舌杆之间也容易积存食物残渣，不利于自洁。

口底过浅，牙槽嵴舌侧有无法手术去除的过大组织倒凹，下前牙过度舌倾或唇倾者，不适合采用双舌杆。

（3）舌板（lingual plate）：呈板状，覆盖下前牙舌隆突、下后牙舌面和舌侧牙槽骨至口底黏膜反折。相当于舌杆上缘向上延伸至下前牙舌隆突上（图 6-43）。舌板前部上缘位于下前

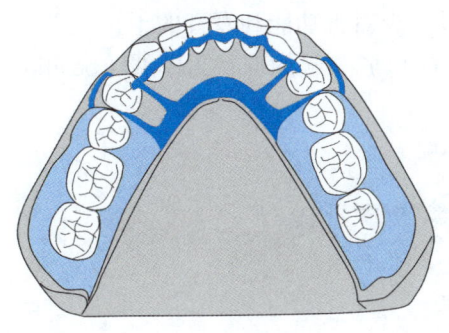

图 6-42　双舌杆

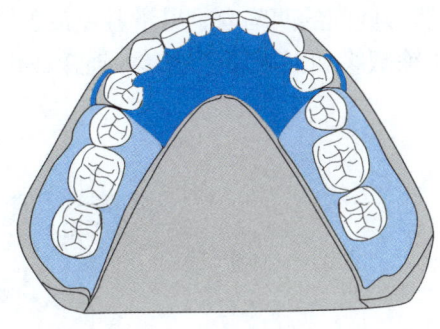

图 6-43　舌板

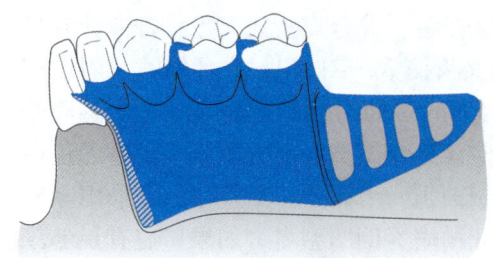

图 6-44　舌板的位置与横截面形态

牙舌面中 1/3，覆盖舌隆突，进入舌侧邻外展隙。舌板后部上缘位于下后牙舌面观测线殆方（非倒凹区）。覆盖龈缘的部分需缓冲处理，避免压迫龈缘。舌板薄，大部分厚度为 0.5 mm，与覆盖组织形态移形，呈扇贝形或波浪形。下缘逐渐增厚至 2 mm，边缘圆钝（图 6-44）。

与舌杆相比，舌板的优点是具有支持和稳定作用，适应证广泛。舌板覆盖下前牙舌隆突，并进入舌侧邻外展隙，可以起到支持义齿，并稳定松动下前牙的作用。对于远中游离端义齿，可以起到间接固位作用。但是，为了减轻下前牙的负担，增强义齿前部的支持和稳定作用，最佳的方法是在采用舌板时，在第一前磨牙增加近中𬒔支托。舌板的缺点是覆盖组织范围大，舒适感和自洁性比舌杆差。

舌板的适应证包括：①口底浅，舌侧龈缘至口底距离小于 7 mm；②舌侧有较大的组织倒凹（如下颌隆突）而不宜采用舌杆者；③后牙游离缺失，需要利用大连接体提供前方间接固位者；④有下前牙松动者，可以利用舌板稳定松动牙，分散咬合力；⑤个别余留牙预后不佳者，采用舌板可方便以后添加人工牙。

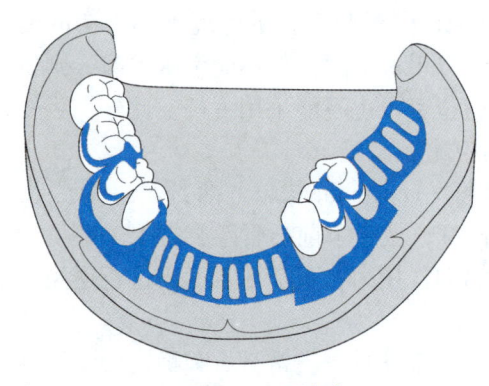

图 6-45　唇颊杆

（4）唇颊杆（labial and buccal bar）：宽度和厚度与舌杆相似，位于下颌牙槽骨唇颊侧，上缘需离开唇侧龈缘至少 3～4 mm，下缘不妨碍唇颊组织功能活动（图 6-45）。由于其舒适性和美观性不佳，一般很少采用。只有当下颌余留牙严重舌倾，且无法纠正，不能采用舌杆或舌板等舌侧大连接体时，才考虑采用唇颊杆。

4. 上颌大连接体　与下颌大连接体相比，上颌大连接体的形式更加多样。根据其覆盖黏膜组织的多少，可以分为腭杆（palatal bar）、宽腭杆（又称腭带 palatal strap）和腭板（palatal plate）三种。上颌大连接体的形态设计需考虑缺隙的部位、数量和长度，义齿的固位稳定设计，基牙和牙槽嵴的支持能力，以及义齿支架的强度和患者的舒适性（图 6-46）。

上颌大连接体虽然形式多样，但是都具有以下共同的特性：

1）大连接体的边缘需离开余留牙舌侧龈缘 4～6 mm。如需覆盖龈缘，大连接体边缘在前牙区应伸展至舌隆突上，后牙伸展至舌面观测线殆方。

2）上颌大连接体应与覆盖组织形态一致，边缘与组织移行。大连接体位于腭皱区的边缘需止于腭皱壁间的凹陷内。尽量避免覆盖腭前部，以减少对舌功能和发音的干扰。

3）除龈缘和上颌硬区外，大连接体组织面边缘应形成突起的珠状封闭线（beading line）。

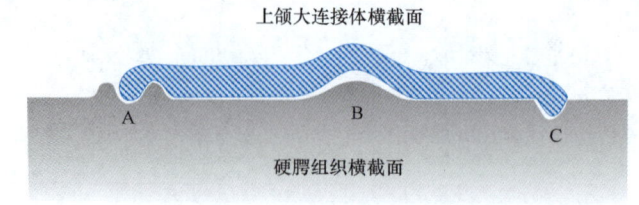

图 6-46　上颌大连接体与黏膜的关系
A. 腭前部边缘止于腭皱之间；B. 骨隆突部位缓冲处理；C. 边缘珠状封闭线

以保证大连接体的边缘与黏膜密合、移行，还可以增加大连接体的强度，边缘不应成刃状。

4）大连接体的边缘均应垂直跨过中线，中线两侧尽量对称。

5）在保证强度和获得足够组织支持前提下，尽量减少黏膜覆盖。但要避免因支持不足导致黏膜压迫。

6）大连接体覆盖下的龈缘、切牙乳突、上颌硬区等部位需缓冲处理，避免压迫。

7）大连接体与缺隙处鞍基相结合的边缘加厚，形成内外终止线，与塑料基托及网状固位体对接结合（butt joint），表面移行、连续。

（1）腭杆：见图6-47。

1）前腭杆（anterior palatal bar）：薄而宽，厚度1 mm，宽度为6～8 mm。前缘需离开舌侧龈缘至少6 mm。位于上颌硬区之前，腭皱后部，相当于第一前磨牙位置。为避免妨碍舌的功能和影响发音，应尽量避免位置过于偏前。腭杆组织面与黏膜密合但不压迫，边缘位于腭皱间的凹陷内，与组织移行。用于连接前部非游离缺隙，或与后腭杆联合应用。

2）后腭杆（posterior palatal bar）：位于上颌硬区之后，颤动线之前，两端微弯向前至第一、二磨牙之间。因患者此处敏感性比腭前部低，所以后腭杆可以厚而窄。厚度为1.5～2 mm，宽度为3～5 mm。可单独用于连接后部非游离缺隙，或基牙和牙槽嵴支持条件好的游离缺隙，也可与前腭杆联合应用。较窄的后腭杆支持作用不佳，应避免用于牙槽嵴负荷重的游离缺失患者，以免后腭杆压迫黏膜，导致压痛和创伤。

3）侧腭杆（lateral palatal bar）：位于上腭硬区外侧，与牙弓后部平行，离开后牙舌侧龈缘4～6 mm。厚度为1～1.5 mm，宽度为3～5 mm。多用于连接前、后腭杆。可单侧或双侧应用。

（2）宽腭杆

1）单个宽腭杆（single palatal strap）：可单独应用于硬腭的前、中、后部。连接牙弓前后部的非游离或游离缺隙。较腭杆宽而薄，宽度为8～10 mm，或与后部缺隙长度一致。厚度为0.5～1 mm，与局部组织形态一致。宽腭杆有一定的支持作用（图6-48）。

2）前后宽腭杆联合（anterior posterior palatal strap）：为前后宽腭杆的联合应用，又称A-P腭杆。前后宽腭杆的侧方由缺隙处鞍基腭侧部分金属基托，或非缺隙部位的侧腭杆连接。前后宽腭杆边缘之间的距离应不小于15 mm（图6-49）。该大连接体为封闭的四边形结构，强度高，覆盖组织少，对舌功能的干扰小。但与腭板相比，其支持能力有限。可用于缺失牙较多，但基牙和牙槽嵴有良好支持的各类上颌牙列缺损，以及存在不能手术去除的腭隆突者。

（3）腭板：前后宽度大于10 mm的上颌大连接体称为腭板。按其覆盖的部位和形态，可以分为前腭板、中腭板、变异腭板、U形腭板和全腭板。

1）前腭板（anterior palatal plate）：为前腭杆前缘向前延伸，覆盖至上前牙舌隆突，或连接前牙缺隙处鞍基（图6-50）。厚度为0.5 mm，表面与覆盖的腭前部形态一致，后缘位于腭皱

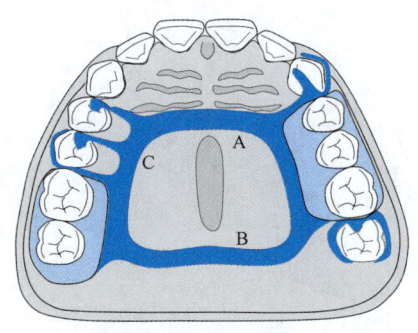

图6-47 腭杆
A 前腭杆；B 后腭杆；C 侧腭杆

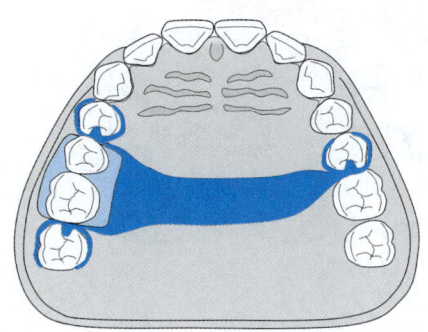

图6-48 单个宽腭杆

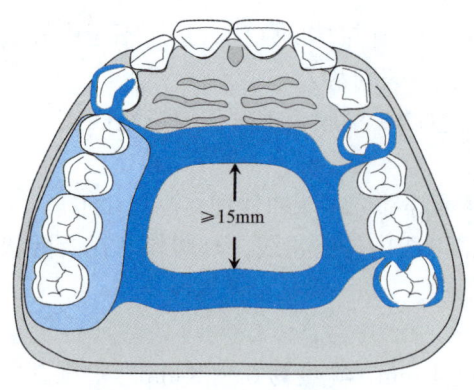

图 6-49 前后宽腭杆联合

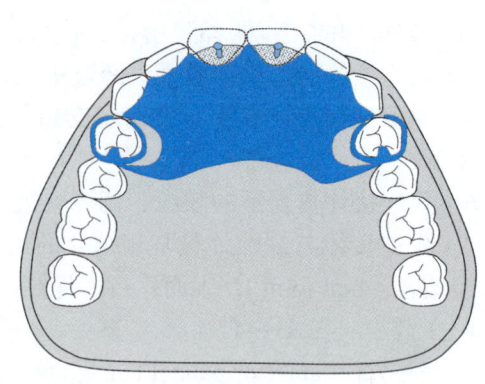

图 6-50 前腭板

间凹陷处，与黏膜移行。覆盖切牙乳突和舌侧龈缘处缓冲处理。前腭板有良好的支持和稳定作用，可用于少数上前牙缺失并伴有深覆𬌗的患者。

2）中腭板（middle palatal plate）：位于硬腭中部，宽度约等于缺隙长度，厚度为 0.5 mm。比宽腭杆有更好的组织支持。用于连接牙弓两侧较长的后牙非游离缺隙（图 6-51）。

3）变异腭板（modified palatal plate）：用于 Kennedy 第二类单侧远中游离缺失者，由中部宽腭杆或中腭板后缘在游离端一侧向远中延伸至鞍基末端（图 6-52）。具有良好的强度和支持作用。大连接体中部的宽度视缺隙长度及基牙与牙槽嵴的支持能力决定。

4）U 形腭板（U shaped palatal plate）：又称马蹄形腭板（horseshoe palatal plate），用于有较大的腭隆突延伸至软硬腭交界，又无法手术去除的 Kennedy 第一类双侧远中游离缺失者。由前、中部宽腭杆（或腭板）后缘两侧向远中延伸至游离端鞍基末端（图 6-53）。由于其末端开放，尤其是当人工后牙排列偏牙槽嵴顶颊侧时，义齿游离端受到的咬合力容易使 U 形腭板发生变形，导致基牙和牙槽嵴受到有害的侧向作用力。因此，应谨慎应用。必须采用时需尽量增加其强度，并减小义齿人工牙受到的咬合力。

5）全腭板（full palatal plate）：相当于腭侧金属基托，与硬腭组织形态一致，厚度为 0.5 mm。覆盖整个硬腭的全腭板，后缘止于软硬腭交界处，形成后堤（见全口义齿部分）。前缘覆盖在上前牙舌隆突，后牙止于舌面观测线𬌗方。缺隙舌侧形成终止线。如果义齿卡环固位好，基牙和牙槽嵴支持能力较好，全腭板的覆盖范围可适当缩小。前可离开上前牙舌侧龈缘 4～6 mm，腭侧后缘可止于硬腭处（图 6-54）。全腭板适用于缺失牙过多，或只剩余前牙，余留牙和牙槽嵴支持不足，且没有过大的腭隆突的情况。全腭板可使义齿获得足够的黏膜支持，而且其与承托区黏膜密合，可增强义齿的固位力。由于覆盖整个硬腭黏膜，其舒适性较差。

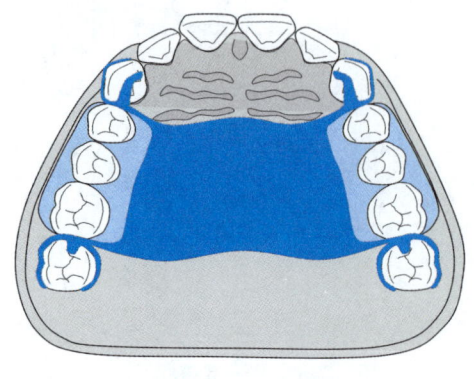

图 6-51 中腭板

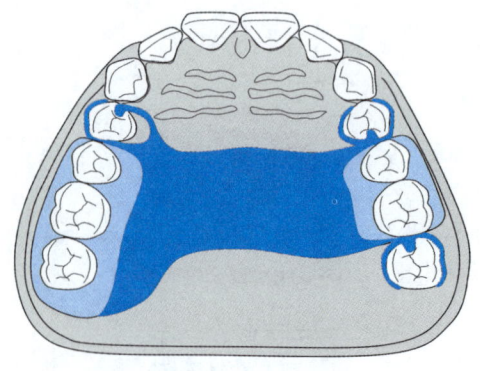

图 6-52 变异腭板

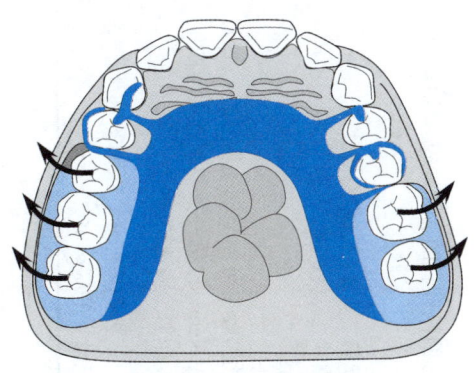

图 6-53 马蹄形腭板

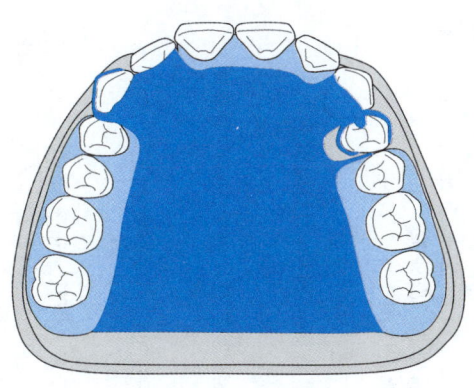

图 6-54 全腭板

表 6-1 和表 6-2 是对所有上下颌大连接体的形态、位置和适应证的归纳。

（二）小连接体

小连接体是可摘局部义齿的卡环、支托等部件与大连接体或基托相连接的部分，也包括塑料基托与大连接体相连接的结构（图 6-55）。

1. 小连接体的作用

（1）连接作用：将卡环、支托、间接固位体、塑料基托等部分与大连接体坚固连接。

（2）传力作用：人工牙受到的功能性负荷通过小连接体传导至𬌗支托，然后作用于基牙。与大连接体坚固连接的小连接体可以使功能性负荷传导至整个牙弓。义齿在功能状态时支托、卡臂、导平面板及其他稳定结构受到的作用力，通过小连接体及大连接体，分散至义齿的其他部分，再传导至整个牙弓。

（3）辅助固位与稳定作用：与基牙及其他余留牙轴面接触的小连接体可以辅助义齿固位。使义齿各部分可以抵抗作用于义齿某个部分的作用力，位于牙弓一侧的稳定结构也可以抵抗发生在对侧的水平作用力。

2. 小连接体的设计要求

（1）小连接体必须有适当的宽度和厚度，足够坚固，并与大连接体刚性连接。

（2）位于基牙轴面的小连接体不能过突，以免干扰组织解剖形态、影响舌的运动、妨碍咬合及影响食物排溢。一般位于基牙的缺隙侧邻面或非缺隙区舌侧外展隙内。

（3）舌外展隙处的小连接体上窄下宽，垂直通过龈缘，与大连接体垂直连接，相连部位圆钝（图 6-56）。

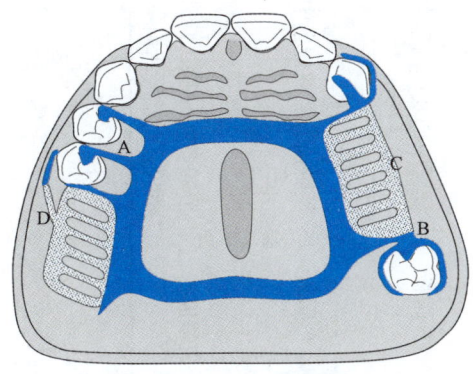

图 6-55 小连接体

A.𬌗支托小连接体；B.卡环小连接体；C.塑料固位区；D.杆形卡环引伸臂

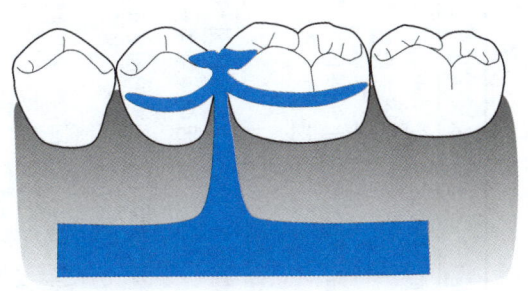

图 6-56 舌外展隙小连接体与大连接体垂直连接

表 6-1　上颌可摘局部义齿大连接体列表

种类		位置	形态	适应证
腭杆	前腭杆	位于上颌硬区之前，腭皱后部，相当于第一前磨牙位置。前缘需离开舌侧龈缘至少 6 mm	薄而宽，厚度 1 mm，宽度为 6～8 mm。组织面与黏膜密合但不压迫，边缘位于腭皱间的凹陷内	1. 用于连接前部非游离缺隙 2. 前后腭杆联合应用
	后腭杆	上颌硬区之后，颤动线之前，两端微弯向前至第一、二磨牙之间	厚度为 1.5～2 mm，宽度为 3～5 mm	1. 用于连接后部非游离缺隙 2. 基牙和牙槽嵴支持条件好的游离缺隙 3. 前后腭杆联合应用
	侧腭杆	上颌硬区外侧，与牙弓后部平行，离开后舌侧龈缘 4～6 mm	厚度为 1～1.5 mm，宽度为 3～5 mm	多用于连接前、后腭杆。可单侧或双侧应用
宽腭杆	单个宽腭杆	硬腭的前、中或后部	宽度为 8～10 mm，或与缺隙长度一致。厚度为 0.5～1 mm，与局部组织形态一致	连接牙弓两侧的非游离或游离缺隙
	前后宽腭杆联合	同前、后、侧腭杆	前后宽腭杆由非缺隙部位的侧腭杆或腭板连接，腭侧部分金属基托连接，呈封闭形的四边结构，前后宽腭杆边缘间距不小于 15 mm	用于缺失牙较多，但基牙和牙槽嵴有良好支持的各类上颌牙列缺损，以及存在不能手术去除的腭隆突者
腭板	前腭板	硬腭前部，覆盖上前牙舌隆突	厚度为 0.5 mm，表面与覆盖的腭前部形态一致，后缘两侧止于腭皱间凹陷处	用于少数上前牙缺失并伴有深覆𬌗者
	中腭板	硬腭中部	厚度为 0.5 mm，宽度大于 10 mm，表面与覆盖的腭中部形态一致	用于连接牙弓两侧较长的后牙缺隙。无明显腭隆突
	变异腭板	硬腭中部及单侧远中游离端腭侧	厚度为 0.5 mm，表面与覆盖的腭中部宽腭板或中腭板后缘一侧向远中延伸至游离端末端	用于 Kennedy 第二类单侧远中游离缺失
	U 形腭板	硬腭前部双侧远中游离端腭侧	前部宽腭杆（或腭板）后缘两侧向远中延伸至游离端末端，呈 U 形	用于有较大的腭隆突延伸至软硬腭交界，又无法手术去除的 Kennedy 第一类双侧远中游离缺失者。易发生变形，应谨慎应用
	全腭板	覆盖整个硬腭，后缘止于软硬腭交界，前缘覆盖在上前牙舌隆突	厚度为 0.5 mm，表面与覆盖的硬腭组织形态一致	缺失牙过多，或见剩余前牙、余留牙和牙槽嵴支持不足，无过大的腭隆突

表 6-2　下颌可摘局部义齿大连接体列表

种类	位置	形态	适应证
舌杆	下颌牙舌侧龈缘与舌系带和口底黏膜反折之间，上缘需让开下颌牙舌侧龈缘，距龈缘至少 3 mm，及口底组织功能活动	杆状，宽度为 4～5 mm，横截面呈半梨形，上缘厚 1 mm，下缘厚 2 mm，边缘圆钝	1. 口底深度大于 7 mm，无明显组织倒凹，下颌余留牙无严重舌倾 2. 远中游离缺失者，舌杆前部需能够结合间接固位体
双舌杆	舌杆：同上 连续杆位于下前牙舌隆突之上	舌杆：同上 连续杆：厚度为 1 mm，宽度为 2～3 mm	同上
舌板	下前牙舌面中 1/3 及下后牙舌面观测线殆方至口底黏膜反折	厚度为 0.5～2 mm，上部薄成扇贝形或波浪形，下缘厚而圆钝	1. 口底深度小于 7 mm 2. 有明显组织倒凹 3. 需利用大连接体提供间接固位的后牙游离缺失 4. 下前牙松动 5. 个别余留牙预后不佳
唇颊杆	下颌牙唇颊侧龈缘与唇颊系带及下前庭沟之间，离开唇颊侧龈缘至少 3～4 mm，不妨碍唇颊组织功能活动	同舌杆	下颌余留牙严重舌倾且无法纠正

（4）小连接体与基牙轴面导平面接触，不能进入倒凹区，以免影响义齿摘戴。

（5）为避免影响自洁和造成食物残渣积存，小连接体与基牙及牙龈间不能有过大的空隙，舌侧相邻小连接体之间的间隙不能小于 4～5 mm。

（6）小连接体应尽可能少覆盖牙龈组织，龈缘处需缓冲处理，避免压迫。

3. 小连接体的特殊结构

（1）导平面板（guide plate）：可摘局部义齿小连接体与基牙导平面接触的部分称为导平面板。导平面是基牙轴面上与可摘局部义齿就位道（insertion path）方向平行的部分。导平面通常位于基牙的缺隙侧邻面，也可位于舌面，以及非缺隙处舌外展隙内邻面，需要在基牙轴面预备修整形成。导平面需有适当的高度，只要与就位道平行即可，在水平方向上不一定是绝对的平面。如邻面导平面在颊舌方向可以有一定的曲度。因不同位置的导平面在水平方向上并不平行，所以两个以上的导平面可以确定可摘局部义齿的就位道，即义齿只能沿此方向摘戴。导平面与导平面板结构的作用：

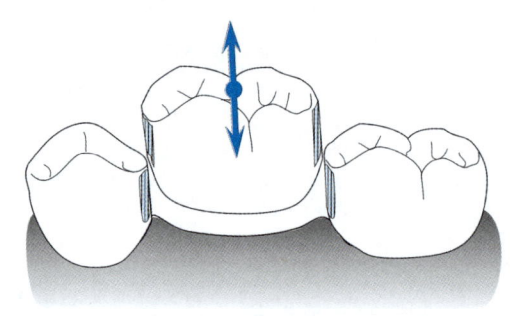

图 6-57 导平面与导平面板——引导义齿就位，辅助义齿固位

1）确定义齿的就位道，引导义齿就位与脱出（图 6-57）。

2）当义齿受到脱位力时，密切贴合的基牙导平面与义齿导平面板之间会产生摩擦力，可抵抗脱位力，辅助义齿固位。

3）不同基牙上多个导平面与导平面板结构具有稳定义齿的夹板固定作用，可以分散、抵抗义齿受到的水平作用力，防止义齿发生水平移动、旋转和翘动。避免单个基牙受到有害的扭力和侧向力。

4）卡环小连接体与一定高度的邻面导平面密合，有助于卡环发挥卡抱作用，保持卡环的稳定。

5）通过预备基牙导平面，可去除邻面较大的倒凹，避免基牙邻面与义齿之间产生过大的三角间隙，减少食物嵌塞，也有利于美观。

导平面高度过短无法发挥其作用，高度越高作用越明显。对于非游离缺失者，邻面导平面的高度可达邻面牙合龈高度的 2/3。但是，对于倒凹较大的基牙，应避免基牙预备量过大。对于游离缺失的末端基牙，采用 RPI、RPA 卡环时，远中邻面导平面的高度应为牙合龈距的 1/2，邻面板与导平面密合，但接触的垂直高度较短。当义齿游离端下沉时，邻面板下沉后与导平面接触高度更短，不会对基牙产生扭力（图 6-58A）。但是，如果邻面板与导平面接触高度达到邻面高度的 2/3 或更高，当义齿游离端下沉时，密切接触的邻面板会在基牙导平面的下部形成支点（图 6-58B），与基牙上卡环其他结构的共同作用下，使基牙受到扭力。如果末端基牙采用

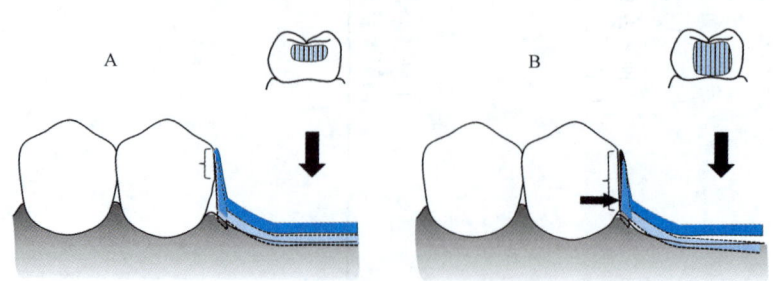

图 6-58 游离缺失末端基牙远中邻面导平面的高度

远中𬌗支托三臂卡环，可以有高的导平面，但必须利用间接固位体和多个基牙上的导平面板来分散功能负荷，对抗水平和扭转作用力。远中游离缺失的末端为孤立基牙时，必须避免形成近远中邻面导平面板的夹板作用。

邻面导平面板小连接体包括 RPI、RPA 卡环的远中邻面板，还有三臂卡环、圈形卡环的小连接体。导平面板向下伸展至牙槽嵴黏膜，并与缺隙处塑料固位区及舌腭侧大连接体连接。龈缘处缓冲处理。

连接间隙卡环、联合卡环、附加𬌗支托的舌侧小连接体，位于基牙舌外展隙内，也应与牙面成导平面与导平面板接触。预备导平面既可以开大外展隙，保证小连接体有足够的体积和强度，避免过突，还可以利用多个导平面与导平面板的夹板作用，增强义齿的固位和稳定（图 6-59）。

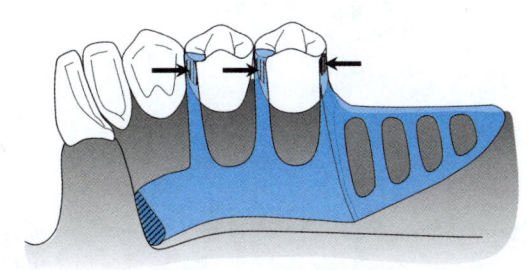

图 6-59　导平面板的夹板固定作用（箭头所指部位）

在余留后牙舌面与大连接体（舌板、腭板）接触的位置，也可以预备 2～3 mm 高的导平面，既可以发挥导平面板的作用，还可以避免大连接体边缘位于非倒凹区时形成支点和对基牙的颊向作用力。余留牙均位于牙弓一侧的 Kennedy 第二类牙列缺损者，由于牙弓对侧没有卡环提供交互对抗作用，义齿容易发生颊舌向翘动和旋转脱位（图 6-60A）。此时可在基牙舌面预备 3～4 mm 高的导平面，与舌侧大连接体边缘形成的导平面板密合，可以对抗义齿颊舌向翘动，防止旋转脱位（图 6-60B）。

（2）塑料固位区（plastic retention area）：是铸造支架与义齿的塑料基托连接的部分，属于一种小连接体。

1）塑料固位区的作用：①将塑料基托与义齿金属支架坚固连接；②保证人工牙承受的咬合力能够有效地通过与其相连的固位体、大连接体等部分，传导至基牙等支持组织；③可以增加塑料基托的强度，防止塑料基托折裂。

2）塑料固位区的要求：①有足够的强度，不发生变形或折断。②与义齿支架结合牢固，以保证功能负荷的有效传导。③塑料固位区位于缺隙区牙槽嵴，主要位于牙槽嵴顶及舌侧，牙槽嵴顶颊侧部分不超过人工牙覆盖范围。尤其是在前牙缺隙，以免唇侧塑料基托透出金属颜色，影响美观。非游离缺隙，塑料固位区长度与缺隙长度一致。远中游离缺失者，塑料固位区向远中伸展至塑料基托长度的 2/3。④为塑料基托包裹留出足够空间，保证塑料基托强度和组织面缓冲余地。⑤不妨碍排列人工牙。

3）塑料固位区的种类

①开放网格（open lattice）：为横向或不规则排列，具有较大开口的金属网格（图 6-61），是义齿基托固位装置的常用类型。与塑料基托结合作用强。较厚，用于具有足够𬌗龈间隙的游离和非游离缺隙。如果缺隙𬌗龈距过短，可能会影响排列人工牙。

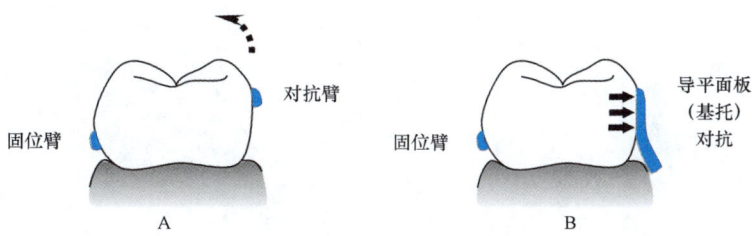

图 6-60　舌面导平面板对抗义齿颊舌向翘动和旋转脱位

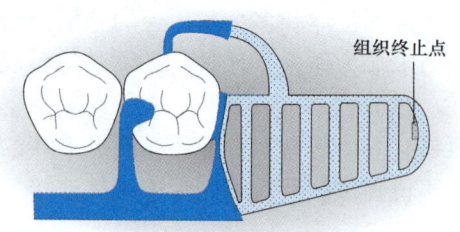

图 6-61　开放网格

图 6-62　筛网

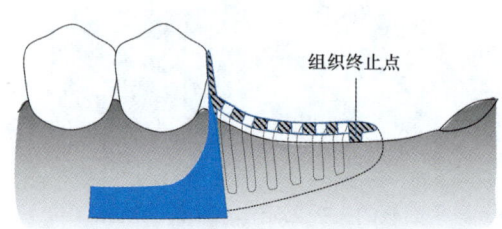

图 6-63　游离端塑料固位区小连接体的长度为塑料基托长度的 2/3，组织面离开黏膜 0.5 mm，远端制作组织终止点

②筛网（mesh）：为多孔金属薄片状固位网，也是常用塑料固位区类型。采用预成筛网蜡型，与义齿支架整体铸造，制作较开放网格简单（图 6-62）。筛网比开放网格薄，与塑料基托结合强度不如开放网格。适合于缺隙殆龈距较短的缺隙，为人工牙排列留出更多空间。

开放网格和筛网需离开牙槽嵴黏膜 0.5 mm，为塑料基托组织面的部分留出空间。但是，远中游离缺隙的固位网游离末端如果悬空，义齿制作的装胶步骤会导致固位网受压变形，固位网下间隙不足，此处基托塑料部分过薄。金属变形产生的预应力，还会导致基托变形。正确的方法是：在制作义齿支架蜡型时，在固位网游离端的组织面添加组织终止点（tissue stop），使铸造支架完成后固位网的游离端有支点支撑于牙槽嵴顶，避免装胶时固位网变形（图 6-63）。组织终止点应跨过牙槽嵴顶，颊舌向宽度为 3～5 mm。

③固位钉（retention pin）、圈（loops）、珠（beads）：为缺隙处金属基托或大连接体延伸部分上的钉状、圈形或珠状固位装置，包埋在塑料基托内。对于缺牙间隙过窄，殆龈距过短，对殆牙咬合接触过紧的情况，采用开放网格或筛网时结合强度差，基托容易折断，人工牙容易脱落。此时采用固位钉、固位圈或固位珠可以增加塑料基托及人工牙的结合强度。固位钉、圈主要用于过窄缺隙。固位珠主要用于殆龈距短的后牙缺隙，位于金属基托之上。

4）终止线（finish line）：是指义齿的大连接体、金属基托、小连接体、卡环引伸臂等金属部分与塑料基托的结合线。此处金属部分与塑料部分厚度相同，内有固位网伸出，包埋在塑料基托中，形成对接结构（图 6-65）。使表面移行，并保证树脂部分的完整和强度。金属支架与塑料基托在组织面的结合线称为内终止线，在磨光面的结合线称为外终止线。金属部分在内外终止线处的结合断面与固位网成锐角，保证终止线处的塑料部分有适当的厚度，并保证终止线处塑料基托部分密合，避免缺损。为保证金属支架与固位网的结合强度，内外终止线的位置应适当错开。舌腭侧大连接体的内终止线与基牙缺隙侧邻面导平面板的内终止线连续。

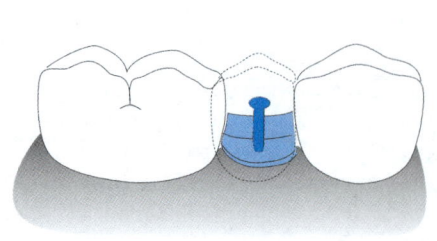

图 6-64　固位钉

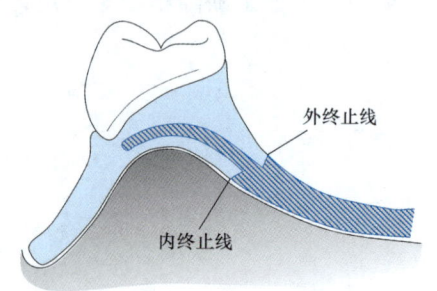

图 6-65　大连接体与塑料基托结合的内外终止线

大连接体与塑料基托终止线的近远中位置应与基牙的缺隙侧邻面一致，不应偏向基牙或缺隙。上颌大连接体位于缺隙腭侧的终止线也应避免过于偏向或远离牙槽嵴顶，避免因终止线位置不当而改变上腭的自然形态，甚至影响人工牙的排列。

三、义齿基托

义齿基托（denture base）是可摘局部义齿覆盖在牙槽嵴等支持组织之上，承托人工牙的部分。

（一）基托的功能

1. 位于缺隙处牙槽嵴上的基托承托义齿人工牙。
2. 胶连义齿的基托将义齿的各部件连接成一个整体（图 6-66A）。
3. 承担、传递和分散𬌗力。
4. 修复缺损的牙槽骨、颌骨和软组织。
5. 加强义齿的固位与稳定。基托与黏膜密合，之间存在唾液膜，使两者间具有吸附力。基托与余留牙轴面接触，可以抵抗义齿的水平移动和翘动。

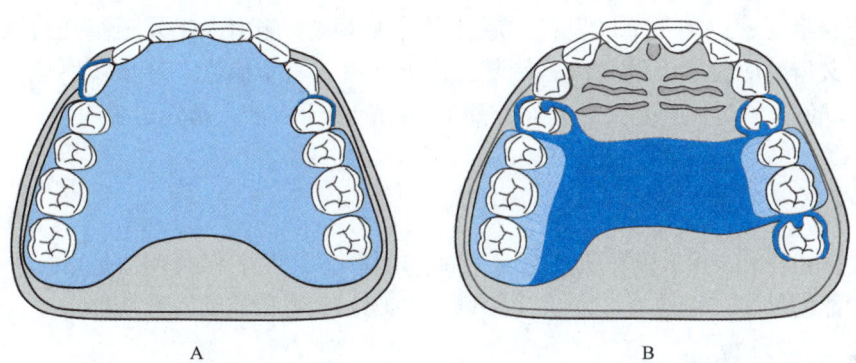

图 6-66　胶连式义齿（A）和铸造支架式义齿（B）的塑料基托

（二）基托的种类

1. 塑料基托　材料为甲基丙烯酸甲酯树脂。塑料基托的优点是：①色泽美观，近似黏膜颜色；②重量轻；③与树脂人工牙结合强度好；④制作简便，便于修补和重衬。缺点是：①强度较差，受力大时易折裂；②较厚，覆盖组织范围大，温度传导作用差，舒适性不佳；③不易自洁，容易附着软垢、菌斑和色素。支架式义齿的塑料基托实际是金属与塑料的联合基托。塑料基托内的金属固位网不仅将其与金属支架相连，还起到增加塑料基托强度的作用（图 6-66B）。

2. 金属基托　与金属支架一起整体铸造而成。优点是：①强度高，不易折裂；②体积小且薄，温度传导作用好，感觉舒适；③高度抛光，自洁作用好。缺点是：①制作较复杂；②与人工牙结合强度不如塑料基托；③不能修补和重衬；④组织面不易调改；⑤不美观。金属基托一般只用于缺隙过窄或𬌗龈距过短，塑料基托强度不足的情况。金属基托利用其上的固位钉、固位珠或固位圈与树脂人工牙结合，强度有限。𬌗龈距过短的后牙缺隙，可采用人工牙与基托整体铸造的方式。

（三）基托的设计要求

1. 基托的伸展范围　需根据缺牙部位、数目，基牙健康情况，牙槽嵴吸收的程度，𬌗力大小和义齿支持方式决定。在保证义齿有足够的支持、固位和稳定的前提下，尽量减少组织覆盖；不妨碍唇、颊、舌等周围组织的功能活动；不进入组织倒凹，以免影响义齿摘戴；使患者感觉舒适，不影响美观。远中游离缺失部位的基托需要充分伸展，尽量分散咬合力，减轻牙槽嵴负担，也有利于义齿的固位和稳定。上颌远中游离缺失义齿基托的后缘应伸展到翼上颌切迹，远中颊侧盖过上颌结节，腭侧后缘可伸展至软硬腭交界处。下颌远中游离缺失义齿基托后缘应覆盖磨牙后垫的1/2，颊舌侧在不妨碍周围组织功能活动的前提下充分伸展。

2. 基托的厚度 基托必须有足够的厚度，防止折裂。但过厚又会让患者感觉不适。塑料基托的厚度约为 2 mm。铸造金属基托厚度为 0.5 mm，边缘逐渐加厚至 1~2 mm，并圆钝。

3. 基托与余留牙的关系 基托边缘与余留后牙轴面近观测线处的非倒凹区接触，密合而无压力。基托边缘不进入倒凹区，以免妨碍义齿摘戴，避免对余留牙产生侧向力。前牙区基托边缘应覆盖在舌隆突上，不对前牙施加唇向作用力。基托覆盖龈缘的部分需缓冲处理，避免压迫龈缘。

4. 基托与黏膜的关系 基托应与其覆盖的黏膜密合而无压迫，覆盖切牙乳突，以及覆盖上颌结节颊侧、上颌硬区、下颌隆突、下颌舌骨嵴等骨性隆突部位和骨尖部位的基托组织面，应做缓冲处理，以免基托压迫软组织产生疼痛。

5. 基托磨光面外形 磨光面外形与覆盖组织形态一致，恢复缺损牙槽嵴组织解剖形态。上下颌前部基托相当于牙根的位置，形成隐约可见的牙根长度和突度的解剖外形。腭前部基托磨光面可恢复腭皱形态，以利于辅助发音。后部颊、舌（腭）侧由人工牙至基托边缘形成适度的凹面，以利于义齿的固位。上颌义齿唇侧基托恢复上唇正常丰满度。牙槽嵴唇侧丰满者，可不放唇侧基托，以免上唇过突。基托磨光面应高度抛光，便于自洁。基托边缘应圆钝，曲线圆滑。

四、人工牙

人工牙（artificial teeth）模仿天然牙牙冠的解剖形态、大小和颜色，是可摘局部义齿代替缺失牙行使功能的部分。可建立咬合关系，恢复外观、咀嚼和辅助发音功能。

（一）人工牙的功能

1. 恢复牙列完整性，重建缺失牙的咬合关系。
2. 恢复缺失牙的咀嚼、辅助发音和美观功能。
3. 防止余留牙伸长、倾斜、移位。
4. 恢复和维持颌位关系。

（二）人工牙的种类

1. 根据制作材料分类

（1）树脂牙（resin tooth）：成品树脂牙是目前临床最常用的人工牙。树脂牙质量轻，颜色与天然牙接近。韧性好，不易折断。可根据需要任意调改形态，方便排牙。与塑料基托为化学结合，不易脱落。普通树脂牙的硬度较差，不耐磨。硬质复合树脂牙的硬度、耐磨性和美观性更好。除成品牙外，树脂牙也可根据特殊需要个别制作。

（2）瓷牙（porcelain tooth）：为成品人工牙，盖嵴面有金属固位钉（钉状瓷牙）或固位孔（槽状瓷牙）。瓷牙的优点是硬度大，不易磨损，咀嚼效率高，光泽好，不易污染变色。缺点是质量重，脆性大，易折裂，难以调改和磨光，需依靠固位钉或固位孔与义齿塑料基托机械结合，结合强度不佳。可摘局部义齿较少使用。

（3）金属牙（metal tooth）：为增加人工牙的强度而个别制作的人工牙。包括金属舌面牙、金属𬌗面牙和全金属牙。

1）金属舌面牙：由唇侧树脂牙面和舌侧铸造金属背板构成。舌侧背板与义齿支架整体铸造，有固位钉或固位珠结构与唇侧树脂牙面结合。利用舌侧金属背板增加人工牙的强度和耐磨性，用于深覆𬌗、咬合紧的上前牙缺隙。易有金属透色，美观性不佳。

2）金属𬌗面牙：人工牙的𬌗面部分为金属铸造，其他部分为树脂。需先单独制作铸造金属𬌗面，其下方有固位钉或固位珠结构与树脂部分结合。利用金属𬌗面增加人工牙的强度和耐磨

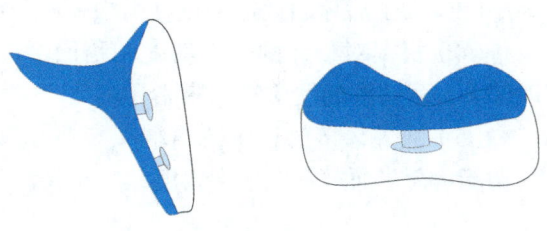

图 6-67　金属舌面牙和金属𬌗面牙

性，人工牙的树脂部分便于与塑料基托的结合。用于咬合力大，𬌗龈距短的后牙缺隙。

3）全金属后牙：与义齿支架及金属基托整体铸造，用于𬌗龈距严重不足或宽度过窄的后牙缺隙。

2. 按后牙𬌗面形态分类　见图 6-68。

（1）解剖式牙（anatomic tooth）：牙尖斜度为 30° 或 33°，与初萌的天然牙𬌗面形态相似。正中𬌗时，上、下颌牙齿间有良好的尖凹锁结关系。形态自然，咀嚼功能好。但咀嚼运动时的侧向力大，不利于义齿的稳定。

（2）半解剖式牙（semi-anatomic tooth）：牙尖斜度降低，为 20°。𬌗面形态较自然，上下颌牙有一定的尖凹锁结关系，咀嚼效能较好。咀嚼运动时侧向力减小，有利于义齿的稳定。

（3）非解剖式牙（non-anatomic tooth）：又称为无尖牙，牙尖斜度为 0°。人工牙颊、舌轴面与解剖式牙类似，但𬌗面无牙尖，只有窝沟。上下颌牙为平面接触，无尖凹锁结关系。咀嚼运动时侧向力最小，更有利于义齿的稳定，但咀嚼效能也最低。

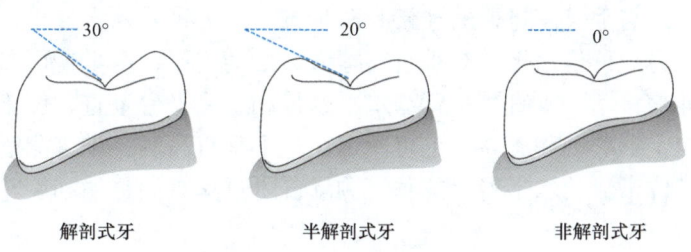

图 6-68　人工后牙𬌗面形态分类

（二）人工牙的选择原则

人工牙的选择内容包括种类、颜色、形状和大小等项。选择人工牙时需考虑：①缺牙间隙的近远中距和𬌗龈距大小；②上下颌牙的咬合和排列，对𬌗牙的𬌗面形态；③𬌗力的大小；④牙槽嵴的吸收程度；⑤余留牙健康状况；⑥患者的面型、肤色、年龄和要求。

1. 人工前牙选择原则　注重美观，兼顾功能。

（1）人工前牙的颜色、形状、大小应与相邻或对侧同名余留牙近似、协调。

（2）人面部正面形态可以分为方圆形、卵圆形和尖圆形三种，侧貌形态可以分为凸面型、凹面型和直面型。人工前牙唇面形态应与患者的面型协调，但不过分强化面型特征。

（3）人工牙的颜色应与患者的性别、肤色、年龄相称。女性、肤色白者，人工牙颜色稍浅。年龄越大，牙的颜色越暗。

（4）充分考虑患者的意愿，得到患者认可。

2. 人工后牙选择原则　恢复咀嚼功能，保护基牙和牙槽嵴。

（1）根据后牙缺隙的龈𬌗向高度确定人工后牙的长度，并与相邻前牙的长度协调。外形、颜色与邻牙协调一致。

（2）人工后牙的颊舌向宽度应小于天然牙，以减轻支持组织的负荷。

（3）人工后牙的近远中宽度需根据缺隙的近远中向宽度及对𬌗牙决定。

（4）根据对𬌗牙的牙尖斜度和𬌗面磨耗程度，与对𬌗牙取得协调的𬌗关系。尽量选用硬度较大、耐磨损的硬质复合树脂牙。

（5）缺失牙多的远中游离端义齿，可以通过人工牙减数、减径的方式，来减轻义齿承受的功能负荷。通过降低牙尖斜度，减小义齿受到的侧向力。从而减轻支持组织的负担。

（杨亚东）

第四节　可摘局部义齿的模型观测
Cast Surveying of RPD

一、模型观测器

（一）模型观测器的结构

模型观测器（dental surveyor）是用来进行模型观测的装置。图6-69为经典的Ney模型观测器。各种模型观测器形式虽多样，但基本结构相同，通常都包含观测架、观测台和平行测量工具三个主要部分。

1. 观测架　由底座平台（platform）、垂直支撑臂（vertical supporting arm）、水平臂（horizontal arm）和垂直测量臂（vertical surveying arm）组成。垂直支撑臂与底座平台垂直固定连接。水平臂与底座平台平行，与垂直支撑臂的连接有两种方式。一种是固定连接，悬臂末端位于底座平台的上方正中央；另一种是水平臂与垂直支撑臂为活动连接，水平臂可以垂直支撑臂为轴水平转动，甚至水平伸缩移动。垂直测量臂与水平悬臂和底座平台垂直，位于水平臂的末端，为活动连接，可垂直向上下移动和旋转，也可固定在一个垂直高度。垂直测量臂的下端有夹具可固定模型测量工具。位于活动水平臂上的垂直测量臂既可垂直向移动和旋转，也可同时做水平移动。

2. 观测台　上部为可安放和固定石膏模型的平台，下部为底座，中间由万向关节连接。通

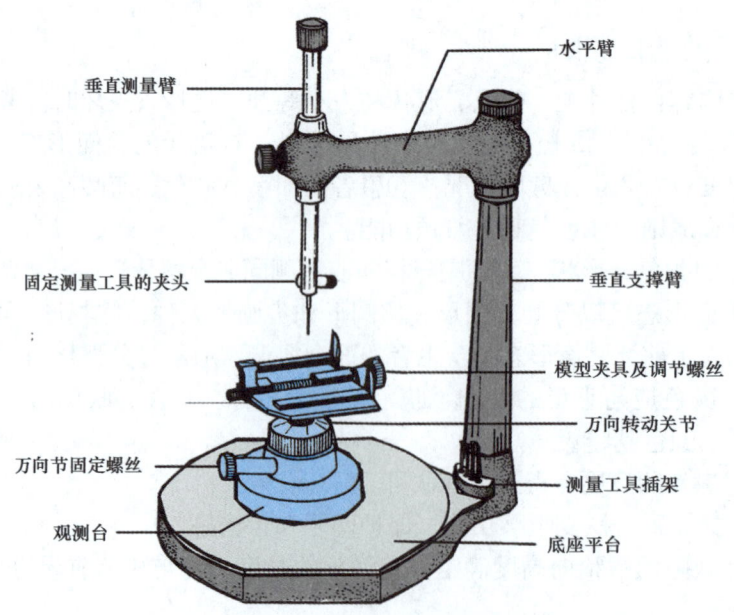

图6-69　Ney模型观测器

过旋转和固定万向关节，可调整控制上方模型的倾斜方向和角度。

3. 平行测量工具 固定于垂直测量臂下端夹具上的模型观测工具，与垂直测量臂方向一致，随垂直测量臂垂直向和水平向移动。有分析杆、描记铅芯、倒凹测量尺、成形蜡刀等（图6-70）。

（1）分析杆（analysis rod）：为一根粗细均匀的金属细直杆，用于分析、确定模型各面沿某一方向的平行关系，以及各面侧向最突点的位置。

图6-70　平行测量工具（从左至右分别是分析杆、倒凹测量尺、描记铅芯、成型蜡刀）

（2）描记铅芯（carbon marker）：为一段固定在金属套筒内的铅芯，用来描记模型表面侧向最突点的位置。

（3）倒凹测量尺（undercut gauges）：为末端向侧方均匀突出的金属杆，用于确定基牙轴面固位倒凹的位置和深度的工具。常用规格有 0.25 mm、0.50 mm 和 0.75 mm 三种，即倒凹测量尺末端水平突出部分的宽度分别为 0.25 mm、0.50 mm 和 0.75 mm。

（4）成形蜡刀（blade for contouring wax patterns）：为固定在垂直测量臂上的金属蜡刀，刀刃与垂直臂平行或成一定角度，用于蜡型和模型填倒凹时的修整。

当模型与垂直测量臂成某一特定角度时，用描记铅芯替换分析杆，在保持铅芯侧面与模型突面接触的同时，使模型（观测台）和垂直测量臂上的铅芯相对移动，可在模型表面画出一条显示外形高点的观测线。

（二）模型观测器的用途

模型观测器的主要用途是进行模型观测，包括诊断模型观测和工作模型观测。除此以外，模型观测器还有其他用途。如在进行可摘局部义齿基牙修复时，可利用观测器根据确定好的义齿就位道来确定修复体外形，以便在修复体上直接形成导平面，获得有利的观测线类型和固位倒凹。模型观测器还可用于沿就位道方向平行放置附着体及其铸型。有些模型观测器的水平臂上可以沿垂直测量臂方向固定电动手机（平行研磨仪），利用平直或有一定聚合度的磨头，可对基牙修复体和附着体的蜡型或铸件进行平行切削和打磨。

二、模型观测的基本概念

（一）模型观测

模型观测（cast surveying）是在牙列缺损患者的牙颌石膏模型上，确定在某一特定方向上余留牙及相关组织表面的凹凸关系和各部分之间的相对平行关系的一个测量、分析过程。

模型观测是可摘局部义齿修复治疗过程中一个基本的和必要的步骤。其主要作用有两个：一个是根据模型观测的结果，在可摘局部义齿修复之前，确定余留牙及相关组织的形态调整计划。如余留牙轴面形态磨改部位和程度，锥形牙或牙体缺损患牙全冠修复体轴面形态的确定。另一个是根据模型观测结果进行可摘局部义齿的设计和制作。模型观测可以分为诊断模型（diagnostic cast）观测和工作模型（master cast）观测。

（二）观测线

牙冠的轴面多为外突的曲面，如同鸡蛋的表面，当模型观测器描记铅芯的侧面与牙冠轴面接触时形成突面与线的点状接触，当描记铅芯沿牙冠轴面水平移动时会画出一条突点的连线（图6-71），此线称为观测线（survey line），又称为导线（guide line）。描记铅芯沿凸凹的模型组织表面同样可画出组织的观测线。

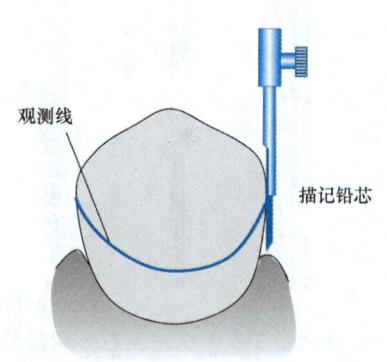

图 6-71 观测线描记

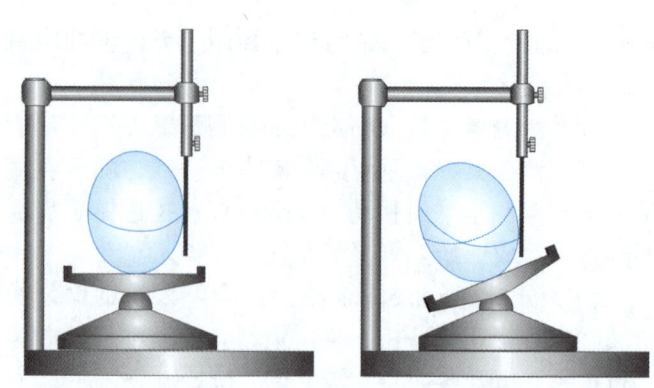

图 6-72 观测线及其与义齿就位道（垂直测量臂）方向的关系

如果改变模型在观测器上的倾斜角度，即模型与垂直测量臂和描记铅芯的相对位置关系（角度）发生变化以后，曲面突点的位置改变，牙冠轴面及其他部位组织的观测线位置发生改变（图 6-72）。由此可见，观测线在牙和组织表面的位置由观测方向决定，随观测方向的改变而变化。当描记铅芯（观测方向）与牙长轴平行时，其观测线为牙冠轴面解剖外形高点线，此线只有一条。

（三）倒凹

在牙冠轴面和组织表面，位于观测线殆面方向的区域称为非倒凹区（non-undercut area），观测线牙龈方向的区域称为倒凹或倒凹区（undercut area），分为牙齿倒凹和组织倒凹。倒凹还可以分为有利倒凹（desirable undercut）和不利倒凹（undesirable undercut）。有利倒凹可满足义齿固位的要求，也称为固位倒凹（retentive undercut）。不可利用倒凹也称为干扰性倒凹，不能辅助义齿固位，反而防碍义齿就位，可摘局部义齿应该避免进入这些倒凹。

（四）倒凹深度

倒凹区内牙面某一点的倒凹深度是指此点至模型观测器分析杆的垂直距离，如图 6-73 所示。对可摘局部义齿卡环固位力的大小影响最大的是卡环的材料和固位卡臂尖进入固位倒凹的深度，符合设计尺寸标准的卡环固位臂，其卡臂尖进入倒凹的深度是一定的，铸造 Co-Cr 合金卡臂进入固位倒凹的深度为 0.25 mm，金合金卡臂为 0.5 mm，弯制钢丝卡臂为 0.75 mm。

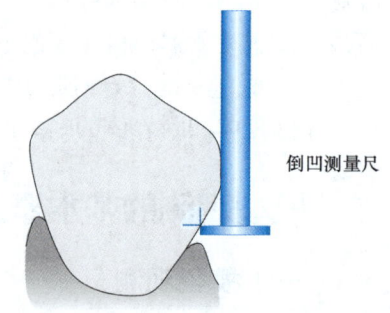

图 6-73 倒凹深度测量

（五）就位道

就位道（insertion path）是可摘局部义齿在口内戴入和摘出的方向，又称为就位摘出道。义齿就位与摘出的角度一致，方向相反。由于可摘局部义齿有余留牙和其他组织的限制，以及义齿应与组织密合避免出现间隙的要求，其就位方向受到严格限制，除某些特殊情况采取旋转的就位方向外，均只能沿一个方向就位和摘出。

在模型观测器上，垂直测量臂及其上分析杆等与模型的角度方向关系，即代表义齿就位道。通过调整模型与垂直测量臂的倾斜角度，可改变基牙和组织的观测线位置，从而改变倒凹的位置和深度。

三、模型观测的目的

1. 选择并确定最有利的可摘局部义齿就位道。

2. 确定基牙及其他余留牙上可利用的导平面的位置。

3. 确定基牙及其他余留牙的倒凹和相关组织倒凹的位置。既包括基牙上可利用的固位倒凹的位置和深度，也包括妨碍义齿伸展和就位，影响义齿美观效果和密合性的干扰性软硬组织倒凹的位置，在义齿修复前应调整和消除，或在义齿设计时应避开这些不利的倒凹。

4. 辅助制订义齿修复治疗计划。利用诊断模型观测结果，可更准确地确定义齿修复治疗计划，包含可摘局部义齿设计和义齿修复前软硬组织形态调整计划。义齿设计应包括义齿各部分的理想位置。修复前软硬组织形态调整计划包括组织倒凹的外科手术、余留牙外形磨改的部位和范围，基牙固定修复形态要求，以及基牙预备要求等。

根据工作模型观测结果，除了确定义齿最终设计（包括义齿各部分的准确位置）外，还应确定义齿制作时应避开和填塞的倒凹区位置。

四、就位道的确定

（一）义齿就位道的要求及决定因素

1. 便于义齿的顺利就位与摘出。
2. 有利于获得导平面。
3. 有利于在基牙上获得直接固位体的固位倒凹。
4. 有利于义齿与组织密合，避免软硬组织倒凹的干扰。
5. 尽量达到美观要求。

义齿就位道的决定因素简单来说就是固位倒凹、干扰性倒凹和导平面三者。通过调整就位道的方向，在基牙的有利部位获得适当的固位倒凹，避开或消除干扰性倒凹，并尽可能地在基牙邻面形成导平面和导平面板关系，使义齿密合，并增强固位和稳定作用。

（二）义齿就位道的确定方法

在模型观测时确定义齿的就位道就是根据就位道决定因素的要求，通过将模型在观测台上做前后和左右方向的不同幅度倾斜，来调整模型与垂直测量臂及下端的测量工具之间的角度关系，从而找到一个最适合的义齿就位道。常用的方法有平均倒凹法和调节倒凹法。

1. 平均倒凹法 简称均凹法，通过调整模型前后及左右的倾斜角度，并用分析杆观察各基牙倒凹大小变化，使位于缺隙两端基牙和位于牙弓两侧基牙的近远中和颊舌侧倒凹深度大小均等。就位道为缺隙两端（牙弓两侧）基牙长轴的角平分线方向。基牙大多数的轴面相互间尽可能达到最大的平行，以便尽量减少对牙齿外形的磨改。当各基牙长轴的方向平行时，就位道方向与各基牙长轴方向一致。适用于缺牙间隙多、倒凹大的患者，通过平均各基牙倒凹，义齿就位道与𬌗平面较为垂直。

2. 调节倒凹法 简称调凹法，通过前后或左右倾斜模型，使缺隙前后两端或牙弓左右两侧基牙的倒凹适当地集中于一端或一侧更健康的基牙，产生有利的固位倒凹。同时，由于义齿就位道倾斜，义齿脱位方向与𬌗向脱位力成一定角度，产生制锁固位，使义齿固位作用增强。调凹法适用于基牙长轴彼此近似平行，牙冠短，倒凹小者，尤其是以下几种情况：

（1）后牙非游离缺失，可根据基牙健康状况决定模型倾斜方向。如果后方基牙强壮，应将模型向后倾斜，加大后方基牙远中倒凹，形成Ⅰ型观测线，选择支持、固位、稳定作用优良的三臂卡环，义齿的就位方向是由前向后（图6-74）。如果后方基牙牙周健康相对薄弱，则应将模型向前方倾斜，就位道由后向前，加大前方基牙近中倒凹，形成Ⅰ型观测线，放置三臂卡环，减轻后方基牙的负担。模型前后倾斜角度不宜过大，应尽量利用缺隙前后基牙邻缺隙面形成导平面，否则义齿戴入后容易出现邻面三角间隙。

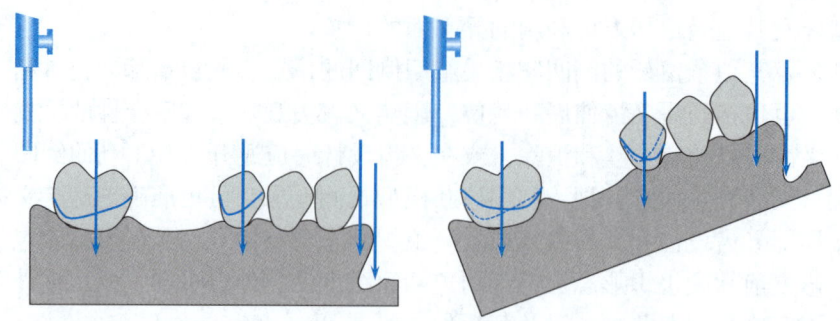

图 6-74 模型向后倾斜,调节倒凹法确定就位道

(2)多个前牙连续缺失,当缺隙牙槽嵴唇侧倒凹大时,模型应向后方倾斜,就位道方向由前向后。这样既消除了牙槽嵴唇侧组织倒凹,以利于义齿唇侧基托伸展,又减小了缺隙相邻天然牙近中邻面的倒凹,有利于减少义齿与天然牙之间的间隙,有利于美观(图 6-74)。如果前方缺隙牙槽嵴唇侧无组织倒凹,不影响义齿就位,此时模型的倾斜方向取决于基牙及余留牙倒凹的位置和大小。如果前方缺隙相邻天然牙向近中倾斜,为了避免义齿人工牙与天然牙间出现三角间隙影响美观,应将模型向后倾斜,或者通过调磨的办法去除天然邻牙近中倒凹。

(3)多数牙缺失,仅有个别远中余留牙作基牙时,应将模型向前方倾斜,就位道方向由后向前,在远中基牙上形成二型观测线,卡环臂向近中,固位卡臂尖进入基牙颊或舌面近中倒凹。如果远中基牙为一型观测线,固位卡臂尖进入远中倒凹,则前部基托容易松动、脱位。

五、模型观测的步骤

(一)诊断模型观测

1. 确定义齿就位道 首先将基底修磨平整的诊断模型固定在观测台上,松开观测台万向关节,调整模型𬌗平面为水平,垂直于垂直测量臂,即义齿就位道与𬌗平面垂直,模型观测时通常以此位置作为模型的初始位置。将分析杆固定在垂直测量臂的下端,沿模型余留牙轴面及周围组织表面平行移动分析杆(观测台与分析杆之间相对平行移动),观察可作为导平面的牙面(如基牙的缺隙侧邻面)与分析杆的平行关系,基牙及其他余留牙倒凹的位置和大小,以及牙槽嵴和余留牙周围组织倒凹的位置。确定义齿的初步设计,明确可利用的基牙固位倒凹和影响义齿修复的干扰性倒凹。然后采用确定义齿就位道的方法,包括平均倒凹法和调节倒凹法,逐步调改模型前后及左右倾斜角度,用分析杆进行观测,尽可能减小或消除干扰性的牙和组织倒凹,使各基牙的有利位置上都能够存在适度的固位倒凹,同时能够获得导平面,并满足美观要求。最后将观测台的万向关节固定在此位置,获得义齿最佳就位道。

2. 描记观测线 确定好最佳就位道后,将分析杆换成描记铅芯,使平直的铅芯侧面与牙齿轴面接触,在保持接触的同时让铅芯沿牙面平行移动,在所有余留牙的轴面上描记出观测线。然后将垂直测量臂及描记铅芯下移,铅芯侧面与缺隙牙槽嵴及余留牙唇颊舌侧面组织接触,描记出组织倒凹观测线。

3. 模型(倾斜)定位 为了记录义齿就位道方向,使模型能够在同一方向(倾斜角度)上进行重复观测,或者在工作模型上再现诊断模型观测时确定的义齿就位道,需在诊断模型观测后采用三点等高定位或就位方向线来记录诊断模型在观测台上的倾斜方向,即诊断模型与垂直测量臂及测量工具之间位置关系,即义齿的就位道方向。否则,当观测完将模型从观测台上取下后,将无法再准确找到观测时已确定的义齿就位道方向。

(1) 三点等高定位法：调整并固定垂直测量臂的高度，使描记铅芯或分析杆的末端处于适宜的固定高度，然后移动观测台及模型，在模型前部和后部左右两侧组织面上记录三个等高点。这三个等高点应尽量分散，应位于印模能取到的口内固定不活动的组织上，而不要标记在移形沟或系带等活动区域，或模型底座等不确定的区域。而且必须位于义齿设计图描记范围以外的位置。以每个点为中心用铅笔画十字外加圆圈进行标记（图6-75）。

(2) 就位方向线定位法：将观测器分析杆分别与模型基底两侧及后部的外侧面贴合，用铅笔分别标记三条与分析杆方向一致的平行线。当模型重新观测时，让分析杆与此三条方向线都一致就是原就位道方向。此方法只适用于同一模型的再观测。

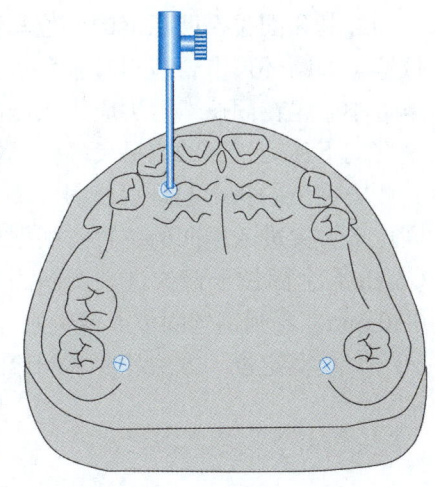

图 6-75　观测模型三点等高定位

4. 观测结果分析与余留牙形态调改和基牙预备　诊断模型观测时，通过调凹法和均凹法确定就位道，并不一定能完全获得理想的固位倒凹并完全去除不利的倒凹。可根据诊断模型观测结果，通过余留牙形态调改，减小过大的基牙固位倒凹，去除不利的倒凹，并获得导平面。不利的组织倒凹应手术去除。

过大倒凹处观测线位置过高，去除过大倒凹就是要降低观测线的高度。因此，可在模型上余留牙过高的观测线的龈方画出希望的观测线应位于的位置（理想观测线），那么实际观测线和理想观测线之间的区域就是应该去除的倒凹部分。

（二）工作模型观测

工作模型是在口腔准备和基牙预备完成后取印模灌注的石膏模型，在此模型上进行最终的义齿设计和义齿制作。工作模型观测结果是义齿设计和制作所必需的依据。

1. 确定义齿就位道　对于没有经过诊断模型观测者，其工作模型观测时就位道的确定方法与诊断模型观测相同。而对于已经进行过诊断模型观测，并以此为依据进行义齿初步设计和基牙预备者，工作模型观测时首先应重现诊断模型观测时所确定的义齿就位道。具体方法是：先将诊断模型上的三个等高点准确地转移标记在工作模型的相同位置，然后将工作模型固定在观测台上，调节模型倾斜方向，同时调节垂直测量臂的高度，使垂直测量臂上的分析杆末端在某一固定高度时，能够与转移到工作模型上的三个等高点都接触，即此三个转移标记点等高。此时工作模型的倾斜方向（就位道方向）与诊断模型一致。

工作模型观测时，应根据工作模型的倒凹情况，必要时对模型倾斜方向再进行适当的调整，以获得最佳的义齿就位道。

2. 描记观测线　确定好就位道后，将观测台万向关节锁紧，将分析杆换成末端磨成斜面的描记铅芯，让铅芯较长的侧面与余留牙轴面接触，末端同时与牙龈表面保持接触。铅芯与牙面相对移动，在牙轴面画出观测线的同时，末端在牙龈处描记出另一条线称为"倒凹边界线"（图6-76）。用同样方法画出缺隙牙槽嵴及余留牙周围组织的观测线和"倒凹边界线"。模型上观测线与倒凹边界线之间的区域即为倒凹区，除固位卡臂尖外，义齿任何其他坚硬的部分都不能进入此区域，模型填倒凹时此区域应完全填满。

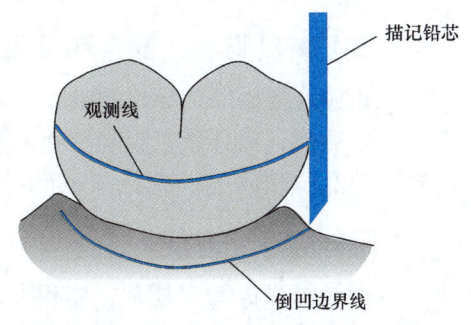

图 6-76　描记观测线和倒凹边界线

3. 基牙固位倒凹深度的定位与测量 先根据义齿的初步设计，确定基牙卡环固位卡臂尖的位置。如圆环形卡臂应包过轴角进入外展隙，远中游离端义齿 RPI 卡环的 I 杆位于颊面最突处偏近中。先在固位卡臂尖应进入倒凹位置的牙面上画一条垂线，将固定了倒凹测量尺的垂直测量臂向下移动，倒凹测量尺的金属杆与画垂线的牙面保持接触，然后向上移动倒凹测量尺，至其侧方突出的头部与牙面接触（图 6-73）。用铅笔在接触点处画一条横线，此十字交叉点即为固位卡臂尖进入倒凹的位置。根据卡环固位臂的材料和制作方式选择不同型号的测量尺：铸造 Co-Cr 合金固位卡臂尖进入倒凹深度——0.25 mm，铸造金合金固位卡臂尖进入倒凹深度——0.50 mm，弯制钢丝固位卡臂尖进入倒凹深度——0.75 mm。

4. 模型定位 方法和要求同诊断模型观测。

（杨亚东）

第五节 可摘局部义齿的设计
Design of Removable Partial Denture

一、可摘局部义齿的设计原则

可摘局部义齿的设计原则也就是可摘局部义齿修复必须满足的基本要求（essential requirements）。符合要求的可摘局部义齿应该是在保证口腔剩余组织保健的前提下，具有良好的固位、稳定和支持，达到良好的功能效果，戴用舒适，摘戴方便，坚固耐用。

（一）不损伤口腔剩余组织健康

可摘局部义齿在恢复缺失牙功能的同时不能对口腔剩余软硬组织等造成进一步的损害，保护口腔软硬组织的健康是可摘局部义齿修复最基本的要求。广泛地、有选择地分散𬌗力，减小对基牙的扭力和侧向力；正确恢复咬合关系；保护余留牙牙体组织。义齿不妨碍口腔自洁作用，固位体要高度磨光，尽量少覆盖牙体组织，以减少致龋率；少磨除牙体组织，尽量利用自然间隙安放支托凹和隙卡沟；在获得足够固位和稳定的前提下，尽量减少固位体数目。

（二）良好的支持、固位和稳定

可摘局部义齿应具有良好的支持、固位和稳定作用。余留牙及缺牙区牙槽嵴等作为义齿支持组织，应能够承受义齿在功能时产生的咬合力负担。在行使功能时义齿既不应脱位，也不应发生相对位置移动，以保证咬合力合理地传导与分散到所有支持组织。良好的支持、固位和稳定是义齿恢复功能和保护剩余组织的基础。

（三）恢复咀嚼、发音和美观功能

义齿应恢复因缺牙导致的咀嚼、发音和美观功能障碍。前牙主要恢复美观、切割食物和辅助发音的功能，后牙恢复咀嚼食物的功能，并恢复面部下 1/3 高度和丰满度。功能的恢复效果与缺牙的部位和数目、基牙情况、黏膜和牙槽嵴情况、余留牙的咬合关系有密切的关系。

（四）舒适、方便

可摘局部义齿结构复杂、体积大，容易产生异物感。在保证支持、固位和稳定的前提下，义齿的结构设计应尽量简单合理，尽量减小体积和组织覆盖，不妨碍周围组织活动，减小异物感，使患者戴用义齿时感觉舒适。而且患者应能方便地自行摘戴，便于清洁义齿，保持口腔卫生。义齿摘戴困难不仅会直接损伤软硬组织，还可能导致患者不能保持口腔卫生，发生余留牙龋坏、牙周炎等疾患。

（五）经济、坚固耐用

义齿的设计应简单合理，制作简便，以降低制作成本，减少患者的经济负担。同时，义齿应坚固耐用，不易发生磨损、变形和破坏。可通过材料的选择和结构设计，开辟足够的修复空间，保证义齿各部分有足够的强度。除固位卡臂及特殊结构外，义齿各部分应坚硬无弹性，功能状态时不发生变形，以保证受力的正确传导和分散。义齿结构薄弱的应力集中区应做加强处理。

二、可摘局部义齿的支持、固位和稳定

（一）可摘局部义齿的支持

可摘局部义齿的功能负荷由基牙和剩余牙槽嵴承担，义齿必须保证有足够的支持（support），才能有效地恢复功能，同时避免支持组织的损伤。与基牙相比，牙槽嵴的支持能力较弱。因此，牙支持式义齿的修复效果好于混合支持式义齿，黏膜支持式义齿修复效果最差。在可能的情况下，可摘局部义齿应尽量获得基牙的支持。无论是牙支持式还是混合支持式义齿，要保证基牙支持，必须通过𬌗支托明确地将咬合力传导至基牙，𬌗支托的位置、角度、接触关系应保证基牙受到的咬合力沿牙长轴方向，避免受到侧向力和扭力。𬌗支托凹底最低处应位于边缘嵴的内侧，支托与支托凹成球凹接触，即可保证咬合力沿牙长轴传导，还可保持基牙与义齿位置关系的稳定，避免基牙倾斜移位。位于基牙非倒凹区的卡环体等坚硬部分虽然也起到一定的支持作用，但这些部分常位于斜面，不可能提供主要的垂直支持作用。

1. 基牙的选择

（1）健康状况：尽量选择牙周、牙体牙髓健康，牙冠完整，固位形好的牙作基牙。有牙体牙髓疾病者，必须经过完善的治疗和修复。有牙周疾病者，必须经过治疗并得到控制。牙槽骨吸收 1/2 或松动二度的牙不宜单独作基牙。

（2）数目：一般以 2～4 个为宜，基牙数目不宜过多。

（3）位置：后牙通常选择邻近缺隙的牙作基牙，固位、支持效果好。选用多个基牙时，彼此越分散越好。基牙越分散，各固位体间的相互制约作用越强，固位和稳定作用越好。

2. 影响基牙受力的因素

（1）缺牙间隙的长度：缺失牙越多，缺牙间隙越长，基牙受力也越大。

（2）缺隙覆盖黏膜的质地：长缺牙间隙或游离端牙槽嵴覆盖黏膜厚度适中、有韧性者，支持能力强，基牙受力相对减少。如果黏膜肥厚、松软，支持能力差，则基牙负担增大。

（3）牙槽嵴的丰满度：长缺牙间隙或游离端牙槽嵴丰满、支持能力强者，基牙负担减轻。牙槽嵴低平或成刃状者，支持能力弱，则基牙负担加重。

（4）卡环设计：不同结构、形态设计，或不同材料的卡环对基牙作用力大小和特点不同。如游离缺失末端基牙上采用 RPI 卡环时可减小基牙受到的扭力，而采用三臂卡环时则会增大基牙受到的扭力。杆形卡臂对基牙的作用力比圆环形卡臂小，钢丝弯制卡臂对基牙的作用力小于铸造卡臂。

（5）咬合关系：缺隙的对𬌗牙如果是天然牙或固定义齿修复体，则咬合力大，基牙受力大。如果对𬌗是活动义齿人工牙，则咬合力小，基牙受力小。如果对𬌗真牙或固定修复体有伸长、牙尖高陡、𬌗曲线异常等情况时，基牙受力更大。因此，义齿修复前可通过调𬌗、修复等方式，改善对𬌗咬合状况，来减轻基牙负担。此外，还可以通过减小人工牙颊舌径、近远中径

或减数的方式，减轻基牙等支持组织的负担。

3. 游离端基托支持的影响因素

（1）牙槽嵴覆盖黏膜的质地：游离端牙槽嵴覆盖黏膜软组织厚度适中、有韧性者，支持能力强。如果黏膜过薄，或肥厚、松软、活动，则支持能力差。

（2）牙槽嵴骨组织类型：致密的皮质骨（cortical bone）有较强的支持能力，而松质骨（concellous bone）不能承受较大负荷，尤其是形态不规则的松质骨表面，容易导致黏膜压痛和炎症。因此，下颌后部牙槽嵴低平或刃状者，可能不能主要靠牙槽嵴顶承受负荷，而须主要依靠颊棚（buccal shelf）。

（3）牙槽嵴解剖形态：上颌游离端牙槽嵴通常都较下颌丰满，而且除上颌硬区等部位外，硬腭的水平部分能够承受一定的咬合力，增加游离端义齿的支持。但下颌低平或刃状的游离端牙槽嵴，常常不能承受较大的负荷，而应充分利用颊棚。

（4）义齿的稳定设计：游离端义齿存在转动性不稳定，必须设计间接固位体来控制义齿游离端的转动。支点线和间接固位体的位置影响游离端基托的支持。

（5）基托伸展范围：游离端为了获得尽可能多的黏膜支持，在不妨碍周围组织功能活动的前提下，基托边缘必须充分伸展。游离端基托面积越大，功能负荷越分散，支持力越强。

（6）基托密合程度：通过制取功能性印模，减小牙支持与黏膜可让性的差异导致的基托下沉，使游离端基托与黏膜越密合，组织支持力越大，支持力分布越分散。

（二）可摘局部义齿的固位

可摘局部义齿的固位（retention）是指义齿在口内完全就位之后，在受到重力、食物黏着力和唇颊舌等周围组织运动的作用力等脱位力（dislodging force）时，不会发生义齿向殆方或与义齿就位相反方向的脱位（dislodge）。

1. 义齿的固位力　固位力即义齿抵抗脱位的作用力。可摘局部义齿的固位力包括义齿部件与余留天然牙之间产生的摩擦力，义齿基托与承托区黏膜之间产生的吸附力、唾液膜的界面张力，以及负压状态下的大气压力。其中，摩擦力是可摘局部义齿最主要的固位力。

（1）摩擦力的来源及其影响因素

1）卡环固位臂的摩擦固位力：卡环弹性卡抱产生摩擦固位力的大小与以下因素有关：

①固位倒凹的坡度：是指固位倒凹区牙面与义齿就位道之间的夹角 α（图6-10）。倒凹坡度 α 越大，在脱位力作用下卡环固位臂对牙面的正压力 F_p 也越大，产生的摩擦固位力 F_f 就越大。反之，倒凹坡度越小，摩擦固位力越小。一般来说，倒凹坡度应不小于 20°。

②固位倒凹的深度：固位卡臂尖所在位置的倒凹深度是指此点到义齿就位道方向的垂直距离。当义齿脱位时，固位卡臂撑开，卡臂尖需从倒凹内经牙面最突点（观测线处）到非倒凹区。因此，固位倒凹深度也就是指当义齿脱位时固位卡臂尖发生的最大变形量。固位卡臂尖进入倒凹越深，义齿脱位时卡臂尖产生的弹性变形量越大，对牙面的正压力越大，则摩擦固位力也越大。但是，固位卡臂尖进入倒凹的深度应以获得足够的固位力为好，而不是越深越好。卡臂尖进入倒凹深度过深，固位力过大，不仅会导致义齿摘戴不便，还会使基牙受到较大的侧向力，损害基牙健康。还会因摘戴义齿时卡环固位臂变形量过大，可能导致卡臂永久变形，丧失固位力。

③固位卡臂的弹性：表示卡臂发生弹性变形时对牙面产生的压力大小，取决于卡臂的材料特性和几何形态。影响卡臂弹性的材料特性包括刚度（stiffness）和弹性限度（elastic limit）。卡环材料的刚度是指使材料位移的力与位移大小之比，卡臂材料的刚度越大，在相同位移下产生的正压力越大，固位力也越大。铸造钴铬合金卡臂的刚度最大，铸造金合金卡臂次之，弯制钢丝卡臂最小。采用不同刚度的卡臂材料时，要获得一定的固位力，固位卡臂尖进入倒凹的深

度应不同。铸造钴铬合金固位卡臂尖进入基牙的倒凹深度为 0.25 mm，铸造金合金固位卡臂尖进入倒凹深度为 0.5 mm，弯制钢丝卡臂尖进入倒凹深度为 0.75 mm。所有卡臂材料均有其弹性限度，是指材料的弹性与变形性之间的临界点。材料受到超过其弹性限度的作用后，则发生永久性形变。因此，相同刚度的卡环材料，弹性限度大者可达到的正压力也较大。一般来说，在卡环臂的长度范围内，卡臂尖在任何方向上的强迫位移超过 1 mm 以上时，则可超出弹性限度而发生永久性的变形，失去弹性固位力。对于相同卡臂材料，其几何形态影响卡臂末端的弹性和固位力。如卡臂的长度相同时，直径（或宽度和厚度）越大者，末端弹性越小，固位力越大。直径相同时，卡臂越长，末端弹性越大，固位越小。圈形卡环由于卡臂过长，容易出现卡臂末端弹性过大、固位力不足的问题，需增加辅助臂和辅助殆支托来增加卡臂强度，限制卡臂尖弹性，保证有足够固位力。卡臂的固位力还受到其形态的影响，倒钩卡环与圆环形卡环相比，其卡臂虽然更长，但其固位力却大于圆环形卡臂。

2）导平面摩擦力：义齿就位后，与义齿就位道平行的基牙导平面（guiding plane）（包括所有与义齿基托、连接体等接触的余留牙轴面的垂直部分），分别与义齿相应部分——导平面板（guiding plate）密切贴合。当义齿受到脱位力时，密切贴合的所有导平面和导平面板之间会产生与脱位方向相反的摩擦力，阻止义齿脱位。这种导平面摩擦力也是义齿固位力的来源之一，其大小受导平面的数量、位置、面积、接触紧密程度及其与就位道平行程度有关。

3）制锁状态产生的摩擦力：通过调整义齿就位道方向，使其与所受脱位力方向不一致，如图 6-77 所示，当义齿受到脱位力时，义齿的一部分（A 处斜线部分）相当于进入倒凹，产生制锁状态，从而抵抗义齿脱位。制锁固位力的大小取决于脱位力的大小，就位道与脱位力方向之间的角度（β），义齿进入制锁部位的深度等。倒凹制锁固位可用于缺隙的一端，而缺隙另一端必须采取卡环固位，制锁固位与卡环固位相互制约，即交互作用（reciprocation），又称交互对抗作用。而对于后牙游离端义齿，由于没有另一端卡环固位的制约，游离端会发生翘动，无法维持义齿在基牙处的制锁状态，因此不能采用制锁固位。

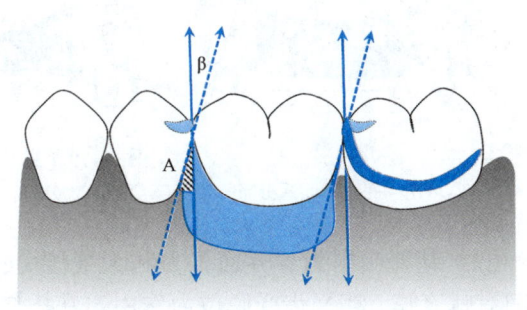

图 6-77　虚线为就位道方向，实线为脱位力方向。义齿在 A 处（斜线部分）形成制锁状态，可抵抗义齿脱位

利用制锁固位可减少卡环的放置，对于前部基牙可避免暴露金属，有利于美观。在利用制锁固位时，应注意尽量减小缺隙另一侧基牙邻面的倒凹，避免在义齿与基牙间产生三角间隙，导致食物嵌塞。可摘局部义齿采用旋转就位方式就是为了既获得制锁固位，又避免另一端出现三角间隙。旋转就位（rotational insertion）是一种特殊的义齿就位道设计，义齿的就位分为两个阶段，第一阶段是先沿倾斜的方向将义齿一端（制锁固位端）基本就位，第二阶段是以先就位端殆支托为轴旋转义齿，将另一端完全就位。采用旋转就位时义齿鞍基必须有足够的长度，即有较长的旋转半径，才能保证义齿一端先进入倒凹，另一端与基牙间不出现三角间隙。

多个前牙缺失者也可采取旋转就位的方式（图 6-78），义齿只在后方基牙上放置固位卡环，义齿前部利用进入向近中倾斜的余留牙（尖牙）近中邻面的倒凹和进入牙槽嵴唇侧

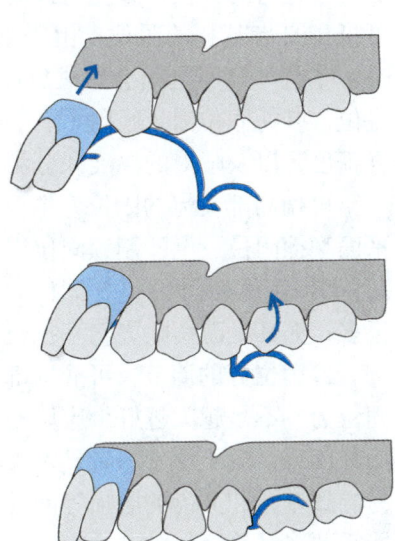

图 6-78　旋转就位与制锁固位

倒凹来抵抗垂直向脱位，与后牙上的固位卡环产生交互对抗作用，保证义齿的固位。先采取由前向后倾斜的方向，使义齿前部人工牙和基托先就位，再旋转义齿使后部就位。既避免义齿人工前牙与相邻的近中倾斜天然牙之间出现间隙，又可避免在前部基牙上放置卡环，非常有利于美观。

4）各固位体间的交互作用：可摘局部义齿通常有 2～4 个固位体，各个固位体之间要有相互制约作用，达到协同固位的效果。所谓交互作用就是指一个固位体要发挥固位作用，必须利用其他固位体的固位作用来保持其在基牙上位置的相对稳定。后牙缺隙的近远中两端均应有固位体，否则没有固位体的一端会发生旋转脱位。后牙缺失 2 个以上者还应在牙弓的另一侧放置固位体，否则也会发生鞍基颊舌向旋转脱位。为了获得最佳的交互作用，位于缺隙两端或牙弓两侧的固位体卡环应尽量对称放置。缺隙前后基牙上的固位卡臂方向相反（一个向近中，一个向远中），尽量不要方向一致。牙弓两侧卡环固位臂均位于颊侧（大多数情况），或均位于舌侧（个别情况，颊侧无倒凹时），应避免牙弓一侧卡环固位臂位于颊侧，而牙弓另一侧卡环固位臂位于舌侧（图 6-13）。理想的固位体在牙弓上的分布方式应为四边形或三角形面式分布（图 6-79）。当义齿固位体成线式分布时，其固位效果不佳，需结合制锁固位、导平面与导平面板关系，或利用间接固位体，以保持固位体位置的稳定，保证固位效果。

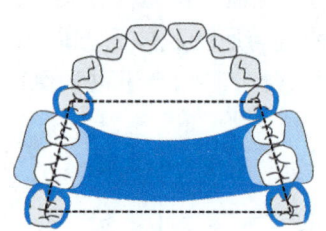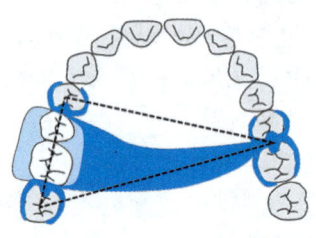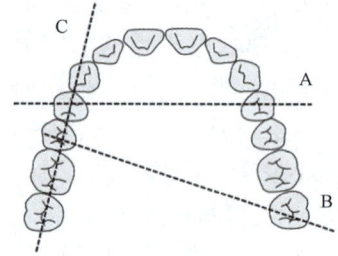

图 6-79　义齿固位体分布方式

左：四边形面式分布；中：三角形面式分布；右：线式分布（A 横线式，B 斜线式，C 纵线式）

（2）基托吸附力、界面张力和大气压力：可摘局部义齿基托与承托黏膜紧密贴合，两者之间有唾液膜。当义齿受脱位力作用，基托与黏膜产生分离的趋势时，唾液与黏膜之间、唾液与基托之间会产生粘着力（adhesion），唾液膜内部产生内聚力（cohesion），使得基托与黏膜之间产生吸附力（adsorption）。由于义齿基托和承托黏膜的亲水性，以及唾液的黏性，当义齿受到脱位力时，位于基托与黏膜之间的唾液膜产生界面张力（interfacial surface tentisile force），可抵抗义齿基托的脱位。由于基托边缘组织包裹和唾液界面张力的作用，当义齿受到脱位力时，基托与黏膜之间会形成负压，大气压力（atmospheric pressure）对基托的作用可抵抗义齿脱位。基托固位力（吸附力、表面张力和大气压力）的大小取决于基托面积大小、与黏膜的密合程度，以及唾液的黏度和分泌量。

可摘局部义齿的固位力主要依靠固位体的摩擦固位力，即卡环的摩擦固位力。同时结合导平面摩擦固位、倒凹制锁固位以及各固位体交互对抗作用。一般情况下，由于可摘局部义齿的基托覆盖面积较小，基托固位力不能作为主要的固位力来源来保证义齿的固位。只有当缺失牙很多，尤其是游离缺失，基托覆盖面积大时，基托固位力才能起到较大的作用。

2. 固位力的调节　可摘局部义齿的固位就是为了抵抗义齿受到的脱位力而不脱落。义齿的固位力并不是越大越好，应以略大于日常使用时受到的脱位力大小为宜。固位力过大会使义齿摘戴困难，既不便于患者日常维护口腔卫生，还容易使基牙受到有损健康的过大的侧向力，并易导致基牙和义齿的磨损等问题。通过以下措施可调节可摘局部义齿的固位力，使其既满足功能需要，又符合保护基牙生理健康的要求。

（1）增减固位体的数目：义齿的固位力与固位体卡环的数量成正比，但不宜过多，以免固位力过大。一般情况下，2～4个固位体可满足固位要求。

（2）调整基牙的固位形：卡环固位臂应进入基牙倒凹一定的深度，才能产生适当的固位力。因此，基牙必须有一定的固位形，即有适当的固位倒凹。固位倒凹的深度和坡度不宜过大或过小，倒凹的位置应尽量靠近牙颈部。可通过基牙预备调整轴面形态，去除过大倒凹，降低观测线位置，或加大过小的倒凹。也可通过调整义齿就位道方向，去除干扰性倒凹的同时，减小过大的固位倒凹，增大过小的固位倒凹，并调整固位倒凹在基牙上的位置。如果基牙无可利用倒凹（如锥形牙），或者牙体缺损者，可利用冠修复体在适当位置形成一定深度和坡度的固位倒凹。

（3）调整义齿就位道：基牙倒凹的深度、坡度、位置以及制锁固位角度，均与义齿就位道方向相关。在模型观测时，通过改变模型倾斜角度，即调整义齿就位道方向，采用平均倒凹法或调节倒凹法，不仅可去除不利的干扰性倒凹，还可调整基牙固位倒凹的深度、坡度、位置以及制锁固位角度，从而达到调整义齿固位的目的。

（4）卡环的材料选择与设计：如前所述，不同卡环材料的刚度和弹性限度不同，相同情况下，不同材料的卡环产生的固位力大小不同。相同材料的卡环，卡臂的几何形态不同（如长度、宽度、厚度、横截面形态等），卡臂尖弹性不同，所产生的固位力不同。与铸造钴铬合金卡臂相比，钢丝弯制卡臂的弹性大、固位力小。而且，钢丝卡臂的横截面为圆形，其横向（水平向）和纵向（垂直向）弹性相同，但铸造钴铬合金卡臂的横截面为半圆形或半水滴形，其纵向（垂直向）弹性小于横向（水平向）。游离缺失义齿的末端基牙采用钢丝弯制固位卡臂可减小对基牙的扭力（图6-80）。

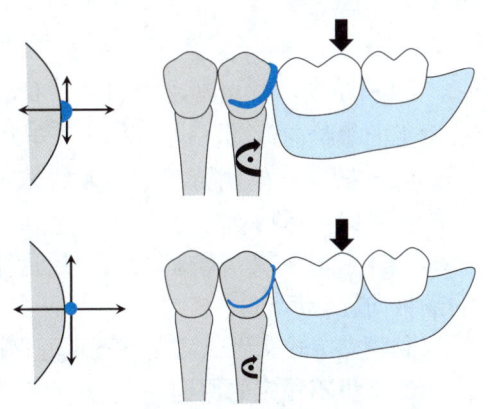

图6-80 铸造卡臂与弯制卡臂纵、横向弹性及其对游离缺失末端基牙扭力比较

通过调整铸造固位卡环臂的长度、宽度和厚度，可以调节卡臂尖的弹性，从而调节卡环的固位力。磨牙卡环臂比前磨牙卡环臂长，要获得相同的固位力，磨牙卡环臂的宽度和厚度也要相应地加大。采用钢丝固位卡臂时，在前磨牙基牙上应使用0.9 mm直径的钢丝，在磨牙基牙上应使用1.0 mm直径的钢丝。

（5）调节各固位体间分散程度：义齿各固位体之间，如位于缺隙前后、牙弓左右两侧的固位体之间要有交互对抗作用，才能保证义齿的固位。义齿各固位体在牙弓上的分散程度影响义齿的固位。固位体越分散，距离越远，当义齿一部分受到脱位力时，远离此部分的其他固位体受到的脱位力方向与就位道夹角就越大，固位效果越好。因此，可摘局部义齿在选择基牙放置固位体时应尽量分散。

（三）可摘局部义齿的稳定

可摘局部义齿的固位和稳定（stability）是两个不同的概念。固位是指义齿不发生脱位（即义齿与支持组织完全分离）。稳定是指义齿在行使功能时与支持组织之间不发生相对位置关系的改变。义齿在保持固位不脱位，不与支持组织完全分离的情况下，由于受到功能性、水平或旋转力的作用，可能发生义齿与支持组织之间的相对移动。义齿的这种相对运动表现即义齿的不稳定。

1. 义齿不稳定的临床表现 义齿的不稳定也就是指义齿与支持组织间的相对运动，主要的运动方式是义齿沿横向、垂直向、纵向三种转动轴（rotation axis）的旋转运动（图6-81，图6-82），称为转动性不稳定（rotational unstable），包括翘动、摆动和旋转。

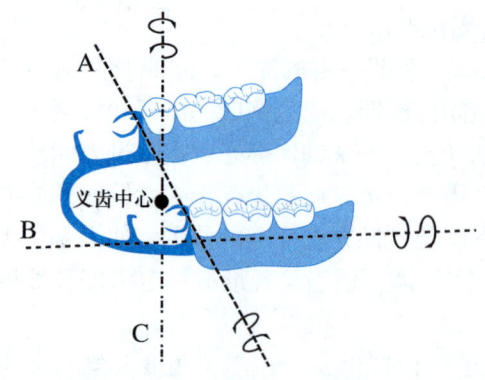
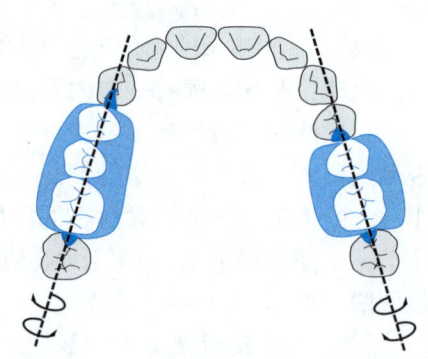

图 6-81　可摘局部义齿的旋转运动（转动性不稳定）。转动轴：A 为牙弓两侧末端基牙上支点（𬌗支托）连线形成的横轴；B 为通过义齿鞍基下方牙槽嵴顶的纵轴；C 为位于义齿中心的垂直轴

图 6-82　义齿鞍基近远中基牙上𬌗支托连成支点线，形成纵向转动轴，鞍基绕此轴颊舌向旋转

（1）翘动：游离端义齿以固位体在末端基牙形成的支点或牙弓两侧支点连线为轴，游离端发生的龈𬌗向运动。也可将翘动分为向𬌗方运动——翘起，和向龈方的运动——下沉。

（2）摆动：单侧游离端鞍基绕末端基牙长轴，或整个义齿绕通过义齿中心的垂直轴，发生的水平旋转运动。

（3）旋转：义齿鞍基以缺隙近远中基牙上的𬌗支托连线为轴，或以缺牙区牙槽嵴顶为轴的颊舌向旋转运动。

黏膜支持式义齿或牙支持不足的义齿还可能存在的另一种整体的垂直向龈向运动——下沉。

2. 义齿不稳定的原因

（1）支点和支点线：当义齿受到功能性作用力时，𬌗支托和卡体部分位于基牙𬌗方非倒凹区，起到支持作用，将力量传导至基牙，同时在基牙上形成支点（fulcrum）。义齿鞍基近、远中基牙和牙弓左右两侧基牙上的支点相连可形成四边形或三角形的面式分布，也可为线式分布（图 6-79），即两基牙上的支点连成支点线（fulcrum line）。当义齿的支点为面式分布，且其中心与义齿的几何中心一致时，义齿稳定。而对于线式支点分布，则义齿会有绕支点线旋转、翘动的可能。

支点线的类型有横线式、斜线式和纵线式三种。横线式和斜线式支点线通过牙弓左右两侧基牙，与牙弓中轴线垂直或斜交。Kennedy 第一、二类缺损者，支点线通过牙弓两侧后方基牙。Kennedy 第四类缺失，支点线横过牙弓两侧最前端的基牙。纵线式为通过单侧后牙非游离缺隙前后基牙的支点线，与牙弓后部平行。

（2）游离鞍基：对于游离缺失的义齿，游离鞍基的近中有末端基牙上固位体的支持和固位，而远中游离端会绕末端基牙发生水平向或𬌗向运动。游离鞍基近远中两端的支持不同，基牙牙周膜和缺牙区牙槽嵴黏膜的可让性差别巨大，受垂直咬合力时，游离鞍基会以末端基牙为支点，向龈方翘动。

（3）功能性作用力：义齿在功能状态受到咬合力和脱位力的作用，当作用力偏离支点和支点线时，会产生相对于支点和支点线的转动力矩，功能作用力的水平分力也会产生相对于垂直轴的转动力矩，使义齿发生绕相应支点线或轴的转动。作用力偏离支点线越远，如游离鞍基越长，转动力矩越大。后牙非游离鞍基越长，偏离支点线的受力点增多，转动力矩也越大。前牙缺隙越长，不仅偏离支点线的受力点增多，而且距支点线也越远，转动力矩也越大。

3. 义齿不稳定的危害　转动性不稳定会导致咬合力的传导异常，基牙受到扭力和侧向力，支持组织负荷的分布不均衡，造成支持组织损伤，产生食物积存、疼痛、恶心等不适，影响功能恢复。因此，义齿在保证固位的同时，必须克服不稳定的问题，才能更好地恢复功能，并保护支持组织健康。

4. 消除义齿不稳定的方法 要消除义齿的不稳定，克服转动运动，可采取在支点或支点线的对侧增加平衡力矩，减小转动力矩，或消除支点的方法。

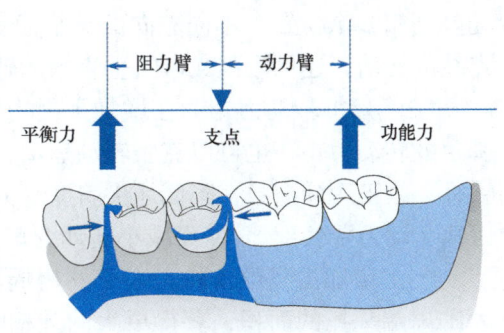

图 6-83 克服义齿转动性不稳定的杠杆作用

（1）增加平衡力矩：利用间接固位体可抵抗义齿绕支点或支点线的转动性不稳定。如图 6-83，义齿在功能力（咬合力或脱位力）的作用下产生的转动力矩=功能力×动力臂，动力臂为功能力作用点至支点线的距离。通过在义齿支点或支点线的对侧放置间接固位体，当发生转动运动时，间接固位体产生抵抗转动的平衡力，平衡力矩=平衡力×阻力臂。阻力臂也称平衡距，即间接固位体（平衡力作用点）至支点线的距离。根据杠杆作用原理，当平衡力矩等于转动力矩时，义齿可保持稳定而不发生绕支点或支点线的转动运动。

间接固位体的位置应设置在与义齿游离端相对的支点或支点线的另一侧，而且应尽量远离支点线。间接固位体距离支点或支点线越远，阻力臂（平衡距）越长，平衡力矩越大，稳定效果越好。但是，对于远中游离缺失者，离支点线最远的可能是支持能力较弱的切牙，难以获得足够的平衡作用力，且可能损害其健康，而且间接固位体及其小连接体越靠前、越近中线，义齿的舒适感越差。因此，应选择支持能力强的牙放置间接固位体，基牙受力尽量能够沿牙长轴方向。后牙游离缺失者的间接固位体常放置在第一前磨牙的近中𬌗边缘嵴或尖牙舌隆突上（图 6-84）。

对于存在纵向支点线的非游离缺隙，可在牙弓对侧设置间接固位体，以大连接体相连。位于牙弓两侧的缺隙用大连接体相连，双侧联合设计（bilateral combined design），可获得跨牙弓稳定作用（cross arch stability），形成面式的固位和支持，稳定效果好。对于游离端义齿，双侧联合的跨弓稳定作用可显著减少义齿游离端的摆动和旋转。

如图 6-83 所示，利用基牙导平面与义齿导平面板之间的密合关系产生夹板固定作用，也有助于获得义齿的稳定。图中义齿支架的小连接体（箭头所指）分别与第一前磨牙近中邻面导平面和第二前磨牙远中邻面导平面接触，产生夹板固定作用，可限制远中游离端的龈𬌗向翘

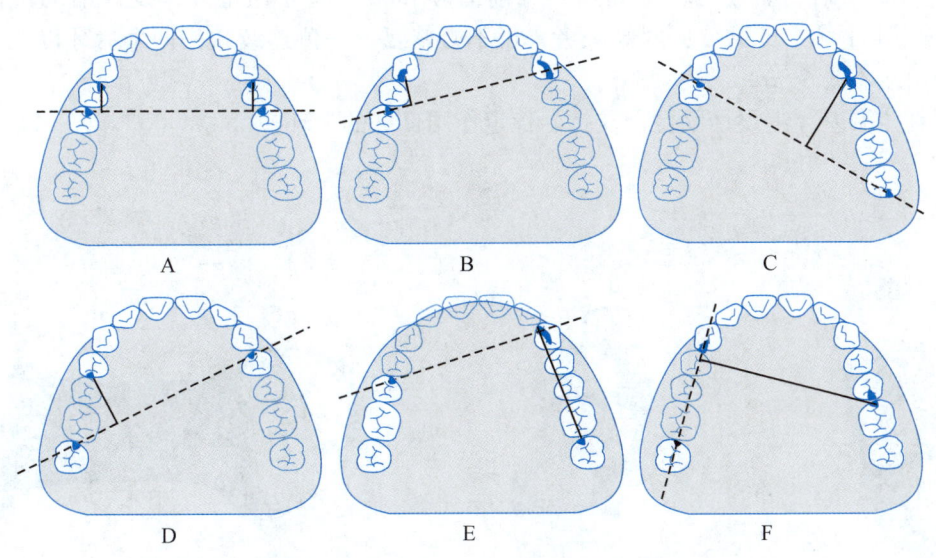

图 6-84 间接固位体的放置（虚线为支点线，实线为平衡距）

动。利用多个位置、不同方向的导平面-导平面板限制作用，不仅可限制义齿沿横向、斜向支点线的转动，还可限制义齿沿垂直轴的转动，即游离端的摆动。

（2）减小转动力矩：在增加平衡力矩的同时，通过减小作用于杠杆另一端（义齿游离鞍基）的转动力矩，也可以克服转动运动，增强义齿的稳定。如通过减小人工后牙近远中径、颊舌径，人工后牙减数，降低牙尖斜度等方法，可减小功能性作用力，并减小力作用点与支点的距离（动力臂长度），从而减小转动力矩。

（3）增加游离端支持：在不妨碍周围组织功能活动的前提下，游离端基托充分伸展，增大游离端基托的面积，获得更大的牙槽嵴黏膜支持。采取功能性印模，既增加游离端黏膜支持，同时减少黏膜可让性导致的游离端下沉。如果能够保留覆盖基牙或增加种植覆盖以消除游离端，义齿的支持和稳定效果会更好。

（4）消除支点：对于因义齿基托与骨性隆突部位组织间形成支点导致的义齿翘动，应通过相应部位基托组织面缓冲的办法，消除组织支点。义齿的支托、卡环、连接体等部分在牙面形成支点，导致义齿不能完全就位而发生转动性不稳定时，应找到并消除妨碍义齿就位的支点，使义齿完全就位。

（5）建立良好的咬合关系：对于缺失牙多、游离端长的混合支持式义齿和黏膜支持式义齿，应与对颌牙建立平衡𬌗。正中𬌗及前伸、侧方𬌗平衡，无早接触与𬌗干扰。同时应尽量避免人工牙偏离牙槽嵴顶，必要时可排反𬌗。

三、可摘局部义齿的分类设计

（一）Kennedy 第一类义齿设计

下颌 Kennedy 第一类可摘局部义齿修复案例

Kennedy 第一类缺损通常采用混合支持式义齿设计。当余留牙数目少，且牙周健康状况差时，也可采用黏膜支持式设计。

1. 混合支持式义齿设计　此类义齿的特点是天然牙和黏膜共同支持；义齿不稳定，容易绕支点线转动运动；设计不当易导致基牙受扭力，游离端基托下的软组织创伤，最终导致基牙松动，黏膜疼痛，加速牙槽嵴吸收。后牙缺失越多，对基牙和牙槽嵴的损害越大。

此类义齿的设计要点是尽量控制游离鞍基的翘动、旋转和摆动，以减小基牙扭力，保护牙槽嵴健康。可采取以下措施：

（1）只缺失第二磨牙时，可利用第二前磨牙和第一磨牙作基牙，设计活动桥修复（图6-85）。同侧上下颌第二磨牙同时缺失者，可不必修复。一侧连续缺失两个后牙以上者，需与牙弓对侧相连（图6-86）。

（2）在主要基牙上设计固位、支持、稳定作用良好的卡环。

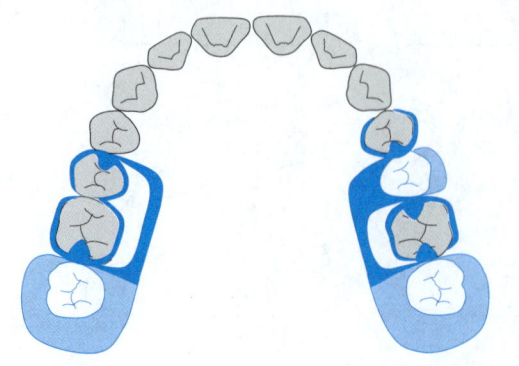
图 6-85　上颌 Kennedy 第一类义齿单侧设计——活动桥

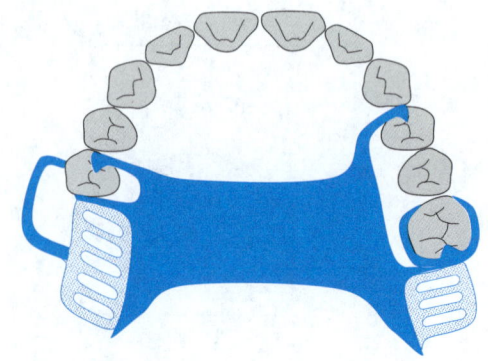
图 6-86　上颌 Kennedy 第一类义齿设计

（3）设计近中𬌗支托或采用有应力中断式卡环，以消除末端基牙上的扭力。如 RPI、RPA 卡环，回力卡环等（图 6-87～图 6-90）。

（4）增加间接固位体、扩大游离鞍基。使咬合力分散到多个天然牙及更广泛的牙槽嵴上。

（5）用大连接体或基托连接，以达到平衡和传递、分散咬合力的作用。

（6）取功能性印模或压力印模，以补偿游离鞍基的下沉。

（7）通过减小人工牙颊舌径、近远中径或减数，以减小基牙和牙槽嵴的负荷。

（8）降低人工后牙牙尖斜度，减小侧向力。缺失牙多者，人工牙应有平衡𬌗。

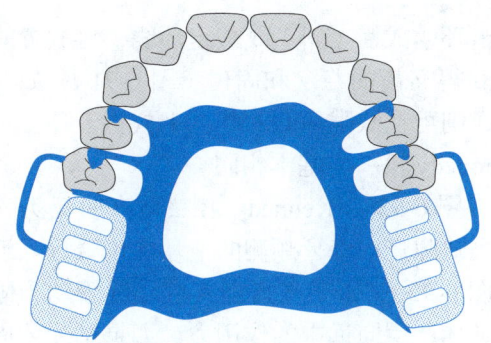

图 6-87　上颌 Kennedy 第一类义齿设计

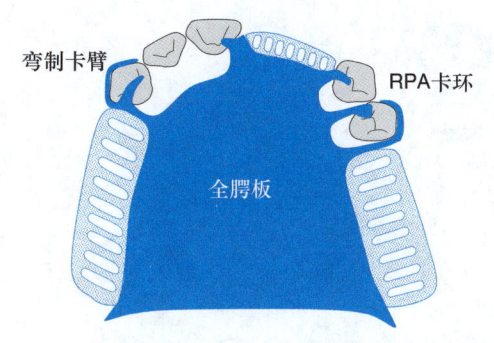

图 6-88　上颌 Kennedy 第一类第一亚类义齿设计

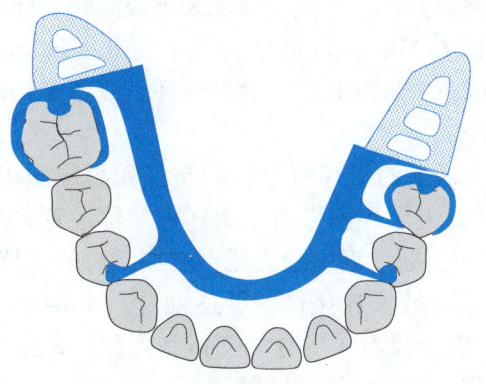

图 6-89　下颌 Kennedy 第一类义齿设计

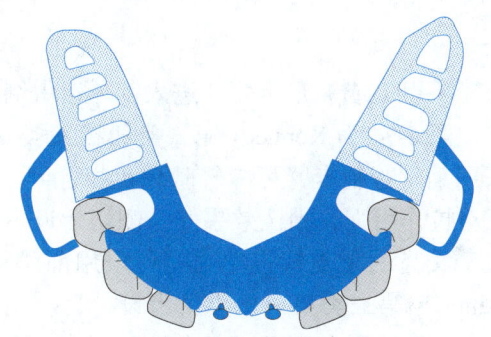

图 6-90　下颌 Kennedy 第一类第一亚类义齿设计

2. 黏膜支持式义齿设计　只适用于两侧后牙全部缺失，余留牙牙周情况差者。其特点是咬合力完全由黏膜承担，易导致鞍基下沉，黏膜压痛、溃疡，加速牙槽骨吸收。对颌天然牙可能随义齿下沉而伸长，或造成人工牙咬合接触松弛，咀嚼效率降低，修复效果不佳。因此，应尽量少设计此类义齿。

黏膜支持式义齿的设计要点是适当减少支持组织承受的咬合力，减慢牙槽嵴吸收的速度。可采取以下措施：

（1）人工牙减数，减小颊舌径、近远中径，降低人工牙的牙尖高度，加深食物排溢沟。

（2）在不妨碍功能活动的情况下，尽量扩大基托面积，分散咬合力。增加义齿固位，防止鞍基下沉。

（3）必要时，在基托组织面衬垫软塑料，以缓冲咬合力，减轻或消除黏膜压痛和创伤。

（二）Kennedy 第二类义齿的设计

Kenney 第二类为单侧游离缺失，义齿不易平衡、稳定。游离端只缺失一个第二磨牙时，可设计活动桥。游离端侧缺牙两个以上者，必须双侧设计。在游离端侧末端基牙上放置卡环，用大连接体连到牙弓的对侧。在对侧牙弓上选两个基牙放置卡环，形成面式卡环线；或选择一

下颌 Kennedy 第二类可摘局部义齿修复案例

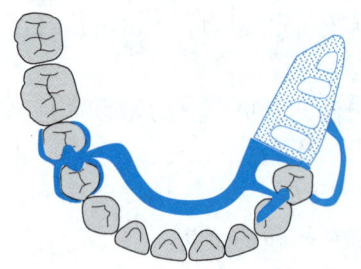
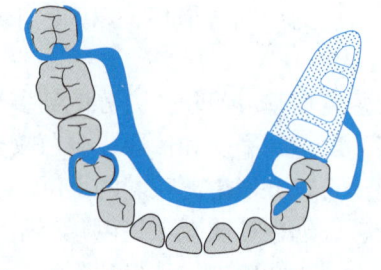
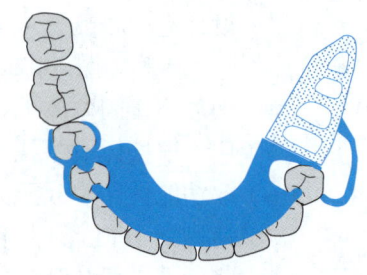

图 6-91 下颌 Kennedy 第二类义齿设计

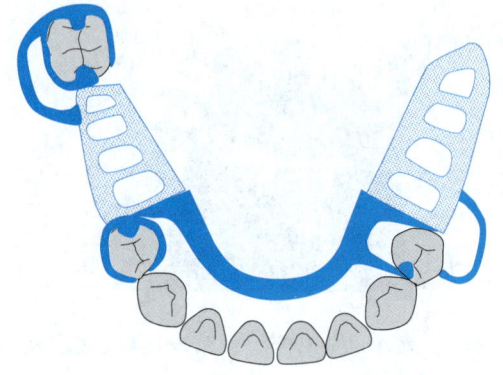

图 6-92 下颌 Kennedy 第二类第一亚类义齿设计

个基牙放置卡环，成横（斜）线式卡环线，再放置间接固位体，获得义齿的稳定和固位（图 6-91）。如对侧也有缺牙，则可在缺隙两侧的基牙上放置卡环。义齿设计与 Kennedy 第一类基本相同。

图 6-92、图 6-93 为 Kennedy 第二类第一亚类义齿设计。亚类缺隙近中基牙颊侧的卡环固位臂进入近中的倒凹（图 6-92）。由于义齿绕支点线的翘动，固位卡臂会对基牙产生向远中的作用力，如果基牙牙周状况不佳，且义齿游离端翘动明显，长期的后果是该基牙向远中倾斜移位，与近中邻牙间出现间隙，导致食物嵌塞（图 6-93B）。因此，若该基牙牙周健康状况较差，可以只放置支托，不放置卡环。或者卡环固位臂采用 T 或 L 形卡臂，进入基牙远中倒凹（图 6-93A）。

图 6-94 为 Kennedy 第二类第二亚类义齿设计，尖牙上的卡环有很好的支持和固位作用，采用钢丝弯制卡臂可减轻基牙负担，同时有利于美观。尖牙和第二磨牙卡环臂对称设置，交互对抗作用强，固位效果好。侧切牙近中舌支托和第一前磨牙近中𬌗支托可增加义齿的支持。由于义齿的牙支持作用强，可采用前腭板和后腭杆结合的大连接体，舒适性好。图 6-95 为 Kennedy 第二类第一亚类义齿设计，与图 6-94 比较，由于没有了尖牙的支持和固位，采用全腭板可获得更多的组织支持和固位。如果右侧侧切牙和左侧第二磨牙健康情况不佳，为了避免左侧长鞍基对前后基牙产生侧向力和扭力，右侧侧切牙近中舌和左侧第二磨牙近中边缘嵴处可不放置支托。此时第二磨牙上固位卡臂尖应位于颊面近中倒凹，可有效抵抗义齿前部鞍基脱位。如果第二磨牙颊侧固位卡臂尖位于远中倒凹，则义齿前部容易脱位。

如图 6-96 所示的 Kennedy 第二类牙列缺损，余留牙均位于牙弓的一侧，义齿游离端很容易沿纵向支点线旋转翘动。因此，基牙上的卡环不仅要有很好的固位和支持，还要特别增强其稳定作用，以防止义齿缺失侧鞍基翘动或旋转脱位。具体措施是：尽量降低基牙观测线高度，使卡臂尽

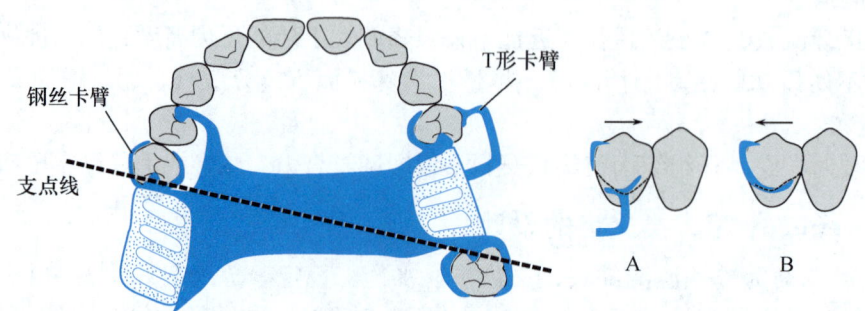

图 6-93 Kennedy 第二类第一亚类义齿设计（图右为亚类缺隙近中基牙卡环固位臂设计的效果比较）

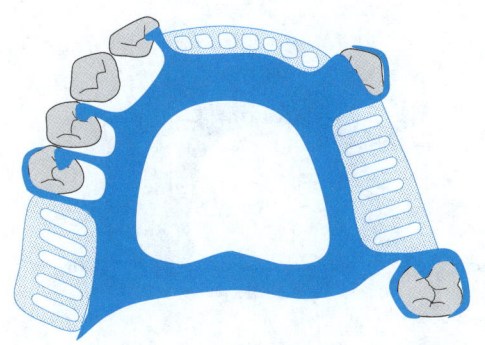

图 6-94　Kennedy 第二类第二亚类义齿设计

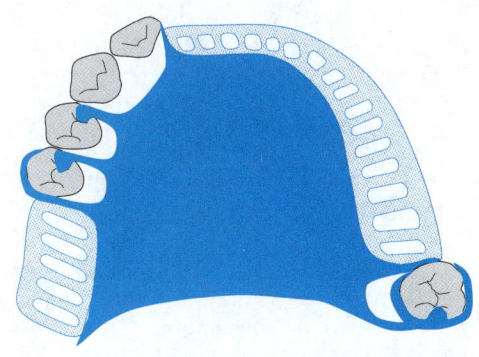

图 6-95　Kennedy 第二类第一亚类义齿设计

量靠近龈 1/3；基牙舌侧外展隙形成有一定高度的导平面，与连接卡环的小连接体密切贴合；可将 1～2 个基牙上的卡环固位臂置于舌侧，进入舌侧倒凹；或者后牙舌侧以舌板或基托对抗，基牙舌面预备 3～4 mm 高的导平面，与舌板或基托间形成导平面和导平面板关系（图 6-60B）。

（三）Kennedy 第三类义齿的设计

Kennedy 第三类者，缺隙两端均有余留牙存在，无游离鞍基，基牙不受扭力。义齿固位、稳定和支持作用均好，修复效果好。此类义齿的设计要点是要使义齿的𬌗力由基牙负担，牙弓两侧联合设计，以大连接体相连，缺隙前后和牙弓两侧各固位体间有交互对抗，达到均衡固位与跨弓稳定作用。可采取以下措施：

1. 在缺隙两侧的基牙近缺隙侧边缘嵴处均要放置𬌗支托。
2. 单个后牙缺失或两个间隔缺失，可设计活动桥（图 6-97）。
3. 若一侧牙弓上有多个牙缺失，除在邻近基牙上设计直接固位体外，还需在牙弓对侧设计间接固位体，使用卡环的数量一般不超过 4 个。若牙弓两侧均有缺牙，可用大连接体连接——双侧联合设计（图 6-98 ～图 6-103）。

上下颌 Kennedy 第三类可摘局部义齿修复案例

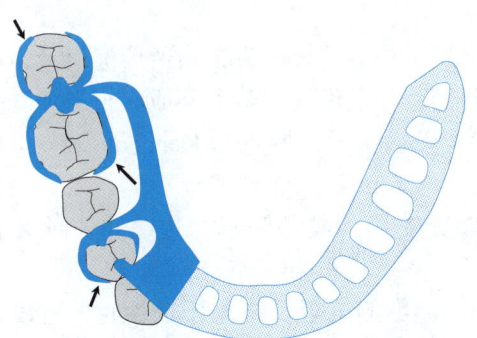

图 6-96　下颌 Kennedy 第二类义齿设计（箭头所指为固位卡臂位置）

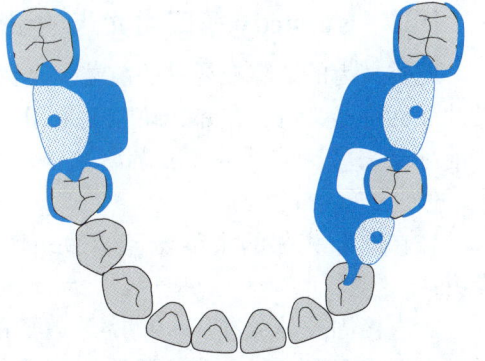

图 6-97　下颌 Kennedy 第三类活动桥设计

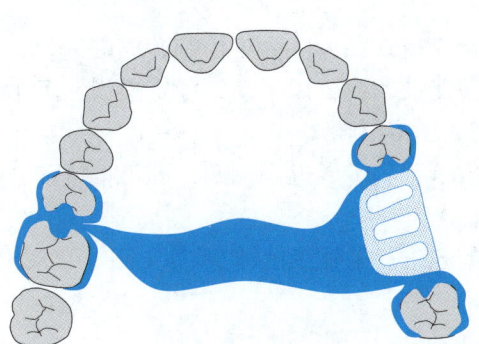

图 6-98　上颌 Kennedy 第三类义齿设计

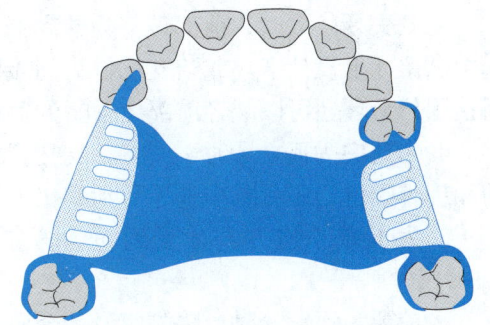

图 6-99　上颌 Kennedy 第三类第一亚类义齿设计

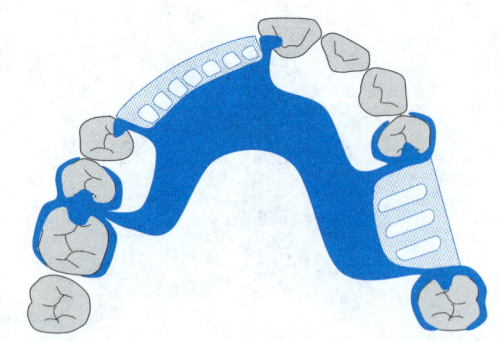

图 6-100　上颌 Kennedy 第三类第一亚类义齿设计

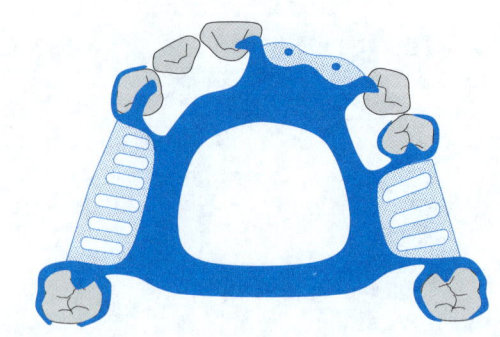

图 6-101　上颌 Kennedy 第三类第二亚类义齿设计

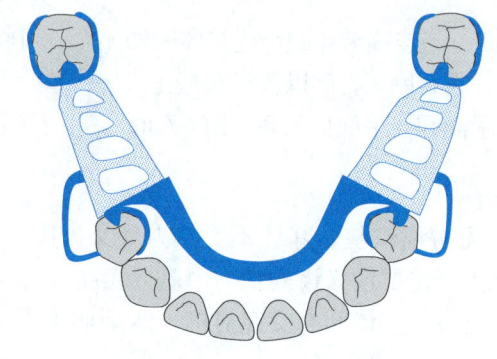

图 6-102　下颌 Kennedy 第三类第一亚类义齿设计

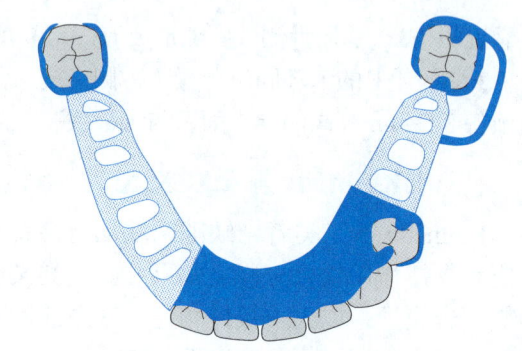

图 6-103　下颌 Kennedy 第三类第一亚类义齿设计

4. 缺隙前方无可利用基牙时，可将大连接体前缘置于余留前牙舌隆突上，尽量获得多个前牙的支持，但要避免对前牙产生唇向作用力（图 6-103）。

5. 尽量不设计黏膜支持，因基托面积小，支持不足，易产生压痛。

（四）Kennedy 第四类义齿的设计

下颌 Kennedy 第四类可摘局部义齿修复案例

此类义齿的缺隙在牙弓的前端，余留牙在牙弓的远端。少数前牙缺失，余留牙健康者，可设计牙支持式义齿。在邻牙缺隙侧采用舌隆突支托，两侧后牙上设计间隙卡环或联合卡环。多个前牙缺失者，前部缺隙成游离端，常设计混合支持式义齿，设计要点与 Kennedy 第一类义齿近似。

1. 在缺隙相邻的余留牙舌侧边缘嵴或舌隆突处放置支托，或腭侧基托边缘止于前牙舌隆突。

2. 直接固位体放在第一前磨牙以后的余留牙上，以免影响美观。缺失牙较少时，可设计联合卡环或间隙卡环。采用间隙卡环时，固位卡臂尖最好进入基牙颊面近中倒凹。如果间隙卡环固位卡臂尖进入基牙颊面远中倒凹，在基牙冠短或卡臂位置较高，卡环稳定效果不佳的情况下，义齿前部容易脱位（图 6-104）。

3. 缺失牙较多时，前部鞍基为游离端，应设计混合支持式义齿。为了控制游离端翘动，在远中余留牙上设计卡环或𬌗支托作为间接固位体，取功能性印模，以平衡、稳定义齿。远中的间接固位卡环还可以减轻前部牙槽嵴的负担（图 6-105，图 6-106）。

4. 当远中为孤立牙时，应将𬌗支托置于远中，固位卡臂尖进入近中倒凹，即可抵抗前方翘动和旋转脱位，还可减小基牙受到的扭力（图 6-107）。

5. 为了减小前方基牙受到扭力，应设计远中𬌗支托，采用 RPI 卡环等（图 6-108，图 6-109）。

6. 前牙为深覆𬌗时，腭侧应设计金属基托。

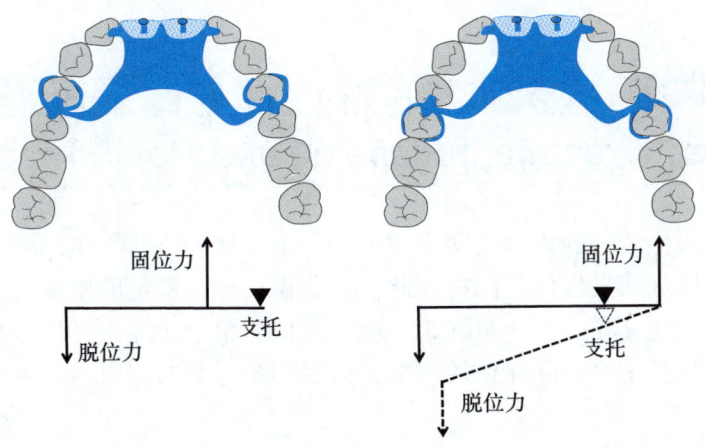

图 6-104　上颌 Kennedy 第四类义齿间隙卡环固位卡臂尖位置与固位效果比较

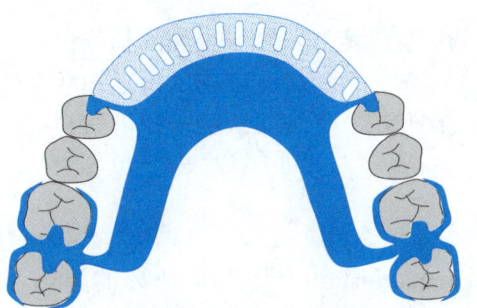

图 6-105　上颌 Kennedy 第四类义齿设计

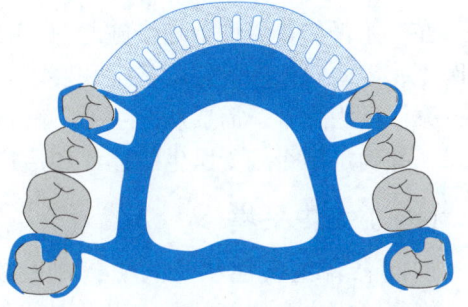

图 6-106　上颌 Kennedy 第四类义齿设计

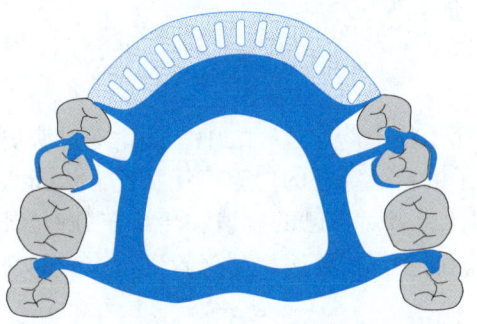

图 6-107　上颌 Kennedy 第四类义齿设计

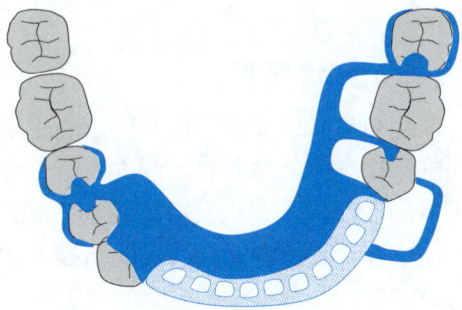

图 6-108　下颌 Kennedy 第四类义齿设计

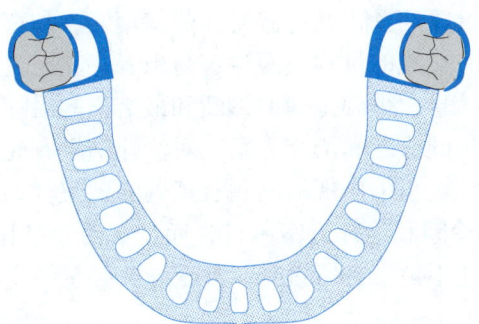

图 6-109　下颌 Kennedy 第四类义齿设计

（杨亚东）

第六节 诊断、治疗计划与修复前准备
Diagnosis, Treatment Planning and Mouth Preparations

任何口腔修复治疗的目的均包括两个方面，一个是保护余留组织的健康，一个是恢复受损的生理功能。可摘局部义齿修复同样如此。要获得良好、稳定的修复效果，首先必须保证可摘局部义齿修复是建立在一个相对健康、稳定的口腔组织之上。义齿修复前必须进行必要的准备，通过各种治疗手段去除存在的病损，恢复剩余组织的健康，并为义齿修复创造必要的条件。

一、医患交流

在开始任何实质性治疗措施之前，必须进行充分的医患交流和仔细、全面的临床检查。作为医生，需要对患者的健康状况和要求有充分、准确的了解，才能确定正确的诊断和适当的治疗方案。作为患者，需要从医生处了解自己的健康和疾病状况，需要采取的治疗措施和可能的结果，并确定是否接受医生的建议和治疗。

（一）病史采集

询问患者主诉症状及病史，口腔疾病治疗史（dental history）特别是缺牙的原因和时间，修复治疗史和修复效果，以及对修复治疗的要求。回顾以往治疗记录（treatment record），包括拔牙、龋齿和牙周病状况及治疗的病历记录。同时必须了解全身疾病治疗史（medical history）。

（二）知情同意

医生与患者的交流不应只限于病史采集，而应贯穿于整个诊疗过程之中。医生通过病史采集和临床检查明确诊断和治疗方案后，应及时让患者了解自己存在的口腔疾病状况、诊断，需要采取的治疗措施，以及可能的治疗效果和预后。即让患者对自己的病情和治疗充分地知情，同时需要在征得患者完全同意的前提下才能开始治疗。这些都需要医生与患者进行充分的交流和沟通。

（三）建立信任关系

通过医患交流的过程，耐心、仔细地了解患者存在的所有问题，包括患者的主诉症状、功能障碍，患者所关注的口腔健康问题，原有修复体的使用经验和存在问题，以及患者真实的希望和对治疗的要求。通过医患交流的过程，医生应与患者建立充分信任的关系。只有如此，才能获得尽可能真实、全面的信息，得到正确的诊断和最恰当的治疗方案。也只有患者充分地信任医生，才能相信和接受医生的诊断和治疗方案，对治疗结果有充分的信心，并能够在治疗过程中积极地配合医生，对治疗过程中出现的问题有正确的理解。如果不能建立医患之间的相互信任关系，不仅影响医生的诊断和治疗方案制订，而且在治疗过程中得不到患者的积极配合，影响修复治疗的效果，更可能不被患者所接受，甚至导致医患纠纷。

二、临床检查

（一）口腔检查

1. 缺牙间隙（edentulous area） 详细检查缺牙的部位和数目。缺牙间隙的近远中和龈殆

向距离的大小。伤口愈合情况，缺牙区牙槽嵴的形状和丰满度，有无骨尖、骨嵴、倒凹，有无压痛。

2. 余留牙（remaining teeth） 余留牙牙体、牙髓和牙周的健康状况，余留牙的排列及位置是否正常，对拟作基牙的牙齿应特别注意其牙冠形态、松动度、临床冠高度等的检查。

3. 口腔黏膜（mucosa） 检查黏膜的厚薄和移动性，有一定厚度和韧性的黏膜，有利于义齿的支持和稳定。

4. 咬合及颌位关系（occlusion and jaw relation） 正中𬌗关系是否正常、稳定。息止𬌗间隙大小，垂直距离有无改变。余留牙覆𬌗、覆盖，是否有磨损、倾斜、移位和伸长，是否存在𬌗干扰、𬌗创伤。

5. 原有修复体（existing restorations） 检查口腔内原有的各种修复体的形态、结构是否合理，咬合、固位、稳定性能是否良好，义齿对邻近的软硬组织有无不良刺激和损伤，如引发龋病、龈炎、牙周炎、溃疡、义齿性口炎等。

6. 颞下颌关节（temporomandibular joint） 检查有无下颌运动异常，开口型和开口度是否正常，有无关节弹响、张口受限，有无颞下颌关节和咀嚼肌扪痛。

(二) X 线检查

X 线检查的目的：①发现龋损，尤其是口内检查不易发现的邻面龋；还可以明确龋损与牙髓、牙龈附着的关系。对于已修复的牙齿，可发现是否存在继发龋、边缘微渗漏或边缘悬突。②观察余留牙牙根数目、长度、形态，牙槽骨吸收程度，是否有根分歧病变。③发现根周感染的部位、范围，根管充填是否完善，是否存在根折及其他病变。④观察缺隙牙槽骨愈合情况，发现埋伏牙或牙根。

口腔检查常用 X 线片包括根尖片（periapical radiographs）、咬合翼片（bite-wing）、曲面体层片（panoramic radiograph）和锥体束 CT（cone beam CT）等。必要时需与旧 X 线片进行对比，以了解病变进展和治疗效果。

(三) 模型检查

对于比较复杂的牙列缺损患者，在进行口内临床检查之后可取印模灌制石膏模型，必要时确定颌位关系上𬌗架。该石膏模型称为诊断模型（diagnostic cast）或研究模型。取诊断模型可以达到以下目的：

1. 直观检查牙及组织形态 在模型上比在口内能更直观清楚地检查余留牙和组织的形态，余留牙的咬合关系等。可通过诊断模型上𬌗架分析，明确咬合关系可能存在的问题，确定咬合关系调整的方法，还可以通过制作诊断蜡型，确定咬合关系改善的程度。

2. 诊断模型观测 诊断模型的观测详见第四节。通过诊断模型观测，可确定可摘局部义齿的就位道和义齿的初步设计。可以此为根据确定口腔准备计划，如通过基牙修复或调磨来改善基牙轴面形态，获得有利的固位倒凹，去除不利的干扰性倒凹等。

3. 便于医患交流 利用诊断模型可清楚、直观地向患者解释目前存在的问题和危害，以及需要采取的治疗措施，便于患者理解。

4. 用于制作个别托盘 为了使义齿制作时印模准确，有些情况下需要制取二次印模，如游离缺失的病例。此时可利用诊断模型先制作好个别托盘，待口腔准备和基牙预备完成后，就可以用个别托盘取终印模。

5. 作为原始记录 诊断模型保持了患者治疗前的原始状态，可作为原始记录。诊断模型观测后，义齿初步设计和就位道方向均记录在其上。义齿修复治疗的一些相关内容是以此为基础而进行的，如基牙形态调改或冠修复等。在工作模型观测确定最终义齿就位道时必须依据诊断模型观测时确定的就位道方向，将诊断模型上的就位道方向记录转移至工作模型上（参见工作模型观测）。

三、诊断

对于牙列缺损的疾病诊断非常容易得出，这里所说的诊断是对牙列缺损患者各种检查结果进行正确的分析与评估，确定患者的口腔健康状况，确诊所存在的所有疾病。确定可采取的治疗方法，可能达到的治疗效果和预后，以及对义齿修复的影响。以便于明确患者所需要的治疗内容。

（一）余留牙

通过对余留牙的临床检查，包括视诊、松动度、叩诊、牙周探诊、牙髓温度测验和电活力测验等，结合 X 线检查、诊断模型检查，确定余留牙的健康状况，是否存在以下问题：①龋损，不能利用的残冠、残根；②牙髓、根尖周病变，不完善根管充填；③牙周病变，松动和牙槽骨吸收程度；④楔状缺损、釉质发育不全、磨耗等牙体缺损疾病或牙冠解剖形态异常；⑤咬合创伤、错𬌗畸形。

（二）缺牙区

1. 牙列缺损的 Kennedy 分类。
2. 拔牙创未愈合。
3. 骨尖、骨隆突、过大的组织倒凹。
4. 剩余牙槽嵴骨缺损程度。
5. 原有修复体形态、功能异常。

（三）其他软硬组织情况

1. 系带附着位置异常。
2. 口底深度。
3. 黏膜炎症、溃疡、增生。
4. 软硬组织肿物。
5. 颞下颌关节病。
6. 口干症。

四、治疗计划

牙列缺损患者的口腔状况经常会较为复杂，可能存在很多健康问题。因此，对于牙列缺损的患者，可能并不只是简单的可摘局部义齿修复，而是需要多方面综合治疗的系统工程，可摘局部义齿修复通常是这个系统工程的最后步骤。对于情况复杂的牙列缺损患者的系统治疗可以分为修复前准备和修复治疗两个阶段。

（一）修复前准备

修复前准备是指对于在检查和诊断过程中发现的牙列缺损患者存在的健康问题，恢复清洁的口腔环境，去除病因，终止或延缓病变进程，恢复剩余组织的健康状态与功能，为即将进行的修复治疗创造必要的条件。

1. 外科准备

（1）拔牙：病变无法治愈和修复，影响最终义齿修复的余留牙可考虑拔除。

1）松动三度、牙槽骨吸收 2/3 以上的牙。

2）根分歧、根尖周病变过大，预后不佳者。

3）牙冠缺损至龈下过深，无法通过牙周手术或正畸方法改善者。

4）形态、位置异常，影响美观和修复治疗，又无法通过正畸、修复等治疗改善的牙。

5）有根折、根裂的牙。

6）过短的残根。

余留牙是否要拔除，既要考虑其病变的程度、治疗的可行性和预后效果，还要考虑保存与拔除该余留牙对修复效果的影响。而且必须将患牙拔除的理由和对修复的影响与患者充分沟通，得到患者的理解和同意。对于修复前的拔牙处理，通常存在保守的和积极的两种治疗方案或态度。所谓保守的治疗就是尽可能少拔牙，或者采取阶段性拔牙的方法，对于健康状态不佳的余留牙，尽量通过各种治疗措施，改善健康状况，延缓病变进程，尽量减少拔牙对患者生理和心理的损伤。所谓积极的治疗态度就是主张对于预后不佳、影响修复的牙应尽量拔除，一方面可以避免因保留健康不佳的牙而导致牙槽骨进一步吸收，造成远期修复效果不佳的问题；另一方面是这些余留牙维持时间短，进一步缺失后造成义齿效果不佳，或必须重新修复。究竟要采取哪种方法，需要根据患者口腔及全身健康状况，患者对拔牙的态度及对修复效果的要求等因素来决定。

（2）外科手术

1）牙槽嵴修整术：对于会导致义齿压痛的牙槽嵴骨尖，以及在义齿覆盖范围内，妨碍义齿伸展、就位，并可能造成压痛的骨性隆突和过大的组织倒凹，比较常见的如过大的下颌隆突、上颌结节颊侧过突等，均可通过外科手术修整牙槽嵴形态，使表面平整、无倒凹。牙槽嵴修整术通常可在拔牙1个月以后进行。

2）软组织成形术：对于存在唇颊舌系带附着位置过高，接近牙槽嵴顶，影响义齿基托伸展和固位者，可通过手术松解、降低系带附着位置。对于存在较严重、范围较大的牙槽嵴黏膜下层增生（松软牙槽嵴）的患者，为了改善义齿的稳定和支持，可手术切除增生的黏膜下层。对于缺牙区牙槽嵴过于低平，前庭沟过浅者，还可以采用前庭沟加深术，增加牙槽嵴相对高度。

3）肿物切除与治疗：对于骨和软组织存在肿瘤、囊肿等病变者，必须在义齿修复前进行彻底的手术切除和其他治疗。

2. 牙体牙髓治疗　余留牙存在龋病、楔状缺损、牙髓病变和根尖病变者，应进行完善的充填或根管治疗。

3. 牙周治疗　余留牙存在牙龈炎、牙周病者，修复前应进行系统的牙周治疗。包括牙周洁治，口腔卫生宣教，必要时进行深部刮治和牙周手术治疗。

4. 正畸治疗　牙列缺损者余留牙存在倾斜、移位、伸长等导致牙间隙，排列、咬合关系异常，修复空间不理想等问题。必要时应在修复前通过正畸治疗，排齐余留牙，扶正牙长轴，压低伸长牙，消除或集中牙间隙，改善咬合关系和𬌗曲线，改善修复空间。

5. 黏膜疾病治疗　口腔黏膜存在溃疡、炎症等问题者，在义齿修复前必须进行彻底治疗。如因长期佩戴不良义齿，口腔卫生差导致的义齿性口炎，应进行抗霉治疗，必要时停戴旧义齿。

（二）修复治疗

对于情况较为复杂的牙列缺损患者，修复治疗不只是简单的可摘局部义齿修复。

1. 拆除或停戴不良修复体　口内存在设计不当、制作质量低劣的不良修复体，以及已经破损、功能效果不佳的修复体，必须首先予以拆除或停戴，以避免进一步的损害，并方便对于口内软硬组织病变的治疗。

2. 咬合调整　余留牙因倾斜、移位、伸长、松动、磨耗不均等，导致咬合干扰、创伤者，可通过调磨的方法尽快去除。避免咬合创伤造成的进一步损害。具体方法是：调磨过锐的、伸长的牙尖，减小牙尖斜度，减小斜面接触面积，去除磨耗不均、过于锐利的边缘嵴，解除锁𬌗。

3. 暂时性（过渡性）义齿修复　牙列缺损者在进行正式义齿修复前可能需要一系列准备治疗工作，如拔牙后 3 个月才能开始义齿修复。牙列缺损对患者咀嚼、美观等功能的影响如果不能很快得到恢复，会影响患者正常的工作和生活。因此，在正式义齿修复前的准备治疗阶段，有必要对患者进行过渡性的暂时修复。暂时性义齿可以是新制作的义齿，通常采用设计、制作简单的胶连式义齿；也可以利用旧义齿改造而成。如将旧义齿进行基托组织面重衬，恢复基托密合性；人工牙咬合加高，以恢复咬合接触等。新制作的暂时义齿可以在拔牙后取印模制作，也可以在拔牙前取印模，在石膏模型上将要拔除的牙去除后制作义齿，在牙拔除后可立即戴上义齿，又称为即刻义齿。暂时性义齿修复可以达到以下目的。

（1）恢复患者的咀嚼、美观等功能。

（2）减轻余留牙的负担，保护余留牙健康。当缺失牙较多时，会导致余留牙咬合负担过重或咬合创伤，最终牙周健康状况恶化。如后牙咬合支持丧失，导致前牙深覆𬌗，侧向力加大等。暂时义齿修复可恢复正常的垂直距离和咬合关系，分散和减轻余留牙的咬合负担。

（3）暂时性义齿修复具有诊断意义。暂时性义齿修复可以让患者初步体会可摘局部义齿的修复效果，包括对于前牙缺失修复的美观效果，明确其对牙列缺损修复的选择和要求。医生可根据患者口腔组织对暂时性义齿修复的反应，对暂时义齿进行调整，以此为依据进行正式义齿的设计。

（4）佩戴暂时性义齿可以使基牙和牙槽嵴等支持组织得到功能性锻炼，并且让患者更容易适应正式义齿。

3. 牙体缺损修复　牙列缺损者的余留牙存在牙体缺损，导致牙体组织抗力差，邻接关系和咬合关系不良，以及作为义齿基牙的固位形不佳等，可采取全冠等牙体缺损修复方式进行修复。对于余留牙过度磨耗，导致咬合垂直高度降低者，可通过冠修复的方法恢复余留牙的咬合关系和面下 1/3 高度。

4. 固定或种植修复　牙列缺损可采取的修复方式包括固定义齿、种植固定义齿、种植覆盖可摘局部义齿和常规可摘局部义齿。各种修复方式的适应证和禁忌证不同，修复效果有差异，各有优缺点。应根据每位患者的具体情况选择最适合的修复方式，也可以是组合的修复方式。

远中游离缺失末端基牙为孤立牙者，更容易受到扭力而导致牙槽骨吸收和松动。如果能将该孤立基牙与前方余留牙先进行固定义齿修复，则可增强其抵抗扭力和侧向力的能力。对于前后都有缺牙者，如果缺牙较少的前部缺隙的邻牙健康，可采用固定义齿修复，美观效果好，而且可减小可摘义齿的范围和体积。如果能够接受种植修复，则不仅可达到更好的修复效果，还可避免固定义齿健康基牙预备造成的损害。

对于缺失牙较多、牙槽嵴骨吸收多、支持条件差的游离缺失患者，即使不能完全采取种植固定修复，也可以在游离端远中植入种植体，采取种植覆盖可摘义齿修复。通过远中增加种植体和附着体支持和固位，将修复效果不佳的 Kennedy 第一、二类义齿转化为余留牙和种植体共同支持的 Kennedy 第三类义齿，可显著改善修复效果。

（三）治疗计划的时间顺序

牙列缺损的可摘局部义齿修复治疗过程是一个序列工程，不仅要强调治疗内容的全面、正确，而且必须设计合理的时间顺序。口腔疾病的治疗都应该遵循的治疗顺序包括以下四个阶段。

第 1 阶段：甄别医疗风险因素。了解全身健康状况，包括心脑血管状况、感染、出血、过敏风险，治疗前采取必需的预防措施。

第 2 阶段：病因相关治疗。感染控制，建立清洁、健康的口腔环境。通常根据病变和症状的严重程度，治疗内容和顺序如下：①拆除不良修复体；②牙髓炎、根尖周炎的初步治疗；③拔牙；④牙周洁治、冲洗、上药，口腔卫生指导；⑤龋齿充填治疗；⑥黏膜炎症治疗；⑦咬合检查与调整；⑧暂时性义齿修复。

第3阶段：进一步治疗与修复。包括：①根管治疗；②牙周手术；③外科手术；④正畸治疗；⑤种植手术；⑥牙体缺损、固定义齿修复；⑦可摘局部义齿修复。

第4阶段：定期检查义齿使用情况及余留牙和组织的健康状况，进行必要的维护治疗。如牙周洁治，义齿的重衬等。如果发现问题，应及时处理，以保证口腔组织健康状况和义齿正常行使功能。

（杨亚东）

第七节　可摘局部义齿的基牙预备
Preparation of Abutment Teeth

基牙预备是在可摘局部义齿修复正式开始时首先要进行的步骤。需以牙列缺损患者的诊断模型观测的结果和可摘局部义齿的初步设计为依据。包括基牙及其他余留牙形态的调改和基牙特定形态的预备。目的包括：保证义齿能顺利就位；使特定部件处于基牙上适当位置；创造足够的修复空间，避免义齿部件干扰咬合关系；避免义齿与余留牙出现过大间隙。

一、余留牙形态调改

1. 𬌗曲线调改　义齿修复前应尽量改善𬌗平面及𬌗曲线异常的状况。对于过度伸长的余留牙，如无条件正畸治疗，应调磨降低其高度。调整高低不齐的相邻牙𬌗边缘嵴，形成较均匀的横𬌗曲线和纵𬌗曲线曲度。为避免牙本质过敏，应作脱敏处理。调磨过多者应先牙髓失活。调磨后的牙冠应保持正常的解剖形态和邻接关系，𬌗面形态及牙尖斜度与其他余留牙协调一致。

2. 调𬌗　对于磨耗不均的余留牙，需要降低高陡牙尖和锐利𬌗边缘嵴，去除大的斜面接触，消除早接触点和𬌗干扰。

3. 轴面形态调改　调整余留牙轴面形态，去除过大的倒凹，形成适当的轴面突度。以利于义齿就位，以及大连接体和基托的伸展。

二、基牙预备

（一）基牙轴面调磨

磨除基牙轴面过突或倾斜导致的过大倒凹，缺隙侧邻面，颊、舌轴角，颊倾上颌后牙的颊面，舌倾下颌后牙的舌面等。降低观测线高度及卡臂位置，使固位卡臂尖进入基牙轴面龈1/3处的倒凹内，有利于基牙健康，便于义齿就位。同时，避免因基牙缺隙侧邻面倒凹过大，导致戴义齿后出现食物嵌塞和不美观。

（二）导平面预备

使用柱形金刚砂车针预备，使导平面与设计好的义齿就位道方向一致，并平行于基牙轴面的颊（唇）舌方向。

1. 缺隙侧邻面导平面

（1）非游离缺隙：基牙缺隙侧邻面导平面的高度为基牙邻面𬌗龈高度的2/3（从边缘嵴

开始）。

（2）游离缺失者：末端基牙远中邻面导平面，也就是RPI/RPA卡环邻面板对应部位，其高度为邻面高度的1/2，为2～3 mm。

2. 舌外展隙内导平面　在有舌侧垂直向小连接体经过处应开大外展隙，并预备导平面。以容纳小连接体，使其有足够的宽度和厚度，并具有稳定作用。

3. 余留牙舌面导平面　卡环对抗臂、舌腭侧大连接体边缘对应的后牙舌面，也可以预备2～3 mm高度的导平面，以保证义齿与余留牙密合，发挥稳定作用，避免对余留牙产生侧向力。

（三）支托凹预备

1. 𬌗支托凹预备　后牙𬌗支托凹一般位于基牙𬌗面的近中或远中边缘嵴。如果因基牙过度磨耗，咬合过紧，牙本质敏感，无法预备近远中𬌗支托凹时，也可利用无𬌗接触关系的自然间隙，如上颌磨牙𬌗面的颊沟，或下颌磨牙𬌗面的舌沟处。

铸造𬌗支托凹外形为圆三角形，边缘嵴处最宽，向𬌗面中央窝方向逐渐变窄。𬌗支托凹的宽度为磨牙𬌗面颊舌径的1/3，前磨牙𬌗面颊舌径的1/2。𬌗支托凹的长度为磨牙𬌗面近远中径的1/4，前磨牙𬌗面近远中径的1/3。𬌗支托凹应边界清楚，但无垂直向侧壁。底面预备成匙形（浅凹形），深度为1～1.5 mm，最深处位于圆三角形的中心。𬌗支托凹底与基牙长轴接近于垂直。邻面与𬌗支托凹底所成线角要圆钝。

𬌗支托凹的预备方法是：用直径为1.5～2 mm的球形或相同直径的末端圆钝的棒槌形或柱形金刚砂车针，将𬌗边缘嵴降低1 mm，然后向中央窝方向和颊舌向扩展成圆三角形，支托凹底最深处位于圆三角形的中心，比边缘嵴处深0.5 mm。𬌗支托凹应边界清楚，底面为球凹形，自凹底向𬌗面边缘逐渐变浅，勿形成垂直向的轴壁，边缘嵴处向颊舌扩张，去除尖角，𬌗轴线角应圆钝。然后用橡皮轮磨光，以防发生龋齿。

𬌗支托凹应尽量预备在牙釉质内。如果在基牙要预备支托凹的部位牙体组织薄弱或有大充填体，或者基牙需要改形或保护，可作冠或嵌体修复，并将支托凹做在修复体上，但在基牙预备时必须为支托凹预备出足够的间隙。

2. 舌隆突支托凹预备　上颌尖牙和切牙舌隆突支托凹位于舌隆突上方，舌面颈1/3与中1/3交界处，支托凹底低于舌隆突，侧面观呈底部圆钝的V字形，支托凹的唇侧壁与尖牙舌面移行，避免出现倒凹。舌隆突支托凹深度为1～1.5 mm，唇舌径宽为1.5～2 mm，近远中长度为舌侧近远中径的1/3。如果用尖牙舌隆突支托代替卡环对抗臂，其长度应该从远中一直延伸至近中。

3. 切支托凹预备　下颌尖牙和切牙的舌隆突不明显，难以预备舌隆突支托凹，可在下颌尖牙的近中切嵴或下切牙的切端预备切支托凹。切支托凹底由唇舌两个凹斜面组成，使切支托骑跨切端，而不要与切端呈斜面接触。可以使切支托的作用力与牙长轴方向一致，保持支托与基牙位置稳定，避免基牙唇向移位。切支托凹深1～1.5 mm，宽约2.5 mm。不要过于靠近切角，以免造成切角薄弱而容易折断。

（四）隙卡沟预备

隙卡沟位于相邻牙𬌗边缘嵴间的𬌗外展隙处，通过加深加宽𬌗外展隙，以容纳隙卡或联合卡。预备方法是将直径0.9 mm或1 mm的柱形金刚砂车针，沿颊舌向置于相邻两牙的𬌗外展隙处，磨切两牙的釉质。达到深度和宽度要求后，再磨切基牙的颊舌轴角处，扩大颊舌外展隙，圆钝隙卡沟底颊舌转角处。其深度与宽度应以隙卡需要的粗度为准。隙卡沟底圆钝，在接触点之上注意不要破坏接触点，以免因楔力使相邻牙受侧向压力而移位。最后用刃状橡皮轮磨光。

铸造隙卡沟宽度和深度为1～1.5 mm，并在两相邻牙的边缘嵴处预备𬌗支托凹，以加强支持。颊、舌外展隙应适当扩大，以容纳铸造隙卡的卡体部分和小连接体位于外展隙内，避免外形过突。同时调磨去除颊舌轴角处过大倒凹，便于卡体通过。不锈钢丝弯制隙卡的隙卡沟深度和宽度为 0.9～1 mm。前磨牙隙卡直径 0.9 mm（20 号钢丝），磨牙隙卡直径 1 mm（19 号钢丝）。颊舌外展隙转角应圆钝，以利卡环的弯制。

隙卡沟应尽量利用天然间隙，以减少磨牙。同时，隙卡沟必须要有足够的宽度和深度，以免影响隙卡的强度或者影响咬合接触。

（杨亚东）

第八节　印模、模型与𬌗关系记录
Impression, Casts and Recording of Occlusal Relation

一、印模

任何修复治疗，印模制取都是非常关键的步骤之一，可摘局部义齿同样如此。与固定修复不同的是，可摘局部义齿的印模不仅要求取得基牙和余留牙准确形态，还要取得余留牙周围、缺牙区牙槽嵴及所有义齿覆盖区域完整、精确的组织形态，以及软组织的功能状态。

（一）印模的种类

由于可摘局部义齿的支持方式有牙支持式、混合支持式和黏膜支持式 3 种，各自印模所取得的组织功能状态不同，印模方法可分为解剖式印模和功能性印模两种。

1. 解剖式印模（anatomic impression）　此种印模是在承托义齿的软硬组织处于静止状态，没有发生功能变形的情况下取得的印模，为无压力印模（impression without pressure），需用稠度小的弹性印模材料取得，可准确地印记余留牙及牙槽嵴黏膜的解剖形态。对于牙支持式义齿，因义齿承受的𬌗力主要由基牙承担，基托和牙槽嵴仅保持一定的接触关系。因此，可采用解剖式印模。对于黏膜支持式的义齿，同样适宜采用解剖式印模。但在牙槽嵴部位的印模边缘，必须做功能修整，在不妨碍承托区周边组织的正常生理功能活动的前提下，此部位的印模边缘应尽量伸展。

2. 功能性印模（functional impression）　是在长缺隙或游离端牙槽嵴黏膜受到功能性压力下，发生一定程度变形状态下的牙颌印模，又称为选择性压力印模（selective pressure impression）。功能性印模适用于混合支持式义齿，如为单侧或双侧游离端义齿。此种义齿在功能作用时，由于牙槽嵴黏膜与基牙共同承受咬合力，但因为牙槽嵴黏膜较厚，可让性大，造成基托游离端下沉的程度较基牙多，使基牙易受到向远中的扭力。功能性印模取得的是牙槽嵴黏膜受压力变形后的形态，因此可弥补基托游离端下沉过多的问题，使游离端牙槽嵴功能负荷均匀分布，并减小末端基牙受到的扭力。

（二）印模托盘

印模托盘（impression tray）是承载印模材料在口腔内取得印模的一种工具，可分为成品托盘（stock tray）和个别托盘（individual tray）两种。

1. 成品托盘　可摘局部义齿修复适用的成品印模托盘为平底多孔的牙列印模托盘，可用于制取解剖式印模和功能性印模的初印模。成品托盘有各种型号，取印模前要按患者牙弓长宽、形状、高低不同选择合适大小型号。托盘要尽量与牙弓协调一致，托盘与牙弓内外侧应有 3～4 mm 间隙，以容纳印模材料。其翼缘不能过长，不宜超过黏膜皱襞，不应妨碍唇、颊和舌的活动，在其唇、颊系带部位应有相应的切迹。上颌托盘后缘应盖过上颌结节和颤动线，下颌托盘后缘应盖过最后一个磨牙。如果成品托盘某个部位与口腔情况不太适合，可以用技工钳调改，或用蜡、印模膏加添托盘边缘长度。成品托盘应坚固，制取印模时不变形。

2. 个别托盘 是为牙列缺损患者个体专门制作的印模托盘，可以更准确地取得余留牙解剖形态、牙槽嵴黏膜功能形态和印模边缘伸展的准确位置和形态。适用于制取混合支持式义齿的功能性印模和黏膜支持式义齿的解剖式印模。

个别托盘的制作方法：

（1）制取初印模：选择大小合适的成品托盘，用藻酸盐印模材料制取余留牙及牙槽嵴等组织的解剖式印模并灌注石膏模型。要求印模和模型准确、完整，唇颊舌边缘达到前庭沟底和口底黏膜反折，上颌游离端后缘达翼上颌切迹和软硬腭交界，下颌游离端后缘盖过磨牙后垫。

（2）确定个别托盘边缘：用铅笔沿石膏模型唇颊侧前庭沟底和口底黏膜反折处划线，然后在离此线2～3 mm的牙槽嵴一侧再画另一条线（可用虚、实线或不同颜色区别），这就是个别托盘边缘的位置，应比实际的印模边缘短2～3 mm。上颌后缘应盖过腭小凹，下颌后缘应覆盖整个磨牙后垫。

（3）模型填倒凹、缓冲：在模型上滴蜡填平余留牙和组织倒凹（尤其是余留牙唇颊侧组织倒凹），义齿需覆盖区域内的骨隆突、骨尖（包括上颌切牙乳突）等部位表面加蜡缓冲处理。然后将2 mm厚基托蜡片烤软后覆盖在余留牙表面及其唇颊侧组织表面，选三个相距较远的余留牙，在其𬌗面或切端开窗（直径3 mm），暴露部分𬌗面和切端。要求暴露的部分表面有立体结构，如后牙开窗要暴露𬌗面中央窝或一个牙尖，前牙开窗要骑跨切端。

（4）涂布石膏分离剂：在模型上牙槽嵴等部位的石膏表面均匀涂布一薄层石膏分离剂。

（5）托盘制作和修整：按粉液比调拌制作个别托盘用自凝树脂，在黏丝期用专用工具压成2 mm厚片状，先填满开窗处，再轻压铺于石膏模型表面，保持2 mm厚度，沿边缘线切除多余部分。用剩余树脂在托盘前部添加手柄，应位于余留前牙的切端或前部牙槽嵴顶，先垂直向上，再水平向前弯曲，避免取印模时手柄干扰上下唇的活动。待树脂硬固后，将个别托盘从模型上取下，打磨修整托盘边缘和表面。除用自凝树脂制作个别托盘外，还可使用专用光固化树脂膜铺托后进行光固化处理，操作更简单。

（6）口内试戴检查：将制作完成的个别托盘放入口内检查，托盘应就位顺利、无阻碍；托盘组织面有三个支点（开窗处）与余留牙稳定接触，使托盘在口内位置稳定；托盘与余留牙间有容纳印模材的均匀间隙，与游离端贴合；托盘边缘短于黏膜反折2～3 mm；托盘手柄不妨碍上下唇的活动。如果存在妨碍就位和边缘过长的情况，应进行磨改。

目前国内临床常采用一种替代个别托盘取印模的方法是：先用成品托盘加印模膏取游离端或长缺隙处局部印模，然后将印模膏的印模表面刮除一层，以此为个别托盘，加藻酸盐印模材制取功能性印模。该方法简便，但印模准确性差。

（三）印模材料的选择

可摘局部义齿印模常用的印模材料有藻酸盐印模材和橡胶类印模材。藻酸盐为不可逆弹性水胶体印模材，印模准确性较好，操作简便，价格相对低；缺点是体积不太稳定，失水收缩，吸水膨胀，故在印模从口中取出后，应及时灌注石膏模型。适用于制取解剖式印模，或与印模膏一起，代替个别托盘制取功能性印模。印模膏是一种热塑性的可逆性复合印模材料，硬固后无弹性，准确性差。主要用于个别托盘边缘整塑用材料。

橡胶类印模材包括硅橡胶、聚硫橡胶、聚醚橡胶等，且有不同流动性之分。中流动型（medium body）橡胶适合制取一次性的解剖式印模，或作为终印模材与个别托盘一起制取功能性印模。也可使用成品托盘采用分层印模方式，分别加低流动型（heavy body）和高/中流动型（light/medium body）硅橡胶印模材，制取功能性印模。橡胶类印模材为弹性不可逆印模材，精细、准确，但价格较贵。

(四)边缘整塑

为了获得准确、适当的印模边缘伸展位置和边缘形态,印模托盘在口内就位后,在印模材凝固之前的可塑期内,进行周围组织的功能性边缘整塑(functional border mold)。通过唇颊舌周围组织的主动的或被动模拟的功能运动,来确定印模边缘的伸展位置和边缘形态。避免义齿在唇颊舌侧过度伸展而妨碍唇颊舌系带及其他周围组织的正常功能活动。

印模边缘的功能整塑包括被动功能整塑和主动功能整塑。被动的功能整塑由医生牵拉患者的肌肉来模仿组织的功能运动,如先牵拉患者上唇向下,然后分别牵拉两侧颊部肌肉向下前内方向,进行上颌印模唇颊侧边缘整塑(整塑唇颊系带及唇颊前庭黏膜皱襞);先牵拉患者下唇向上,然后分别牵拉两侧颊部肌肉向上前内方向,进行下颌印模唇颊侧边缘整塑。肌功能修整时,患者须肌肉松弛与术者密切合作。主动的功能整塑是患者在医生的指导下自主进行的功能运动。如嘱患者闭口做吸吮动作,可整塑上下颌唇颊侧边缘;伸舌舔上唇,并用舌尖分别舔两侧口角,可整塑舌系带及口底黏膜皱襞处印模边缘;嘱患者做闭口咬合动作,可整塑远中颊角区;嘱患者微闭口时下颌左右侧方运动,可整塑上颌颊侧后部边缘厚度。

(五)取印模的方法

1. 调整体位与医嘱 将椅位调整到合适的位置,既要使患者感觉舒适,又要便于医生操作。患者坐靠在治疗椅上,头部枕在头托上,为避免印模材流向咽部导致恶心不适,可调整治疗椅靠背与头托的倾斜角度,使患者要制取印模的上颌或下颌牙列的牙合平面与水平面平行。根据取印模时术者取站姿或坐姿,调整治疗椅的高度,使牙列牙合平面稍高于术者的肘部,便于术者操作。取印模过程中应保持患者身体及头部位置稳定、舒适。取上颌印模时术者可站或坐于患者的右后方,取下颌印模时术者可站或坐于患者的右前方。取印模前应与患者进行必要的交流,告知患者取印模的操作过程及可能出现恶心等不适。让患者放松,不要紧张,在取印模过程中保持身体和头部位置稳定。指导患者练习在取印模时所需做的印模边缘整塑动作。

2. 制取解剖式印模

(1)选择成品印模托盘。

(2)托盘就位:将调拌好的印模材置于印模托盘内,术者左手持口镜牵开患者口角,右手持托盘,快速旋转放入患者口内并使托盘就位。托盘放入口内之前,可先在倒凹区、较高的颊间隙处、上颌结节区、高穹窿的硬腭、下颌舌骨后窝等处放置适量的印模材料。

(3)印模边缘功能整塑:托盘在口内完全就位后,在印模材凝固前完成印模边缘功能整塑动作。取上颌印模时,轻轻牵拉患者上唇向下,牵拉左右颊部向下前内,完成唇颊侧边缘整塑。取下颌印模时,轻轻牵拉下唇向上,牵拉左右颊部向上前内,完成唇颊侧边缘整塑;让患者抬舌和伸舌,完成口底边缘整塑。在整塑过程中保持托盘位置稳定,避免移动,直至印模材完全凝固。

(4)印模取出:印模材完全凝固后,轻轻翘动托盘,使印模脱位,然后旋转托盘从口内取出,并检查印模质量。牙列印模应取得牙列及周围组织的完整形态,印模表面光滑、清晰、完整,边缘伸展适度,无缺损和气泡,无变形或脱模现象。

3. 个别托盘制取功能性印模

(1)个别托盘边缘整塑:将专用的边缘整塑印模膏棒烤软后粘在制作好的个别托盘边缘,在整塑材料软化时,将托盘放入口内进行边缘整塑,方法如前所述,可分段进行。边缘整塑时必须保证托盘完全就位和稳定不动,印模膏不能进入托盘组织面与黏膜之间,进入组织面的印模膏可用锐利的雕刻刀刮除。没有基托和义齿其他部分伸展的边缘部分不需要整塑。

(2)取终印模:个别托盘组织面涂布粘接剂,调拌橡胶类终印模材,用调刀将其均匀地涂布于托盘整个组织面，直至托盘边缘的外侧。将托盘旋转放入口内，轻压就位（托盘组织面支点与余留牙接触）并保持稳定，在印模材硬固前进行边缘整塑。待印模材硬固后，从口内取出。

4. 局部个别托盘制取功能性印模 首先需取初印模灌注石膏模型，在模型上制作游离端或长缺隙区的局部托盘，托盘边缘需离开余留牙，先用整塑用硅橡胶取得缺牙区以手指加压模仿咬合时的压力印模，所取得的印模下面的黏膜组织即有一定程度的下沉移位。修去托盘边缘和伸展到余留牙上的多余印模材料，使局部托盘印模留在原位不动。再用成品托盘加弹性印模材制取整个牙弓及相关组织的印模，将两次印模完整取出。此即为游离鞍基区在咬合压力下所得的功能性压力印模。

5. 模型修正技术 不同于以上两种功能性印模方法，模型修正技术（cast corrected technique）是先利用解剖式印模灌注的工作模型制作可摘局部义齿的金属支架。支架在口内试戴合适后，戴回到原工作模型上，在游离端的网状小连接体上添加局部树脂个别托盘。然后戴入口内，在保证支架完全就位的情况下，进行游离端边缘整塑，并在局部个别托盘上添加橡胶类印模材取终印模。

将原工作模型游离端部分切除，然后将义齿支架及局部印模重新在模型上完全就位，再在游离端印模处灌注石膏，新灌注的游离端部分与原工作模型结合成新的完整的工作模型。最后去除义齿支架上的个别托盘部分，将支架戴回到新的工作模型上完成义齿制作。

二、模型

用藻酸盐制取的印模应尽快灌制石膏模型，以免印模变形。制作义齿的工作模型（master cast）应用硬质石膏灌制。先要将印模内的唾液和污渍冲洗干净，甩去水分。在橡皮碗中按水粉比例要求调拌石膏，先取少量调好的石膏，放在印模组织面最高处，手持托盘柄，放在振荡器上或轻轻振动托盘，使石膏缓缓流至印模各处，同时将气泡排出。逐渐添加石膏至一定的厚度。下颌模型应灌出口底部分，不要形成马蹄形，以防模型折断。上下颌模型基底的厚度不少于 10 mm，周围包过印模边缘。

待石膏完全硬固后，用手握紧托盘柄，顺模型上石膏牙的长轴方向，轻轻用力将印模松动后取下，检查模型有无破损、断牙和气泡。修整石膏模型，除去牙冠上和组织面上的小瘤。模型应完整、清晰、无缺损，组织面无小瘤，无气泡。磨除基底多余部分，使底面及侧面平整，周围形成高于印模边缘 3 mm，宽 3 mm 的模型边缘。模型基底有足够的厚度，最薄处厚度不小于 10 mm。

三、𬌗关系记录或颌位关系记录

由于缺失牙的数量和部位以及余留牙的状态不同，牙列缺损患者的咬合关系会呈现不同的状态。对于余留牙存在正常咬合关系者，可摘局部义齿修复应维持原有咬合关系，人工牙的咬合应与余留牙协调一致。对于余留牙不能维持正常咬合关系者，可摘局部义齿修复应恢复与患者的剩余口颌组织（包括余留牙、牙槽嵴、咀嚼肌、颞下颌关节等）相适应的颌位关系和咬合关系。可摘局部义齿修复时咬合关系的确定主要有以下三种方法。

（一）利用模型上的余留牙确定正中𬌗关系

适用于缺失牙不多，余留牙不论是在口内还是在模型上均能确定并维持正常的正中𬌗（最大牙尖交错𬌗）关系的患者。上下颌模型可以利用余留牙的咬合接触，准确确定正中𬌗，并保持稳定。对于有前牙缺失导致的唇颊丰满度异常者，则不能只利用模型确定正中咬合。

（二）利用𬌗托记录正中𬌗关系

适用于存在远中或近中游离端等牙列缺损患者，余留牙在口内可维持正常的正中𬌗，但在模型上上下颌咬合关系不稳定者。需要在模型上制作𬌗托，即在暂基托（temporary record base）上形成蜡𬌗堤（wax occlusal rim），将𬌗托的蜡堤烤软后在患者口内就位咬合。在模型上利用余留牙咬合及𬌗托蜡堤与对𬌗的咬合印记，保持模型正中𬌗关系稳定。缺失牙多者，在确定正中𬌗咬合关系的同时，需利用蜡堤确定𬌗平面、中线和前牙丰满度等。余留牙能维持稳定正中𬌗，有前牙缺失导致的唇颊丰满度异常者，也可用暂基托加蜡堤记录前牙丰满度。

可摘局部义齿的暂基托可以用自凝树脂、光固化树脂或虫蜡片制作。暂基托的制作方法与个别托盘近似，制作前应先在工作模型上确定暂基托的范围，填塞基牙及组织倒凹，缓冲骨隆突区。树脂暂基托强度较好，不易变形，固位和稳定性好。为了避免损伤模型石膏牙，暂基托边缘应离开余留牙。但是为了保证暂基托在口内和模型上的稳定，可在暂基托与余留牙相邻边缘黏一层蜡，使暂基托边缘既与余留牙接触，有利于固位和稳定，又不会磨损石膏牙。临床上也常用烤软的双层基托蜡片制作暂基托，但蜡基托密合性不佳，而且容易变形。暂基托制作完成后需在口内试戴，组织面应密合，边缘无过度伸展。然后将烤软的蜡片卷成蜡条，粘固在暂基托上缺隙牙槽嵴处，形成蜡𬌗堤。前牙区蜡堤宽度为 5 mm，后牙蜡堤宽度为 10 mm。蜡堤高度低于𬌗平面 1～2 mm。将制作好的𬌗托戴入口内检查，蜡堤应低于对𬌗牙𬌗面 1～2 mm。取咬合记录时要在蜡堤𬌗面上加烤软的蜡片或咬合记录用硅橡胶，让患者咬合在牙尖交错位，至记录材料硬固。

（三）利用𬌗托确定颌位关系

对于缺失过多或上下颌牙交错/间隔缺失，余留牙丧失咬合支持，不能维持正常、稳定的正中𬌗和面部垂直高度的患者，需要像全口义齿修复一样，利用上下颌𬌗托确定上下颌的正中关系和适当的垂直距离，并确定𬌗平面、前牙丰满度和人工前牙排牙标志线等。确定正中关系位和垂直距离的方法参见全口义齿修复。𬌗平面和丰满度的确定应与余留牙协调一致。

（四）利用𬌗蜡确定颌位关系

对于少数牙非游离缺失，口内有余留牙能维持垂直关系，但是咬合接触不良，模型正中𬌗对合不准确或不稳定者，可将 1～2 层基托蜡片烤软，切成 5～10 mm 宽的条状，并弯成牙弓的弧度，置于上下颌牙列之间，或者将专用的硅橡胶咬合记录材料置于上下颌牙列之间，让患者咬合于正中𬌗，待𬌗记录材料硬固后取出，对合在上下颌模型之间，使上下颌模型获得准确、稳定的咬合关系。另一种情况是缺失牙不多，但余留牙过度磨耗或缺损导致面下 1/3 高度（垂直距离）降低，息止𬌗间隙过大，需利用可摘局部义齿加𬌗垫抬高余留牙的咬合者，也可用烤软的𬌗蜡或𬌗记录硅橡胶做正中咬合，并恢复面下 1/3 高度。

四、上𬌗架

可摘局部义齿工作模型上𬌗架的方法有两种。缺失牙少者可选择铰链式𬌗架或平均值𬌗架。缺失牙多，义齿人工牙需建立平衡𬌗者，应选择半可调𬌗架。

（一）上简单𬌗架

上𬌗架前先用水将模型底部浸湿，再将上下颌模型与𬌗记录固定在一起。然后调拌石膏置于模型底面和𬌗架的架环上，分别将下颌模型和上颌模型固定在𬌗架上。中线应对准𬌗架的切导针，𬌗平面平行于上下颌体，并平分上下颌间距（𬌗平面对准切导针的 0 刻度线）。

（二）上半可调𬌗架

对于缺失牙多，义齿人工牙需建立平衡𬌗者，需进行面弓转移，将模型上半可调𬌗架。为了方便模型从𬌗架上取下，且能够重新准确复位。尤其是需要在义齿制作完成后能重新上𬌗架调𬌗，可采取分段上𬌗架的方法。关于模型上半可调𬌗架的方法详见第九章全口义齿修复的模型上𬌗架部分。

（杨亚东）

第九节　可摘局部义齿的制作过程
Laboratory Procedure of RPD

铸造支架式可摘局部义齿和塑料胶连式可摘局部义齿的制作过程差别较大，本节主要介绍铸造支架式可摘局部义齿的制作过程，然后简单介绍塑料胶连式可摘局部义齿的制作方法。

一、铸造支架式可摘局部义齿的制作过程

铸造支架式可摘局部义齿的制作过程可以分成四个阶段：①在工作模型上完成铸造前的准备工作；②在耐火模型上完成义齿支架的铸造；③临床试戴义齿支架；④在工作模型上制作完成最终的义齿。其制作流程见图6-110。

（一）在工作模型上完成铸造前的准备工作

1. 复制工作模型　工作模型是门诊医师用终印模制取并转给技术室的模型，也可作为寄存模型。把临床观测的三点定位标记转移至复制的工作模型上。

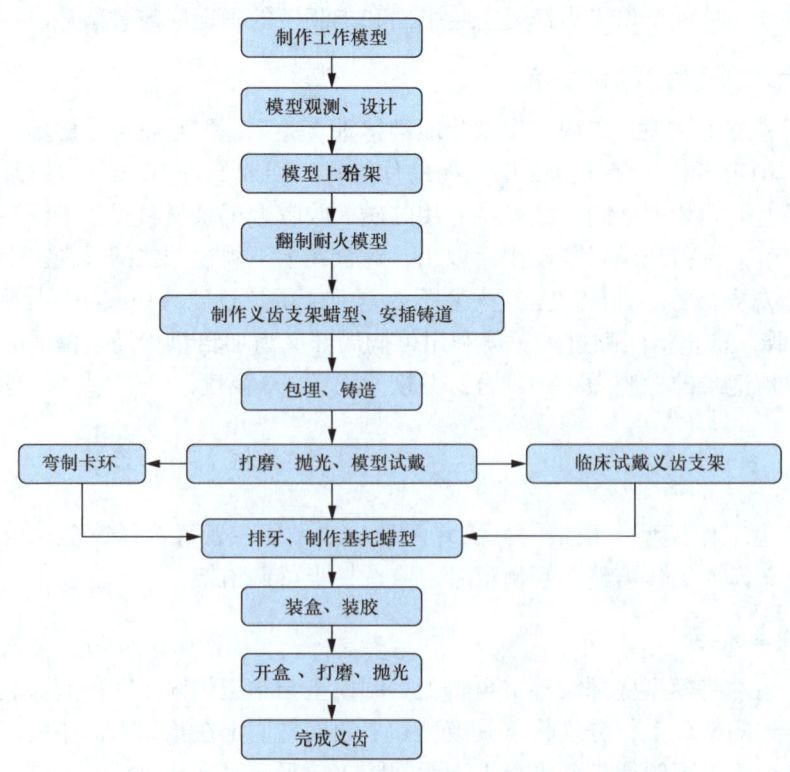

图6-110　铸造支架式可摘局部义齿的制作流程

2. 复制工作模型观测并绘制设计图　将复制的工作模型重新进行模型观测。先根据转移来的三个等高点定位，找到研究模型观测时确定的义齿就位道，然后调整确定最终的义齿就位道。重新描记出基牙及余留牙的观测线，以及牙槽嵴组织的观测线。确定固位倒凹的位置，测量倒凹深度。根据义齿设计方案和各类义齿的制作特点在工作模型上准确绘制出基托、卡环、大小连接体及支托的位置与范围（图6-111）。

3. 上颌大连接体区的处理（在工作模型上制作边缘封闭沟）　为了使上颌大连接体边缘与组织密合，防止食物嵌塞，需要在工作模型表面大连接体边缘处刮出一条1 mm宽、0.5 mm深的封闭沟。以后用蜡型封闭并向抛光面加厚，形成大连接体组织面边缘向黏膜组织突出的珠状封闭线。在龈缘和硬区处不能做珠状边缘线，连接体止于龈缘的应将边缘封闭线止于离龈嵴顶至少1.5 mm的区域（图6-112）。

4. 前牙缺隙区牙槽嵴唇侧的处理　在前牙缺隙区，如果不设计唇侧基托时，使用人工牙唇面或以金属强化的树脂牙，要在模型的牙槽嵴唇侧表面刮除0.5 mm深的一层，但要与牙槽嵴顶移行，不要出现明显的界限，以保证人工牙与牙槽嵴间有稳定的龈接触区（图6-113）。

5. 填塞倒凹及制作卡环托台　填塞倒凹就是要填补消除模型上所有不需要的余留牙倒凹和组织倒凹，包括消除在基牙上不用于固位的倒凹（这些倒凹为卡环固位臂下缘到龈缘的区域）。制作卡环托台（ledging）是为了进一步明确所需倒凹区中卡环固位臂所在的精确位置。填倒凹材料以蜡为主，称填倒凹蜡（blockout wax）。

（1）填塞基牙倒凹（blockout of abutments teeth）：用填倒凹蜡填补基牙观测线下方的倒凹区，修整光滑。

（2）在基牙上制作卡环托台（ledging on the abutments）：在卡环固位臂尖所处的位置（与卡环中部移行，固位臂末端1/3区），精确地刮除倒凹区内的部分填倒凹蜡，其下方形成一个卡环托台（图6-114）。卡环托台的顶面应与基牙的唇颊轴面呈90°角，顶部的宽度应正好能容

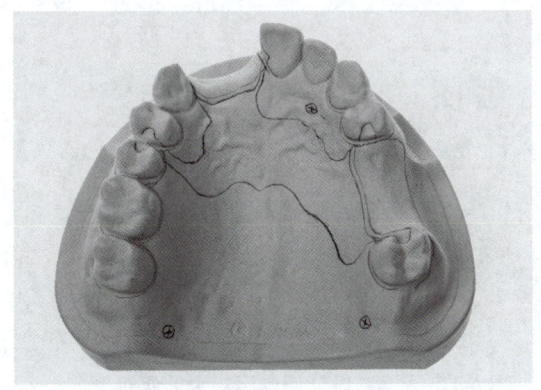

图6-111　在复制工作模型上精确绘制义齿设计图

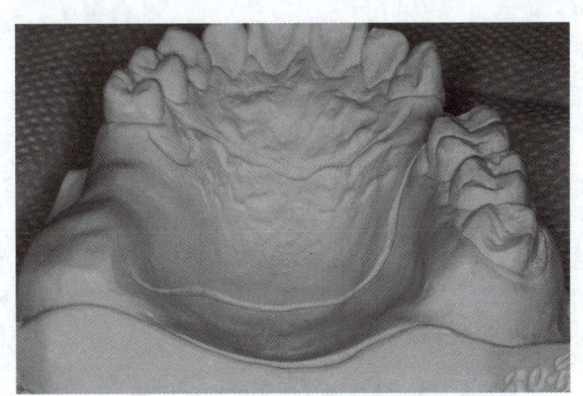

图6-112　在工作模型上制作大连接体边缘封闭沟

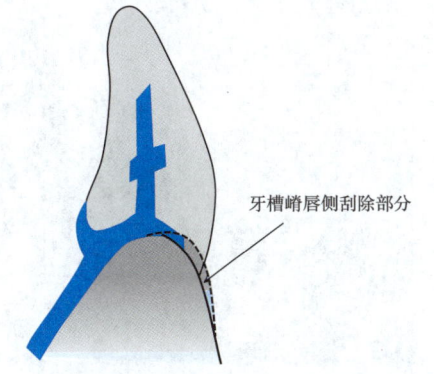

图6-113　模型的前牙缺隙牙槽嵴唇侧表面刮除0.5 mm

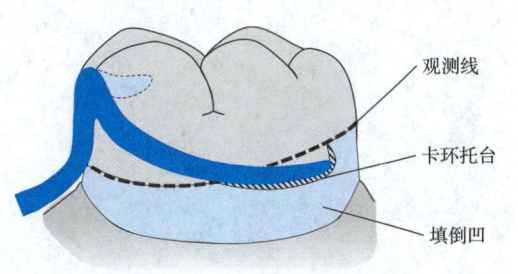

图6-114　卡环固位臂尖的托台

纳固位臂尖，在耐火模型复制后可复制出这一卡环托台。

（3）填塞其他余留牙及组织的倒凹（图6-115）：如大连接体、小连接体、杆形卡环引伸臂在就位途径中所涉及的倒凹区。设计周围区较大的组织倒凹，可以用大块的蜡或橡皮泥填塞（图6-116）。

6. 缓冲区的制作　是指在工作模型上特定的区域，如放置金属支架连接体下方的牙槽嵴区域，贴附一定厚度的缓冲蜡片，使金属支架制作完成后与覆盖的组织间能保留适当的间隙。

（1）大连接体覆盖区的缓冲

1）组织缓冲区：大连接体或金属基托覆盖的骨性隆突、切牙乳突、龈缘处，需添加适当厚度的缓冲蜡。

2）下颌远中游离端义齿，舌侧牙槽嵴为斜坡型时，舌杆或舌板与模型之间需缓冲0.3～0.5 mm。

（2）塑料基托固位区的缓冲：在金属支架的基托固位网与模型组织面之间，必须为与金属固位网相结合的树脂基托留出足够的空间，确保缓冲蜡能建立内终止线（图6-117）。

（3）杆形卡环缓冲区的制作：游离缺失末端基牙杆形卡臂及引伸臂经过的模型表面缓冲0.3～0.5 mm。

7. 组织终止点的制作　在游离缺隙塑料固位区缓冲蜡层开窗（去除缓冲蜡），以便制作的义齿支架塑料固位网在此处形成组织终止点。开窗的位置在缺隙远中2/3长度的牙槽嵴顶，颊舌向长3 mm，近远中向宽2 mm（图6-118）。

（二）义齿支架蜡型制作与铸造

工作模型准备好之后，需要复制耐火模型。在耐火模型上制作义齿支架蜡型并进行包埋铸造。

1. 翻制耐火模型　耐火模型（refractory cast）是以耐高温铸造包埋材料制作的经过填倒凹

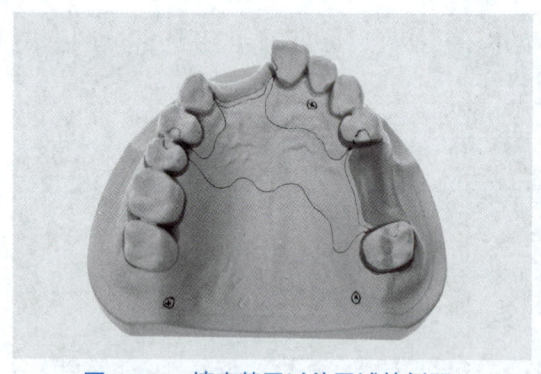

图6-115　填塞基牙以外区域的倒凹

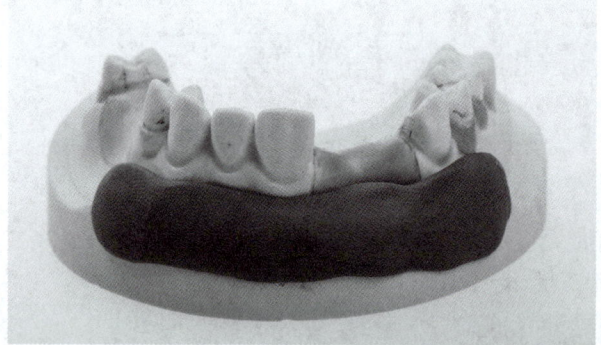

图6-116　填塞设计周围区较大的组织倒凹

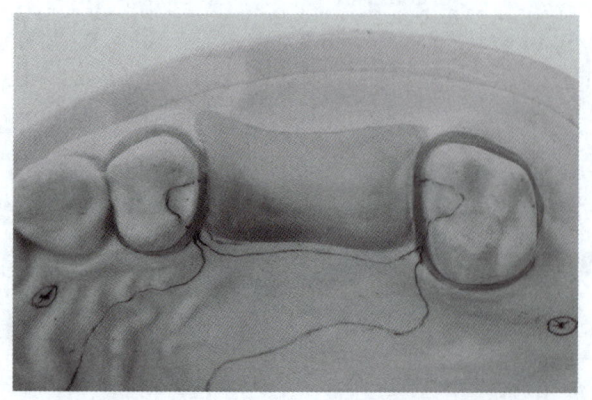

图6-117　义齿基托缓冲区的处理，形成内终止线

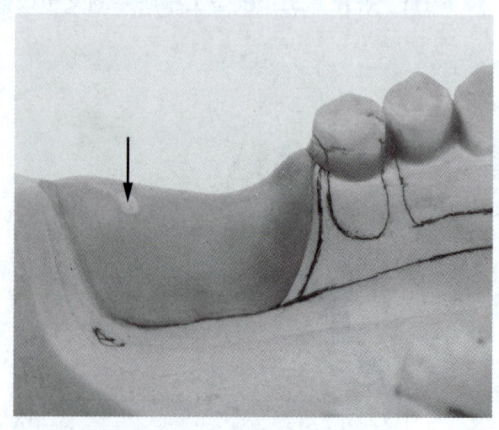

图6-118　组织终止点的制作

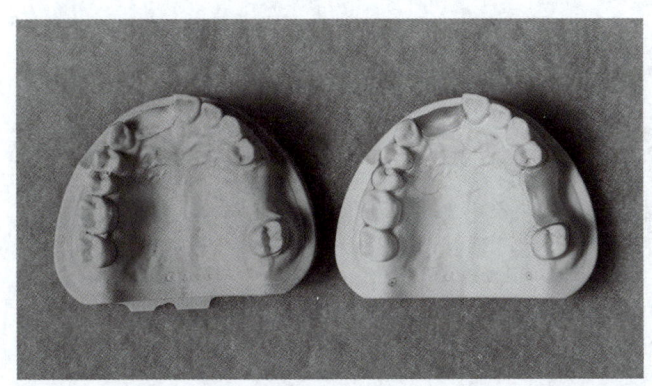

图 6-119　复制完成的耐火模型（左侧）及原工作模型（右侧）

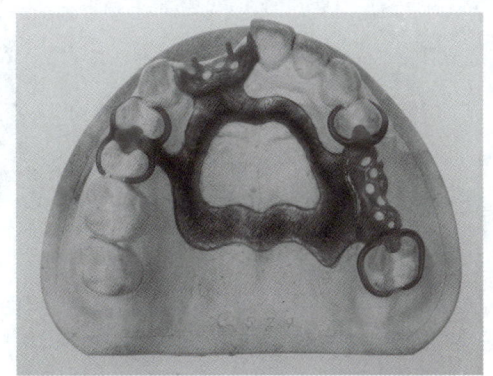

图 6-120　制作完成的支架蜡型

和缓冲区处理的工作模型的复制模型（图 6-119）。

翻制耐火模型的目的：①义齿支架为带模铸造。即在耐火模型上直接制作义齿支架蜡型和主铸道蜡型，蜡型不与模型分离，直接用同样的耐火材料包埋在铸圈内，耐火模型成为铸模腔的一部分，可耐高温而不至被烧坏，防止支架蜡型变形，降低粗糙度。②利用耐火材料在凝固和焙烧时的膨胀性能，补偿钴铬合金熔化后的冷却收缩，使铸件体积更精确，表面更光滑。

2. 在耐火模型上制作义齿支架蜡型　制作金属支架的铸型可以用蜡或塑料，统称支架蜡型（图 6-120）。支架蜡型的制作方法有两种。

（1）滴蜡法：用酒精灯烧热后，按设计要求用蜡刀将熔化铸造通用蜡滴塑在耐火材料模型上，并雕刻形成支架蜡型应有的形态、结构和厚度。

（2）预成件组合法：是将各种类型的半成品蜡条、蜡片及蜡或塑料预成铸件，如卡环、杆、固位网、圈、板等软化后，按设计要求粘贴在耐火模型上支架相应的位置。此法更加方便及标准化。

3. 金属支架的铸造

（1）安装铸道：铸道（sprue）是在铸造过程中使熔化金属迅速流入铸模腔的通道，还可发挥融熔金属的储金库作用（图 6-121）。

（2）包埋蜡型：蜡型制作完成、装好铸道后，用铸造包埋材料对其进行包裹，仅暴露少部分主铸道末端，形成铸模腔，即包埋（investment）（图 6-122）。

包埋的目的包括：①形成铸型腔（mould cavity），便于义齿支架铸造成形；②利用包埋材料的加热膨胀（thermal expansion）、调拌包埋材料的吸水膨胀（hygroscopic expansion）以及包埋材料凝固时的膨胀量补偿金属的体积收缩量，使铸件的体积和蜡型完全一致。

（3）高热除蜡：蜡型的加热挥发也称除蜡过程，简称烧圈（burn-out）。在茂福炉中进行加热至 733～900℃，蜡型材料自身被高热挥发，形成的空腔——铸模腔保持了铸造蜡型的形态，并产生所需要的热膨胀（1.0%）。

（4）铸造过程：常用的铸造方法有离心铸造、真空压力铸造、真空吸铸和真空抽吸离心联合铸造四种。离心铸造是使用较广泛的一种铸造方法，可分为水平离心和垂直离心铸造。真空压力铸造在合金熔化时为真空状态，当合金完全熔化后，需加入较大压力的压缩空气（或惰性气体）完成铸造。真空吸铸是在真空状态下熔化金属合金，使铸造室一直处于真空状态，通过两室间的压力差完成铸造过程。

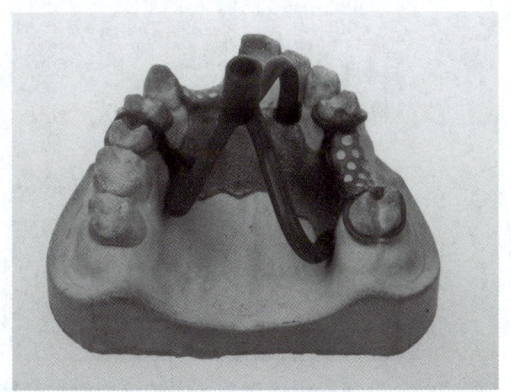

图 6-121　安插铸道

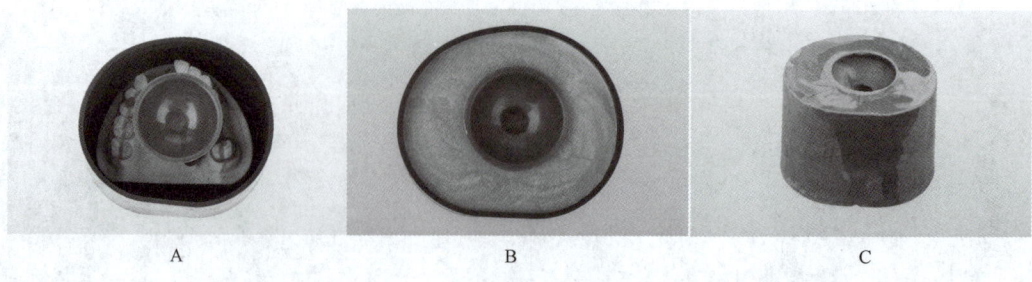

图 6-122 包埋的过程
A. 蜡型包埋前；B. 蜡型包埋后；C. 凝固的耐火材与铸圈分离

带模铸造法主要用于大中型的复杂铸件。对于一些较小的部件，如胶连式义齿的𬌗支托、舌杆、铸网等，常采用脱模包埋铸造法。先在工作模型上涂分离剂，直接在工作模型上制作蜡型并安插铸道，然后将蜡型从模型上完整取下，用耐高温材料包埋后进行铸造（图6-123）。

（5）金属支架的打磨（抛光）：铸造完成之后，义齿支架需要经历开圈、喷砂、磨平、抛光及电解抛光等过程。去除残留包埋材，切除铸道，磨除铸件表面不平整的部分，并使铸件表面平滑光亮（图6-124）。

4. 金属支架在工作模型上的试戴

（1）金属支架在模型上就位：将打磨抛光后的铸造支架在工作模型上试戴，用薄咬合纸或高点指示剂确定并缓冲障碍点，每次少量磨改，反复调改至义齿支架在模型上完全就位，避免磨损工作模型。

（2）调𬌗：把铸造支架戴在工作模型上，在𬌗架上进行咬合检查，重点检查由于戴入支架而造成的正中𬌗、前伸𬌗、侧方咬合障碍点。然后进行调𬌗，直到切导针能与切导盘相接触，前伸、侧方无干扰。

（3）对金属支架进行最后的抛光和清洗。试戴完成后的义齿支架见图6-125。

（三）门诊试戴义齿支架，制作蜡𬌗记录及选牙

患者口内试戴金属支架，并做必要的调整。如果支架不合适或调改过大，需重新制作印模和模型及金属支架。如果有足够的天然牙能保持良好的𬌗关系及作为美观参考，则不需蜡堤作为𬌗记录，如不能准确确认𬌗关系时，可将支架戴入口内重取蜡𬌗记录。

修复医生为技术室标明排列牙齿的型号和要求，将制好蜡堤及𬌗记录的支架、标明了义齿基托范围的模型及设计图还给技术室，进行人工牙的排列，或门诊自行排列人工牙。排牙后可进行美观性试戴检查和调整。

图 6-123 上颌义齿腭侧基托内的铸网蜡型及铸道（包埋前）

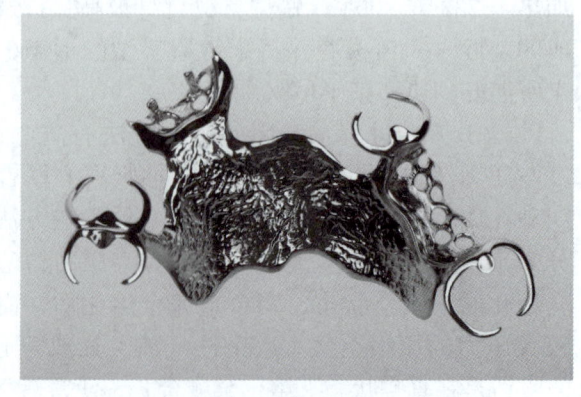

图 6-124 打磨抛光后的义齿支架

(四)完成义齿

1. 排牙 是指在模型上将人工牙排列至缺隙相应的位置上。应按照医生的要求选择适当颜色和适当型号的人工牙。成品塑料牙(复合树脂牙)目前最常用。必要时,技术员可根据新蜡堤将铸造支架及模型重上𬌗架,再行排牙。

个别牙缺失时,排牙相对简单,人工牙与邻牙及同名牙协调一致即可。当多个牙齿缺失时需要考虑的问题往往较多,应根据缺牙间隙的大小、宽窄、面

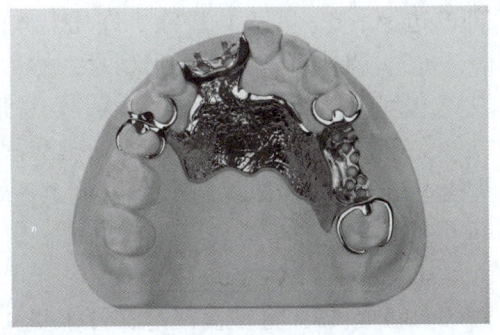

图 6-125 在模型上完全就位的义齿支架

形,颌弓形,𬌗平面,𬌗关系,𬌗力大小,以及天然邻牙的外形、位置、颜色和龈曲线等选择和排列人工牙。有时还需参考患者的意见。如有反𬌗,应尽量纠正为浅覆𬌗、浅覆盖或对刃关系,必要时可调磨对颌牙。上下颌双侧多数后牙游离缺失者,按总义齿要求排牙。应注意减径、减数、降低牙尖斜度、减轻𬌗力。人工牙不应排在上颌结节或磨牙后垫区,达到后牙咬合平衡。

2. 制作基托蜡型 排牙完成之后,在工作模型上进行基托蜡型的制作(图 6-126)。基托蜡型完成之后可以在患者口内试戴,检查义齿的美观效果、颌位或咬合关系、人工牙排列位置和基托伸展范围等,必要时可进行适当调整,然后再返回技术室完成最终蜡型的制作。当缺牙较少,咬合关系及美学效果比较确切的情况下也可以省略临床试戴步骤。

(1)用于试戴排牙的蜡型制作:按照基托正常的伸展范围制作蜡型。游离端义齿基托应完全覆盖上颌结节或磨牙后垫的1/2,塑料基托与铸造支架在终止线处相结合,并相互移行。

(2)最终的蜡型完成:①试排牙蜡型合适后,将义齿支架以及排好的牙放在模型上完全就位,在𬌗架上校对位置。②用蜡封闭基托与模型的边缘防止装盒时石膏进入此间隙。根据患者个体特性制作龈缘曲线。③塑料基托区的厚度约为2 mm,骨突区及边缘必须适当加厚,留出以后缓冲量。基托蜡型的唇颊舌磨光面应为凹面,利于唇颊舌的功能活动和义齿固位稳定。唇颊面还应形成似现非现的牙根突度,使基托形态逼真。④光滑蜡型表面时,可用喷灯火焰或棉球、布蘸少许汽油轻擦表面。⑤清理去除所有将被包埋固定在石膏内的多余蜡。

3. 装盒 目的是在型盒内形成蜡型的阴模,以便填塞塑料,形成塑料基托。装盒的要求是卡环、人工牙、支架必须包埋牢固,经热处理后不变位,蜡型应尽量暴露,下层型盒与模型包埋时,石膏不能有倒凹,上下型盒容易分开。

(1)将义齿蜡型及模型在冷水中浸泡,切去模型的石膏基牙和余牙的牙尖或切缘,切削石膏模型的周边和底面,将其放在型盒下半部的中央至型盒底,模型上蜡型的边缘与型盒下半

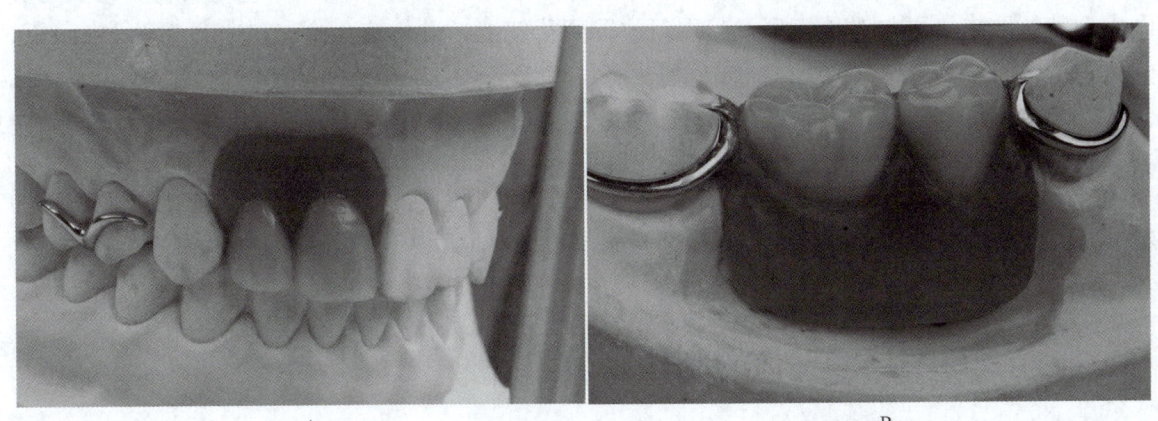

A   B

图 6-126 排牙及蜡型制作

部的边缘平齐。型盒内壁涂少许凡士林，便于开盒时型盒与包埋石膏分离。

（2）调拌石膏注入下半型盒，然后将模型放入型盒，用石膏将卡环、连接体及基托蜡型边缘包埋住，石膏表面呈斜坡状，切忌形成倒凹，型盒下半部的边缘应全部露出。

（3）石膏硬固后，在表面涂藻酸盐石膏分离剂。将型盒上半部放好，注入调好的石膏于型盒内，边注入边振动，使石膏流至各处，并排出气泡。注满石膏后，盖上型盒盖压紧，去除溢出的石膏，洗净型盒。

4. 除蜡

（1）除蜡：将型盒浸泡在开水里4～5分钟或80℃以上的热水中5～10分钟。打开型盒，去除软化的基托蜡，用热水冲去阴模中残留的蜡。检查支架及人工牙位置是否良好。静置，冷却。

（2）阴模的准备：在石膏模型上及石膏阴模内，包括固位网下方，涂藻酸盐分离剂。注意不要将分离剂涂到人工牙与基托结合区。人工牙的塑料结合区要涂基托树脂单体。

5. 装胶、热处理

（1）按粉液比调拌热凝基托树脂。

（2）装胶（packing）：调和好的热凝树脂到达面团期时，取适量树脂捏揉均匀压入上下两半型盒。在上半型盒与下半型盒之间放1片湿玻璃纸，对合上下型盒，适当加压，将多余树脂材料挤出。打开型盒，去除多余树脂，填补缺陷区域。应注意检查支架、人工牙有无变位，不要将石膏碎屑带入。去除分离膜，在上半型盒与下半型盒的塑胶上涂布少量单体，对好上下型盒，在压力器上压紧。

（3）热处理：装胶完成后，将型盒浸泡在水浴箱中，按预定的温度控制程序进行热处理，使基托树脂在一定压力和温度下逐渐完成聚合。待其自然冷却后开盒。

另外一种常用的充胶技术叫作注塑树脂成形技术。该技术是使用专用的型盒，采用特殊的方法进行包埋。然后利用专用的注塑机将树脂压入型盒内。此方法具有不影响咬合、树脂硬度高、组织面与模型贴合更紧密、不产生气泡等优点。

具体操作如下：包埋前首先在基托蜡型上安插1～2根铸道，作为注入树脂的通道；经包埋、开盒、冲蜡等常规操作后关闭型盒，上紧压力夹后将型盒卡在注胶机上，然后用注胶机将树脂压入型盒内，再进行热处理使塑料聚合。

6. 开盒、磨光

（1）开盒：待型盒完全冷却后，打开型盒，将模型从型盒内取出，用石膏剪逐渐从外向内剪除石膏，将义齿分离出来，然后用刷子清洁牙齿表面。如有多余石膏粘在义齿上去除不尽，可将义齿浸泡在30%枸橼酸钠溶液内，经数小时至24 h，石膏渐被溶解，则易刷净。

（2）为了消除装胶及固化过程中造成的咬合误差，可开盒后只去除包埋石膏，将义齿连同模型完整取出。再与对颌模型一起重新放置到𬌗架上，进行咬合检查和选磨调𬌗（selective grinding），消除早接触及𬌗干扰。完成该步之后再去除石膏模型，分离出义齿。

（3）义齿磨光

1）清除义齿组织面上残留石膏和塑料小瘤，磨除树脂基托的飞边。

2）先用各种代石车针及钢纹车针修整基托磨光面形态，再用砂布卷磨平表面纹路，用布轮蘸石英砂（或浮石粉）糊剂细磨基托磨光面及边缘。最后用干布轮或毛刷轮蘸抛光剂抛光。

3）将完成后的义齿浸泡在水中，或密封在有水的塑料袋内。

二、胶连式可摘局部义齿的制作

胶连式义齿的制作过程比铸造支架式义齿要简单。其制作流程见图6-127。

(一)铸造部件的制作

分体制作铸造𬌗支托、铸造杆(后腭杆或舌杆)时,需先在工作模型上涂布分离剂,然后制作蜡型,再采用脱模包埋铸造的方法制成。完成的𬌗支托等经打磨抛光、咬合调改后,在模型上完全就位,在小连接体处用粘蜡固定。

(二)弯制钢丝卡环

常用的类型:单臂卡环、双臂卡环、三臂卡环(包括支托)、间隙卡环、倒钩卡环、圈形卡环、延伸卡环等。

1. 弯制卡环的不锈钢丝材料规格:20号钢丝(直径0.9 mm),适用于弯制尖牙和前磨牙的卡环;19号钢丝(直径1.0 mm),适用于弯制磨牙卡环。

2. 弯制卡环常用的器械:尖嘴钳,用于弯制卡环的转角、固定已弯制成形的卡环部分,以免弯制其他部分时使之变形;尖头钳(三德钳),用于弯制卡环的弧度及转角;大小半圆钳(大小日月钳),主要用于弯制卡环的弯曲弧度。小三头钳,作用与日月钳相同;平头钳,弯制卡环连接体的角度;刻断钳,用来切断不锈钢丝;鹰嘴钳,修改卡环的弧度。

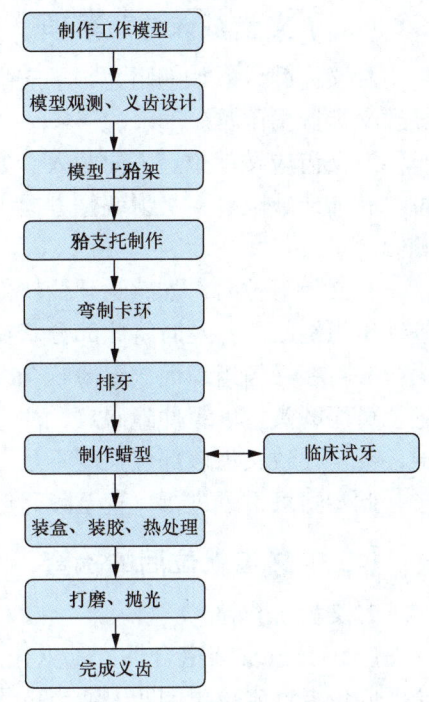

图6-127 胶连式义齿的制作流程

3. 弯制卡环注意事项:在模型上先画出卡环位置,基托应伸展的范围,在此范围内合理设计各个卡环连接体应放置的位置。卡环连接体离开模型表面1 mm,使其完全为塑料所包埋。卡臂末端1/2位于基牙唇颊面倒凹区内,与石膏模型轻轻接触,卡臂离开龈缘至少0.5 mm,不能过低,以免义齿下沉后压迫龈缘。卡环尖端磨圆钝。支托及卡体的位置不能影响咬合。

(三)排牙、基托蜡型制作及义齿完成

胶连式义齿的排牙、基托蜡型制作、装盒、装胶、热处理过程与铸造支架式可摘局部义齿基本相同。

(周建锋　杨亚东)

第十节　可摘局部义齿的戴用与维护
Delivery and Maintenance of RPD

一、义齿初戴

(一)义齿戴入前检查与调改

已制作完成的义齿在戴入患者口内之前,需先进行义齿形态检查。检查义齿卡环、连接体及基托有无明显变形,基托边缘是否圆钝,组织面是否有突起的塑料小瘤及残存的石膏。检查义齿基托是否进入基牙及组织倒凹。义齿支架及基托明显变形者需要重新开始修复,卡臂变形者可先进行适当调改。义齿组织面的树脂瘤和残留石膏,以及基托进入倒凹的部分,应先磨除。基托覆盖龈缘部位应适当缓冲处理。

（二）义齿戴入注意事项

1. 义齿戴入时如遇阻力，不应强行用力使义齿就位。以免导致基牙疼痛和黏膜擦伤，甚至导致义齿摘出困难。

2. 义齿应按就位道方向戴入。如果就位方向与设计的就位道方向不一致，义齿可能难以就位。有前牙缺隙者，义齿就位方向常向后倾斜。后牙有颊舌向倾斜时，就位道方向可能要向一侧倾斜。

3. 义齿就位时，如感觉牙槽嵴部位有阻挡或黏膜压痛，应检查确定基托边缘是否伸展过长进入组织倒凹，并及时将此部分基托磨除。

4. 可在义齿组织面放置薄咬合纸，会在义齿组织面显示余留牙阻挡义齿就位的障碍点的印记。可用磨头适度缓冲障碍点，注意不要调磨过量。以免缓冲过度，使义齿与基牙之间出现间隙，甚至导致义齿该部位强度不足。如卡体部位缓冲过度，会导致卡体强度不足，卡臂容易变形。此步骤可重复进行，直至障碍点去除，义齿完全就位。

（三）义齿就位后的检查

1. 义齿密合性

（1）义齿支架密合性：①支托、隙卡卡体完全位于支托凹和隙卡沟内；②卡环与基牙密合，固位卡臂尖位于倒凹内适当位置；③大小连接体与基牙和黏膜组织密合无间隙；④义齿固位好，不松动；⑤义齿摘戴方便。

（2）基托密合性：①游离端基托密合，不翘动；②游离端基托边缘伸展合适，不妨碍周围组织活动；③基托磨光面形态与周围组织协调；④基托组织面与黏膜密合而无压迫。

压力指示剂（pressure indicator）的应用：

吹干基托及大连接体组织面，用毛刷均匀涂布一层压力指示剂。然后将义齿在口内就位，并在人工牙𬌗面施加一定的压力。然后摘下义齿，查看压力指示剂是否均匀，是否有局部与黏膜接触过紧、压力过大的区域。基托边缘也可涂布压力指示剂加功能整塑来确定是否有过度伸展。需要注意的是，涂布的压力指示剂要薄而均匀，遮住基托和大连接体组织面颜色即可，勿过薄或过厚。义齿戴入口内前，可先让患者漱口，避免承托区黏膜干燥，压力指示剂脱落，从而混淆检查结果。

2. 人工牙排列、咬合关系和戴义齿后的外观

（1）人工牙牙冠的大小、形态、颜色、倾斜度、颈缘线位置与余留牙协调一致。

（2）前后牙覆𬌗、覆盖关系正常。

（3）𬌗平面、𬌗曲线正常。

（4）重新确定颌位关系者，正中关系正确，垂直距离无过高或过低。

（5）咬合纸检查余留牙和人工牙在牙尖交错𬌗是否均匀接触。人工牙和义齿位于𬌗面部分（支托、卡体）在牙尖交错𬌗有无早接触，前伸及侧方𬌗时有无𬌗干扰；缺失牙多的游离缺失者，游离端人工牙应有前伸和侧方𬌗平衡。

（6）前牙切端位置、中线、唇颊组织丰满度正常。

（四）义齿调改

1. 缓冲障碍点和支点 义齿支架部分不能完全就位时，使用薄咬合纸找到余留牙轴面对应的障碍点，或𬌗面处的支点，进行缓冲。基托不能就位时，用压力指示剂确定义齿基托或大连接体组织面内的支点，或进入组织倒凹的位置，进行缓冲。

2. 基托及大连接体调改

（1）调磨过长、妨碍系带等周围组织活动的基托和大连接体边缘。

（2）缓冲基托和大连接体组织面压迫黏膜的部位。

3. 卡环固位力调节

（1）固位力过大：缓冲卡体、小连接体、大连接体等与余留牙轴面接触过紧或进入倒凹的部位。磨短进入倒凹过深的固位卡臂尖。

（2）固位力不足：因卡臂变形，与牙面不贴合者，可适当调改卡臂与牙面贴合。避免过度调改导致卡臂折断。如卡臂尖进入倒凹深度不足，可尝试磨改基牙，加深倒凹后调改卡臂尖进入倒凹深度。如难以调改，只能重新修复。

4. 咬合调整 以上调改完成后，在义齿完全贴合、稳固的情况下，根据咬合纸检查结果，调磨去除早接触和𬌗干扰。调𬌗注意事项：使用大号球钻或小号桃形磨头；调𬌗应少量多次；保持人工牙𬌗面形态和牙尖斜度；余留牙和人工牙均匀接触；长游离端人工牙前伸和侧方调至平衡𬌗（见全口义齿人工牙调𬌗）。

5. 打磨抛光 义齿调改完成后，除义齿组织面的磨改之外，对于义齿磨光面（包括边缘）和咬合面的磨改后形成的粗糙表面，金属部分和塑料部分应分别进行打磨和抛光。

（五）医嘱——戴牙指导

教会患者正确地摘戴、使用和维护义齿的方法，指导患者养成良好的口腔卫生习惯。与患者充分沟通，使其理解义齿初戴后可能遇到的问题和应对方法，消除误解，增强患者适应义齿的信心。

1. 初戴义齿时常有异物感、唾液增多、恶心、发音不清晰、咀嚼不便等不适。一般经坚持戴用，1~2周即可适应。

2. 摘戴义齿应沿一定的方向，推拉卡环或推拉基托，不宜用大力摘戴义齿，或用牙咬着使义齿就位，以免卡环变形，无法戴入或松动。

3. 初戴义齿最好先不要吃硬的食物，前牙不宜切咬较硬的食物，先练习用后牙吃较软的食物，逐渐适应。

4. 进食后和睡前应摘下义齿，刷牙并清洗义齿，避免食物残渣、软垢积存。义齿可使用软毛牙刷蘸牙膏轻轻刷洗，可定期用专用清洁剂浸泡后刷洗。不要过度用力洗刷义齿，避免义齿过度磨损。洗刷时避免义齿脱落，以免金属支架变形和塑料基托折裂。也切忌用开水或有腐蚀性的清洁液洗刷、浸泡义齿。晚上睡觉前应将义齿摘下，清洗干净后浸泡在冷水中保存。

5. 如有黏膜压痛、破溃，应及时复诊调改，切忌患者自行修改。如疼痛明显，可暂时取下义齿，浸泡在冷水中。复诊前数小时应戴上义齿，便于医生准确地发现黏膜红肿、疼痛部位，易于调改。

6. 如义齿发生裂纹或折断时，应及时复诊修理。

7. 戴义齿后应每半年~1年定期复诊检查，及时发现和处理余留牙及义齿可能存在的问题。使义齿保持良好的功能状态，避免对剩余组织的损害。

二、义齿戴入后可能出现的问题与处理

（一）疼痛

1. 基牙疼痛 首先需排除牙体、牙髓、牙周等问题。义齿修复导致基牙疼痛的常见原因有：①支托凹预备过深，造成牙本质敏感；②卡环、义齿支架或基托部分与基牙轴面接触过紧，或卡环设计、基牙选择不当，导致基牙负担过重，扭力、侧向力过大导致牙周膜创伤。牙本质敏感者可脱敏处理；卡环过紧者可酌情调改卡臂位置或缓冲处理；卡环设计不当或基牙选择不当者，需重新进行义齿设计和修复。

2. 黏膜疼痛

（1）义齿摘戴过程中黏膜压痛：原因是基托或大连接体进入组织倒凹，导致义齿摘戴时基托或大连接体牙槽嵴侧面骨隆突处压迫、擦伤黏膜。处理方法是磨除基托进入组织倒凹的部分。

（2）义齿戴入后黏膜压痛：原因有：①基托边缘伸展过长。②基托组织面小瘤。③上颌硬区、下颌隆突、下颌舌骨嵴及骨尖等骨性隆突部位基托组织面缓冲不足。④咬合高点或𬌗干扰，导致局部压力过大或支持组织受力不均衡。⑤卡臂位置过低，压迫龈缘。⑥游离端黏膜支持不足：牙槽嵴低平、黏膜薄弱、𬌗力过大；基托伸展不足；上颌后部大连接体过窄；支托折断导致义齿下沉。应首先检查基托伸展，磨除过长的基托边缘；调整咬合，去除咬合早接触和𬌗干扰；缓冲压痛处基托组织面；牙槽嵴支持能力差者，可人工牙减径或减数，减小咬合力。因印模不准确、模型缺损、义齿变形、基托范围过小、大连接体支持不足、支托折断等导致的黏膜压痛，应重新修复。义齿组织面和边缘缓冲处理时，黏膜压痛的定位方法：

1）黏膜局部红肿、溃疡表现明显：黏膜压痛容易定位，可用棉签蘸龙胆紫涂布在压痛黏膜局部，将压痛部位转印至相对应的义齿组织面，再缓冲有印记的义齿组织面，至压痛基本消失。要保证转印和缓冲部位准确，需先干燥义齿组织面和患处黏膜，避免因甲紫过量及唾液使甲紫流动，导致疼痛定位和转印不准确。

2）黏膜局部红肿表现不明显：黏膜压痛不容易直接、准确定位者，可以使用压力指示剂来发现义齿组织面上黏膜压迫的部位，进行缓冲处理。方法如前所述。

（二）固位不良

1. 卡环各部分的位置不当 ①卡环未完全就位；②卡臂不贴合、卡臂尖未进入基牙倒凹区；③基牙固位倒凹过小，卡环固位力不足；④钢丝弯制卡环的卡臂尖抵住邻牙，导致义齿完全就位后发生弹跳。可酌情调改，使卡环就位、贴合。如无法调改，应重新设计和修复。基牙固位倒凹不足者，可通过形态磨改或冠修复的方式，获得适当固位倒凹。

2. 基托与黏膜不贴合或边缘伸展异常 ①基托组织面在硬区处形成支点，会导致义齿翘动，可缓冲基托组织面消除支点；②对于缺失牙多且卡环固位不足，需利用基托吸附辅助固位者，如因印模不准确或义齿变形，导致基托不贴合，或因基托伸展范围不足，导致义齿固位不良，需重新义齿修复；③如因牙槽嵴吸收，导致基托不贴合，游离端翘动者，可采取基托组织面重衬，来增加基托密合性；④如因基托边缘伸展过长，妨碍颊舌等基托周围组织活动，致义齿松动者，需磨短过长的基托边缘。

3. 人工牙的排列不当 ①前牙覆𬌗过深，或前牙过于偏牙槽嵴唇侧，在前伸运动时，上颌义齿会前后翘动；②上颌义齿后牙排列偏牙槽嵴颊侧，下颌后牙排列偏牙槽嵴舌侧，咀嚼食物时，义齿会以牙槽嵴顶为轴翘动；③下后牙偏舌侧还会因妨碍舌的正常活动，而导致义齿松动。偏差较小者，可进行调𬌗、调磨后牙轴面处理。偏差较大者，义齿需重新排牙。

（三）义齿摘戴困难

造成义齿摘戴困难的原因包括：①卡环坚硬部分进入倒凹区，卡环过紧；②塑料基托或义齿支架与基牙接触过紧，或进入倒凹区；③患者未掌握摘戴义齿方法和方向。处理方法：去除进入倒凹区的义齿坚硬部分，缓冲接触过紧部位，指导患者正确摘戴义齿。

（四）咀嚼功能不良

会导致戴义齿后咀嚼功能恢复不佳的原因包括：①初戴不适应；②义齿人工牙咬合面的形态不佳，咬合低，咬合接触关系不良，固位稳定不佳，均可导致咀嚼功能不佳；③义齿修复时重新确定颌位关系的患者，垂直距离恢复过高或过低，或者正中关系错误，也会导致咀嚼功能不良。处理方法：对于初戴不适应者，经过一段时间的坚持戴用，可逐渐改善。人工牙咬合接触关系不良，义齿固位稳定差者，可酌情调改人工牙𬌗面形态、调𬌗，改善咬合接触关系，增强固位和稳定。如无法调改改善，应重新修复或重新排牙。对于颌位关系恢复错误者，需重新义齿修复，确定正确的颌位关系。

（五）食物嵌塞

义齿与基牙及软组织间有少量食物残渣存积不能完全避免，需要患者加强口腔卫生和义齿的清洗，防止天然牙发生龋病和牙周病。而以下原因会导致义齿与余留牙或组织间过大的间隙，均可造成食物嵌塞：①义齿基托与基牙、软组织不密贴，卡环与基牙不贴合；②义齿就位道设计不当；③基牙和余留牙预备时未充分去除不利倒凹形成导平面；④义齿制作时填倒凹过多；⑤义齿初戴时磨除基托过多造成不应该有的空隙等。处理方法是用自凝树脂局部衬垫，消除过大的间隙，或充分去除不利倒凹后重新修复。

（六）发音不清

发音不清的主要原因：①初戴不适应：可摘局部义齿体积大，初戴后因口腔原有空间相对变小，舌活动受限，发音时舌定位不准确，可有暂时性发音不清。经过一段时间的使用，会逐渐习惯，发音会恢复正常。上颌义齿的大连接体尽量避开前腭部，覆盖前腭部的塑料基托不宜过厚，可形成切牙乳突和腭皱形态，以利于辅助发音。②义齿人工牙排列位置偏舌侧，舌腭侧基托过厚，会导致舌齿音发音不清者，或说话时有哨音。可调磨人工牙舌面，磨薄基托，增大舌运动空间。必要时需重新排牙。③上下前牙覆盖过大，会导致齿音或唇齿音不清晰。此时需重新排牙，改善前牙覆盖关系。

（七）咬唇、咬颊、咬舌

1. 咬唇　前牙覆盖过小甚至对刃造成。可调磨下前牙唇面，加大前牙覆盖。如果无法通过调磨解决，需重新排牙，加大覆盖。

2. 咬颊　①多为后牙颊侧覆盖过小所致；②颊脂垫肥厚者更容易咬腮；③游离端义齿位于人工牙远中的基托与对颌间隙过小时，也会在此处咬颊。可适当磨减下颌义齿后牙颊侧加大覆盖，必要时重新排牙。后部基托咬颊者，可磨薄此处基托，增加上下颌义齿基托间空隙。颊脂垫肥厚者，可加厚上颌后部颊侧基托，向颊侧推开颊脂垫。

3. 咬舌　常见原因是：①后牙舌侧覆盖过小；②后牙𬌗平面低于舌侧缘。对于舌侧覆盖过小者，如果咬舌处上后牙为人工牙，可磨减上后牙舌侧，加大舌侧覆盖。如果无法加大舌侧覆盖，或者咬舌是因为𬌗平面过低所致，则需要重新排牙来加大舌侧覆盖，或抬高𬌗平面。

（八）恶心、唾液增多

①义齿初戴时，口腔原有空间相对变小，舌活动受限，患者异物感明显，会有恶心、唾液增多现象。需要患者增强信心，坚持戴用，转移注意力，异物感会逐渐减弱。1～2周后绝大多数患者可完全适应。②上颌义齿后缘伸展过长、过厚，黏膜不贴合。③前伸𬌗干扰导致基托前后翘动，刺激软腭黏膜或舌根部而引起恶心，可调磨过长、过厚的基托后缘，基托组织面重衬，调𬌗消除义齿翘动。④下颌游离端义齿舌侧基托后部过度伸展、过厚，或人工后牙过于偏舌侧，使舌活动受限，也可导致恶心。可调磨基托，磨改人工后牙舌侧或重新排牙。

（九）咀嚼肌和颞下颌关节不适

对于重新确定颌位关系的患者，如果垂直距离恢复过高，咀嚼时肌张力过大，易疲劳，导致面部肌肉酸痛。垂直距离恢复过低，或义齿重度磨耗导致的垂直距离过低，咀嚼肌肌张力不足，导致咀嚼无力。垂直距离恢复过高或过低，正中关系偏斜及明显的咬合干扰，还可能导致

表 6-3 可摘局部义齿戴用后可能出现的问题与处理

问题		原因	处理	备注
疼痛	基牙疼痛	牙本质敏感	脱敏处理	
		支托凹预备过深		
	牙周膜 戴时痛	牙周膜创伤	①义齿与基牙轴面接触过紧部位，缓冲接触过紧部位，重新义齿设计和修复 ②卡环设计、基牙选择不当	
	黏膜 疼痛	义齿戴 入后痛	基托或大连接体进入组织倒凹	磨除基托进入组织倒凹的部分	黏膜压痛定位： ①局部表现明显：甲紫 ②局部表现不明显：压力指示剂
		义齿戴 入后痛	①基托边缘伸展过长 ②基托组织面小瘤 ③骨性隆突部位组织缓冲不足 ④咬合高点或殆干扰 ⑤卡臂压迫龈缘 ⑥游离端黏膜支持不足：牙槽嵴低平、黏膜薄弱、殆力过大；基托伸展不足；上颌后部大连接体过窄；支托折断。应首先检查基托伸展	磨除过长的基托边缘 磨除组织面小瘤 缓冲压痛处基托组织面 调整咬合，去除咬合早接触和殆干扰 调磨卡臂位置 人工牙减径、减数；重新修复	
固位 不良	卡环各部分的 位置不当	①卡环未完全就位 ②卡臂不贴合，卡臂尖未进入基牙倒凹区 ③基牙固位倒凹过小，卡环尖抵住邻牙 ④钢丝弯制卡环的卡臂尖成形不当	可酌情调改，使卡环就位、贴合 如无法调改，应重新设计和修复。基牙固位倒凹不足者，可调改形态磨改或冠修复的方式，获得适当固位倒凹	
	基托不密合或 边缘伸展异常	①基托组织面在硬区处形成支点 ②基托不贴合，或基托伸展范围不足 ③牙槽嵴吸收导致基托不贴合、游离端翘动 ④基托边缘伸展过长，妨碍周围组织活动	缓冲基托组织面、消除支点 重新义齿修复 基托组织面重衬，增加密合性 磨短过长的基托边缘	
	人工牙排列不当	①前牙覆殆过深，或过于偏牙槽嵴唇侧，义齿前后翘动 ②上后牙偏牙槽嵴颊侧，下后牙偏牙槽嵴舌侧，义齿翘动 ③下后牙偏舌侧妨碍舌的活动，导致义齿松动	偏差较小者，可进行调殆、调磨后牙轴面处理。偏差较大者，义齿需重新排牙	
摘戴困难		①卡环坚硬部分进入人倒凹区、卡环过紧 ②塑料基托或义齿支架与基牙接触过紧部位 ③患者未掌握摘戴义齿方法和方向	去除进入倒凹区的义齿坚硬部分 缓冲接触过紧部位 指导患者正确摘戴义齿	
咀嚼功能不良		①初戴不适应 ②人工牙咬合面形态不佳，接触关系不良 ③义齿固位稳定不佳 ③垂直距离或正中关系错误	坚持戴用 改善殆面形态，调殆 增强固位和稳定 重新排牙或重新修复，确定正确的颌位关系	

（续表）

问题	原因	处理	备注
食物嵌塞	①基托与基牙、软组织不密贴，卡环与基牙不贴合 ②义齿就位道设计不当 ③基牙和余留牙预备时未充分去除不利倒凹形成导平面 ④义齿制作时填倒凹过多 ⑤义齿初戴时磨除基托过多造成不应该有的空隙等	自凝树脂局部衬垫，消除过大的间隙 充分去除不利倒凹后重新修复	
发音不清	①初戴不适应 ②义齿人工牙排列位置偏舌侧，舌腭侧基托过厚，导致舌齿音不清，或说话时有哨音 ③上下前牙覆盖过大，会导致齿音或唇齿音不清晰	坚持戴用，逐渐适应 必要时需重新排牙 重新制作，改善前牙覆盖关系	上颌大连接体尽量避开前腭部，前腭部塑料基托不宜过厚，切牙乳突和腭皱形态有利于辅助发音
咬唇	前牙覆盖过小甚至对刃	调磨下前牙唇面，加大前牙覆盖。如果无法通过调磨解决，需重新排牙，加大覆盖	
咬颊	①多为后牙颊侧覆盖过小所致 ②颊脂垫肥厚者更容易咬颊 ③游离端义齿远中的人工牙远位于人工牙远中的基托与对颌间隙过小	磨减下后牙颊侧加大覆盖，必要时重新排牙 加厚上颌后部颊侧基托，推开颊脂垫 磨薄此处基托，增加上下颌义齿基托间空隙	
咬舌	①后牙舌侧覆盖过小 ②后牙𬌗平面低于舌侧缘	磨减上后牙舌侧或重新排牙，加大舌侧覆盖 重新排牙，抬高𬌗平面	
恶心、唾液增多	①初戴不适应 ②上颌后缘伸展过长，过厚，黏膜不贴合 ③前伸𬌗干扰导致基托前伸翘动 ④下颌游离远端义齿舌侧基托后部过度伸展，过厚，或人工牙过于偏舌侧	坚持戴用，逐渐适应 调磨过长，过厚的基托后缘，组织面重衬 调𬌗，获得前伸平衡𬌗 调磨基托，磨改人工后牙舌侧或重新排牙	
咀嚼肌和颞下颌关节不适	①垂直距离恢复过高或过低 ②正中关系偏斜，明显的咬合干扰	重新义齿修复，恢复正常的颌位关系	
戴义齿后的美观问题	人工牙颜色、形态、大小、排列与余留牙不协调，面部丰满度过突或不足，患者对美观效果不满意	认真听取患者意见，尽量满足患者合理意愿，酌情修改，必要时重新修复。对于不能达到的要求，需耐心解释，得到患者的理解	修复前充分沟通，准确了解美观要求。让患者能够达到的效果。义齿修复能够达到的效果。试排牙，直观了解外观效果，及时调改

颞下颌关节不适。处理方法是重新义齿修复，恢复正确的颌位关系。

（十）戴义齿后的美观问题

如果患者对义齿修复后的美观问题不满意，如人工牙颜色、形态、大小、排列及面部丰满度等，应认真听取患者意见。尽量满足患者合理的意愿，酌情进行修改，必要时重新修复。对于不能达到的要求，需耐心解释，得到患者的理解。为避免戴牙后出现此类问题，需要修复前与患者充分沟通，准确了解患者的美观要求，也让患者事先理解义齿修复能够达到的效果。对于涉及美观的义齿修复，可通过试排牙，让患者直观了解修复后的外观效果，并及时进行调改。

以上内容汇总见表 6-3。

（杨亚东）

第十一节　可摘局部义齿的修理
Repair of RPD

可摘局部义齿戴用一段时间以后，口腔剩余组织会发生改变。常见缺隙牙槽嵴骨吸收导致义齿密合性降低，固位稳定不佳，咬合力传导异常和支持组织损害。还可能有余留牙再缺失，影响义齿修复效果。义齿在使用过程中也可能因意外、磨损、材料老化等原因，导致义齿发生折断、破损、磨耗、颜色改变等问题，影响义齿的固位稳定、功能和外观。对于上述问题的解决方法有两个：一个是重新义齿修复；另一个是对现有义齿进行修理，通过简单方法恢复义齿稳固与功能。对于患者来说，显然后一种方法的性价比更高。但前提是修理的方法应该简单有效，能够解决义齿存在的问题，并能够避免进一步损害。否则，应采取重新修复的方式。

一、义齿基托的重衬

义齿戴用一段时间后，随着牙槽骨的吸收，牙槽嵴高度降低，基托组织面与黏膜组织越来越不密合，嵌塞食物。游离端基托会翘动，末端基牙受扭力增大。义齿在支点线处应力集中，可能导致塑料基托折断。如果义齿金属支架部分完好、密合，义齿塑料基托和人工牙无明显缺损或严重的材料老化，余留牙尤其是基牙无严重健康问题，解决基托组织面不密合最简单有效的方法，就是义齿基托组织面重衬（denture base reline）。重衬是在义齿原有塑料基托的组织面添加新的树脂材料，重新形成与承托区黏膜表面密合的义齿组织面。由于金属与树脂无法牢固结合，所以重衬只适用于塑料基托，金属基托组织面不宜重衬。

（一）直接法重衬

直接法重衬是指在患者口内完成，用自凝树脂进行的基托重衬。临床操作步骤：

1. 义齿基托组织面处理　将义齿基托组织面均匀磨除一层，使表面粗糙，冲洗干净，吹干。然后用棉签蘸自凝树脂单体涂布在打磨过的基托组织面上，作用是使基托表面树脂溶胀，便于与重衬的自凝树脂结合。

2. 涂分离剂　用棉签蘸凡士林涂布在重衬区域的黏膜及邻近基牙表面。必要时，填塞过大的余留牙邻面倒凹。义齿基托磨光面和人工牙表面同样涂布凡士林，以免重衬的自凝树脂粘固在此处不易除去。

3. 调拌基托色自凝塑料　按粉液比调拌自凝树脂。在拉丝早期，用调刀将其涂布于基托组织面。

4. 口内重衬 将义齿戴入口内就位，检查卡环、支托等与基牙上隙卡沟、支托凹密合，嘱患者自然咬合。引导患者进行功能性边缘整塑动作，使多余的树脂从基托边缘挤出，形成良好的边缘伸展。

5. 义齿取出与修整 切记不要等自凝树脂完全硬固后再取出，可能因自凝树脂进入倒凹，无法摘下义齿。在自凝树脂初凝，尚未完全硬固前，将义齿从口内取出。待自凝树脂完全硬固后，磨除进入倒凹区及多余树脂。将义齿衬垫薄咬合纸，在口内试戴，然后调磨障碍点，至义齿能够顺利摘戴。然后检查基托密合性和边缘伸展。再检查人工牙咬合接触，进行必要的调𬌗。如果人工牙咬合低，可以用白色自凝树脂加高咬合。

6. 完成 义齿抛光处理。

（二）间接法重衬

间接法重衬是在患者口外进行的，用热凝树脂进行的基托重衬。间接法重衬采用的热凝树脂不易老化，且与义齿基托结合更牢固。但间接法重衬的操作较直接法重衬要繁琐。

1. 制取印模 在义齿需要重衬部位的基托组织面放置橡胶类印模材，将义齿连同印模材戴入口内，使义齿支架部分完全就位，嘱患者轻轻咬合，然后引导患者进行游离端部位边缘整塑。待印模材硬固后，摘下义齿，剪除多余的印模材。

2. 装盒、装胶、热处理 将义齿直接装盒。开盒后，去除游离端组织面的印模材。在基托表面涂布热凝树脂单体，然后填塞调拌好的热凝树脂，压盒、热处理。最后将完成的义齿进行打磨、抛光。

3. 义齿试戴 将义齿重新在口内试戴、调改、调𬌗。

二、义齿换托与重新排牙

（一）换托

重衬是在保留原有的义齿基托上的添加。换托（rebase）是保留义齿金属支架和人工牙，去除原有的老化、脆弱或缺损的义齿塑料基托，在此基础上重新制作整个义齿基托。由于树脂人工牙常同时老化和磨损，所以单纯换托较少。多数是在义齿余留牙健康，义齿金属支架完好、密合的情况下，只保留义齿的金属支架部分，将人工牙和基托部分同时重新制作。义齿换托及人工牙的方法：

1. 用旧义齿取游离端局部印模。
2. 人工牙𬌗面添加𬌗蜡或𬌗记录硅橡胶，取𬌗记录。
3. 戴义齿取完整印模及对口印模。
4. 灌制石膏模型，模型（戴旧义齿）修整上𬌗架。
5. 旧义齿从模型取下，去除树脂人工牙和基托。
6. 义齿支架部分戴回模型，重新排牙和制作基托蜡型。
7. 最终完成义齿制作和戴入。

（二）重新排牙

如果义齿支架和基托无异常，只有人工牙过度磨耗、缺损，或人工牙排列位置异常者，可只更换人工牙部分。重新排牙时需要戴义齿取印模，戴义齿灌石膏模型，必要时取𬌗记录。然后将模型及义齿上𬌗架，磨除原人工牙，重排新牙。最后用热凝树脂恢复人工牙与基托结合处。

三、基托折裂、折断的修理

基托折裂、折断的原因有两个：①因义齿设计或制作不当，导致局部强度不足和应力集中，如局部过薄、过窄，基托翘动，受力大的部位没有加强等；②意外或使用不当导致，如跌落、受压或咬硬物等。修理等操作方法是：

1. 义齿洗净擦干后，将折断部分断端准确拼对好，以502胶水粘固。
2. 将调拌好的石膏灌注在义齿基托的组织面，堆塑石膏模型。
3. 石膏模型硬固后，将基托断端两侧磨光面部分磨除，呈斜坡状，并达组织面。切勿损坏石膏模型。
4. 在石膏模型上涂布藻酸盐分离剂，将义齿基托在模型上就位。
5. 树脂粘固。①自凝树脂粘固：在斜坡状断面涂布自凝树脂单体，然后用调拌好的自凝树脂堆塑，恢复局部基托厚度和磨光面形态。待自凝树脂硬固后进行打磨抛光。②热凝树脂粘固：用基托蜡恢复局部基托厚度和外形，然后将义齿及石膏模型装盒，最终用热凝树脂完成折断基托的粘固。为了增加折断处基托的强度，可在自凝树脂堆塑前或局部蜡型制作前，将1~2根18号扁钢丝固定在断端塑料基托内，与断端方向垂直，最终包埋在自凝或热凝树脂内。

基托修理完成后，需将义齿戴入口内，检查义齿密合性，咬合接触关系等，并做必要的调改。因设计和制作造成的义齿薄弱，如果无法通过修理改善的，应考虑重新修复，彻底解决义齿设计和制作的问题。

四、卡环、支托折断的修理

卡环、支托折断的原因：①支托凹及隙卡沟预备过浅，导致修复间隙不足；②义齿初戴时调磨过多，导致局部薄弱；③卡环弯制和调改过多，导致局部金属疲劳；④意外受力，摔或压断。通过舌侧小连接体与大连接体连接的支托或间隙卡环/联合卡环的折断，难以修理，一般需重新义齿修复。小连接体位于缺隙侧邻面的支托或卡环，常可以替换修理。方法是：

1. 支托、隙卡沟间隙不足或卡体部位有不利倒凹者，应重新进行牙体预备。
2. 义齿在口内完全就位，取印模，将义齿留在印模内，灌注石膏模型。
3. 将义齿从模型上取下，磨除残留的卡体、支托及部分小连接体，并将邻近的人工牙和基托磨去一部分，形成沟状，以便容纳添加的支托或卡环连接体。
4. 单独制作铸造支托，弯制钢丝卡环，小连接体进入缺隙鞍基上磨出的沟槽内，必要时重排相邻人工牙。用热凝或自凝树脂固定添加的卡环和支托，恢复基托部分。

五、人工牙折断或脱落的修理

人工牙折断或脱落的原因：①咬合紧，𬌗力大；②人工牙与义齿支架或基托结合薄弱；③义齿制作时操作不当，使人工牙与塑料基托结合薄弱。如果能够减轻局部受力，保证人工牙结合强度，可重新加牙修理。否则只能重新修复，改善人工牙的结合强度，防止折断或脱落。修理方法是：

1. 对𬌗牙调整，减轻𬌗力。
2. 戴义齿取工作及对口印模，戴义齿灌模型。
3. 磨除残留的人工牙及部分塑料基托，扩大粘接面积。
4. 必要时，加强人工牙与义齿支架结合强度，如加焊固位钉等。
5. 选择并调改人工牙，使其适合缺隙。
6. 用自凝树脂或热凝树脂粘固。

7. 戴义齿进行口内调𬌗。

六、义齿上添加人工牙、卡环的修理

义齿修复后，如又有余留牙缺失，有些情况下可在新缺隙处添加人工牙。条件是：①原义齿的固位、稳定和支持良好；②或在新缺隙邻牙上添加卡环、支托后可以重新获得良好的固位、稳定和支持；③人工牙和卡环、支托等能够方便添加到义齿上，结合牢固。具体方法是：

1. 新缺隙邻牙预备导平面，去除轴角处过大倒凹，预备𬌗支托凹。
2. 戴义齿取工作及对口印模，将义齿翻至石膏模型上。
3. 单独制作铸造支托、卡环或弯制卡臂，连接体包埋在塑料基托内，或焊接在金属支架上。
4. 选择、排列人工牙，热凝树脂或自凝树脂法完成修理。

（杨亚东）

进展与趋势

可摘局部义齿是一种传统而经典的牙列缺损修复治疗方法。其适用范围广，能够同时修复缺失牙及缺损组织，修复效果易于满足一般要求，临床操作及义齿制作相对简单，费用低廉，因此临床应用广泛。但这种修复方式也有其固有的缺点，如体积大，舒适性不佳；反复摘戴，使用不便；设计复杂，常见不良修复；设计不佳或清洁不够，易致余留组织损害。近年来，随着生活条件改善，口腔保健与治疗水平提高，特别是种植义齿的临床开展，可摘局部义齿修复的比重有所下降。但是，随着人口的老龄化，老年人口迅速增加，可摘局部义齿仍将是一种广泛应用的、不可完全替代的修复方式。

可摘局部义齿修复到目前尚未有突破性进展。现在的研究与改进集中在以下几方面：①材料选择：硬质复合树脂人工牙代替普通树脂牙，降低磨耗率；以更轻、生物相容性更好的纯钛金属，刚性更好的钴铬钼合金代替传统的钴铬合金制作义齿铸造支架；采用注塑技术代替传统的热压塑料基托制作；以聚合材料聚芳基酮（aryl ketone polymer，AKP）或聚醚醚酮（polyetherether ketone，PEEK）代替金属支架的应用研究。②义齿设计与制作技术的数字化：从数字化印模到数字化义齿设计，再到义齿支架的3D激光打印。③种植覆盖义齿：在游离端或长缺隙处增加种植体加附着体，采取种植覆盖的方式增加义齿的支持和固位，改善义齿功能效果的同时减轻牙槽嵴支持组织的负担。

Summary

The removable partial denture (RPD) is a removable prosthesis that replace one or more missing teeth of the partial edentulism when fixed partial denture or implant restoration are not optional choices. It provides functional and aesthetic oral rehabilitation through less invasive clinical procedure and relatively low cost. A removable partial denture gains support and retention from the remaining natural teeth and edentulous residual ridge and it can be readily placed in the mouth and removed out by the wearer.

This chapter provides an overview of removable partial denture, elaborates on the basic concepts, indications, contraindications, characteristics and functions by structure and materials, and introduces classification of partially edentulous arches with corresponding denture design. The Kennedy and Applegate classification system was the most commonly used by most prosthodontist around the world.

The components of a removable partial denture are described in detail, which include retainer, connector, base and artificial teeth. The clasps are main retainers that may come in various designs: cast circumferential clasp (for example Aker's clasp, ring clasp, and back-action clasp etc.), wrought wire clasp and Roach clasp (for example I-bar, T-bar, Y-bar, and U-bar etc.). Both cast circumferential and wrought wire clasps are suprabulge clasps, in that they engage the undercut of the abutment by originating coronal to the height of contour. While Roach clasps are infrabulge clasps and engage undercuts by approaching from the gingival direction. In addition, there are a couple of specific clasp design, the RPI clasp and RPA clasp. The important functions of clasps are retention, support, stabilizing. The connectors are composed of major connector (the metal part which joins the component parts on one side of the arch to those on the opposite side) and minor connector (the small struts and network which join other parts of the RPD to the major connector). There are two kinds of denture base: resin base and metal base. Resin base is attached to the framework by means of open lattice or mesh. The artificial teeth are made of resin or porcelain formed in the shape of teeth to restore the function for chewing, pronuncation and esthetics. The philosophy of denture function (including support, retention and stability) and the principles of denture design according to Kennedy classification were discussed in detail.

Clinical procedures ranging from examination, diagnosis and treatment planning, mouth preparation, impression and casts making, occlusion registration and articulator mounting, the laboratory process, denture insertion and patient instruction, follow-up and denture maintainence after denture delivery, and denture repair were also described in detail.

Definition and Terminology

卡环 (**clasp**): the part of a removable partial denture that acts as a direct retainer and/or stabilizer for a prosthesis by partially encompassing or contacting an abutment tooth; components of the clasp assembly include the retentive clasp arm, reciprocal clasp arm and occlusal rest.

卡环臂 (**clasp arm**): component of the clasp that engages a portion of the tooth surface and either enters an undercut for retention or remains entirely above the height of contour to act as a reciprocating element; generally used to stabilize or retain a removable partial denture.

导平面 (**guiding planes**): two or more vertically parallel surfaces on abutment teeth oriented so as to contribute to the direction of the path of placement and removal of a removable partial denture.

大连接体 (**major connector**): the part of a removable partial denture that connects the components on one side of the arch to the components on the opposite side of the arch.

基托 (**denture base**): the part of a denture that rests on the foundation tissues and to which the artificial teeth are attached.

模型 (**cast**): an accurate reproduction of the dental arch and mouth structures made from an impression; further designated according to the purpose for which it is made, such as diagnostic cast, master cast, or investment cast.

倒凹 (**undercut**): 1. the portion of the surface of an object that is below the height of contour in relationship to the path of placement; 2. the contour of a cross-sectional portion of a residual ridge or dental arch that prevents the insertion of a dental prosthesis.

模型观测 (cast surveying): the procedure of locating and delineating the contour and position of the abutment teeth and associated structures before designing a removable partial denture; to analyze and compare the prominence of intraoral contours associated with the fabrication of a dental prosthesis on the cast by a dental surveyor.

固位 (retention): quality inherent in the denture that resists the vertical forces of dislodgment (e.g. the force of gravity, the adhesiveness of food, the forces associated with opening of the jaws).

稳定 (stability): quality of a prosthesis of being firm, stable, or constant and resisting displacement by functional, horizontal, or rotational stresses.

功能性印模 (functional impression): impression and resulting cast of the supporting form of the edentulous ridge; artificially created by means of a specially molded (individualized) impression tray or an impression material, or both, that displaces those tissues that can be readily displaced and that would be incapable of rendering support to the denture base when it is supporting functional load.

参考文献

[1] Alan BC, David TB. McCracken's Removable Partial Prosthodontics (13th edition). St. Louis: Elsevier, 2016.
[2] Rodney DP, David RC, Charles FD. Stewart's Clinical Removable Partial Prosthodontics (4th edition). Chicago: Quintessence Publishing Co., 2008.
[3] Stratton RJ, Wiebelt FJ. An Atlas of Removable Partial Denture Design. Chicago: Quintessence Publishing Co. 1988.
[4] Krol J, Jacobson TE, Finzen FC. Removable Partial Denture Design (5th edition). San Rafael: Indent, 1999.
[5] Johnson DL, Stratton RJ. Fundamentals of Removable Prosthodontics. Chicago: Quintessence Publising Co., 1980.
[6] James LC, McCartney G, Donald BG. Dental Laboratory Technology: Removable Prosthodontics. USAF Pamphlet, 1991 (2): 162-166.
[7] Jones JD, Garcia LT. Removable Partial Dentures: A Clinician's Guide. Wiley-Blackwell, 2009.
[8] Zarb GA, Bergman B, Clayton JA, et al. Prosthodontic treatment for partially edentulous patients. St. Louis: The C. V. Mosby Company, 1978.
[9] Grant AA, Johnson W. An Introduction to removable denture prosthetics. Philadelphia: Churchill Livingstone, 1983.
[10] McGivney GP, Carr AB. McCracken可摘局部义齿修复学. 10版. 杨亚东, 姜婷译. 北京: 科学出版社, 2003.
[11] 赵铱民. 口腔修复学. 8版. 北京: 人民卫生出版社, 2020.
[12] 葛艳萍, 陈西文, 朱智敏. 影响可摘局部义齿修复满意度的相关因素. 国际口腔医学杂志, 2015, 42 (2): 194-198.
[13] 朱希涛. 口腔修复学. 2版. 北京: 人民卫生出版社, 1987.

第七章 牙列缺损的固定-活动联合修复

Fixed-removable Prostheses for Restoring Partial Edentulous Jaws

固定-活动联合修复（fixed-removable prostheses）是指修复体的一部分固定在基牙上，另一部分与可摘义齿相连，两者之间靠摩擦力、弹簧力、扣锁力等机械形式或磁性附着体的磁力吸附产生固位。固定-活动联合修复体通常是指用各类附着体或套筒冠作固位体的修复体。此类修复体结合了固定义齿的稳定、舒适、体积小和可摘局部义齿适应证广的优点，适用于缺牙数目较多，不能直接用固定义齿修复，而患者又希望义齿稳定性、功能性、美观性好于一般卡环固位的可摘局部义齿的情况。

附着体（attachment）是一种可以用于义齿修复的固位体形式。它是由阴型（matrix）和阳型（patrix）两部分组成的精密嵌合体，其中一部分固定在口腔中的牙根、牙冠或种植体上，另一部分与人工修复体相连，两者之间靠不同的机械方式或磁体的吸力连接。

套筒冠（telescopic crown）修复体是指含有高度密合的内外冠的修复体。其中内冠固定在口腔中，外冠固定在可摘义齿的相应部位，靠内外冠之间的高度密合产生固位力。

应用固定-活动联合修复，可以使牙列缺损的修复形式多样化。如用于各类牙列缺损，可以提供比卡环式义齿更高的固位力；用于固定义齿和可摘义齿之间的连接，可以减少卡环暴露，增加义齿的美观效果；用于少数余留牙时的覆盖义齿，可以保护基牙，增加义齿的固位和稳定，延缓牙槽嵴吸收；同时它还可以作为种植义齿的上部结构。总之，它是一种能结合铸造技术、烤瓷技术、激光焊接技术和平行研磨技术的修复方法。

第一节 附着体
Attachment

一、附着体的分类

1. 根据附着体的精密程度 可将附着体分为精密附着体（precision attachment）和半精密附着体（semi-precision attachment）。前者是指用金属制成的附着体，附着体的两部分能密切吻合，使用时，将其焊接在义齿的相应部位。后者是指用塑料制成的铸型（plastic burn-out patterns）预成品，可经过包埋铸造制作成金属附着体。

2. 根据附着体与基牙的关系 可将附着体分为冠内附着体（intracoronal attachment）和冠外附着体（extracoronal attachment）。冠内附着体指固定在牙冠上的附着体部分隐含在牙冠内，而冠外附着体的固定部分突出于牙冠外（图7-1）。

3. 根据附着体的坚硬程度 可将其分为刚性（rigid）附着体和弹性（resilient）附着体。一般情况下，精密的附着体属于刚性附着体；半精密的附着体属于弹性附着体。另外，有些附着体的阴型部分由尼龙材料制成，材料本身有一定弹性。刚性附着体的阴阳两部分之间嵌合后几乎没有动度，主要用于非游离缺失时修复体的两端，由基牙的附着体支持义齿，而非黏膜支持。而弹性附着体在完全就位后，其两部分间仍能有一定方向、一定量的运动，用在游离缺失或跨度很大的非游离缺失时，对基牙有一定的应力中断作用。

4. 根据附着体的阴阳两型之间固位力是否可调节 可分为主动固位式附着体（active attachment）和被动固位式附着体（passive attachment）。主动固位式附着体阴阳两型之间的固位力可以调节，如更换弹性不同的附着体阴型来实现固位力的调节。它主要用于可摘局部义齿和覆盖义齿。被动固位式附着体的固位力不能调节，主要用在非游离缺失的可摘义齿的两端，或者在固定义齿和可摘义齿之间的连接，起应力中断作用。

5. 根据附着体的固位方式 可分为机械式附着体（mechanical attachment）和磁性附着体（magnetic attachment）。杆卡式附着体（bar-clip attachment）、球帽式附着体（ball socket attachment）、按扣式附着体（stud attachment）等均属于机械式附着体。

6. 根据应用途径 可将附着体分为两大类。一类用于口腔内余留牙较多、可以用固定义齿和可摘义齿来修复牙列缺损的情况，例如各种冠内、冠外附着体；另一类用于口腔内余留牙很少、需做覆盖义齿修复的情况，例如按扣式附着体、杆卡式附着体、套筒冠固位体（telescopic crown retainer）和磁性附着体等。

二、常用附着体的特点及适应证

（一）冠内附着体

冠内附着体包括一个突起（flange）的阳型和一个沟槽状（slot）的阴型，又称作栓体和栓道。突起的栓体部分用来与可摘义齿相连，或用于分段固定桥时与连接冠相连；沟槽状的栓道与固位冠相连。由于栓道是隐含在牙冠内的，所以称冠内附着体。

冠内附着体有两类，一类是完全靠摩擦力固位的，McCollum Unit 附着体是较典型的代表（图7-2）；另一类是在固位方式中增加了一个弹簧装置，Schatzmann Unit 就属于这种类型（图7-3）。

冠内附着体是预成附着体中使用最多的一类，只要基牙牙冠垂直高度大于4mm，有足够

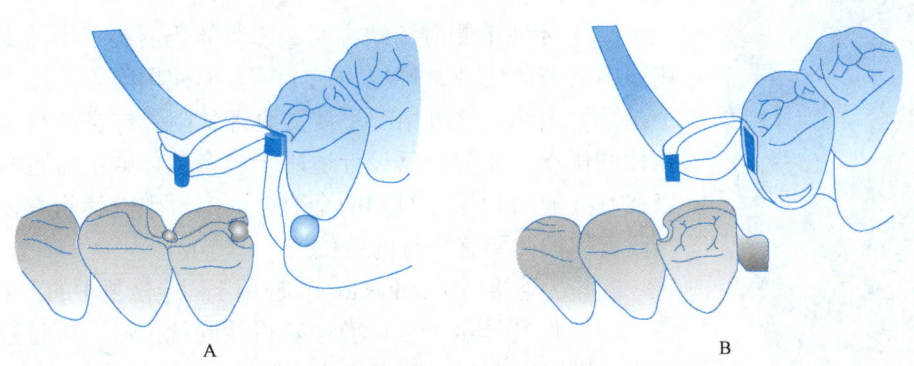

图7-1 冠内附着体（A）和冠外附着体（B）

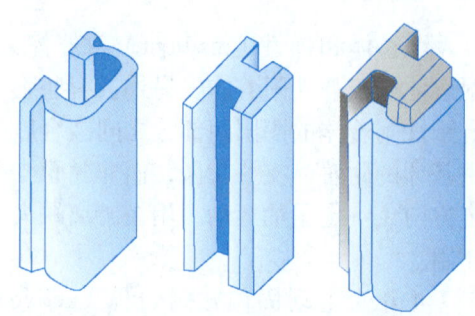
图 7-2　McCollum Unit 附着体

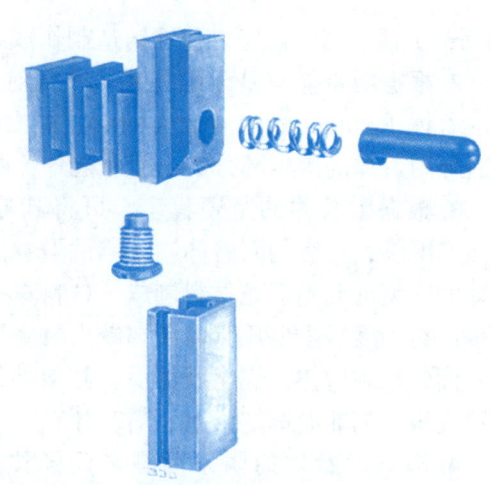
图 7-3　带弹簧装置（SchatzmannUnit）的附着体

的颊舌径宽度就可考虑使用。

冠内附着体常用于以下情况：

1.作为固位体（retainer），用于牙列单侧或双侧的游离或非游离缺失时。

（1）牙列双侧非游离端缺损时，附着体可提供相当于固位卡环臂、𬌗支托及对抗臂（bracing arm）的作用。与卡环相比，它的优点是：外观上没有颊舌侧卡臂暴露，可以增加可摘义齿的美观效果；当牙冠外形不好，用一般卡环不易取得良好固位时，用附着体可加强义齿的固位；由于固位装置均在牙外形内，可以减少义齿体积；舌侧对抗臂（或称舌侧带状卡环）增加义齿的稳定作用（图7-4）；减少食物残渣积聚，对基牙的扭力小。当基牙龋坏严重时，可在作冠保护的同时，留出安放附着体及对抗臂的空间。当同一义齿使用两个以上附着体时，要注意附着体就位方向的平行。

（2）牙列单侧非游离缺损时，多数情况下可用种植义齿或固定桥修复。如果患者不选择种植义齿，而用固定桥修复基牙条件不能满足需要，或者缺牙区同时伴有牙槽嵴严重缺损时，可考虑采用冠内附着体可摘义齿修复，修复体体积较小、固位好、可摘戴。栓道连接于两端基牙牙冠上，义齿两端连有栓体，义齿戴入时，栓体和栓道嵌合就位。

（3）牙列双侧游离缺失时，冠内附着体较适用于口内余留几个前牙、用一般卡环式可摘义齿效果不佳，且患者美学区暴露卡环的情况，可在基牙远中放置冠内附着体的栓道，在义齿的相应部位放置栓体，使义齿通过附着体固位，外观不暴露卡环。在游离端缺失使用冠内附着体时，需将至少两个基牙采用联冠方式连接在一起，有时可将全部余留牙用联冠方式固定在一起，以便减少义齿对基牙造成的扭力（图7-5）。

（4）牙列单侧游离缺失时，修复体仍需要双侧的支持。可以用冠内附着体代替常规应用的卡环。但使用附着体最少要预备四个基牙，因此在这种情况下要认真评估附着体义齿与卡环式义齿相比的优点。此类修复设计适用于多个基牙缺损需冠修复时，可以在基牙冠内和牙弓对侧的全冠或固定桥中设计附着体，注意两侧附着体彼此要有平行的就位道（图7-6）。

2.作为连接体（connector），应用于固定修复中的下列情况。

（1）修复体难于在口腔中获得共同就位道，可将修复体分为几段分别固定，其间用附着体相连。

（2）制作长跨度的固定桥时，为减少铸件收缩造成的误差，

图 7-4　舌侧带状卡环预备体

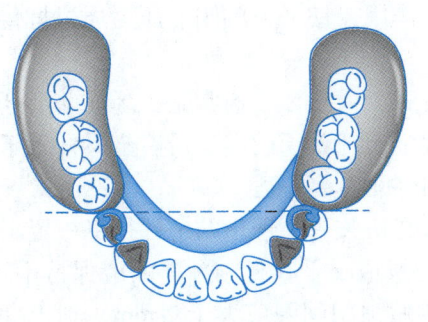
图 7-5　冠内附着体用于双侧游离缺失时

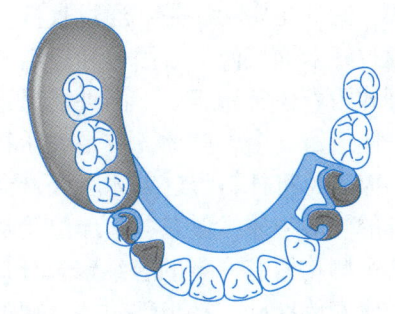
图 7-6　冠内附着体用于单侧游离缺失时

可将铸件分段，其间用附着体相连。

（3）远中基牙估计预后不好时，将固定桥分段，用附着体连接后段。当远中基牙拔除后，余下的栓道用于与可摘义齿相连。

（二）冠外附着体

附着体的机械固位装置部分或全部位于基牙冠外者为冠外附着体。冠外附着体有与冠内附着体相似的特点，区别是应用冠外附着体不受基牙大小的影响，而主要受牙槽嵴高度与宽度的影响，安放附着体处应有足够的颊舌向宽度，𬌗龈距应大于 6 mm。主要用于游离端义齿，也可用于非游离端义齿。需要注意的问题是附着体龈端的菌斑控制，由于附着体突出于牙冠外，食物残渣易于聚集。冠外附着体有三种类型：

1. 突出型（projection）　是冠外附着体中使用最多的一种。典型的有 Dalbo 附着体（图 7-7）和 Ceka 附着体（图 7-8）。

2. 连接型（connecting）　在可摘义齿的两段中提供关节，不将义齿紧缚在基牙上，允许两部分可摘义齿之间有一定的运动。

3. 联合型（combined units）　包括两个附着体，一个冠内附着体和一个在牙冠外铰链式连接部分，当取下义齿时，没有突出部分在牙冠外露出，牙体预备时需要留出牙冠内空间。由于其结构复杂，应用较少。

（三）杆式附着体

杆式附着体（bar-joint denture）是指在口内两个金属冠或金属根帽之间连接金属杆，并固定在基牙上，覆盖义齿的组织面放置固位卡，当义齿就位时，杆卡锁合使义齿固位（图 7-9）。

图 7-7　Dalbo 附着体

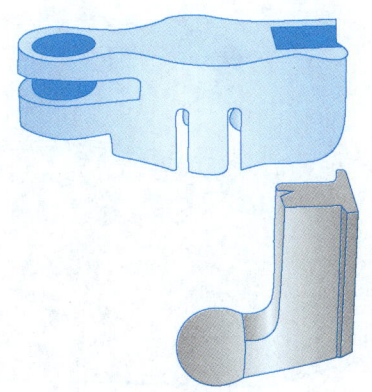
图 7-8　Ceka 附着体

这种附着体常用于覆盖义齿。用杆式附着体能保护和加强余留牙，能延缓患者成为无牙颌的时间。它的主要功能是：通过直杆对余留牙起夹板作用；使义齿的咀嚼压力通过杆传到基牙上；通过杆卡连接使义齿固位和稳定。

杆式附着体常用于以下两种情况：牙弓前部余留 2 个天然牙，通常是尖牙或前磨牙；或后牙区一侧余留 2 个天然牙，常是磨牙和前磨牙。前者金属杆置于前端，后者金属杆置于一侧后牙区。应避免将杆斜跨过尖牙区域，会造成占用舌的空间引起不适。

杆的外形与牙弓形态、基牙位置及牙槽嵴形态有密切关系，理想的条件是将杆置于牙槽嵴顶，唇舌侧均留有一定的容纳修复体厚度的空间。一般情况下，杆与牙槽嵴应保持平行关系，而卡子应安放在杆的平坦部位。金属杆组织面与牙槽嵴顶间间隙应大于 2 mm，利于食物排溢及清洁。

上部修复体舌侧基托仅用树脂材料强度不足，应采用金属基托，不仅可增强义齿强度，且金属基托较树脂基托薄，能保留更多舌活动的空间。两基牙牙根方向不一致时，可用螺钉将金属杆固定在基牙冠上，或者在两个基牙上分别制作金属桩，调整共同就位道，其上再作金属冠，金属杆仅与金属冠相连。

（四）按扣式（栓钉式）附着体

按扣式附着体是各类附着体中最简单的一种。它包括一个固定在基牙根面上的球形或柱形金属突起及一个与突起相适合的固定在组织面的碗扣状凹形（图 7-10）。当义齿就位时，突起和凹形嵌合在一起，增加覆盖义齿的支持、固位和稳定。有些按扣式附着体形状相反，突起的阳型位于义齿组织面，而金属根面有一凹形，此类设计临床应用较少。

由于这种附着体的体积小，结构简单，适于在多种情况下应用。甚至在口内仅有单个残根时也可应用。影响这种修复方法远期效果的主要因素是牙周健康问题。因为根帽边缘易对基牙牙周产生刺激，覆盖义齿易造成食物残渣聚积，所以保持口腔卫生及牙周健康是至关重要的。

选择病例时主要考虑颌间距离及唇舌向空间问题。一般牙弓两侧各选择 1 个残根安放按扣式附着体，其他根仅作简单覆盖，如果附着体数目太多，不仅制作复杂，不易清洁，而且会使义齿坚固性下降。

（五）辅助式附着体

用于辅助其他方法增加固位的附着体，称为辅助式附着体。分为弹簧型（plunger attachment）和螺钉型（screw retainers）两类：

1. 弹簧型附着体　这种附着体是简单而有效地改善套筒冠固位力的一种方法。

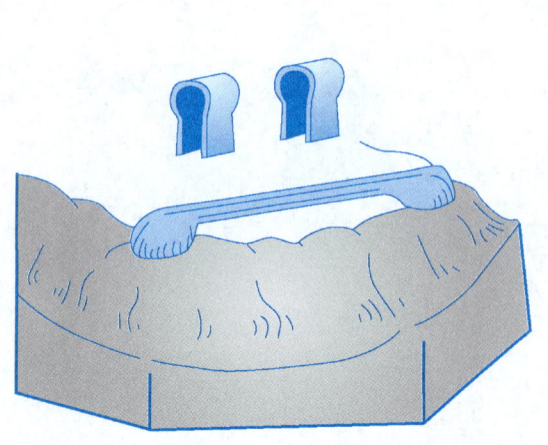

图 7-9　杆式附着体

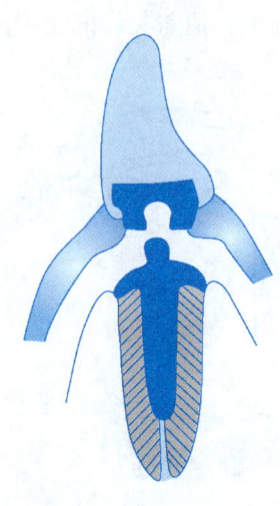

图 7-10　按扣式附着体

弹簧型附着体包括一个翼,或称为"撞针"（plunger）及另一个可压缩成分。最简单的系统是"Mini-pressomatic unit",放置于义齿的固定部分与可摘部分之间的连接部位。通常"撞针"放在可摘义齿一侧,因为这样方便制作及后续的调整,便于对固位力的大小进行调节。

2. 螺钉型附着体　这种固位方式允许医生定期拆下义齿进行清洁及检查,并允许对义齿进一步修改。可以将其用于两层套筒冠之间的固位,也可用于固定桥的两个不平行基牙之间的连接,或用于杆式附着体中金属杆与全冠之间的连接等。

（六）磁性附着体

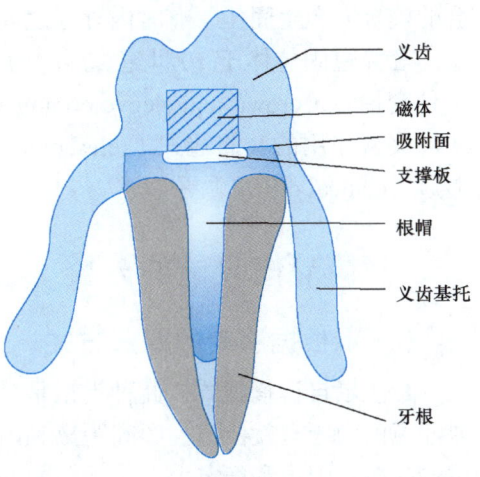

图 7-11　磁性附着体示意图

磁性附着体是由一对互相吸引的永磁体或永磁体-可磁化的软磁合金构成的固位系统。目前多用后者,因其不使口腔组织受持续磁场的影响,适用于各种覆盖义齿或赝复体修复。永磁体安放在义齿基托内,可磁化的合金则铸造成根帽状,粘接在牙根上。当覆盖义齿戴入时,软磁合金可被磁化,产生磁场,增加义齿固位。义齿取下时,软磁合金脱磁而磁场消失。

永磁合金包括铬铂合金（Co-Pt）、钴稀土元素合金、钕铁硼合金（Nd-Fe-B）。钕铁硼合金是 20 世纪 80 年代研制成的第三代稀土磁体,有如下特征:磁能积高、良好的机械性能、无毒,目前应用最多。软磁合金是一种可被磁化的、低矫顽磁性的铸造合金材料,1978 年日本学者研究出来的钯钴镍（Pd-Co-Ni）合金是软磁合金,具有低矫顽力和高磁导率。

目前常用的磁性附着体（magfit 磁体,日本爱知制钢株式会社）由相互吸引的两部分组成:一部分粘接于义齿组织面,为永磁体（permanent magnet assemblies）;另一部分为支撑板（keeper）,又称衔铁,固定于口内的牙根内,为可被磁化的软磁合金（图 7-11）。一副义齿可有一到四个单位的磁性附着体,基牙可为任何牙齿,但以尖牙和双尖牙使用最多。基牙原则上要求根长 10 mm 以上,松动度 I 度以内,牙槽骨吸收在根长的 1/3 以内,经过完善的根管治疗,无牙周炎症。

支撑板在牙根内的固位方式有 3 种:①根管内固位。将基牙截冠至齐龈缘,将根面预备成与支撑板预成品形状相符合的窝洞,用粘接剂将其粘接于窝洞内,使之与根面平齐。②螺钉固位。预成的支撑板通过螺钉固定于根面,螺钉进入牙本质内 2～3 mm 并用树脂粘合。③铸造根帽固位。用可铸造的软磁合金制成根帽（或用铸接方式,将预成的软磁合金支撑板安放在根帽蜡型表面,铸造后,金属根帽与支撑板衔接为一体,两者间无间隙）覆盖整个根面,有利于基牙的防龋和牙周健康,并且与基牙根管和根面高度密合。

磁性附着体用于全口覆盖义齿有良好的临床效果,可提供足够的固位力,能显著缩短患者的戴牙适应期,可基本消除义齿在功能运动中对基牙产生的侧向力,易于清洁,且不暴露卡环和金属。磁性附着体还可用于局部覆盖义齿和颌面缺损的修复。

第二节　套筒冠修复体
Telescopic Prostheses

套筒冠（又称"双重冠"）修复体是指含有两层经过研磨的高度密合的内外冠的修复体。其中内冠固定在基牙上,外冠固定在可摘义齿的相应部位,靠内外冠之间有一定锥度且高度密合的楔合力产生固位，有时内外冠之间还需增加辅助固位装置。

套筒冠固位体于20世纪20年代出现在欧洲，后经过不断改良。Miller（1958）较早报道一种套袖式（crown and sleeve coping）修复体，Yalisove（1966）又将其改为有特定外形并有牙周夹板作用的套筒冠式（telescopic crown）修复体，Korber. K. H.（1969）则认为命名为锥形冠（conical crown）更合理。

一、套筒冠修复体的分类

（一）根据患者的取戴方式

1. 患者自行摘戴式 此种类型是最多用的一种，常用于口内少数余留牙作覆盖义齿时。需要注意的问题有就位道、颌间距离和内冠的设计。内冠设计决定义齿的就位道，也决定所能提供的支持、固位和稳定力。

2. 医生摘戴式 用螺钉辅助固位，必要时医生可将义齿取下。允许治疗计划有一定余地，也可定期清洗，但制作复杂。

3. 固定式 可用此形式将牙固定成一组。将内冠相连，外冠作成单个的，或内冠是单个的，而外冠连为一组。能减轻部分牙的松动度。

（二）根据内冠外形分类

1. 平行壁套筒冠：内冠外形垂直。
2. 锥形套筒冠：内冠外形为锥形，向𬌗方聚拢，一般轴壁聚拢度为6°。
3. 缓冲型套筒冠：内冠近龈方垂直，𬌗方为锥型。
4. 卵圆形套筒冠：内冠外形为卵圆形。
5. 不规则形套筒冠：内冠外形不规则。

（三）根据内冠外的覆盖方式分类

根据内冠外的覆盖方式，分成全覆盖式和部分覆盖式两类。

（四）根据有无辅助固位方式分类

根据有无辅助固位方式，分为单纯摩擦固位型和增加辅助固位型两类。较多见的是用弹簧附着体增加套筒冠的固位。

二、套筒冠修复体的适应证

制作套筒冠修复体较应用附着体相对简单，不需要特殊的附着体预成件，适应证广。主要用于以下情况：

（一）口腔余留牙较少时的复杂牙列缺损

口腔余留牙较少时不仅余留牙条件不好，如残根残冠，伸长倾斜，牙周炎症，冠根比例不协调等，而且往往伴𬌗关系紊乱。如果作常规的可摘局部义齿修复，首先需要调改基牙外形，有时还需将基牙失活，大量调改，或将基牙作全冠或桩核冠，然后再作可摘局部义齿修复。而作套筒冠修复则可将活动、固定两部分作整体设计，在调改基牙的同时，改善冠根比例，制作内冠，然后作套筒冠修复体的活动部分，这样不仅利于建立𬌗关系，而且美观不暴露卡环，义齿固位稳定性也好。因此，也常用于𬌗重建及需要升高咬合作𬌗垫修复时。

（二）颌骨及牙列缺损

包括先天性口腔、牙列缺损，如腭裂患者；外伤或肿瘤术后的颌骨和牙列缺损。这些患者的余留牙往往位置异常，固位形差，用一般卡环固位效果不好。用套筒冠固位则设计灵活，外形美观，固位稳定性好。

三、套筒冠修复体的优缺点

（一）基牙的保护作用

内冠对基牙有防龋作用。同时，内冠的高度磨光使菌斑不易附着，使基牙易于保持良好的卫生状态，有利于牙周组织的健康。另外，此种修复方法当义齿戴入后能将基牙连为整体，起到牙周夹板的作用，避免基牙单独受力，使基牙和牙槽嵴受力均匀。

（二）良好的固位力

套筒冠义齿的固位原理与刀刃楔入物体时产生的力原理相似。不同刀刃角度的刀在楔入物体时，刀刃角度越小，楔入物体越深，而撤出越困难。内外冠之间高度密合且有一定角度。基牙的多寡决定义齿的固位力，基牙多者，固位力大。也可通过调节内冠的聚拢度来调节义齿的固位力。

（三）义齿的美观效果

减少卡环的金属暴露，牙列又可整齐排列，从而达到美观效果。

（四）患者心理易于接受

由于减少拔牙，延缓了患者成为无牙颌的时间，使患者易于接受。当基牙拔除后，又较易改为全口义齿。

（五）缺点

制作较一般义齿复杂；覆盖义齿对口腔卫生的保持带来困难；义齿取下后暴露金属内冠影响美观。

四、套筒冠材料的选择

制作内外冠的材料可有不同的选择。最主要的选择是用非贵金属还是贵金属。非贵金属如钴铬合金或镍铬合金价格低廉，但对最终修复体颜色影响较大，影响美观。贵金属材料价格贵，但边缘密合性及美观效果好。体外循环摘戴实验结果表明，金合金材料制作的套筒冠固位力的大小及持久性好于用非贵金属材料制作的套筒冠。其中内冠用金合金制作，外冠用金沉积技术制作的套筒冠还有厚度薄、需要的牙体预备量相对少的优点。

第三节　临床操作程序
Clinical Procedures of Fixed-Removable Prostheses

附着体形态、种类、功能不一，依照各生产厂家的说明有不同的使用要求。然而无论使用附着体还是套筒冠，在临床及技工操作过程中仍有其共性问题，也就是与常规义齿不同的需要特别注意的有关事项。

一、口腔检查、治疗计划及修复体设计

在口腔检查前要了解患者需求及一般身体状况。由于使用固定—活动联合修复方法需要的

费用及时间较制作常规义齿多,所以适用于曾尝试一般修复方法效果不好、且预算与时间允许的患者。而年老体弱以致生活不能自理或手部功能受限不能自行取戴义齿者不适于使用。

(一) 口腔检查

重点有以下几项内容:

1. 口腔卫生状况 口腔卫生状况不好直接影响修复效果,固定—活动联合修复因为结构较常规义齿复杂,增加了口腔卫生维护的难度。要督促并教会患者正确的口腔卫生维护,并观察患者口腔卫生状况改进及保持才可开始下一步治疗计划。

2. 基牙状态 基牙数目、形态、牙周状况及龋坏程度均为治疗设计的考虑因素。需拍摄X线牙片检查牙周及根尖状态。

通常牙弓两侧选择固位力大小相当的附着体,基牙数目尽可能相等为好。一般每侧1~2个基牙。基牙形状不利于固位者,要调改外形,必要时需将牙髓失活并进行完善的根管治疗后,再大量调改外形。尤其对牙冠过长,冠根比例不适当的天然牙,经失活并根管治疗后,可予以截冠,安放合适的附着体,或使用套筒冠。

选作基牙的牙应牙周健康,或经牙周系统治疗、牙周状况健康稳定后方可开始修复治疗。对有一定松动度的牙,如有足够的根长及根周骨组织高度,可经截冠改善其冠根比例并经牙周治疗后,观察其松动度小于Ⅱ度,仍可选作基牙。经临床观察,有轻度松动的基牙,在使用杆式附着体或套筒冠的牙周夹板作用下,松动度可明显减低。

3. 𬌗间距离 在患者初次就诊进行口腔检查时,要取研究模型并确定垂直距离及正中𬌗关系,将模型上𬌗架进行分析。使用附着体或套筒冠均需一定的𬌗间距离,否则影响义齿的强度及美观效果。

4. 缺牙区游离端鞍基长度及牙槽嵴状态 缺牙区游离端鞍基长者,要注意减少对基牙的扭力。可选择弹性附着体,并注意修复体跨过中线的部分要有足够的强度。牙槽嵴黏膜过厚弹性过大时要取压力印模,防止基牙负荷过大,也需使用弹性附着体。

(二) 治疗计划

治疗计划包括医生根据患者意愿及口腔条件所做的初步计划,与患者交流后确定的初步计划、实施步骤、实施过程中出现问题对计划的调整、最终计划的实施等几部分内容。

(三) 修复体设计

修复体设计包括基牙的利用方式,使用附着体还是套筒冠固位形式,附着体的种类,人工牙的选择,基托材料及面积的选择等。

二、基牙预备

应用附着体的牙体预备共有三种类型:根内预备、冠内预备及冠外预备。

(一) 根内预备

使用按扣式附着体或磁性附着体时需进行根内预备,为获得最佳的固位和稳定,要注意以下几点:

1. 根据牙根情况尽可能延长根桩。
2. 根面降至牙龈水平,以便减小支点,扩大附着体安放空间。
3. 为增加固位,预备颈部肩台斜面。
4. 为防止旋转,在根管口处可以制作凹槽。

（二）冠内预备

应用冠内附着体时需进行冠内预备。预备出的箱形空间应比附着体宽约 0.6 mm，深 0.2 mm，以便牙冠铸造完整和便于正确安装。牙冠的舌/腭侧壁要留出足够的空间，以便安放对抗臂。另外，还要注意牙体预备的箱形平行于其他基牙的共同就位道。

（三）冠外预备

安放冠外附着体和制作套筒冠的牙体预备与常规全冠牙体预备基本相同。预备的牙体各壁应接近平行，使冠取得最大的固位。牙冠要有足够的高度，以满足冠外附着体的要求。

三、义齿制作

义齿制作中与常规义齿不同的主要点是需要准确安放附着体。目前国际通用的各种附着体均为预成件，有金属预成件、塑料预成件或金属—塑料预成件。

金属预成件在使用时，首先将其放在预定位置固定好，用焊接方法使之与金属冠桥或可摘义齿的金属支架连接在一起。塑料预成件往往是用铸模材料做成，在制作时，将附着体的阴阳两部分铸模分别与冠桥蜡型或可摘义齿支架蜡型固定在一起，整体包埋铸造。金属—塑料预成件常是弹性附着体，使用时，将金属阳型与金属冠焊接在一起，塑料阴型固定在可摘义齿的组织面。塑料阴型有尼龙成分，具有一定弹性，使附着体的阴阳两部分间能产生一定相对动度。

制作义齿所需的特殊技工设备有平行研磨仪（paralleling milling machine）。这种仪器的主要功能有三点：作为观测仪确定就位道；将附着体或附着体的替代件的位置校准并精确排列；根据修复体类型修改蜡型或研磨金属冠使之互相平行或保证其轴面应有的聚拢度。

四、义齿的戴入及随访

复杂的修复体最好用暂时粘接剂粘接试戴数日，这样可在试戴发现问题时再次修改并抛光，同时能观察菌斑控制情况。永久粘接一般要在修复体的固定部分及可摘部分均制作完毕并在口内调改合适后再进行。将固定部分粘接，去除多余材料后即将可摘部分戴入，在此种状态下保持，直到粘接剂完全硬固。嘱患者 24 小时不要摘下可摘义齿，24 小时后再进一步调𬌗、修改。

用模型向患者讲解义齿取戴方法，双侧的修复体需两侧同时取下，仅从一侧取下，会对基牙产生很大的扭力。

教会患者清洁义齿的方法，附着体的两部分均要用软毛刷刷，不要积存食物残渣。清洁时，可用间隙刷和牙线。一般患者一周后会使用，一周后再照 X 线牙片，作为今后观察的对照。以后常规每 6 个月检查一次，以便及时发现义齿和基牙的问题。随诊时需及时检查义齿组织面贴合与否，如有问题要立即重衬，以免对基牙造成不适当的扭力。

五、义齿戴入后常见问题及处理

固定-活动联合修复的制作成本高，对义齿的维护要求也高，常出现的问题有附着体脱落及损坏、基牙继发龋和/或牙周病、义齿破损三个方面。

（一）附着体或内冠脱落及损坏

附着体的脱落常由于没有选择正确的粘接剂及粘接过程没有规范操作，或者按扣等附着体的根桩部分太短等原因导致。处理方法有重新粘接及重新制作。附着体损坏多为磨损导致，少数情况与使用不当有关，必要时需要更换。

(二)基牙继发龋和/或牙周病

由于安放了各种形状的固位部件,增加了患者口腔卫生维护的难度。另外,金属冠或根帽边缘不密合会造成继发龋,或边缘菌斑堆积,刺激形成牙周病。因此,要在基牙病情得到控制并恢复健康的情况下才开始修复,并认真教会患者清洁口腔卫生的方法,定期复查,及时发现问题并予以处理。

(三)义齿的损坏

由于𬌗龈向或唇舌向空间不足,安放附着体后会造成修复体相应部位树脂材料太薄而易损坏。因此,此类修复体的可摘义齿部分需用铸造支架结构,需认真设计大小连接体的位置,以切实加强薄弱处,防止损坏。一旦出现损坏,视严重程度修理或重做。

(冯海兰 潘韶霞)

进展与趋势

附着体的早期使用可追溯到19世纪后期,发展至今,在不同国家、不同厂商、不同销售公司中流行的各种附着体据推测可有上百种。应用附着体早已成为写入教科书的修复方法之一。在20世纪中期,不少学者开始推崇使用套筒冠固位体,因为它操作比附着体简单,且也有保留残根、残冠,增加义齿固位,减少卡环暴露等优点。

由于研磨仪的普遍应用,又使固定-活动联合修复的设计更加灵活。如将套筒冠与附着体联合应用;根据具体条件用研磨仪研磨合适的固位杆及固位卡,不需使用附着体的预成件;研磨舌侧带状卡环与冠外附着体联合应用等。

近年,随着种植技术的逐渐成熟和临床推广应用,附着体被广泛应用于种植体的上部结构。如应用于种植覆盖义齿的按扣式附着体、杆卡附着体、磁性附着体以及套筒冠的固位方式等。随着种植技术的长期成功率提高和患者接受程度提高,单纯应用于天然牙为基牙的固定-活动联合修复病例已逐渐减少。

总之,固定-活动联合修复是用于牙列缺损的一种修复形式,是传统修复方法的补充。但由于其在天然牙的上部结构制作要求精度高,基牙卫生维护相对复杂和困难,在选用时需全面考虑余留牙预后、修复疗程的花费、效果及可能需要的修理操作的困难程度。近年来,随着种植义齿的广泛应用,固定-活动联合修复体的应用有逐渐减少的趋势,但一些相关的设计理念在种植义齿中仍有应用价值。

Summary

Fixed-removable prosthesis is a kind of prosthesis for restoration of partial edentulous jaws. Many different kinds of attachments or telescopic crowns can be used as directed retainer. These prostheses usually comprise two parts: one part will be fixed on the root or crown of natural teeth or on implant, and the other part will be attached to the removable denture. The prosthesis has characteristics of both the fixed and removable dentures. This chapter introduced the category and characteristics of different attachment systems and telescopic crown used in fixed-removable prostheses, their clinical indications, procedure, complications following delivery, and treatment solution.

Definition and Terminology

固定-活动联合修复 (fixed-removable prostheses): Fixed-removable prosthesis is a kind of prosthesis for restoration of partial edentulous jaws with attachment or telescopic crown as direct retainer. These prostheses comprise two parts: one part will be fixed on the root, crown of natural teeth or implant. the other part will be attached to the removable denture. The prostheses have characteristics of both fixed and removable dentures.

附着体 (attachment): Attachment is a mechanical device for the fixation, retention, and stabilization of a prosthesis. It is a retainer consisting of a metal receptacle and a closely fitting part. The former (matrix component) is usually contained within the normal or expanded contours of the crown of the abutment tooth and the latter (patrix component) is attached to a pontic or the denture framework.

套筒冠 (telescopic crown): An artificial crown (framework) constructed to fit over a coping, another crown, a bar connector or any other suitable rigid support for the dental prosthesis.

参考文献

[1] Gareth J. Precision attachments: A link to successful restorative treatment. Chicago: Quintessence Publishing Co., 1999.
[2] Carr AB, Brown DT. McCracken's removable partial prosthodontics (13th edition). Elsevier, Inc., 2016.
[3] Wolfart S. Implant Prosthodontics: a patient-oriented strategy. Berlin: Quintessence Publishing Co., 2016.
[4] 冯海兰. 现代口腔修复学诊疗手册. 北京：北京医科大学出版社，2000.
[5] 冯海兰，徐军. 口腔修复学. 2版. 北京：北京大学医学出版社，2013.
[6] 赵铱民. 口腔修复学. 7版. 北京：人民卫生出版社，2012.

第八章 牙列缺损的覆盖义齿修复

Overdentures for Restoring Partial Edentulous Jaws

第一节 概　　述
Overview

覆盖义齿（overdenture）是指义齿的基托覆盖并支持在牙根、牙冠或种植体上的一种全口义齿或可摘局部义齿（本章仅包含在天然牙根及牙冠上的覆盖义齿，种植覆盖义齿见本书相关章节）。覆盖义齿是用于牙列缺损的一种可摘义齿，尤其适用于余留牙少、且基牙牙周条件较差、不能直接作为可摘局部义齿基牙使用时。由于覆盖义齿基托下有牙根，保留牙周膜本体感受器，可减少牙槽骨的吸收，并可增加义齿的支持、固位和稳定。

从适应证上说，覆盖义齿适用于余留牙条件差，不能作固定义齿或可摘局部义齿的基牙，而患者又希望保留牙齿的情况；从制作方法上说，覆盖义齿可以联合使用铸造技术、烤瓷技术和固定—活动联合修复技术等，利用残根残冠，增加可摘义齿的支持、固位和稳定性；从应用时机上说，覆盖义齿能最大限度地推迟多牙缺失的患者成为无牙颌的时间，当患者口内仅存留1～2个天然牙时，仍能用覆盖义齿修复并使用多年。因此，随着牙齿保存学的发展及人们希望保留牙齿的意识增强，这种修复方法将被越来越多地应用。

在义齿基托下用保留的牙根来增加义齿的支持与稳定，这一想法古已有之，Ledge 于 1856 年提出，将能保留的余留牙截断至齐龈水平，然后再在其上安放义齿。1870 年在英国就有人制作过类似覆盖义齿的修复体；1886 年，R. W. Starr 使用了类似套筒冠可摘义齿；1888 年，Evans 介绍了一种依靠牙根固位的修复体。多位学者（Gimore 1913；Brill 1955；Preiskel 1968，1975；Larshin 1973）一直提倡并应用覆盖义齿。Miller 在 1958 年提出义齿下的覆盖基牙可以用金制冠帽覆盖的方法，并建议可使用活髓牙作基牙，使覆盖基牙的选择面更宽了。Lord、Tell 以及 Morrow 于 1969 年发表了他们关于覆盖义齿的早期文章。直到 Brewer 与 Morrow 在 1975 年出版了《覆盖义齿》的教科书（Overdenture Allen A. Brewer and Robert M. Morrow 1st ed. The C. V. Mosby Company 1975），覆盖义齿这个概念开始真正建立。随着更多方法的改进与牙体牙髓病学、牙周病学等学科的发展，在保留牙根上制作覆盖义齿的理论被广泛接受。

此后，人们对覆盖义齿主要从两个方面进行了改进和提高。一方面是研究如何保护覆盖基牙，例如采用在基牙上涂布防龋药剂、制作金属根帽、定期随访和卫生保健的方法。覆盖义齿成功与否也与基牙牙周支持组织的健康高度相关。另一方面是研究如何提高义齿的固位进而提高功能，例如可在牙根上应用各种附着体，在义齿上安放各种相应装置及加强部件，使义齿不易折断，且固位力提高。因此，在欧洲相当长的一段时间里，覆盖义齿的发展受机械式附着体的发展影响。

20世纪中期，不少学者开始推崇使用套筒冠固位体，因为它操作比附着体简单，需要的预成配件少，且也有保留残根、残冠，增加义齿固位，减少卡环暴露等优点。至今这种修复方法还普遍应用于欧洲、日本等发达国家。

近年，随着牙体保存学的发展、牙周炎治疗的进步及新的固位式附着体的出现，覆盖义齿的应用机会更多，效果更好。覆盖义齿的应用也被认为是预防性修复治疗，能防止患者过早成为无牙颌。覆盖义齿的基本原则还被用于种植义齿，许多种植义齿的上部结构就是不同类型的附着体。

第二节 覆盖义齿的生物学基础
The Biological Basis of Overdenture

覆盖义齿由于保留了天然牙作为义齿支持组织的一部分，因此有其较普通黏膜支持式义齿优越的方面。保留的牙根不仅对义齿的支持和固位力有改进，还对维持牙槽骨高度和保留牙周本体感受器有独特的作用，这些特点提高了义齿在恢复咀嚼功能等方面的作用，同时覆盖义齿的固位形式对基牙本身也有保健作用，基牙的垂直受力能改善基牙的牙周状况，延长基牙寿命。另外，减少拔牙对患者心理接受程度也有重要影响。

一、保留牙根改善义齿的支持和固位

保留牙根用作覆盖义齿基牙，较黏膜支持式义齿其支持作用大大提高。Morrow 和同事报道用短的金冠固定在完成根管治疗的牙根上，支持覆盖义齿，他们还在 Kennedy 第一类牙列缺损患者的可摘局部覆盖义齿修复中使用套筒冠或圆根面（根面银汞充填后），这些为义齿提供了直接的支持，起到稳定修复体，防止咬合时对牙槽嵴黏膜造成过度负荷的作用，这对于下颌牙槽嵴尤其重要。当第二或第三磨牙牙根用作覆盖义齿的基牙，还可使 Kennedy 第一类牙列缺损的义齿支持状况类似 Kennedy 第三类牙列缺损，提高义齿的支持条件。

覆盖基牙的高度不同，提供义齿的固位力大小亦不同。如果覆盖基牙高出牙龈部分较少，则起到的固位作用较小，主要起支持作用。覆盖基牙越高，起到的固位作用越大。如果在基牙上另外安放附着体，则进一步增强固位作用。

覆盖基牙的多寡和其分散程度对义齿的固位和稳定也有作用，和普通局部义齿相同，基牙越多，固位力越大；基牙越分散，义齿的稳定性越好。

与全口义齿相比，覆盖义齿稳定性更高，且长期戴用仍能保持良好的密合性。

二、保留牙根利于维持牙槽骨高度

保留牙根不仅使牙根周围的牙槽骨得以保留，牙根之间的骨组织也能减缓吸收。Crum 与 Rooney 在 1978 年采用头颅 X 线片对 8 个戴全口义齿与 8 个戴全口覆盖义齿的患者进行比较。经过 5 年追踪观察，戴覆盖义齿者平均丧失骨 1.7 mm，而戴全口义齿的患者平均丧失骨为 5.2 mm。Loiselle 等人 1972 年报道，保留牙根的患者其牙槽骨高度在 2 年内无明显改变。Tallgren 在 1967 和 1969 年发表文章，通过七年的观察显示，拔牙后无牙颌下颌牙槽嵴高度的降低明显高于上颌。拔牙后下颌牙槽嵴高度平均丧失 6.6 mm，而上颌平均丧失为 1.7 mm。保留部分天然牙，戴用局部义齿的患者下颌天然牙周围牙槽骨垂直高度降低仅为 0.8 mm。很

明显，骨丧失因为天然牙的保留而明显减缓。Crum 与 Rooney1978 年也报告了一个四年的研究，提示保留下颌尖牙作覆盖义齿基牙有助于维持牙槽嵴高度。同时，他们发现保留尖牙的患者尖牙间区的牙槽嵴高度降低也少于无牙颌患者，戴用全口义齿的无牙颌患者牙槽骨垂直高度丧失为戴用覆盖义齿的患者骨丧失的 8 倍。究其原因，保留的天然牙的牙周韧带可缓冲义齿传递到牙槽骨的咬合力，因此牙槽嵴得到保留。一般情况下，咬合时，殆力直接通过人工牙和基托传导到基牙牙根上及牙槽嵴的覆盖黏膜上。如果基牙外形好，则力沿牙齿长轴传到牙周纤维。殆力刺激效果由牙周膜纤维传导，特别是牙槽嵴顶部位的牙周膜纤维。这种刺激可促进牙槽骨和牙根的保健。当保留多个基牙时，相邻基牙之间的牙槽骨也能得以保存。因此，当几个分散的牙根用于支持覆盖局部义齿时，则根与根之间的骨可以保留，因此 Kennedy 第一、第二、第四类缺失者采用覆盖局部义齿修复受益更多，条件允许时应考虑保留多个基牙牙根。

三、保留牙周本体感受器的作用

1972 年 Loiselle 等人提出保存牙齿本体感受器是覆盖义齿的一个优点。戴用覆盖义齿的患者能更好地区分不同直径的不锈钢丝。Fenton 对比了天然牙列、戴用全口义齿与戴用戴覆盖义齿患者三者之间对厚度的辨别力，发现戴覆盖义齿的患者对咬合厚度的察觉力要高于戴全口义齿的患者。Levin 也对比了天然牙列、戴用全口义齿与戴用覆盖义齿患者在麻醉与不麻醉状态时，对厚度的察觉力，研究显示麻醉状态下戴覆盖义齿的患者对厚度的察觉力没有显著下降。Pacer 与 Bowmar 发现戴覆盖义齿的患者在感受殆力的敏感性方面，其反应性更接近于天然牙的生理规律。

应用覆盖义齿可保留基牙牙周韧带本体感受器，能更有效地控制咀嚼吞咽反射中咀嚼循环的范围和类型。在覆盖义齿下的牙根的感受能力，可传导调节生理负荷系统的信号，牙周膜的存在可防止骨吸收。因此，在基牙牙周、牙体条件和经济条件允许下，用牙根支持覆盖义齿利于患者更好地恢复咀嚼功能。

四、覆盖义齿对基牙的保健作用

在制作覆盖义齿时，需大幅度降低临床冠高度，可改善基牙的冠根比例。1978 年 Dolder 与 Dumer 报道在覆盖义齿修复时，先降低基牙高度并休息一个月后，基牙颊舌向动度减少至原来的 66.5%，戴入杆式附着体覆盖义齿一个月后，松动度进一步下降到原来的 13.3%。Davis、Toolson 与 Smith 等学者也发现覆盖义齿修复后，大部分基牙松动度都有所改善。

大量学者的研究表明，覆盖义齿基牙根周骨组织受力均匀。覆盖义齿固位体采用应力中断系统更可减少基牙的应力集中。

潘韶霞、肖雪、冯海兰等采用三维有限元法分析覆盖义齿的基牙受力，比较在基牙周围牙槽骨高度正常及牙槽骨丧失达根长 1/2 的情况下，基牙牙周组织内产生的应力。发现，下颌覆盖义齿基牙牙槽骨降低 1/2 时，根周最大应力值较正常时有一定增加，但增加幅度小于 30%，且应力分布较均匀，仍可以用作覆盖义齿基牙；随着牙根周围牙槽骨高度下降，基牙根周骨内最大压应力值增加，应力集中范围增大；但在牙槽骨从正常到吸收达根尖 1/3 的范围内，根周最大应力值均小于正常情况下牙周膜可耐受的最大压应力值。因此，下颌根周牙槽骨吸收至根尖 1/3（根长约 5 mm）的尖牙，在行截冠术和完善的牙体治疗后，如仍能保持冠根比小于 1：1，仍可考虑用作覆盖义齿的基牙。

五、保留牙根提高义齿的功能

有研究采用胡萝卜对覆盖义齿患者咀嚼效率进行评价，结果显示天然牙列人群的咀嚼效率为 90%，戴用覆盖义齿的患者咀嚼效率为 79%，而戴用全口义齿的患者咀嚼效率则为 59%。即在消耗同等的咀嚼肌力时，戴覆盖义齿患者比戴全口义齿患者咀嚼更有效。李建军、冯海兰等人采用杆式附着体或套筒冠技术制作全口覆盖义齿，患者的咀嚼效率达到 86.7%，优于全口义齿患者 65% 的咀嚼效率。

六、保留牙根对患者心理的影响

保留部分余留牙，不仅能增加义齿固位力，对患者心理也是很大的安慰。即便仅保留单个牙根，也使患者没有成为无牙颌。尤其年轻成人或停经后的妇女，由于情绪和社会压力，往往不能接受拔除所有的余留牙使用全口义齿。对一些患者来说，牙齿丧失带来的情感压抑非常严重。随年龄增长而需要在床边放着装有义齿的玻璃杯对某些人来说是不可接受的。将固定修复换成可摘义齿修复对患者来说已是一种情感上的创伤，因此不能忽视保留部分天然牙根对患者的心理改善作用。

第三节　覆盖义齿的分类
The Category of Overdenture

覆盖义齿有多种叫法，如混合式（hybrid prosthesis）修复体、套筒冠式义齿（telescopic denture）、上盖式义齿（overlay denture）和覆盖义齿（overdenture）。一般英文称为"overdenture"，描述其覆盖于牙根上的外形，德语称"hybrid prosthesis"，描述义齿的结构性质。

一、根据基牙的功能不同分类

由于覆盖义齿基牙的高度、外形和是否有固位装置是不同的，所起到的支持、稳定、固位作用是也有所区别。一般根据基牙的功能不同分为如下几类：

1. 简单覆盖义齿　经过完善的根管治疗，并且其断面在龈上留有一定高度（＞1.5 mm）的残根可以用作简单覆盖义齿。通过修整根面并将根管口用银汞或树脂充填后，不再进行进一步的处理，在其上制作覆盖义齿，这种覆盖义齿称为简单覆盖义齿。这种覆盖义齿的基牙仅能起到支持作用，能保持根周牙槽骨的高度。此设计一般用于基牙已完成根管治疗，但牙根较短，松动度明显，不适于进一步制作复杂上部结构的情况。也可用于预算有限，患者不希望进一步花费的情况。部分患者口内余留牙较多，或缺牙区牙槽嵴条件较好，义齿有足够固位力时，也可对部分基牙仅做简单覆盖。

2. 根帽式覆盖义齿　基牙经过完善的根管治疗，截冠处理后，在其外表制作一保护的金属根帽，然后在其上制作覆盖义齿，这种覆盖义齿称为金属根帽式覆盖义齿。这种覆盖义齿的基牙主要起支持作用，维持根周牙槽骨的高度。比简单覆盖义齿对基牙有一定的保护作用。因为简单覆盖义齿中基牙经过截冠、修改外形后，牙体组织仍暴露于口腔中，维护不当时，暴露的牙体组织容易产生继发龋。

3. 套筒冠式覆盖义齿　基牙外表制作有垂直外壁或外壁有一定聚拢度的的金属内冠，义齿基托组织面安放与内冠高度吻合的金属外冠，靠内外冠之间高度密合的楔入力产生固位的覆盖义齿称为套筒冠式覆盖义齿。这种覆盖义齿的基牙对义齿不仅有支持作用，还有稳定和固位作用。需要有良好的研磨冠制作技术,同时使用贵金属材料较好,因此费用较高。

4. 附着体式覆盖义齿 基牙根面安放附着体,如根帽式附着体、杆卡式附着体、磁性附着体等为义齿提供固位。制作时需要有附着体预成件,如果与套筒冠技术同时使用,也需应用研磨装置。

二、根据覆盖义齿的范围不同分类

根据覆盖义齿的范围分类,可分为覆盖全口义齿和覆盖局部义齿两类。前者是指义齿覆盖在整个牙弓上,外形如全口义齿,保留的天然牙仅有牙根;后者是指义齿覆盖在部分牙弓上,尚有部分天然牙齿保留完整牙冠,外形如局部义齿,保留的天然牙上放置或不放置固位体。

三、根据覆盖基牙的成分不同分类

1. 天然牙支持式覆盖义齿 指覆盖基牙是天然牙牙根或牙冠的覆盖义齿,一般没有特指的覆盖义齿均为此类覆盖义齿。

2. 种植体支持式覆盖义齿 指覆盖在由种植体支持的基台上的覆盖义齿。有时也可由种植体和天然牙根共同支持覆盖义齿。

四、覆盖局部义齿分类

覆盖局部义齿的分类是根据缺牙的部位、修复的类型、可利用支持结构的性质分类的。

由于在牙列缺损的分类中,肯氏(Kennedy)分类法被广泛应用,此处介绍一种改良肯氏分类法作为覆盖局部义齿分类的方法(Ival G. McDermott 1990)。这种方法突出强调覆盖基牙的位置,也就是先由肯氏分类,然后增加覆盖基牙的位置。牙位是根据1968年美国牙科协会确定的恒牙位命名方法,即牙和牙根由1~32个数字来表示,从右上、左上、左下到右下这种顺序依次计数。例如:图8-1中,左侧的牙列缺损为下颌双侧游离缺失,由两个第二磨牙根支持的覆盖义齿,则为肯氏一分类、加18、31,记作 Kennedy od 18,31。增加牙位的设计应跟随在亚类设计之后,如图8-1中,右图为上颌局部覆盖义齿,用双上中切牙作覆盖基牙,则记为肯氏第三类二亚类,加8、9,记作 Kennedy Ⅲ mod2 od 8,9。

这种分类方法形象说明潜在的支持信息,如一个下颌肯氏第二类覆盖义齿,有了保留的磨牙根则与普通的单侧游离缺失不同。另外,这种分类方法也便于医师与技师交流。

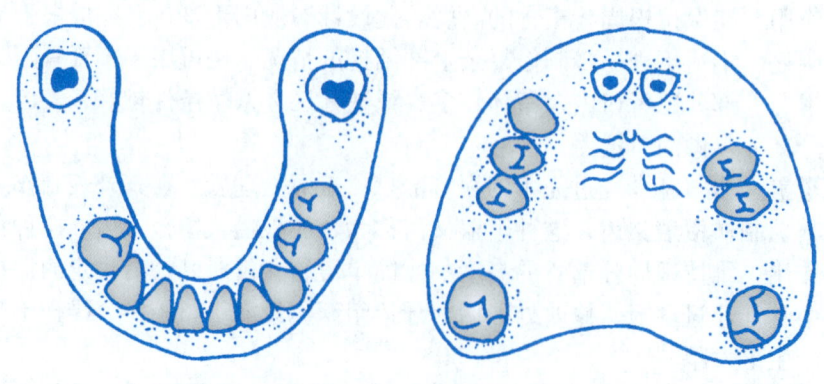

图8-1 可摘覆盖局部义齿分类示意图

第四节 覆盖义齿的适应证及优缺点
Indications, Advantages and Disadvantages of Overdenture

一、覆盖义齿的适应证

覆盖义齿治疗适用于口腔内余留天然牙少不能作固定义齿修复，而基牙条件差又无法直接用作可摘义齿安放卡环的基牙时。如果有下列因素则更适于使用覆盖义齿。

1. 至少有1～2颗牙可保留，这些牙的位置对义齿的支持、固位和稳定有益处。
2. 口腔卫生状况良好，或通过练习和学习达到良好的口腔卫生状况，从而能延缓或防止覆盖基牙进一步龋坏或牙周损害。
3. 由于重度牙槽嵴吸收、口干症、对口腔异物反应敏感、缺乏适应能力，估计直接戴用全口义齿效果不佳者。
4. 余留牙条件差（如冠根比例不协调）若应用其他治疗方法，剩余牙齿会受到更严重的损害。

有时最初设计拟保留的牙，经过牙体牙髓及牙周治疗后发现进一步修复有难度或不必要时，也可暂且保留作覆盖基牙。

不适宜做覆盖义齿的情况如下：①牙体牙髓及牙周疾病未治愈者，不能做覆盖义齿。②余留牙根根面在龈下或齐龈且未进一步处理者，不能做简单覆盖义齿。由于此类牙根对义齿起不到支持作用，相反易刺激牙龈炎症，增生的牙龈会覆盖根面，影响义齿使用。③口腔卫生差或全身疾病无法自行维护口腔卫生者。

二、覆盖义齿的优缺点

覆盖义齿有支持、固位、稳定作用好，与全口义齿相比能更好地恢复咀嚼功能，同时对牙根有保健作用，能维持牙槽骨高度，延缓患者成为无牙颌的时间等优点，在本章第二节已有详细描述，在此不赘述。

覆盖义齿的缺点：①基牙易龋坏或患牙周炎。由于基牙被覆盖在义齿基托下，无法通过口腔自洁作用清洁，另外食物残渣有时存留在义齿基托下，使细菌易于生长繁殖。如果患者口腔卫生习惯不良，不能及时清理菌斑软垢和维护口腔卫生，基牙患龋病和牙周炎的概率就会增高。②增加了治疗周期、治疗费用和制作难度。由于需对保留的牙齿做一系列处理增加了治疗时间和花费，如果基牙上安放附着体或套筒冠，则增加的时间和费用更多。同时义齿制作难度也增加：要防止义齿折断采取有效的增强措施，要考虑固位体的安放不影响美观，有时保留的牙根使局部骨突明显，组织倒凹大，影响义齿就位和美观等。

因此，选择覆盖义齿治疗要权衡利弊，详细考虑各种因素，做出最佳设计。

第五节 覆盖义齿的治疗过程
The Clinical Procedures for Overdentures

一、覆盖义齿的治疗计划

在制订治疗计划前，要对临床和放射检查结果及预后作综合考虑，对余留牙牙体和牙周的健康程度作全面评估，仔细询问病史。有时非临床因素（患者的社会、经济状况，希望和要求，合作的能力和意愿）要较临床因素对覆盖义齿的可行性起着更加决定性的作用。

（一）计划步骤

对那些只余留很少几颗牙的患者，制订治疗计划时要考虑所有可能发生的情况，不可能在考虑适应证的同时就能完成最终治疗计划。治疗计划通常分为几个阶段。第一阶段，确定能保留的牙；第二阶段，决定这些余留牙的治疗方式。然后才能制订最终修复计划和义齿设计。

有时尽管进行了修复前处理，余留牙仍不能达到足以适应最终修复覆盖义齿的稳定程度，但也不是松动到要做全口义齿的地步，在这种情况下，只有再制订新的计划。

（二）评估标准

1. 临床因素 确定可保留牙是整个治疗计划中相对简单的一步，要考虑以下四个临床参数。

（1）牙齿的全局重要性：一个牙的全局重要性体现在如果失去该牙会在多大程度上影响修复体的设计。余留牙越少，单个牙的全局重要性就越大，就越适于做覆盖义齿，就有可能不得不考虑将一个预后不一定满意但对全局有重要意义的牙作为基牙。在复杂的病例中，为了延缓无牙颌的发生，要认真衡量每个牙的全局重要性。

（2）基牙的负担：覆盖基牙所要承担的负荷与能保留的牙齿数目和位置有关，也说明它的全局重要性。

（3）口腔卫生状况：好的口腔卫生状况将增加保留牙齿的决心。在修复治疗前如果不能改善口腔卫生情况，在选择基牙过程中需要另外考虑。在判断卫生状况和全局重要性两者之间，给予后者以优先权。但是，当覆盖义齿的目的是为获得时间以建立新的义齿反射类型，从而为将来必须的全口义齿作准备，亦即覆盖义齿是一种训练性过渡性义齿，在这种情况下，口腔卫生情况则成为主要的因素。

（4）基牙在保留前所需要的治疗：最后需要考虑为保留一个基牙所需要花费的时间和费用。

2. 非临床因素 要与临床评估结果一同考虑，以建立一个全面的评估。前者常在建立整个治疗计划中起决定性作用。

在非临床因素中最重要的是患者的希望和要求。除此之外还要考虑其他因素，如患者对目前状况的态度、经济来源、心理和社会状况、一般健康状况及合作的能力。

在许多情况下起决定作用的是患者的合作态度。即便医生对患者有较多的了解，有敏锐的观察能力及从病史中能获取一定信息，这也是最难评定的。在口腔医学领域，没有现成的测试可用来确定患者建立神经肌肉反射类型的能力。因此，需要为患者提供一个或多个具体的治疗方案，以适应其个人的需要和能力。

（三）评估具体过程

1. 询问病史

（1）既往史和全身情况：全身虚弱及精神疾病是不适宜做覆盖义齿的。

（2）口腔治疗史：了解过去口腔治疗状况，可了解患者对治疗的态度和经验。

2. 口腔检查

（1）治疗前记录：留诊断模型并上𬌗架。分析咬合情况、牙槽嵴外形、与义齿就位有冲突的骨突、基牙位置、颌间距离等。有条件的照正侧位面像。

（2）视诊和触诊检查：观察口腔舌体和牙齿。唇颊黏膜、牙龈、口底和硬软腭是否有病理改变。触诊能发现锐利的骨嵴、可移动的黏膜、牙槽嵴不规则的倒凹等。

（3）牙齿检查：龋齿、缺失牙、充填物和咬合状况等均要仔细检查。如果患者有严重的龋病，常说明患者存在卫生及饮食问题，在制作覆盖义齿前要予以纠正。

（4）牙周检查：特别检查口腔卫生和义齿的卫生情况。如果义齿上有菌斑，也对覆盖义齿有影响。多数患者有长期的牙周炎。牙周情况需通过影像学检查认真评价。评价牙周袋深度、骨丧失程度、松动度、龈炎，以决定是否需拔牙。基牙如经过治疗松动度减低，也是选择基牙的参考因素。

（5）牙体根管治疗：多数情况下需作根管治疗。根管治疗不仅能治疗牙髓病变，而且根管治疗后，可以根据需要截冠，截冠能改善冠根比例，利于基牙保健；利用截冠的方法，可以用错位牙、倾斜牙、发育不好的牙、单个磨牙根作基牙。

3. 基牙选择

（1）基牙数量及分布：如果患者单颌有4个以上的基牙，并且牙周情况好，可以考虑用其他方法修复。如果有4个以下基牙，可以考虑用覆盖义齿。如果患者上下颌均为覆盖义齿，则下颌基牙力量应与上颌尽可能相同。2～4个分散的基牙最为理想。覆盖义齿基牙最好是分布于牙弓的两侧，不得已时也可仅保留一个基牙。这种情况时，基牙支持与无牙区黏膜提供的大面积支持之间较难维持均匀的受力。

（2）基牙位置：分开的基牙提供覆盖义齿理想的支持和稳定。2个尖牙和2个第二双尖牙作基牙是最普遍的类型。如果是3个基牙，可以是2个尖牙和1个双尖牙，或2个尖牙和1个中切牙，这种分布提供了三角形支持。下颌剩余牙槽嵴条件不好时，利用2个尖牙作覆盖义齿的情况很多。两个邻近的天然牙不必一起选择用附着体固位，因为这样并不能较采用单一基牙提供更好的支持和稳定。另外，患者难以清洁，同时还会增加义齿的体积，使义齿就位困难，美观差。

挑选基牙时，应避免斜线式支点线。因为将覆盖义齿基牙选在斜线式支点线上时，难以使受力均衡，患者常常主述义齿不稳。

（3）基牙的选择标准

1）牙周情况

骨支持：根周至少保留5 mm的牙槽骨高度。如果少于5 mm，则预后明显不佳。

附着龈：根周至少有3～4 mm的附着龈，少则增加不良反应。经验表明，覆盖义齿基牙比非覆盖义齿基牙需要更宽的附着龈。

牙周探诊深度：如果牙周探诊深度超过4 mm，或有探诊出血，牙龈充血红肿等情况，应先进行牙周治疗。

2）牙髓情况：经完善根管治疗，且预后肯定的牙，优先选为基牙。

3）基牙的外形：无论是对天然牙进行简单截冠充填根管口的处理，还是使用金属根帽，理想的覆盖义齿基牙外形应为圆平顶形。圆平顶形有利于印模制取，而且可以允许义齿在不损伤基牙的情况下有一定的活动度。这种形状为义齿提供了支持与稳定。

4）基牙的龈上高度：理想的基牙龈上高度在上颌为2 mm，下颌为3 mm，测量是从相邻的龈嵴顶到基牙切缘或𬌗面。由于可利用的𬌗龈距有限，通常让上颌基牙龈上高度可略短于下颌基牙龈上高度。2～3 mm的高度可为义齿提供足够的支持与侧方稳定性。如果余留牙太高，义齿折裂的机会就会增加，同时损伤基牙的风险也会增大。如果太低，牙龈易被义齿的活动所损伤，一般以不低于龈上1.5 mm为宜。

5）金属根帽的适应证：基牙有足够的高度或外形不能直接用修复材料修复时，如严重磨损、颈部有充填体或龈下龋等，均应在治疗后使用金属根帽。基牙对颌为天然牙者也是应用金属根帽的另一指征。对颌有天然牙存在时有两个问题：晚上覆盖义齿摘下，如果患者有夜磨牙习惯，则覆盖基牙会磨损；如果不摘覆盖义齿，则覆盖基牙折裂的危险性增加。因此，当覆盖基牙对颌为天然牙时，应该用金属根帽将基牙予以保护。

6）附着体和套筒冠的适应证：仅有部分情况下需要利用附着体或套筒冠来增加固位。如患者确实不能成功地应用简单的覆盖义齿；附着体或套筒冠已作为原有可摘局部义齿的固位体；患者希望覆盖义齿有非常好的固位稳定性等情况下。

二、治疗前的准备

（一）牙周准备过程

最初的牙周治疗是整个预备阶段中非常重要的部分。

1. 初步治疗 去除龈上、龈下菌斑，以达到减少感染，促进病损愈合的目的。在初步治疗后，要对患者重新评估，评价其合作的愿望和能力。不健康的牙周状况及不良的口腔卫生状况预示着远期效果差。在这种情况下可以改变综合治疗计划，省去在根上做复杂的附着体设计，改为简单的设计，这样也可在修复体设计中节省开支。

初步治疗包括洁治及根面平整，去除龋坏，充填临时性充填物（尤其是颈部窝洞），去除医源性牙周刺激物及由于不合适的义齿造成的创伤，并进行口腔卫生宣教，创造一个较为清洁的口腔环境。

2. 手术治疗 包括直视下根面平整；牙龈切除术和/或翻瓣术，手术去除牙周袋；冠延长术；通过膜龈手术增宽附着龈等。

通常，当根面龋延伸到骨水平以下，应通过牙龈切除术或翻瓣术达到根面龋的部位。为了保留根面在龈下或齐龈的牙根用作覆盖义齿基牙，必须通过手术延长牙冠。

（二）初步修复过程

目的是使义齿承托组织和神经肌肉系统处于最佳状态，以准备接受覆盖义齿。修复过程可与其他的治疗方法同时进行，最重要的修复过程有：

1. 改制临时覆盖义齿 旧义齿上无对抗臂的卡环、舌侧连接体及局部义齿的部分基托常会对余留牙的牙周组织造成损伤。将局部义齿改制为临时性覆盖义齿可较好地解决以上问题，从而消除义齿对组织造成的损伤。同时可使牙根产生支持，使剩余牙槽嵴所承受的力量减小。

2. 修改可摘局部义齿 边缘伸展过长、不足、修复体基托不密合可造成剩余牙槽嵴和黏膜的某些区域应力集中。这会导致反复出现的压痛及摩擦点，感染性增生或黏膜的炎症。可通过修改义齿边缘和对义齿临时性重衬而得到改善。调𬌗可进一步保证重衬的效果，也可促进神经肌肉调节。

3. 制作简单义齿 在任何可能的情况下，都要避免从没有修复体的天然牙列突然转变为全口义齿或覆盖义齿，否则患者很难适应修复体。如果不值得保留的牙齿被拔除，有一个过渡阶段，患者可以戴用一个简单的即刻局部义齿或即刻覆盖义齿。

4. 测试新的垂直距离 由于严重的牙槽嵴萎缩或人工牙及天然牙的磨耗，一些患者表现出严重垂直距离减低。如果患者不具有足够的神经肌肉适应能力，就不能用"抬高咬合"的新义齿。因此，对垂直距离的升高必须在较长的实验阶段中进行测试，可使用"咬合抬高"夹板，或是以自凝树脂增加已有义齿的咬合。在几周或几个月内，应用不同的参数评估患者的神经肌肉系统的适应能力，如患者的主观感觉、面部外形、口腔卫生状况、发音状况、咀嚼能力、是否出现功能异常活动等。

（三）外科手术

在覆盖义齿准备阶段可能需要的手术几乎包括了所有的口腔手术。有报道约25%的病例中X线片显示需要手术治疗，例如折断的根尖、埋伏牙、囊肿及其他骨内或骨上的病理情况。最常见的手术过程是拔除没有希望的牙。在拔牙时，要利用这个机会对可保留的邻牙进行根面平整或翻瓣术等。

(四) 根管治疗

大部分预留的覆盖义齿基牙都需要牙体治疗，例外的情况是将要用套筒冠覆盖的活髓基牙、不需治疗的重度磨耗的活髓基牙以及已经完善根充的失髓牙。在其他情况下，牙体治疗都是必需的，以为截冠做好准备，或是根管内计划置入桩等。

通常，牙体治疗要在牙周治疗之前完成或与之同时进行。

三、覆盖义齿的设计

对于覆盖义齿的支持和固位，医生有各种选择，从简单的方法到比较复杂和昂贵的设计。设计的类型和复杂程度以及基牙所需的治疗类型（即牙体治疗、桩核等）都极大地受到价格因素的影响。

剩余牙牙根的利用及设计的方法取决于所选的设计类型，牙根可以只有单纯的义齿支持功能或者为覆盖义齿提供支持和固位双重功能。

1. 支持作用 覆盖义齿的支持因素指所有那些可将咬合力传导到牙周组织的因素。使覆盖义齿从剩余牙获得支持的最简单便宜的方法是以银汞、树脂材料封闭根管口，直接做简单覆盖义齿。基牙局部应注意菌斑控制和防龋。

仅用于支持作用的牙根可以用金属根帽覆盖以防龋。如果基牙被截短到了牙龈水平，根帽要通过桩固定于根管内。如果预备后的牙根位于牙槽嵴顶以上几毫米，金属根帽就不需要桩的附加固位。对于老年患者，有髓腔钙化，一些基牙可以不去髓进行截冠。支持型的金属根帽可采用圆顶型根帽。

2. 支持与固位作用 如果余留的牙根有一定高度，则牙根能对覆盖义齿起到支持与固位双重作用。如果余留的有一定高度的牙根多且分散分布，固位作用就越大。

3. 固位附着体 在预留的牙根上安放附着体，可以增加固位。固位附着体的主要功能是对抗脱位力保持义齿在原位。可通过附着体阴、阳型间的摩擦或由凹槽中的弹簧的主动固位来提供。一个固位元素的固位力至少要有 400g 以保证义齿有足够的固位，但不能超过 1000 g，因为基牙上过大的拉应力会导致牙周损伤。在设计中所用的附着体数目越多，每个附着体单位的固位力应越小。附着体的类型较多，在大多数情况下只有义齿在患者口内试戴后才能最终选定合适的附着体。义齿戴入后，可观察放置固位装置的垂直向和唇舌侧间隙。选择自己对其质量和特性熟悉并且有信心的附着体，最好是只限于使用几种附着体并不断积累经验，这样好于不断地试用许多不同的类型。在可能的情况下，应尽量使用刚性附着体。

（1）附着体的刚性：如果一个固位性附着体将基牙整体卡抱，除了在单一的情况下可围绕固位装置长轴转动、在固位装置与修复体间没有动度，就是刚性附着体。其优点是在行使功能时可减少无牙颌牙槽嵴的负荷；当受到侧向力时对基牙产生的倾斜力小。缺点为义齿所受的运动和外力几乎全部传导到基牙上。

非刚性附着体允许义齿围绕固位装置在一个或多个平面内的旋转运动，或是垂直性整体运动。在同一个义齿中所用的非刚性附着体的数目越多，每个附着体的运动越受限。其优点是减小倾斜力对基牙的影响。缺点为义齿支持组织受到较大的应力；侧向力下牙齿倾斜度大。

如果固位装置仅允许朝向支持组织的自由垂直运动，则其称为弹性装置。一般要尽量避免使用这类连接装置。弹性附着体通常在结构上较为复杂，也需要较大的修复空间，更重要的是，使用弹性附着体时义齿的垂直运动有可能加速牙槽嵴的吸收。

一般情况下，要尽量选择刚性附着体，然而，在下列情况下可能适用非刚性附着体：

1）剩余牙的几何分布不利于义齿的稳定（图 8-2），会造成义齿倾斜和摆动，尤其是当软组织弹性大时。

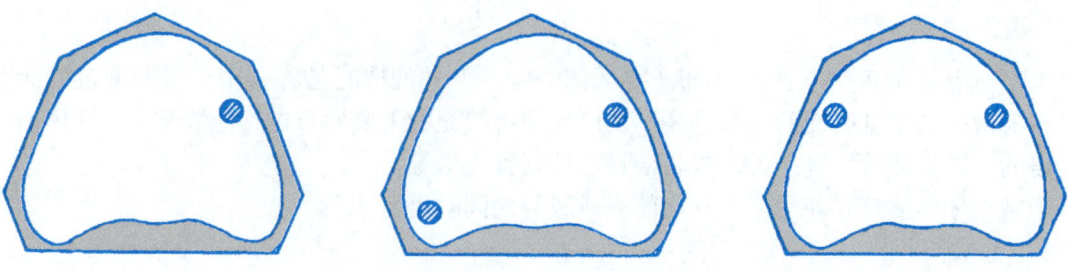

图 8-2　剩余牙的几何分布不利于义齿的稳定

2）当只能用一个短桩来固定根帽时。如果在短桩上使用刚性附着体，义齿的任意运动都可能导致桩核从根管内松动脱出。

非刚性附着体是通过截短天然牙临床冠，来减少修复体作用于基牙牙周组织的扭转力，并在义齿和剩余牙根间提供较为松散的连接，减少了作用于基牙上的扭转力。

弹性附着体适应证有限，仅适用于牙齿排列差，软组织可压缩程度大的情况。在戴入义齿后必须定期检查，这样可以通过多种方法尽早消除任何不利于基牙或牙槽嵴的义齿运动。可用的方法有基托重衬或是替换附着体的阴型部分。

（2）单个根上附着体与杆式附着体：覆盖义齿基牙是保持独立还是用杆将基牙连接，主要取决于剩余牙根的数目、分布及牙周状况。在许多情况下，两种固位体都可有相同的成功机会。有些情况下单个附着体较好，有些情况下以杆连接剩余基牙较好。

1）单个根上附着体：单个利用的根上附着体适应证（图 8-3）：只有一个剩余牙；对角线型基牙；跨度太大不能以杆连接者；剩余牙槽嵴上方间隙不足不适于杆式附着体；牙弓前部呈 V 形时放置杆连接常会造成义齿基托过于偏向舌侧，因而侵占了舌的空间，造成发音和咀嚼障碍。这些情况下用单个根上附着体好，单个附着体也通常较杆式连接体易于清洁。

常用的单个根上附着体有根帽式附着体和磁性附着体。

2）杆式附着体：由连接两个牙齿之间的金属杆和与杆吻合的并固定在义齿组织面的固位卡组成。应用于前牙区（如两个尖牙之间）或一侧后牙区。

杆式附着体的适应证：基牙牙周状况差，需要以杆进行直接夹板固定；牙根只能装置很短的桩（即短根或弯根）；特别是基牙的分布合适而估计义齿承托区的牙槽嵴有吸收，义齿的动

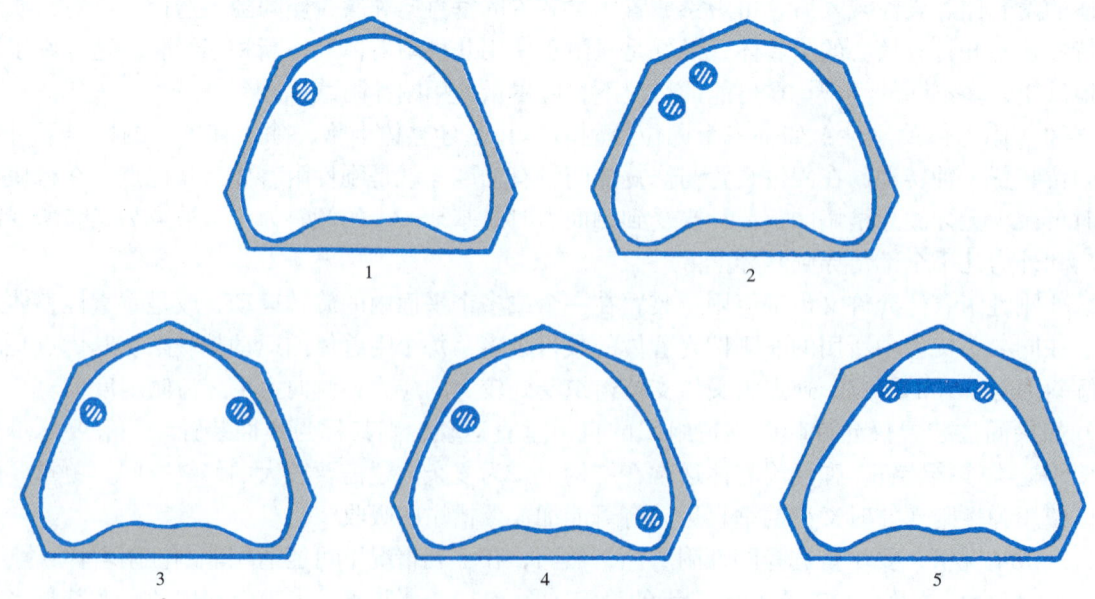

图 8-3　根上附着体适应证图示

1～4：单一附着体适应证；5：杆式附着体适应证

度较正常的大时。

杆式连接体较单个附着体有更大的机械稳定性和抗磨损性，如果基牙分布合适，并且技术能达到时，可以选用。如果用杆连接一个强壮的牙根和一个松动的、有牙周损害的牙根会形成杠杆力臂，对较强壮的基牙造成损伤。在这种情况下，适用于使用单独的附着体。

四、临床治疗过程

只有在初步治疗（即拔牙、牙周治疗）结束后，并且有明确效果的情况下，才能对余留牙进行预备。覆盖义齿修复的临床过程，如颌位关系记录、建立𬌗型都与全口义齿相应的步骤相同或只有微小的改动。然而，直接与基牙有关的所有步骤如牙体预备、取印模和义齿基托设计都需要特殊的技术。

（一）基牙预备

对于套筒冠固位体，应按铸造全冠的一般原则进行预备。而所有其他的设计类型都需要特殊的预备型。

1. 简单覆盖义齿的牙根预备　①截短牙冠：截除的量由牙体组织状况、牙根预期负荷及空间位置关系决定。如果牙根仅用于支持义齿，它可以截短至牙龈上 1.5 mm 水平。如果牙根要用于抵抗侧向力，要至少保留 3 mm 高度。不能将牙根截至龈嵴顶以下。②圆滑锐边缘；③封闭根管口。

2. 直接应用预成固位装置的牙根预备　直接应用预成的固位装置可以直接旋入或粘接于已行根管治疗的牙根，不需再做根帽。由于它们使用简单，价格便宜，尤其适用于临时覆盖义齿的固位，以便将来使用更贵的固位体。基本形式是一个球型突起连于一个螺纹桩上。

3. 桩-根帽的牙体预备　作为基牙和义齿基托间连接的桩-根帽需要通过充分的牙体预备而获得。因此，牙体预备是非常严格的，需要考虑牙周、功能、美观和技术的因素。

根据目前的观点不希望牙体预备产生龈下冠边缘。对于桩-根帽来说龈上边缘更好，因为这对牙龈影响少并使边缘易于清洁。为了达到龈上边缘，需达到以下条件：完整的牙体组织至少在龈上 1.5 mm；在根帽边缘部位没有急性龋形成的危险；尤其在上前牙区，根帽边缘不能影响美观。原则上，可在舌侧和邻面进行龈上预备。但在下列情况下，需要部分龈下预备：因为美观原因需要龈下边缘；根帽能逐渐移行达到一个完好的边缘，预备体和根帽边缘可以置于龈下 0.5 mm 处；𬌗间间隙不够的患者，也需预备龈下边缘。

桩-根帽牙体预备必须截冠以便为固位装置提供足够的间隙，但同时还要保留足够的牙体组织，为根帽提供足够的固位。可通过使用标准化预成桩，并且预备根面外壁使其与桩长轴平行来获得固位。为了防止桩水平折断的可能，要扩大桩、根帽结合区域形成一个平行于内壁𬌗面箱形，但不应过度减少根截面直径，以防根折。

根据不同需要的牙根预备方式见图 8-4。

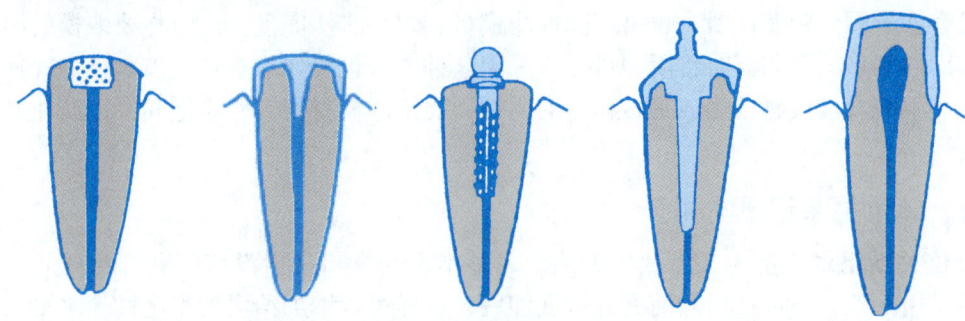

图 8-4　基牙预备示意图

从左至右分别为：简单覆盖、金属根帽、预成球帽附着体、铸造根帽附着体、套筒冠

4. 牙体预备易出现的问题及后果 ①基牙截短至龈下，牙龈出现增生反应；②外壁过于向桩长轴聚拢，会减弱固位效果造成根帽脱位，需要不断地重新粘接或重做。

（二）临时覆盖义齿修复

当选择以覆盖义齿修复时，在戴入最终修复体前需要为患者提供临时性或即刻覆盖义齿作为过渡方法。过渡性义齿可在牙髓治疗、基牙截短后的任何时间戴入，但不能仅在基牙最终预备后才戴入。

如果患者有未修复的缺牙区，因为过去有固定局部义齿或是几乎完整的天然牙列而且从未戴过可摘局部义齿，则制作一个简单义齿作为初期治疗的一部分。如果患者已戴有一个可摘局部义齿，它可被改制成一个临时性覆盖义齿。经过这个过程，患者可获得一定的戴义齿经验和心理适应能力。

（三）制取印模

1. 基牙印模 简单覆盖和放置直接固位装置的天然牙不需要使用特殊的印模技术。这种情况可以直接制取牙弓的整体印模。

需放置桩-根帽的牙需要特殊的印模过程。在根管内放置预成桩，然后使其留在所取的印模中，得到的代型必须准确复制出预备牙的形状和大小。这种一步法印模需要制作成可撤式代型模型，而整个印模不能用来制作义齿基托。可使用硅橡胶类或聚醚印模材料完成印模制取。

2. 全牙弓印模

（1）两步法印模技术：覆盖义齿由带有固位装置的桩-根帽支持，其工作模型需要既能复制无牙区牙槽嵴，又可将桩和根帽固定在正确的位置。只有当义齿在工作模型上制作完毕并在口内试戴后，才能在牙上粘接桩和根帽，这样可以确保附着体阴阳型之间的密合就位。因此，需要取全牙弓印模来制作工作模型。

采用两步印模法，就是将缺牙区印模与加入根帽分两步进行。第一步，像制取无牙颌印模一样制取取全口缺牙区的印模，个别托盘上相应于基牙的部位应开窗，缺牙区印模满意后，即在其上加入印模材将桩-根帽翻制固定于个别托盘中，此方法使用弹性印模材料效果最好。如果在取下印模时根帽留在基牙上，也可将根帽重新放置在印模的正确位置。

（2）一步法印模技术：在一个全牙弓印模中同时取得缺牙区和桩-根帽的印模。弹性印模材是这种技术唯一适用的材料。如果取下印模后根帽留在牙根上，也可以在印模上正确复位。这种方法有时用于固位力强的固位体或分叉根的病例。一步法印模的个别托盘不像在两步法中的那样在基牙上方开窗。在某些情况下，在取印模时会导致无牙区的可移动黏膜移位。一步法较两步法省时，但它的主要缺点是不能修整印模缺陷。如有不满意之处就要重取整个印模。

当基牙上不需放置根帽时，基牙预备好后就可取全牙弓印模。当应用没有固位装置的根帽时，也可粘接根帽后再制取全牙弓印模。这种根帽不需要转移到工作模型上，因为它们不需要进一步处理。像传统全口义齿一样，用个别托盘直接制取全牙列印模即可。

当已存在有固位附着体时，也可用弹性印模材制取一步法印模。此时在要取模的附着体上放置转移用的阴型，取印模时将阴型带下，采用这种方法也要像取全口义齿印模一样使用个别托盘，托盘不能直接接触根帽或是转移用的阴型，要给印模材留有一定空间，以防止转移阴型变位。

（四）颌位关系记录与排牙

1. 颌位关系记录 覆盖义齿颌位关系记录基本上与全口义齿没有区别。𬌗堤的形状要与将来覆盖义齿一致，不可在唇侧前庭处过度伸展，这样可以增加𬌗堤的稳定性。水平关系记录错误会对基牙造成损伤，尤其当基牙上放置了固位附着体，咬合时义齿移位会对基牙产生侧向力或拉力，导致基牙松动度增加，严重时会造成基牙脱落。

2. 排牙 覆盖义齿是有牙周支持的全口义齿，因此覆盖义齿的𬌗型与全口义齿一致。

覆盖义齿的部分咀嚼力将传导至基牙牙周组织，力的大小与义齿和基牙连接的坚固与稳定程度成正比。在全口义齿中造成倾斜或脱位的力量会推动或拖拉有附着体的覆盖基牙。这种力量对牙周产生的应力最大，并会造成牙齿松动度增加。因此，用于全口义齿的咬合概念也应用于覆盖义齿，以减低𬌗力的非生理性影响。牙周组织丧失越多，就越要严格遵守全口义齿的𬌗型原则。

一般不正确𬌗型本身不会损伤基牙牙周组织达到牙齿脱落的程度，只有在同时存在着口腔卫生状况差、根帽及基托形态不正确等引起了牙周炎，则创伤𬌗会造成进一步的牙周破坏。

另外，当余留牙丧失后，覆盖义齿有可能要改制为全口义齿，已有的修复体修改越少，患者越易适应新的无牙状态。如𬌗型已经达到全口义齿的要求，则相应的神经肌肉的适应性和义齿稳定性就已经建立了。

（五）试戴，安装附着体

1. 最终试戴 与全口义齿相同，要特别注意以下几点：垂直距离、𬌗平面位置、𬌗型，不能因为使用了固位装置而受影响，要优先考虑全口义齿相关标准；试戴的义齿基托应尽可能与最终义齿基托外形一致，甚至在基牙周围也是如此。基牙唇面要调磨使之与根或根帽精确吻合。只有这样，才能在试戴时，准确判断边缘伸展、功能稳定性和将来义齿基托与唇颊肌的关系；舌、腭侧基托包括基牙附近区域形态要合适，完成后的义齿不能影响舌活动空间。

2. 安放附着体 只有在试戴义齿并且最终确定𬌗型和基托形态后，才能最终选定和安放固位装置。此时才能可靠地估计能为附着体提供的空间大小以及其他的一些因素。

固位装置与修复状况相比永远处于从属地位。尤其重要的是不能因为附着体的大小和位置而减少或改变舌的空间。出于这个考虑，单个附着体有时较杆式附着体好。

（六）基托设计

1. 基托设计标准 覆盖义齿是牙齿与黏膜共同支持式全口义齿。因此，其无牙区基托设计与传统全口义齿相近。

对仅提供支持作用的装置，覆盖义齿在基牙区也与全口义齿外形相似，逐渐移行至前庭沟以提高固位。基托的设计主要由牙周和功能标准来决定，尤其是在有固位性附着体的基牙附近的基托设计。根帽和义齿基托要作为一个形态和功能的单位来考虑。

义齿基托应具备的要求：不引起菌斑堆积；不对基牙龈缘造成机械创伤；不影响口腔卫生健康；不干扰舌、唇和颊的正常功能；不影响美观或发音；可进行修改或必要的材料添加。

2. 设计暴露基牙牙龈的基托 根据临床经验，按照可摘局部义齿的设计原则制作义齿，则基托可达到基本要求。暴露基牙牙龈的覆盖义齿设计指去除基牙周围的基托，基托不覆盖牙龈（图 8-5），对人工牙进行预备使其可直接安装在牙根或桩-根帽上。

只有用个别制做的铸造支架加强才能实现将牙周暴露的覆盖义齿基托。当然，基牙周围有暴露空间的设计也有不利，如基牙上方空间不足或舌侧较浅时，尽管有金属加强，基托折断的风险也大；美观问题；暴露的邻间隙部位食物嵌塞增加；发"S"音困难，在谈话时唾液溢出；基牙预后差，可能很快会改为全口义齿。因此，基牙周围是否暴露取决于对每一个个体的利弊的权衡。

覆盖义齿基托设计的基本原则：尽可能少地覆盖龈边缘；

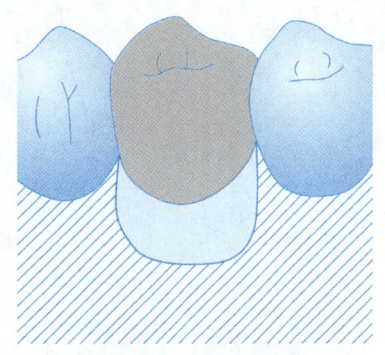

图 8-5　金属基托离开牙龈

以金属为邻面边缘；基牙数目越多且预后越好，基托暴露可越多。

基于近年来的实验研究结果，认为应该保持义齿基托在基牙周围暴露牙龈。不覆盖牙龈的基托设计消除了义齿基托对边缘龈的直接机械性损伤；减少了基托周围的菌斑堆积，防止食物嵌塞，唾液对牙龈有冲刷作用，可有一定程度的自洁作用，基牙周围基托暴露牙龈可以在戴着义齿时也能以邻间刷清洁根帽周围的邻面，义齿基托邻面可作为导平面自动引导邻间刷的刷毛朝向牙龈边缘。同时，不覆盖牙龈的基托设计防止了过大基托易产生的吸力效应（suction effect），该效应是由于修复体的动度以及根帽外形不足、口腔卫生差引起的。这些因素可造成牙龈增生；不覆盖牙龈的基托设计可防止应用固位附着体的上颌覆盖义齿具有有害的真空固位。因为当取下义齿时，为克服吸附力和固位装置的联合固位力所需的扭转和拉力会对牙周组织造成创伤。因此，上颌覆盖义齿的腭板不宜延伸到颤动线。

3. 基托设计与功能和美观 义齿基托要补偿由于拔牙后骨吸收造成的组织丧失而又不影响功能和外观。余留基牙的牙根周围不会发生明显的骨吸收，因此此处不像在缺牙区需要大块的材料以补偿组织丧失。基牙部位的义齿基托不用覆盖基牙的唇侧，这样可保持义齿唇颊的正确位置以及其与剩余牙槽嵴的自然关系（图8-6）。

4. 缺牙区义齿基托的设计 在缺牙区，覆盖义齿基托在伸展和形态上与全口义齿基托很相近，但有以下区别：要避免过度伸展；在美学区，人工牙要与无牙区牙槽嵴直接接触，以取得较好的美观效果；在某些类型的牙槽嵴，如矢状面呈狭窄的棒球棒形（club-shaped）的牙槽嵴，边缘伸展由固位附着体的就位道决定。基托要终止于牙槽嵴的观测线（外形高点）上，过分伸展会造成倒凹区食物嵌塞。

5. 铸造支架加强设计 机械附着体的存在及基牙附近义齿基托的中断减少了义齿的横截面积，增加折断的危险。这些薄弱之处不能通过加厚义齿的树脂部分来补偿。只能通过使用整体铸造加强支架（图8-7），才能提供最大稳定性和坚固性而不干扰唇颊舌功能的修复体。一般

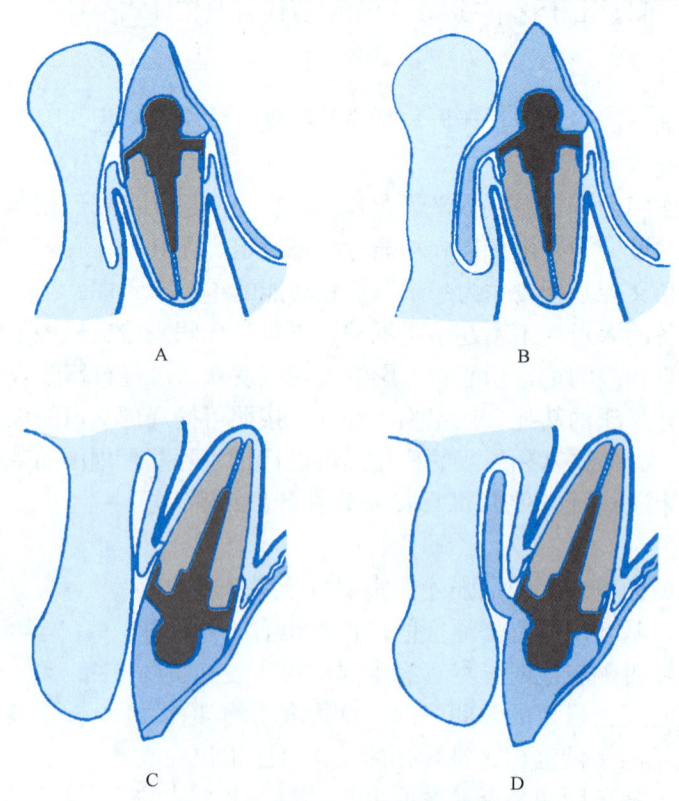

图8-6　义齿基托设计示意图

A.下颌唇侧不用基托可使外形好；B.下颌唇侧组织倒凹义齿基托有缝隙并易存留食物；C.上颌唇侧不放基托，外形和功能好；D.上颌唇侧放基托使外形突出

支架由钴铬合金制成，这种合金具有抗腐蚀性并且即使在截面厚度为 0.5～1 mm 时，即可保证较高的抗变形性，支架可做得非常薄。

（七）覆盖义齿戴入

1. 戴入 在覆盖义齿初戴时，需检查以下几点：

（1）义齿基托与根帽的吻合：当义齿基托热处理时，聚合收缩会造成根帽和其基托上相应接触面不贴合。可造成基托与根帽的早接触，通常出现在根帽的外缘处。如果不去除这些早接触，当义齿上加力时，义齿会在这些点上翘动，以及可能导致附着体的阳型和阴型不能正确组合。

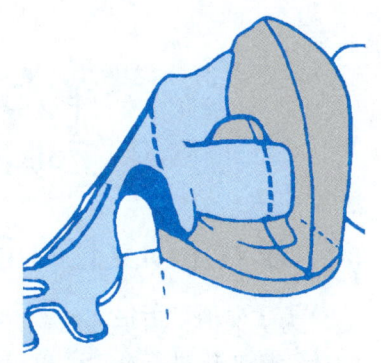

图 8-7 支架加强要包绕附着体，连接体要稳固

（2）咬合：修复体制作过程中聚合收缩的另一个结果是使个别义齿人工牙相对于工作模型移位，导致咬合改变，必须在修复体戴入时进行调改。

（3）边缘伸展：在蜡型试戴时所设计的基托伸展可能在义齿装盒装胶过程中发生改变，因此在戴入时要重新检查。应在粘接有固位装置的桩-根帽前调改基托的过度伸展。

修复体最终戴入还包括患者已掌握摘戴方法，而且已学会如何对基牙和修复体进行保养。

2. 口腔卫生宣教 教会患者保养覆盖义齿对其长期成功极为重要。牙周治疗以及对义齿的精心设计和制作，需通过正确的口腔卫生发挥作用，最终是希望减少牙周损害或继发龋发生。

覆盖义齿戴入后患者所进行的口腔卫生维护是在准备阶段就学习过的。但有时难以实现，尤其是在年龄较大的患者，常见的原因有：许多年龄较大的患者越来越认为口腔卫生不重要；饮食习惯的改变（吃更多的碳水化合物和软食），唾液流量减少促使菌斑堆积；由于体积小，覆盖义齿的固位装置非常难清洁；随年龄增加，手的灵敏度和视力下降，对于老年患者，学习效率降低，因此督促和向患者宣教以及帮助他们练习口腔卫生过程需要大量的时间、耐心和心理技巧；也可以教会第三者帮助他们进行口腔卫生保健；为患者制订个人卫生计划，这些计划要求应在他们的能力允许范围内。个性化的定期复查非常重要。

（1）基牙的保健：对于戴用覆盖义齿的患者，以普通牙刷清洁牙齿是家庭保健的基础。所有有或没有根帽的基牙及其边缘龈各面都要清洁到。所有暴露的根面和牙龈区应用邻间刷再刷一遍。牙线用于清洁固位杆的下方和杆与根帽焊在一起的部位。基牙周围开放式义齿基托可以简化对基牙的保养过程。

如果不能进行机械性清洁或进行得不充分，可建议使用化学方法。如下：

1）氟凝胶：可直接用于暴露的牙根或将其间接地放在基牙上方的义齿中。还可每天使用 0.25% 的氟溶液漱口水。

2）0.1%～0.2% 氯己定溶液：可每日含漱或是将其凝胶放入义齿基托或附着体阴型中。要注意其长期使用的副作用，如味觉改变、口腔烧灼感、黏膜剥脱和着色。

（2）覆盖义齿的保养：以普通牙刷或特殊的义齿刷机械清洁覆盖义齿。可同时使用低磨损性的牙膏。义齿清洁剂（大多为过氧化基 peroxide based）是有用的辅助方法，但不能作为机械清洁的替代品。

对念珠菌感染（moniliasis）者，可通过每日将义齿浸泡在 0.2% 氯己定溶液中 10～15 s 进行处理。在出于某种原因不能进行充分的机械清洁义齿时（即身体或精神伤残、卧床等），义齿应每天泡在氯己定或水杨酸盐溶液中。氯己定被义齿树脂吸收并在几小时内缓慢释放。但长期使用会造成义齿变色。

第六节　覆盖义齿患者的随访
Follow-up of Overdenture Wearer

一、患者定期复查的重要性

为了保护义齿承托组织并尽可能长时间使它们保持原状，必须对义齿承托区所发生的逐步的持续性变化进行补偿，这就需要定期复查。

许多义齿戴用者认为一旦他们戴上义齿就再也不需要进一步的治疗了，义齿承托组织的变化很少被注意，因为其发生不引起疼痛。通常只有当患者感到义齿不能满意地行使功能或是必须进行修理时才会回到医生这儿来。以上观点是造成剩余牙槽嵴过度吸收和松软牙槽嵴形成的间接原因。患者常表现出很差的牙槽嵴状况甚至在制作新义齿前要进行外科手术。临床戴入的修复体应在 6 个月后对其适合性、咬合功能进行重新评估，如可能，此后每年进行一次。这样义齿才能够没有主客观症状平均戴用 7～8 年，然后由专业医师决定是否需要大的修改或制作新义齿。

二、戴义齿后常出现的问题

覆盖义齿戴牙后出现的问题有 3 个方面：与义齿有关的问题；与覆盖基牙有关的问题；与附着体有关的问题。

（一）与义齿有关的问题

此方面问题包括固位、疼痛、发音、咀嚼等，与全口义齿戴牙后出现的问题相似，可参见有关章节。与全口义齿不同的是：全口义齿戴牙后出现问题受累的仅有黏膜及剩余牙槽嵴，而覆盖义齿出现问题受累的还有基牙。

（二）覆盖义齿基牙的问题

1. 根面龋　是覆盖义齿患者后续保养的关注重点。30% 无根帽保护的基牙和 15% 以根帽覆盖的基牙可出现根面龋。在引起根面龋的因素中最重要的是牙周附着丧失、食用可发酵的碳水化合物以及任何因素造成的口干。

戴入后保养的目的主要是防止龋损发生。这包括每日使用氟制剂，或是含氟漱口水或是氟凝胶。凝胶可直接用手指、牙刷或棉棒涂于基牙或是间接地在戴义齿前涂布于义齿上。合理的营养计划也可防龋。

根面龋可在临床检查中以探针探查检出。X 线片主要用于判断根帽下大缺损的深度。龋坏越早发现，就越易治疗。

局部牙槽嵴顶以上的根面龋通常可在备洞后以充填材料充填。根帽下广泛的牙槽嵴顶以上的病损很少直接充填，如果牙根还可直接使用一段时间，必须去除根帽，重新预备，大多需要牙周手术为制作新的根帽创造条件。对牙槽嵴顶以下根面龋的治疗预后不好，尤其是当根管壁亦受到影响时。此时需要严格地估计治疗的价格/效益比，以决定治疗还是拔除患牙。

2. 牙周问题　早期复查，检查牙周损害和龋损对覆盖义齿患者很重要。原则上，第一次复查安排在修复体戴入 3 个月之后，复查期限由个体状况决定。当口腔卫生状况好时，牙周抵抗力强，修复体复查的间隔时间稍长没有问题，周期可长达 12 个月。在其他情况下，每 6 个月复查一次。牙周检查包括患者对基牙和义齿的清洁能力，探诊深度和牙齿动度，确定附着龈宽度和边缘龈炎症程度。基牙定期拍摄 X 线片可帮助判断其预后。

周期性维护不仅是去除菌斑和牙石，还需要再次督促检查和口腔卫生宣教。牙周病损发展速度与口腔卫生质量和牙所受的应力程度有关。

3. 评价𬌗与覆盖义齿基托 剩余牙槽嵴进行性萎缩常可导致垂直和水平咬合关系改变，这可造成𬌗干扰，需定期调改。覆盖义齿𬌗不协调可通过与全口义齿同样的方法诊断。在人工牙上寻找磨耗标记，口内记录𬌗接触，或将义齿重上𬌗架检查。

评估咬合时，必须考虑牙槽嵴吸收的量。如前牙早接触是由义齿后部下沉造成，不能通过选磨消除。因为这样做会使垂直距离下降。最好是通过正确地进行重衬过程重建磨牙接触，从而保持或恢复最初的垂直距离。

义齿基托密合度可提示牙槽嵴吸收的多少。因此，仔细评价义齿基托密合度非常重要。由于覆盖义齿是部分牙支持式，基托在无牙区而不在基牙部位下沉。

义齿不合适会造成义齿摆动及局限于牙槽嵴上某个区域的压痛点。其结果会造成基牙松动、局部牙槽嵴吸收加速、义齿折断等。

（三）覆盖义齿的机械损坏

1. 覆盖义齿基托折断 附着体附近的基托折断在覆盖义齿中很常见，而有铸造加强支架的覆盖义齿很少折断。义齿受力不当常表现为附着体附近的树脂裂纹而不是整个基托的折断。裂纹是义齿基托内过大应力的体现，应及时地消除过大的应力，即将不稳定的基托重衬或调𬌗，可防止以后进一步损坏。

2. 附着体损坏

（1）磨耗：所有附着体在使用过程中都可能磨损。通常几年后才影响固位。可更换附着体阴型或通过重做带有新的附着体的根帽才能再次获得固位力。

（2）与对𬌗牙的接触：在许多病例中，当不戴用覆盖义齿时，无保护的附着体阳型会由于与对𬌗的天然牙或人工牙反复接触而磨损。这样可在短时间内造成严重损坏。因此，对颌有真牙者其覆盖义齿必须长期戴用，甚至是在晚上也需戴用。如果对颌戴有一个全口义齿或覆盖义齿，建议晚上将两个修复体都摘下。有研究证实如果夜间戴用义齿，剩余牙列的牙齿龋坏和牙周损害会增加。义齿下软组织也更易发生炎症。口腔卫生差或口干也是不利于夜间戴用义齿的因素。

（3）替换附着体阴型部分：附着体随着时间延长会丧失原有固位力。这是由于阳型和摩擦性阴型磨损，或是固位体的阴型部分弹簧减弱造成的。大多数阴型可替换。在替换时会有一定的技术难度，需要特别注意。

三、将覆盖义齿改为全口义齿

当失去最后一颗基牙后，覆盖义齿就要改为全口义齿。可通过自凝树脂直接重衬或是间接印模法进行重衬。修改基牙周围开放的金属支架覆盖义齿较困难，如果义齿基托唇舌侧要增加的部分太多，需要制取印模，送技工室制作。另外，当原基牙区的金属舌板不能为所加的树脂提供足够固位时，需要在支架上焊接附加的固位环。由于需要较多的工序，这种改制相对较贵。

（潘韶霞　冯海兰）

进展与趋势

随着牙体保存学的发展、牙周病治疗的进步，以及患者保留牙齿的意识增强，残根残冠的保留机会将更多。覆盖义齿的应用符合牙列缺损自然病程的一个阶段。覆盖义齿的应用也被认为是预防性修复治疗，能防止患者过早成为无牙颌。

随着修复学的发展，各种先进修复技术的应用，如铸造支架技术、附着体应用技术、套筒冠修复技术等使覆盖义齿的应用更加完善，覆盖义齿的支持、固位、稳定性能更好，恢复咀嚼效能更高。

目前在天然牙根上制作覆盖义齿的基本原则还被更多地用于种植体支持的覆盖义齿上，许多种植义齿的上部结构是不同类型的附着体。当牙列缺失后，用少数几个种植体可支持覆盖义齿，对整个牙弓进行修复，收到很好的临床效果。

Summary

Overdenture is a complete or partial removable dental prosthesis that covers and rests on one or more remaining natural teeth, the roots of natural teeth, and/or dental implants. The roots of natural teeth retaining overdenture are intend to provide improved support, stability, and tactile and proprioceptive sensation and to reduce ridge resorption.

Reduction of the coronal height of remaining natural teeth can reduce the crown to root ratio, thereby lowering the lateral force applied on the alveolar ridge during function. The use of retained roots to support an overdenture is most effective when there is a strategic distribution of roots throughout the arch, in which not only the alveolar bone surrounding the roots but that in-between the roots can also be preserved.

Through the reduction of the crown to root ratio, it is distinctly possible that retained roots can support retentive elements that will be used to secure a dental prosthesis. The combined benefits of reducing the pathological condition of residual ridge resorption while improving the retention of dentures create a compelling argument for the use of the overdenture.

This chapter introduces the biological basis, classification, indication and controindication, advantages and disadvantages of overdenture, and also gives introduction to the treatment planning, clinical procedure, and maintenance of overdenture.

Definition and Terminology

覆盖义齿 (**Overdenture**): Overdenture is a complete or partial removable dental prosthesis that covers and rests on one or more remaining natural teeth, the roots of natural teeth, and/or dental implants. The roots of natural teeth retaining overdenture are intend to provide improved support, stability, and tactile and proprioceptive sensation and to reduce ridge resorption.

参考文献

[1] Ai M, Shiau Y. New magnetic applications in clinical dentistry. Tokyo: Quintessence Publishing Co., 2004.

［2］Jenkins G. Precision attachments-A link to successful restorative treatment. Chicago: Quintessence Publishing Co., 1999.
［3］Zarb GA, Hobkirk J et al. Prosthodontic Treatment for Edentulous Patients: Complete Dentures and Implant-Supported Prostheses (13th edition). Mosby, 2012.
［4］Shafie HR. Clinical and laboratory manual of implant overdentrues (1st edition). Blackwell Publishing Professional, Oxford. 2007.
［5］冯海兰，徐军．口腔修复学．2版．北京：北京大学医学出版社，2013.
［6］冯海兰．覆盖义齿．北京：中国科学技术出版社，2002.

第九章　牙列缺失的全口义齿修复

Complete Dentures for Restoring Edentulous Jaws

上下颌全口义齿修复案例

第一节　概　述
Overview

一、无牙颌的流行病学

无牙颌（edentulous jaw）是指因各种原因导致的上颌或（和）下颌牙列全部缺失后的颌骨。牙列缺失是发生在口腔的一种常见病、多发病，多见于老年人。第三次和第四次全国口腔健康流行病学调查报告的数据显示，从2005年到2015年的10年间，无牙颌率出现明显下降的趋势，65～74岁年龄组无牙颌率从6.82%下降到4.50%。导致牙列缺失最常见的两个病因为龋病和牙周病，此外还有外伤、不良修复体和发育异常等均会导致牙齿缺失。口腔医疗和保健水平的提高，会使导致牙列缺失的病因得到一定的控制，但随着社会老龄化的进程，老年人口占总人口的比例不断增长，牙列缺失仍将在人群中保持一定的比例。

二、牙列缺失的影响

牙列缺失的无牙颌患者失去了牙齿对食物的切割和研磨作用，影响食物在口腔内的初步消化，并会增加胃肠消化负担。无牙颌患者的发音功能（phonetic function）也会受到影响，特别是齿音和唇齿音。由于失去了牙齿对面下1/3高度的维持和对唇颊软组织的支持，出现面下1/3高度变短、软组织塌陷、皱纹加深、口角下垂等面容苍老的改变。随着时间的推移，无牙颌患者的牙槽嵴、口腔黏膜、颞下颌关节和肌肉神经系统会发生进一步的退行性或病理性改变。以上改变会进而影响患者的心理状态，甚至社交活动。

三、牙列缺失的全口义齿修复

对无牙颌患者的传统修复治疗方法是采用全口义齿修复。全口义齿是采用人工材料替代缺失的上颌或下颌完整牙列及相关组织的可摘义齿修复体。

全口义齿（又称总义齿）由人工牙（artificial teeth）和基托（denture base）两部分组成，靠义齿基托与无牙颌黏膜组织紧密贴合及边缘封闭产生的吸附力和大气压力，使义齿吸附在上下颌牙槽嵴上，恢复患者的缺损组织和面部外观，恢复咀嚼和发音功能，义齿基托覆盖下的黏骨膜和骨组织承担义齿的咬合压力。

四、牙列缺失的种植义齿修复

在种植义齿问世之前,全口义齿是无牙颌修复的唯一方法。近年来,随着种植技术的日趋完善,种植义齿已成为在临床推广应用的成熟方法。种植义齿能够显著增加无牙颌修复体的固位和稳定,改善患者口腔功能,增进舒适度,减少义齿压痛。

第二节 全口义齿修复的生理基础
Physiological Foundation of Complete Denture Prosthodontics

一、无牙颌的解剖结构与标志

(一)无牙颌牙槽嵴

牙列缺失后牙槽突逐渐吸收和改建形成连续的骨嵴,称为无牙颌牙槽嵴(edentulous jaw ridge),或称剩余牙槽嵴(residual ridge),包括牙槽嵴顶(crest of residual ridge)与唇颊和舌侧牙槽嵴侧斜面(slope of residual ridge)。表面为致密的骨皮质,内部为骨松质。牙槽嵴表面覆盖的口腔黏膜根据其组织结构特点可以分为两类。覆盖无牙颌牙槽嵴顶(crest of edentulous ridge)的黏膜为附着黏膜(attached mucosa),又称咀嚼黏膜(masticatory mucosa),表面为高度角化的复层鳞状上皮(stratified squamous epithelium),黏膜固有层薄,与骨膜结合紧密,活动度小。附着黏膜厚度适中,有一定的弹性,能承受咀嚼压力。从牙槽嵴侧斜面向口腔前庭沟底和下颌口底方向,附着黏膜过渡为非附着黏膜(non-attached mucosa),黏膜表面失去角化层,黏膜下层增厚、疏松,活动度增大,其承受压力的能力较差。

(二)硬腭

硬腭(hard palate)由两侧上颌骨的腭突向中线处汇合而成,表面覆盖高度角化的附着黏膜。硬腭黏膜在不同的部位厚度不同,在腭中缝(median palatal suture)等有骨性隆突的部位黏膜下层极薄,不能承受较大的压力;而在硬腭两侧近牙槽嵴处的黏膜下层较厚,其中前部含有较多脂肪,后部含有大量腺体组织。硬腭中线两侧的水平部分,黏膜厚度适中,黏膜下层致密,可与上颌牙槽嵴共同为上颌总义齿提供主要的支持作用。

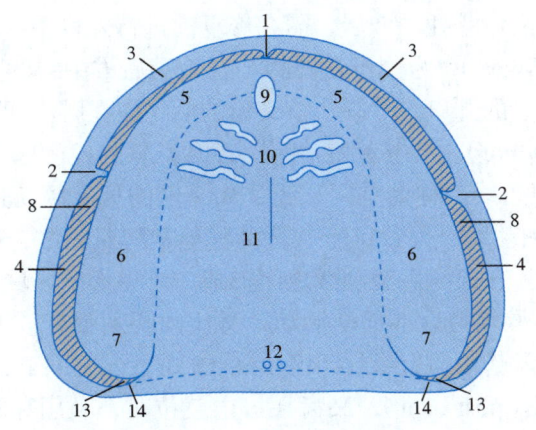

图 9-1 上无牙颌解剖标志

1.上唇系带;2.上颊系带;3.唇侧前庭沟;4.颊侧前庭沟;5.前部牙槽嵴;6.后部牙槽嵴;7.上颌结节;8.颧突;9.切牙乳突;10.腭皱;11.上颌硬区(上颌隆突);12.腭小凹;13.翼上颌切迹;14.翼下颌韧带

（三）上无牙颌的解剖标志

1. 上唇系带（maxillary labial frenum） 位于口腔前庭内相当于原上颌中切牙近中交界线的延长线上，是从牙槽嵴唇侧黏膜至上唇黏膜之间的黏膜皱襞，内有结缔组织纤维连接口轮匝肌和颌骨，可随上唇运动而移动。通常只有一条，呈扇形或线形。全口义齿的唇侧基托不能妨碍唇系带的活动，应在此区形成相应的切迹（图9-1）。

2. 上颊系带（maxillary buccal frenum） 位于上颌两侧前磨牙牙槽嵴的颊侧，内有纤维分别与口轮匝肌和颊肌相连，从牙槽嵴向侧后方，呈扇形，有时为一条，有时为两条，甚至更多。颊系带将口腔前庭分为两部分，唇颊系带之间的部分为唇侧前庭（labial vestibule）或称前弓区，颊系带的后方为颊侧前庭（buccal vestibule）或称后弓区。

3. 颧突（zygomatic process） 位于颊系带的远中，相当于左右第一磨牙颊侧根方的骨性突起，为上颌骨颧突的根部，牙槽嵴吸收越多，颧突越明显。其表面覆盖黏膜较薄，义齿基托容易在此处造成压痛。

4. 上颌结节（maxillary tuberosity） 为上颌牙槽嵴两侧远中端的圆形骨突，上颌总义齿的基托应覆盖整个上颌结节。某些患者的上颌结节向颊侧突起，形成明显的组织倒凹，即义齿基托无法通过上颌结节颊侧最突出部分与其上部牙槽嵴侧面及颊侧前庭沟组织贴合，从而影响义齿基托的伸展和义齿的就位。亦有少数患者的上颌结节下垂，后部上下颌牙槽嵴顶之间的距离过小，造成义齿修复困难。

5. 切牙乳突（incisive papilla） 位于上颌腭中缝的前端，上中切牙的腭侧，为一卵圆形的软组织突起。切牙乳突下方为切牙孔（incisive foramen），有鼻腭神经和血管通过，义齿基托组织面在此区域应做适当的缓冲处理，以免压迫切牙乳突产生疼痛。在真牙列，切牙乳突与上颌中切牙之间有较稳定的位置关系。通常上中切牙唇面位于切牙乳突中点前 8～10 mm，两侧上颌尖牙牙尖顶的连线通过切牙乳突的中点。因此，切牙乳突可作为排列义齿人工前牙的重要参考标志。但是牙列缺失后，上颌前部牙槽嵴唇侧骨板吸收较快，牙槽嵴吸收越多，牙槽嵴顶距切牙乳突越近。因此，当前部牙槽嵴吸收较多时，人工牙的位置不能完全按照天然牙与切牙乳突的关系排列。

6. 腭皱（palatal rugae） 位于上颌硬腭前部腭中缝的两侧，为致密的纤维结缔组织，呈不规则的波浪形隆起的横嵴，有辅助发音的作用。

7. 腭隆突（torus palatinus） 20%左右患者硬腭中部的腭中缝处骨质隆起称为腭隆突或上颌隆突，表面覆盖黏膜较薄，故此处又称作硬区（hard area）。为防止上颌义齿以此为支点而产生翘动和压痛，义齿基托组织面相应处需做缓冲处理。多数腭隆突较平坦，个别腭隆突过大甚至呈结节状，可能影响义齿基托的伸展，需在修复前进行外科手术切除。

8. 腭小凹（palatine fovea） 为位于软硬腭结合处稍后方中线的两侧，左右各一个的黏膜表面陷窝，内有黏液腺导管的开口。上颌全口义齿的后缘应在腭小凹后 2 mm 处。

9. 颤动线（vibrating line） 当患者发"啊"音时，软腭发生颤动，颤动线是用来标记软腭可动部分前缘的一条假想线，称为"啊"线，从一侧的翼上颌切迹延伸至对侧的翼上颌切迹。"啊"线又可称为后颤动线，大致位于软腭腱膜与软腭肌的结合部位。硬腭与软腭腱膜结合的部位，称为前颤动线。在前、后颤动线之间形成一个弓形的区域，用钝性器械按压此处的黏膜组织，会发现它既不像软腭后部那样活动，又比硬腭黏膜有较大的弹性（resilience）（图9-2）。此区域为上颌总义齿基托的后缘封闭区（posterior palatal seal area），义齿基托组织面在此区域向黏膜突起成后堤（post dam），义齿在口内就位时，利用黏膜的弹性，突起的后堤压向黏膜组织，使基托后缘与黏膜紧密贴合。软腭的形态和长度决定后缘封闭区的前后向宽度，根据软腭的水平角度大小，可以分为三种类型（图9-3）。第一类，腭穹隆平坦，软腭长，几乎水平向后延伸，后缘封闭区前后向宽度可达 5～10 mm，有利于义齿后缘封闭和固位；第二

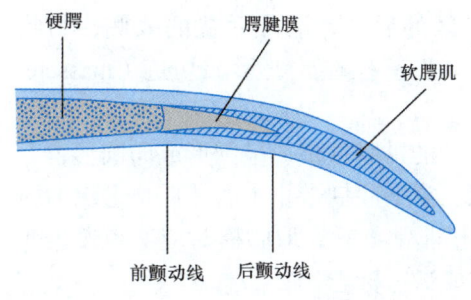

图9-2 前后颤动线的位置

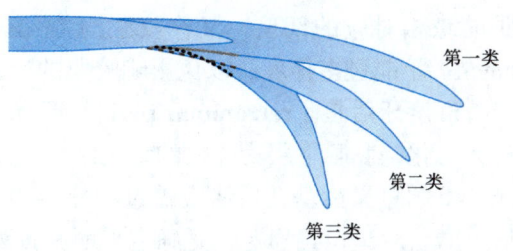

图9-3 软腭倾斜角度与后堤区宽度的关系

类,软腭与水平面的角度接近45°,后缘封闭区宽度为3～5 mm,有利于义齿固位;第三类,软腭与水平面的角度接近70°,几乎垂直向下弯曲,后缘封闭区宽度小于3 mm,不利于义齿固位。

10. 翼上颌切迹（pterygomaxillary notch） 位于上颌结节后方,为蝶骨翼突与上颌结节后缘之间的骨间隙,表面覆盖黏膜凹陷成切迹状,是颊侧前庭的后缘,也是上颌总义齿两侧后缘的界限,又称翼突切迹（hamular notch）。

11. 翼下颌韧带（pterygomandibular raphe） 上端起始于蝶骨翼突,下端止于下颌磨牙后垫后缘内侧（下颌舌骨嵴末端）。内侧连接咽上缩肌,外侧连接颊肌。当大张口时,翼下颌韧带绷紧,其上端在翼上颌切迹内侧呈隆起的黏膜皱襞。上颌义齿后缘在此处不宜过度伸展。

（四）下无牙颌的解剖标志

1. 下唇系带（mandibular labial frenum） 与上唇系带相似,位置与之对应,比上唇系带短小,可以有一条或多条（图9-4）。

2. 下颊系带（mandibular buccal frenum） 与上颊系带相似,为1～3条,向后外方向走行,活动度较大。

3. 颊棚区（buccal shelf area） 位于下颌后弓区,是由近中的颊系带、远中的磨牙后垫和远中颊角区、外侧的下颌骨外斜嵴和内侧的牙槽嵴所围成的区域。随着牙槽嵴的吸收,牙槽嵴高度降低,颊棚区变得平坦、宽阔。由于其表面骨皮质厚、致密,且与咬合力方向垂直,因此能够承受较大的咀嚼压力（图9-5）。

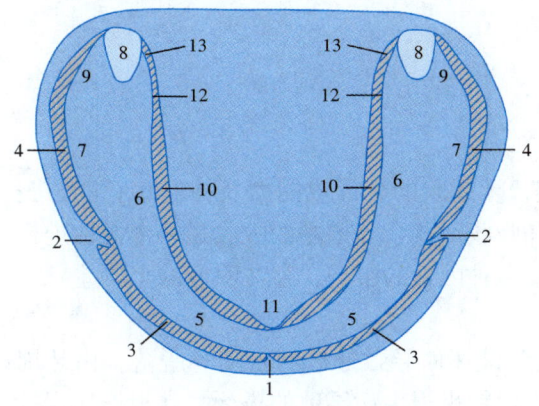

图9-4 下无牙颌解剖标志
1.下唇系带；2.下颊系带；3.唇侧前庭沟；4.颊侧前庭沟；5.前部牙槽嵴；6.后部牙槽嵴；7.颊棚区；8.磨牙后垫；9.远中颊角区；10.舌侧口底黏膜皱襞；11.舌系带；12.下颌舌骨嵴；13.下颌舌骨后窝

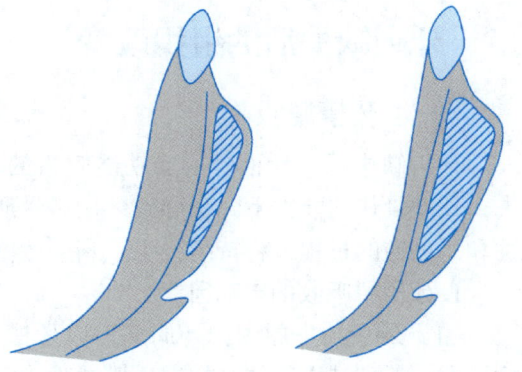

图9-5 图中画斜线区域为颊棚区。牙槽嵴低平者（右）,颊棚区宽阔、平坦

4. 远中颊角区（distobuccal corner area） 位于颊棚区的后方，磨牙后垫的颊侧，与咬肌前缘相对应的部位，又称咬肌沟（masseter groove）。义齿基托在此处形成切迹（masseter notch）不能过多伸展，以免影响咬肌的运动。

5. 磨牙后垫（retromolar pad） 是位于下颌牙槽嵴远端的黏膜软垫，呈圆形或卵圆形，上皮无角化，黏膜下层为疏松的纤维结缔组织，含有唾液腺。翼下颌韧带止于磨牙后垫上缘的内侧。下颌总义齿基托后缘应盖过磨牙后垫的 1/2。磨牙后垫非常柔软，取印模时应避免发生变形。磨牙后垫位置稳定，是确定平面和排列人工后牙的重要参考标志。

6. 舌系带（lingual frenum） 位于口底前部中线处，连接舌腹与下颌骨的口底黏膜皱襞，呈扇形，活动度较大。下颌总义齿舌侧基托边缘在此部位应形成切迹，以免影响舌的活动。

7. 舌下腺（sublingual glands） 位于舌系带两侧，左右各一。舌下腺随下颌舌骨肌的上升和下降，运动幅度较大，如果义齿基托在此处过度伸展，舌的运动很容易导致义齿的脱位。

8. 下颌隆突（torus mandibularis） 一部分无牙颌患者的下颌骨舌侧相当于前磨牙根部存在的骨性隆突称为下颌隆突，其大小、形状和数量的个体差异较大。下颌隆突表面覆盖黏膜较薄，义齿基托组织面相应处应缓冲处理。过大、过突的下颌隆突，下方形成明显的组织倒凹，影响义齿基托伸展，应在修复前手术切除。

9. 下颌舌骨嵴（mylohyoid ridge） 又称内斜嵴（internal oblique ridge），位于下颌骨后部的内侧，从第三磨牙斜向前下至前磨牙区，由宽变窄。下颌舌骨嵴表面覆盖黏膜较薄，下方形成倒凹。义齿基托组织面在此处应适当缓冲。

10. 下颌舌骨后窝（retromylohyoid fossa） 又称为下颌舌骨后间隙（retromylohyoid space），为下颌总义齿舌侧后缘的边界，其后外侧为咽上缩肌、翼内肌和颊肌肌腱，后内侧为腭舌骨肌和舌的侧面，下方为下颌舌骨肌的后缘、咽上缩肌及其下方的颌下腺。下颌舌骨后窝位于下颌舌骨嵴的后方，下颌义齿舌侧基托向后越过下颌舌骨嵴，向外侧弯曲，伸展至下颌舌骨后窝，下颌义齿舌侧基托的典型形态为"S"形。进入下颌舌骨后窝的基托部分可抵抗义齿向前脱位，从下颌舌骨嵴至下颌舌骨后窝底的深度越深，下颌总义齿的固位效果越好（图 9-6）。

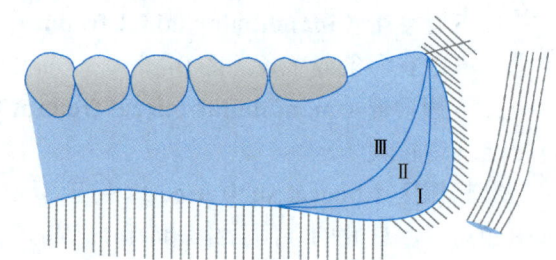

图 9-6 下颌舌骨后窝的深度与下颌总义齿舌侧基托后缘长度

二、牙列缺失后的组织改变

（一）牙槽嵴吸收

牙齿缺失后，牙槽骨所受功能刺激的方式改变，牙周膜的骨形成能力及神经感觉能力丧失，牙槽骨代谢能力下降，导致牙槽嵴骨质的改建和吸收。剩余牙槽嵴的吸收是一个慢性进行性和不可逆的过程，将持续终生。剩余牙槽嵴吸收受多种因素的影响，存在明显的个体差异。

1. 牙槽嵴吸收的影响因素

（1）牙齿缺失原因：牙周病多以牙槽骨的吸收和破坏而导致牙齿的松动和脱落，由牙周病导致的牙列缺失往往在初期牙槽嵴吸收已很明显。由龋齿根尖病导致的拔牙，常根据病程持续时间的长短、病变的程度和拔牙的创伤程度的不同，缺牙局部牙槽嵴吸收的程度也不同。单纯拔牙后的牙槽嵴吸收显著少于拔牙后又做牙槽嵴修整术者。

（2）缺失时间：牙齿拔除后，拔牙窝内血块机化形成新骨，牙槽突吸收。牙槽嵴骨组织改建的程度在拔牙后前三个月内变化最大，六个月时拔牙窝完全愈合，骨吸收速度显著下降，拔牙后 2 年吸收速度趋缓，平均吸收速度约为每年 0.5 mm，缺牙时间越长，牙槽嵴吸收越多。

（3）骨密度：牙槽嵴吸收与骨质致密程度有关，骨质疏松的部位较骨质致密的部位吸收显著。通常牙槽嵴唇颊侧骨板较舌腭侧骨板疏松，拔牙后唇颊侧骨板吸收较舌腭侧骨板明显。

（4）牙槽嵴受力情况：有学者测量了上下颌总义齿基托的平均面积分别为 22.96 cm^2 和 12.25 cm^2，下颌总义齿基托面积只有上颌义齿的 50%，因此下颌牙槽嵴单位面积受力较大。下颌牙槽嵴的平均吸收速度是上颌的 3～4 倍。因戴用不良义齿导致牙槽嵴局部压力集中，也可导致牙槽嵴的过度吸收。

（5）全身健康与骨质代谢：牙槽嵴吸收与全身健康和骨代谢有关，全身健康情况差、营养不良、骨质疏松者牙槽嵴吸收速度快。绝经后的老年女性和患有糖尿病等全身疾病者，常有全身骨质疏松，牙槽嵴吸收速度较快。

2. 牙槽嵴吸收的特点　因为牙槽嵴的吸收程度不同，使得不同患者的牙槽嵴，或同一患者牙槽嵴的不同时期或牙槽嵴的不同部位可呈现不同的形态。骨质吸收少，牙槽嵴具有一定的高度和宽度，形态丰满；当牙槽嵴吸收较多，且主要沿唇颊侧和舌侧斜面吸收，牙槽嵴尚有一定的高度，但宽度变窄，呈刀刃状；当牙槽嵴大量甚至全部吸收时，高度显著降低，则呈低平状，严重者上颌切牙乳突和颧突，下颌的颏孔、下颌隆突和外斜嵴，分别与牙槽嵴顶接近或平齐。刃状与低平牙槽嵴常见于下颌，牙槽嵴吸收严重者口腔前庭与口底无明显界限，牙槽嵴甚至低于口底高度。刃状与低平牙槽嵴者的全口义齿修复效果明显不如丰满牙槽嵴者。

牙槽嵴吸收程度分级：Atwood 根据无牙颌牙槽嵴的形态，将无牙颌牙槽嵴吸收程度分四级。

一级：牙槽嵴吸收较少，有一定的高度和宽度，形态丰满者。
二级：高度降低，尤其是宽度明显变窄，呈刀刃状的牙槽嵴。
三级：高度明显降低，牙槽嵴大部分吸收而低平者。
四级：牙槽嵴吸收达基骨，牙槽嵴后部形成凹陷者。

随着牙槽嵴持续性骨质吸收的进行，因为上下颌牙槽嵴吸收方向不同，会导致上下颌牙槽嵴前部和后部空间位置关系的不协调。上颌牙槽嵴随着吸收呈向上向内，颌弓逐步变小的趋势，前部牙槽嵴顶的位置逐渐后移，后部颌弓宽度越来越窄；下颌牙槽嵴吸收，尽管也是唇颊侧骨板吸收快于舌侧，但吸收严重时，牙槽嵴顶位置变窄且降低，则随颌弓形状呈向下向外的趋势，前部牙槽嵴顶位置逐渐前移，后部颌弓宽度越来越宽。

（二）软组织改变

随着牙列缺失和患者年龄增大，软组织将出现退行性和增龄性改变。例如，咀嚼黏膜上皮变薄，失去角化层，弹性差，黏膜下层疏松，转化为非咀嚼黏膜，而且敏感性增强，易感疼痛，易受损伤。肌肉松弛，肌张力和弹性降低。此外，还可能有味觉功能减退和唾液分泌减少、口干等问题出现。

随着牙槽嵴高度降低，前庭沟及口底深度变浅，口腔内空间增大，舌体失去牙和牙槽嵴的限制而变得肥大。唇颊部组织失去支持而向内凹陷，丰满度差，鼻唇沟加深，面部皱纹增多。面下部 1/3 距离变短，口角下垂，面容苍老。

三、全口义齿与无牙颌组织的关系

（一）全口义齿的结构

全口义齿由基托和人工牙两部分组成，利用人工牙恢复天然牙列的外观、咬合和辅助发音的功能。基托的作用是连接人工牙，恢复缺损软硬组织，并使义齿分别固位于上下无牙颌上。人工牙和部分基托占据原天然牙和牙槽突的位置，基托向唇颊侧伸展成翼状，位于口腔前庭内牙槽嵴与唇颊软组织之间的间隙内，称为唇颊侧翼（labial/buccal flange）。下颌义齿舌侧基托位于牙槽嵴舌侧与舌之间，称为舌侧翼（lingual flange）。上颌总义齿腭侧基托覆盖整个上腭至软硬腭交界处（图 9-7A）。

全口义齿的表面可以分为 3 个部分，即组织面、磨光面和咬合面。

1. 组织面（tissue surface） 是义齿基托与其覆盖下的牙槽嵴和上腭等组织密切接触的表面。基托覆盖下的组织区域称为义齿承托区（denture bearing area），义齿在功能状态下承受的负荷通过组织面传递至支持组织。组织面也是义齿获得固位的主要部位。

2. 磨光面（polishing surface） 是义齿与唇、颊、舌侧软组织和肌肉接触的表面。磨光面应形成适当的凹斜面，以便通过唇颊舌肌的作用使义齿基托贴附于牙槽嵴上，增强义齿的固位。唇颊肌向内的作用力与舌肌向外的作用力应处于平衡状态，以便保持义齿的水平稳定。

3. 咬合面（occlusal surface） 是上下颌义齿人工牙咬合接触的面。咬合时，咀嚼肌产生的咬合压力通过人工牙的咬合面传递至与基托组织面接触的义齿支持组织。义齿人工牙的咬合接触应广泛而且平衡，以便于咬合压力在支持组织上均匀分布，有利于义齿的稳定。

（二）无牙颌的功能分区

全口义齿基托覆盖下的无牙颌组织，不同的部位其组织结构特点不同，对义齿修复所起的作用也不同。根据组织结构特点，无牙颌可分为主承托区、副承托区、边缘封闭区和缓冲区 4 个区域。

1. 主承托区（primary stress-bearing area） 包括上下颌牙槽嵴顶，以及除上颌硬区之外的硬腭水平部分。该区域表面通常为附着黏膜，有高度角化的复层鳞状上皮，黏膜下层致密，有一定的弹性，移动度小，能够抵抗义齿基托的压力，是承担义齿咀嚼压力的主要区域。义齿基托应与主承托区黏膜紧密贴合。

当下颌牙槽嵴低平时，下颌后部牙槽嵴颊侧的颊棚区趋于水平，由于其表面骨质致密，能承受较大的垂直向压力，可作为下颌义齿的主承托区。

2. 副承托区（secondary stress-bearing area） 包括上下颌牙槽嵴的唇颊侧和舌腭侧斜面。该区域黏膜为附着黏膜向非附着黏膜过渡，上皮角化程度降低，黏膜下层疏松，黏膜下可含有脂肪、腺体，甚至有肌纤维附着。副承托区不能承受较大的咀嚼压力，可抵抗义齿受到的水平向作用力，有利于义齿的稳定。义齿基托也应与副承托区黏膜密合。

3. 边缘封闭区（border seal area） 包括上下颌口腔前庭沟底、唇颊舌系带附着部、下颌

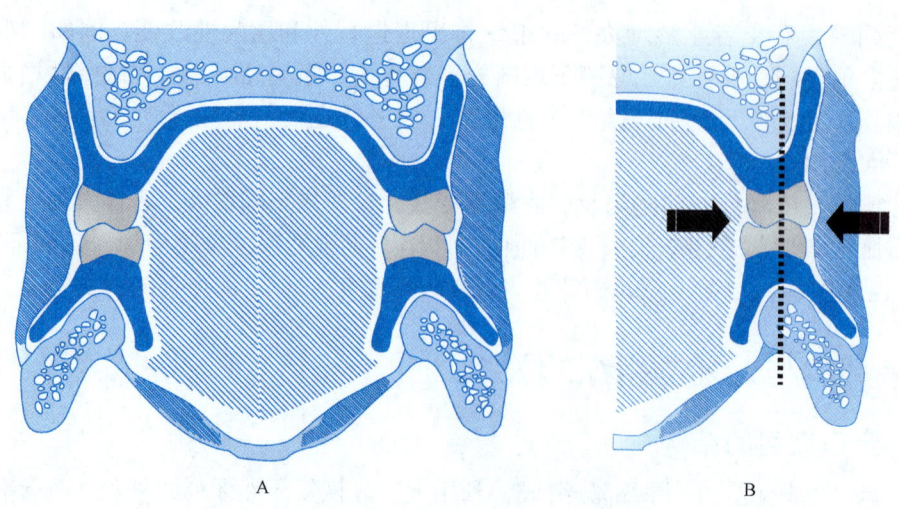

图 9-7　全口义齿与周围组织的关系
A. 全口义齿的结构及其与周围组织的关系；B. 人工牙排列位置与义齿中性区

舌侧口底黏膜反折处、上颌后堤区和下颌磨牙后垫。边缘封闭区外围分别为唇颊、口底和软腭等活动组织，该区域黏膜下有大量疏松结缔组织，软组织活动度大，不能承受咀嚼压力，义齿基托边缘在此区域不能过度伸展，以免影响周围组织的功能活动或压迫黏膜。但义齿基托也不能过短，唇颊舌侧基托边缘应由黏膜包裹，上颌义齿后缘应形成后堤，借助黏膜的让性（resilience）使义齿后缘与黏膜密合，形成完整的边缘封闭，使空气不能进入义齿基托与承托区黏膜之间，利用大气压力保证义齿的固位。

4. 缓冲区（relief area） 无牙颌的骨性隆突部位，如上颌隆突、颧突、上颌结节颊侧、下颌隆突、下颌舌骨嵴以及牙槽嵴上的骨尖、骨棱等部位，表面被覆黏膜较薄，切牙乳突内有神经和血管。这些部位均不能承受咀嚼压力，全口义齿基托组织面在上述的相应部位应做缓冲处理，以免因压迫导致疼痛，或形成支点而影响义齿的稳定。

（三）中性区

牙列缺失后，无牙颌口腔中存在潜在的间隙，在此部位唇颊肌向内的作用力与舌肌向外的作用力大体相当，称为中性区（neutral zone）（图 9-7B）。

根据中性区理论，确定无牙颌口腔内肌肉力量平衡的区域，人工牙列处于这一位置，肌肉能够使义齿稳定而不是使其脱位，按此排牙，唇颊肌和舌肌双向作用于义齿人工牙和基托的水平向作用力可相互抵消。可采用可塑性材料取中性区记录，将人工牙排在中性区，更有利于义齿的稳定。

第三节　全口义齿的固位与稳定
Retention and Stability of Complete Dentures

全口义齿的固位（retention）是指义齿抵抗垂直向脱位的能力，即抵抗重力、黏性食物和开闭口运动时使义齿脱落的作用力——脱位力（dislodging force）而不脱位。全口义齿的稳定（stability）是指义齿能抵抗水平和转动作用力，避免翘动、旋转和水平移动，从而使义齿在功能性和非功能性运动中保持其与无牙颌支持组织之间的位置关系稳固不变。全口义齿首先应有足够的固位力，它是稳定的前提和基础，没有固位的义齿无法保持稳定。固位和稳定是全口义齿获得良好修复效果的基础，只有使全口义齿在无牙颌患者口内保持固位和稳定，才能够有效地恢复患者的咀嚼、发音功能和美观，并使义齿在行使功能时产生殆力对无牙颌形成生理性刺激，避免组织创伤。

一、全口义齿的固位原理

使全口义齿固定在支持组织之上而不脱位的作用力即固位力，包含以下几个内容。

（一）吸附力

吸附力是指物体分子之间的相互吸引力，包括附着力和内聚力。

附着力（adhesion）是两种不同分子之间的相互吸引力。内聚力（cohesion）是同种分子之间的相互吸引力。全口义齿基托组织面与黏膜紧密贴合，在基托组织面与黏膜之间有一薄层唾液浸润其间，唾液与黏膜之间和唾液与基托组织面之间分别产生附着力，而唾液分子之间具有内聚力，从而使义齿基托与黏膜之间产生吸附作用。吸附力的大小与基托与黏膜的接触面积、密合程度，以及唾液的质量有关。接触面积越大、越密合，吸附力也越大。唾液较黏稠者，附着力和内聚力较大。而口腔干燥症患者的唾液分泌过少，没有足够的唾液浸润于基托与黏膜之间，不能产生足够的吸附力，义齿固位差，而且容易造成疼痛和刺激。对于此类患者，可适当使用义齿固位剂，即在义齿基托与黏膜之间加入一层黏稠的凝胶样物质，增大吸附力，辅助义齿固位。

（二）界面作用力

界面作用力是指将由液体薄膜吸附在一起的两个坚固的平行表面分开时产生的阻力。界面作用力的概念包含两个内容，一个是界面的表面张力，另一个是界面的黏张力。

界面的表面张力（interfacial surface tension）：它是由两个坚固的物体表面之间的液体薄膜产生的，取决于液体湿润物体表面的能力。如果物体的表面张力较小，如口腔黏膜，液体将最大限度地与其表面接触，扩展成一层薄膜。如果物体的表面张力较大，液体将最小限度地与其接触，在其表面形成水滴状。多数义齿基托材料均比黏膜的表面张力大，但是，一旦基托表面包裹了一层唾液薄膜后则显示出较小的表面张力。由于义齿基托与黏膜之间的唾液薄膜有向两侧表面扩大接触的趋势，从而产生了固位力。要理解表面张力产生的固位作用，可以用毛细现象来解释。毛细现象（capillarity）就是因为液体要与毛细管壁达到最大面积接触，从而导致液体在毛细管中液面（液体与空气界面）的升高。当义齿基托与黏膜接触足够紧密时，基托与黏膜之间的微小间隙就如同毛细管一样，其中的唾液就会试图与基托和黏膜增大接触，即利用毛细管作用使义齿固位。毛细现象的出现需要有液体/空气界面存在，但下颌义齿基托边缘常常浸泡在口底处的唾液中，如同将两片有液体吸附在一起的平板浸泡在相同的液体之中，表面张力将不起作用。

界面的黏张力（interfacial viscous tension）：使两个由中间液体薄膜结合在一起的物体表面分离的作用力取决于液体的黏性（viscosity）。Stefan定律描述了黏张力的特点：将两个物体表面分离的作用力的大小与物体接触面积、界面间液体的黏度和厚度，以及垂直于界面加力的速度有关。

$$F = \frac{(3/2)\pi kr^4}{h^3} V$$

F＝垂直于界面的分离作用力，r＝界面半径，h＝液体膜厚度（界面间距离），k＝液体黏度，V＝分离的速度

由此可发现，基托面积、密合程度、唾液质量对义齿的固位非常重要。当基托组织面面积越大，与黏膜越密合，唾液黏度越大时，黏张力所产生的固位力（抵抗脱位的作用力）也越大。而当基托面积小，与黏膜不密合，唾液稀薄时，固位力则减小。同时，缓慢取下义齿时（速度小）较用力（快速）取下遇到的阻力要小。

（三）大气压力

当义齿受到脱位力作用时，如果基托边缘与黏膜密合，周围软组织将基托边缘包裹严密，空气不能进入基托与黏膜之间，就会在基托与黏膜之间形成负压，此时由于大气压力的作用，使义齿基托与黏膜贴合而不会脱位。大气压力是使义齿固位的重要固位力，而义齿基托边缘与周围组织的密合即边缘封闭（peripheral/border seal）是获得大气压力固位的前提条件，基托边缘封闭越好，则大气压力的作用越强，义齿的固位力也就越大。

（四）肌肉的固位作用力

全口义齿基托磨光面所接触的唇、颊和舌肌的作用力对义齿的固位也非常重要。唇颊侧肌肉和舌肌的平衡作用，可以使义齿人工牙保持在中性区的位置。同时，义齿基托磨光面外形成一定的凹斜面，有助于唇、颊、舌肌压住基托，使其贴合在牙槽嵴上。

二、影响全口义齿固位和稳定的因素

（一）影响固位的因素

如前所述，全口义齿的固位力取决于义齿基托与黏膜的密合程度，以及吸附面积、唾液的质量、边缘封闭等因素。

1. 颌骨的解剖形态　是指无牙颌颌弓的长度和宽度，牙槽嵴的高度与宽度，腭穹隆的形态，唇、颊、舌系带和周围软组织附着的位置等。这些因素均直接影响全口义齿基托的伸展，影响基托与黏膜吸附面积的大小，从而影响义齿固位力的大小。如果患者的颌弓宽大，牙槽嵴高而宽，系带附着位置距离牙槽嵴顶远，腭穹隆高拱，义齿基托面积大，固位作用好。反之，如果颌弓窄小，牙槽嵴低平或窄，系带附着位置距离牙槽嵴顶近，腭穹隆平坦，则义齿基托面积小，不易获得足够的固位力。

2. 义齿承托区黏膜的性质　义齿基托覆盖下的口腔黏膜应厚度适宜，有一定的弹性和韧性。如果黏膜过于肥厚，松软，移动度较大，或黏膜过薄，没有弹性，则不利于基托与黏膜的贴合，影响义齿的固位。

3. 唾液的质量　影响吸附力、界面作用力和义齿基托的边缘封闭。唾液应有一定的黏稠度和分泌量，才能使义齿产生足够的固位力。唾液过于稀薄会降低吸附力和界面作用力。口腔干燥症患者，或因颌面部放疗破坏了唾液腺的分泌功能，唾液分泌量过少，不能在基托与黏膜之间形成唾液膜，则不能产生足够的吸附力和界面作用力。而唾液分泌过多，使下颌义齿浸泡在唾液中，不能发挥界面作用力，也会影响义齿的固位。

4. 义齿基托的边缘伸展　在不妨碍周围组织功能活动的前提下，全口义齿基托的边缘应充分伸展，并有适宜的厚度和形态。这样既可以尽量扩大基托的面积，又可以与周围软组织保持紧密接触，形成良好的边缘封闭作用。基托边缘伸展不足会减小基托的吸附面积，未伸展至移行黏膜皱襞或边缘过薄的基托边缘则不能形成良好的边缘封闭。但基托的过度伸展会妨碍周围组织的功能活动，对义齿产生脱位力，会破坏义齿的固位，并造成周围软组织的损伤。上颌义齿基托后缘无软组织包裹，为达到边缘封闭，义齿基托应伸展至软硬腭交界处的软腭上，并在基托边缘组织面形成后堤，利用此处黏膜的弹性使基托边缘向黏膜加压，达到紧密接触。

（二）影响稳定的因素

义齿的固位和稳定相互影响，良好的固位有助于义齿在功能时的稳定，但只有良好的固位并不能保证义齿在功能状态下能够完全保持稳定。义齿在功能状态下的稳定还取决于义齿受到的水平向和侧向作用力的大小，以及义齿支持组织抵抗侧向力的能力。义齿的设计和制作应尽量避免产生侧向力，尤其是对于义齿支持组织抵抗侧向力的能力较差的患者。

1. 颌骨的解剖形态　不仅影响固位力的大小，也决定其抵抗义齿受到的侧向力的能力。颌弓宽大，牙槽嵴高而宽，腭穹隆高拱者，义齿较容易稳定。而颌弓窄小，牙槽嵴低平，腭穹隆平坦者，义齿的稳定性差。

2. 上下颌弓的位置关系　异常者，包括上下颌弓前部关系不协调（如上或下颌前突，上或下颌后缩），上下颌弓后部宽度不协调，其义齿均不易达到稳定。

3. 承托区黏膜的厚度　承托区黏膜过厚，松软，移动度大，也会导致义齿不稳定。承托区黏膜厚度不均匀，骨性隆突部位黏膜薄，义齿基托组织面在相应部位应做缓冲处理，否则义齿基托会以此处为支点而发生翘动。

4. 人工牙的排列位置与咬合关系　人工牙列的位置应处中性区。如果人工牙的排列位置偏离中性区，过于偏向唇颊或舌侧，唇、颊、舌肌的力量不平衡，就会破坏义齿的稳定。

人工牙的排列位置还应尽量靠近牙槽嵴顶。无论是水平向还是垂直向偏离牙槽嵴顶过多，会使义齿在受到咬合力时义齿以牙槽嵴顶为支点产生翘动。人工牙列殆平面应平行于牙槽嵴，且应平分上下颌间距离。

人工牙高度和倾斜方向应按照一定的规律排列，使牙尖形成适宜的补偿曲线和横殆曲线，正中咬合时上下牙具有适宜的覆殆、覆盖关系和均匀广泛的接触，前伸和侧方运动时达到平衡咬合，或者采用特殊殆面形态的人工牙，尽量避免咬合接触对义齿产生侧向作用力和导致义齿翘动。

5. 颌位关系 天然牙列者，上下颌咬合在正中殆时位置关系恒定、可重复。无牙颌患者采用全口义齿修复时，首先应确定上下无牙颌的位置关系，使义齿的咬合关系建立在稳定、可重复的正确位置上。如果颌位关系确定错误，义齿戴入患者口内后就不能形成稳定的、尖窝交错的均匀接触关系和咬合平衡，而出现咬合偏斜、早接触和殆干扰，使义齿在功能时无法保持稳定。

6. 义齿基托磨光面的形态 应形成一定的凹斜面，义齿唇、颊、舌侧肌肉和软组织的作用能对义齿形成挟持力，使义齿基托贴合在牙槽嵴上，保持稳定。如果磨光面为突面，则唇颊舌肌的作用会对义齿产生脱位力。

第四节　检查、诊断和修复前准备
Examination, Diagnosis and Preparing Treatment

在开始进行全口义齿修复治疗前，医生必须对接诊的无牙颌患者的个体情况进行全面、系统的了解，确定正确的诊断和治疗计划。

一、检查与诊断

（一）问诊

在接诊患者的最初阶段，医生应通过问诊，即交谈的方式，了解患者对于义齿修复的主观要求，既往治疗病史，全身健康状况，性格特征和精神心理状态，以及患者的经济状况。通过与患者的交流，开始与患者之间建立相互信赖的、良好的医患关系。医生与患者的交流与沟通应贯穿整个治疗过程，在开始修复前尤为重要。它不仅有助于确定正确的诊断和修复设计，而且应使患者充分了解自身条件和义齿修复所能达到的效果，以及可能遇到的问题，治疗的过程中必须得到患者的积极配合，这是获得最佳修复效果的重要基础。为了节省时间，问诊的部分内容也可以采用问卷的方式进行，但直接的交流是绝对不能忽略的。在问诊时应主要了解以下内容：

1. 主观要求 在开始修复治疗前，医生必须充分了解无牙颌患者的要求，包括患者希望义齿所能达到的修复效果。如果曾经进行过全口义齿修复，应了解要求重新修复的原因和要求。此外，还应了解患者对于全口义齿修复治疗的过程、费用，以及可能达到的效果的理解程度。

2. 既往牙科治疗史 应了解缺牙原因，缺牙时间的长短，口腔修复治疗史，旧义齿使用时间及效果。缺牙的原因和时间，以及不良义齿修复史均影响牙槽嵴的骨质吸收程度。医生应分析患者主诉，发现既往义齿修复中存在的问题。

3. 身体状况

（1）年龄：患者的年龄通常与其支持组织的生理状况和适应能力有关。年龄越大的患者，或身体健康程度越差的患者，牙槽嵴和黏膜的萎缩程度越严重，组织也越敏感，耐受力差，神经肌肉的协调性和适应性也越差，影响义齿的修复效果，而且适应新义齿的时间也越长。

（2）性别：男性与女性患者对义齿的美观性要求有差别，而且女性更注重美观。女性更年期的患者因内分泌的改变，易发生全身骨质疏松，骨质吸收速度快，牙槽嵴萎缩程度更加严重。而且易出现口干、烧灼感和疼痛，情绪波动较大，耐受力和适应能力均较差。

（3）全身健康情况

1）骨质疏松：因为钙和骨代谢异常，从而导致全身骨质疏松和牙槽嵴过度吸收。常见于年龄较大的患者（增龄改变），内分泌改变（如更年期女性和糖尿病患者），或因服用某些药物的影响。

2）口干症：因为唾液分泌功能降低或唾液腺破坏，导致唾液分泌过少，黏膜干燥，义齿固位差，黏膜易受损伤。常见原因有内分泌改变（如更年期女性和糖尿病患者）、免疫系统疾病（舍格伦综合征等）或放射治疗等。

3）自主行为能力降低：患有脑血管疾病后遗症、帕金森病和老年痴呆等疾病的患者，口颌系统神经肌肉协调能力较差，对于全口义齿的学习和适应较困难，而且需要患者家属协助维持口腔卫生。自主行为能力完全丧失，口颌系统神经肌肉协调能力极差者，不宜进行全口义齿修复。

4. 性格特征和精神心理状态　与患者对全口义齿修复效果的满意程度有直接关系。性格开朗、积极乐观、有耐心的患者，通常能够积极配合医生的治疗，并能够主动地学习和适应义齿的使用，对全口义齿易于满意。而性格急躁、敏感、偏执、冷漠，或心理状态不稳定的患者，则多不能够积极配合医生的治疗，态度消极，不能主动地学习和适应义齿的使用，对修复效果满意度低，常将义齿修复中出现的不适归咎于医生的责任，容易发生医患之间的矛盾。

5. 社会背景　包括患者受教育的程度、职业特点、家庭关系、经济条件等，这些均会影响患者对全口义齿修复治疗过程及预后的认识与理解程度，对修复效果的期望与要求，以及在治疗过程中与医生配合的程度。

（二）口颌系统检查

牙列缺失导致口颌系统的形态和功能发生一系列的变化，其改变的程度与患者的年龄、全身健康状况、缺牙的原因和时间等个体因素有关。因此，在制作全口义齿之前，应对患者进行全面、系统的检查，明确诊断，并根据每个患者的个体情况，确定适宜的治疗计划和修复设计。

1. 颌面部检查

（1）面部形态：颌面部左右是否对称，比例是否协调，唇的丰满度和上唇的长短。面部正面形态特征属于方圆型、卵圆形还是尖圆形，侧面面型是直面型、凸面型还是凹面型。

（2）下颌运动与颞下颌关节：下颌运动是否正常，有无下颌张口偏斜、张口困难和习惯性下颌前伸，颞下颌关节有无弹响，关节区和肌肉有无疼痛。

2. 口内检查

（1）牙槽嵴：检查牙槽嵴的平整程度，拔牙窝是否完全愈合，有无骨尖、骨棱和组织倒凹，如上颌结节颊侧有无过大倒凹，上下颌隆突是否过大、过突。同时应观察牙槽嵴的吸收程度，牙槽嵴是高宽、低平还是呈刀刃状，上下颌牙槽嵴吸收程度是否一致。

（2）黏膜：检查牙槽嵴黏膜的厚度是否正常，是否有黏膜萎缩或增生。有无因不良义齿修复导致的松软牙槽嵴、缝龈瘤、黏膜充血、肿胀或溃疡等。

（3）系带和肌肉的附着：牙槽嵴较丰满的，肌肉和系带的附着点则相应地离牙槽嵴较远，可扩大义齿基托的伸展，因此义齿固位作用好。牙槽嵴因吸收过多而变低平，则肌肉和系带的附着点距离牙槽嵴顶较近或与之平齐，当肌肉活动时，容易造成义齿脱位。

（4）腭穹隆的形状：腭穹隆高拱者全口义齿的固位和稳定效果好。腭穹隆平坦者虽然垂直向支持作用较好，但是组织抵抗侧向力的能力差，义齿不稳定。

（5）上下颌弓的形状和位置关系：观察颌弓的（近远中）长度、（左右）宽度和形态。颌弓的形态通常与面型一致，分为方圆形、卵圆形和尖圆形三种。检查时应注意上下颌弓的形状和大小是否协调，如上下颌弓形状和大小不同，相差较多时，会给排列人工牙造成困难。

1）上下颌弓的水平关系

正常关系：上、下颌颌弓的前后位置关系正常，形状和大小大致相同。侧面观上下颌弓的唇面基本在同一平面上，或上颌弓位于下颌弓的稍前方。又称为Ⅰ类关系，即中性颌关系。

上颌前突（或下颌后缩）关系：上颌弓位于下颌弓的前方和侧方，上颌弓大，下颌弓小。又称为Ⅱ类关系，即远中颌关系。

下颌前突（或上颌后缩）关系：下颌弓位于上颌弓的前方和侧方，上颌弓小，下颌弓大。又称为Ⅲ类关系，即近中颌关系。

2）上下颌弓的垂直关系：上下颌弓的垂直位置关系通常用颌间距离（interarch distance）表示，即正中颌位时上下牙槽嵴之间的距离。此距离的大小与原来天然牙的长度和拔牙后牙槽嵴吸收的程度有关。牙槽嵴吸收严重者颌间距离较大，过大的颌间距离虽然可方便排列人工牙，但因人工牙离牙槽嵴顶较远，容易产生不利的杠杆作用，在咀嚼时易引起翘动，导致义齿不稳定。而颌间距离过小者，虽然上下颌牙槽嵴丰满，有利于义齿的固位和支持，但由于义齿修复间隙过小，造成人工牙排牙困难，常需磨除人工牙的盖嵴部。

（6）舌的大小和位置：牙列缺失后，由于没有了牙列的限制，舌体会变得肥大，充满口腔。全口义齿修复后，舌经过一段时间适应，可逐渐恢复正常形状。当在义齿修复初期或因人工牙排列位置偏舌侧，使舌运动空间缩小时，患者会感觉不适，而且舌的运动会对义齿产生较大的侧向力和脱位力，使义齿不稳定。

在正常情况下，舌的前缘通常位于下颌前牙的舌面或前部牙槽嵴顶处，使口底组织与义齿舌侧边缘之间形成良好的边缘封闭。无牙颌患者常见舌后缩现象，舌体后缩，舌尖与下颌前牙之间有较大空间，而且其间常有大量唾液聚集，不利于义齿前部舌侧的边缘封闭，而舌后缩同时导致舌后部向两侧挤压下颌后牙，产生不利的侧向力和脱位力，使下颌义齿不易固位和稳定。

（7）唾液分泌情况：检查唾液分泌的量和黏稠度。口干症患者唾液分泌量少而黏稠，口腔黏膜干燥，甚至红肿、光亮。

（8）对旧义齿的检查：如果患者戴用旧义齿，应检查旧义齿的固位与稳定，义齿基托与组织密合情况，边缘伸展情况，垂直距离和正中关系是否正确，人工牙的材料、排列位置与𬌗型、磨耗程度和咬合接触关系等。对旧义齿存在的问题应进行分析，待重新修复时尽可能给予改正。

3. 诊断与治疗计划

（1）诊断：尽管根据检查医师很容易做出牙列缺失的诊断，但是真正的诊断过程还应该包括对患者软硬组织解剖条件、全身状况、年龄、义齿戴用经验以及性格精神状态的综合评判。在这个阶段应该与患者进行充分的沟通，使患者对自身条件、修复效果、修复后的适应过程及各种修复方法的局限性有一个切合实际的认识。

（2）治疗计划

1）全口义齿：是牙列缺失的常规修复治疗方法，它是采用人工材料替代缺失的上颌或下颌完整牙列及相关组织的可摘义齿修复体。全口义齿由基托和人工牙两部分组成。全口义齿靠基托与黏膜紧密贴合及边缘封闭产生的吸附力和大气压力产生固位，使义齿吸附在上下颌牙槽嵴上，恢复患者的缺损组织和面部外观，恢复咀嚼和发音功能，义齿基托覆盖下的黏骨膜和骨组织承担义齿的咬合压力。全口义齿是黏膜支持式义齿。

全口义齿作为无牙颌的传统修复方式已经有上百年的历史，它具有一些固有的局限性。大量的临床经验证实，部分无牙颌患者不能耐受全口义齿。患者对全口义齿的满意度与患者自身解剖条件无关。有些患者解剖条件虽好，但由于缺乏戴用全口义齿的经验，修复后对全口义齿满意度低，而有些解剖条件差的患者，由于有多年戴用全口义齿的经验，修复后很快就能适应新义齿。

因此，由于全口义齿的上述不确定性，在开始修复前与患者的充分沟通是极为必要的。

2）种植覆盖全口义齿：通过无牙颌患者牙槽嵴内植入种植体，种植体上部放置切削杆、套筒冠、杆卡结构或独立的按扣式固位装置等为修复体提供固位、稳定和支持。在下颌，简单的覆盖义齿可以只由两个种植体支持，在上颌则需要至少 4 个种植体。种植体及其上的附着体能够增加义齿的固位和稳定，减少压痛点，提高咀嚼功能和舒适度。牙槽嵴重度吸收的患者，义齿基托的存在还有助于恢复面部丰满度。

3）种植体支持的全口固定义齿：是由 4 个或 4 个以上的种植体支持的全口固定义齿。种植体数目的多少和植入位置决定了修复体上部结构前后距离的长短。患者不能自行摘戴。其手术过程和临床修复过程与种植覆盖义齿相比要更为复杂，对患者的软硬组织解剖条件和费用要求也高于种植覆盖义齿。

（3）全口义齿与种植义齿的选择：在种植义齿问世之前，传统全口义齿是无牙颌修复的唯一方法。近年，随着种植技术的日趋完善，种植义齿已成为可在临床推广应用的成熟方法。由于种植义齿能够明显增加义齿的固位和稳定，改善患者口腔功能，增进舒适度，减少义齿压痛，故对无牙颌修复的患者应优先给予介绍，便于患者自行选择。

在进行无牙颌患者修复设计时，应根据患者的要求、全身状况、口腔软硬组织情况，以及患者的经济条件和预算进行沟通和设计。具体内容参见本书第十章。

二、修复前的口腔准备

（一）外科治疗

为了使全口义齿达到良好的功能效果和组织保健，有些患者在修复前需要对无牙颌组织进行外科手术修整。例如，对于尖锐的骨尖，明显的骨突形成过大的组织倒凹，不能恢复的增生软组织，松软的牙槽嵴等均应进行外科修整。外科手术时需根据拔牙的时间，剩余牙槽嵴的质和量，患者的年龄，全身健康状况，义齿的就位和固位情况进行考虑。

1. 牙槽嵴修整术 牙槽嵴上的尖锐骨尖、骨突或骨嵴部位易导致黏膜压痛、义齿摘戴困难和义齿翘动等问题，可采用牙槽骨修整术，将影响义齿修复的骨尖、骨突等手术去除。

上颌结节较大时，其颊侧骨突常形成明显的组织倒凹，当两侧上颌结节同时存在明显组织倒凹时，将影响全口义齿颊侧基托边缘的伸展和义齿的就位。此时应手术去除上颌结节颊侧骨突，或至少去除倒凹较大一侧骨突，使义齿能斜向就位。上颌结节下垂时有可能与下颌磨牙后垫过于接近，此时需手术去除上颌结节的下垂部分，使上下颌牙槽嵴之间有足够的修复间隙。

下颌隆突过大，其下面形成较大倒凹，影响义齿基托边缘伸展和边缘封闭，不能用缓冲基托组织面的方法解决者，在修复前应做外科修整。

2. 唇、颊、舌系带成形术 系带附着位置过于接近牙槽嵴顶者，此处基托边缘不易获得完好的边缘封闭，空气易自基托 V 形切迹处进入基托和组织之间，破坏边缘封闭而造成义齿脱位，并常使此处的基托过窄而易折断。因此，最好在修复之前做系带松解成形术，改变系带附着的位置。

3. 唇、颊沟加深术 过度吸收的牙槽嵴低平，唇、颊沟过浅影响义齿基托边缘伸展，基托吸附面积减小，固位力降低，同时低平牙槽嵴抵抗侧向力的能力较差。采用外科手术将唇、颊侧前庭沟加深，相对地增加了牙槽嵴的高度，可增强义齿的固位和稳定。

4. 牙槽嵴加高术 对于牙槽嵴过度低平的患者，也可采取植骨或植入羟磷灰石等生物材料来增加牙槽嵴的高度，以改善全口义齿的固位、稳定和支持。

5. 切除炎症性增生软组织

（1）缝龈瘤（epulis fissuratum）：长期戴用基托不密合、固位差，特别是前后向动度明显的义齿，义齿基托唇侧边缘对黏膜的长期、慢性机械性刺激导致黏膜呈瘤状炎症性增生，增生组织呈多层皱褶状，基底宽，可有溃疡。多发生在上颌唇侧前庭沟底，偶见于下颌。轻微者，通过修改或停戴义齿可使增生的组织消退。增生明显者则必须进行手术切除。

（2）松软牙槽嵴（flabby alveolar ridge）：常见于上下颌前部牙槽嵴。局部所受咬合压力过大或创伤性作用力所致，牙槽嵴骨质过度吸收，而代之以增生的纤维结缔组织，牙槽嵴黏膜肥厚、松软、移动性较大。轻度的松软牙槽嵴可直接行义齿修复，在取印模时应避免松软组织受压变形，减轻义齿基托对松软黏膜的压力。较严重者，可通过手术切除过于肥厚、松软、活动部位的黏膜组织，再行修复。

（二）非外科治疗

1. 义齿支持组织的休整　如果因为旧义齿基托不密合等原因，患者的牙槽嵴黏膜组织有损伤或黏膜萎缩，可采取以下方法使支持组织得到休息和功能性锻炼。

（1）旧义齿基托组织面用暂时性软衬材料（soft liner）或组织调整材料（tissue conditioner）进行重衬，基托伸展不足的可适当扩大伸展范围，使变形、损伤的支持组织恢复正常的形态。旧义齿基托边缘过度伸展或组织面压迫的部位应进行磨改和缓冲。

（2）在取印模前 48～72 h 开始停戴旧义齿，使取印模时黏膜组织能恢复正常的形态和厚度。

（3）在取印模前的一段时间内，每天用手指或牙刷有规律地按摩承托区黏膜，使黏膜受到功能性刺激。

对于旧义齿承托区黏膜存在红肿、溃疡，无法通过旧义齿调改和重衬等方法使之恢复者，也可以让患者停戴旧义齿一周左右的时间，以使黏膜恢复正常。

2. 旧义齿咬合调整　如果旧义齿的颌位关系偏差较大时，应在开始新义齿修复前，利用自凝树脂等暂时性材料，使旧义齿恢复适当的垂直距离和正中关系。这样既可以使因为颌位关系异常所致的组织损伤得到恢复，有助于医生确定正确的颌位关系，又有助于患者适应正确的咬合关系，纠正不良咬合习惯。

3. 颌面部肌肉训练　通过有意识的下颌运动训练，既可以使口颌系统肌肉松弛，并增强神经肌肉协调性，又可以消除患者的紧张心理，在修复治疗过程中更好地与医生配合。

第五节　无牙颌的印模和模型
Impression and Cast of Edentulous Jaw

为无牙颌患者制作全口义齿必须利用石膏模型在口外进行。准确的无牙颌印模和模型是保证全口义齿具有良好的支持、固位和稳定作用，恢复功能，并具有保护口腔组织健康作用的基础。

一、印模

无牙颌的印模（impression）是用可塑性印模材料取得的无牙颌牙槽嵴和周围软组织的阴模。

（一）印模的要求

1. 精确的组织解剖形态　印模应获得精确的义齿支持组织的解剖形态，以保证义齿基托与支持组织密合。同时，在切牙乳突和骨性隆突的部位应缓冲压力，避免戴义齿后压痛或形成支点。对于活动度大的松软牙槽嵴黏膜，也应缓冲压力，防止其受压变形。

2. 适度的伸展范围　在不影响系带和肌肉等周围组织功能活动的前提下，应尽量扩大印模的范围，这样既可以增大义齿基托与组织的吸附面积，从而增强义齿的固位力，又可以增大支持组织的范围，减轻局部压力。

3. 周围组织的功能形态 取印模的过程中，在印模材料可塑期内进行边缘整塑（border molding），即利用牙槽嵴周围组织的肌功能运动，使印模边缘记录口腔前庭和口底黏膜皱襞，以及唇、颊、舌系带在功能运动时的形态和位置，以保证义齿基托边缘与功能运动时的黏膜皱襞和系带相吻合。如此，义齿基托边缘既不会妨碍周围组织的功能运动，又能形成良好的边缘封闭，有利于义齿的固位。

（二）印模范围

1. 上无牙颌 包括上颌牙槽嵴和上腭，唇颊侧边缘为唇、颊系带和前庭黏膜皱襞，后缘为翼上颌切迹和后颤动线（或腭小凹后 2 mm）。

2. 下无牙颌 包括下颌牙槽嵴，唇颊侧边缘为唇颊系带、前庭黏膜皱襞，后缘盖过磨牙后垫，舌侧边缘为舌系带、口底黏膜皱襞和下颌舌骨后窝。

（三）印模方法

1. 印模的分类

（1）一次印模法与二次印模法：一次印模法是选用合适的成品托盘（stock impression tray）和藻酸盐印模材，一次完成工作印模。此方法虽简便，但难以进行准确的边缘整塑，印模准确性差。二次印模法是先采用成品托盘加印模膏（modelling compound）或藻酸盐（alginate）制取初印模（primary impression），然后灌注石膏模型，在模型上制作个别托盘（custom/individual impression tray），即与特定患者个体的无牙颌形态相适应的印模托盘，最后用个别托盘加终印模材取得终印模（final impression）。此方法虽相对繁琐，但印模准确性好，是临床上普遍采用的方法。

（2）解剖式印模与功能性印模：解剖式印模（anatomic impression）又称为静态印模（static impression），是在黏膜没有功能变形的状态下取得的印模。取印模时，采用流动性好的印模材和有孔托盘，对黏膜无压力或只有微小压力。

功能性印模（functional impression）又称压力印模（pressure impression），是在软组织受到功能性压力变形状态下的印模，对印模范围内的不同区域采取不同的压力，适当减小缓冲区的压力，故又称作选择性压力印模（selective pressure impression）。

2. 二次印模技术（technique of secondary impression）

（1）取印模前的准备

1）调整体位：将椅位调整到合适的位置，既要使患者感觉舒适，又要便于医生操作（参照第六章可摘局部义齿印模制取）。

2）选择托盘：成品无牙颌托盘多为无孔托盘，底部与牙槽嵴的外形相似，上颌托盘为半椭圆形，覆盖牙槽嵴和上腭，下颌托盘仅覆盖牙槽嵴，为马蹄形。选择托盘时需根据患者颌弓的形态、宽度和长度，牙槽嵴的宽度、高度及腭盖的高度。托盘的宽度应比牙槽嵴宽 2～3 mm，周围边缘高度应离开黏膜皱襞 2～3 mm，唇颊舌系带处呈切迹。上颌托盘后缘两侧应伸至翼上颌切迹，腭侧至颤动线后 3～4 mm。下颌托盘后缘应盖过磨牙后垫。选用的成品托盘如果边缘不合适，可适当修改，边缘稍短时，可用蜡片或印模膏加长。

（2）操作方法一：目前国内临床常用的方法是用成品托盘加印模膏取得初印模，然后将初印模修改成个别托盘，再加流动性较好的藻酸盐印模材取得终印模。具体方法如下。

1）将印模膏放置在 60～70℃的热水中软化。取适量软化的印模膏放置在托盘上，用手指轻压，使印模膏表面形成牙槽嵴形状的凹形。

2）将托盘旋转放入患者口内，拉开口唇，使托盘柄对准面部中线，托盘对向无牙颌加压，使托盘就位。

3)边缘整塑:保持托盘稳定不动,在印模膏具有良好的可塑性(流动性)的情况下,通过牙槽嵴周围软组织的功能运动,以确定印模边缘的正确位置和形态。印模边缘的功能整塑包括被动功能整塑和主动功能整塑。

被动的功能整塑是由医生牵拉患者的肌肉来模仿组织的功能运动,如医生先牵拉患者上唇向下,然后分别牵拉两侧颊部肌肉向下前内方向,进行上颌印模唇颊侧边缘整塑(整塑唇颊系带及唇颊前庭黏膜皱襞);医生先牵拉患者下唇向上,然后分别牵拉两侧颊部肌肉向上前内方向,进行下颌印模唇颊侧边缘整塑。

主动的功能整塑是患者在医生的指导下自主进行的功能运动。主要包括下列动作:嘱患者闭口做吸吮动作,可整塑上下颌唇颊侧边缘;伸舌舔上唇,并用舌尖分别舔两侧口角,可整塑舌系带及口底黏膜皱襞处印模边缘;嘱患者做闭口咬合动作,可整塑远中颊角区;嘱患者微闭口时做下颌左右侧方运动,可整塑上颌颊侧后部边缘厚度;嘱患者做吞咽动作,可整塑下颌舌骨后窝处印模边缘。

边缘整塑的关键是印模膏的温度和量,温度过高时不易操作,且容易烫伤患者,温度过低时流动性差。印模边缘可少量过度伸展,通过边缘整塑,即可确定正确的边缘位置和形态。但如果印模膏的量过多,印模边缘过长、过厚,因为印模膏的流动性有限,则很难完成准确的边缘整塑。整塑可分段进行。将印模用冷水冲凉硬固后,从口内取出,然后逐段地在酒精灯上烤软印模边缘,浸热水后,再放入口内整塑。边缘伸展不足的部位可添加适量印模膏,软化后重新整塑。

4)将印模膏初印模的组织面及边缘均匀刮除一层(1~2 mm),去除组织面的倒凹,切牙乳突和有骨性隆突等需要缓冲的部位应适当多刮除一些。

5)将经过修整的初印模作为个别托盘,用冷水冲洗并擦干。将调拌好的藻酸盐终印模材加入个别托盘内,旋转放入患者口内,轻轻加压,使之就位并保持托盘稳定,然后及时进行边缘整塑,直至终印模材完全硬固。

6)将印模从口内取出,检查印模质量。由于终印模与黏膜组织紧密贴合,边缘封闭好,吸附力大。此时不可强力脱模,可先向印模边缘吹气或滴水,破坏边缘封闭后,即可容易将印模取下。终印模表面应完整,无气泡和缺损,组织纹理清晰,终印模材厚度适中、均匀,无印模膏暴露。

(3)操作方法二:目前国际上常用的制取二次印模的方法是先用成品托盘加藻酸盐印模材取初印模,并灌注石膏模型,然后在石膏模型上制作树脂个别托盘,再用此个别托盘加终印模材取得终印模。

1)取初印模:调拌藻酸盐印模材置于所选择的成品托盘上取初印模,并进行适当边缘整塑。

2)用初印模灌注石膏模型。

3)制作个别托盘:①确定个别托盘的边缘:在石膏模型上,用变色铅笔沿前庭沟底和下颌舌侧黏膜皱襞沟底画一条虚线,上颌后缘线为腭小凹后 4 mm,下颌后缘线包括整个磨牙后垫。在此虚线内向牙槽嵴方向 2 mm 处再画一条实线,此线即为个别托盘的边缘(图 9-8)。②在属于缓冲区的部位(如切牙乳突、上颌隆突、下颌隆突)适当涂蜡,或粘接金属箔片进行

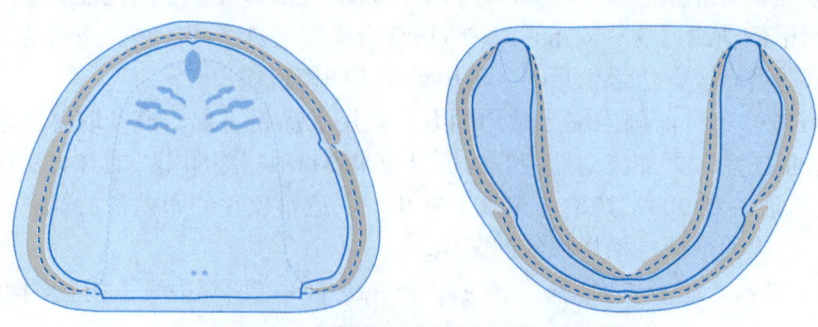

图 9-8 在模型上确定个别托盘的边缘

缓冲。有倒凹的部位应填倒凹。③模型表面涂布凡士林或藻酸盐分离剂。④调拌适量的专用自凝树脂，压成 2 mm 厚的片状，再铺塑在模型上，沿模型上所画的实线去除多余的部分，在前部牙槽嵴顶中线部位添加手柄，手柄的位置不要妨碍上下唇的活动。个别托盘也可采用普通的自凝树脂直接在模型上用撒布法制作。还可采用光固化树脂制作，方法是先将 2 mm 厚的预成光固化树脂片在模型上压塑成型，去除多余的部分，然后在光固化灯下照射，即可硬固。⑤待树脂硬固后，将个别托盘从模型上取下，对托盘边缘进行打磨修整。

4）边缘整塑：用上述方法制作的树脂个别托盘的边缘应距离前庭沟底和下颌舌侧口底黏膜皱襞 2 mm 左右，将专用的边缘整塑印模膏棒烤软后粘在托盘边缘，经水浴定温后放入口内进行边缘整塑。边缘整塑的方法与方法一所述相同，可分段进行。边缘整塑时必须保证托盘完全就位和稳定不动，印模膏不能进入托盘组织面与黏膜之间，进入组织面的印模膏可用锐利的雕刻刀刮除。完成边缘整塑的个别托盘应具有良好的边缘封闭和固位力。上腭后缘及磨牙后垫后缘不需要边缘整塑。

5）取终印模：调拌终印模材，用调刀将其均匀地涂布于托盘整个组织面，直至托盘边缘的外侧。将托盘旋转放入口内，轻压就位并保持稳定，在印模材硬固前，进行边缘整塑。待印模材硬固后，从口内取出。常用的终印模材有各种低黏度的橡胶类印模材、氧化锌丁香油糊剂和印模蜡等。

二、模型

用石膏灌注于无牙颌印模内形成无牙颌模型。由初印模灌制的模型称为初模型（preliminary cast），用于制作个别托盘。由终印模灌制的模型称为工作模型（master cast），用于制作暂基托和全口义齿，为了防止工作模型磨损，保证义齿制作的准确，工作模型最好采用硬石膏灌制。

工作模型应准确反映印模所记录的无牙颌组织形态和边缘组织的功能运动状态。工作模型的尺寸要求如图 9-9 所示，模型最薄处不能少于 10 mm，模型边缘宽度 3 mm，石膏包绕印模边缘外侧 3 mm 高。工作模型的灌注方法有围模灌注法和二次灌注法两种。

（一）围模灌注法

1. 用缓慢流动的自来水冲净印模组织面的唾液并用面巾纸吸干水分。如果唾液黏稠不易冲净，可先撒布少量干石膏粉后再用水冲净。

2. 在终印模外侧，沿其边缘下方 3 mm 处粘接一条直径 3 mm 的粘蜡条，下颌舌侧用一片基托蜡片粘接于舌侧边缘的粘蜡条上，蜡片长度与印模后缘平齐。

3. 将印模组织面向上，用一片长方形软金属片或基托蜡片烤软后围成封闭的圆筒状包于印模外侧，与粘蜡条完全粘接在一起。印模组织面最高处至圆筒上缘的距离应大于 10 mm。

4. 按水粉比例要求调拌适量的石膏，有条件时最好采用真空搅拌，以避免产生气泡。先取少量石膏置于印模的最高处，用振荡器（vibrator）或手动轻轻振动，使石膏慢慢向下流动，逐渐添加石膏，使其先完全覆盖印模组织面，避免出现气泡和缺损，最后将石膏完全灌注于圆筒内，石膏最薄处厚度不能少于 10 mm。

5. 待石膏充分硬固后，先去除围模部分，然后将模型与印模置于 60～70℃的热水中，待印模边缘的印模膏软化后，将印模与模型分离。

采用围模灌注法制作的模型厚度适宜，外形整齐，特别是能够准确反映印模边缘的形态和位置。

（二）二次灌注法

1. 将印模冲洗干净并吸干水分，用变色笔沿印模边缘外侧下方 3 mm 处画线。

2. 调拌适量的石膏，用调刀取少量石膏置于印模组织面最高处，轻轻振动，使石膏先覆盖整个印模组织面和边缘至画线处，然后继续灌注石膏至适当厚度，并使石膏表面保留数个凸起以便在二次灌注时形成支撑，将印模组织面向上放置至石膏充分硬固。

3. 重新调拌适量的石膏，将其堆放于水平放置的玻璃板上，将部分灌制完成的印模和模型上下翻转，石膏面向下水平置于新调拌的石膏上，并使石膏包裹至印模边缘画线位置，宽度大于 3 mm，模型最薄处的厚度大于 10 mm。

4. 待石膏充分硬固后，将模型与印模置于 60～70℃ 的热水中，待印模边缘的印模膏软化后，将印模与模型分离。

（三）模型修整

模型灌注完成后应进行适当打磨修整，模型的底面、外侧和边缘应平整、光滑。
1. 模型底面应与预想的𬌗平面平行，最薄处的厚度应不小于 10 mm。
2. 模型边缘应高于前庭沟底 3 mm，边缘水平、连续，宽度均匀达 3 mm。
3. 模型侧面应平滑、连续，与底面垂直。
4. 下颌模型舌侧部位应平整，高于舌侧黏膜皱襞 3 mm。
5. 在模型底面的前部中线处和后缘两侧，分别制作三点定位沟，以便于模型在𬌗架上的复位。

（四）后堤区的制作

全口义齿的后堤（post dam）是上颌义齿基托后缘向组织方向高出的部分，当义齿在口内就位后，义齿后堤与软硬腭交界处的黏膜组织紧密接触，防止空气进入，形成良好的后缘封闭，有利于义齿的固位。

形成后堤区的方法有两种，一种方法是在取印模时利用后缘整塑在终印模上确定并记录后堤区的位置和深度。另一种方法是通过模型修整形成后堤区。后一种方法中最简单的做法是先在上颌工作模型上从腭小凹向两侧翼上颌切迹连线，沿此线做 V 字形切迹，深度为 1～1.5 mm，然后沿此切迹向前 5 mm 范围内将石膏模型部分刮除，越向前、越近中线和牙槽嵴刮除越少，形成弓形后堤区（图 9-10）。更准确的做法是医生在口内先确定颤动线的位置，然后用口镜柄或"T"形充填器按压黏膜组织，确定后堤区的前后范围和深度，再用变色笔在黏膜上标记后堤区的范围，通过终印模将后堤区的位置直接转印到工作模型上，再根据所测深度在模型上刮出后堤区。

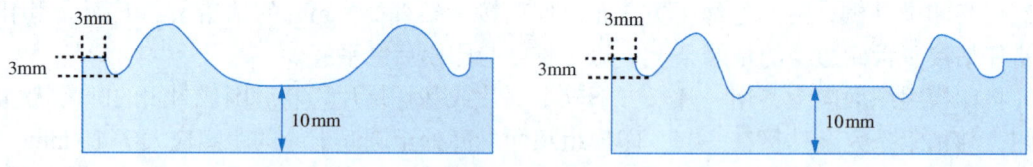

图 9-9　石膏模型的厚度和边缘形态

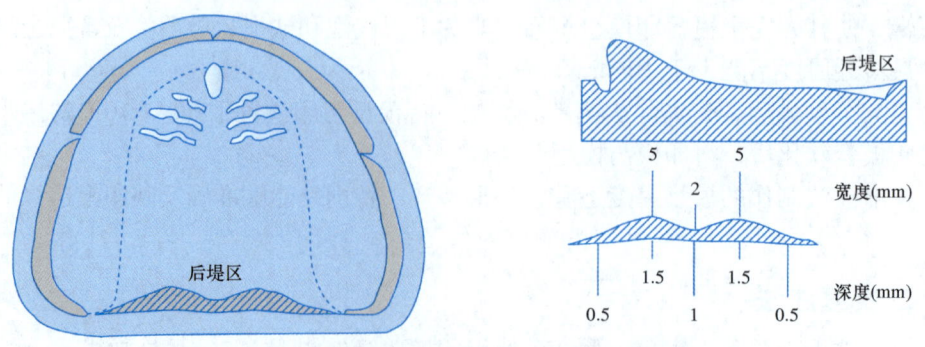

图 9-10　后堤区的位置、形态、宽度和深度

第六节　无牙颌患者的颌位关系记录
Maxillomandibular Relationship Recording for Edentulous Patient

颌位关系（maxillomandibular relationship or jaw relation）或称颌位（jaw position）泛指上下颌之间的相对位置关系。颌位关系通常包括垂直关系（vertical relation）和水平关系（horizontal relation）两个内容。垂直关系为上下颌之间在垂直方向上的位置关系，常用鼻底至颏底的面下 1/3 高度表示，称为垂直距离（vertical dimension）。水平关系为上下颌之间在水平方向上位置关系。口颌系统在进行各种功能活动时，下颌可进行灵活的、有规律的运动，与上颌处于各种不同的相对位置。下颌的各种颌位中多数是不稳定的（如下颌前伸和侧方运动中的颌位），只有少数颌位是稳定的。这些稳定的颌位是口颌系统健康行使功能的基础。当天然牙列存在时，下颌有三个最基本的稳定颌位，一个是正中𬌗（centric occlusion），又称为牙尖交错位（intercuspal position），是指上下颌牙尖窝交错最广泛接触的位置。正中𬌗使上、下颌之间保持稳定的垂直高度和水平位置关系，正中𬌗时的垂直距离又称为咬合垂直距离（vertical dimension of occlusion）。第二个稳定的颌位是当下颌后退到最后，称后退接触位（retruded contact position）。此时，髁突位于关节凹最上、最前的位置，称为正中关系（centric relation）。少部分人的正中𬌗与正中关系为同一位置，但多数人的正中𬌗位于正中关系𬌗（后退接触位）的前方 1 mm 范围之内。第三个颌位是当升降颌肌群处于最小收缩，上下唇轻轻闭合，下颌处于休息的静止状态，称为息止颌位（rest position），又称下颌姿势位（postural position）。下颌处于息止颌位时，上下牙列自然分开而无𬌗接触，上下牙列之间存在一个相对稳定的间隙称为息止𬌗间隙（interocclusal space or freeway space），此间隙在前磨牙区平均高度为 2～3 mm，因此息止颌位时的垂直距离应比正中𬌗的咬合垂直距离高 2～3 mm。

当牙列缺失后，没有了上下颌后牙的支持和牙尖锁结作用，正中𬌗位消失，上下颌之间只有颞下颌关节、肌肉和软组织连接，下颌位置不稳定，由于肌张力的作用，常导致面下 1/3 高度变短和下颌习惯性前伸，采用全口义齿修复已无法完全准确地恢复原天然牙列正中𬌗。此时水平方向唯一稳定、可重复的颌位是正中关系，最可靠的做法就是在适宜的垂直高度上，在正中关系位建立全口义齿的正中𬌗。因此，在制作全口义齿前，需要先取得无牙颌的颌位关系记录（maxillomandibular relationship records，jaw relation records），即确定并记录垂直距离和正中关系。

一、确定垂直距离

（一）确定垂直距离的方法

1. 息止颌位法　无牙颌患者采用全口义齿修复后，应与天然牙列一样，在息止颌位时上下人工牙列之间也应该存在相同的息止𬌗间隙。通过测量无牙颌患者息止颌位时的垂直距离，然后减去 2～3 mm 的息止𬌗间隙，即可得到该患者的咬合垂直距离。息止颌位法是确定无牙颌患者垂直距离最常用的方法。此外，还可以采用或参考其他一些方法。

2. 面部比例等分法　研究表明，人的面部存在大致的比例关系，其中垂直向比例关系有二等分法和三等分法（图 9-11）。二等分法是指鼻底至颏底的距离（垂直距离）约等于眼外眦至口角的距离。三等分法是指额上发迹至眉尖点，眉尖点至鼻底，鼻底至颏底三段距离大致相等。

3. 面部外形观察法　垂直距离恢复正常者，正中𬌗咬合时上下唇自然闭合，口裂平直，唇红厚度正常，口角不下垂，鼻唇沟和颏唇沟深度适宜，面部比例协调。

4. 拔牙前记录法 在患者尚有余留天然牙维持正常的正中殆咬合时记录其垂直距离，或记录面部矢状面侧貌剪影。

此外，还有发音法、吞咽法，测量旧义齿，参考患者的舒适感觉等方法。临床上需要结合不同的方法互为参考。

（二）垂直距离恢复异常的临床表现

全口义齿的垂直距离恢复异常时，无论是过高还是过低，都会影响美观、发音和咀嚼功能，并且可能造成组织的损伤。

1. 垂直距离过高 表现为面下 1/3 距离增大，面部肌肉紧张，表情僵硬，口唇闭合困难，颏部皮肤皱缩，颏唇沟变浅。戴用垂直距离过高的全口义齿，大开口时上下前牙切端间距离过小，息止殆间隙过小，说话或进食时义齿人工牙有撞击声，义齿不稳定，容易脱位。由于肌张力增大，牙槽嵴负担重，咀嚼肌易疲劳，可能出现黏膜压痛，面部酸痛，颞下颌关节不适，咀嚼费力，咀嚼效率低下。

2. 垂直距离过低 表现为面下 1/3 距离减小，面部肌肉松弛，皱纹加深，口角下垂，颏唇沟加深，面容苍老。戴用垂直距离过低的全口义齿，大开口时上下前牙切端间距离过大，息止殆间隙过大。由于肌张力减小，咀嚼无力，咀嚼效率低下。

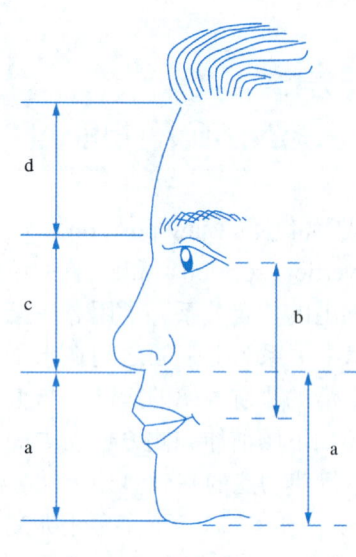

图 9-11 面部比例等分法

二等分法：鼻底至颏底的距离 a 约等于眼外眦至口角的距离 b；
三等分法：额上发际至眉尖点 d、眉尖点至鼻底 c、鼻底至颏底 a 三段距离大致相等。

二、确定正中关系

无牙颌患者的下颌常习惯性前伸，如何使下颌两侧髁突退回到生理后位是确定正中关系（determine the centric relation）的关键。确定正中关系的方法可以分为三类。

（一）哥特式弓描记法

由于正中关系位为下颌后退的唯一最后位置，因此下颌在前伸和左右侧方运动过程中的任何其他颌位（又称非正中关系位 eccentric relation）一定位于正中关系位的前方。哥特式弓描记法利用殆托将描记板和描记针分别固定于患者的上颌和下颌，当下颌做前后运动和左右侧方运动时，描记水平面内各个方向的颌位运动轨迹，获得一个"V"字形图形，因其形状像欧洲哥特式建筑的尖屋顶，因此称为"哥特式弓"（图 9-12）。当描记板固定于上颌，描记针固定于下颌时，描记板上的哥特式弓尖端向后（图 9-12）。当描记板固定于下颌，描记针固定于上颌时，哥特式弓尖端向前。哥特式弓的尖端即代表正中关系，当描记针处于此尖端时下颌的位置即为正中关系位。哥特式弓描记法有口外描记法和口内描记法。

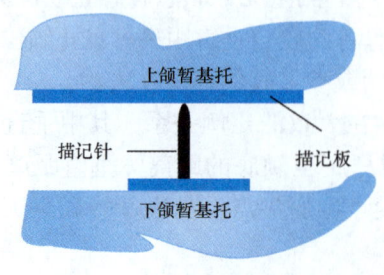 

图 9-12 哥特式弓描记器（口内法）及"V"字形描记轨迹图形

（二）直接咬合法

直接咬合法（check bite technique）是利用𬌗托上的蜡堤和𬌗间记录材料，设法使患者下颌后退并直接咬合在正中关系位的方法。有很多方法可以帮助患者下颌退回至正中关系位。

1. 卷舌后舔法 临床上常在𬌗托后缘正中部位粘接一个小蜡球，嘱患者小开口，舌尖向后卷，舔住蜡球的同时慢慢咬合（图 9-13）。因为舌向后方运动时，通过下颌舌骨肌等口底肌肉的牵拉可使下颌后退至正中关系位。

2. 吞咽咬合法 在做吞咽动作时下颌通常需要退回至正中𬌗位。因此，在确定正中关系时可让患者边做吞咽动作边咬合。

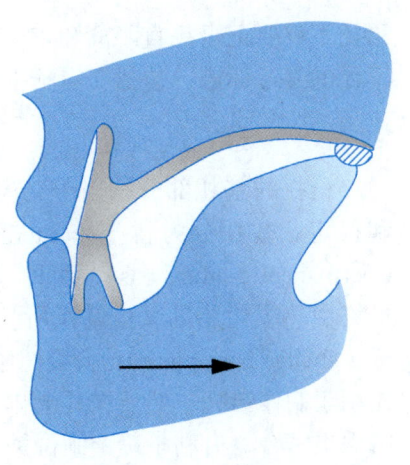

图 9-13　卷舌后舔法诱导下颌后退

3. 后牙咬合法 当下颌退回正中𬌗位时，咀嚼肌可以充分发挥作用，患者感觉舒适。可嘱患者有意识地直接用后牙部位咬合，或者医生可将手指置于𬌗堤后部，让患者轻咬，体会咬合能用上力量时下颌的位置，然后医生将手指滑向𬌗堤颊侧，上下𬌗堤即可自然咬合在正中关系位。

4. 诱导法 在确定正中关系时应使患者处于自然、放松的状态，避免因精神紧张而导致肌肉僵硬和动作变形。采用暗示的方法，如嘱患者"上颌前伸"或"鼻子向前"，可反射性地使其下颌后退。也可结合吞咽咬合法或后牙咬合法，同时医生用右手的拇指和示指夹住患者的颏部，左手的拇指和示指分别置于下𬌗托后部颊侧，右手轻轻向后用力，逐渐引导下颌后退。

5. 肌肉疲劳法 在确定正中关系前，嘱患者反复做下颌前伸的动作，直至前伸肌肉疲劳，此时再咬合时下颌通常可自然后退。

（三）肌监测仪法

利用肌监测仪释放的直流电脉冲刺激，通过贴于皮肤上的表面电极，作用于三叉神经运动支，使咀嚼肌产生节律性收缩，可消除肌紧张和疲劳。用肌监测仪法可分别确定垂直距离和下颌后退位。首先经过一定时间较温和的电刺激后可获得准确的息止颌位，此时可确定息止颌位垂直距离。然后可采用直接咬合法确定正中关系，或者再加大刺激强度，直接确定正中关系位。

严格来说，采用肌监测仪直接确定的颌位，或者采用吞咽咬合法、后牙咬合法和肌肉疲劳法等方法确定的颌位并不是正中关系位，而应该是升下颌肌群肌力闭合道的终点（terminal position of the muscular contraction path），或称为肌位（muscular position），通常位于正中关系位的稍前方。在天然牙列，肌力闭合道终点通常与正中𬌗位一致。因此，在肌力闭合道终点建立全口义齿的正中𬌗可能更加合理。研究表明，在正中关系位向前 1 mm 范围内均可建立全口义齿的正中𬌗，称为"可适位"。而肌力闭合道终点为建立正中𬌗的"最适位"。但是，肌位的变异性较大，稳定性和可重复性不如正中关系位，因此在临床上为无牙颌患者确定准确的肌位要比确定正中关系位困难。如果全口义齿在正中关系位建𬌗，为了保证正中关系、正中𬌗和肌位之间的协调，可使义齿人工牙在正中𬌗附近的一定范围内（前后向 1 mm）有稳定的咬合接触，即有"自由正中"（freedom in centric）或"长正中"（long centric）。如果采用哥特式弓描记法确定水平颌位关系，也可以在哥特式弓顶点前方 0.5～1 mm 的位置建立义齿的正中𬌗，可能更接近其最适位。

三、颌位关系记录的方法

无牙颌患者的颌位关系记录通常借助上下𬌗托来完成，𬌗托由基托和蜡𬌗堤（occlusal rim）两部分组成，利用蜡𬌗堤恢复垂直距离，借助上下𬌗堤平面的定位锁结来记录正中关系。

殆托不仅要记录垂直距离和正中关系，还要利用殆堤确定全口义齿人工牙的排列位置和选择人工牙的参考标志，包括义齿殆平面、前部丰满度，以及殆堤唇面的一些标志线。

（一）殆托的制作

殆托的基托部分相当于义齿的基托，用于承载殆堤，并保证殆托在口内和模型上的固位和稳定。基托分为暂基托（temporal denture base，trial denture base or record base）和恒基托（permanent denture base）两种。暂基托只用于制作殆托，排列人工牙和形成义齿基托蜡型，最终由热凝树脂的义齿基托所替换。制作暂基托常用材料有基托蜡片（baseplate wax）、虫蜡板（shellac base plate）、自凝树脂和光固化树脂。恒基托是由热凝树脂提前制作好的义齿基托，先用于制作殆托，然后在其上排列人工牙，是最终完成的义齿的一部分，不被替换。恒基托与组织更密合，有利于确定颌位关系时殆托的固位和稳定，以及以后在口内试排牙，但义齿完成时的二次装胶和热处理容易使恒基托变形，导致义齿固位力降低。

1. 暂基托的制作

（1）自凝树脂或光固化树脂暂基托：需先将工作模型填倒凹和涂布分离剂，以免损伤模型。暂基托的制作方法与制作个别托盘相似，厚度约 2 mm，边缘伸展与模型一致。树脂硬固后从模型上取下，打磨光滑。

（2）基托蜡片暂基托：将两片 2 mm 厚的基托蜡片烤软后重叠在一起，然后将两层蜡片置于模型上轻轻按压，使蜡片与模型表面紧密贴合，切除边缘多余部分，用冷水冲凉后从模型上取下。此方法简单方便，但蜡片极易受热变形，影响殆托固位和颌位关系记录的准确性。因此，最好在基托内埋设钢丝，以增加其强度，同时避免将殆托在患者口内放置时间过长，应及时从口内取出，用凉水冷却。

2. 殆堤的制作

（1）将蜡片烤软卷成条状，弯成与颌弓形态一致的弓形，压在暂基托上牙槽嵴的位置形成蜡堤，用热蜡刀将蜡堤与基托粘接，切除蜡堤远中过长的部分。此部分蜡堤高度应根据患者的殆间距离来决定。

（2）修整殆堤高度。上殆堤前部高度（基托边缘至蜡堤殆平面）为 20～22 mm，向后逐渐降低，上颌结节部位高度（基托边缘至蜡堤殆平面）为 16～18 mm。下殆堤平行于下颌牙槽嵴的平均平面，高度至磨牙后垫中点。上下殆堤前部宽度为 5 mm，后部宽度为 10 mm。

（3）修整唇颊面形态，使蜡堤唇颊面至基托边缘为一个平滑的表面。前部蜡堤唇面应位于切牙乳突中点前方 8～10 mm。

3. 调整殆托唇面丰满度 将上殆托戴入患者口内，检查患者在自然、放松状态下面部的丰满度，上唇是否塌陷或过突，左右是否对称。可通过在上殆托唇面添蜡或去除的方法，来调整殆托对上唇的支持，获得满意的丰满度。

4. 确定殆平面 最终确定的殆平面前部位于上唇下缘下方 1～2 mm，并与瞳孔连线（interpupillary line）平行，殆平面后部与鼻翼耳屏线（Camper's line or ala-tragus line）平行（图 9-14）。可将殆平面板（fox plane）（图 9-15）置于上殆堤殆平面上，检查殆平面的位置，然后进行相应调整。

（二）确定垂直距离

升起治疗椅靠背，让患者上身坐直，保持头颈部直立，目光平视。用笔在患者鼻底和颏底处皮肤表面各做一标记点，将上殆托戴入患者口内，使其精神放松，上下唇轻轻闭合，用垂直距离测量尺测得患者息止颌位时的垂直距离。为使患者消除紧张，可教其反复练习发唇音，或做吞咽动作。息止颌位垂直距离减去 2～3 mm 即为该患者的咬合垂直距离。

将下殆托戴入患者口内，检查上下殆托咬合时的垂直距离。通过调整下殆托蜡堤高度，

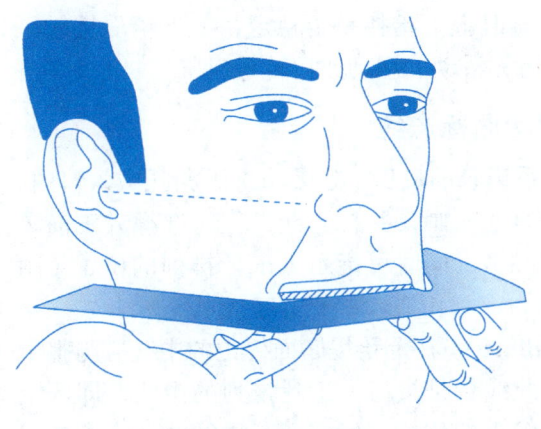

图 9-14　确定𬌗平面

图 9-15　𬌗平面板

使上下𬌗托轻轻咬合时达到所确定的咬合垂直距离，同时上下𬌗堤平面能够均匀接触。

（三）确定正中关系

在上𬌗托蜡堤后部𬌗平面上左右两侧分别切出前后两条不平行的 V 字形沟，深约 3 mm，蜡堤表面及 V 字形沟内涂一层凡士林。在上𬌗托后缘中线处粘接一个直径约 5 mm 的蜡球。将下𬌗托蜡堤𬌗平面后部（相当于尖牙部位以后）2 mm 厚的部分切除。

先将上𬌗托戴入患者口内，在下𬌗托蜡堤后部添加咬合记录硅橡胶或加热软化的蜡等咬合记录材料，然后将其迅速戴入口内，采用卷舌后舔法、后牙咬合法等前述方法，使下颌后退咬合至上下𬌗托前部蜡堤轻轻接触为止。待咬合记录材料硬固后，将上下𬌗托从口内取出，检查上下𬌗托对位情况，咬合记录材料应该固定于下颌蜡堤上，与上颌蜡堤对位准确、稳固。

如果采用哥特式弓描记法确定正中关系，可先制作上𬌗托确定丰满度和𬌗平面，然后下颌只做暂基托，或者上、下颌均重新制作暂基托，将描记板和描记针分别固定于上下暂基托。描记装置应位于暂基托正中相当于前磨牙区的位置，描记板与水平面平行，描记针与描记板中央垂直接触。将上下暂基托戴入口内，根据已经确定的垂直距离调整描记针高度，检查并确认下颌做前伸和侧方运动时上下暂基托之间无干扰。嘱患者在保持咬合接触情况下反复进行下颌前伸、后退和左右侧方滑动，然后将暂基托从口内取出并观察描记板上的哥特式弓印记。将描记针锁定装置的圆孔对准哥特式弓尖端并固定，再重新戴入口内，嘱患者下颌后退咬合，描记针进入锁定装置的圆孔内，此时上下颌即处于正中关系位。将调拌好的印模石膏或咬合记录硅橡胶从唇颊侧注入上下暂基托之间的空间内，待材料硬固后就可以保持上下暂基托间的位置关系，此时可将石膏连同上下暂基托一起取出。

（四）颌位关系验证

颌位关系记录完成后还需要分别对垂直距离和正中关系进行验证，以保证其准确性。

1. 垂直距离的验证　将上下𬌗托戴入口内，检查是否存在前述的垂直距离异常的表现。如面部比例是否协调，上下唇闭合情况，口角是否下垂，面部皮肤和肌肉的紧张程度，息止𬌗间隙大小，发齿音的清晰程度，触诊咬合时颞肌收缩程度，患者是否感觉舒适，咬合是否有力。

2. 正中关系的验证

（1）髁突触诊法：医生将双手小指指肚向前插入患者外耳道内，感觉下颌闭合时髁突是否撞击手指，两侧撞击力度是否相同。如果感觉不到髁突的撞击或力度微弱，说明下颌可能没有完全退回到正中关系。如果两侧撞击力度不一致，说明下颌可能发生偏斜。

（2）颞肌触诊法：医生将双手示指或大鱼际置于患者两侧颞部，感觉咬合时颞肌收缩是

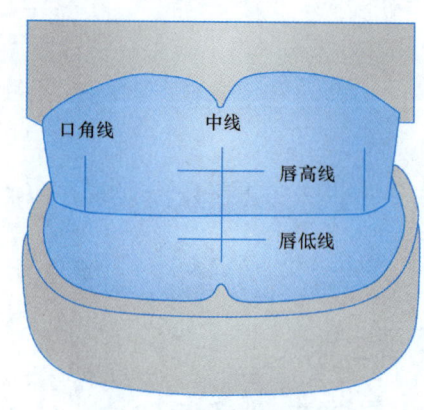

图 9-16 殆堤唇面标志线

否有力，收缩力度左右是否对称。

（3）观察咬合时上下殆托是否稳定，上下殆堤接触是否均匀，殆托间有无滑动、翘动或扭转等现象。

（五）殆堤唇面标志线

确定颌位关系记录的最后，还要将上下殆托戴入口内，用蜡刀在蜡堤的唇面刻画一些标志线，作为选择人工前牙的长度和宽度的参考，同时可指示人工牙排列的位置（图9-16）。

1. 中线（midline） 在上殆堤唇面标记的中线应与整个面部中线一致，此线将是义齿人工牙排列的中线，即两个上中切牙近中接触点的位置。确定面部中线时，应参考眉尖点、鼻根点、鼻尖、鼻小柱、人中、唇珠和颏底等多个参照点，确定出左右均衡的面部中线。根据整个面部正面形态，面部中线可以是一条直线，也可能是一条轻度弯曲的曲线。

2. 口角线（line at mouth corner） 当上下唇轻轻闭合时，将口角的位置标记在上殆堤唇面，口角线应与殆平面垂直。

3. 唇高线和唇低线（high lip line and low lip line） 在患者微笑时，将上唇下缘和下唇上缘的位置分别标记在上下殆堤的唇面，称为唇高线和唇低线。

第七节 模型上殆架
Mounting the Casts on Articulator

一、殆架

殆架（articulator）（图9-17）是一个模拟人体上下颌和颞下颌关节结构的机械装置，可以在一定程度上模拟下颌的功能运动。殆架通常是由固定上下颌模型的上、下颌体，以及连接上下颌体的关节结构所构成。殆架最早出现于1805年（Gariot殆架），至今已有200年历史。随着口腔生理学对人类下颌运动规律的认识逐渐深入，殆架的结构和功能逐步得到完善。

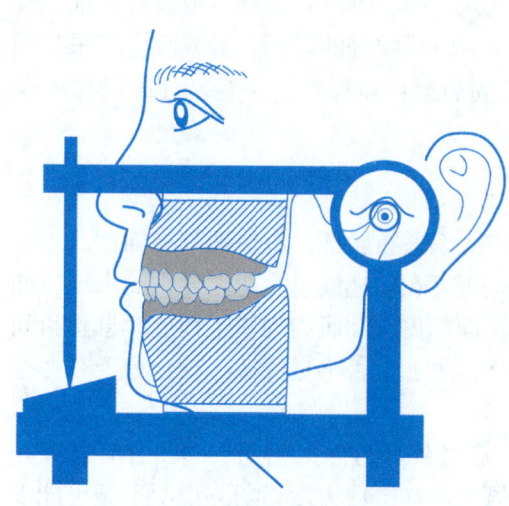

图 9-17 模拟人体上下颌和颞下颌关节结构，在一定程度上模拟下颌功能运动的殆架

在全口义齿修复治疗的临床工作中，需将上下颌模型固定在殆架上，就是将带有上下殆托的上下无牙颌模型用石膏固定在殆架上，以便保持上下颌模型间的颌位关系。利用殆架进行人工牙的排列并调整上下颌人工牙的咬合接触关系。在殆架上完成的全口义齿戴入口中，能符合或接近患者的实际情况。

（一）殆架的分类

根据殆架关节结构模拟下颌运动的程度，可以将殆架分为以下4种形式：铰链式殆架、平均值殆架、半可调殆架和全可调殆架。对不同类型殆架的介绍内容详见总论部分。

为了方便读者对本节后续内容的学习，下面将以Hanau H型殆架为例对半可调殆架做一个简单的介绍。

（二）Hanau H 型𬌗架的结构（图 9-18）

1. 上、下颌体 均呈 T 形，中部有螺丝固定的架环用于固定上下颌石膏模型，上颌体前端连接切导针，后部横向部分分别连接两侧的髁杆和髁球。下颌体前端为切导盘，后部两侧连接左右侧柱和髁导盘。

2. 侧柱与髁导盘 髁球位于髁导盘上的髁槽内，可旋转或前后滑动。旋转髁导盘可调节髁槽倾斜角度即前伸髁导斜度。两侧侧柱与髁导盘可水平旋转，用于调节侧方髁导斜度（Bennett 角）。

3. 切导针与切导盘 切导针与上颌体前端连接，下端支撑于下颌体前端的切导盘上，调节上下颌体之间切导针的长度，可改变上下颌开闭的程度（垂直距离），通常将切导针置于零刻度位置，使上下颌体平行。切导盘的倾斜角度可调节，可根据需要确定下颌前伸和侧方运动时的切导斜度。

二、面弓转移上𬌗架

（一）面弓与面弓转移

面弓（face bow）是确定上颌与颞下颌关节之间位置关系的装置。面弓转移（face bow transfer）上𬌗架（mounting the casts on the articulator）就是将上颌与颞下颌关节之间的位置关系转移至𬌗架上，使固定于𬌗架上的上颌模型与𬌗架的髁球之间的位置关系与人体一致，以避免因转动中心位置的差异而导致的全口义齿人工牙在𬌗架上的咬合接触关系和接触滑动运动轨迹与义齿戴入口内后的实际情况不一致。

以与 Hanau 𬌗架配套的 Hanau 面弓为例，面弓主要由𬌗叉和弓体两部分组成（图 9-19）。弓体呈"U"形，弓体前部有固定𬌗叉的定𬌗夹，𬌗叉固定在上颌𬌗托的蜡堤上，与蜡堤𬌗平面平行，𬌗叉柄穿过定𬌗夹与弓体连接，定𬌗夹可调节并固定𬌗叉与弓体的位置关系。在弓体 U 形开口处有横杆，可内外滑动和锁紧，以便将弓体后部固定。面弓转移是确定并转移髁突铰链轴与上颌的位置关系，应先在患者两侧颞下颌关节处皮肤确定髁突铰链轴的位置，然后利用面弓将髁突铰链轴点与上颌的位置关系固定。由于确定和固定铰链轴点较为繁琐，而外耳道与髁突铰链轴位置相对固定（经验轴点），临床上常利用外耳道固定面弓，在弓体后端横杆处有

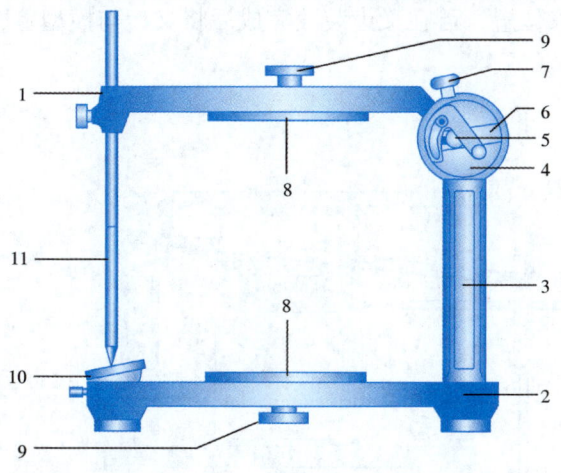

图 9-18 Hanau H 型𬌗架
1. 上颌体；2. 下颌体；3. 侧柱；4. 髁导盘；5. 髁球；6. 髁槽；7. 髁导斜度调节螺丝；8. 架环；9. 固定架环螺丝；10. 切导盘；11. 切导针

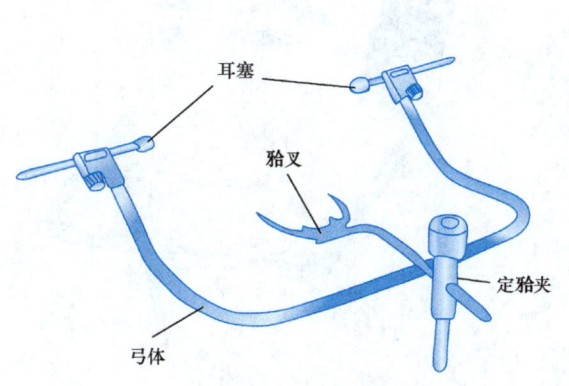

图 9-19 Hanau 面弓

耳塞，将两侧耳塞插入外耳道。

（二）面弓转移上𬌗架的意义

在全口义齿修复中，准确定位上颌牙弓与髁突的相对位置关系是关键步骤。上颌模型与𬌗架的髁球以及眶耳平面之间的位置关系应与患者的上颌牙弓与实际铰链轴和眶耳平面之间的位置关系一致。工作模型与𬌗架开闭运动铰链轴之间位置关系的准确定位，能尽可能地减少由于闭合弧的偏差所造成的上下颌义齿咬合关系的偏差。因此，通过面弓转移定位可以提高上述位置关系的准确性，减少最终义齿咬合关系的偏差。

（三）面弓转移上𬌗架的方法（图9-20）

1. 调整𬌗架 将切导针固定在零刻度，使上下颌体平行；切导盘调至水平，两侧前伸髁导斜度固定为25°，髁球紧贴髁槽前壁并扭紧正中锁；侧方髁导斜度调为15°。

2. 面弓固定与转移 将烧热的𬌗叉插入并固定于上颌𬌗托的蜡堤上，𬌗叉中线与𬌗托中线对齐。然后将固定好𬌗叉的上𬌗托戴入患者口内就位，使患者咬合在正中关系位。松开面弓弓体上定𬌗夹和耳塞横杆处的螺丝，将𬌗叉柄插入定𬌗夹，弓体两侧耳塞完全插入外耳道内，调整两侧耳塞横杆长度一致后拧紧固定螺丝。然后在确定𬌗托无脱位的情况下，拧紧定𬌗夹螺丝，将𬌗叉与弓体稳固固定。

松开耳塞横杆螺丝，将耳塞从外耳道抽出，再将面弓与𬌗叉和上𬌗托整体取下。然后将耳塞与𬌗架髁杆后方的定位杆对合，调整两侧耳塞横杆长度一致后拧紧固定螺丝。调整面弓前部高度，使𬌗堤平面（𬌗平面）与𬌗架的上颌体平行。

3. 模型上𬌗架 打开𬌗架上颌体，将上颌石膏模型戴入𬌗托。然后调拌石膏，将上颌模型固定在𬌗架上颌体的架环上。待石膏硬固后拆除面弓及𬌗叉，取下𬌗叉时可先用酒精灯烧热𬌗叉柄，待与𬌗叉接触的蜡软化后，则可较容易地将𬌗叉与蜡堤分离。然后将𬌗架上下翻转，利用颌位关系记录对位上下𬌗托和模型，用同样方法将下颌模型固定在下颌体的架环上。用此方法上𬌗架时模型与架环固定连接，模型不能方便地直接从𬌗架和架环上取下和复位。为了便于义齿制作完成后重新上𬌗架调𬌗，可采取模型分段式上𬌗架（split mounting）。方法是：首先要将上下颌石膏模型底面修平整，在模型底面各预备三条放射状V形定位沟，底面涂布分离剂（凡士林），模型侧面用透明胶带围绕一周，胶带高出模型底面1cm，然后调拌石膏置于模型底面和𬌗架架环之间。采用分段式模型上𬌗架使模型和固定模型的石膏之间可分离，可将模型随时取下，然后又能够完全准确地对位回原来位置，可在义齿装胶完成后将义齿与模型上回𬌗架上进行选磨调𬌗。

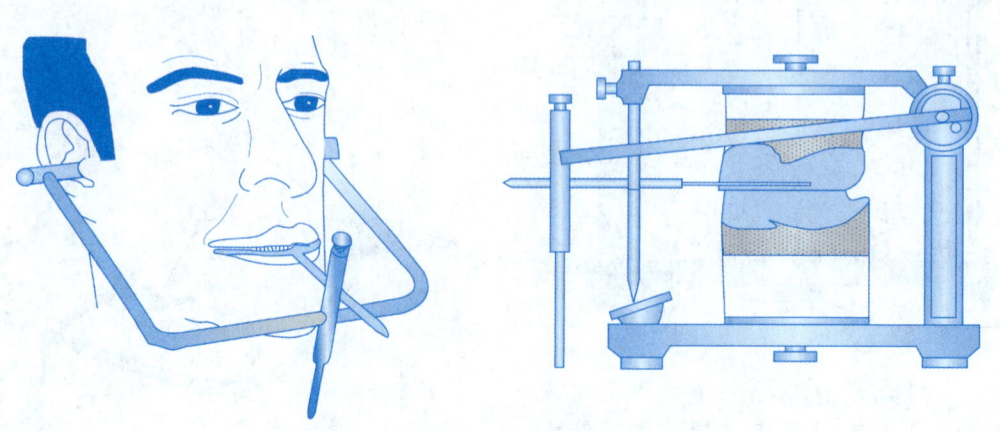

图9-20 面弓转移颌位关系上𬌗架

三、确定髁导斜度

下颌运动过程中，髁突在关节凹内运动的路径称为髁道（condylar path）。髁道又分为前伸髁道和侧方髁道，下颌在做前伸运动时髁突在关节凹内向前下方运动的路径称为前伸髁道，前伸髁道与眶耳平面的夹角称前伸髁道斜度，下颌在做侧方运动时非工作侧髁突向前向内向下的运动路径称为侧方髁道。髁导（condylar guidance）是指𬌗架上髁球的运动轨迹，前伸髁导斜度是髁槽与水平面的夹角，侧方髁导斜度为髁槽与矢状面的夹角。采用可调节𬌗架时，应将患者的髁道斜度转移至𬌗架，在𬌗架上确定患者的髁导斜度。

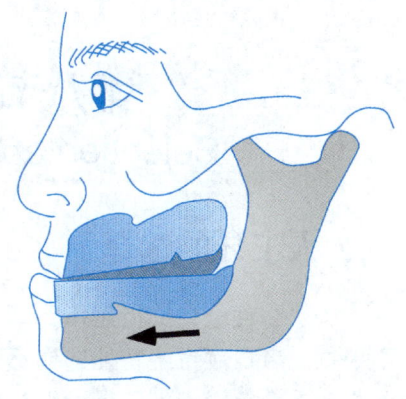

图 9-21　取前伸颌位记录

（一）确定前伸髁导斜度（图 9-21）

Christensen 发现，真牙列者当前伸髁道斜度呈正度数时，下颌前伸至前牙切端相对时，上下颌后牙𬌗面之间出现一前小后大的楔形间隙，前伸髁道斜度越大，此楔形间隙也越大，这一现象称为克里斯坦森现象（Christensen phenomenon）。无牙颌患者下颌前伸运动时上下𬌗托𬌗堤平面之间同样存在此现象，利用上下𬌗托可取得前伸颌位记录，即在上下𬌗托的𬌗堤表面涂布分离剂后在下𬌗托𬌗平面加上烤软的蜡片或其他咬合记录材料，嘱患者下颌前伸约 6 mm 并轻轻咬合，待软蜡硬固后将𬌗托及蜡记录从口内取出。

松开𬌗架髁导盘上的正中锁和固定髁槽的螺丝，将上下𬌗托分别与𬌗架上的模型对合，调节上颌体向后（模拟下颌前伸），使上下𬌗托和前伸颌位记录基本对合。然后扳动一侧髁槽固定螺丝，调节髁槽倾斜角度由最大至最小，当髁槽倾斜角度较大时前伸颌记录的前部接触而后部分离，当髁槽倾斜角度较小时，前伸颌记录的后部接触而前部分离。在调节髁槽角度从大到小的过程中，前伸颌位记录前后均同时接触时，髁槽的倾斜角度即为患者的前伸髁导斜度，拧紧髁槽固定螺丝将前伸髁导斜度固定，然后同样方法调出并固定另一侧前伸髁导斜度。

（二）确定侧方髁导斜度

侧方髁导斜度可以采取与确定前伸髁导斜度相似的侧方颌记录来确定，但更简便的方法是根据前伸髁导斜度，利用 Hanau 公式计算得出。

$$侧方髁导斜度（L）= \frac{前伸髁导斜度（H）}{8} + 12$$

例如：前伸髁导斜度为 24°，代入公式计算，则侧方髁导斜度为 15°。

四、确定切导斜度

下颌从正中咬合做前伸运动时，下前牙切缘沿上前牙舌面向前下方运动的路径称为切道（incisal path），切道与眶耳平面的夹角为切道斜度。𬌗架的前部有切导盘，可调节前后和侧方倾斜角度，切导盘与水平面的夹角为切导斜度（inclination of incisal guidance），前伸和侧方运动时切导针沿切导盘滑动，用来控制人工前牙排列的覆𬌗覆盖关系。当上下前牙排好，形成较小的切道斜度后，松开固定切导盘的螺钉，推切导针使上颌体后退至上下前牙切缘接触位，调节切导盘使切导针前后移动时，切导盘一直与切导针下端保持接触关系。扭紧螺钉，固定切导盘，切导盘表面斜度就是此时的切导斜度。也可以先确定切导斜度（如 10°），当切导针顺切导盘面向后上方滑动时，使排列的前牙达到切缘接触。

（潘韶霞　杨亚东）

第八节　人工牙的选择与排列
Selection and Arrangement of Artificial Teeth

一、人工牙的选择

为了方便全口义齿制作，不同厂家生产了不同型号的预成人工牙供临床选择，临床医生需要根据患者口颌系统特征选择不同的人工牙，以达到其功能需求，同时促进口颌系统健康。目前临床上全口义齿人工牙可以在质地、形态、大小、色泽等方面进行选择，医生应结合患者的意见，为其选择适当的人工牙。

（一）人工牙的材料

人工牙材料应当具备一定机械性能（韧性、硬度和高耐磨性能）、美观性能（良好色泽和半透明性等）和操作性能（易于调磨排牙），同时要与基托之间可以形成良好的固位。临床上人工牙的常用材料主要有陶瓷和丙烯酸树脂两类。瓷牙（porcelain tooth）的优点是硬度高，耐磨损，色泽与质感与天然牙近似。但瓷牙脆性大，易崩损，不易磨改，而且瓷牙与基托没有化学结合。瓷牙常利用前牙盖嵴面的固位钉，后牙盖嵴面向内凹陷的固位槽，与树脂基托之间形成机械方式固位，因为无法调磨盖脊部，颌间间隙较小的患者不宜采用。临床常用的树脂牙的成分为甲基丙烯酸甲酯。树脂牙（acrylic resin tooth）的优点是质量轻，韧性好，修复间隙不足时易于磨改，方便排牙，而且树脂牙与基托材料相近，两者间为化学结合，连接牢固。缺点是硬度和耐磨损程度较差，色泽和质感上与天然牙有一定的差异。但随着材料技术的不断发展，复合树脂人工牙在硬度、耐磨损程度和质感上有较大的提高。由于树脂牙和瓷牙耐磨性能不同，所以在同一全口义齿中不建议混合使用，如果瓷牙与树脂牙相对，树脂牙会产生过大磨耗，相同功能状态下，树脂牙磨耗快于瓷牙，要避免前牙瓷牙，后牙树脂牙的材料组合，这样会造成后牙磨耗速度快于前牙，义齿前部受力过大导致前部剩余牙槽嵴过度吸收。

（二）人工牙的大小和形态

1. 人工前牙　由于前牙直接关系患者的美观效果，所以前牙选择更侧重美观。前牙的选择应当与现有剩余口颌系统相协调，常根据患者的面型、唇齿关系进行选择。上颌前牙可根据颌位关系记录时上颌蜡堤唇面上的标记线来确定宽度和高度，上颌蜡堤唇面上两侧口角线之间的距离约为6个上前牙的总宽度。按照这个参数选择上颌前牙宽度，再选择与之相匹配的下前牙宽度。上前牙的高度可根据唇高线（微笑线）来确定，唇高线到𬌗平面的距离为中切牙切2/3的高度。唇低线到𬌗平面的距离为下中切牙切1/2高度。

人工前牙的形态通常指其唇面的几何形态和唇面突度。选择前牙形态时，可以参考患者原来天然牙的形态，如有拔牙前记录、模型、照片、拔除的离体牙等，或者参考患者的面部形态，人工前牙形态应与面型协调一致。人类面型可以分为方圆形（额部较宽，两颊侧面平行，下颌宽阔，下颌角明显）、尖圆形（面部上宽下窄，下颌角不明显，颏部尖突，瘦削）、卵圆形（面型圆突，颏部和下颌下缘圆润）。人类面部正面形态和倒置的前牙唇面形态基本一致（图9-22）。

与面型相对应，上前牙人工牙也分为3种基本类型：

（1）方圆形：上颌中切牙的牙颈部较宽，唇面平坦，近、远中边缘近乎平行，切角近于直角。

（2）尖圆形：上中切牙唇面呈圆三角形，近中切角较锐，牙颈部较切端明显缩窄，唇面

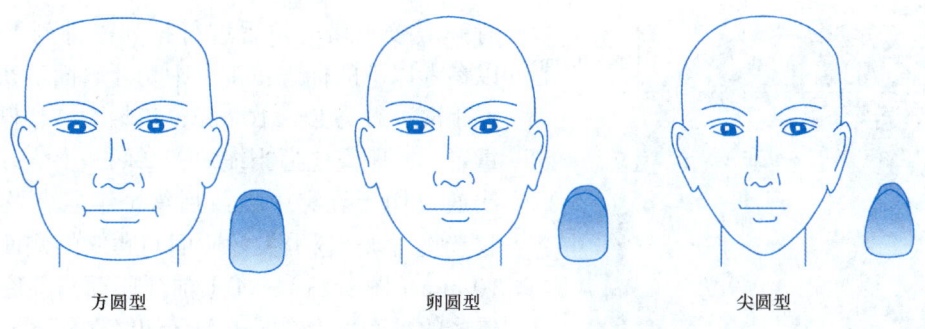

方圆型　　　　　卵圆型　　　　　尖圆型

图 9-22　上前牙唇面形态与面部正面形态

较突。

（3）卵圆形：上中切牙唇面颈部较切端稍窄，唇面较平坦，近、远中边缘向颈部缩窄不明显，两切角圆钝。

可以根据患者的面型特征选择相应形态的人工前牙。

2. 人工后牙　选择应侧重咀嚼功能需求。人工后牙的大小指其颊面高度及𬌗面的近远中宽度和颊舌宽度，其颊舌径通常小于天然牙，以减小义齿支持组织受力。人工后牙的大小一般只选择颊面高度和近远中宽度。后牙的颊面高度短于前牙，但前磨牙的高度应与前牙（尖牙）协调，不宜过短。人工后牙的近远中总宽度应小于尖牙远中面至磨牙后垫前缘的距离。

人工后牙的𬌗面形态可分为解剖式牙和非解剖式牙两种基本类型。

（1）解剖式牙（anatomic tooth）：人工牙𬌗面形态与刚萌出的天然牙相似，有牙尖和窝沟，牙尖斜度为33°或者30°。在正中𬌗时，上、下牙可形成有尖窝交错的广泛接触关系，在前伸𬌗侧方运动中可以实现平衡𬌗。由于牙尖斜度较大，存在较大的侧向力，一般用于剩余牙槽嵴丰满，颌位关系协调、稳定的患者。牙尖斜度大的解剖式牙咀嚼效率高，但咬合时通过牙尖作用于义齿的侧向力也大。对于牙槽嵴低平或呈刃状者，不利于义齿稳定和支持组织健康。部分人工牙模拟老年人的𬌗面磨耗，牙尖斜度略低，为20°左右，又称为半解剖式牙（semi-anatomic teeth）。常用于牙槽嵴吸收较明显，侧向力耐受不足的患者。

（2）非解剖式牙（non anatomic tooth）：因为全口义齿的结构与天然牙不同，所以采用与天然牙𬌗面形态类似的人工牙会产生较大侧向力，尤其是剩余牙槽骨吸收明显，颌位关系不协调、不稳定的患者。所以临床上设计了专门针对全口义齿的一种人工牙，其𬌗面形态与天然牙不同，称为非解剖式牙。狭义讲，非解剖式牙是指无尖牙（cuspless teeth）𬌗面仅有窝沟而无牙尖，上下后牙为平面接触。广义而言，与解剖式牙不同的人工牙都为非解剖式牙，例如线性𬌗等改良𬌗型。非解剖式牙多用于剩余牙槽嵴吸收较多，颌位关系不协调，咬合不稳定的患者。

（三）人工牙的颜色

选择人工牙的颜色应考虑患者的年龄、肤色和性别。年龄越大，牙齿颜色越暗。女性肤色较白者，牙齿颜色通常也较白。年龄大且肤色暗者，不宜选择较白的人工牙。人工牙颜色的选择可以尊重患者的意见，在充分沟通的前提下，选择患者满意的颜色。

二、人工牙的排列原则

（一）美观原则

1. 恢复面部丰满度　无牙颌患者一般通过全口义齿的人工牙和基托共同支撑恢复满意的唇丰满度，人工牙特别是上前牙排列位置应能够支撑唇颊侧软组织。

临床上在确定颌位关系时采用蜡堤确定适宜的唇丰满度和上前牙切缘的位置，人工牙排列

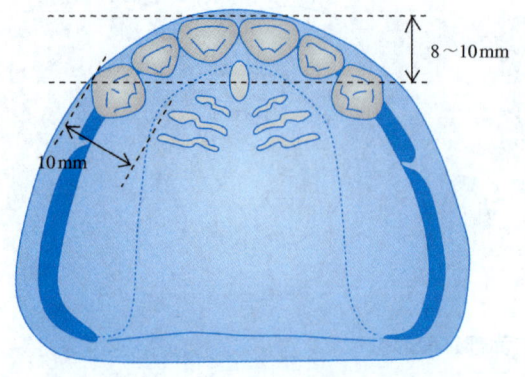

图 9-23 上颌人工前牙排列位置与切牙乳突和腭皱的关系

时一般按照蜡堤位置进行排列。排列上前牙还可以参考以下的标志：①上中切牙唇面至切牙乳突中点距离一般为 8～10 mm，年龄大、牙槽嵴吸收严重者，此距离应适当缩短；②两侧上尖牙牙尖顶连线通过切牙乳突中点或后缘（年老者及牙槽嵴吸收严重者）；③上尖牙唇面与腭皱的侧面通常相距 10 mm（图 9-23）；④上前牙唇面与前庭沟和切缘连成的平面平行；⑤上前牙切缘在唇下露出 2 mm，年老者、上唇长者露出较少。

人工牙列的弧度应与颌弓形态一致，颌弓形态和面型一致，可分为方圆型、尖圆形和卵圆形 3 种。

2. 体现患者的年龄、性别和其他个性特征 人工牙排列可参考患者拔牙前记录或照片，可以模仿原有天然牙排列，排列成轻度拥挤、扭转等，以力求自然效果，同时可以体现患者增龄性变化，如牙齿有一定的磨耗，龈缘适当退缩等，在征得患者同意的前提下，尽量避免排列过于整齐，无个性的、千篇一律的"义齿面容"（denture face）。

人工牙排列还可以体现出性别，个性化特征。如男性患者选择更加方正、棱角明显的人工牙，上尖牙排列时减少向远中扭转的程度，从前面观能看到尖牙的中 1/3；女性选择切缘更加圆润，颈部更加突出人工牙，尖牙排列增加向远中扭转的程度，从正面看只有近中 1/3 可见，可增加柔和的印象。个性强健有力的男性患者可以选择外形更接近方形，宽大、颜色较深的人工牙，切缘可以模拟磨耗，线角锐利。排列可以适当扭转、拥挤。个性内敛的患者则采用相对较小，色白，外形较圆的人工牙。排列更对称。

（二）组织保健原则

全口义齿的不稳定会损害义齿支持组织的健康，而人工牙的排列位置与咬合接触关系直接影响义齿在功能状态下的稳定。因此，为保护支持组织健康，人工牙的排列应满足以下原则。

1. 人工牙的排列应不妨碍唇、颊、舌肌的功能活动。
2. 人工牙列应处于唇颊舌肌的内外作用力相平衡的位置，即位于中性区。
3. 人工牙列的𬌗平面应当与舌侧缘平齐，在上下颌牙槽骨吸收程度近似的患者应大致平分颌间距离。
4. 人工牙的排列位置在垂直方向上应尽量靠近牙槽嵴顶，将作用力点、作用力方向尽量位于上下颌牙槽嵴顶连线上。
5. 前牙形成浅覆𬌗、浅覆盖，正中𬌗前牙不接触。上下人工后牙要形成正常的覆𬌗、覆盖关系。
6. 控制牙尖斜度，避免产生过大侧向力。
7. 形成适宜的𬌗宽容度。
8. 建立正中𬌗、侧方𬌗和前伸𬌗平衡。

人工后牙的功能尖位于牙槽嵴顶上，可使𬌗力沿垂直方向传导至牙槽嵴。人工牙排列过于偏向牙槽嵴顶的唇颊侧，将导致义齿功能时以牙槽嵴顶为支点的侧向力矩增大，损害牙槽嵴健康，导致过度骨吸收。上下颌人工牙正常的覆𬌗与覆盖关系可避免功能时咬唇颊舌，正中𬌗和前伸、侧方功能运动过程中有平衡𬌗接触可避免因存在早接触和𬌗干扰而导致义齿不稳定和支持组织受力不均衡。对于牙槽嵴支持条件差者，为避免侧向力对支持组织的损害，应适当降低牙尖斜度。前牙浅覆𬌗、浅覆盖关系易于达到前伸𬌗平衡，正中𬌗前牙不接触可避免上颌前部牙槽嵴受力过大，特别是对于上颌后缩或下颌前突，人工牙排列偏上颌牙槽嵴顶唇侧者。后部牙槽嵴宽度明显不协调，上颌过窄或下颌过宽者，必要时后牙可排反𬌗关系。

（三）咀嚼功能原则

在保证支持组织健康的前提下，全口义齿人工牙的排列应尽可能恢复患者的咀嚼功能，提高咀嚼效率。提高咀嚼效能常采用的措施包括：

1. 在支持组织健康条件允许的情况下，尽量选择解剖式人工牙。
2. 在正中𬌗建立最广泛的尖窝接触关系和𬌗平衡。
3. 增加咬合便利型，增加窝沟等食物排溢道，使破碎的食团能够有效排溢，减少破碎食物所需要的力量，同时促进食物在口内更有效地传递。
4. 控制侧向力，保持全口义齿的稳定。

三、排牙方法

（一）画标志线

许多无牙颌解剖标志是排牙的重要参考标志，但是排牙时由于这些解剖标志被基托和蜡堤覆盖无法看到，因此在排牙前首先需要将以下参考标志线的延长线画在石膏工作模型基底的边缘和外侧面（图 9-24）。

1. 中线和口角线的延长线。
2. 通过切牙乳突中点的横向连线。
3. 后部牙槽嵴顶连线的延长线。
4. 磨牙后垫前缘垂直于牙槽嵴顶连线的延长线。
5. 磨牙后垫高度中点的水平延长线。
6. 在上下颌模型基底侧面分别画出与牙槽嵴顶距离相等的连线。

（二）排列前牙（图 9-25）

1. 上颌前牙 排列应当与蜡堤外形弧度与凸度保持一致。

（1）中切牙：位于中线两侧，接触点与中线一致，切缘平齐𬌗平面，颈部微向舌侧和远中倾斜，唇面弧度与蜡堤弧度、凸度保持一致。

（2）侧切牙：近中与中切牙接触，切缘高于𬌗平面 0.5～1 mm，颈部向舌侧和远中倾斜，倾斜程度大于中切牙，唇面稍向远中旋转，唇面弧度与蜡堤弧度、凸度保持一致。

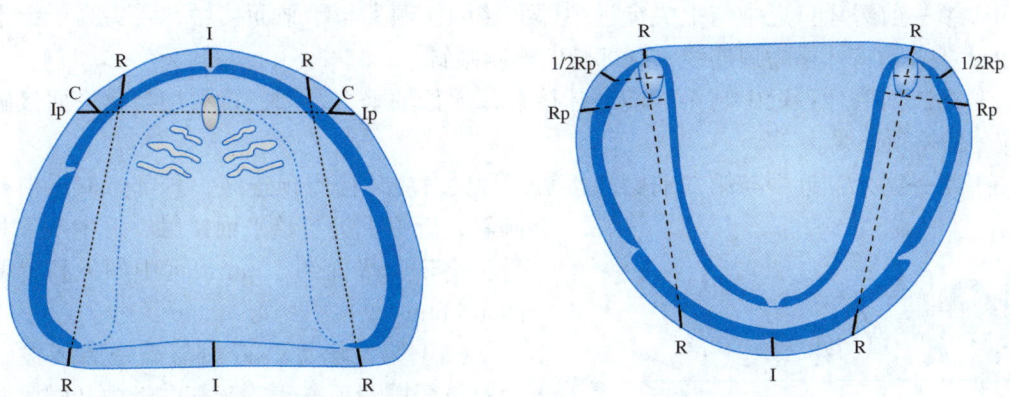

图 9-24　标记在石膏工作模型边缘的标志线

中线（I），口角线（C），通过切牙乳突中点的横线（Ip），后部牙槽嵴顶线（R），磨牙后垫前缘（Rp），磨牙后垫高度 1/2 水平线（1/2Rp）

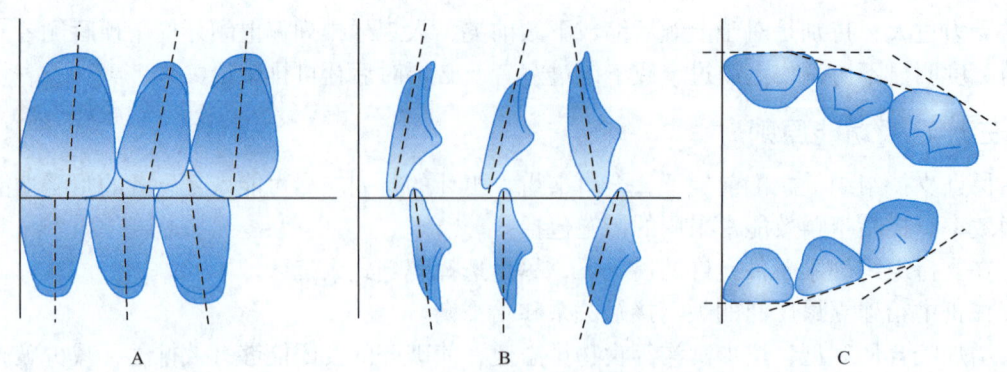

图 9-25　人工前牙的排列位置
A. 唇面观；**B**. 邻面观；**C**. 切端观

（3）尖牙：近中与侧切牙接触，牙尖与𬌗平面平齐，颈部微突向颊侧并稍向远中倾斜，近远中倾斜程度界于中切牙与侧切牙之间，唇面向远中旋转，从前方看一般只能看到尖牙颊面的近中 1/3 或中 1/3，唇面弧度与蜡堤弧度、凸度保持一致，尖牙顶一般位于切牙乳头连线上，部分学者认为上颌尖牙舌隆突应当与上颌第一腭皱位置相对应。

2. 下颌前牙　排列一般位于下颌前部牙槽嵴顶连线上，上下颌前牙要建立浅覆𬌗、浅覆盖关系，正中𬌗时上下颌前牙一般不接触。

（1）中切牙：近中接触点与中线一致，切缘高出𬌗平面约 1 mm，颈部微向舌侧倾斜，近远中向直立，与上中切牙覆盖 1～2 mm。

（2）侧切牙：近中与下中切牙接触，切缘高出𬌗平面约 1 mm，唇舌向直立，颈部微向远中倾斜，与上中切牙和上侧切牙覆盖 1～2 mm。

（3）尖牙：近中与下侧切牙接触，牙尖高出𬌗平面约 1 mm，颈部向远中和唇侧倾斜，与上侧切牙和上尖牙覆盖 1～2 mm。

（三）排列后牙

后牙排列最重要的就是建立后牙尖窝相对的、紧密接触的位置关系，排列后牙时应尽量使其功能尖，即上牙舌尖和下牙颊尖排在牙槽嵴顶连线上或者指向对颌的牙槽嵴顶连线。因此，在排列后牙前应根据模型边缘的标记，在上下𬌗堤平面画出牙槽嵴顶线。排牙时需注意确保上下颌功能尖与𬌗面窝准确对位，并且紧密接触。

1. 上颌后牙（图 9-26）

（1）第一前磨牙：近中与上尖牙远中邻面接触，颊尖与𬌗平面接触，舌尖高于𬌗平面约 1 mm，舌尖并对应牙槽嵴顶连线，颈部微向颊侧倾斜。

（2）第二前磨牙：近中与第一前磨牙接触，牙长轴垂直，颊、舌尖均与𬌗平面接触，舌尖对应牙槽嵴顶连线。

（3）第一磨牙：近中与第二前磨牙接触，舌尖对应牙槽嵴顶连线，颈部微向近中和腭侧倾斜，近中舌尖与𬌗平面接触，近中颊尖和远中舌尖高于𬌗平面约 1 mm，远中颊尖高于𬌗平面约 1.5 mm。

（4）第二磨牙：近中与第一磨牙接触，舌尖对应牙槽嵴顶连线，颈部向近中和腭侧倾斜程度大于第一磨牙，近中舌尖高于𬌗平面 1.5 mm，近中颊尖高于𬌗平面 2 mm，远中颊尖高于𬌗平

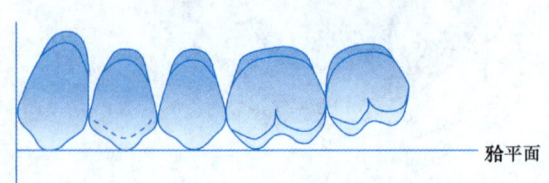

𬌗平面

图 9-26　上颌后牙牙尖与𬌗平面的位置关系

面 2.5 mm。

尖牙牙尖与排列好的上颌后牙颊尖应形成一条连续、光滑、向上弯曲的曲线，称为补偿曲线（compensating curve）（图 9-26），又称为纵𬌗曲线。两侧同名后牙的颊、舌尖相连，也形成一条连续、光滑、向上弯曲的曲线——横𬌗曲线（transverse occlusal curve）。

2. 下颌后牙 根据上颌后牙排列位置排列下颌后牙，使其形成具有正常覆𬌗、覆盖，上下牙尖窝交错最广泛接触的中性𬌗关系。下颌后牙牙尖连线也应形成与上牙相对应的纵向的司皮曲线（Spee's curve）和横𬌗曲线。

为了保证下颌后牙排在牙槽嵴顶上，下颌后牙的中央窝应位于尖牙牙尖与磨牙后垫中心的连线上（图 9-27）。上下颌后牙的𬌗平面是破碎食物的主要区域，如果𬌗平面位置过高会导致舌不易将食物推送到𬌗平面上，导致抬舌过高，义齿容易脱落，如果𬌗平面过低会导致咬舌等现象发生，所以后牙𬌗平面不能低于或过高于舌侧缘位置，在小张口时，𬌗平面与舌侧缘平齐。𬌗平面前部一般位于唇下 2 mm，与瞳孔连线平行，后部与鼻翼耳屏线平行。上下颌牙槽骨吸收均匀的患者，后牙𬌗平面平分颌间间距。第一磨牙的𬌗平面与磨牙后垫 1/2 等高（图 9-28）。

后部上下颌牙槽嵴颊舌向位置不协调者，如果上下牙槽嵴顶连线与水平面夹角小于 80°时，后牙应排成反𬌗关系，即将上下颌后牙上下左右交叉换位排列（图 9-29）。

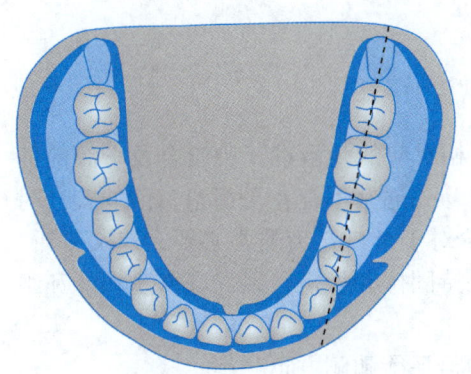

图 9-27 下颌后牙颊舌向排列位置（中央窝位于牙槽嵴顶连线上）

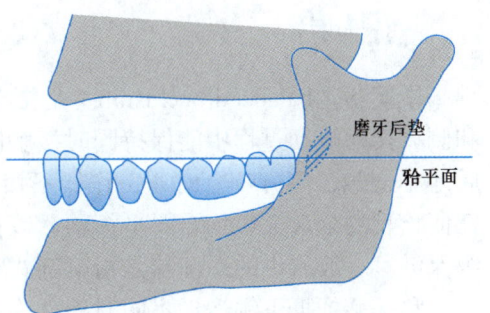

图 9-28 下颌后牙𬌗平面位置

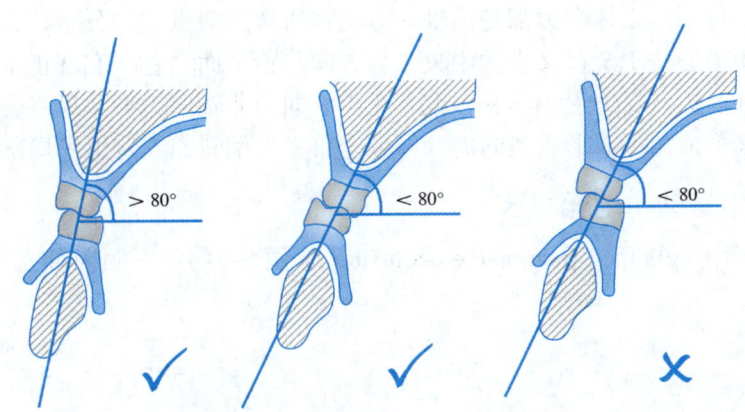

图 9-29 上下牙槽嵴顶连线与水平面夹角小于 80°时，后牙应排成反𬌗关系

第九节 全口义齿的𬌗型与平衡𬌗
Occlusal Scheme and Balanced Occlusion of Complete Dentures

一、全口义齿𬌗型

𬌗型（occlusal scheme/occlusal pattern）是指牙齿的𬌗面形态特点，以及由此确定的上下颌牙相对的咬合和滑动接触关系。全口义齿的𬌗型及咬合关系应能够使义齿在行使咀嚼等功能时保持稳定，尽量使人工牙所承受的𬌗力经义齿基托沿垂直向均衡地传递至支持组织，减小侧向作用力。在尽可能恢复咀嚼功能、美观和发音功能的同时，尽量避免对支持组织的损伤。

全口义齿的𬌗型可以分为解剖式𬌗（anatomical occlusion）和非解剖式𬌗（non-anatomical occlusion）两类。解剖式𬌗型是指采用解剖式人工牙或半解剖式人工牙的𬌗型。非解剖式𬌗型是指采用非解剖式人工牙的𬌗型，又包括平面𬌗（monoplane occlusion）和线性𬌗（linear occlusion）等。平面𬌗为无尖牙，由于上下人工牙为平面接触，义齿𬌗平面也为平面式，无𬌗曲线。线性𬌗者，虽然上颌后牙𬌗面和义齿𬌗平面均为平面，但下颌后牙𬌗面成嵴状，上下颌后牙为平面与线的接触关系。

二、平衡𬌗

平衡𬌗（balanced occlusion）是指全口义齿的上下颌相对应的牙齿在正中咬合及下颌前伸和侧方接触滑动过程中能保持同时接触的咬合关系。天然牙列通常不存在平衡𬌗，前伸咬合时后牙不接触，侧方咬合时非工作侧不接触。但是，平衡𬌗对于全口义齿非常必要，广义来讲，任何𬌗型的全口义齿均需要平衡𬌗，以使义齿在功能时保持固位和稳定，以保证恢复功能和组织保健。一般所讲的平衡𬌗是指解剖式𬌗型的平衡𬌗。

𬌗平衡根据下颌运动不同时程分为正中𬌗平衡、前伸𬌗平衡和侧方𬌗平衡。

（一）正中𬌗平衡

下颌在正中𬌗位时，上下颌人工牙尖窝交错、最广泛地均匀接触，称为正中𬌗平衡（图 9-30）。

实现正中𬌗平衡后，在正中𬌗时所有后牙功能尖都与对颌牙窝紧密接触，形成尖顶与窝中央小平面的接触。每个人工牙受力都是沿轴向方向，所有受力点均匀分布，力量大小一致，最终所有作用力合力中心位于全口义齿的中央，且方向与𬌗平面垂直。实现正中𬌗平衡主要是注意防止每个人工牙受力点受力大小不一，或者受力方向为非轴向力导致最终合力偏离全口义齿的中心，与𬌗平面形成角度，形成侧向力，导致全口义齿偏斜，支持组织局部受力过大。

（二）非正中运动中的𬌗平衡

1. 前伸𬌗平衡（balanced protrusive occlusion）（图 9-31） 下颌前伸至上下前牙切端相

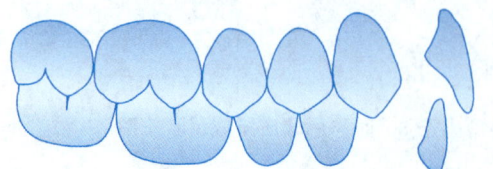

图 9-30　正中𬌗平衡，上下颌人工牙间尖窝交错、最广泛的均匀接触

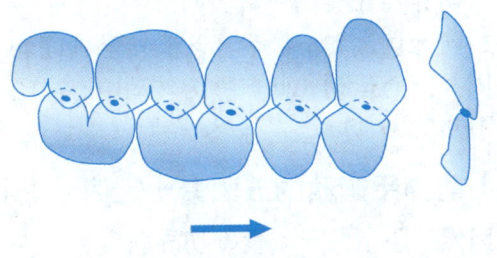

图 9-31　前伸殆平衡

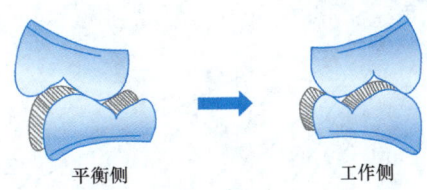

平衡侧　　　　　　　　工作侧

图 9-32　侧方殆平衡

对，然后滑回正中殆过程中，前后牙都有接触，称为前伸殆平衡。前伸殆平衡不是一个咬合接触点，它涉及前伸咬合运动的全过程。也就是在每个时间点都有前后牙同时接触，且接触滑动应当与下颌前伸运动相协调。用咬合纸检查，可以形成顺畅连续的咬合印迹。前伸殆平衡本质就是：在前伸殆时，如果只有前牙接触，那么殆力方向为非轴向，但是如果前后牙都接触，虽不能改变受力方向，但是最终的合力作用点会位于全口义齿的中央，避免了全口义齿作用力点位于前方导致的义齿翘动。在前伸殆平衡的过程中，每一个时刻前后牙应当同时均匀接触，前后力量应当一致。在前伸接触滑动过程中，只要接触点分布均匀，个别受力点不接触，依然能够获得全口义齿前伸殆的平衡，所以根据前伸殆时接触点数目的不同，可以可分三点接触的、多点接触的和完全接触的前伸平衡殆。如果上下前牙接触，两侧最后磨牙接触，称为三点接触的前伸平衡殆。如果前牙接触，后牙除最后磨牙接触两点外，还有其他牙尖接触，但未达到所有牙尖全部接触者，称为多点接触的前伸殆平衡。如果前伸殆时所有牙都同时发生接触滑动，称为完善的前伸殆平衡。

2. 侧方殆平衡（balanced lateral occlusion）（图 9-32）　下颌侧方咬合至工作侧上下颌后牙颊尖相对，然后滑回正中殆位过程中，工作侧同名牙尖相对接触，同时非工作侧上牙舌尖与下牙颊尖接触，称为侧方殆平衡。非工作侧因此称为平衡侧。侧方殆平衡也是涉及侧方滑动的全过程，同样是每个时间点工作侧和平衡侧都有相同力量的接触力点存在，用咬合纸检查也能够看到顺畅连续的咬合印迹，侧方殆平衡同样是在作用力方向非轴向的情况下，将作用力合力由工作侧移到了全口义齿的中心，避免了全口义齿的翘动，促进了稳定。在侧方殆运动时，如果有个别牙不接触，但是多个牙的殆接触点均匀分布于全口义齿的后牙区，也可以建立侧方殆平衡。工作侧所有后牙均匀接触，平衡侧只有一个接触点，称为三点接触侧方殆平衡。平衡侧有多个接触点时称为多点接触侧方殆平衡。如果是所有后牙都均匀接触，那么就是完善的侧方殆平衡。

认为咀嚼时有食团位于上下牙之间，因此平衡殆不必要或不起作用的观点是错误的。正常咀嚼食物时，前伸咬合和侧方咬合的过程中会有食团位于上下牙之间，但每一次咀嚼循环都会回到正中殆位，正中殆位是每一次咀嚼循环的结束和开始的位置。在咬穿食物的过程中，义齿存在脱位和翘动的趋势，义齿固位力起着非常重要的作用，而当食物咬穿后，义齿的平衡咬合接触会使义齿保持稳定，恢复正常组织均衡受力。如果没有平衡殆，义齿在回到正中殆时不能保持稳定，重新开口咀嚼时义齿就容易脱位或翘动，而且由于受力不均衡导致支持组织损伤。

三、平衡殆理论

Gysi 在 1908 年提出平衡殆理论的同心圆关系学说，即髁道、切道和牙尖工作斜面均为同心圆上的一段截弧。并依此理论设计殆架。根据此理论，具有平衡殆的义齿，下颌在前伸和侧方咬合滑动过程中，髁突与关节斜面，上前牙与下前牙切缘，上下后牙殆面均同时保持均衡接触。髁导、切导和牙尖工作斜面的法线相交于一点，髁突、前牙切端和下颌后牙牙尖接触斜面均以此点为同一圆心运动，此点称为转动中心或𬌗运中心（图9-33）。

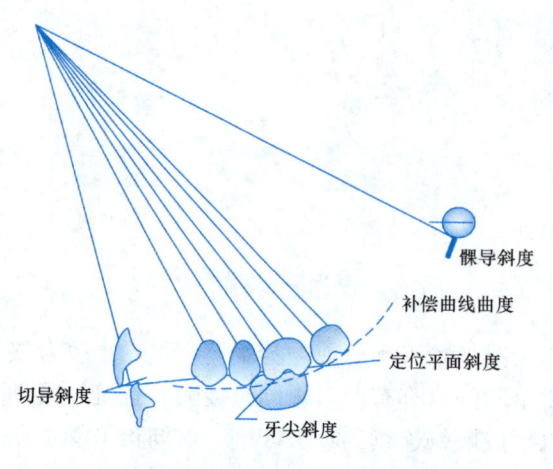

图9-33 前伸𬌗平衡的五个影响因素

（一）前伸平衡𬌗的五因素十定律

1. 五因素 包括髁导斜度、切导斜度、牙尖斜度、补偿曲线曲度和定位平面斜度，是描述前伸𬌗运动的5个基本要素。

（1）髁导斜度：为髁槽与水平面的交角，是用前伸颌位关系记录将患者的髁道斜度转移到𬌗架上的。

（2）切导斜度：为切导盘与水平面的交角，与患者切道斜度相对应。

（3）补偿曲线曲度（prominence of compensating curve）：补偿曲线是全口义齿上颌的尖牙牙尖与所有后牙颊尖相连所形成的凸向下的曲线。

（4）牙尖斜度（inclination of cusp）：当下颌做前伸运动时，下后牙颊尖的近中斜面和上后牙颊尖的远中斜面接触滑动，此牙尖斜面（又称为牙尖工作斜面或平衡斜面）与各自牙尖底的交角称为牙尖斜度。

（5）定位平面斜度（inclination of orientation plane）：上中切牙近中切角与上颌两侧第二磨牙的近中颊尖相连而成的三角平面称为定位平面。定位平面与眶耳平面的夹角称为定位平面斜度。

根据同心圆学说，五因素之间的相互关系可用以下公式表示。

$$前伸平衡𬌗 = \frac{髁导斜度 \times 切导斜度}{牙尖斜度 \times 补偿曲线曲度 \times 定位平面斜度}$$

2. 十定律 根据这一公式，当某一因素改变其他因素不变时，均会破坏平衡𬌗。而为了保持平衡，可相应地调整其他四个因素或其中之一。五因素之间两两对应，形成十种正、反变关系，即十定律。如髁导斜度增加，可减小切导斜度，或增大补偿曲线曲度，或增大牙尖斜度。图9-34为20世纪初工程师Hanau提出的平衡𬌗五因素相互对应关系，此图称为Hanau Quint。

当咬合不平衡时，可以利用这五因素之间的正反变关系，根据需要进行可以相互替代的调整。髁导斜度对于某个特定患者来说是不能改变的，如果前伸𬌗时前牙接触而后牙不接触，说明切导斜度过大，需要降低切导斜度，也可以增大牙尖斜度，加大补偿曲线曲度，加大定位平面斜度，最终获得同样的效果。而对于不同个体的患者来说，髁导斜度大小不同，也可以相应地选择不同牙尖斜度的人工牙，采取不同的排牙方式（切导斜度、补偿曲线等）与之相对应。

五因素十定律过于繁琐，而其中牙尖斜度、补偿曲线曲度和定位平面斜度之间为联动关系，描述的是在后牙区人工牙牙尖中起平衡接触的斜面在空间的位置，孙廉教授将其简化为三因素四定律。

$$前伸平衡𬌗 = \frac{髁导斜度 \times 切导斜度}{牙尖工作斜面斜度}$$

将牙尖斜度、补偿曲线曲度和定位平面斜度简化为牙尖工作斜面斜度，即牙尖工作斜面与

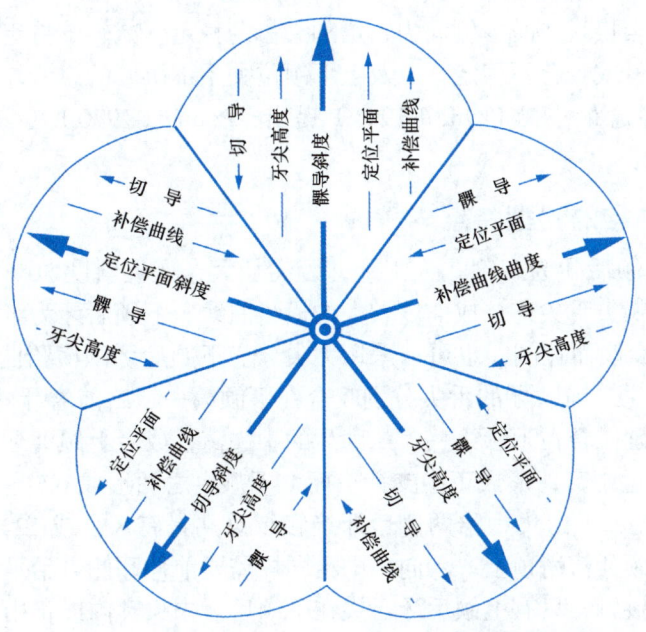

图 9-34　Hanau Quint——显示平衡𬌗五因素相互对应关系
（箭头向外为数值增大，箭头向中心为数值减小）

水平面夹角。

（二）侧方平衡𬌗

侧方平衡𬌗与前伸平衡𬌗类似，与侧方平衡𬌗相关的因素包括平衡侧髁导斜度、侧方切导斜度、工作侧和平衡侧牙尖斜度和横𬌗曲线曲度（图 9-35）。

四、改良𬌗型

为了更好地适应无牙颌特征，在解剖𬌗型的基础上又出现了很多不同的设计，这些𬌗型设计与传统的解剖式平衡𬌗具有一定的差异，统称为改良𬌗型（modified occlusal scheme）。改良

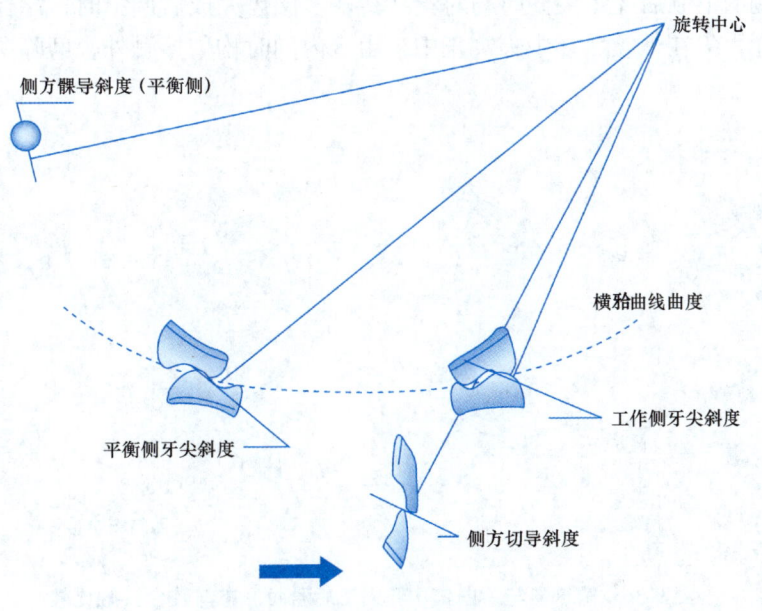

图 9-35　侧方𬌗平衡的影响因素

𬌗型主要通过简化咬合接触,减少侧向力,增加义齿的稳定,减轻支持组织的功能负荷。适用于牙槽嵴吸收较明显,或咬合不稳定,以及上下颌位关系不协调的患者。

舌向集中𬌗的概念最早由 Payne(1941)提出,Pound(1970)将其命名为舌向集中𬌗(lingualized occlusion)。

(一)舌向集中𬌗的𬌗型特点

舌向集中𬌗的上颌后牙为解剖式人工牙,舌尖长大,牙尖斜度 30°～33°,颊尖略缩小、抬高。左右两侧后牙颊、舌尖连接成曲度较大的横𬌗曲线。下颌后牙为半解剖式人工牙,牙尖斜度小于 20°,中央窝浅而宽阔,也可以采用无尖牙。下颌后牙的横𬌗曲线曲度为 0°,即颊、舌尖等高。上颌第一、二前磨牙的舌尖分别咬合在下颌第一、二前磨牙的远中窝,上颌第一、二磨牙的近中舌尖分别咬合在下颌第一、二磨牙的中央窝,或者上颌磨牙的近远中舌尖咬合在下颌磨牙的中央窝和远中窝,形成正中支持。而上下颊尖之间形成 0.5～1 mm 的间隙,脱离接触(图 9-36)。因此,舌向集中𬌗两侧后牙接触点总共只有 8 个或 12 个。上牙舌尖和下牙中央窝分别位于上下颌牙槽嵴顶上。舌向集中𬌗同样需要前伸和侧方𬌗平衡,但在侧方和前伸𬌗时后牙颊尖同样不接触,只有上颌后牙舌尖在下颌后牙中央窝内以正中支持为中心,在直径约 3 mm 范围的正中自由区(freedom in centric)内形成各方向的平衡接触。

(二)舌向集中𬌗的排牙与调𬌗

舌向集中𬌗前牙的排列与解剖式平衡𬌗相同,需排成浅覆𬌗、浅覆盖,正中𬌗时上下前牙不接触。排列舌向集中𬌗的后牙时既可先排上牙也可先排下牙,但以先排下后牙较为方便。将下后牙中央窝置于同侧尖牙近中接触点与磨牙后垫中心点的连线上,可保证下后牙的中央窝位于下颌牙槽嵴顶上。下后牙的颊尖与舌尖等高,横𬌗曲线的曲度为 0°。下颌第一磨牙𬌗面高度与磨牙后垫高度的 1/2 等高,下颌第二磨牙的𬌗面不高于磨牙后垫后缘,形成适当的纵𬌗曲线曲度,同时使后牙𬌗平面平分颌间距离。排列上颌后牙时,让舌尖咬合在对应的中央窝或远中窝内,所有上颌后牙颊尖均抬高,与下颌后牙颊尖之间保持 0.5～1 mm 的间隙。此时,上颌后牙舌尖应位于上颌牙槽嵴顶。当下颌后部牙槽嵴宽于上颌时,应加大上颌后牙横𬌗曲线,同时下颌后牙排成较小的横𬌗曲线。排好上颌后牙后,在𬌗架上调整前伸与侧方咬合平衡。通过调整𬌗曲线,使前伸𬌗时前牙切端接触的同时上颌后牙舌尖与对𬌗牙接触,侧方𬌗时工作侧和平衡侧的上颌后牙舌尖同时与对𬌗牙接触。义齿完成后调𬌗时,除保持正中𬌗和非正中𬌗时上颌后牙舌尖在下颌后牙中央窝正中自由区内同时均匀接触外,磨除所有其他多余的后牙咬合接触点。

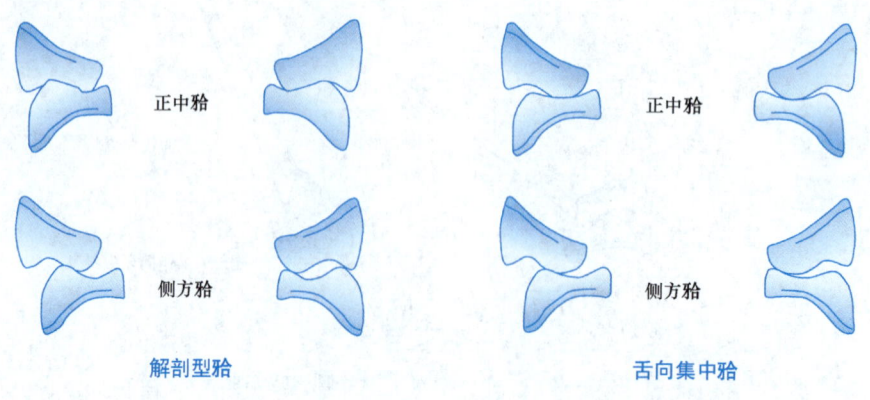

图 9-36 解剖𬌗与舌向集中𬌗人工后𬌗面形态与咬合接触比较

（三）舌向集中𬌗的优点

1. 减轻支持组织负担 后牙咬合接触点的数量显著减少，可减轻咬合力。舌向集中𬌗的咬合力向舌侧迁移，集中作用于上牙舌尖和下牙中央窝，使人工后牙更容易排列在牙槽嵴顶上，更有利于垂直向𬌗力沿牙槽嵴顶传导。尤其是对于后部颌弓宽度不协调者，可避免排成反𬌗。

2. 有利于义齿的稳定 由于颊尖不接触，减少了接触点数量，尤其是降低了下颌后牙的牙尖斜度，使上颌后牙舌尖在浅而开阔的下颌后牙中央窝内能够自由滑动（𬌗自由度），减小了在咬合接触滑动过程中产生的水平向作用力。也使得舌向集中𬌗更容易达到正中、侧方及前伸𬌗平衡。而且𬌗力方向更接近牙槽嵴顶。以上均非常有利于增强义齿的稳定性。

3. 简化排牙与调𬌗 舌向集中𬌗后牙颊尖脱离咬合接触，因此显著减少了正中𬌗和非正中𬌗咬合接触点的数量，使排牙更容易，更使复杂的全口义齿选磨调𬌗操作得到大大的简化，增加了临床操作的便利性，也更容易获得义齿的𬌗平衡。

4. 与其他改良𬌗型相比，美观性更好，咀嚼效率更高。

（四）舌向集中𬌗的适应证

1. 牙槽嵴低窄，支持能力和抵抗侧向力能力差，且颌弓宽度不协调者。舌向集中𬌗易于获得义齿的稳定，减轻支持组织负荷，且分布合理，功能恢复效果良好，是此类患者的最佳选择。

2. 单颌全口义齿。由于对颌天然牙的形态和排列位置不理想，义齿人工牙既不易获得平衡𬌗，又不易排在牙槽嵴顶上。而且天然牙𬌗力大，无牙颌支持组织负担重。采用舌向集中𬌗则可通过简化咬合接触，易于排牙和获得咬合平衡，且可减轻牙槽嵴负荷。

3. 基于同样的理由，舌向集中𬌗也非常适用于天然牙支持或种植支持的全口覆盖义齿，缺失牙多的游离端可摘局部义齿。

（五）其他类型的改良𬌗型

其他类型的改良𬌗型包括1954年Gerber设计的杵臼𬌗（pestle-mortar occlusion），1970年John. P. Frush提出的线性𬌗（linear occlusion）以及2005年由徐军设计的长正中𬌗型等。

其中长正中𬌗型是徐军教授基于天然牙的长正中现象，在舌侧集中𬌗的基础上，借鉴线性𬌗基本原理提出来的。长正中现象存在于90%天然牙中，全口义齿由于牙槽骨的不断吸收，人工牙的磨耗，这一现象更加明显。长正中𬌗增加了近远中向的宽容度，可以使人工牙自由的在近远中方向上滑动，患者可由正中关系位自由回到正中𬌗位或习惯性肌位。由于在正中关系位、正中𬌗位或习惯性肌位之间没有任何障碍，所以实现了在不产生近远中向与/或颊舌向的水平向力、不需复杂调𬌗、不需适应性磨耗、不产生义齿移位的前提下的自由转变。同时适当加大了部分上颌支持尖大小，在不增加侧向力的前提下增加了咀嚼效能。保证一定的咀嚼效率与外形。

改良𬌗型核心在于控制侧向力，不同患者每次咀嚼时形成的肌力闭合道终点的咬合接触会存在不同的离散程度，需要具有不同宽容度的𬌗型与之相适应。应分析不同患者对于全口义齿𬌗型宽容度的需求，根据不同宽容度需求为患者选择最适宜的𬌗型。

第十节 全口义齿的试戴
Complete Dentures Try-in

全口义齿试戴是在义齿排牙和基托蜡型完成后，将义齿蜡型放入患者口内试戴（wax denture try-in）。义齿蜡型试戴的目的是为了发现义齿存在的问题，以便及时修改或返工，以避免义齿最终完成时才发现问题而无法修改，造成全口义齿的最终失败。

一、义齿蜡型口外初步检查

在患者口内试戴之前，先在𬌗架上检查义齿蜡型的制作情况，包括蜡基托在模型上是否密合，基托边缘伸展是否适宜，前牙是否有适宜的覆𬌗覆盖关系，人工牙位置是否在牙槽嵴顶上，𬌗平面的位置是否正确，是否具有良好的纵、横𬌗曲线，尤其重要的是上下颌人工牙功能尖是否与对颌牙窝正确对位，接触是否紧密，如果存在问题，需要先进行调整，没有问题后再在患者口内试戴。

二、检查基托

义齿蜡型戴入口内后应先检查基托是否贴合，有无翘动、扭转。基托边缘伸展是否合适，是否过度伸展而影响肌肉和系带活动，或基托过厚影响面部丰满度。

三、验证颌位关系

（一）验证垂直距离

检查垂直距离的方法有很多，可用多种方法验证，综合评估。在无牙颌患者的颌位关系记录一节曾经介绍过义齿垂直距离恢复过高和过低的临床表现，可以作为参考。义齿蜡型戴入口内后，可根据以下标准检查验证垂直距离：

1. 观察患者戴用义齿后面部比例是否协调，口唇闭合和软组织形态是否自然，息止𬌗间隙大小。

2. 患者发齿音的清晰度，例如发 s 音时，上下前牙是否切缘相对，存在最小语音间隙，如果发 s 音时，上下前牙之间不存在间隙，说明垂直距离过高，如果存在较大间隙说明垂直距离过低。如果患者在正常说话时出现上下牙的撞击音，说明垂直距离过高。

3. 检查患者最大开口度（最大开口时上下前牙切缘距离）大小，患者一般开口度为 3～4 cm，如果开口度不足可能是垂直距离恢复过高，反之就是恢复过低。

（二）验证正中关系

验证正中关系是否正确有以下几种方法：

1. 口内咬合关系检查 包括正中咬合时上下牙齿尖窝交错咬合关系是否良好，咬合接触是否均匀稳定，有无明显早接触和义齿翘动，有无偏斜、扭转等异常，人工牙的覆𬌗覆盖关系是否正常，有无义齿后部基托早接触和干扰。

2. 髁突位置检查 医生与患者面对面，将双手小指伸入患者外耳道内，嘱患者做正中咬合，用小指指肚感觉两侧髁突有无撞击指肚，两侧力度是否相同。如果颌位关系正确，则感到双侧撞击力度相当；如果未感觉髁突撞击，说明两侧髁突均未退回至生理后位。如果两侧撞击力度不一致，说明下颌偏斜。

3. 颞肌收缩力度检查 医生将双手示指或大鱼际分别放在患者的两侧颞部前部，嘱患者反复做正中咬合动作，若能感到双侧颞部肌肉收缩的明显动度，且两侧肌肉收缩的动度一致，说明下颌已退回到正中关系，否则说明下颌前伸或偏斜。

4. 双侧嚼肌收缩力度检查 医生将双手手指分别放在患者的两侧嚼肌位置，嘱患者反复做正中咬合动作，若能感到双侧嚼肌肌肉收缩的明显动度，且两侧肌肉收缩的动度一致，说明下颌已退回到正中关系，否则说明下颌前伸或偏斜。

5. 义齿重新上𬌗架检查 对于采用面弓转移上𬌗架的患者，可以采用重上𬌗架法检查，具体方法是在下颌后牙𬌗面上加1~2层烤软的蜡片，或用其他咬合记录材料，戴入患者口内，引导患者咬合至正中关系位，注意不要完全咬穿蜡片，然后将𬌗蜡与义齿重新放置到𬌗架的模型上，打开双侧髁球，使上下颌义齿完全咬在𬌗蜡上，观察髁球的位置，如果髁球位于髁槽的后缘（解剖式𬌗架），说明是在正中关系位，否则就不是在正中关系位，重复三次都是相同结果，说明水平颌位关系正确，否则错误。

四、检查人工牙排列与美观效果

（一）前牙

前牙以美观功能为主，所以要检查是否具有适宜的唇丰满度，检查牙齿的形状、大小、排列位置、中线是否适宜，上颌中切牙切缘是否位于唇下1~2mm，是否与瞳孔连线平齐，笑线位置，发f、v音时，上中切牙的切缘是否咬在下颌的干湿线上。上下前牙的覆𬌗、覆盖关系是否适宜。如果不能满足上述要求，需要进行适当的调改。

（二）后牙

1. 𬌗平面是否正确，是否大致平分颌间距离，是否与磨牙后垫中1/2平齐，小张口时是否与舌侧缘平齐。
2. 人工牙是否排列在牙槽嵴顶上，下颌后牙是否偏舌侧而干扰舌运动。
3. 正中𬌗咬合接触是否均匀稳定，有无明显早接触和义齿翘动，人工牙的覆𬌗覆盖关系是否正常。

五、发音检查

1. 唇音 当前牙的唇舌向位置和唇侧基托厚度异常时，会影响唇音b、p的清晰程度。

2. 唇齿音 发唇齿音f、v时，上中切牙切缘与下唇干湿线接触。如果上前牙过长或过短，均影响发唇齿音的清晰程度。

3. 舌齿音 发舌齿音th（英语音标：[ð]）时，舌尖位于上下前牙切缘之间。如果上前牙过于偏唇侧或前牙覆盖过大，会影响发音清晰度。

4. 舌腭音 发舌腭音d、t时，舌尖位于上前牙的腭侧，与上腭轻轻接触。如果前牙唇舌向位置异常，或上总腭侧基托前部厚度过厚，会影响发音清晰度。

5. 齿音 发齿音s、ch时，上下前牙切缘接近。如果前牙唇舌向位置异常，如下前牙过于偏舌侧，覆盖过大，垂直距离过高或过低（息止𬌗间隙过小或过大），或因人工后牙排列过于偏舌侧，舌侧基托过厚等，均可影响发音清晰度。

6. 哨音 上颌义齿的牙弓在前磨牙位置狭窄，上前牙舌面及腭侧基托表面过于光滑，由于气道狭窄，说话时气流快速通过会产生哨音。

对于义齿试戴中发现的问题,如果是垂直距离和正中关系错误时,应重新确定颌位关系,然后重新上𬗋架调改后再试戴。如果是人工牙排列和基托形态的问题,可直接在义齿蜡型上修改。

第十一节　全口义齿的初戴与调𬗋
First Insertion and Occlusal Grinding of Complete Dentures

一、全口义齿初戴

全口义齿完成后初次戴入患者口内后应进行必要的检查和修改,并应就义齿使用中应注意的问题,以及义齿戴用后可能出现的问题和处理方法,对患者进行必要的指导。

(一)义齿就位检查

在全口义齿戴入前,应检查义齿是否清洁、光滑。戴入前应去除残留的石膏、组织面树脂小瘤。义齿应轻轻戴入,避免进入倒凹的基托擦伤黏膜组织,如果有基托边缘进入组织倒凹的部分,应适当磨除。义齿就位后应检查基托密合程度和固位力,组织硬区部位的基托组织面缓冲是否充分,有无黏膜压痛和义齿翘动。如果缓冲不足,应利用压痛定位糊确定部位,进行基托组织面缓冲处理。如果基托明显不密合,固位差,翘动明显,无法通过缓冲处理解决时,应考虑可能有基托变形,或印模和模型不准确所致,应重新制作义齿。

(二)检查基托

1. 基托边缘伸展　检查基托边缘伸展是否合适,有无过度伸展或过短,是否妨碍系带和唇颊舌肌运动,边缘有无压痛,大张口时义齿是否容易脱位。如果确定基托边缘过长,可确定部位后适当磨短。如果发现基托边缘明显伸展不足,导致吸附面积减小和边缘封闭差,义齿固位不良时,最好重新修复。

2. 磨光面形态　检查基托磨光面形态是否正常,是否影响义齿固位和外观。理想的磨光面外形应当充满中性区,前牙区可以形成牙根外形以便美观,避免基托过厚影响丰满度,后牙区磨光面外形应当形成平直外形,避免过凸或者过凹,否则可能会影响义齿稳定或者积存食物。

(三)颌位关系检查

检查方法见全口义齿试戴,如果发现颌位关系异常,则需重新修复。

二、咬合检查与选磨调𬗋

在确认颌位关系正确之后,还需要检查咬合关系,检查是否实现𬗋平衡。完善的平衡𬗋接触关系应该是正中𬗋时上下前牙不接触,上下后牙尖窝交错,上下后牙功能尖(上后牙舌尖和下后牙颊尖)均分别与对颌牙中央窝或边缘嵴接触;侧方𬗋时,工作侧上颌舌尖在下颌窝的舌斜面上滑动,或者下颌颊尖在上颌窝的颊斜面上滑动形成连续的滑行轨迹,平衡侧上颌舌尖在下颌窝的颊斜面上滑动,或者下颌颊尖在上颌窝的舌斜面上滑动形成连续的滑行轨迹;前伸𬗋时,下前牙切端沿着上前牙舌斜面滑动,后牙上颌舌尖沿下颌窝的远中斜面滑动,下颌颊尖沿着上颌窝的近中斜面滑动形成连续的滑行轨迹。如果未达到平衡,可能存在早接触、𬗋干扰或者低𬗋,则需要进行选磨调𬗋(occlusal adjustment by selective grinding)。选磨(selective grinding)是根据咬合检查的结果,调磨正中𬗋的早接触点,以及侧方𬗋和前伸𬗋时的𬗋干扰,使达到正中、侧方和前伸𬗋平衡。

全口义齿即使采用面弓转移上可调𬗋架排牙,取得了平衡𬗋,但义齿制作过程的任何步骤都可能产生误差，使得完成的义齿在口内不能达到咬合平衡。因此，咬合检查和选磨调𬌗是全口义齿修复不可缺少的步骤。

（一）调𬌗的方式

咬合检查与选磨调𬌗分为口内调𬌗与再上𬌗架调𬌗两种方式。将完成的义齿戴入患者口内进行咬合检查，根据咬合印记调𬌗时，由于全口义齿为黏膜支持，口内咬合检查时义齿有一定的动度，咬合检查结果的准确性和可重复性较差，使得口内调𬌗的准确性差。因此，正确的做法是将义齿重新再上𬌗架调𬌗。

重新再上𬌗架调𬌗的方法有两种。一种是在技工室全口义齿制作完成后，通过分层包埋技术，在义齿装胶、热处理后，打开型盒时保持模型与义齿不分离，然后根据𬌗架上保留的模型对合记录将模型连同义齿重新固定在𬌗架上，并进行选磨调𬌗。用此种方法可去除因蜡型制作、装盒、装胶等处理时导致的人工牙变位，垂直距离增高等误差。但如果是在颌位关系确定和面弓转移上𬌗架等步骤中出现的误差，则无法去除。另一种方法是将完成义齿戴入患者口内，重新取得颌位关系记录，重新面弓转移上𬌗架，在𬌗架上调𬌗。在𬌗架上调𬌗与口内直接调𬌗的准确程度、难度不同，但是具体原则方法类似。

（二）咬合检查

咬合检查的目的是确定正中𬌗、侧方𬌗和前伸𬌗咬合接触滑动过程中是否存在的早接触、𬌗干扰和低𬌗的部位。所谓早接触（premature contact）是指当正中𬌗时多数牙尖不接触时个别牙尖的接触，𬌗干扰（occlusal interference）是指侧方和前伸𬌗接触滑动过程中多数牙尖不接触而个别牙尖的接触，低𬌗是指多数牙尖接触而个别牙尖不接触。咬合检查通常是将咬合纸置于上下牙之间，然后在咬合接触的部位会染色显示咬合印记，医生根据咬合印记判断需要调磨的部位，调磨后重新进行咬合检查。经过反复检查和调磨，最终达到平衡𬌗接触。咬合检查应采用不同颜色的咬合纸，在正中𬌗、侧方𬌗和前伸𬌗分别进行。正中𬌗检查时应使上下牙在小开口范围内做快速叩齿动作，前伸𬌗检查时下牙从正中𬌗向前接触滑动至前牙切缘相对，侧方𬌗检查时下牙从正中𬌗向工作侧接触滑动至工作侧颊尖相对。

（三）选磨调𬌗的注意事项

1. 保持垂直距离，尽量避免调𬌗降低垂直距离。
2. 保持𬌗面形态，避免调磨过多而将人工牙𬌗面的牙尖和沟窝形态磨除。要特别注意维持原有的牙尖及对应窝的形态。调𬌗工具应使用小号的磨头或大号球钻。
3. 每次调𬌗时应单颌调磨，减少每次调磨量，每次调磨后重新咬合检查时调磨过的接触点应保持接触，即"原地点重现"，避免使高点变成低𬌗，越调磨接触点越多，逐渐达到多点接触甚至完善的𬌗接触平衡。
4. 调磨应顺沿牙尖滑行的轨迹调磨，最终形成连续的滑行轨迹。

（四）选磨调𬌗的步骤

1. 正中𬌗早接触的选磨 正中𬌗调磨首先要确保功能尖与对应窝的准确对位，如果存在不能准确对位，应当分析功能尖和窝的位置，调磨异常的功能尖或者窝形态使之准确对位。功能尖和窝是否异常可以结合剩余牙槽嵴顶的位置、𬌗平面的位置、纵横𬌗曲线的位置综合判断。正中𬌗早接触可分为支持尖早接触和非支持尖早接触。对于上牙颊尖和下牙或下牙舌尖与上牙的早接触，应按照BULL法则（buccal-upper, lingual-lower）调磨非支持尖，即调磨上后牙颊尖和下后牙舌尖。对于支持尖早接触，即上牙舌尖或下牙颊尖分别与对𬌗牙中央窝和近远中边缘嵴之间的早接触，应结合侧方𬌗平衡侧接触情况，如果正中𬌗有早接触的支持尖在作为平衡侧时也存在𬌗干扰，则调磨支持尖。如果作为平衡侧时无𬌗干扰，则调磨与支持尖相对的对𬌗牙的中央窝或𬌗边缘嵴。

2. 侧方𬌗𬌗干扰的选磨　工作侧的𬌗干扰发生在上后牙颊尖舌斜面和下后牙颊尖颊斜面之间，或上后牙舌尖舌斜面与下后牙舌尖颊斜面之间，同样应按照 BULL 法则，调磨非支持尖。平衡侧的𬌗干扰发生在上后牙舌尖的颊斜面和下后牙颊尖的舌斜面之间，可分别少量调磨上下功能尖的干扰斜面，应避免调磨功能尖顶，避免降低牙尖高度。对于侧方𬌗工作侧前牙的干扰，应选磨下前牙的唇斜面或上前牙的舌斜面，避免磨短上前牙。

3. 前伸𬌗𬌗干扰的选磨　前伸𬌗后牙的𬌗干扰发生在上颌后牙远中斜面与下颌后牙近中斜面，调磨应同时遵守 BULL 法则和 DUML 法则（distal-upper, mesial-lower），即分别调磨上牙颊尖远中斜面和下牙舌尖近中斜面。对于前伸𬌗前牙𬌗干扰，应选磨下前牙的唇斜面或上前牙的舌斜面，避免磨短上前牙。

三、给患者的戴牙指导

为了使患者尽快地适应义齿，发挥义齿的功能，医生应对患者进行必要的指导和帮助，使其对义齿的使用和维护有正确的认识和了解。为此，在全口义齿初戴时应对患者作如下医嘱：

1. 增强使用义齿的信心　初戴义齿时可能会有异物感、恶心、发音不清楚、不会用义齿咀嚼等不适现象。要事先让患者了解义齿初戴可能出现的问题，使其对此有足够的心理准备，使患者建立适应和学习使用义齿的信心，尽量将义齿戴在口中练习使用。身体健康情况好、适应能力强的患者，义齿初戴的不适感较轻，一般能较快地掌握义齿的使用，咀嚼功能可很快恢复。体质弱、口腔条件较差、年龄大、适应能力较差的患者，对义齿的掌握和咀嚼功能的恢复较慢。

2. 纠正不正确的咬合习惯　因长期缺牙而没有及时修复，或因长期戴用不合适的旧义齿的患者，可能存在下颌习惯性前伸或偏侧咀嚼习惯。在初戴义齿时，患者常常不容易咬到正确的正中𬌗位，而影响义齿的固位和咀嚼功能的恢复。应教会患者通过练习能够自然咬合到正中𬌗位。对于存在舌后缩习惯而影响下颌义齿固位和稳定的患者，应教会其通过练习用舌尖舔下前牙舌侧来矫正舌后缩习惯。

3. 进食问题　口腔条件差、适应能力差而又有不良咬合习惯的患者，在初戴的前几天，可先适应义齿的存在，逐渐克服不适感，并练习正中咬合。待初步习惯后，再用义齿咀嚼食物。开始时先吃较软的、小块食物，咀嚼动作要慢，尽量用两侧后牙同时咀嚼食物，尽量避免用前牙咬切大块食物。锻炼一段时间后，再逐渐吃一般食物。

4. 保护口腔组织健康　进食后应及时摘下义齿，用冷水冲洗或用牙刷刷洗等清洁义齿，以免食物残渣存积在义齿的组织面，刺激口腔黏膜。睡觉时应将义齿摘下，使无牙颌承托区组织能得到适当的休息，有利于组织健康。如由于义齿刺激造成黏膜破损时，应摘下义齿使组织恢复，并及时请医生修改义齿，切忌患者自行修改义齿。

5. 义齿的保护　最好能做到每次饭后都刷洗义齿，或每天至少应用义齿清洁产品彻底刷洗清洁一次。刷洗时应特别小心，以免掉在地上摔破义齿。义齿不戴用时应将其浸泡在清水中，不要长期在干燥环境下保存义齿，义齿可用软毛牙刷和不含摩擦剂的牙膏清洁，或定期用义齿清洁剂浸泡，避免用强酸、强碱浸泡。硬毛牙刷和摩擦剂颗粒大的牙膏刷义齿，容易使义齿表面出现划痕，易于菌斑附着，因此用义齿清洁产品浸泡，然后轻轻刷洗对义齿深部附着细菌的灭菌和清洁更有利。

（刘建彰　潘韶霞　杨亚东）

第十二节 全口义齿的维护
Maintenance of Complete Dentures

一、全口义齿初戴后的复查安排

全口义齿初戴后的 1 个月是患者适应义齿的关键期，也是医师根据患者戴牙感受进行调整的重要时间段，在一定程度上决定了患者对义齿成败的判断。医师有责任在这段时间内为患者提供复查，调改义齿，在某些病例中甚至需要多次复诊才能达到较满意的效果。医师通常可按以下时间表进行复查：

1. 24~72 h 第 1 次复查。
2. 1 周后第 2 次复查。
3. 全部满意后，每 6~12 个月复查 1 次。

二、戴全口义齿后可能出现的问题和处理

初戴全口义齿或戴用一段时间后，由于各种原因可能出现问题或症状，要及时进行修改，以便保护口腔组织的健康和功能的恢复。口腔软组织具有弹性，义齿戴用后由于𬌗力的作用，出现下沉现象，在骨尖、骨棱、骨突部位易出现黏膜破溃和疼痛。有时由于患者耐受性很强，仍坚持戴用义齿，进而可造成更大的损伤。因此，全口义齿戴用后应定期复查，以便及时发现问题，进行调改。

（一）疼痛

戴用义齿后出现的疼痛现象可能有两种类型，一种是定位明确、局限的疼痛，多表现为局部黏膜红肿、溃疡或黏膜灰白。另一种是定位不明确的或弥散的疼痛，黏膜表现不明显或为弥散的黏膜红肿。

1. 原因

（1）导致定位明确、局限的疼痛的原因

1）全口义齿基托组织面在无牙颌缓冲区，如在牙槽嵴上存在骨尖、骨棱的部位，以及上颌隆突、颧突、上颌结节颊侧、切牙乳突、下颌隆突、下颌舌骨嵴等部位，未进行充分缓冲处理，导致局部组织压力过大，出现黏膜红肿、压痛，甚至溃疡。

2）义齿基托边缘伸展过长，妨碍周围组织功能运动，在移行皱襞、系带部位可造成黏膜红肿、破溃或组织切伤。

3）义齿基托进入组织倒凹内，在义齿戴入或取下时，基托边缘压迫倒凹区上方组织，造成此部位黏膜擦伤。

4）人工牙存在局限性咬合高点，导致正中𬌗或侧方𬌗时此部位基托下方组织压力过大。正中𬌗局限性咬合高点的压痛部位常位于牙槽嵴顶，侧方𬌗局限性咬合高点的压痛部位常位于牙槽嵴的侧斜面。

5）由于取印模时压力不均匀，石膏模型有破损，或义齿基托组织面存在树脂瘤，可导致局部压力过大，出现压痛。

（2）导致定位不明确或弥散的疼痛的原因

1）义齿人工牙咬合关系不平衡或正中关系错误，咬合时义齿不稳定、翘动或扭转，导致义齿支持组织受力不均，常出现定位不明确或广泛的、弥散性黏膜压痛。

2）牙槽嵴呈刃状或过度低平，尤其是下颌牙槽嵴，其主承托区范围过小，不能承受较大的咀嚼压力，其抵抗侧向力的能力更差，容易出现定位不明确或广泛的、弥散性黏膜压痛。如果义齿基托不能充分伸展，承托面积减小时更容易导致压痛。

3）垂直距离恢复过高时，由于肌肉紧张、肌张力大，戴义齿时间较长后可能出现广泛的、弥散性黏膜压痛。

4）印模不准确或由于义齿制作的问题，使基托与组织不密合，导致承托组织压力不均衡而出现压痛。

2. 处置方法　对存在疼痛的患者进行处置前必须明确其出现疼痛的原因，针对不同情况采取相应的处置方法。

（1）对于局部定位明确的黏膜压痛，通常可通过局部缓冲处理来解决。如果黏膜局部有红肿或溃疡者，可先将黏膜表面和义齿基托组织面擦干，在黏膜红肿或溃疡部位涂布甲紫，再将义齿戴入，甲紫会印在基托组织面上，利用此方法可确定基托压迫的部位。用桃形磨头将印有甲紫处的基托组织面或边缘磨除少许，然后将义齿重新戴入口内并施加一定的压力，以检查缓冲是否适当，如果缓冲不够可重复进行，直至压痛消失或明显减轻。对于黏膜肿胀明显者应避免过度缓冲，以免黏膜肿胀消退后基托与组织不密合或边缘过短。

（2）对于黏膜局部红肿不明显者，可以用压力指示剂（pressure indicator）（氧化锌压痛定位糊剂或硅橡胶）确定局部压力过大的部位。在擦干后的义齿基托组织面上均匀涂布一层压力指示剂，将义齿戴入口内就位后嘱患者咬合，或在后牙𬌗面施加一定的垂直向压力，然后将义齿取出。在基托组织面上压力过大的部位压力指示剂被挤压变薄或消失，此处就是需要缓冲的部位。

（3）对于因咬合不平衡导致的压痛，应进行选磨调𬌗，使其达到多点接触平衡𬌗。正中关系错误、垂直距离过高、基托边缘过短和基托明显变形者，应重新制作义齿。基托轻度变形者，可将基托组织面磨除一层后进行重衬处理。

（4）对于牙槽嵴刃状和过度低平，不能承受咀嚼压力者，可采取后牙减数，选磨调𬌗以减小侧向力，基托组织面加软衬等措施。也可重新制作义齿，通过扩大基托伸展范围，人工牙减数、减径，使用改良𬌗型（舌向集中𬌗或线性𬌗），基托组织面加软衬等措施，增强义齿的稳定性和组织支持能力，减小咀嚼压力，以避免出现压痛。

（二）固位不良

全口义齿固位不良是指义齿戴入口内后容易松动或脱位，无法正常行使功能。固位不良的表现和原因有以下几种情况：

1. 初戴不适应　固位和稳定是全口义齿恢复功能的基础，而其影响因素是多方面的。下颌义齿基托吸附面积、边缘封闭效果和稳定性均不如上颌义齿，因此全口义齿固位不良常见于下颌义齿，尤其是当下颌牙槽嵴低平时。初戴义齿时，由于明显的异物感，舌运动空间减小（特别是存在舌体肥大或舌后缩情况时），唾液增多，功能运动时神经肌肉协调性改变等会导致全口义齿的固位和稳定性较差。此时，可通过坚持戴用适应义齿的存在，通过调整咀嚼运动习惯和神经肌肉协调性，使义齿周围组织学会控制义齿使其稳定，义齿的固位程度可很快加强。

2. 义齿就位后无明显吸附效果，在静止状态下容易松动脱位　由于基托与承托区黏膜组织不密合，基托边缘伸展不足，边缘封闭不好，使基托与黏膜之间不能产生足够的吸附力和大气压力。处置方法是基托组织面重衬，加长基托边缘，或重新制作义齿。

3. 当口腔处于休息状态时，义齿固位尚好，但张口、说话、打呵欠时义齿易脱位　这是由于基托边缘过长或过厚，唇、颊、舌系带区基托边缘缓冲不够，人工牙排列的位置不当，过于偏向牙槽嵴顶的唇颊或舌侧，或者义齿磨光面外形不好等原因，影响周围组织的运动。对于基托边缘或磨光面形态造成的固位不良，可通过磨改基托来解决。人工牙排列位置异常者，可重新排牙或重新制作义齿。

4. 义齿固位尚可，但在咀嚼食物时容易松动脱位　这是由于义齿人工牙咬合不平衡，存在明显的早接触和𬌗干扰，或上下颌义齿后部基托之间以及后部基托与对颌人工牙之间有早接触和𬌗干扰，均可导致咀嚼时义齿翘动，破坏了基托的边缘封闭。处理方法是进行选磨调𬌗，消除人工牙及基托间的早接触或𬌗干扰，达到平衡𬌗。

（三）恶心

部分患者由于初戴义齿不适应，异物感明显，常有恶心和唾液增多的现象，坚持戴用数日后可缓解。

除初戴不适应以外，导致恶心最常见的原因是上颌义齿基托后缘过长，或基托后缘与黏膜不密合。过长的基托后缘刺激软腭，或后缘基托与黏膜间有唾液刺激黏膜所致。由于前伸𬌗不平衡，义齿后端翘动而刺激黏膜，也可引起恶心。上颌义齿基托后缘过厚而刺激舌根部，下颌义齿舌侧基托后部过长、过厚，人工后牙排列偏舌侧，挤压舌也可引起恶心。对于基托后缘过长或过厚者，可适当磨改基托。如果基托后缘不密合，可以用自凝树脂重做后堤。人工牙咬合不平衡者应调𬌗。人工牙排列位置偏舌侧者，可适当调磨人工后牙舌面，或重新排牙。

（四）咬唇颊、咬舌

如果是因为义齿初戴不适应，义齿使用不熟练，肌肉协调性差，偶尔出现咬颊或咬舌现象，戴义齿数日后即可适应。

如果经常出现咬唇颊舌现象，最常见的原因是人工牙的唇颊侧或舌侧覆盖过小。人工后牙𬌗平面过低，位于舌侧缘下方时，易导致咬舌现象。此外，由于后牙缺失时间过久，颊脂垫肥厚者，也容易出现咬颊，特别是在人工牙后方上下颌义齿基托间间隙很小时，此处也会咬颊（cheek biting）。对于人工牙覆盖小者，可通过调磨人工牙来加大覆盖。调磨上后牙颊尖舌斜面、下后牙颊面和颊尖的颊斜面，加大颊侧覆盖，调磨上后牙舌面、舌尖舌斜面和下后牙舌尖颊斜面，加大舌侧覆盖。人工后牙𬌗平面过低者应重新排牙。颊脂垫肥厚者可加厚上颌义齿颊侧基托，将颊部组织推向外侧。基托咬颊处可磨薄基托，加大上下颌义齿基托间间隙。

（五）咀嚼功能差

因初戴不适应、疼痛、固位不良、恶心或咬唇颊舌等，使患者无法用义齿进行正常咀嚼，通过短期的适应，或其他问题得到解决后，咀嚼功能应能够恢复。

除上述原因外，导致全口义齿咀嚼功能不好常见的原因有：①咬合关系不良导致上下颌人工牙咬合接触面积小；②在调𬌗时磨除过多，使人工后牙失去了应有的尖窝解剖形态；③垂直距离过低导致咀嚼无力，或垂直距离过高导致咀嚼费力，咀嚼肌易疲劳；④人工后牙𬌗平面过高，咀嚼时舌肌易疲劳。对于咬合接触差者，可通过调𬌗来增加𬌗面接触面积。人工牙𬌗面形态差者，可磨改人工牙𬌗面形态，恢复尖窝解剖外形和食物排出道。垂直距离异常者应重新制作义齿，恢复正确的垂直距离。后牙𬌗平面过高者也应重新制作义齿或重新排牙，调整后牙𬌗平面位置。

（六）发音问题

最常见导致发音不清楚的原因是义齿初戴不适应，可很快自行克服和恢复。如因人工牙排列的位置不正确或义齿基托形态异常导致的发音不清或有哨音，应根据具体发音异常的情况，确定原因后（参考本章第十节中的发音检查），修改基托形态和人工牙排列位置。

（七）心理因素的影响

在义齿修复前和义齿初戴时应使患者充分了解其自身条件，义齿修复与适应的过程，功能恢复的程度等，使患者对义齿初戴后可能出现的问题有足够的认识和心理准备。还应使患者了解不同个体或同一个体不同时期的自身条件和修复效果的差异，尽量消除患者对全口义齿修复的错误认识，以及不切实际或过高的期望，避免患者对医生的误解和不信任。全口义齿修复效果的好坏既取决于医生的技术和患者的自身条件，同时还需要患者积极主动地配合。

三、全口义齿的修理

（一）全口义齿重衬

重衬（relining）是指在全口义齿基托的组织面上添加一层树脂衬层。当牙槽嵴骨吸收和软组织形态改变，导致基托组织面与承托区黏膜不密合时，通过重衬的方法使重衬的树脂充满不密合的间隙，使基托组织面与承托区黏膜组织恢复紧密贴合，可增加义齿的固位力，有利于咀嚼压力在承托组织上的合理分布。由于无牙颌剩余牙槽嵴的持续性骨吸收，全口义齿戴用一段时间后，如果发现基托不密合，应及时重衬，以避免因义齿固位不良、翘动而导致的基托折裂，以及因承托组织受力不均导致的疼痛和牙槽嵴过度吸收。

在重衬处理前，应确定其颌位关系正确，咬合关系异常者应先做适当选磨调𬌗。对于存在明显压痛点和黏膜红肿、溃疡者，应先进行适当调改或停戴义齿，使黏膜组织恢复正常。

1. 直接法重衬（direct relining） 是采用自凝树脂直接在患者口内进行全口义齿基托组织面重衬的方法。首先需将义齿清洗干净，组织面均匀地磨除约 1 mm，形成粗糙面。为了避免重衬的自凝塑料粘接在义齿磨光面和牙面上，可在其上涂布一薄层凡士林起分离剂的作用。为了避免自凝树脂刺激患者黏膜，也可在承托区黏膜上涂一薄层凡士林。然后调拌自凝树脂，并在基托组织面及边缘涂布树脂单体，待调拌好的自凝树脂处于粥样期时，将其涂在基托组织面上。将义齿戴入患者口内就位，引导患者轻轻咬合在正中𬌗位，同时进行边缘功能性整塑。在重衬的自凝树脂初步硬化而尚有一定弹性时，将义齿从患者口内取出，同时应避免义齿扭动变形。将义齿在温水中浸泡 3～5 min，至自凝树脂完全硬固，然后磨除多余的树脂，并将边缘磨光。最后，将重衬完成的义齿再戴入患者口内，检查义齿的固位、边缘伸展和咬合关系，进行适当的磨改和调𬌗。

重衬前应了解患者是否为过敏体质，避免引起过敏反应。重衬过程中应在自凝树脂尚有一定弹性时及时将义齿取出。不要等树脂完全硬固后再将义齿取出，避免树脂固化时放热灼伤黏膜，或因自凝树脂进入组织倒凹区而无法将义齿取出。

2. 间接法重衬（indirect relining） 是用义齿作为个别托盘，组织面加入终印模材后在口内取得闭口式印模，再将义齿及其上的印模材直接装盒、装胶，用热凝树脂替换义齿基托组织面上的印模材，达到重衬目的。对于义齿基托边缘过短、需要接托的患者，或对自凝树脂过敏的患者，适合采用间接法重衬。

间接法重衬的操作方法：先将义齿清洗干净，将组织面均匀磨除约 1 mm。调拌适量的终印模材置于义齿基托组织面，将义齿在口内就位后，引导患者轻轻咬合在正中𬌗位，同时进行边缘功能性整塑。待印模材凝固后从口内取出义齿，去除多余的印模材，将义齿直接装盒。待型盒内石膏硬固后，直接开盒，按常规方法涂分离剂、装胶和热处理。

3. 软衬（soft lining） 软衬材料（soft liner）具有良好的弹性，无刺激性，能与义齿基托牢固结合，将其衬于基托组织面，使基托作用于承托区黏膜的咀嚼压力得以缓冲，可减小支持组织受力，避免压痛。适用于牙槽嵴低平或刃状、黏膜薄、支持能力差的患者。常用的软衬材料有丙烯酸树脂类和硅橡胶类两种，可采取直接重衬或间接重衬，也可在义齿制作过程中基托装胶的同时加入软衬。软衬材料的缺点是不宜抛光，易老化变硬。目前常用的软衬材料最长可维持约5年的时间。

（二）基托折裂和折断的修理

1. 原因 除不慎将义齿掉到地上造成基托折断的情况外，基托折裂或折断的主要原因是因为𬌗力不平衡导致义齿翘动所致。如存在明显的早接触点或𬌗干扰，人工牙排列在牙槽嵴顶颊侧，上颌硬区形成支点，或牙槽嵴吸收导致基托不密合等。上下颌弓后部宽度不协调，上颌弓窄下颌弓宽时，上颌义齿腭侧基托易发生中线处纵裂。

2. 修理方法 基托完全折断者，可先将断端准确对合，用粘接剂粘接后，在义齿组织面灌注石膏模型。待石膏硬固后，将义齿从模型上取下，将断端少量磨除，并形成斜面。将断端磨成斜面的目的是增加修补树脂与基托断端的粘接面积，以增大粘接强度。在模型上涂分离剂，调拌自凝树脂，粘接缺损处并恢复磨光面形态。或者用基托蜡恢复缺损处基托形态，然后装盒，用热凝树脂粘接。

如果折断的唇颊侧基托缺失或不能准确对合，可以用基托蜡片或印模膏，在口内恢复缺损基托的外形，然后灌制石膏模型，在模型上用自凝树脂直接恢复缺损的唇颊侧基托，或装盒、装胶，用热凝树脂恢复缺损的基托。

对于基托的薄弱或应力集中的部位，如上颌义齿腭侧基托前部中线处，为了避免基托在此处反复折断，在修理或制作新义齿时，应在薄弱或应力集中的基托部位添加金属丝（金属丝放置方向需与折裂方向垂直）或金属网，以增加基托抗折裂的强度。

（三）人工牙折断或脱落的修理

人工牙脱落的原因除了意外摔断外，还有人工牙咬合不平衡，存在明显的早接触或𬌗干扰，或者因义齿制作问题导致人工牙与基托结合不良所致。

修理时首先将残留的部分人工牙及其周围的部分基托磨除，为了保持修理后义齿唇颊侧基托颜色不变，可保留原来的唇颊侧龈部基托，以免影响美观。按照义齿上人工牙的形状、颜色、大小选择相近似的人工牙，经磨改后按要求排列在牙弓上，用蜡将其粘接在义齿上，并恢复基托外形。然后用常规方法装盒、装胶、热处理。或用自凝树脂将人工牙直接粘接在基托上，并恢复基托外形。为了保证修理后义齿咬合关系正确，尤其是当需要修补的人工牙数目较多时，最好将义齿上𬌗架后进行加牙修理，修理完成后在𬌗架上进行调𬌗。

第十三节　单颌全口义齿
Single Complete Denture

上下颌牙列缺失（全口无牙颌）是天然牙列因牙齿缺失导致的最终结果，在其演变过程中，会出现单颌牙列缺失，而其对颌可能为完整的天然牙列或牙列缺损。单颌全口义齿（也称单颌总义齿，single complete denture）是指修复单侧（上颌或下颌）牙列缺失的全口义齿，其对颌可能为完整的天然牙列，也可能为采用固定义齿或可摘局部义齿修复的牙列缺损。单颌全口义齿修复的难度要大于上下颌全口义齿。

一、单颌全口义齿修复中的问题

与全口义齿比较，单颌全口义齿修复的难点主要表现在以下两个方面。

（一）无牙颌支持组织负荷大

天然牙和无牙颌的负荷能力相差较大，其𬌗力耐受值分别为 56.75 kg 和 9.08 kg，两者的比值约为 6∶1。因此，天然牙通过单颌全口义齿作用于无牙颌牙槽嵴的𬌗力较大，容易导致压痛和牙槽嵴的过度骨吸收。此外，由于牙列缺失后骨吸收导致无牙颌弓与对颌牙弓前后位置和宽度的不协调，常常导致单颌全口义齿的人工牙不能排列在牙槽嵴顶位置，也会增加牙槽嵴的负担。

（二）单颌全口义齿的固位和稳定

单颌全口义齿依靠基托吸附力和大气压力固位，而其对颌的天然牙由牙周膜固定在牙槽骨内，如此相差悬殊的固位条件使得单颌全口义齿更容易脱位。对于单颌全口义齿来说，更困难的是很难获得满意的稳定效果。我们知道，全口义齿的咬合平衡是其获得稳定的重要保证，在制作义齿时可以根据平衡𬌗的需要来调整人工牙的排列位置和倾斜角度，而天然牙列不存在平衡𬌗，不需要利用平衡𬌗来保持牙列的稳定。因此，根据对颌天然牙列的𬌗曲线和牙尖斜度来排列单颌全口义齿的人工牙时，难于达到平衡𬌗的要求，尤其是当天然牙列存在过长、下垂、倾斜、错位、磨损、深覆𬌗等𬌗曲线异常的时候。无牙颌弓与对颌牙弓位置关系不协调，单颌全口义齿的人工牙不能排列在牙槽嵴顶位置，也会对单颌全口义齿的稳定产生不利的影响。

此外，由于对颌天然牙列的存在，患者容易保持原有的咀嚼习惯，而不利于单颌全口义齿的稳定和支持组织的健康。

二、单颌全口义齿修复要点

（一）天然牙调𬌗

调磨过高、过锐的牙尖和边缘嵴，改善𬌗曲线和𬌗面形态。需要调磨较多的过长、下垂牙，必要时需先做根管治疗。低位牙需采取牙体缺损修复方法恢复𬌗曲线。

对颌缺牙较多，且余留牙的健康情况较差时，可考虑采用覆盖义齿修复，有利于义齿达到平衡𬌗。

（二）人工牙排列与咬合关系

为了使单颌全口义齿尽可能达到平衡𬌗，在排牙时应注意减小前牙覆𬌗，以利于获得前伸平衡。后牙尽量排在牙槽嵴顶上，必要时可排反𬌗。可修改后牙𬌗面形态，增大正中自由的范围，获得近似于舌向集中𬌗的效果，以减小侧向𬌗力。

（三）控制咬合力

为了减轻对颌天然牙对无牙颌的咬合负担，可通过以下措施来减小咬合力，同时增强无牙颌组织的支持能力。如人工牙减径或减数，降低牙尖斜度，义齿基托充分伸展以分散𬌗力，单颌全口义齿基托组织面加软衬等。

（四）增加义齿基托强度

由于单颌全口义齿受𬌗力较大，人工牙排列可能偏离牙槽嵴顶，义齿不易稳定等问题，或颌间距离短时，导致义齿基托容易折裂，常见义齿中线纵裂。因此，义齿制作时应在树脂基托中增加金属网来增加基托的抗折强度。

由于对颌天然牙硬度大、𬌗力大，义齿人工牙磨耗快。因此，在选择义齿人工牙时最好选用质地较硬、耐磨的硬质树脂牙，或采用金属𬌗面牙。

第十四节 即刻全口义齿
Immediate Complete Denture

即刻全口义齿是在口内余留天然牙拔除前制作，在拔牙后即刻戴入的全口义齿。即刻全口义齿可以作为过渡性修复（暂时义齿 interim denture），只在拔牙创愈合期间短期使用，以后再重新修复；也可以在拔牙创愈合后，经过重衬处理，作为正式义齿长期使用。

一、即刻全口义齿的优点

1. 即刻全口义齿最主要的优点是可以避免因缺牙而影响患者的面部形态美观、发音和咀嚼功能，不妨碍患者的社交活动和工作。即刻全口义齿尤其适用于演员、教师、公众人物及其他对自身形象要求较高的患者。
2. 拔牙后立即戴入义齿，可起到压迫止血，有利于血凝块形成，保护伤口免受刺激和感染，减少拔牙后疼痛，促进拔牙创愈合等作用。
3. 利用患者余留天然牙的正中𬌗咬合关系，易于取得即刻全口义齿的正确的𬌗位关系。
4. 即刻义齿在拔牙后支持面部软组织，保持原有的咬合垂直距离、肌肉张力和颞下颌关节状态不变，使患者易于适应义齿的使用。
5. 采用即刻义齿修复可参照患者余留牙的形态、大小和颜色选择相近似的人工牙，并可参照天然牙排列的位置和牙弓形态来排列人工牙，使义齿修复后尽可能恢复患者缺牙前的外观。

二、即刻全口义齿的缺点

1. 由于余留天然牙的存在，印模的准确性较差。此外，由于需在石膏模型上刮除余留牙，以及拔牙后牙槽嵴形态变化，使得义齿基托密合性较差。
2. 由于不能进行义齿蜡型试戴，即刻义齿戴入前患者不能准确了解修复后的外观情况。
3. 与常规全口义齿修复相比，即刻全口义齿修复技术较复杂，患者复诊次数和费用增加。

三、即刻全口义齿的禁忌证

1. 全身健康状况差，不能耐受一次拔除多个牙和长时间的治疗。
2. 拔牙禁忌证的患者，如患有牙槽脓肿、牙周脓肿等。口腔内存在其他感染、溃疡、肿物等病变。
3. 对即刻全口义齿修复的治疗过程、费用，以及戴牙后可能出现的不适等问题不能接受。

四、即刻全口义齿修复治疗步骤

（一）检查与治疗计划

即刻义齿修复前应了解患者全身健康状况、口内牙齿缺失和余留牙状况。如余留牙松动度、牙周袋深度、牙槽骨吸收程度，有无牙槽脓肿或牙周脓肿，余留牙咬合关系，有无咬合干扰或正中𬌗偏斜，缺牙区牙槽嵴形态，黏膜状况等。

应先治疗严重的感染病灶，去除牙石，调𬌗去除咬合干扰。𬌗干扰严重的倾斜、移位后牙常导致正中𬌗偏斜，影响𬌗位关系确定，可考虑先行拔除，待拔牙创初步愈合（3~6周）后，再开始即刻义齿修复。

（二）印模技术

由于天然牙的存在，使即刻全口义齿印模的边缘整塑和印模准确性受到一定程度的影响。即刻全口义齿的印模技术有以下3种方式。

1. 成品托盘印模　采用成品有牙列托盘，在游离端缺隙处加印模膏取初印模，以此作为个别托盘，再加藻酸盐印模材取得终印模。此法简单，但印模的准确性差。

2. 个别托盘印模　先用成品有牙列托盘加藻酸盐印模材取初印模，灌制石膏模型后，用自凝树脂制作覆盖余留牙和缺隙牙槽嵴的个别托盘（见可摘局部义齿个别托盘制作），经过边缘整塑后，用硅橡胶、藻酸盐等终印模材取终印模。

3. 联合印模　先用成品有牙列托盘加藻酸盐印模材取初印模，灌制石膏模型后，用自凝树脂制作覆盖缺隙牙槽嵴（包括上腭）的个别托盘，或只空出余留牙的个别托盘。经过边缘整塑，在个别托盘上加终印模材取得缺隙牙槽嵴（包括上腭）处的功能性印模，保持个别托盘在原位不动，再用成品有牙列托盘加印模材取得包括其余软组织和余留牙的完整印模。

（三）颌位关系记录

首先在工作模型上制作暂基托，并在缺牙区基托上放置适当高度的蜡堤，根据余留牙排列位置确定𬌗平面和唇侧丰满度。如果患者口内余留牙能够维持正常的咬合垂直距离和正中𬌗关系，可将蜡堤烫软后让患者咬合在正中𬌗位，以记录上下颌颌位关系。如果患者口内的余留牙不能维持正常的垂直距离和正中𬌗关系，需利用上下𬌗堤恢复正确的垂直距离，并确定正中关系位。在记录颌位关系时必须明确上下颌余留牙之间无𬌗干扰或正中𬌗偏斜，如果余留后牙存在𬌗干扰，应在取印模前先调𬌗或将有干扰的余留牙先行拔除，以确保记录正确的颌位关系。对于上前牙缺失或排列位置异常的患者，还应在𬌗堤唇面记录中线、口角线和唇高线。

（四）模型修整与排牙

即刻全口义齿修复的特殊之处是在拔牙前取印模和灌制石膏模型，因此在义齿制作前需要对工作模型进行修整，即将需要拔除的余留牙刮除，并修整牙槽嵴形态。

模型修整时，首先将石膏牙在平齐两侧牙龈乳头处削除，然后修整其唇颊侧和舌腭侧斜面，形成圆钝的牙槽嵴形态。上颌牙拔除后拔牙窝的唇颊侧组织塌陷相对较多，腭侧组织很少塌陷；而下颌与此相反，拔牙窝的舌侧组织塌陷较多。因此，上颌牙的唇颊侧和下颌牙的舌侧应适当多刮除一些石膏。一般情况下，牙龈健康的上颌余留牙唇颊侧可刮除2～3mm，腭侧不超过2mm。牙槽骨吸收较多，有牙周袋者，应将牙周袋袋底的位置（牙周袋深度）画在模型石膏牙的唇颊侧，牙槽嵴修整磨除至画线处。

石膏牙削除和牙槽嵴修整可一次全部完成，然后开始排列人工牙。如果需要复制余留牙（特别是余留前牙）的形态和排列位置时，可逐个牙分别进行。先选择或调改好与余留牙大小、形态相近的人工牙，在削除一个石膏牙并进行局部牙槽嵴修整后，将人工牙排列在相应的位置上。人工牙的排列应遵循全口义齿的排牙原则，达到平衡𬌗。

（五）完成义齿

根据全口义齿蜡型制作要求完成义齿基托蜡型，经过装盒、装胶、热处理、打磨、抛光等步骤，完成义齿制作。最终完成的义齿在戴入患者口内前应浸泡在消毒溶液内备用。

（六）拔牙与义齿即刻戴入

即刻义齿制作完成后，可进行外科手术拔除余留牙，并同时进行牙槽嵴修整术，去除牙槽嵴上的骨突和明显的组织倒凹。

外科手术完成后，将即刻义齿从消毒液中取出，冲洗干净，以免义齿黏附的消毒液刺激伤口，然后将义齿戴入患者口内就位。如果戴入时有压痛或不能就位，可检查并磨改基托进入组织倒凹的部位，使义齿能够顺利就位，然后进行初步调殆。

（七）术后护理

1. 患者在术后24 h内不宜漱口和摘下义齿，否则不利于止血和拔牙窝内血凝块的形成。由于术后组织水肿，义齿摘下后重新戴入比较困难，还会刺激伤口引起疼痛。患者在术后24 h内应进流食或软食，避免吃较硬、过热的食物。

2. 术后24 h后复诊，摘下义齿，了解和检查患者戴用义齿情况，缓冲义齿压痛区，调殆。

3. 术后1周内或在肿胀消退前，夜间戴用即刻义齿，以免因伤口夜间肿胀，导致次日早晨义齿就位困难。但患者应在饭后摘下义齿清洗并漱口，以保证拔牙创的清洁。清洗后应马上重新将义齿戴入。术后一周拆除缝线后，患者可开始在夜间不戴用义齿。

（八）复诊与基托重衬处理

患者戴即刻义齿后应定期复诊检查，如果出现疼痛或其他不适，应及时复诊处理。随着拔牙创愈合，牙槽嵴骨组织改建和吸收，即刻全口义齿在戴用一段时间后，基托组织面可能与牙槽嵴黏膜不密合，影响固位和支持。因此，即刻全口义齿一般需要在初戴后3个月至半年内进行基托组织面重衬处理。即刻义齿经过重衬处理后可以作为正式义齿长期使用，也可以在牙槽嵴骨组织形态基本稳定后，重新制作全口义齿。

（韩　冬　杨亚东）

进展与趋势

统计显示，我国老年人群无牙颌发病率明显高于其他年龄组，约为7%。我国已于1999年进入老龄化社会，随着人口"快速老龄化"和"加速老龄化"的过程，今后50年老年人口绝对数目将达4亿多，无牙颌老年人数将是一个非常庞大的数字，而经济条件的改善也让无牙颌患者对修复方式提出了更高的要求。另外，随着人口平均寿命的不断延长，无牙颌患者经历的"无牙颌期"也随之加长，因而剩余牙槽嵴萎缩程度也越来越严重。特别是下颌义齿因支持面积小，形态复杂，边缘封闭易被破坏而成为修复中难以克服的障碍。多项临床研究表明，种植覆盖义齿能够显著提高无牙颌患者的口腔功能、生活质量以及满意度。与全口义齿相比，种植覆盖义齿使患者咀嚼能力显著增加，能咀嚼和进食的食物种类增加，膳食结构更加合理，从而全身的营养状况得到改善。因此，种植体固位或支持的覆盖义齿和固定义齿是无牙颌修复的发展方向。

关于全口义齿殆型，就总体而言，几乎没有有说服力的研究表明某种殆型会对全口义齿的美观、功能与长期的组织保健起决定性作用。因此，用不复杂而有效的方法来满足患者的要求是合乎逻辑的。舌向集中殆等改良殆型技术便是一种符合逻辑、较为简便的方式。

Summary

To have an excellent prognosis for a complete denture treatment requires a thorough examination, diagnosis, and a treatment plan. Only after the examination is completed and all diagnostic information has been evaluated, should a final diagnosis, treatment plan, and prognosis be formalized. Patients may require pre-prosthetic surgery, antifungal therapy, or soft relines to obtain better tissue health before definitive treatment can be initiated. Prior to forming a treatment plan, all reasonable treatment options should be discussed with the patient to include implant-retained or supported prostheses. The final treatment plan should be the best treatment for the patient based on his or her chief complaint, medical history, clinical exam, financial resources, and the time.

Knowledge of anatomical landmarks of the edentulous mouth is indispensable for the successful treatment. Accurate impressions of the maxillary and mandibular arches should reproduce all the landmarks at functional status. Identifying the anatomical landmarks in casts of the maxillary and mandibular arches and comparing them to the same structures in a patient's mouth should help to provide the clinician with the confidence that the impression procedure accurately reproduced the area to be covered with the denture.

Retention and stability are two key determinants of success of the denture, and they are not only related to patient's hard and soft tissue, but also related to each and every single step of the fabrication procedure.

The maxillomandibular records is an important step in the procedure in which several goals must be accomplished. The correct orientation of the maxillary master cast relative to the condylar elements and axis-orbital plane of the articulator must be transferred, this mimics the maxilla's relationship to the condyles and the patient's axis-orbital plane. The proper centric relation position at the appropriate occlusal vertical dimension must be transferred. The occlusion rims are also used to record contour for the proper positioning of the anterior and posterior denture teeth. In the fabrication of dental prostheses, an articulator is used to related the opposing casts and simulate the movements that occur in the areas of the teeth. A facebow relates the maxillary cast to the opening and closing axis of the articulator in the same relationship as the maxilla relates to the anatomical hinge axis of the patient.

The anterior and posterior denture teeth must be arranged to meet the esthetic, functional, and phonetic needs of the patient. A balanced occlusion requires the denture teeth be arranged and/or adjusted to eliminate prematurities so that all anterior and posterior inclined surfaces act as a "unit" in centric occlusion and during excursive movements. More recently a simplified occlusion called lingualized occlusion, has become popular and successful.

The esthetic and functional trial insertion is the clinician's final opportunity to ensure that the dentures will meet patient's demands. Remounting and selective grinding are procedures to ensure accurate occlusal adjustment.

During and following denture delivery, correcting the many possible problems associated with the use of dentures requires persistence on the part of patients and skill and experience on the part of dentists.

Definition and Terminology

殆架 (articulator): A mechanical instrument that represents the temporomandibular joints and jaws, to which maxillary and mandibular casts may be attached to simulate some or all mandibular movements.

平衡殆 (balanced occlusion): The bilateral, simultaneous, anterior, and posterior occlusal contact of teeth in the eccentric position and the bilateral simultaneous occlusal contact of posterior teeth only in centric occlusion.

边缘整塑 (border molding): The technique for correctly extending the flanges of a custom impression tray using a soft but slightly viscous impression material that becomes at least semi-rigid as it cools, or polymerizes.

正中关系 (centric relation): The maxillomandibular relationship in which the condyles articulate with the thinnest avascular portion of their respective disks with the complex in the anterior-superior position against the shapes of the articular eminencies. This position is independent of tooth contact. This position is clinically discernible when the mandible is directed superior and anteriorly. It is the starting reference point for complete denture fabrication, and it is repeatable and can be verified, and also a functional position for denture occlusion.

咬合垂直距离 (occlusal vertical dimension): The distance measured between two points when the occluding members are in contact. It is also called vertical dimension of occlusion.

固位 (retention): The quality of a denture that resists movement of the denture away from the tissue.

选择性压力印模 (selective pressure impression): An impression requires that the impression tray be fabricated so that, during the making of the impression, light pressure is applied to those areas of the arch that can best tolerate the anticipated functional loads, and yet minimal to no pressure is applied to those areas of the arch that are not suited to accept these loads.

稳定 (stability): The quality of a denture that resists movement of the denture in a horizontal direction.

参考文献

[1] 冯海兰，徐军. 口腔修复学. 2版. 北京：北京大学医学出版社，2013.
[2] Rahn AO, Ivanhoe JR, Plummer KD. Textbook of Complete Dentures (6th edition). Shelton，Connecticut: People's Medical Publishing House, 2009.
[3] Zarb GA, Hobkirk J et al. Prosthodontic Treatment for Edentulous Patients: Complete Dentures and Implant-Supported Prostheses (13th edition). St. Louis, Missouri: Mosby, 2012.
[4] Wolfart S. Implant Prosthodontics: a patient-oriented strategy. Berlin: Quintessence Publishing Co., 2016.
[5] 周永胜，周书敏，薛延，等. 老年正常人与老年骨质疏松症患者下颌角骨密度的比较研究. 北京医科大学学报，1998，30 (5): 433-434，442.
[6] 周永胜，周书敏. 有牙颌与无牙颌老年人颌及髋部骨密度的比较研究. 中华口腔医学杂志，1999，34 (6):361-363.
[7] 周永胜，周书敏，徐军，等. 无牙颌剩余牙槽嵴丰满组与非丰满组间下颌骨和髋部骨密度的比较. 北京医科大学学报，2000，32 (1): 57-60.
[8] 周永胜，周书敏，李国珍，等. 应力环境影响双侧卵巢切除大鼠下颌骨骨量变化的研究. 中华口腔医学杂志，2000，35 (6): 470-473.

第十章 种植义齿修复

Dental Implant Restoration

种植义齿修复是口腔修复治疗中的重要技术，主要治疗过程为：手术植入种植体，待种植体与骨形成良好骨结合后，再在其上部制作正式修复体。种植义齿修复不需要对正常天然牙进行大量的牙体预备，能显著地提高患者的咀嚼功能，具有良好的美观效果，有利于局部软硬组织的保存，患者感觉舒适，长期成功率高，许多常规义齿难以解决的疑难病例通过种植修复往往能取得满意的疗效。

第一节 种植修复的生物学基础
Biological Basis of Dental Implant Restoration

种植体与骨及软组织之间建立并保持可靠、稳定的结合是种植修复最重要的生物学基础。

种植体与骨之间的结合称为骨结合（osseointegration），其定义为：有活力的骨组织和负载的种植体表面直接结合，两者之间没有任何纤维结缔组织，骨结合及其相关理论首先由瑞典Per-Ingvar Brånemark教授提出。1952年，Brånemark在关于骨的血流学动物实验过程中意外发现，钛金属与兔的骨组织产生了紧密结合，受此启发，他做了系列深入研究，1965年开始了钛种植体的人体应用研究，1977年报告了种植义齿10年疗效观察分析，充分证实了骨结合的可靠性和稳定性。骨结合理论奠定了现代口腔种植学的基础，到目前为止，骨结合仍被作为种植修复治疗成功的重要标志之一，是确保种植体周围骨组织能长期保持稳定并承担功能负荷的基础。种植体植入后的稳定性和良好的种植体表面是形成骨结合的关键因素，螺纹状钛种植体表面与骨的直接接触面积（bone-to-implant contact）比例一般为56%～85%。

黏膜和种植体之间的成功愈合和保持稳定也是种植成功和种植修复获得长期稳定疗效的关键因素。种植体穿出黏膜暴露于口腔，需要建立一个良好的软组织封闭，为种植体提供防止口腔细菌及其毒素进入人体内环境的屏障，种植体周牙槽嵴顶上方的软组织高度一般为3～4 mm。种植体周围的正常软组织与天然牙的牙龈有相似之处，均包括口腔角化上皮、沟内上皮、结合上皮和结缔组织，结合上皮细胞与种植体表面的附着也是由基板和半桥粒构成。但是，种植体周软组织与牙龈也有明显的区别：种植体周上皮部分往往较天然牙稍长，结缔组织中靠近种植体的胶原纤维围绕种植体颈部呈环形排列、没有穿通纤维，血管细而少，成纤维细胞少，胶原纤维多，类似瘢痕组织，其封闭作用和抵抗力均不如天然牙龈，相对较容易产生炎症。

达到和保持稳定的骨及软组织结合有赖于正确的诊疗设计、优良的种植系统、精准的外科植入手术和修复操作、精密的修复体以及患者的正确使用和良好的维护。近半个世纪以来，在Brånemark教授的骨结合理论基础之上，通过对种植体的不断改良、多种材料的改进、外科和牙周手术技术的发展、修复体设计制作技术的革新以及数字化技术的快速发展和应用，推动了口腔种植修复理念、理论和技术的不断发展与完善。

（张 磊）

第二节 种植体的基本结构
Basic Structure of Dental Implant

种植修复体由植入骨内的种植体（implant），恢复缺失软硬组织的上部结构（suprastructure），以及连接种植体和上部结构的基台（abutment）三部分组成（图10-1）。

一、种植体

（一）定义

种植体是指经过手术植入到黏膜下、牙槽骨内并能与软硬组织产生结合的异体材料，为基台和修复体提供固位和支持。种植体可以分为种植体颈部（implant neck, implant cervix）、种植体体部（implant body）和种植体根部（implant apex）三部分，种植体的最上缘也被称为种植体肩台或者种植体平台（implant platform）（图10-2）。

根据不同的分类标准，如种植体的植入深度、材料、形状等可以将种植体分为不同的种类。目前最常用的分类方式是根据种植体植入的深度，将种植体分为组织/软组织水平种植体（tissue level implant）和骨水平种植体（bone level implant）。组织水平种植体的种植体颈部位于软组织内，种植体平台可以位于牙槽嵴表面的软组织之内或软组织之外，大多数组织水平植体都具有一段光滑颈部。骨水平种植体的种植体颈部位于牙槽骨内，种植体平台可以平齐牙槽嵴顶，也可以位于牙槽嵴顶之下（图10-3）。

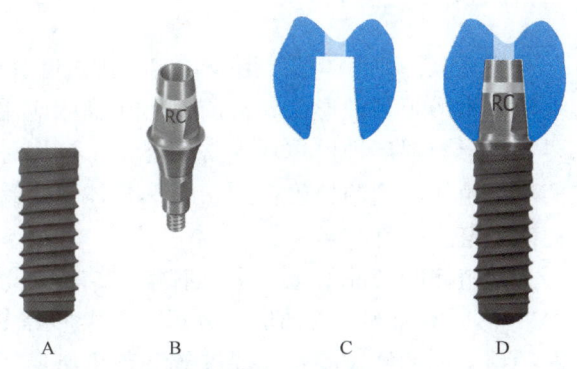

图 10-1 种植修复体
A. 种植体；**B**. 基台；**C**. 全冠；**D**. 种植体、基台与全冠

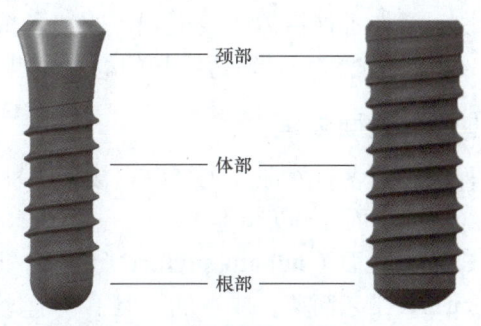

图 10-2 种植体的三部分

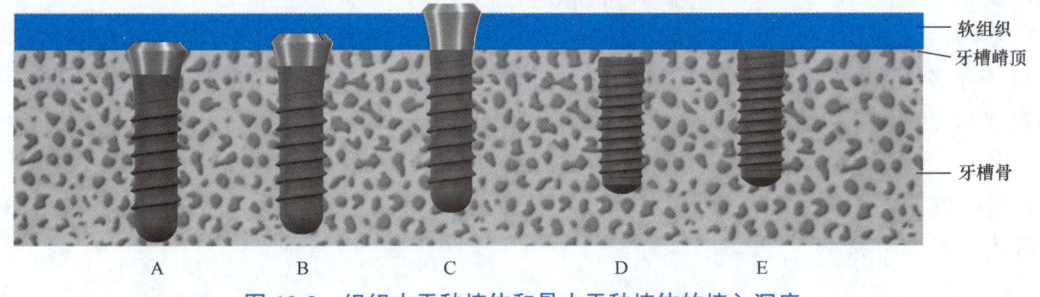

图 10-3 组织水平种植体和骨水平种植体的植入深度
A.B. 组织水平种植体的平台位于软组织之内；**C**. 组织水平种植体的平台位于软组织之外
D. 骨水平种植体的平台位于牙槽嵴顶之下；**E**. 骨水平种植体的平台平齐牙槽嵴顶

(二)材料

金属、陶瓷、复合材料等多种材料都曾经被尝试用来制作种植体,其中的大多数已经被淘汰,目前最常用的种植体材料有钛或钛合金、氧化锆两类。

1. 钛或钛合金 钛金属是目前最常用的种植体材料。按照钛的纯度可以分为1~4级,等级越高,钛含量越高,硬度越大,韧性越小。4级钛纯度最高,钛含量超过99%,大部分目前所说的商业纯钛是4级钛。钛合金主要是六铝四钒钛(Ti-6Al-4V)。近年还出现了钛锆合金(Titanium-Zirconium alloy,TiZr合金)种植体,比原有钛合金强度更高。目前绝大多数临床应用的种植体都是钛或钛合金材料。

2. 氧化锆 氧化锆材料具有良好的强度和生物相容性,并且和天然牙颜色相近,是目前研究的热点。虽然氧化锆种植体的使用量仅次于钛或钛合金种植体,但远小于后者。氧化锆种植体的主要问题是脆性大,容易发生折裂,而且氧化锆材料的半衰期会导致其性能明显下降。目前绝大多数氧化锆种植体和修复基台都是一体式设计,大大降低了修复自由度,限制了其临床应用范围。

(三)形态

历史上,种植体的外形设计曾出现过叶片状、支架状、柱形和根形等多种形态。目前仍然在临床应用的种植体主要是柱形与根形种植体。通常情况下,柱形种植体更容易实现对植体深度的精确控制,根形植体更容易获得较好的初期稳定性(图10-4)。

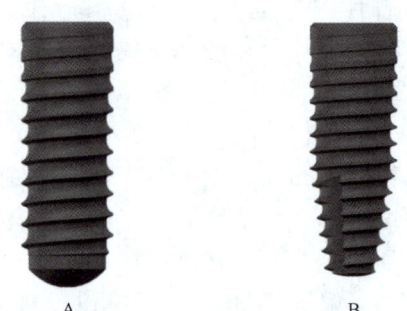

图10-4 不同形态的种植体
A. 柱形种植体;B. 根形种植体

种植体的表面形态大多具有螺纹结构,螺纹的形状有"V"形、偏梯形、反梯形、方形、锯齿形等多种形态,不同种植系统的螺纹间距、深度等参数也有所不同。在同一个种植体的不同位置,螺纹也被设计成不同的形态、间距和深度。具有螺纹形态的种植体方便植入,易于获得初期稳定性,增加了种植体的表面积,改善了植体表面的应力分布,不同的螺纹设计对边缘骨的稳定性也会产生不同的影响。

(四)表面处理

种植体的表面处理方式可以直接影响种植体的骨结合、生物及机械性能以及长期稳定性。三种经典的表面处理方式包括:

1. 光滑表面(smooth surface) 又称机械加工表面(machined surface),表面粗糙度Ra<0.8 μm,工艺简单,成本低,但不利于骨结合,愈合期长,临床中已很少使用。

2. 涂层或喷涂表面 粗糙度Ra>2 μm,主要有羟基磷灰石涂层表面(hydroxyapatite coating)、钛浆喷涂表面(titanium plasma spray,TPS)。

3. 喷砂酸蚀表面 是目前最常用的表面处理方式,粗糙度Ra为1.5 μm左右。这种方法是将一定直径的颗粒物质高速撞击到种植体表面,再通过酸性溶液处理,由此形成了中等粗糙度表面,大大增加了种植体的表面积,为新骨形成提供了更多的空间,利于骨结合。

其他处理方式还包括表面阳极氧化处理、亲水表面处理、种植体表面纳米化、种植体表面生物活性分子修饰等。

二、基台

（一）定义

基台是种植系统中用来支持或固定种植体上部结构的部分。

（二）分类

根据不同的分类标准，可以将基台进行不同的分类。

1. 根据固位方式 可以分为粘接固位基台（cemented abutment）、螺丝固位基台（screwed abutment）。

2. 根据材料 可以分为金属基台、全瓷基台。近年还出现了聚醚醚酮（poly-ether-ether-ketone，PEEK）基台、基于PEEK材料的陶瓷增强型高性能聚合物（biology high property polymer，BioHPP）基台，但这两种材料有其特定的临床适应证，尚无大量循证医学证据支持。

3. 根据穿龈形态和边缘位置是否个性化调整 可以分为个性化基台（customized abutment）、标准基台（standard abutment，stock abutment）。

4. 根据临床用途 可以分为愈合基台（healing abutment）、临时修复基台（temporary abutment）和正式修复基台。

5. 根据基台轴向和螺丝通道轴向的一致性 可以分为直基台（straight abutment）、角度基台（angulated abutment）。

（三）种植体与基台的连接（implant-abutment connection）

1. 种植体和基台的连接方式

（1）根据种植体肩台的结构设计方式，可以分为外连接（external connection）、内连接（internal connection）（图10-5）。

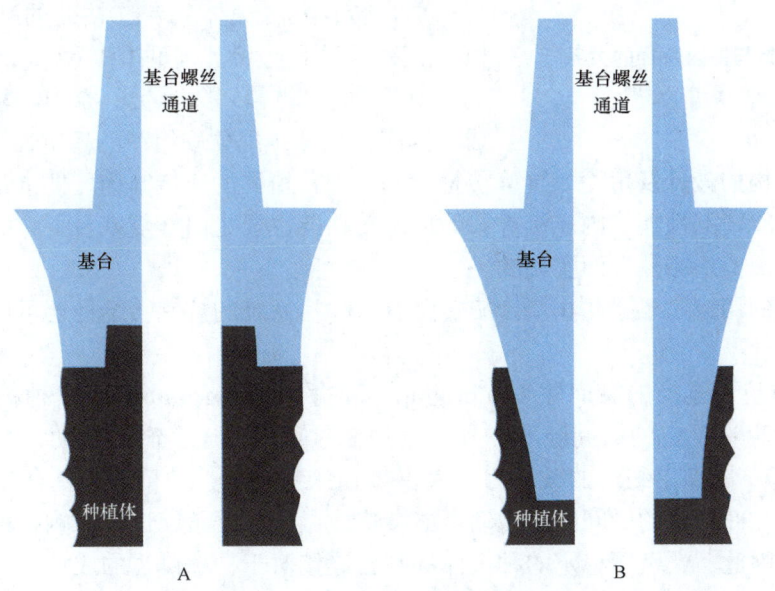

图10-5 种植体肩台的结构设计方式
A. 外连接；B. 内连接

外连接：种植体肩台之上有一定的机械结构，用于基台连接。

内连接：种植体肩台之上无任何机械结构，通过修复基台下方的延伸部分插入种植体内部进行连接固定。

（2）对于内连接方式，根据内连接的植体与基台界面形态又可以分为间隙配合内连接

（clearance-fit connection）、锥形内连接（conical connection）、间隙配合与锥形内连接相结合的混合式连接（combined connection），其中的间隙配合内连接现在已很少使用（图10-6）。

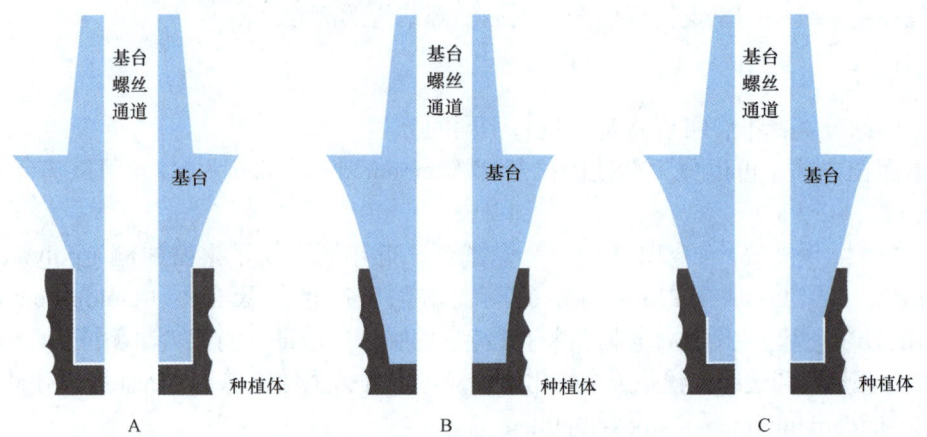

图10-6　不同的植体与基台内连接界面形态
A.间隙配合内连接；B.锥形内连接；C.间隙配合与锥形内连接相结合的内连接

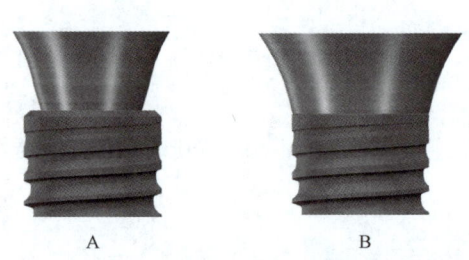

图10-7　种植体与基台直径的关系
A.平台转移；B.平台对接

（3）对于内连接方式，根据连接界面处基台直径和植体直径的大小关系，可以分为平台对接（platform-matching）、平台转移（platform-switching）两种。

平台对接：种植体基台连接处的基台直径等于种植体直径，基台边缘与植体颈部平齐。

平台转移：种植体基台连接处的基台直径小于种植体直径，基台边缘止于种植体颈部平台内侧，而不是与其平齐。平台转移设计可以影响生物学宽度的形成，提高种植体颈部软硬组织的稳定性（图10-7）。

2. 抗旋转结构的设计及用途　抗旋转是指基台和种植体的连接结构可抵抗基台发生顺时针或者逆时针方向旋转的性能。内连接方式的抗旋转功能主要是由修复基台下方的角形突起与种植体内部的角形凹槽机械嵌合而实现的。

抗旋转结构的用途主要是防止基台旋转，有些种植系统的抗旋转结构还可以起到辅助引导基台就位的作用。

3. 种植体与基台连接的微间隙（microgap）和微动（micromotion）　种植体和基台在口内连接后，必然存在一定的微间隙。在其行使功能过程中，还会产生微动，并出现泵出效应（pumping effect），增加了细菌的破坏力。大多数临床情况下，种植体与基台交界面都位于龈下甚至骨下，而在此位置的微间隙和微动可能会造成微生物繁殖，进而影响种植体周软硬组织的健康和稳定。因此，严密、稳定的种植体和基台连接对于种植修复的成功，尤其是长期稳定性至关重要。

影响种植体和基台连接密合性和稳定性的主要因素包括：种植体和基台的连接方式、种植体及其配件的加工精密度、是否使用原厂修复配件、医生的经验及操作水平等。

目前，大多数观点认为，在控制微间隙和微动方面，内连接优于外连接；锥形连接优于间隙配合连接（图10-8）。

三、上部结构

上部结构是指连接在基台上部的冠、桥、支架、附着体等结构,用来恢复功能和美观。常用的加工材料包括树脂(多用于临时修复)、金属、金属烤瓷、各种全瓷材料,以及近年推出的聚合物材料,如 PEEK 和 Bio-HPP。

根据上部结构是否可以由患者自行取下,可以分为固定式及可摘式上部结构。与常规义齿相比,种植义齿可通过标准预制的构件,更方便、更精确地通过基台将修复体与种植体相连接。

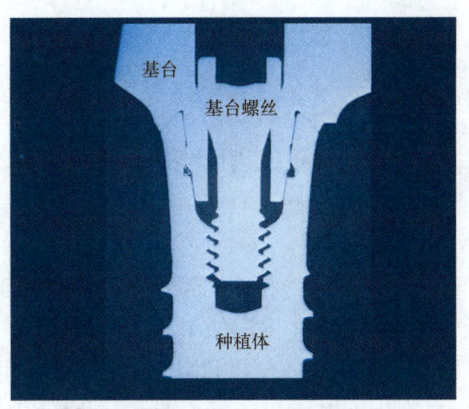

图 10-8　种植体与基台连接处剖面图

(葛严军)

第三节　种植修复治疗的适应证
Indication of Implant Therapy

一般来说,具有重要功能的牙齿缺失之后,如果全身和口腔局部条件允许,患者能够接受种植修复治疗的疗程和费用,种植义齿修复是首选方案。尽管随着技术的发展,种植修复治疗的适应证较最初已明显增加,但是,为了确保种植修复治疗的安全性和疗效,需要全面、综合评估患者的全身健康状况、生活习惯、经济状况、心理状况、口腔局部条件等多种因素,谨慎选择适应证。

一、种植修复治疗的适应证

1. 最适于考虑行种植修复治疗的病例
(1)下颌无牙颌牙槽嵴严重吸收,常规总义齿难以甚至无法实现可接受的固位和稳定效果。
(2)少数缺牙(1~2个),缺隙两侧邻牙健全,常规固定桥修复需大量牙体预备。
(3)口腔耐受力差,易发生黏膜压痛、溃疡,对可摘义齿的异物感无法适应等,曾反复多次地修改或重做甚至无法戴用可摘义齿。
(4)因各种原因行颌骨切除术后,常规修复难以实施或效果难以保证。

具有上述情况,患者要求或接受种植治疗,经济条件允许,无过大治疗风险,种植修复治疗往往是最佳选择。

2. 优先考虑种植修复治疗的病例　患者以往有戴用可摘、固定修复体经验,主观上明显倾向于接受固定修复方式,但现有余牙条件不能提供足够支持(如游离端缺牙、过大的缺牙间隙等)。

二、种植修复治疗适应证选择的注意事项

1. 全身情况
(1)严重心血管疾病,如控制不良的高血压(>160~180/100~110 mmHg)、不稳定性心绞痛、半年以内发生过心肌梗死等。
(2)血液病,如血友病、白血病及其他出血性疾病。

(3)恶性肿瘤处于进展期。

(4)内分泌疾病,如血糖控制不良的糖尿病(>8.8 mmol/L)、重度肾上腺疾病或甲状腺疾病等。

(5)种植义齿可能成为感染病灶,如有细菌性心内膜炎病史、心脏等器官移植者不宜种植。

(6)急性炎症感染期,如流感、气管炎、胃肠炎、泌尿系感染,在感染未彻底控制期间不宜种植。

(7)接受特定药物治疗,如大剂量使用双膦酸盐、服用抗凝血制剂导致凝血功能过度低下(国际标准化比值 INR>2~3)、长期应用糖皮质激素、使用化疗药物等。

(8)自身免疫性疾病的患者行种植治疗应慎重,从病变程度、服用药物对种植治疗的影响等角度考虑是否适合种植,如硬皮病、系统性红斑狼疮、舍格伦综合征、类风湿关节炎等。

(9)重度吸烟(大于10支/日)、酗酒及吸毒。

(10)女性妊娠期或准备怀孕、月经期。

(11)颌骨发育尚未完成,年龄不足18岁,一般不宜种植。

(12)严重心理障碍,精神、情绪不稳定,个人期望值不切实际。

2. 口腔局部情况

(1)张口度过小,无法行种植体植入手术。

(2)牙周炎未控制,或口腔卫生情况太差且无法改善者。

(3)缺牙区近远中间隙不足5 mm或𬌗龈距不足4 mm。

(4)牙槽骨存在病理性改变,如肿瘤、炎症,应在消除上述病变后再行种植。

(5)牙槽骨量不足且无法行骨增量手术。

(6)颌骨经过放射治疗。由于此类颌骨内的骨细胞及血管经过放疗后都已损伤,容易导致种植失败和骨坏死。

(7)拟行正畸治疗。

(8)有夜磨牙、紧咬牙等口腔副功能但未能有效控制,种植体遭受创伤性负载风险很大且不能戴用保护性𬌗垫的患者。

(9)特定口腔黏膜病,如白斑、红斑、扁平苔藓等,行种植修复应慎重。

(10)少数下切牙缺失,缺隙较小、骨吸收明显,相邻基牙状况良好,国内外越来越多的学者认为全瓷粘接桥修复效果优于种植修复,且治疗和维护成本具有显著优势。

(张 磊)

第四节 种植修复前的检查与准备
Examination and Preparation Before Implant Therapy

全面系统规范的问诊与检查,是明确患者现有问题、分析评估风险、建立正确诊断、形成设计方案、精准实施治疗的重要基础。与常规修复前检查相比较,种植修复前的检查与准备需要综合考虑种植手术和种植修复的需要。

一、患者全身状况

种植治疗最大的风险多来自于全身问题,甚至会引起心脑血管意外等危及患者生命的恶性问题。因此,治疗开始前必须全面了解患者全身状况、仔细评估,明确其能否承受种植手术、是否存在种植手术中、种植手术或修复后过大风险。按照门诊手术要求，需要进行血压、心电图、血常规及出凝血功能、血糖、肝肾功能、传染病等检查，确认患者全身状况是否符合种植手术指征。必要时请综合医院相关专业的医师协助评估、诊治。

二、一般口腔临床检查

参照常规修复检查的内容（见第二章第三节），种植修复前检查需要特别关注：

1. 口腔外部检查

（1）上下唇丰满度：对于多颗前牙连续缺失及牙列缺失的患者，需要重点检查，由于唇部的支撑主要来自于前牙和前部牙槽骨，需要仔细分析牙槽嵴吸收程度与丰满度的关系。

（2）垂直距离：对于牙尖交错咬合支持丧失的患者，需要重点检查面下 1/3 垂直距离及其与面部整体的协调性，并结合姿势位垂直距离进一步检查分析缺牙区修复空间。

（3）唇齿关系：检查患者双唇静息状态、微笑、发音及大笑时上下牙齿、牙龈、牙槽嵴暴露情况，笑线越高，暴露结构越多，治疗风险越高、难度越大。

2. 口腔内部检查

（1）缺牙区牙槽嵴：包括牙槽嵴高度、宽度、形态和倾斜角度（以𬌗平面为基准），根方有无明显凹陷，需结合 X 线片仔细检查、测量、分析。

（2）牙槽嵴角化黏膜：种植体周围一般至少需 2 mm 的角化黏膜，因此需检查：①上颌牙槽嵴唇颊侧、下颌牙槽嵴唇颊侧及舌侧是否存在角化黏膜过窄的情况；②角化黏膜的分布有无偏牙槽嵴顶一侧的问题；③有无系带附着不良，可能对种植体周黏膜牵拉的问题。

（3）缺牙间隙：检查缺牙区的近远中向宽度和𬌗龈向距离，需要综合牙槽嵴丰满度、邻牙倾斜情况、对𬌗牙过长情况检查分析。对于连续缺牙的患者，需要关注缺牙间隙与天然牙近远中宽度的一致性，尤其是前牙区。

（4）余留牙牙体状况：有无移位、龋齿、缺损、磨耗及其严重程度。

（5）牙周和口腔卫生状况：与常规修复相比，种植修复治疗对牙周健康状况或稳定性要求更为严格，重点检查有无未经治疗和控制的牙周病、软垢、牙石情况等。美学区修复需检查天然牙的软组织美学指标：牙龈质地、颜色、龈缘形态、位置、龈乳头高度、对称性、协调性等。

（6）咬合状况：重点检查覆𬌗、覆盖、牙弓形态、𬌗曲线、𬌗平面、侧方𬌗类型、咬合稳定性等，还应从咬合恢复的角度检查牙槽嵴与对𬌗牙的位置关系，以判断能否建立正常咬合、是否需要做反𬌗设计。

（7）大开口时拟种植区域的咬合分离空间：是否满足手术和修复操作的要求，尤其是磨牙区种植修复，如果开口咬合分离空间过小，需要进一步分析空间过小的牙位、是否存在对𬌗牙明显过长等因素。

（8）原有修复体：主要检查义齿外观、排列、磨耗、咬合等情况，可通过人工牙的大小、比例分析缺牙间隙的空间，对于可摘义齿，还可通过基托厚度辅助判断丰满度和牙槽嵴吸收程度。如果有种植修复体，则需要重点关注种植修复体的完整性、有无松动、叩诊音是否清脆、黏膜有无红肿或退缩、软组织沟有无溢脓、邻接触有无丧失、咬合接触情况等。

三、X 线检查

手术前需应用 X 线片仔细评估拔牙窝愈合情况、牙槽骨骨量和骨质、缺牙间隙、缺牙区相邻重要解剖结构、余留牙、对𬌗牙、颞下颌关节等情况，对颌骨的高度、宽度进行测量，尤其对靠近鼻底、上颌窦、下牙槽神经、颏孔的部位进行精确测量，合理利用颌骨骨量，同时避免损伤这些重要结构。

对于局部解剖条件不佳、手术风险较大的患者，首选采用锥形束CT（图10-9），获取三维影像，以利于更准确、细致的评估。为了减少不必要的放射剂量，需根据临床需要选择拍摄范围及层厚。

解剖条件好、手术风险小的患者，一般拍摄全口曲面体层片即可（图10-10）。测量时，需排除X线片的放大率。可采用的校正方法为：在每一处需作种植的缺失牙部位，用蜡片粘接一直径大小确定的钢球后拍片，再测量X线片上钢球的垂直向高度，以及X线片上该部位颌骨的高度，使用下述计算公式，即可计算颌骨该部位的实际高度。其计算公式为：

$$颌骨实际高度 = \frac{X线片上颌骨测量高度}{X线片上钢球测量高度} \times 钢球实际直径$$

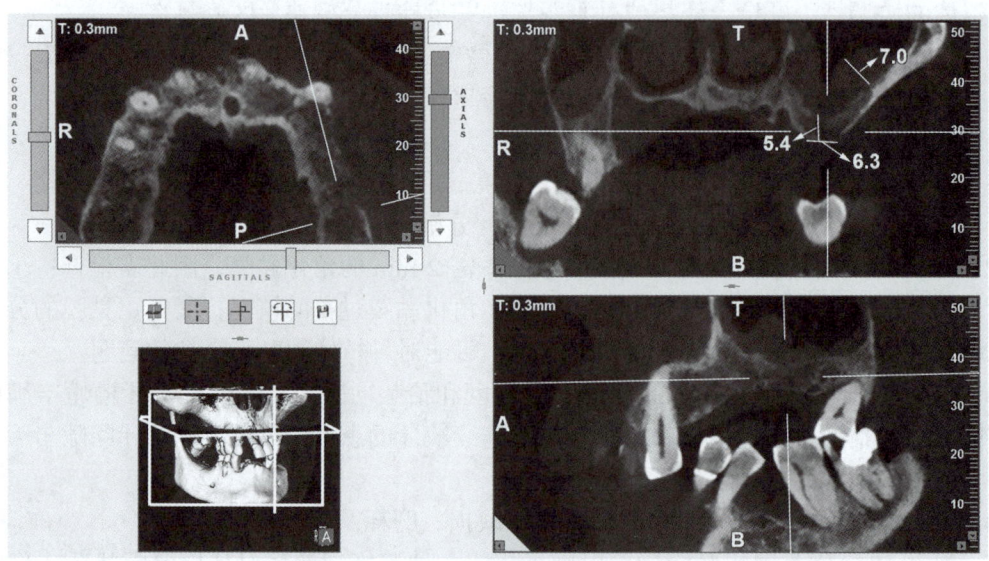

图10-9 锥形束CT片

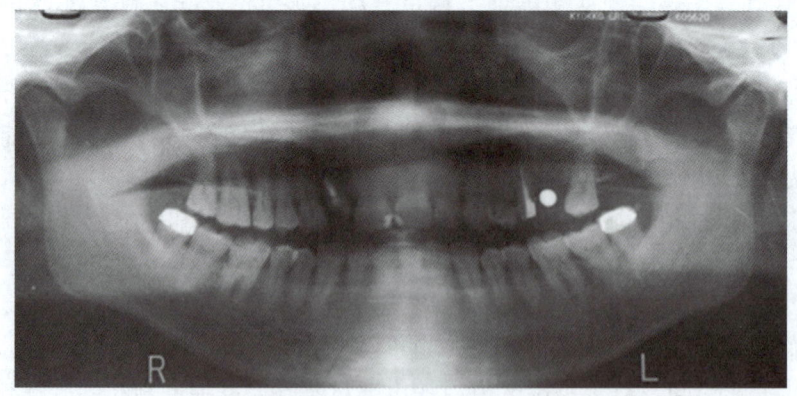

图10-10 曲面体层片
图中白色点为直径5 mm钢球的影像

四、模型检查

通过研究模型能够更便利、准确、详细地检查，尤其是对于复杂的病例，如牙齿缺失过多、种植美学修复、咬合关系差等情况，必要时上𬌗架，并可通过试排牙、诊断蜡型协助深入检查分析。

五、种植修复前的准备

种植修复前的准备是确保治疗得以安全、顺利进行的基础,需要高度重视。

术前需根据患者具体口腔情况,针对性地予以牙周、外科、牙体、正畸、关节、黏膜等治疗,纠正不良生活习惯,如戒烟、口腔卫生习惯不良、硬食习惯等,待建立相对稳定、健康的口腔环境后,择期再行种植手术。

术前医师需要与患者沟通清楚治疗方案、疗程、费用、风险,交代术前注意事项,患者知情同意并签字,由护士准备患者所需诊室、设备、器械、材料、药物等,做好环境清洁消毒,以确保手术顺利进行。对于较复杂的手术,手术前还可准备手术导板。

对于存在全身情况尚不适于种植治疗的患者,应向患者交代清楚原因及种植手术的具体要求,待其情况改善、符合条件时再开始治疗,必要时可请相关专业医师协助诊治。对于因时间、费用等原因暂时无法接受治疗的患者,可择期种植。如果需要较长的时间准备,可考虑先以可摘义齿或粘接桥作为过渡修复,以利于暂时恢复口腔功能、防止牙齿移位。

(张 磊)

第五节 种植修复的设计
Design of Implant Therapy

"以修复和生物学为导向"是当今种植修复的基本理念。

种植修复治疗的主要目标是实现良好的修复效果、保护软硬组织健康并保持长期稳定。种植修复治疗涉及专业较多,风险相对较大,疗程较长,费用较高,患者期望值高,成功的治疗源于科学的设计,治疗开始前精心的设计至关重要,需要基于循证证据,遵照种植修复的原则,结合患者的个体情况制订设计方案。

一、种植修复的原则

种植修复有六个基本原则,包括安全原则、生物学原则、功能原则、美学原则、力学原则和适宜原则,贯穿于检查、设计、外科手术、修复治疗、术后使用和维护的全过程。

1. 安全原则 全面分析、评估并控制风险,恰当选择适应证,精心施治,避免心脑血管意外、损伤口底动脉和重要神经、误吸误咽等恶性不良事件发生,防范严重并发症。

2. 生物学原则 注重牙、骨、软组织和口颌系统的生物学特点和规律,清楚种植体与天然牙的联系及显著区别,保护口腔软硬组织的健康,避免不必要的损伤。

3. 功能原则 建立良好的咬合关系,确保良好的修复体位置和形态,恢复咀嚼、发音等功能。

4. 美学原则 遵循美学规律要求,结合患者个性化美学特征和需求,恢复面部、牙齿、牙龈的外观。

5. 力学原则 确保种植体、基台、修复体的机械强度,重视并把握各构件之间的连接强度和微米级的精度,避免过大应力,控制咬合力,确保结构稳定性。

6. 适宜原则 结合每位患者的具体需求和条件,从可选方案及其风险、费用、疗程等方面综合考虑,制订最适合患者的诊疗方案;医师不做超出自己及其团队能力范围的治疗,必要时通过多学科合作共同诊治疑难病例。

二、种植修复的设计内容

包括修复设计和手术设计两方面的内容。临床中应先做初步的修复设计，再根据修复设计框架设计手术，在手术设计过程中随时对照修复设计的内容，对修复设计和手术设计交互协调优化，形成最终整体设计方案供患者选择。

（一）修复类型的选择

种植义齿分为两大类：种植固定义齿和种植覆盖义齿。

种植固定义齿可用于从单颗牙、多颗牙到全牙列缺失的修复，包括种植单冠、种植联冠和种植固定桥。种植覆盖义齿主要用于牙列缺失的修复，也可以用于缺牙数目较多的牙列缺损的修复（此时又称为种植可摘局部义齿），根据附着体类型分为杆卡、球帽、按扣、磁性附着体和套筒冠。各类修复体的具体设计要点见本章第七节。

（二）种植修复的美学设计

根据临床分析设计思路，一般遵照唇面部美学、白色美学、粉红色美学三大方面设计的顺序展开，并注意三方面设计的密切联系和有机融合，可通过临床照片、视频、诊断蜡型、试排牙、诊断性修复体、可摘或固定临时义齿、美学设计软件等手段辅助设计。

1. 唇面部美学　与种植修复相关的主要唇面部美学指标包括垂直距离、丰满度、唇线、笑线和面中线。

如果伴有咬合支持丧失，需要重建或升高垂直距离时，应综合面部比例、关节肌肉功能和修复空间需要等因素，确定适合的垂直距离，确保面部比例的协调性。修复的𬌗龈向空间不足（4 mm以内）且有咬合重建治疗指征时，也可考虑通过适当升高垂直距离以开辟修复空间。

对于伴有多个前牙缺失的种植修复，需要判断牙槽骨吸收程度及其对上、下唇丰满度的影响情况，从而确认是否需要做组织增量。如果局部骨缺损过大，无法通过软硬组织处理恢复适合的丰满度，则应设计种植覆盖义齿，通过义齿唇侧基托恢复丰满度。多个前牙即刻种植时，需要重视种植修复后可能的骨轮廓改变对丰满度的影响，合理设计组织增量方式。

唇线、笑线和面中线是白色和粉红色美学设计时的重要参考，高笑线的患者由于上唇动态运动过程中牙冠和牙龈均会显露明显，美学风险最大，设计和治疗要求最高。

2. 白色美学　主要指天然牙和修复体的中线、切缘位置、形态、比例、排列、颜色等美学指标，应与唇面部协调。与天然牙冠桥相比较，种植修复大多可以为修复体部分留出足够的制作空间，白色美学效果更易实现。

种植修复有关白色美学的主要设计要求与常规修复类似，其特殊要求包括：①多颗前牙连续缺失时，需要根据牙冠长宽比的需要，确定是否改变牙槽嵴垂直高度，如果预期冠长度过大，可考虑设计垂直增量、修复体使用牙龈色材料等方式，如果预期冠长度不足，可考虑设计适当去骨；②根据修复体的位置要求设计种植体植入的位置，避免种植体颈部位置过大偏差，导致种植修复体颈部"偏斜"不正，会严重影响白色和粉红色美学效果；③牙冠颈部形态、位置不仅影响白色美学，还对种植体周软组织形态、位置等美学指标有重要影响；④螺丝固位的修复体螺丝孔一般应置于舌侧，避免暴露，如果螺丝孔位于唇侧且必须采用螺丝固位，修复时设计与修复体匹配的材料制作螺丝孔嵌体，可改善美观效果，美学要求不高时，也可用复合树脂充填。

3. 粉红色美学　建立种植区域软组织自然的形态、颜色、质地，并与相邻天然牙协调，其中以龈缘的位置、形态、龈乳头高度以及对称性、协调性最为重要。牙槽骨和软组织是粉红色美学的基础，由于种植治疗对于骨和软组织的改变可能性大，临床软组织美学问题较天然牙修复更多、更严重，因此需要重点设计。高笑线患者的牙龈易暴露，需要重点关注软组织美学设计。对于低笑线的患者，软组织对于整体美学效果影响有限，如果软组织美学重建的难度过大，软组织美学的设计要求可适当降低。

选择适宜直径的种植体，准确设计种植体植入的三维位置，必要时辅以骨增量手术，防止种植体位置偏差和周围骨厚度不足，为种植体周软组织的位置、形态和稳定性建立坚实基础。平台转移的种植体由于能减少骨吸收，对美学区种植具有一定优势。

相邻种植体间的龈乳头高度一般较天然牙低 1～2 mm，相邻连续种植时种植体间应至少保留 2～3 mm 的骨间隔，以防止过度骨吸收，导致龈乳头高度明显不足、缺如甚至塌陷，如果无法确保足够的骨间隔宽度，则需酌情考虑术前正畸治疗、种植单端桥设计等方案。

美学区正式修复前通过临时修复体行软组织成形术（soft tissue conditioning），待龈缘和龈乳头稳定 2～3 个月之后再正式修复，正式修复时采用适合的印模技术转移成形好的软组织轮廓；通过个性化基台（individualized abutment）或基台一体冠，能够更好地支撑、维持美观的穿龈轮廓。采用氧化锆全瓷美学基台，能够避免龈缘附近由于选择钛基台引起的"透灰"现象。

必要时，通过软组织移植术来恢复软组织的量和质。对于局部软硬组织缺损过大，且增量手术难度和风险过大时，可以采用牙龈色的修复材料"重建"缺损区形态，此时不需对牙槽嵴软组织形态做过多美学要求。种植复合桥桥体与牙槽嵴交界处在微笑和说话时暴露对美观影响大，对高笑线的患者尤其要重点关注，如果存在这样的风险，一般可设计适当降低牙槽骨高度。

（三）负载时机的选择

负载时机（loading protocols）指种植体植入后修复的时机，一般分为即刻负载、早期负载和常规负载。

1. 即刻负载（immediate loading） 指种植体植入后 1 周以内修复（一般为临时修复），多用于美学区和牙列缺失的种植，基本要求为种植体植入扭矩大于 30 Ncm，患者无口腔副功能且具有良好的依从性（无过度负载的风险）。有学者支持将种植体植入后 1 周以内修复但无咬合接触的情况称为即刻修复（immediate restoration），以体现修复体虽然有来自周围肌肉压力，但无咬合接触负载的特点。

2. 早期负载（early loading） 指种植体植入后 1 周到 2 个月之间修复，如无特殊需要，一般不采用这个时机，尤其是 1 周到 1 个月之间，由于这段时间种植体初期稳定性开始下降，且尚未达到可靠的骨结合，失败风险较大。

3. 常规负载（conventional loading） 指种植体植入 2 个月之后的修复，如果患者无特殊情况，大多数都可以选择常规负载。尚有部分学者支持对于特殊临床情况采用延期负载（delayed loading），指种植体植入 3～6 个月后修复，主要目的是为骨结合提供足够的时间，一般适用于以下情况：①大量植骨且自体骨结合面积有限，如上颌窦大量植骨，上颌窦底自体骨高度不足 2 mm；②骨密度过低的Ⅳ类骨；③修复时出现过种植体拧松（无水平向动度）的情况，处于"尝试再骨结合"状态的种植体。

（四）种植修复固位方式设计

种植固定修复主要包括螺丝固位和粘接固位两种方式，各有优、缺点（表 10-1）。越来越多的学者建议，如无特殊情况，螺丝固位是首选。

（五）种植手术设计

1. 种植时机（timing of implant placement） 根据种植体植入时拔牙时间及软、硬组织愈合程度不同，种植时机分为四型：

表 10-1 粘接固位和螺丝固位的优缺点及推荐应用

	优点	缺点	推荐应用
粘接固位	1. 手术植入及义齿制作技术要求低，能够补偿部分制作误差 2. 殆面完整，利于恢复咬合接触	1. 粘接剂可能残留，生物学并发症的风险较高 2. 肩台或基台暴露的风险	1. 有弥补误差的需要 2. 窄径种植体支持的修复体 3. 边缘位于龈上的小跨度修复体
螺丝固位	1. 不残留粘接剂，减少种植体周炎风险 2. 容易拆卸，便于修理、维护 3. 更容易形成良好的穿龈轮廓 4. 美学风险低，牙龈少量退缩不会露出基台颜色	1. 对种植体植入位置、骨增量等操作要求高 2. 对印模、模型、加工等环节精度要求高，加工工艺稍复杂 3. 采用饰面材料时，破损率较高 4. 咬合接触可能受影响 5. 螺丝孔充填物可能脱落，可能影响美观	1. 殆间距离较小时（种植体至对殆牙不小于 4 mm 即可制作） 2. 单端桥 3. 长跨度固定桥 4. 用于软组织成形的临时修复体 5. 需要拆卸

（1）Ⅰ型种植：即刻种植（immediate implant placement），指拔牙后即刻植入种植体，一般用于美学区和牙列缺失的种植，不能用于下列情况：唇颊侧牙槽骨严重缺损、局部存在急性炎症、无法获得初期稳定性或存在影响拔牙窝愈合的情况（如吸烟、糖尿病、严重自身免疫性疾病等）。

（2）Ⅱ型种植：早期种植（early implant placement with soft tissue healing），指拔牙后 4～8 周植入种植体，此时软组织已经愈合，骨吸收程度较低，有利于植骨效果，多用于美学区种植。

（3）Ⅲ型种植：常规种植（early implant placement with partial bone healing），指拔牙后 3～4 个月植入种植体，此时拔牙区牙槽嵴已大部分愈合，可用于大多数临床情况，磨牙区的种植多采用Ⅲ型种植。

（4）Ⅳ型种植：延期种植（late implant placement），指拔牙 6 个月后植入种植体，拔牙窝完全愈合。一般用于：①局部骨缺损过大、需要大量植骨；②患者全身情况不佳需要较长全身治疗或调整时间；③青少年拔牙后一般需待成年后再种植。

对准备拔牙的患者设计常规或延期种植时，为了减少牙槽骨吸收，可以在拔牙时行牙槽嵴保存术（alveolar ridge preservation）。

2. 种植体植入手术设计

（1）种植体类型的选择：根据缺牙部位、修复间隙大小、切口是否关闭等情况确定。

美学区首选平台转移骨水平种植体；殆间距离较小时，应选择骨水平种植体，以减少对修复空间的占用；近远中间隙较小时宜选择根形种植体，以减少损伤邻牙的风险；磨牙区殆力较大时，软组织水平种植体能够提供更可靠的强度，不宜采用基台颈部过细的种植体以防基台折断；需要潜入式愈合时选择骨水平种植体，便于关闭切口。

（2）种植体数目的确定：根据缺牙数目、缺牙部位、修复间隙大小、修复体类型、骨质、骨量、患者可接受的治疗费用等情况确定。

种植体与缺牙数目比例一般为 1∶（1～3）。由于两个相邻种植体的距离至少为 2～3 mm，因此下切牙区一般不宜连续种植，以防种植体间距过小导致失败。单端桥是种植修复较常用的设计形式，作为悬臂梁的桥体在前牙区至少需要 1 颗种植体支持、后牙区至少需要 2 颗种植体支持。

（3）种植体植入位置、角度的确定：根据殆力方向、缺牙部位、缺牙数目、骨量、骨质、牙槽嵴形态和倾斜情况、负载时机等情况确定。

种植体植入位置应尽量使上部结构排在理想位置上；前牙区种植采用螺丝固位时种植体轴线应从舌窝穿出；种植固定桥设计种植体植入时应首选便于形成双端固定方式，三个及以上种植体应尽量构成面式布局以提高支持的稳定性，如果骨量受限，也可以改变植入位置采用单端桥的设计；伴有同侧上下第二磨牙缺失时，可以不种植，采用短牙弓的设计。

种植单冠修复尽可能轴向植入，以使𬌗力沿种植体长轴方向传导，如果因牙槽骨条件限制需要适当倾斜，与牙长轴的角度应小于15°。种植联冠或固定桥修复因牙槽骨条件受限需要倾斜植入时，需要结合基台可纠正的角度来确定最大倾斜角度，一般两个种植体夹角应小于60°。

（4）种植体直径：根据牙槽嵴宽度、缺牙部位、缺牙间隙大小、种植体数目、患者𬌗力等情况确定。种植体周围至少保留1～1.5 mm牙槽骨，常用的选择方式及注意事项见表10-2。

表10-2　种植体直径的选择

牙位	常用直径（mm）	注意事项
上切牙、尖牙	3.5～4	一般不应大于4.5 mm，否则会增加骨吸收、软组织退缩的风险
下切牙	3～3.5	一般不应大于3.5 mm，否则会增加骨吸收、软组织退缩的风险
前磨牙	3.5～4.5	如果间隙较大，也可选择4.5～5 mm的种植体
磨牙	4～5	如果选择直径更窄的种植体，则应考虑联冠或固定桥修复

（5）种植体长度：根据牙槽骨可用高度、骨密度、种植时机、负载时机来确定。

种植体需要和重要解剖结构保留1～2 mm安全距离，以防造成意外损伤；常规种植一般选择10～12 mm长度，不宜选择过长的种植体，以减少骨灼伤的风险；骨高度受限时可选择短种植体，此时应尽可能选择较大直径的种植体；即刻种植的种植体长度一般不小于10 mm，以获得良好的初期稳定性，如果即刻种植即刻修复，则应尽量选择12～15 mm的种植体，同时适当增加种植体直径，以增加支持能力、减少失败风险。

3. 软、硬组织手术设计　缺牙区骨量不足时，可以根据临床具体情况，选择引导骨再生术、上颌窦底提升术、外置式植骨、牵引成骨等骨增量技术；骨质不良时，可采用骨挤压术改善局部骨质、提高初期稳定性；如果骨量过多、修复空间不足或严重影响美学效果，可考虑采用骨减量手术，以确保最佳修复效果。

局部软组织条件不佳时，可以酌情采用游离龈移植、结缔组织移植等软组织手术，以改善黏膜状况，提高生物学稳定性和美学效果。

需要注意的是，对于局部解剖条件过差，如果软、硬组织重建手术风险和难度过大，可在有循证依据的前提下，考虑改变修复设计或种植植入手术以避免过于复杂的手术。

（六）种植修复的咬合设计

种植修复体和天然牙修复体有很多相同之处，如牙冠基本形态、修复体材质、主要加工工艺等，治疗目的均是恢复口颌系统的功能和美观，并确保牙列、牙槽骨的稳定性，这决定了种植修复的咬合设计和处理要以天然牙的𬌗学理论为基础。

但是，从𬌗学的角度，种植体与天然牙之间存在很大差别，主要包括：①骨结合与牙周膜的巨大差别；②种植体与天然牙根直径、表面积、形态、数目的差异；③弹性模量的差异；④位于牙槽骨中的位置、方向及其与对𬌗牙的相对位置关系；⑤种植体与修复体之间的多层连接结构；⑥冠根比的差异。这些区别是种植修复和传统修复咬合设计应有所不同的原因和基础。两者之间的差异所造成的主要影响有：①力的感受：感觉的灵敏度下降；②力的传导：缺乏对𬌗力的缓冲；③力的放大：容易形成杠杆力。因此，种植修复容易产生过度负载（overloading），特别是骨质较差、存在悬臂、口腔副功能、咬合高点、上下颌全颌种植义齿等情况下更容易发生过度负载。

种植修复时要适当体现对种植修复体的保护，即种植保护𬌗（implant protected occlusion）的理念：①保护种植体骨结合界面；②避免对种植体、上部结构及连接结构造成机械损伤；③避免对余留天然牙的损伤。主要设计要求如下：

1. 增加骨和种植的支持 ①选择良好表面的种植体确保骨结合质量；②增加种植体数目、直径和长度；③改善局部骨质、骨量，确保植入后足够的愈合时间；④对于骨质不佳的牙位或患者，可采取渐进性负载的方法；⑤通过联冠将不同的种植体连接，从而起到分散殆力的作用。

2. 控制殆力大小，改善殆力方向 ①确保种植体合理的位置和方向；②适当降低牙尖斜度；③殆面减径；④形成平底的中央窝，可建立 1～1.5 mm 的窝底咬合平台与对殆牙尖接触，利于产生轴向力；⑤根据临床具体情况调整咬合接触强度；⑥咬合接触尽量控制在种植体直径范围内；⑦对于过于偏舌侧的上颌种植体，设计反殆；⑧对于局部支持条件不佳的种植体，可以考虑选择复合树脂修复殆面，对殆力会有一定的缓冲作用。

3. 重视复查时咬合的检查和必要的调整 研究表明，种植修复后咬合并非稳定不变，种植体区域或天然牙咬合的变化均可能对种植修复体造成不利影响。建议半年到一年复查一次，如果有特殊情况可加大复查频次，复查时仔细检查咬合状况，必要时需要做精细的咬合调整。

（张　磊）

第六节　种植体植入手术的基本原则
The Basic Principles of Implant placement Surgery

一、口腔种植外科手术

正确实施种植手术是种植修复成功的基础，这将为后期的种植修复工作创造良好条件。种植外科医生要遵循"以修复为导向进行种植体植入"的原则进行术前手术设计、手术实施。术中要准确控制种植体植入位置及方向，获得种植体适宜的初期稳定性（primary stability）。同时应当掌握各种骨增量技术，如骨挤压、骨扩张、骨劈开、引导骨再生（guided bone regeneration，GBR）、自体骨移植、上颌窦底提升技术等。

种植体的愈合形式分为两种：潜入式愈合（submerged healing）和非潜入式愈合（non-submerged healing）（图 10-11），其外科操作程序有所不同。潜入式愈合的外科程序分为两个阶段：Ⅰ期手术和Ⅱ期手术。Ⅰ期手术为植入种植体，然后缝合黏骨膜瓣完全覆盖种植创面，使种植体在无负载条件下于颌骨内完成骨结合（上颌一般需 3～6 个月，下颌一般需 2～3 个

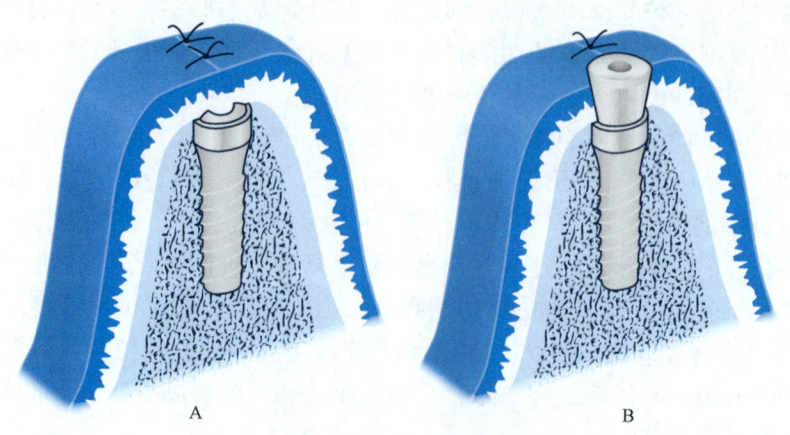

图 10-11　种植体的愈合形式
A. 潜入式愈合；B. 非潜入式愈合

月)。待骨结合完成之后再行Ⅱ期手术，暴露种植体并安装愈合基台，4～6 周后开始修复。非潜入式愈合是在种植体植入后即刻就安装愈合基台，使种植体在接有愈合基台的状况下完成骨结合，无需再行Ⅱ期手术。

二、种植外科手术的基本原则

1. 无菌原则 是外科手术的一项基本原则。口腔种植手术常在局部麻醉下进行，受呼吸道、消化道以及口腔内局部因素如唾液的影响，属于在污染环境下的手术操作，不能达到完全无菌状态。种植体植入剩余牙槽骨，一旦感染产生炎症反应，将会污染种植体表面，影响成骨细胞分泌骨基质在种植体表面，引起局部感染，甚至导致种植体早期脱落。因此，要尽量减少手术的细菌污染。可以要求患者在手术前 0.5～2 h 口服广谱抗生素，进行预防性用药；在手术铺巾前含漱 0.12% 氯己定 2 次，每次 1 min，以起到抑制口腔内细菌的作用；术前要严格面部消毒，铺巾，手术器械及各种设备要严格消毒灭菌，手术室消毒灭菌，避免空气污染；同时，在种植窝预备过程中，尽可能避免唾液进入种植窝洞内；种植窝预备完成后，用生理盐水反复冲洗，并尽快植入种植体，关闭软组织创口。

2. 种植体表面无污染原则 种植体表面污染会影响种植体的骨结合，并可能引起植入床感染。术中要防止器械、手套等与种植体表面的接触，并要尽可能减少种植体暴露在空气中的时间。

3. 微创原则 在手术操作中要注意微创的理念，包括尽量减少对软硬组织的创伤、促进软组织一期愈合，保持软组织良好封闭，特别是植骨患者。

骨组织损伤主要来源是热损伤和干燥损伤。对于骨组织而言，术区局部温度高于 47℃ 且超过 30 s，就会对骨细胞的活性造成不可逆的破坏。因此，要防止种植外科手术操作中骨组织局部温度过高。在种植窝的预备过程中应注意：①严格控制扩孔钻的使用次数，根据厂家推荐的使用次数及时更换，保持车针锋利和较高的切割效率。②用 4℃ 的生理盐水充分冷却车针和术区，降低局部温度。③保持合适的转速：不同种植系统中车针的材质、外形和切割方式不同，转速要求也有差异，一般按厂家推荐的转速进行种植窝的制备，不要超过厂家推荐的最大转速。④提拉式扩孔备洞：种植专用钻头可分为内冷却式和外冷却式。内冷却式即喷水装置与车针中心部位相通，操作过程中冷却水流可从钻头中心喷出、冷却效果好，但是制作成本较高，不易清洁消毒，目前应用越来越少。外冷却式是在操作过程中冷却水流从手机外面的导管喷到钻头上，冷却效果略差，应注意采用提拉式渐进钻孔的方法将冷生理盐水导入种植窝，达到充分冷却的目的。对于使用较长种植体的患者，由于预备窝洞较深，生理盐水不易流入，易导致窝洞深部产热过大，所以要提高提拉频率，使生理盐水能够充分流入窝洞里去。⑤逐级备洞：钻针越粗，级差越大，产热越大，所以种植备洞时要从细到粗逐级备洞，可以根据骨密度改变级差，骨密度越高，每次备洞级差要越小，反之，骨密度越低，可以适当增加级差。⑥避免对机头加压：骨密度越高，备洞时越困难，此时越容易产热，越要注意不能过大加压，否则更容易产热。

减少对软组织的创伤：在不影响手术操作判断的情况下，尽可能缩小黏骨膜瓣的剥离范围，防止过度剥离黏骨膜破坏局部血液供应，并且动作要轻柔，精细分离，避免撕裂，避免过度牵拉黏骨膜瓣。需植入多个种植体或者进行复杂的植骨手术时，往往手术涉及的范围比较大、手术操作时间长，为减少患者术后水肿、疼痛等不良反应，应注意充分减张、严密关闭创口，并将术区软组织瓣下方积存的空气、冷却液、血液等轻轻挤出。术中要保持骨组织或黏膜组织湿润，防止长时间干燥导致组织损伤。

防止损伤邻牙、神经、血管等局部重要结构，根据术前 X 线片、CT 影像结果，注意邻牙牙根走行，避免损伤邻牙牙根。注意下牙槽神经与上颌窦底等结构的位置。

4. 初期稳定性原则　初期稳定性是指种植体植入骨组织初期，能够抵御一定的外力依然能够保持种植体与骨界面之间位置稳定的能力。初期稳定性不足可能导致种植体与骨界面之间出现微动，影响成骨细胞分泌骨基质在种植体表面，导致种植体形成纤维愈合。为了获得足够的初期稳定性，应注意：①在不违反以修复为导向的种植原则的基础上，选择具有适宜骨质、骨量的位置进行植入。②确保种植窝的预备精度，包括预备深度和预备直径，尽量在初始钻达到预备深度和方向，避免反复预备，尤其是终末扩孔钻如若反复修整，会造成预备直径的扩大。③级差备洞原则：螺纹状种植体的直径应比终末扩孔钻的直径（即备洞直径）稍宽，一般为 0.5～0.8 mm，以保证种植体与骨壁之间的紧密接触，而同时又不会使种植体对骨壁造成过大的挤压。④充分利用牙槽嵴顶的骨皮质：骨皮质是种植体获得初期稳定性的重要因素。⑤应用骨挤压等外科技术：在骨质稀疏的区域（如上颌后牙区）采用骨挤压等方法可提高种植体周围骨密度。

5. 以修复为导向植入种植体　在种植技术发展早期，种植最大的问题是怎样实现骨结合，所以早期种植医师为了确保种植修复成功采用了以外科为导向的种植义齿修复，这样导致虽然很多时候种植体骨结合成功，但是种植体植入位置不利于种植修复的短期效果和长期效果，甚至出现骨结合成功，却无法进行修复的现象。随着种植技术的不断发展，特别是软硬组织增量技术不断发展，以修复为导向的种植义齿修复成为主流原则，也就是在外科技术允许的前提下，将种植体植入最有利于修复的位置上，以确保种植修复效果。当前种植修复领域逐渐推崇并日益强调"以修复为导向的种植修复"的理念，因为种植的最终目的是修复患者缺失的牙齿及软硬组织，恢复其咀嚼、发音、美学等口颌系统的功能，重塑患者的社会属性。当然，完全不考虑外科条件也是不可取的，应当以修复为导向，充分考虑患者局部软硬组织条件和种植医师的技术水平，选择相互兼顾的最佳方案。

6. 减少愈合过程中外界干扰的原则　种植体植入后需要有一段愈合等待期，上颌一般需 3～6 个月，下颌一般需 2～3 个月。在此期间内，种植体无干扰愈合是骨结合的重要前提，它受种植体材料与表面状态、种植窝状况、愈合基台周围软组织封闭情况、种植体负载情况、过渡义齿佩戴情况、口腔局部环境（软垢、菌斑）等多个因素影响。为减少上述干扰因素，应注意：在种植体植入手术中完全去除种植窝周围的软组织，以免在种植体就位时将软组织带入种植窝内，影响种植体的骨结合；放置种植体前，用生理盐水冲洗窝洞，尽量清除有可能残留的牙根残片、感染的牙槽骨碎片、根尖区域残留的牙胶、拔牙过程中脱落的牙体充填材料等异物；若采用穿龈愈合方式，尽可能使软组织完全封闭愈合基台，减少软垢、细菌的侵入；在种植体愈合等待期，应避免种植体过度负载；在前牙区种植手术后应用过渡义齿时，应彻底缓冲基托组织面，使义齿在任何功能状态下均与软组织脱离接触；种植体植入后，强调口腔卫生宣教，使患者能较好的维护口腔卫生，保持种植区域的软硬组织健康。

7. 尽量保留健康的软硬组织的原则　拔牙后的骨愈合与改建过程中，唇颊侧骨板会出现明显吸收，造成缺牙区牙槽骨垂直向与水平向骨缺损，而牙龈也部分转化为牙槽黏膜，使得种植体颈部没有或只有很少量的角化黏膜。角化黏膜不足，会造成软组织与种植体周围的封闭能力下降，难以抵抗咀嚼时食物的摩擦，容易发生种植体周围黏膜炎症。因此，要尽量保存健康的软硬组织。例如，采用位点保存的方法减少天然牙周围软硬组织损失。

（周建锋　刘建彰）

第七节　种植义齿修复的临床方案
The Prosthodontic Options for Implant Denture

种植体与天然牙解剖结构不同，所以种植义齿在修复设计上与天然牙不同，需要根据患者不同位点、不同的受力选择适宜的种植体（包括种植体型号、数量、分布和修复体结构等）。

临床上常用修复体包括种植单冠、种植固定桥、种植可摘局部义齿、全口种植固定和固定活动联合修复体等。

一、种植单冠的修复设计

当单个天然牙缺失后，需要根据缺牙部位𬌗力特征和局部软硬组织条件选择适宜种植体进行种植修复。

（一）种植体周围需要足够的健康骨组织支撑

种植体骨结合是一个骨改建过程，种植体植入骨组织后在种植体周围会有 0.5～1.0 mm 骨吸收重建，如果种植体周围骨组织不足 1 mm，骨改建可能导致骨吸收塌陷，软组织替代长入，所以种植体植入骨组织后周围至少要有厚度 1～1.5 mm 以上的健康骨组织。

如果植入区两侧是天然牙，天然牙周围有 0.2～0.3 mm 厚度牙周膜，所以种植体距离天然牙根距离要在 1.5 mm 以上，两个种植体之间的距离至少要在 2～3 mm 以上。

（二）种植体选择需要与局部𬌗力相匹配

患者咀嚼习惯不同，缺牙部位不同，往往不同种植位点具有不同的𬌗力需求，需要选择适宜的种植体与局部的𬌗力相匹配。种植体𬌗力耐受能力与种植体的直径、长度和种植体周围的骨组织厚度、密度等密切相关。种植体的选择一般需要考虑种植体的直径、长度、外形及表面处理等诸多因素。

（三）临床上种植体选择具体方法

单个种植体选择需要根据局部骨质、骨量和𬌗力需求，选择种植体的直径、长度和外形。

1. 种植体直径选择　需要考虑种植位点颊舌向和近远中向骨宽度以及𬌗力需求。

对于颊舌向可用骨宽度，种植体植入后周围至少要有 1 mm 以上的骨组织，即种植体直径 ≤ 局部颊舌向可用骨宽度 − 1 mm×2；如果在颊舌向能够各保留 1.5～2 mm 的骨量，对于种植体的长期稳定更加有利。

对于近远中向可用骨宽度，如果邻牙是天然牙，种植体近远中应当保留 1.5 mm 以上的骨组织，即种植体直径 ≤ 局部近远中向可用骨宽度 − 1.5 mm×2，如果邻牙是种植体，那么种植体之间距离应当至少在 2～3 mm。一般种植体都植入缺失牙的中央位置，但是如果近远中间隙大于 12 mm，则考虑使用 2 颗种植体，以减少悬臂梁的距离，同时改善穿龈外形。

2. 种植体长度选择　种植体根方至少要有 1～2 mm 的骨组织。

3. 种植体的𬌗力匹配　在满足前述可用骨的前提下，应当根据缺牙局部𬌗力需求选择与之相匹配的种植体。当局部骨量不足，不足以选择与缺牙局部𬌗力相匹配的的种植体时，可能导致种植体受力过大出现骨吸收、骨结合破坏甚至种植体折裂等现象。对于特殊情况必须使用时，应当控制𬌗力，目前临床常用控制𬌗力的方法包括减径，减数，控制牙尖斜度，增加食物排溢道等方法。

4. 种植体外形选择　根据患者骨质、骨量及初期稳定性需求，选择锥形或柱形种植体。根据局部颌间距、修复需求等选择组织水平还是骨水平种植体，一般前牙美学区和颌间间隙低的区域建议采用骨水平种植体，这样更有利于美观效果的获得，修复更加灵活。

（四）种植单冠的修复选择

种植单冠修复材料选择与传统单冠类似，不同之处主要是在穿龈部分要更加考虑生物相容性，𬌗面部分要注意防止崩裂，建议选择生物相容性更好的贵金属、纯钛或者氧化锆材料修复体。因为氧化锆材料具有良好的生物相容性和机械强度，目前在种植单冠中应用更加广泛。

种植单冠采用粘接固位时，要控制基台边缘的深度，研究表明：如果粘接固位基台的边缘深于龈缘下 2 mm，一旦粘接剂外溢，将无法清洁干净，所以要控制粘接基台的边缘位于龈下 2 mm 以内，同时严格控制粘接剂的量防止外溢。必要时制作个性化基台，控制基台边缘位置。

对于后牙区，单冠种植修复体尽量采用螺丝固位，这样可以减少种植体的周围炎症风险，同时便于后期维护。目前临床上螺丝固位修复体常采用一体化基台冠方式。一体化基台冠是将基台与冠在口外铸造或粘接在一起的，避免了对种植体周围组织的刺激。

对于前牙区，当种植体轴向于前牙切缘的舌侧穿出，适宜采用螺丝固位；如果种植体轴向穿出方向为切缘唇侧，则无法使用螺丝固位，可以使用粘接固位，但注意需要使用个性化基台控制粘接基台边缘位于龈下 2 mm 以内，同时要控制粘接剂的量，防止粘接剂外溢。

二、多个牙连续缺失的种植固定修复设计

当多个牙连续缺损时，可以考虑使用多个种植单冠、种植联冠或者种植固定桥修复。

1. 多个连续的种植单冠设计　多个连续的种植单冠主要优点是排列类似于天然牙，受力更加合理，更加利于自洁。但是要注意控制种植体之间的间距，过近的种植体可能导致种植体周炎，且容易相互影响。

2. 种植联冠设计　可以有效地减少单个种植体的受力，尤其是不在同一条直线上分布的多个种植体支持的种植联冠（图10-12）。对于局部骨量不足，可选用的种植体支持力不足以满足局部𬌗力需求时，可采用多个细种植体或者短种植体联冠修复。联冠会增加种植体周围清洁难度，需要设计良好的自洁形态，加强对患者教育，增强患者局部自我清洁意识。联冠的自洁形态主要包括种植体周围穿龈外形的设计和龈外展隙设计。颊舌面穿龈外形要求与种植单冠类似，龈外展隙一般形成穹隆形，便于间隙刷或者牙线的引线器自由穿入，方便清洁，避免形成窄缝甚至压迫牙龈乳头。

3. 种植固定桥修复　对于多个牙缺失也常采用种植固定桥修复。如图 10-12，如果是三单位种植固定桥，作为固定桥基牙的种植体按照局部个别牙缺失的标准选择种植体即可；但是如果存在大跨度桥体或者悬臂梁，则需要选择支持能力更强的种植体。从力学角度分析，要注意控制桥体的跨度，桥体跨度越大，挠曲变形越大，对种植体产生较大的扭矩，一般桥体的跨度应当控制在 2 个单位以内；注意增加桥体的强度和刚度，保证桥体有足够的横断面积（根据材料不同，金

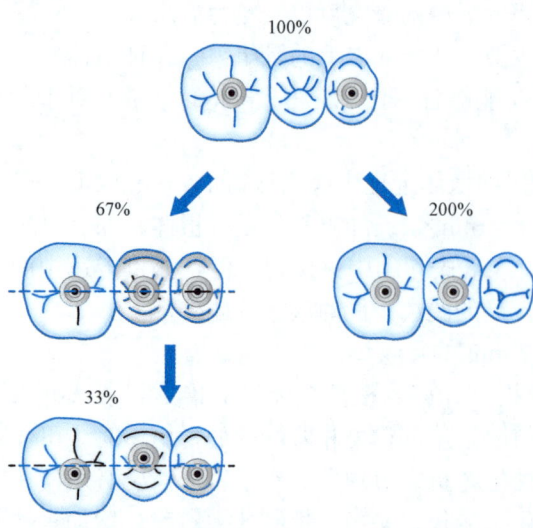

图 10-12　不同种植体分布时受力分布

属横断面积要大于 3 mm×3 mm，氧化锆材料要大于 4 mm×4 mm）；增加作为基牙的种植体的直径、长度；增加基台的机械强度、增加固位力。对于殆力大的区域要更加小心。种植固定桥桥体要有良好的自洁形态，可以根据剩余牙槽嵴的外形、宽度选择船底式（卵圆型）桥体或者改良盖嵴式桥体。悬臂梁会导致末端种植体受力成倍增加，悬臂梁长度越长，末端种植体受力越大（图 10-12）。当因为解剖结构限制，必须使用悬臂梁时，应当尽量减少悬臂梁的距离，增加对抗悬臂梁的两颗种植体基牙之间的距离。对于近远中距离较小，殆力较小的区域可以考虑使用悬臂梁设计，如下颌侧切牙、近远中距离过小的上下颌前磨牙区，以及如前所述在近远中距离不足 12 mm 的区域，但是要注意控制减少悬臂梁上所受的殆力。

由于种植体与天然牙动度不同，如果把种植体和天然牙作为基牙共同支持固定桥，可能导致天然牙的约束性下沉，导致种植体受力过大，所以尽量避免天然牙和种植体共同支持固定桥。

三、种植可摘局部义齿设计

在患者经济条件或者全身、局部软硬组织条件不允许，种植体无法完全恢复缺失牙功能的情况下，种植体也可以辅助可摘局部义齿获得更好的长期、短期效果。在局部义齿设计中一些很难处理的情况，如单侧牙缺失、游离端缺失、重要基牙缺失等情况，可以利用种植体辅助局部义齿获得支持、固位和稳定。此种义齿设计也要注意合理分散殆力，避免种植体、天然牙基牙和剩余牙槽嵴受力过大。

四、全口种植修复设计

全口种植要完全重建整个口颌系统，所以需要比单个种植体设计考虑更多因素，主要是适宜的力学分布和良好的自洁作用。

（一）全口种植修复分类及适应证

全口种植修复根据结构不同，临床上一般分为冠桥式种植义齿、复合式种植义齿和种植覆盖义齿三类。

1. 冠桥式种植义齿 结构类似于常规种植单冠或种植固定桥结构，适用于单纯牙缺失没有明显的牙槽骨骨吸收的患者。此类患者的剩余牙槽骨具有适宜的宽度和高度，可以容纳种植体并支持唇丰满度，其理想前牙切缘到龈缘距离为 7～10 mm，龈缘距离牙槽嵴顶距离 3～4 mm，所以切缘到剩余牙槽嵴顶的距离小于 14 mm。冠桥式种植义齿穿龈结构类似于天然牙，种植时位点选择较为严格，尤其是前牙美学区域。种植位点一般选择在缺失牙的中央或略偏远中（前牙区），避免种植在两个牙齿之间，穿龈外形必须兼顾美观和清洁。

2. 复合式种植义齿 不仅要恢复患者缺失的牙齿，同时要恢复缺损的软硬组织，因为义齿结构中含有牙齿、牙龈等结构，所以称为复合式种植义齿。复合式种植义齿结构比较大，适用于不仅存在牙缺失而且还伴有垂直向牙槽骨吸收的患者。此类患者剩余牙槽嵴颊舌向骨吸收不明显，剩余牙槽骨可以支撑唇丰满度，可以容纳种植体。患者理想牙列切端到牙槽骨距离大于 15 mm。由于修复体存在人工牙龈，而人工牙龈与天然牙龈的交界无法做到浑然一体、自然移行，因此在美学区复合式种植义齿龈端应位于笑线之上。由于义齿边缘不暴露，所以种植体位点选择一般不以美观为最主要考虑因素，而以力学考虑为主，为了获得更适宜的力学分布，经常会将种植体植入到两个牙之间。

复合式种植义齿结构比较庞大，清洁比较困难，要注意种植体周围形成适宜的穿龈外形，利于自洁。复合式义齿的桥体部分可以根据剩余牙槽嵴宽度形成船底式（卵圆式）桥体或者改良盖嵴式桥体，要保留龈乳头间隙，患者必须具备足够的自洁能力，经过训练的患者可以自如地将专用牙线或间隙刷穿过龈乳头间隙,并可以清洁桥体下方。由于修复体跨度较大,种植体数量较多,需要有更高的机械强度和加工精度,后期维护具有一定难度,建议采用螺丝固位义齿以便定期取下进行清洁维护。

3.种植覆盖义齿 又称为固定活动联合式种植义齿,是可摘戴种植义齿。其主要特点是在无牙颌剩余牙槽骨内植入种植体,上部结构通过不同类型的附着体与种植体相连,为义齿提供支持和固位,患者可自行摘戴。附着体构件通常分为两个部分,一部分固定于种植体之上,另一部分固定于义齿基托的组织面内,两部分之间依靠摩擦、弹性卡抱、磁铁磁性或锁扣固位等形式产生固位力。

(1)种植覆盖义齿的适应证

1)剩余牙槽嵴重度吸收的患者不仅牙缺失,还伴有牙槽骨垂直向和颊舌向重度骨缺损,如行种植固定修复,会导致修复体过大妨碍有效清洁,也可能出现缺乏唇颊侧基托支持,难以恢复面部丰满度。一个经验性的简易判断方法是利用人工牙龈角(angulation of artificial gingiva)(修复体穿龈后的颊侧面与剩余牙槽嵴颊侧面延长线的夹角)判断(图10-13)。当人工牙龈角大于45°时,修复体唇面龈端易出现食物软垢存留,不易清洁,且会影响上唇的运动和形态,在上唇中部出现凹陷或横纹,影响外观。这类患者宜选用种植覆盖义齿修复,可以通过唇侧基托恢复正常的丰满度,同时修复体可摘戴,利于口腔卫生维护。

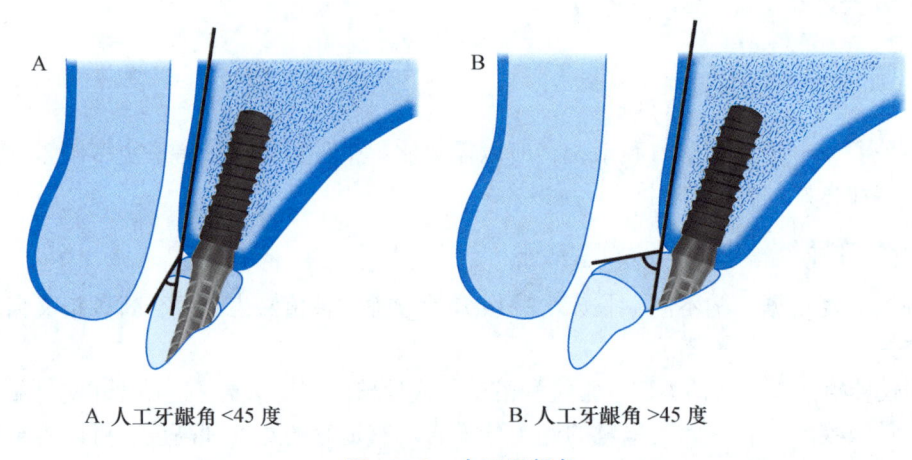

A. 人工牙龈角 <45 度   B. 人工牙龈角 >45 度

图 10-13 人工牙龈角

2)上下颌位关系不良的患者,需要通过修复体基托恢复其面部美观,修复软硬组织缺损。

3)配合能力不足的患者,如一些老年人群,手部协调性和灵敏度降低,更适于采用种植覆盖义齿,可随时自行摘戴,其清洁和口腔维护较种植固定义齿简便。

4)有简化手术和降低费用需求的患者,适于采用种植覆盖义齿修复。研究表明,多颗种植体支持的覆盖义齿能提供与种植固定义齿基本相当的咀嚼效率,手术和修复过程相对简单,费用也相对较低。

(2)种植覆盖义齿常用附着体类型

1)杆卡(clips and bars):通过金属杆件连接种植体,义齿内放置金属或尼龙卡,与杆形成固位。通常采用的杆长度约为 20 mm,杆的设计应尽量与患者两侧髁突连线及𬌗平面平行,与中线垂直,不妨碍唇、舌的活动。杆卡式设计多用于剩余牙槽嵴骨吸收较多的情况,所需要的修复空间(牙槽嵴𬌗平面距离)应大于 12 mm,杆的下方应至少保留 2~3 mm 的间隙以便于清洁。杆式附着体能够为修复体提供水平向稳定性,常见的类型有 Hader 杆、Dolder 杆、圆杆等。

2）球帽（studs）：在种植体上部连接球帽结构的阳型基台，在义齿内放置对应的阴型上部结构，以达到固位作用，种植体之间各自独立。便于清洁，不妨碍舌的运动。被认为是一种结构最简单的附着体，但是单个种植体受力要大于杆卡式附着体。球帽附着体需要定期调整、更换。由于球帽阴性部件易旋转变位，所以在上部结构固定附着体时要注意定位，防止出现移位。

3）按扣式附着体：经典代表是 Locator 附着体，如图 10-14 所示是一种双凹凸结构，其上部阴性部件和下部阳性部件都是金属结构，中央为尼龙环分隔，特殊的结构使 locator 基台具有宽容度较小的就位道，因而更加稳定，固位力更大。临床研究表明，该附着体并发症较少，操作简便，但是尼龙环需要定期更换。是目前临床应用较多的一种附着体。Locator 的弹性要小于球帽结构，固位力可以通过选择不同弹性的尼龙帽来实现。

4）套筒冠（telescopic copings）：通过套筒冠结构的外冠和基台或基台的内冠之间的摩擦力提供固位，义齿只有垂直向动度。

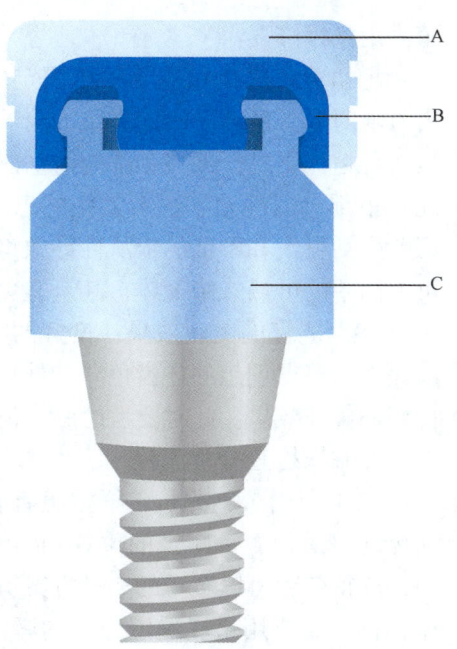

图 10-14　locator 基台剖面示意图
A. 阳性部件；B. 尼龙环；C. 阴性部件

5）磁性附着体（magnets）：通过在种植体上连接磁性附着体基台，在义齿内安放磁铁，依靠磁力帮助义齿固位。该类上部结构只提供垂直向的固位力，对侧向力的抵抗能力小。

（3）种植覆盖义齿附着体适应证：附着体的选择需要考虑颌间间距、𬌗力特征、种植体分布及支持状况。其中颌间间距为最主要的参考要素，当𬌗平面到剩余牙槽嵴顶距离＜ 8 mm 时，不足以容纳目前临床常用附着体且同时保证修复体强度，应当设法增加颌间距离，例如适当降低牙槽嵴高度；当颌间距离 ≥ 8 mm 可以选择磁性或者 locator 基台；当颌间距离 ≥ 10 mm 可以选择球帽或者套筒冠；当颌间距离大于 ≥ 12 mm 时可以选择杆卡式附着体。其中杆卡有助于减少单个种植体微动，降低单个种植体风险，适用于颌间间距比较大，且单个种植体支持力不足的患者。

（二）全口种植修复诊断及治疗设计流程

1. 全口种植修复诊断及治疗设计需要考虑的因素

（1）良好的力学分布：全口种植修复分为固定修复和可摘修复两类，就支持方式可以分为种植体支持式和混合支持式。种植固定修复均为种植体支持式修复体，对种植体分布具有更高的要求，应当采用足够的种植体数目，尽量扩大种植体的分布范围，消除或缩短悬臂梁的距离。如果骨条件限制了种植体的适宜分布，无法完全由种植体支持，则只能采用混合支持的种植覆盖义齿修复。种植覆盖义齿可以由种植体与剩余牙槽嵴共同支持，减少因为种植体分布不佳导致种植体受力过大。对于混合支持式的全口种植义齿，要注意使用具有缓冲功能的附着体。

（2）有利于口腔卫生维护：如果采用固定义齿修复，那么义齿必须具有适宜的自洁形态，经过训练的患者可以进行有效的清洁，如果无法做到有效的清洁，则不能采用固定义齿修复，只可采用可摘义齿修复。

种植固定义齿必要的自洁形态包括：修复体的穿龈外形、龈乳头间隙外形及桥体外形。对于固定种植修复体，种植体颊侧不能放置修复体基托，否则无法清洁。人工牙龈角要小于45°。桥体形态与固定桥结构类似，可以根据牙槽嵴的宽度选择船底式（卵圆形桥体）或者改良盖嵴时。选择固定修复时要评估患者的自我清洁能力，无法有效自我清洁的患者不能采用种植固定义齿修复。

种植覆盖义齿相较于种植固定义齿更便于口腔卫生维护，尽管有唇舌侧基托的覆盖，义齿可随时取下清洁。不同类型的附着体，患者清洁效果也有不同，独立种植体比通过附着体连接的种植体更易于保持颈部的清洁。种植体舌侧尤其是轴角部位菌斑软垢的去除更为困难。因此，手部灵活性差、视力欠佳的患者更适于采用种植覆盖义齿修复。部分患者，如其性格特征、生活习惯和不良的依从性导致口腔卫生维护能力不足，且无法改正的，应尽量选用结构尽可能简单的可摘式修复体，甚至避免使用种植修复。

（3）适宜的美观效果：良好的美观效果是全口种植的重要考虑因素之一，在满足自洁的前提下需获得理想的牙齿色泽和外形，并对口唇形成有效的支撑，重建适宜的垂直距离，获得良好的美观效果。此时要考虑唇、齿和剩余牙槽骨之间的相互关系。

2. 临床检查分析流程

（1）利用微笑分析，根据患者唇缘、唇丰满度确定患者理想前牙位置形态，主要是上颌前牙切缘的位置、龈缘的位置和笑线的位置，可以根据患者现有牙槽嵴的状况，进行适当折中，获得患者可以接受的美学方案。如果患者是全口无牙颌，临床设计操作类似于全口义齿制作，首先需要用蜡堤确定理想的唇丰满度，同时确定切缘的位置、龈缘位置、获得理想唇丰满度的最小的基托位置和笑线的位置。如果存在天然牙，天然牙的切缘龈缘可以接受，可以直接利用原有切缘龈缘进行判断，天然牙周围牙槽骨则需要评估预测患者拔牙后牙槽骨可能的变化，再进行分析。

（2）将确定的切缘位置、龈缘位置、最小基托边缘的位置和笑线位置标记后拍摄 CBCT，在颊舌向断面上分析剩余牙槽骨宽度、高度与切缘、龈缘、笑线之间的关系。是否能够采用种植固定义齿修复多以上颌唇、齿、骨分析为主。

1）首先判断牙槽骨是否能够进行种植修复，或者能否通过植骨进行种植修复；如果能够种植修复，则继续进行评估，如果不适合做种植，则建议采用传统全口义齿修复。

2）对于能够进行种植修复的患者，需要评估上颌最小基托边缘根方是否存在足够的骨质骨量进行种植体的植入，判断最小基托边缘位置、笑线与牙槽骨之间的关系。如果最小基托边缘及笑线根方 4 mm 以上的区域，患者上颌剩余牙槽嵴宽度、高度足够（或者通过植骨或者去骨后可以获得足够宽度的剩余牙槽嵴）容纳足够的直径、长度的种植体，可以获得适宜的唇丰满度，种植体可以获得合理的分布（种植体前后分布距离足够，修复体没有过大的悬臂存在），人工牙龈角可以控制在 45°以内，可以考虑采用种植固定修复；如果最小基托边缘的位置和笑线根方 4 mm 以上区域没有足够的骨来容纳种植体，或者患者不接受去骨到最小基托位置和笑线根方 4 mm，原有剩余牙槽嵴宽度不能获得唇丰满度，必须借助基托来获得，或者无法通过植骨来替代基托获得唇丰满度，人工牙龈角超过 45°，那么只能考虑使用种植覆盖义齿进行修复。如果患者对义齿龈缘根方没有美学需求，可以不考虑笑线的位置及相关骨需求。

3）对于可以采用固定义齿修复的患者，可以进一步判断剩余牙槽骨是否存在垂直向的吸收，如果剩余牙槽骨有明显垂直向骨吸收，即龈缘到可以利用的剩余牙槽骨的距离大于 4 mm，需要采用复合式义齿修复；如果剩余牙槽骨没有明显垂直向骨吸收，即龈缘到可以利用的剩余牙槽骨的距离在 3～4 mm，则可以采用冠桥式修复；如果剩余牙槽骨过多，即龈缘到可以利用的剩余牙槽骨的高度低于 3 mm，则需要考虑去骨，否则美观效果会受到影响。

（三）全口种植修复设计要点

1. 适宜的力学分布　要求在功能状态下种植体受到适宜的作用力，这种作用力要控制在种植体耐受力范围之内，且给种植体适宜的功能刺激。同时，受力也要控制在全口种植修复体的机械强度耐受范围之内。全口固定式种植义齿可以通过修复体将所有种植体连接为一个整体，减少单个种植体的受力。这种力学控制与种植体合理分布密切相关。种植体应当分布均匀，减少悬臂梁的长度，增加可以对抗悬臂的前后种植体之间的距离（anterior-posterior spreads，简称 A-P 距离），骨条件受限时可以利用倾斜种植体实现以上目的。研究表明：同等长度直径的种植体位于相同骨条件下，垂直于𬌗平面种植体受力分布会优于倾斜种植体，但是如果倾斜种植体可以减少悬臂梁的距离，增加与悬臂梁相对抗侧的前后种植体之间的分布距离，那么倾斜种植体有助于种植体合理受力。此外，倾斜种植体有助于利用更加理想的骨质和骨量，有可能使用直径更大、长度更长的种植体。研究证实在全口种植固定修复中使用倾斜种植体与直立种植体具有相似的成功率。

如果骨量受限制，种植体分布只能集中在后部，可以考虑在前部增加种植体，如果无法增加，应当注意控制𬌗力分布，避免前部悬臂梁受力。

2. 对于大跨度修复体，种植体分布注意事项

（1）尽量分散种植体，减少悬臂梁长度。

（2）增加与悬臂梁相对抗的前后种植体的分布距离（A-P 距离），部分学者认为可以根据 A-P 距离来确定悬臂梁的最大长度，上颌全口种植修复悬臂梁的长度最大可以等于 A-P 距离；下颌全口种植悬臂梁的长度可以是 A-P 距离的 1.5 倍。

（3）控制种植体之间的距离与桥体刚度相匹配，包括选择刚度更强的材料（氧化锆、钴铬、纯钛等），保持桥体和连接体足够的横断面积。

（4）避免种植体之间的距离过近，种植体间距至少 3 mm 以上。

3. 全口种植固定义齿种植体的数量及分布 复合式种植固定义齿常选择一段式设计，或者分为 2 段设计，常使用 4～6 颗种植体，常用位置包括侧切牙、第一前磨牙区、第一磨牙区。部分学者强调尖牙区常作为非正中运动的引导，具有较为重要的作用，所以也使用尖牙、第一前磨牙和第一磨牙设计。但此种设计会导致尖牙和第一前磨牙之间的距离较近，增加自洁的相对难度，出现种植体周炎后也易导致相互影响；对于尖圆形明显的牙弓，可能在前牙区形成悬臂梁，可以考虑在前牙区再增加一颗种植体消除悬臂梁。对于 4 颗种植体设计，必须采用一段式整体桥设计，不能分段，要注意增加种植体分布的分散程度，减少悬臂的距离，前牙区使用向前倾斜的种植体，后牙区使用向后倾斜的种植体，以增加 A-P 距离，减少悬臂梁的距离。

对于下颌种植固定义齿，如果种植体植入位置超过双侧颏孔，一般建议采用分段设计。部分种植体位置超过双侧颏孔的患者，当下颌采用一段式整体桥设计时，由于整体桥阻碍了下颌骨的挠曲变形，患者会出现下颌不适或者下颌种植体周围骨吸收。

冠桥式种植固定义齿常选择分段式，种植体数量可以达到 8 颗，常用设计是中切牙和尖牙一组，第一前磨牙和第一磨牙一组，形成单颌四组固定桥。

4. 全口种植覆盖义齿的种植体数量及分布 种植覆盖义齿分为种植体支持式覆盖义齿和混合支持式覆盖义齿。种植体支持式的种植覆盖义齿受力完全由种植体支持，所以受力模式类似于全口固定种植义齿，其数量、分布选择也可以参考种植固定义齿。常用附着体包括杆卡、双套冠等。混合支持式义齿则是由种植体和剩余牙槽嵴共同支持，因此对种植体的数量和分布要求不像种植体支持式义齿那样严格。附着体选择也更加灵活。

上颌种植覆盖义齿由于骨质比较疏松，功能状态下𬌗力方向一般偏离种植体的冠根方向，所以存在较大风险，容易出现种植体脱落，一般建议上颌种植覆盖义齿至少四颗种植体。如果种植体能够均匀分布，就采用种植体支持的覆盖义齿，否则采用混合支持式义齿。对于混合支持式义齿应当根据每个种植体的支持能力和种植体的分布，合理设计基托的覆盖面积以减少种植体受力。上颌四颗种植体混合支持式的覆盖义齿可以减少上腭区义齿基托覆盖，形成类似下颌全口义齿的马蹄形结构，上颌基托向后应当覆盖整个上颌结节；如果种植体的支持能力和分布能够达到全口种植固定义齿的分布要求，才可以在保证覆盖义齿固位力和强度的前提下，减少基托的大小。

对于下颌全口种植覆盖义齿，由于其骨质致密，𬌗力方向更加接近种植体的冠根方向，所以下颌混合支持的种植覆盖义齿可以使用两颗甚至一颗种植体，但是要注意混合支持式下颌种植覆盖义齿的基托要跟传统全口义齿基托伸展一致。2002年在加拿大的麦吉尔关于种植覆盖义齿的共识中指出：传统的全口义齿不再是无牙颌的首选方案，以两颗种植体支持的下颌种植覆盖义齿是无牙颌的首选方案。从目前临床和研究都已证实了这种修复方案的良好效果。两颗种植体分布一般应当位于下颌无牙颌的前部，两侧种植体距离中线等距，两颗种植体的连线要与两侧髁突平行，要避免在前部形成悬臂梁，适当增加两颗种植体左右间距可以增加种植覆盖义齿的固位和稳定。

五、即刻种植、即刻修复及即刻负载

（一）即刻种植

1. 即刻种植的特点

（1）即刻种植的优点：最大的优点就是节约了时间，缩短了疗程。

（2）即刻种植的主要问题：①由于存在拔牙创伤，软硬组织都会受到损伤，可能会影响种植体骨结合；②拔牙窝形态可能干扰种植体在正常位置植入；③种植体初期稳定性的获得比完全骨愈合患者更加困难；④原有牙的炎症可能会对种植产生影响；⑤不易获得良好的拔牙创口关闭，可能会对软硬组织愈合产生不良影响。

2. 即刻种植适应证　即刻种植对种植术者提出更高要求，应当严格控制适应证。2013年国际种植协会第5次共识研讨会提出即刻种植适应证主要为以下几点：

（1）颊侧骨板厚度大于1 mm。

（2）拔牙窝骨壁完整，可清除炎症。

（3）可以获得良好的初期稳定性。

（4）厚龈生物型。

（5）偏腭侧种植、距离唇颊侧骨板2 mm。

（6）使用骨替代材料，植入种植体及唇颊侧骨板的间隙内。

（7）微创手术。

3. 即刻种植适应证选择时的注意事项　以下情况应当慎重，不建议选择即刻种植：

（1）没有足够的骨量、骨质，无法实现良好的初期稳定性。

（2）活动性未控制的感染：急性感染、牙周炎。

（3）负荷过重：副功能。

（4）拔牙窝骨板穿孔或缺失。

（二）即刻修复

种植后立刻修复（临时修复）称为即刻修复（Immediate restoration）。根据国际种植协会第四次共识研讨会指南，即刻修复是指种植植入手术后1周以内完成修复，与对𬌗牙无接触。

1. 即刻修复的优点　主要优点是美观，缩短疗程，辅助封闭拔牙创，在一定范围内可以减少软硬组织改变。

2. 即刻修复主要风险　种植体植入骨组织后，只有种植体保持不动，成骨细胞才能分泌骨基质在种植体表面形成骨结合，如果此时种植体出现150 μm以上的微动，会导致种植体表面骨结合失败，形成纤维愈合。与常规种植修复不同，即刻修复后，未完成骨结合的种植修复体直接暴露在患者口腔环境内，即使不直接承担𬌗力，也会受到软组织和食物流力学作用。增加了种植体骨结合失败的风险,因此即刻修复获得成功的关键就是控制植入种植体的微动,控制微动需要增加种植体的初期稳定性同时减少种植体受力。一般用于即刻修复的种植体植入扭矩要大于等于 30 Ncm,初期稳定性不足导致即刻修复失败率增加。种植体植入后种植体周围骨组织存在 0.5～1 mm 的骨改建,所以单个种植体即使初期稳定性很大,在成骨阶段无法有效对抗𬌗力,所以单个种植体即刻修复要脱离咬合接触,牙尖交错𬌗和非正中运动一般都要脱离咬合接触 0.5 mm 以上。同时嘱患者避免局部咀嚼食物。

3. 即刻修复美观效果的获得　　即刻修复的一个重要的优点是:如果拔牙后,能在龈缘形成有效地支撑,有助于保留天然牙软组织外形,尤其有助于保留近远中牙龈乳头。即刻修复获得成功的关键是拔牙后,即刻修复体要模拟龈缘位置牙根的形态,对龈缘及龈缘下方 1 mm 软组织形成有效支持,这样可以有效的封闭拔牙创,同时防止龈缘的塌陷。即刻修复体龈缘的根方可以缩窄形成 S 型,所保留的空间可用于植入不易吸收的骨替代材料或者利用软组织移植的方法充填支撑。

(三)即刻负载

修复后立刻承担𬌗力的称为即刻负载(Immediate Loading)。即刻负载较即刻修复直接承担𬌗力,存在更大风险,一般不适合单个修复体,常用于多个种植体支持的夹板式修复体或者全口夹板式修复体。即刻负载就是通过夹板式修复体将多个种植修复体连接在一起,形成一个整体,共同抵抗种植体受力时可能产生的微动。作为基牙的种植体,每个种植体初期稳定性应当大于 30 Ncm,如果采用四颗种植体,其初期稳定性总值应当大于 120 Ncm,应当注意增加临时修复体的强度和刚度防止折断。应当减少悬臂梁,且去除悬臂梁修复体的咬合接触。应当控制种植修复体的精度,实现被动就位。

六、种植手术后的过渡义齿

在种植体植入后到完成种植修复前,有一段长达 3～6 个月甚至更长时间的愈合期,在愈合期应用过渡义齿(transitional denture)可以为患者提供功能及美观需求。此外,患者戴用过渡义齿的主观感觉、自洁效果及菌斑附着等情况,可作为永久性种植义齿上部结构设计的参考。

过渡义齿多为可摘局部义齿,最好采用热处理的胶连法制作,其优点为易于调改,不足点是患者戴用后舒适性差;不要应用弹性义齿材料,因为其不利于修改,会压迫术后肿胀的软组织,而且对术后松动度可能会加大的邻牙有较大的挤压影响。患者的旧义齿经检查仍可正常使用者,可改作过渡义齿。过渡义齿的设计制作与常规义齿相同,但在手术前应将过渡义齿试戴调整合适,这样可避免手术后创口未完全愈合情况下戴义齿时的反复调修。

种植体植入术后即可戴入过渡义齿,但切记要将义齿组织面完全缓冲,避免压迫伤口,影响种植体以及软组织愈合。在种植基台连接手术后,过渡义齿经过组织面缓冲后仍可使用,直至永久性种植义齿戴入。

对于因外伤造成冠根折的情况,若天然牙牙冠保存完好,也可以在拔牙后或种植后利用单端粘接的方法,将脱落的天然牙牙冠粘在邻牙上,起到临时修复体的作用。

七、种植义齿的印模技术

种植体植入后经过一段时间的愈合期,通过临床检查确认其获得良好的骨结合后,便可开始修复。

1. 种植修复印模的特点和要求　　与常规修复相比,种植义齿的印模技术(impression technique of implant prostheses)相对简单而精确。因为种植体和制作种植义齿上部结构的关键预成件均为统一设计加工的产品，利用配套的种植体位置转移工具（印模帽、转移杆等）可以确保种植体和转移工具之间的连接吻合精度。

由于技工用替代体-基台连接部的外形、尺寸与种植体完全一致，技工用基台多数即是安装到患者口腔内种植体上的最终基台，因此在绝大多数临床情况下，制取种植修复印模时主要关注种植体位置和方向的精确复制，而不是种植体或基台的形态，这是与常规修复印模的主要区别。另外，由于种植修复经常涉及基台肩台位置、修复体穿龈轮廓的设计，种植体周软组织外形和位置的精确复制也是种植印模的关键要求。

2. 种植体水平印模与基台水平印模　这两种印模技术是针对种植体与修复基台本身的位置和形态而言。

（1）种植体水平印模：这是目前临床上最常使用的印模技术，指利用配套的印模转移工具直接连接在种植体上，完成对种植体位置和方向的复制。在这种情况下，基台的选择从临床医师在口腔内进行转变为医师或技师在模型上进行，结合工作模型和对颌模型，观察条件更好，操作时间限制少，选择的准确性会提高，还避免了基台选择工具套装可能引起的交叉感染问题。技师可以在模型上对预成基台的形状做针对性的调整，例如按照软组织的形态预备出基台肩台，或者制作个性化的修复基台等。

（2）基台水平印模：在制取印模前，由修复医生根据患者的实际情况，参考基台选择工具套装选用合适的修复基台，然后将正式基台固定在种植体上，必要时还可以根据修复需求，对基台进行适当的调磨，可借助配套的印模转移工具（印模帽），或者按照常规冠桥印模方法直接用橡胶印模材料完成印模的制取。这种印模技术反映的是修复基台安装后的状态，之后不能再对基台进行修改，要求修复医生有良好的修复临床判断能力；使用印模转移工具可提高种植体及基台位置的精准性，建议常规应用。由于种植位点的软硬组织解剖原因，常常会出现基台的近远中位于软组织下方的情况，建议完成印模后常规应用基台保护帽以支撑基台近远中的软组织，利于将来修复体的戴入。

3. 闭窗印模技术（close tray technique）与开窗印模技术（open tray technique）　这两种印模方法是针对所应用的不同印模转移工具而言。

（1）闭窗印模技术又称间接印模（indirect impression），这种印模技术应用的转移工具又分为两种：金属构件的转移杆和塑料构件的印模帽。

金属构件的转移杆能与种植体严密吻合，并用螺丝固定在种植体上，其印模内的结构相对规则而又具有可识别的定位标志。印模材凝固后从口腔取出印模，此时转移杆还留在种植体上，需旋松螺丝取下转移杆，再按其定位标志在印模内就位，这样的印模方法又称转移印模技术（transfer impression technique）。为了使转移杆在印模内的位置更加精准，有些种植系统的转移杆顶端还可以安置塑料印模扣，印模取出时印模扣留在印模内，转移杆按定位标志可以更加稳定地在印模内就位。

印模帽的应用比较方便，安置就位后能紧扣种植体或基台，从口腔中取出印模时印模帽会随之脱位留在印模中，灌制模型前将替代体与印模帽扣紧即可，这种印模技术又称卡扣式印模技术（snap-fit technique）。但由于印模帽是塑料构件，使用一次后由于可能产生变形或边缘破损，会影响其就位精度或固位力，不建议反复使用。一般而言，基台水平印模技术多采用印模帽闭窗印模的方法，软组织水平种植体系统也可以采用印模帽制取印模。

（2）开窗印模技术又称直接印模（direct impression），应用此方法的转移杆与闭窗印模的转移杆有所不同，它也需要用螺丝固定在种植体上，但其表面形状能确保其在印模材料内获得很好的机械固位。这样在印模材料凝固后，转移杆已经与印模材紧密连接，不易分离。从口腔中取出前，需要先通过托盘开窗处旋松转移杆螺丝，才能将转移杆、印模作为一个整体一起取下，因此又称pick-up印模技术（pick-up technique）。为了旋松螺丝，就需要在托盘相应的位置上预留通道，即事先在托盘相应位置上开一窗口，故名"开窗印模"。一般认为，此种印模方法获取的印模更加精准，尤其是对于多个种植体需要联冠修复或者种植固定桥修复时，在以上情况下，除建议应用开窗印模外，为了确保多个转移杆之间相对位置的恒定不变，减小印模变形，在临床上还可用成型塑料将相邻的转移杆连接成一个整体，即夹板式印模技术（splint technique）。开窗印模所用的托盘与常规印模不同，它可以在常规印模的托盘上开一窗口或者使用预成的可拆卸窗口的托盘，或者使用事先制作的个别托盘。

4. 种植义齿的印模材料和托盘选择 种植印模需要印模材料尺寸变形小、稳定性好、有一定的硬度和韧性，目前临床常用种植修复印模材料包括加成型硅橡胶和聚醚橡胶。

制取种植印模应采用钢质托盘或者树脂个别托盘，以防止托盘变形引起的印模变形。个别托盘主要用于开窗印模技术，其制作方法与常规修复制作个别托盘的方法基本相同，主要差别在个别托盘相应部位留出转移体所需的空间。此种托盘在相应于种植体的部位将顶部打开"窗口"，在印模材凝固后，找到转移杆的尾部并将固定螺丝完全旋松，使转移杆与种植体脱离，这样才能取下印模托盘。

5. 种植印模的要求 种植印模完成后，应检查转移部件在印模材料内位置稳定、不可上下移动或旋转，以确保种植体位置的精确复制；转移部件与种植体或基台相接的端口不得出现任何印模材，否则就说明两者未达到紧密吻合，印模转移将出现误差。发现上述情况应考虑重新制取印模。

6. 种植义齿的工作模型 灌注模型前，先将种植体替代体与印模材料中的转移部件准确对接，检查确认两者达到紧密吻合不松动，且两者之间没有缝隙。灌注石膏模型时，需要先在种植体替代体与转移工具的吻接面周缘注入 3～5 mm 具有弹性的人工牙龈材料，待其固化后，进行适当的修整，确保种植体位点相邻牙齿的印模内没有人工牙龈后再灌注超硬石膏，应严格按照厂家说明控制水粉比例，以确保模型的精度和强度。工作模型上的人工牙龈可以取下，既可显示软组织边缘位置、形态，又不妨碍技师对软组织以下部分修复体的加工操作。对于美学效果要求较高的种植修复病例，软组织边缘、穿龈轮廓、修复体、基台、种植体之间的衔接关系对美学效果有重要影响。

八、种植义齿的戴牙与咬合调整

种植修复体戴牙最关键的是检查修复体是否实现被动就位（passive fit）。被动就位是种植修复成功最重要的保障之一。种植体戴入后要求修复体与基台之间，基台与种植体之间都达到被动就位，临床上影响就位的常见因素有邻牙阻碍、软组织阻碍、骨组织阻碍、制作缺陷、异物等，需要仔细鉴别。

1. 种植修复体模型就位检查 种植修复体在戴入患者口内之前，先在模型上检查：基台是否与替代体之间完全就位，修复体与基台之间是否完全就位。可以采用探针检查边缘密合度，必要时可以采用牙片平行投照，检查是否就位。常见的影响就位因素可能存在制作缺陷，或者局部存在异物。

基台与修复体与替代体就位无误后，检查修复体与邻牙之间的邻接关系，不能过紧也不能过松，如果过紧可能会影响就位，过松会导致食物嵌塞。种植固定修复体的邻接关系以牙线检查时能有阻力通过为基准。当邻接关系过紧或过松时，应当在戴入患者口内之前进行必要的调整。

人工牙龈可能会阻挡修复体就位，在检查就位之前可以先去除，再检查就位。

对于大跨度修复体，存在多个种植体共同支持，制作难度较大，更要小心检查修复体是否被动就位，主要检查修复体有无翘动、有无支点、有无边缘不密合，如果存在这些问题，要分析原因，进行调改，必要时重新制作。

2. 修复体口内检查　修复体及基台在模型上就位无误，且邻接点良好之后，才开始在口内试戴。

如果修复体和基台是分体设计的，在口内先检查基台是否就位，影响基台就位的因素常见是种植体内与基台之间存在异物，或者基台存在制作缺陷。注意要彻底冲洗清洁种植体内部，防止异物存留，同时要注意基台的制作精度，防止制作缺陷干扰就位。

修复基台选择建议与愈合基台相匹配，如果修复基台与愈合基台不匹配，两者穿龈外形不一致，过大的修复基台可能会压迫在软组织上，甚至骨组织上，导致无法就位。对于这种情况只能在局麻下进行局部软硬组织修整，使其就位。

基台完全就位后再检查修复体是否就位，修复体就位除了局部存在异物、制作缺陷以外，影响其就位的最大的可能来源于邻接触关系及修复体下方的软硬组织干扰。由于影响因素较多，鉴别存在一定难度。一般在确保模型准确，模型上完全就位的前提下，可以初步排除邻接点、制作缺陷因素，影响就位的主要因素在修复体下方或穿龈部位软硬组织干扰点，可以进行必要的调整。

对于修复体与基台连接在一起的一体化基台冠，可以将基台冠在口内直接就位，检查其是否就位，是否密合，这种干扰因素较多，修复成功更加依赖于模型的准确和制作的精度。

对于口内和修复体就位，如果存在疑虑，可以进行平行投照根尖片检查，确保完全就位。拍片前可以先初步将固位螺丝加固位扭矩 15 Ncm，再拍片检查，确认就位后再进行下一步操作。

3. 种植修复体的咬合检查及调整　在种植修复体完全就位、邻接点检查无误后，再进行咬合检查。种植体与天然牙相比，动度低于天然牙，敏感程度低于天然牙。更易受到不易耐受的拉力和剪切力，所以在咬合检查调整中要更加重视。一个适宜的口颌系统应当把𬌗力均匀分散在支持组织上，且将作用力控制在支持组织可耐受范围之内。当天然牙和种植牙共同承担𬌗力时，在轻咬合时由于天然牙有较大的动度，如果天然牙和种植体同时受力，动度小的种植体会出现受力过大，因此在轻咬合时只有天然牙接触受力，种植修复体不受力，随着咬合力量增加，在用力咬合时，天然牙牙周膜已被压缩，其咬合末期力学变化曲线与种植体受力后表现类似，所以种植体应当和天然牙共同承担𬌗力，防止只有天然牙受力，种植体不受力。也就是种植修复体与天然牙共同承担𬌗力时，轻咬时种植修复体不接触，重咬时均匀接触。

为了避免在牙尖交错𬌗时形成侧向力，一般在牙尖交错𬌗时，种植修复体上下颌之间形成牙尖顶和牙窝底小平面的"尖顶式"接触方式，小平面的大小要与患者肌力闭合道的分散程度相关，患者每次咬合位点越分散，窝底小平面的面积越大。在非正中运动时，尽量用天然牙承担引导作用，尽量避免种植体单独承担侧方及前伸引导作用。如果必须由种植修复体承当非正中运动的引导作用，应当形成相互保护𬌗，也就是牙尖交错𬌗时后牙均匀接触，前牙不接触或轻接触，前伸𬌗时，前牙引导，形成均匀顺畅的滑行轨迹，后牙不接触，如果完全由种植体引导，则在保证相互保护𬌗的基础上，控制减少前伸引导斜度，避免对种植体产生过大损伤。侧方𬌗时工作侧形成引导的滑行轨迹，且引导位置尽量趋前，平衡侧不接触，如果完全由种植体引导，应当在保证相互保护𬌗的基础上，控制减少侧方𬌗引导斜度，避免对种植体产生过大损伤。

对于起引导作用的种植体，要有足够的直径和长度，且周围要有足够的骨质骨量，如果不能满足，可以考虑使用联冠等设计减少单个种植体受力。

（刘建彰　潘韶霞　葛严军）

第八节　口腔种植修复并发症
Complications Related with Oral Implant Therapy

口腔种植修复并发症是指种植及其相关手术过程中、手术后或种植修复后，与以上治疗直接相关的并发症，这些并发症往往会影响局部组织健康、修复体功能与美观，严重的甚至会危及生命。按照并发症的性质，主要可以分为外科并发症（surgical complications）、生物学并发症（biological complications）和力学并发症（mechanical complications）。

为了更加安全、高质量地开展种植修复治疗，应从医患交流、检查、设计、治疗到维护随访的整个过程中都应具有足够的风险防范意识，只有深入地识别风险，细致地分析和评估风险，掌握各种并发症的原因、预防及处理方法，才能做到有备无患，防患于未然。

一、外科并发症

外科并发症指与种植手术治疗密切相关的并发症，按照发生的时间可以分为术中并发症和术后并发症。

1. 出血

（1）出血的原因：种植手术操作可能损伤血管，导致出血，也可能由于患者的全身原因如凝血功能异常、高血压等致使出血难以控制。

种植窝的制备过程中，如果不小心打穿下颌舌侧骨板，则可能损伤口底区血管。口底血管损伤造成血肿的并发症可能发生于手术之中，也可能在术后 4~6h 才有明显的局部血肿表现，延迟发生的口底血肿往往更危险。

（2）出血的处理

1）出血斑对手术效果没有影响，需要提前向患者交代发生的原因和表现，消除其顾虑，防止患者产生惊慌、误解等负面情绪。

2）常规血肿的处理：术后 48h 内局部冷敷，避免过热饮食和剧烈运动，术后 72h 开始局部热敷、理疗，以加速血肿的吸收。

3）术中一般类型的出血：通过选择压迫（必要时辅以肾上腺素或凝血酶等止血药物）、填塞（骨粉、种植体等）、钳夹、局部结扎、电凝等方法，能够获得良好的止血效果。对于缝合不良导致的术后出血，如果没有感染，可以通过术后 24~48h 之内尽快再次完善缝合处理。

4）口底血管损伤出血的处理：种植手术治疗时，口底血管损伤导致的活动性出血是种植修复治疗所能引起的最危险的一种并发症。口底血管损伤引发活动性出血时，血肿逐渐增大，推舌体后移造成上气道阻塞，可能造成窒息死亡的恶性后果，需要高度重视、杜绝发生这类问题。

如果术中感觉到落空感明显、种植窝洞内出血量大，探查明确是下颌舌侧骨壁穿通，应快速采取处理措施：

①尝试常规的术区局部止血手段，如果通过保守的方式止血有效，应在术后留观，确认止血有效再让患者离开医院。并告知患者和家属相关注意事项，嘱如发现异样及时来医院诊治。

②如果局部止血无效，应及时启动急救应急预案，通知相关人员。术者通过口内—口外联合压迫的方式减少出血，口内垫纱布压迫口底、口外压迫颌下；如果怀疑是颏下动脉造成的出血，可压迫角前切迹下内侧并压向骨面，此处为颌下动脉发出颏下动脉的起始位置；如果怀疑是下颌舌骨动脉损伤造成的出血，可压迫第三磨牙牙根远中下颌骨内侧。不能通过切开黏膜减

轻压力,这样做可能加重出血,此时取出种植体也没有意义。

③如果预期血肿会影响呼吸,通过气管插管的方式确保气道通畅,如果肿胀过于严重无法插管或者情况紧急时间不允许,则通过气管切开的方式开放气道,防止患者窒息死亡。及时转运至颌面外科或综合医院救治,必要时需要结扎局部动脉才能解决问题。

(3)预防和减少出血的措施

1)术前设计和准备阶段

①适应证的选择:对于伴有容易出血的全身疾病的患者,应慎重选择种植手术。拟行种植手术之前要咨询内科医生,必要时术前采取一定的治疗措施;女性患者应避开月经期。

②术者应熟悉颌面部解剖结构,包括正常解剖形态和可能的变异情况。

③通过口腔检查、X线片检查,明确有无特殊骨形态,尤其是下颌舌侧骨凹陷情况,通过X线片明确手术区域骨内有无特殊血管走行表现,如下颌前部、上颌窦外壁等部位。

④选择合适长度和直径的种植体,避免选择过长的种植体,这样能够降低穿通舌侧骨板损伤口底血管的风险。一般来说,对于下颌种植,只要采用适合直径的种植体,其长度为 8~12 mm 即是安全的,对于可利用骨高度有限的Ⅰ、Ⅱ类骨,甚至可以选择 6 mm 的种植体。对于下颌舌侧有较明显凹陷的患者,还应注意不要选择过大直径的种植体,以降低舌侧骨板穿通的风险,下颌切牙区不应选择直径 4 mm 以上的种植体。

⑤制作手术导板:术前制作高精度的手术导板,有助于精确控制手术操作,降低损伤血管、穿通下颌舌侧骨板的风险。

2)手术操作阶段:手术操作应体现精确、微创的手术理念。尽量减少切口、翻瓣的范围,切口超过膜龈联合会明显增加术中出血和术后肿胀、疼痛等反应。下前牙区舌侧骨壁常有交通支出入,舌侧翻瓣不应过深。需要做骨膜减张时,切断骨膜后,采用钝分离的方法,减少对血管的锐性损伤。

对于下颌舌侧壁走行特殊、凹陷明显的患者,预备时密切观察车针走向,时刻注意手感、阻力的变化。钻入过程中如果感觉明显的阻力变大但仍未到达设计深度,则往往意味着车针顶端碰到了舌侧皮质骨板,此时要提高警惕,重新评估设计方案,通过及时调整预备方向或更换种植体尺寸等方式予以解决。洞形预备和种植体植入前可通过牙周探针探查确认骨壁的完整性。

3)手术后处理:可通过术后 48 h 局部冷敷,避免过热饮食和剧烈运动等方式加以预防,术后 72 h 开始热敷、理疗,以加速血肿的吸收。

2. 神经损伤(nerve injury) 是种植相关手术过程中可能引起的严重并发症之一,可能会造成较长时间甚至终生的感觉障碍。

(1)神经损伤的原因:由于种植相关手术引起的神经损伤主要集中于下颌范围内,表现为与下牙槽神经、颏神经、舌神经、切牙神经相关的损伤症状。原因包括:神经传导阻滞麻醉、软组织切开(包括骨膜减张)、软组织牵拉和压迫、种植体洞形预备、种植体植入、下颌外斜线取骨术、颏部取骨术等。眶下神经的损伤非常少见,主要与上颌窦侧壁开窗术有关。

(2)神经损伤的处理:对于因局部炎性反应造成的感觉异常,可给予患者甾族类固醇或布洛芬治疗 3 周,也可辅以红外理疗。如果持续伴有神经受损症状超过 16 周,则提示神经受损较为严重,继续恢复正常功能的可能性很小,需要咨询外科医师考虑微创神经手术等治疗方法。

如果术中怀疑备洞损伤了下牙槽神经,则应该通过拍 X 线片确认种植体的位置,如果确实累及了神经,则应将植体部分旋出,或完全取出再更换短一些的种植体。如果患者第二天反馈有感觉神经受损症状,则应通过拍 X 线片确认是种植体原因还是组织水肿引起的。如果神经管没有损伤,则是因为种植体距离神经管近,局部压力大,导致神经受到压迫而引起感觉异常，可通过将种植体旋出数圈来缓解症状。如果二维X线片不能确认神经是否受损，则可通过拍摄CT获取种植体的位置信息。

（3）神经损伤的预防：由于神经受损导致感觉异常为手术治疗可能的并发症，需要在术前对患者进行知情告知。如果手术损伤神经的风险过大，则应考虑其他治疗方式。

1）手术前设计和准备阶段：①掌握神经的一般走行规律及可能的变异情况；②选择合适类型的X线片明确重要结构的解剖信息；③选择适合的种植体长度（参见预防出血部分的相关内容）；④选择适合的供骨区；⑤制作手术导板。

2）手术操作阶段

①尽量选择局部浸润麻醉。

②确保安全距离：确保与神经之间保持适当的安全距离，一般可以从软组织切口、种植体洞形预备、切骨线三方面考虑。

A.恰当的软组织切口类型和位置：颏孔范围对应区域的嵴顶近远中向切口和垂直切口要避免伤及颏神经分支，特别是牙槽骨吸收较重、颏孔位置较高甚至接近牙槽嵴顶的情况下，嵴顶切口要适当偏向舌侧，必要时要小心翻瓣暴露颏孔的上缘外形。为了防止损伤舌神经，尽量避免做下颌舌侧黏膜的垂直向切口；在做磨牙后三角近远中向切口时，要通过扪压确认下颌骨的位置，防止切口偏于舌侧而损伤舌神经。

B.种植体洞形预备：下颌种植洞形预备时，一般保留的安全距离为下颌管上壁上方2 mm，如果采用CBCT测量，由于误差很小，则可以保留1 mm的安全距离。应该注意，多数种植洞形预备车针，其上刻度所标志的长度并没有将车针尖端长度计算在内，即在临床中使用时，钻入骨内的实际深度会比车针上刻度标示的深度大0.4～1.5 mm，在可用骨高度不够理想的情况下，要注意防止车针尖端误伤神经、血管等重要结构。

C.切骨线位置和深度：在选择颏部取骨时，要确保上缘切骨线位于牙根尖下方5 mm以上，远中切骨线要位于颏孔前缘近中5 mm以上，深度尽量不要超过3 mm，以减少损伤颏神经和切牙神经的风险。

下颌外斜线取骨在做切骨线时要注意下颌管的位置，下颌骨侧壁前方、后方及下方的切骨线深度一般不应超过5 mm。

行上颌窦侧壁开窗法提升上颌窦底时，一般如果上缘切骨线距嵴顶15 mm以内，能够确保距离眶下孔有足够的安全距离。当后牙区牙槽骨高度明显丧失时，要特别注意眶下孔的位置，以防止损伤眶下神经。

③手术操作应体现精确、微创的手术理念：术者操作动作要确保稳定、可控、精确。黏骨膜瓣的牵拉动作要轻柔，在拉钩的下方垫以湿纱布，能够起到保护黏骨膜瓣的作用，特别是颏神经、舌神经走行的区域。

3.种植体植入位置、方向不良 种植体的位置和方向指种植体相对于天然牙、软组织、牙槽骨及邻近神经、上颌窦等重要解剖结构在三维空间内的方位关系。种植体的位置包括水平向位置、殆龈向位置，其中，种植体颈部以及粗糙面上端的位置是最关键部分；种植体的方向包括颊舌向倾斜方向、近远中向倾斜方向。

种植体植入位置、方向控制不良，会增加随后治疗的难度，并且容易导致其他并发症的发生，其影响主要包括以下5个方面：①引起其他外科并发症，如损伤血管、神经、邻牙牙根等；②影响种植体周围软、硬组织的稳定性；③影响印模制取，可能会造成邻牙对印模制取部件的阻挡，增加医师取印模的难度，甚至会导致印模取出时变形大而降低印模的精度；④影响修复体的设计和制作；⑤影响良好咬合关系的恢复，引起种植体的受力位置和方向不佳，产生过大的杠杆力，容易引起螺丝松动、螺丝折断、附着体磨损等机械并发症。

在临床中，容易发生种植体植入位置、方向不良的情况主要有：①伴有较明显牙槽骨吸收的种植位点；②前牙区和磨牙区的即刻种植；③多个牙连续缺失（特别是下前牙区）；④视野不良，如患者张口度过小、种植位点位于口腔深部；⑤邻牙、对殆牙位置不正常；⑥骨壁阻力不同导致预备过程中车针偏移；⑦在美学区使用软组织水平的种植系统。

（1）种植体位置、方向不良的原因

1）术前设计和准备阶段：术前考虑不周全，包括没有设计必要的骨增量处理、没有考虑牙弓弧度（尤其是上前牙区）、没有考虑对殆牙位置的变异和邻牙倾斜的程度等情况。

2）种植体植入定点和洞形预备阶段：定点位置不准确或先锋钻钻入方向不良。

尽管初始确定位置和方向准确，但是在种植洞形预备过程中，由于不同骨壁阻力的差别可能导致车针中心偏移，或由于骨嵴高度整体或局部的降低使洞形骨壁的牙槽骨高度产生变化，没有做针对性的检查和及时处理。当采用的种植体颈部有膨大时，植入前没做洞形颈部成形处理，引起种植植入深度不足或方向偏斜。

3）种植体植入阶段：当患者骨密度不佳时，种植体植入过程中对方向缺乏良好的控制，植入方向发生不利变化。

没有进一步根据导板或邻牙的龈缘位置、牙槽骨高度情况，对种植体顶端殆龈向位置进行仔细的检查和调整。

某些种植系统要求，植入完成后种植体上的一定标志正对唇颊侧，术者在操作中没有关注这一操作要求。

（2）种植体位置、方向不良的处理：取印模时，如果邻牙有阻挡且邻牙倾斜过大，可以适当调磨邻牙邻面，如果邻牙无需调磨，亦可通过适当调磨印模杆或印模帽来消除阻挡的部分。

选择角度基台，以弥补种植体位置、方向不佳对随后修复体加工的不良影响。

从修复体设计、加工的角度，采取染色、调整形态、倾斜度或排列等特殊处理措施进行补救，减小对外观、咬合的影响。

如果不适合在位置方向偏差过大的种植体上做修复，则可以考虑放弃此种植体，使其"休眠"；或者将种植体取出重做。

（3）种植体位置、方向不良的预防

1）重视修复设计和手术前准备，充分体现种植治疗中修复为导向的理念，细致评估种植区牙槽骨、软组织、邻牙条件、咬合关系、患者张口度等情况，从最终修复效果的角度，合理设计手术方案、确定种植体的三维位置和方向。

对于前牙缺失、多牙缺失、咬合关系不佳的情况，手术前取研究模型、制作诊断蜡型、手术导板，能够为术中确保正确的位置和方向建立良好的基础。

对于骨缺损较大，尽管能够完成种植体植入，但是无法达到较好的位置和方向要求，需要设计同期骨增量手术或先行骨增量术后再择期种植。

对殆牙、邻牙位置不良等错殆畸形的情况下，种植前行正畸治疗是首选；当错殆畸形不严重且患者无法接受正畸治疗时，为了将来取得更好的咬合关系，应适当调整种植体位置和方向。

2）术中准确测量，仔细核对，及时纠偏。术中选择利用导向杆、牙周探针、间距测量尺、导板等多种方法，并结合患者的牙尖交错咬合关系来核准种植体植入位置和方向。确保初始定点和先锋钻钻入的准确性，在随后的洞形预备过程中，术者需要及时检查预备深度和方向。

要注意骨水平和软组织水平两种类型的种植体对于种植体顶端的位置要求有一定差别，切勿混淆。术者也应掌握不同品牌的种植系统对植入位置的特殊要求。

4. 损伤邻牙　在多数情况下，损伤邻牙是种植体植入或截骨线位置、方向不良的一种特殊表现形式。

（1）邻牙损伤的原因

1）车针方向控制不良直接损伤邻牙牙根，尤其是缺牙间隙过小、邻牙牙根向缺隙侧倾斜等情况下。

2）取骨时或种植体洞形预备中损伤邻近牙齿血供、预备过热导致局部骨坏死。

（2）邻牙损伤的处理：如果术中通过 X 线片确认已经损伤邻牙牙根，可以调整备洞方向至适合角度，再植入种植体；如果局部条件有限，种植体洞形难以调整，则可以放弃植入，待牙槽骨恢复后考虑再次手术。

术后定期复查，结合临床症状、口内检查、X 线片根尖片判断邻牙状况，必要时做根管治疗、根尖手术等治疗，严重时甚至需要将邻牙拔除。

需要特别注意的是，由于 X 线片拍摄角度的问题，可能出现种植体损伤邻牙牙根的假象，应选择平行投照，确保拍摄质量，以避免 X 线片假象的误导。

（3）邻牙损伤的预防

1）术前良好的设计，通过清晰的 X 线片明确邻牙牙根走行，小的缺牙间隙应选择小直径种植体，根尖区缩窄的根形种植体是较好的选择。

2）翻瓣后确保能够看到邻牙牙根走行的轮廓，有助于准确判断种植体植入方向与邻牙牙根的关系。

3）先锋钻钻入 5 mm 后，导向杆就位，拍根尖片确认洞形走向无误，再继续进行预备；最后一钻预备后，可再拍根尖片，确认没有累及邻牙牙根后，再植入种植体。

4）颏部取骨时，切骨线应离开对应下前牙根尖 5 mm 以上的距离，以防损伤下前牙血供。

5. 逆行性种植体周炎　由于种植体植入部位存在感染灶、邻牙根尖周炎、洞形预备过热导致骨坏死或种植体植入前表面被污染等原因，种植体植入后可能发生"种植体根尖周炎"，即逆行性种植体周炎。X 线根尖片有种植体根尖周低密度影表现，可伴有疼痛、肿胀、瘘管的临床症状。种植体植入后逆行性种植体周炎发生率约为 1%，在临床中可以分为无症状静止型和有症状活动型两种类型。

逆行性种植体周炎的治疗：对于无症状静止型的逆行性种植体周炎，定期拍 X 线根尖片观察病变范围有无扩展，如果没有变化则不用处理。对于种植体根尖周阴影逐渐扩大或有症状活动型的患者，则需要实施种植体根尖周手术。术中应彻底清创、冲洗，病变范围较大时，可辅以 GBR 术，术前、术后需要应用抗生素。

6. 初期稳定性不良　初期稳定性指种植体植入后，由于种植体和骨壁紧密接触所达到稳定程度，一般用植入终末的扭矩来表示。良好的初期稳定性能够防止种植体微动度过大，避免纤维组织长入种植体和骨壁之间，是确保种植体成功骨结合的关键条件之一。

造成种植体植入后初期稳定性不良的原因主要有：患者牙槽骨质量差（上颌后牙区多见）、洞形深度不足、洞形预备过大等。

（1）初期稳定性不良的处理：对于初期稳定性不佳的种植体，应采用潜入式愈合的方式。对于感染风险较大的患者，还可以应用可吸收生物屏障膜覆盖种植体顶部区域后，再严密缝合，以增加骨结合成功率。

如果洞形相对较大，则选择直径较粗的种植体；如果根尖方仍有可利用的骨高度，可适当加深预备深度；或将种植体表面附着以生理盐水润湿的人工骨颗粒后，再植入。如果种植体稳定性过差，无法稳定于种植窝洞中，则应放弃植入，局部做骨增量处理，待牙槽骨恢复良好后再次植入。

（2）初期稳定性不良的预防：对于骨密度较差的患者，不要将洞形预备至常规植入所需的最后一钻，或在先锋钻预备后即采用骨挤压的方式形成洞形，不用攻丝，直接植入种植体。植入过程中保持轴向稳定、防止摇摆导致洞形扩大，能够起到提高初期稳定性的作用。

7. 术后伤口裂开　伤口裂开通常发生在术后 10 天以内（图 10-15）。潜入式种植术后伤口裂开发生率为 4.6%～13.7%，引导骨再生术后伤口裂开率甚至可高达 30%。伤口裂开会增加感染率，降低种植体骨结合成功率，影响 GBR 的成骨效果。

导致伤口裂开的因素有：感染、缝合不良、软组织瓣张力过大、软组织瓣设计不佳、义齿基托压迫或对𬌗牙咬合压迫伤口等。

（1）术后伤口裂开的处理：如果伤口裂开较小且不超过 24～48 h，可以再次小心缝合。

如果伤口裂开较大（超过 2～3 mm）或超过 48 h，再次缝合效果往往不佳，应给予局部清洁冲洗处理，同时嘱患者用氯己定漱口水含漱，也可酌情给予患者口服抗生素。

如果 2 周后伤口仍未完全愈合，则改用氯己定凝胶对伤口做局部涂抹，直至伤口愈合，以防长时间使用氯己定漱口水含漱损伤口腔黏膜。

（2）术后伤口裂开的预防

1）合理设计软组织瓣，减小手术创伤，严格遵循缝合原则，细致缝合是预防伤口裂开的关键之处。

2）合理采用常规预防感染的措施，如术前预防性应用抗生素、术后氯己定含漱、良好的口腔卫生维护，必要时辅以术后应用抗生素预防感染等。

3）GBR 术时，缝合前应该做骨膜减张切口，使唇颊侧瓣能够无张力下盖过舌侧瓣 2～3 mm，采用水平褥式和间断缝合两种方法缝合切口，能够降低术后伤口裂开率。另外，可吸收屏障膜较不可吸收膜的术后伤口裂开率低，在两者均可选择的情况下首选前者。

4）术后 2 周内尽量不戴活动义齿。如果必须戴用，则充分缓冲伤口区域对应的基托组织面，留出组织肿胀空间，防止压迫伤口，待拆线后可考虑通过软衬材料做基托重衬处理。

二、生物学并发症

生物学并发症与种植修复后机体的生物学过程有关，主要包括种植修复体邻接触丧失、种植修复体低𬌗、种植体周围黏膜退缩、种植体松动、种植体周黏膜炎、种植体周炎等，会对种植修复后的功能和美观、种植体支持组织和相邻牙齿的健康等产生不良影响。

1. 种植修复体邻接触丧失　是指由于相邻天然牙生理性移位，导致种植修复体与邻牙邻接触分离，是一类常见于后牙区种植冠桥修复后的生物学并发症。临床上患者多以食物嵌塞为主诉，长期的食物嵌塞可引起牙龈炎、牙周炎、种植体周炎等问题。

种植修复体邻接触丧失多发生在近中，邻接触丧失最早可出现在修复后 3 个月，修复后 5 年发生的比例超过 50%，下颌的发生率高于上颌，最后一个磨牙种植修复后邻接触丧失的发生率和速率均较高。种植修复体远中邻接触丧失比例较近中发生率低，约 15.6%。随着时间推移，邻接触丧失程度会越来越重（图 10-16）。

由于天然牙和种植体与牙槽骨连接的生理机制不同，天然牙生理性近中移动必然会导致种

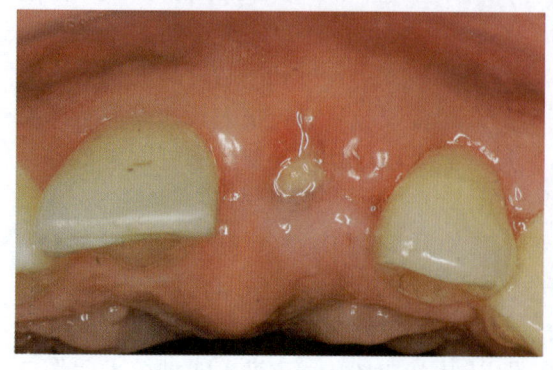

图 10-15　术后伤口裂开

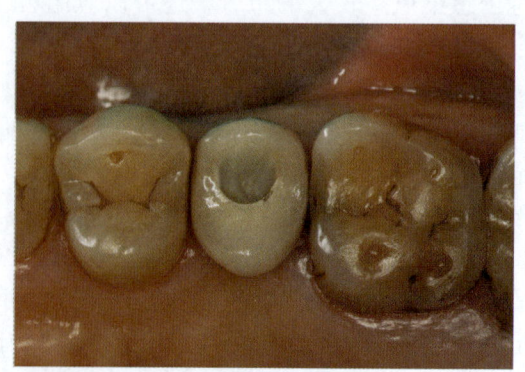

图 10-16　左上第二前磨牙种植修复后 1 年近远中均有不同程度的邻接触丧失

植修复体近中邻接触丧失的问题，目前尚没有明确的预防方法。远中邻接触丧失可能与修复后咬合力分布改变而导致远中天然牙向后移位而引起。在术前与患者沟通的过程中，需要让患者对这种常见并发症充分知情。

根据邻接触丧失程度不同和邻牙状况，可选择不同的处理方法。如果间隙较小，可以选择修复体邻面加瓷或直接树脂修补；如果邻牙靠近间隙侧有充填物，亦可将邻牙充填物去除重新充填。如果间隙较大，加瓷或树脂修补无法确保足够的强度，则取印模后重新制作修复体。发生远中邻接触丧失时，可尝试通过调整咬合接触解决，如果调𬌗无效，则选择以上三种方法。

2. 种植修复体低𬌗　指由于相邻天然牙的生理性萌出，而种植体及其上修复体位置没有变化，导致种植修复体及种植体龈缘与邻牙不协调，是一类前牙区较多见的种植修复后生物学并发症，临床上患者多以美观和咬合异常为主诉。现阶段研究结果显示，低𬌗与年龄、随访时间、性别、面型、磨耗等因素相关。

前牙区种植修复后低𬌗现象最早是在青少年病例中发现的，Thilander 等经过 8 年的随访观察，平均低𬌗 0.95 mm。低𬌗现象最早可在戴冠后第 1 年观察到，最晚可于戴冠 4 年后观察到，并随时间缓慢增加。

低龄患者出现低𬌗的概率及程度更大，成年人也可能出现低𬌗现象，女性患者种植后低𬌗的发生率明显高于男性，这可能与女性更明显的前面高增加和下颌后旋转生长相关。牙齿𬌗面磨耗可以减轻甚至抵消种植修复体的低𬌗现象。

不同面型者颌面生长发育不同，长面型者上下颌骨垂直向生长潜力大，牙齿的垂直向持续萌出也较明显，更容易出现种植修复体低𬌗。因此，有学者建议，对于长面型者，前牙区种植修复应推迟到 25 岁之后。

针对低𬌗现象，有效的治疗方案是修理或更换修复体，少数病例还需要多次更换修复体。

3. 黏膜退缩　指从基台连接后牙龈位置向根方的移动，这里所说的黏膜退缩不包括由于种植体周炎导致的软组织退缩。黏膜退缩程度主要由种植体周牙槽骨改建产生的骨吸收量来决定，主要相关因素包括：种植时机、牙龈生物型、有无附着龈、临时修复体等。

从基台连接到修复后 1 年，会产生 1 mm 左右黏膜退缩，主要发生在前 3 个月，修复 1 年后到第 9 年会再产生 0.8 mm 左右的黏膜退缩。

厚龈生物型的患者种植修复后，种植体周黏膜的稳定性明显好于薄龈生物型的患者。不同种植时机的选择对于黏膜的稳定性具有不同的影响，一般来说，即刻种植有利于保持龈乳头的高度，早期种植有利于保持唇侧龈缘的位置。没有附着龈会产生更多的黏膜退缩量；上颌种植修复后唇侧黏膜退缩较多，舌侧黏膜退缩较少。

以上黏膜退缩的规律提示我们：在美学区，为了防止种植修复后黏膜退缩引起美观问题，正式修复前采用基台或过渡修复体做软组织成形处理并观察一定的时间是必要的。安全起见，软组织成形时间需要 3～6 个月，待龈缘稳定后再正式修复。所以，软组织成形不仅是成形龈袖口形态，另一个重要作用是确认牙龈位置。但是，在软组织成形过程中，也不要对过渡修复体修整次数过多，反复摘戴牙冠可能会引起过多的龈退缩。

4. 瘘管　种植修复后，约 1% 的患者在种植体和基台连接处会出现瘘管，通常与基台螺丝松动或支架没有完全就位有关。

处理方法：取下修复体，0.2% 氯己定彻底冲洗后，再以合理的扭矩上紧修复体。如果发现修复体就位不佳，则应重新制作。

5. 种植体周黏膜炎（peri-implant mucositis）　种植修复后，约 80% 的患者、50% 的种植位点会发生种植体周黏膜炎，主要临床表现为黏膜充血、肿胀，探诊出血较常见，但没有异常的种植体周骨吸收。种植体周黏膜炎具有可逆性，主要治疗方法为洁治，并辅以抗菌漱口水含漱。

6. 种植体周炎　种植修复 5～10 年后，可高达 20% 的患者、10% 的位点会发生种植体周炎（peri-implantitis），主要临床表现为种植体周黏膜充血、肿胀、探诊出血，同时合并深袋（>6 mm），经常有化脓表现，X 线片显示有明显的种植体周围骨吸收（>3 mm）。与牙周炎相比较，种植体周炎龈下石较少见，两者组织病理学表现也不同，种植体周炎垂直向骨吸收相对较重，没有像牙周炎那样的保护性结缔组织，常是急性炎症表现，炎症区域中性粒细胞、巨噬细胞较多，牙槽骨表面有更多的破骨细胞。

种植体周炎的主要风险因素包括口腔卫生差、牙周病史、缺乏定期复查维护、吸烟、糖尿病、残留水门汀等。

种植体周炎较牙周炎的治疗难度大，特别强调以预防为主。单纯的非手术治疗效果很有限，应在非手术治疗后再行手术治疗，以更好地清创（debridement）并清洁被污染的种植体表面（decontamination）。骨再生治疗（bone regeneration therapy）对种植体周炎的治疗效果尚不明确。

值得关注的是，粘接剂残留是导致种植体周炎的常见原因，被称为"水门汀炎"（cementitis）。有研究显示，有种植体周炎的患者中 81% 有残留粘接剂，在去除残留粘接剂后，76% 的患者炎症消失。

7. 种植体松动、脱落　根源在于没有实现成功的骨结合或者骨结合失败。根据种植体松动、脱落的时间，可以分为修复前松动、脱落和修复后松动、脱落。

修复前松动、脱落占总松动量的 54%，其主要原因包括洞形预备过度产热、初期稳定性不良、手术后感染、过早负载、骨质或骨量不佳等。

修复后松动、脱落占总松动量的 46%，其中修复后 1 年内占 57%，第 2 年占 34%，第 3 年占 9%。修复后松动、脱落的主要原因包括种植体周炎、过度负载、骨质或骨量过差等。

在修复前发现种植体松动时，应判断有无水平向动度，如果仅仅是原地旋转而没有水平向动度，则仍可以尝试观察 4～6 个月，如果发生了可靠的骨结合，仍可以正常修复。如果检查发现水平向或垂直向动度，则属于无法挽回的失败，应将种植体取出，如果没有明显炎症表现，可以局部清创后将种植窝稍加扩大，植入相应直径的种植体；如果炎症表现明显，应做局部彻底清创缝合，必要时可以结合 GBR 等技术，待创口愈合 3 个月以后，根据口腔局部条件、全身情况和患者意愿决定是否重新种植还是采用其他修复方法。

三、力学并发症

力学并发症指由于受力和机械强度失衡导致的并发症，是发生率较高的一大类并发症，主要包括种植体折断、螺丝松动或折断、饰面破损、修复体支架折断、修复体松动或脱落等类型，均可从三方面进行原因综合分析：外力过大、强度不足和内部应力过大。

1. 种植体折断　是种植修复治疗后可能发生的最严重的力学并发症，临床往往表现为种植体松动、局部的炎症反应，X 线片表现为种植体上的折裂纹和种植体折裂纹周围骨吸收影像，部分患者在种植体折断前经常有固位螺丝松动或折断的病史。早期钛种植体折断率甚至达 5%～10% 以上，在早期关于 Brånemark 种植体和 ITI 空心种植体的研究中（图 10-17），此方面的报道较多，种植体在口腔内行使功能的时间越长，由于金属疲劳的原因种植体折断率会逐渐增高。随着种植体设计水平和加工工艺的提高，种植体折断的发生率已明显降低。

（1）种植体折断的原因

1）修复体没有被动就位：由于修复体加工精度不足，没有达到被动就位，会产生过大的内部应力，随着时间的推移，容易造成种植体的疲劳破坏。修复体缺乏被动就位常引起的问题是固位螺丝松动，更严重的问题是，螺丝松动可能是种植体折断的前兆。

2）种植体承受过大载荷：磨牙症的患者、悬臂梁设计容易产生过度负载，是种植体发生折断的主要原因之一。以单冠修复的种植体折断率为 0.14%，而有悬臂梁设计的种植体折断率则为 1.3%。对于后牙区使用细种植体、种植体周围明显骨吸收等情况，负载也可能会超出种植体正常可承受的范围，而导致种植体折裂。

3）种植体设计和加工因素：早期的钛种植体由于设计、材料和加工等因素，折裂发生率较现在高很多。

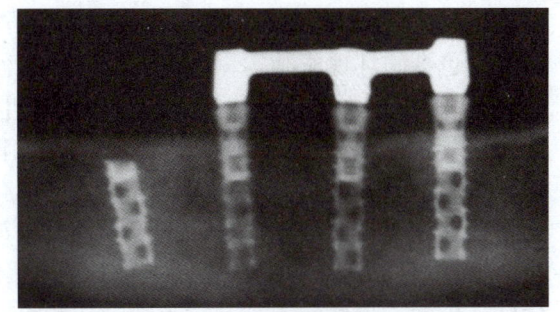

图 10-17　空心种植体使用 5 年后折断

近年临床中氧化锆种植体的应用越来越多，但是其机械强度及疲劳性能尚有待进一步提高。有临床研究报道，在平均为 3 年的观察期内，氧化锆种植体的折裂率为 10%，大多数为在前牙区使用直径为 3.25 mm 的细种植体。

（2）种植体折断的处理：种植体发生折断后，主要有以下两种处理方法：折断部分潜入休眠或取出种植体。

1）将折断的种植体潜入休眠：种植体折断后，如果对目前的修复或重新修复没有明显影响，可以通过将松动折断部分取出，尚有骨包绕的余留部分潜入，使折断的种植体休眠。

2）将折断的种植体全部取出：当种植体发生折断后，如果继续保留折断部分会影响修复效果或患者无法接受，则应将种植体取出，考虑择期补种后重新修复。

（3）种植体折断的预防

1）确保修复体加工精度，应达到被动就位。采用 CAD/CAM 技术、使用贵金属铸造、非贵金属结合激光焊接或电火花蚀刻技术，能明显提高修复体加工精度，减少就位不良的发生率。

2）对于磨牙症的患者，种植修复后应辅以𬌗垫治疗，在预防天然牙过度磨耗的同时，也可降低种植体发生折裂的风险。

3）谨慎设计悬臂梁，特别是后牙区的悬臂设计。当必须设计悬臂梁结构时，尽量减小悬臂的长度，以减小对末端种植体的扭力。单个种植体支持的单端固定桥悬臂区长度一般以不超过一个前磨牙的宽度为宜，有多个种植体支持的悬臂梁最长不能超过 15 mm，且注意调整咬合，在 ICO 时悬臂区应与对𬌗牙之间保留 100 μm 的间隙。

4）对于发生固位螺丝松动或折断的患者，要仔细分析原因，判断是否是由于没有实现被动就位或其他因素所致，及早采取措施以防止种植体发生折断。

5）钛金属种植体应用于后牙区时，其直径一般不应小于 3.75 mm。氧化锆种植体的设计和加工工艺尚有待进一步改进，如果前牙区应用氧化锆种植体，直径不应小于 3.5 mm。

2. 螺丝松动、折断　螺丝是种植体—修复体整体结构中最为薄弱的部件之一。螺丝松动在种植修复治疗发展的早期阶段较为多见，随着螺丝设计和螺丝材料的改良、表面涂层技术以及内连接种植系统的应用逐渐增多，螺丝松动发生率已明显降低。螺丝松动常为螺丝折断前的阶段，螺丝松动后没有及时发现和处理，会产生金属疲劳而进一步导致螺丝折断，过大的扭矩、过度负载、没有被动就位也会直接引起螺丝折断。

螺丝松动是种植修复后一种较为常见的并发症，5 年松动率多为 5% ～ 10%，螺丝折断率多为 1% ～ 2%。基台螺丝的松动和折断率高于修复体固位螺丝，因为基台螺丝较修复体螺丝受到更大的杠杆力作用。牙列缺损的患者螺丝松动和折断发生率高于牙列缺失的患者，主要发生于后牙区。

（1）螺丝松动、折断的原因：螺丝松动根本原因在于，与螺丝相关的各部件之间结合界面存在微动现象（micro-movement），微动会引起微观沉降效应（settling movement），进而产生嵌入松弛（embedment relaxation），破坏预加载（preload）的效力，长期使用过程中的腐蚀和磨损也会破坏螺丝结构，最终可能导致螺丝松动。

1）种植体设计：外连接种植体容易产生螺丝松动和折断问题，这是因为外连接没有内连接所产生的冷焊接效应，对预防微动的作用明显不足。研究表明，内连接的种植系统在螺丝拧紧之后，基台和种植体接触界面之间能够产生冷焊接效应，表现为旋出扭矩较旋紧扭矩大10%～20%，而没有此结构时旋出扭矩较旋紧扭矩会小约10%。

2）加工精度不足：基台或修复体加工精度不足，没有达到被动就位，不能产生良好的抗旋转作用和冷焊接效应。对于非预成的铸造基台，由于其精密程度较预成的基台低，使用后容易产生下沉现象，这会导致螺丝预加载状态受到破坏，从而引起螺丝松动。

此外，在铸造过程中，铸造基台或修复体内螺丝通道可能产生金属小瘤子，不容易发现，如果没有经过合理的处理，则容易导致螺丝无法良好就位，戴用后容易出现螺丝松动、折断发生。

3）螺丝旋紧扭矩不合要求：扭矩过小会导致预加载不足，抵抗微动的能力不足。扭矩过大，可能导致螺丝结构的直接损伤。

4）载荷过重：种植体支持的修复体承担过重的载荷，如具有单端悬臂梁设计、患者存在口腔副功能、修复后产生早接触𬌗干扰等问题。

（2）螺丝松动、折断的处理：如复查时发现螺丝松动现象，应将螺丝取出并更换，不宜继续使用发生过松动的螺丝，因为此时不能判断螺丝是否已经发生结构性的损伤，继续使用会增大再次松动的风险。

如果发生螺丝折断且折断部分已松动，可用探针或超声器械逆时针旋转取出。如果折断部分没有松动且尝试以上方法无效，则应选择特殊工具取出，可选用适合的"螺丝取出套装"，在螺丝断端制备槽口，再使用配套工具旋出，在做此类操作时要切忌损伤种植体内部螺纹，推荐在放大镜下或显微镜下操作。

（3）螺丝松动、折断的预防

1）合理选择种植体和修复体设计：尽量选择具有内连接结构的种植体。如果选择外连接种植体，多颗种植体植入时应形成三角形排列（tripodization），并通过联冠修复，以减小微动的可能性，从而降低螺丝松动概率。

2）确保种植体植入后具有合理的位置和方向，并采取适当的控制𬌗力的措施，尤其是对非轴向力的控制。

3）保证技工加工的精度。

4）合理的施加扭矩：采用两次加力法，即修复体初次上紧扭矩嘱患者反复用力咬数次，待5～10分钟后，沉降发生并趋于稳定后，再次用扭矩扳手加力，这样能够有效降低随后螺丝松动发生率。应特别注意基台螺丝和修复体螺丝的规定扭矩是不同的，而且不同直径的种植体、不同材料的螺丝之间要求扭矩也会有所不同，要注意参考种植体生产厂家提供的使用说明。

5）良好的术后医嘱，并定期复查，发现问题及时处理。

3. 饰面瓷或树脂破损、修复体支架折裂（图10-18）种植修复后饰面瓷崩裂5年发生率一般在10%左右，但也有研究报道甚至可高达30%。种植修复体支架折裂发生率不高，文献报道发生率多在1%左右。

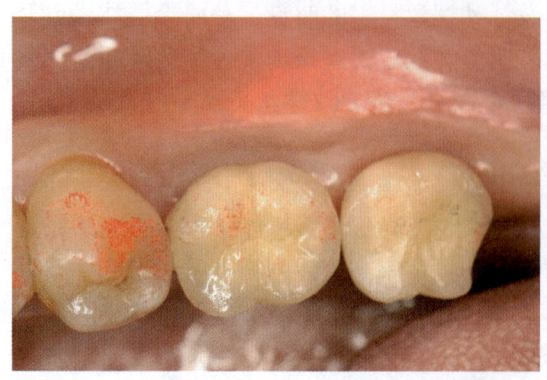

图10-18　下第二磨牙种植冠远中舌尖崩瓷

（1）饰面瓷或树脂破损、修复体支架折裂的原因

1）缓冲作用缺乏，对力的感知敏感度下降：这是种植修复体饰面崩裂发生率较天然牙修复体高的生物力学和生理学机制，也是此现象的根本原因。由于种植体周没有牙周膜的缓冲作用，同时又缺乏牙周膜本体感受器，对咬合力的感觉迟钝，这会导致机体对于种植修复体受到的咬合力缺乏有效的预防和反馈性的保护机制，特别是当咬合力较大或咬到硬物时，种植修复体上下相对咬合时表现尤其明显。

2）技工加工缺陷：这与常规修复体可能在技工加工环节出现的问题基本相同，可能的原因有金瓷不匹配、瓷层过薄或过厚、铸造缺陷、焊接缺陷、支架三维尺寸不符合规范等。对于种植修复体加工，较容易出现的是烤瓷金属基底的制作不符合规范要求，尤其是使用金合金材料时，技师有可能出于节省材料的角度，金属基底或支架做得较小，而导致瓷层过厚（>2 mm），金属对瓷层支持不足，这样修复体戴用后容易发生崩瓷。

3）修复空间不足：由于患者牙冠垂直向高度较短、对颌牙过长、牙槽骨过于丰满等原因，可能会导致种植体植入后颌龈向修复空间不足，此时设计烤瓷或烤塑修复体，不能确保饰面层或支架足够的厚度，从而导致戴用后发生饰面部分崩裂、剥脱或支架折裂问题。

4）负荷过重：原因主要有：修复体戴用后咬合调整不到位，存在咬合高点；患者有口腔副功能；患者咬合力过大或有咬硬物习惯。

（2）饰面瓷或树脂破损、修复体支架折裂的处理

1）对于后牙区面积较小的崩瓷，不影响功能和美观，应检查牙尖交错𬌗及非正中咬合接触关系，必要时做调𬌗处理，将粗糙面仔细抛光，一般不需做加瓷修理。

2）对于前牙区崩瓷面积较小但是影响美观的，可以瓷修理技术用树脂修补（关键之处在于对瓷或金属表面的处理以确保与树脂的粘接强度），或将修复体取下由技师在口外做加瓷处理。

需要注意的是，由于瓷修复体长时间在口内戴用，瓷层会吸收一定的水分，在加瓷前需要将修复体内外表面的粘接剂去净，在烘干器内采用低温充分烘干，去除瓷层内水分后，再加瓷烧结，否则容易导致在烧烤时瓷层崩裂。

3）对于较大面积的崩瓷，需将修复体取下，在口外重新加瓷。

4）如果经过检查确认修复体支架设计有问题，例如支架过小导致瓷层过厚，则应重新设计并制作支架后，再烤瓷制作新的修复体。

5）如果修复体戴用后反复多次发生崩瓷现象或者由于修复空间不足无法确保足够的瓷层厚度，则需要采用金属或氧化锆𬌗面。

6）如果修复体支架发生折裂，则需要明确原因，重新制作修复体的过程中有针对性的采取相应措施。

7）对于崩瓷的患者需要明确患者有无口腔副功能、咬硬物习惯或对颌牙过长等问题，如有则应采取相应措施。

（3）饰面瓷或树脂破损、修复体支架折裂的预防

1）分析临床特点做针对性的材料选择和结构设计，必要时采用金属或氧化锆𬌗面，避免或缩短悬臂设计，采用悬臂设计时确保悬臂区在ICO保留与对颌牙之间有100 μm间隙。

2）技工加工确保支架对饰面的支持，确保支架足够的强度，避免金属内部气泡、焊接不良等加工缺陷，严格抛光、上釉程序，减少由于表面结构缺陷导致饰面层崩脱或支架折裂问题。

3）临床仔细检查并调整咬合，防止不良载荷。

4）有口腔副功能的患者，种植修复后应为其制作𬌗垫，防止种植修复体受到过大的载荷。

5）详尽的术后医嘱。

4. 种植固定修复体松动、脱落　种植固定修复体松动是一种较为常见的种植修复后并发症，5年发生率在5%左右。

（1）种植固定修复体松动、脱落的原因

1）基台𬌗龈向高度不足，无法提供良好的固位力。

2）冠与基台的密合度不良。

3）粘接剂粘接强度不足，或者粘接前没有清洁冠和基台的粘接面而影响粘接强度。

4）患者𬌗力大，或者存在侧方𬌗干扰或牙尖交错𬌗的早接触。

（2）种植固定修复体松动、脱落的处理

1）如果是初次脱落，没有种植体、基台、冠加工等方面的原因，应仔细清理干净粘接剂，遵照粘接的技术规范重新粘接。

2）如果有基台、冠加工方面的原因或反复发生脱落，则需要做针对性的处理。如果是基台的问题，可以通过表面增加固位形态、基台粘接部分喷砂粗化、选择粘接力强的粘接剂甚至更换基台等方法处理。如果是冠的问题，可以通过更换粘接剂、调整咬合接触关系或重新制作修复体来解决。

3）辅助采取冠减径、降低牙尖斜度、减少接触面积等减轻𬌗力的措施，以降低脱位力，尤其是对𬌗力较大的患者。

5. 种植覆盖义齿相关并发症　除了种植体折断、螺丝松动折断、树脂崩脱等与种植固定修复相类似的机械并发症外，种植覆盖义齿的常见机械并发症主要有义齿固位力下降需要调整、义齿基托组织面不贴合需要重衬、附着体结构磨损或折断需要更换、覆盖义齿折断需要修理或重做等。应从合理地选择适应证、良好的设计、确保种植体良好的植入位置和方向、保证良好的技工加工质量等多个环节入手降低种植覆盖义齿并发症的发生率。

（张　磊）

进展与趋势

近年来，随着种植体加工工艺、材料学、诊疗技术的迅速进步，种植修复治疗朝着技术和流程简化、精确、微创、美学等多个方向发展。主要包括以下方面：①以面部和口内三维扫描技术、多种种植手术和修复设计软件系统、多种快速成型技术、氧化锆切削基台等为代表的数字化技术迅猛发展，在种植修复中得到越来越广泛的应用，简化了治疗流程，降低了操作难度，提高了诊疗的精确性和可预期性。②随着种植体表面处理技术的逐步改良，骨结合速度较以往有了较大的提高，负载时机可以进一步提前。③由于骨替代材料、生物膜材料、GBR 技术以及软组织移植技术的发展和成熟，降低了医师对既往自体骨移植的依赖程度，使种植手术更加微创化。

如何进一步提高数字化种植技术的精度、优化流程并扩大应用范围？如何进一步改进骨替代材料的成骨性能？如何降低种植体周炎的发生率、提高对种植体周炎的治疗效果？今后仍需要多角度、更深入的研究。氧化锆种植体尽管已经应用于临床，但是其远期效果尤其是连接结构设计、疲劳强度和骨结合稳定性是否满足临床的要求，尚需要更多的临床和实验研究支持。

Summary

Implantation dentistry is developing quite fast during these years. For edentulous patients implantation therapy usually is the best approach because oral soft and hard tissue can be well protected and oral function and esthetics can be well rehabilitated. When designing implantation treatment, comprehensive consideration should be taken including condition of general health, living habit, oral condition, economy situation and preference of patients. Many types of techniques, such as guided bone regeneration, impression techniques, prostheses materials and fabrication techniques, should be reasonably selected and applied based on different clinical situations. The philosophy of surgery-driven approach has been replaced by that of biologically and prosthetically driven approach during past 10 years. Complications relevant to implantation treatment includes three main categories: surgical complications, biological complications and mechanical complications. The causes, therapy and prevention of different complications should be kept in mind to decrease the risk and guarantee the quality and long time stability of implantation treatment.

Definition and Terminology

骨结合 (osseointegration): Direct structural and functional connection between ordered, living bone and the surface of a load-carrying titanium implant. Osseointegration is considered to be the phenomenon of direct apposition of bone on an implant surface, which subsequently undergoes structural adaptation in response to a mechanical load.

初期稳定性 (primary stability): Clinically, implant immobility at the time of surgical placement, resulting from intimate contact of the implant with the bony walls of the osteotomy. Primary stability decreases with time as osseous remodeling occurs. It is distinct from secondary implant stability, which is the result of new bone formation and osseointegration.

引导骨再生 (guided bone regeneration, GBR): Follows the principle of maintaining a surgically created space at a bony defect via a barrier membrane, thus excluding rapidly proliferating epithelial cells and fibroblasts and permitting the growth of slower-growing bone cells and blood vessels. Graft material may also be used in combination with barrier membranes in GBR procedures to support the membrane and prevent its collapse. In addition, bone grafts provide a scaffold upon which new bone can form.

开窗式印模技术 (pick-up technique): Impression of seated superstructure on abutments following surgical implant placement and healing. The superstructure is removed in the impression to obtain a cast incorporating contours of the adjacent soft tissues.

种植体周炎 (peri-implantitis): Condition of inflamed peri-implant soft tissues, bone loss, and increased probing depth combined with exudation.

预加载 (preload): In bolted joint mechanics, signifies the residual stretch or elongation that remains within the body of the screw after the tightening procedure is completed; the clamping force of the joining screw across a bolted joint.

参考文献

[1] 冯海兰, 徐军. 口腔修复学. 2版. 北京: 北京大学医学出版社, 2013.
[2] 林野. 口腔种植学. 北京: 北京大学医学出版社, 2014.
[3] Wolfart S. Implant prosthodontics. London: Quintessence Books. 2016.
[4] 孟焕新. 临床牙周病学. 2版. 北京: 北京大学医学出版社, 2014.
[5] 刘宝林, 林野, 李德华. 口腔种植学. 北京: 人民卫生出版社, 2011.

［6］韩科. 种植义齿. 北京：人民军医出版社，2007.

［7］宿玉成. 现代口腔种植学. 2版. 北京：人民卫生出版社，2014.

［8］Albrektsson T, Branemark PI, Hansson HA, et al. Osseointegrated titanium implants. Requirements for ensuring along-lasting, direct bone-to-implant anchorage in man. Acta Orthop Scand，1981, 52 (2): 155-170.

［9］Tonetti MS, Jung RE, Avila-Ortiz G, et al. Management of the extraction socketand timing of implant placement: Consensus report and clinical recommendations of group 3 of the XV European Workshop in Periodontology. J Clin Periodontol. 2019, 46 Suppl 21: 183-194.

［10］Wittneben JG, Joda T, Weber HP, et al. Screw retained vs. cement retained implant-supported fixed dental prosthesis. Periodontol 2000. 2017, 73 (1): 141-151.

［11］Lee H, So JS, Hochstedler JL, et al. The accuracy of implant impressions: a systematic review. J Prosthet Dent. 2008, 100 (4): 285-291.

［12］Goodacre CJ, Bernal G, Rungcharassaeng K, et al. Clinical complications with implants and implant prostheses. J Prosthet Dent. 2003, 90 (2): 121-132.

［13］Klinge B1, Meyle J; Working Group 2. Peri-implant tissue destruction. The Third EAO Consensus Conference 2012. Clin Oral Implants Res. 2012, 23 Suppl 6: 108-110.

［14］Malo P, Nobre MA, Lopes I. A new approach to rehabilitate the severely atrophic maxilla using extramaxillary anchored implants in immediate function: a pilot study. J Prosthet Dent. 2008, 100 (5): 354-366.

［15］Pirelli J, Abramowicz S. Placement and Immediate Loading-Surgical Technique and Clinical Pearls. Dent Clin N Am. 2015, 59 (2):345-355.

［16］刘建彰. 改良唇-牙-牙槽嵴上颌全口种植义齿分类设计. 华西口腔医学杂志. 2018，36（3）：233-239.

［17］Rangert BR, Sullivan RM, Jemt TM. Load Factor Control for Implants in the Posterior Partially Edentulous Segment. Int J Oral Maxillofac Implants. 1997, 12 (3): 360-370.

［18］Luo Q, Ding Q, Zhang L, et al. Analyzing the occlusion variation of single posterior implant supported fixed prostheses using T-scan system: a prospective 3-year follow-up studyl. J Prosthet Dent. 2020, 123 (1):79-84.

第十一章 颌面缺损修复

Maxillofacial Rehabilitation

第一节 概述
Overview

一、学科范畴

颌面缺损修复，也称颌面修复、颌面赝复（maxillofacial prosthetics 或 maxillofacial rehabilitation），从学科的划分应称为颌面修复学（maxillofacial prosthetics），属于口腔修复学的一个分支或亚专业；它是在一般口腔修复基本理论和方法的基础上，结合颌面部缺损的特点，研究如何用人工材料修复难以用自体组织和外科手术方法修复的颌面部软硬组织缺损的一门学科或专业；另一方面，它的研究和工作内容还包括利用赝复体或人工器具辅助放射性粒子的排布以辅助口腔颌面部放射治疗等。在颌面缺损修复中制作的修复体通常被称为赝复体（maxillofacial prosthesis）。

二、颌面缺损的病因

颌面缺损的病因有多种，大致可分为先天性因素和后天性因素两大类。

（一）先天性因素

先天性颌面缺损（或畸形）以唇裂（cleft lip）和腭裂（cleft palate）最常见。此外，还有先天性耳缺损（auricular defect）、鼻缺损（nasal defect）以及面裂（cleft face）等，其中以耳缺损者较多见。

（二）后天性因素或获得性因素

后天性因素或获得性因素（acquired factors）一般又分两类。

1. 疾病 最常见的是颌面部肿瘤手术切除后造成的缺损，还包括清除放射治疗形成的坏死组织而造成的缺损，以及炎症（如颌骨骨髓炎、走马牙疳）造成的缺损。

2. 外伤 交通事故伤、工伤、跌打伤、爆炸伤、烧伤、火器伤等均可造成颌面部的缺损。因外伤而造成的颌面缺损往往具有缺损面积大、缺损边缘不规则、缺损修复困难、缺损区常伴污染并易发生感染等特点。

三、颌面缺损的分类

1. 根据缺损部位的不同分类 颌面缺损包括颌骨缺损、面部缺损、软腭缺损和舌缺损等，其中以颌骨缺损和面部缺损常见，本章主要介绍颌骨缺损和面部缺损修复。

颌骨缺损包括上颌骨缺损和下颌骨缺损；颌骨缺损多为获得性缺损；颌面缺损患者中大部分患者属于颌骨缺损。

面部缺损可分为耳、鼻、眼、眶各器官的缺损和其他面部组织的缺损。

软腭缺损指先天或后天因素造成的软腭全部或部分缺损。

舌缺损主要是因舌部肿瘤等行舌部分切除和舌再造术后形成的缺损。

联合缺损是指涉及多个颌面部器官或部位同时发生缺损的情况。

2. 根据缺损时间的不同分类 颌面缺损可分为先天性缺损（congenital defects）和获得性缺损（acquired defects）两大类。获得性缺损是指后天因各种原因造成的缺损。

3. 根据导致缺损的直接原因不同分类 颌面缺损可分为三大类：①先天性缺损；②创伤性缺损；③外科切除性缺损等。其中，根据国际疾病分类法创伤性缺损又分为非故意和故意两类。

四、颌面缺损的影响

颌面部是涉及每个人容貌和社会交往的重要部分，它还承担咀嚼、吞咽、吸吮、语言及呼吸等重要生理功能。因此，颌面部缺损给患者带来多方面的影响；如果患者未得到及时治疗，还会产生继发畸形，形成更严重的影响或危害。

（一）咀嚼功能方面

咀嚼功能不仅要依靠牙齿，还必须有唇、颊和舌的协同配合，将食物反复运送到上下牙列间，进行咀嚼并形成食团后吞咽。当唇颊部有穿孔的缺损时，不但不能很好地咀嚼，而且还会使咀嚼好的食物流出口外，缺损越大，外流越多。当舌有缺损和（或）舌神经受损时，就不能很好地运送食物。颌骨缺损一般都伴有大量牙齿的缺失，且下颌骨缺损破坏了下颌骨连续性时下颌骨往往向缺损侧偏斜，使上下牙列失去正常的咬合关系，或由于口底瘢痕组织牵拉和舌功能不足，都会使咀嚼功能减退或丧失，对全身健康状况也会有很大的影响。

（二）语音功能方面

颌面部发生缺损时，共鸣腔遭到破坏，发音也随之改变，使原来清晰可辨的语音变得模糊不清，甚至无法理解。上颌骨或腭部缺损时，口腔和鼻腔穿通破坏了原有的封闭功能，使发出的元音都带有浓厚的鼻音。缺损较大时，口腔和鼻腔连成一个大腔，语音改变更为明显。唇、舌、腭、颊等部位和牙的缺损会影响辅音的发音，如前牙缺失对齿音、唇齿音和舌齿音影响较大。唇缺损后，因上下唇无法紧闭，使双唇音发生改变而夹杂"咝"的声音。下颌骨缺损时，由于缺损侧颊部组织内陷，健侧又向缺损侧偏移，极大地缩小了口腔的范围，使舌的功能受到影响而影响发音。此外，舌的缺损和（或）功能阻碍，也会对发音有很大的影响。

（三）吞咽功能方面

当上颌骨、腭部或颊部有缺损穿孔时，由于口鼻腔或口内外穿通，食团难以形成，即使部分形成也不能沿着正常的途径进入咽部，往往通过缺损处进入鼻腔或流向口外，使患者难于下咽，或只能咽下部分食物。特别是饮水时，患者需将头部后仰，靠地心引力使水进入咽部，否则水将从缺损处进入鼻腔流出鼻孔，不但无法下咽，还会引起呛咳。

（四）吸吮功能方面

上颌骨、腭部、面颊或唇部有缺损穿孔时，口腔不能形成一个完全封闭的环境，吸气时，口腔内不能产生负压从而影响吸吮功能。

（五）呼吸功能方面

鼻缺失或缺损患者吸气时，外界浑浊的冷空气得不到过滤、润湿和加温，而直接抵达咽喉进入肺部，使患者易患气管炎、肺炎等疾病。

（六）面部容貌方面

面部缺损或畸形，即使是很小的缺损或畸形都会引起人们的注意。上颌骨缺损可引起面颊唇部等软组织的塌陷，使整个面部失去正常的外貌。下颌骨缺损较大时，可引起下颌唇部的组织塌陷，还可使颌骨偏斜或畸形。面部组织如耳、鼻、眼器官缺损时畸形更为严重，有时甚至达到骇人的程度。

（七）心理精神方面

由于上述颌面部缺损后所引起的一系列影响，特别是面部毁容、语音功能、咀嚼功能和吞咽功能的骤然降低或基本丧失，极大地影响患者的生活质量，以及在家庭、社会中的地位和交往，会对患者产生严重的心理精神创伤，带来莫大的痛苦，甚至造成患者形成悲观厌世、自杀的念头。

五、颌面缺损修复的心理健康支持

颌面部缺损患者在受创伤或手术切除之前面部容貌往往是正常的，尤其恶性肿瘤患者还可能正在面对不可测的将来和死亡预期。这些不良刺激会影响患者的心理精神状态。如果发现患者具有严重的心理障碍，尤其是曾企图自杀的患者，应重点关注其心理健康状态，必要时应建议他们去接受心理或精神医师的治疗。

医师和患者应密切合作，实现颌面部缺损修复成功这一共同目标。医师与患者之间要充分沟通，医师要详细了解患者的主诉和期望，在此基础上制订合理的治疗计划，并告知患者治疗计划、流程和最终治疗效果。医生在与患者交流时，以及在临床操作过程中，要高度关注患者的心理状态和感受，要注意鼓励和增强患者的信心，使患者能增进理解并主动适应，最终获得修复的成功。

第二节　颌面修复学科的发展简史及展望
Brief History and Future Development of Maxillofacial Prosthetics

一、早期颌面修复学科的简况

在历史的长河中，尚无法考证人们首次应用赝复体修复先天性或获得性颌面部缺损的准确时间。在出土的公元前 2613—2494 年埃及第四王朝（the fourth Egyptian Dynasty）的文物里有眼、鼻、眶、耳赝复体的实物。但是经过埃及考古学家仔细地考察认为这些赝复体可能是在去世后戴上的。在公元前 1000 年的希腊（Greek）和罗马（Roman）时期，用金或银制作面具（facial mask），但不知道这些面具是为了在战斗中保护面部还是用于伪装面部残疾。在那一时期的塑像中发现有用象牙手工雕刻的眼赝复体，这些眼赝复体的质量能达到使人类眼窝可以耐受的程度，不过不知道那个时期这种人造眼是否是面部毁容的人戴用。值得注意的是，在面部赝复体的发展中，中国约在公元 200 年时出现了在金属基底层上涂漆（lacquer）的面部赝复体。

1579 年，近代第一个用文字记载报道面部赝复体的人是一位法国随军外科医师 Ambrose Par'e，他描述了鼻、耳和眶赝复体的设计，基于他的贡献，他被认为是颌面修复学的创始人。

1832年，Dr. Forget用银为一位战伤法国士兵制作颌面赝复体，修复仅剩下颌升支的面下1/3缺损，赝复体被皮带系在颈部和头后面，以保持位置，悬吊的下颌部分具有金牙和排液腔，其外部涂上了与患者皮肤相似颜色的油彩，并装了小胡子。1832—1833年，在伦敦出版的医学公报将颌面缺损修复列入医疗范畴，从此，颌面缺损修复学科逐步建立起来并得到较快发展。

二、现代颌面修复学科的发展概况

现代颌面修复学科依赖于生物力学、材料学、计算机技术、口腔种植技术、颌面外科等学科的发展，在其研究及治疗领域取得了巨大的进步。

（一）颌赝复体固位与承力方法的发展

1. 上颌赝复体固位方法的发展 在上颌赝复体固位方法的发展中，出现了多种方法并用的局面。

（1）利用健侧或健侧余留牙固位：此时要求尽可能保存和应用多个基牙提供固位和支持。

（2）利用组织倒凹：常利用患侧颊部植皮愈合后瘢痕带以上的倒凹或缺损腔周围的倒凹。

（3）减轻赝复体重量以利于固位：由最早的实心上颌赝复体发展到中空（hollow）上颌赝复体。对形成中空的方法曾有多次改进，以后又改进为有弹性的硅橡胶中空赝复体甚至充气式（inflatable）的中空赝复体，使之能更好地利用缺损腔周围组织倒凹进行固位，又可避免摘戴时对周围组织的摩擦损伤；继而再发展成开顶式颊翼（buccal flange）上颌赝复体，使之重量更轻，制作更方便，并有利于患者发音音质的改善和上颌赝复体的清洁。

（4）减轻𬌗力：可以采用患侧反𬌗排牙，用无尖人工牙，人工牙减径、减数，甚至不排后牙等方法。

（5）加用机械固位方法：如弹簧、磁性附着体等。

以上方法虽有利于上颌赝复体的固位，达到使口鼻腔隔开，解决发音与吞咽问题；但由于未能兼顾承力问题，即缺损侧无骨面支持，受到𬌗力时，因杠杆作用（leverage）使赝复体在功能状态下易发生翘动，非常不稳定，以致无法良好地恢复咀嚼功能，而且上述现象极易损伤基牙和剩余的支持组织，故其修复效果不能持久。

（6）咽腔鼻底固位的咽鼻突上颌赝复体：周继林于1954年采用上颌赝复体的后部做出咽突向后上方伸入咽腔，即放在软腭的鼻侧面上，而使赝复体后部获得固位；施行口鼻道成形术使口鼻道连通，在赝复体的前方基托上加塑料双突，伸入两鼻前庭底，因鼻前庭底属于皮肤组织，其承力能力比黏膜强，利于保护口鼻黏膜，用鼻底固位的方法可使上颌赝复体的固位明显改进。

2. 上颌赝复体承力方法的发展

（1）1966年Hammon报道用手术方法切除翼突（pterygoid process）大部分，剩下翼突根，利用修平后的翼突根作为承力点，上颌赝复体向后伸展到此处以得到该点的承力。但其面积很小，且位于上颌远端靠近咽腔处。如单独用做上颌赝复体承力区其作用有限，且赝复体做得太靠近咽腔，患者易感恶心或影响吞咽。

（2）1967年Malbery用中空上颌赝复体衬垫弹性硅橡胶，使之直接与缺损腔上方的眶底（infraorbital plate）、筛板（ethmoidal plate）等接触。由于这些组织位置高、骨质薄且形状不规则，其上覆盖的黏膜组织薄而脆弱、敏感，不耐承力，故也就不能达到良好和持久的支持上颌赝复体并恢复咀嚼功能的作用。且这种设计使赝复体的体积大，不便摘戴，虽有用分段的设计方法可以解决摘戴问题，但太重不利于固位，尤其是承力问题无法改进。

（3）颧颊区承力（zygo-buccal area used as bearing seat）。经对此区表面解剖的研究发现，上颌骨颧突和颧骨底部的前端为可利用的区域。此区位置适中，正好处于无牙颌两侧后牙槽主承力区的颊侧，其高度等同于无牙颌总义齿的颊翼缘区。完整的颧区面积较大，其向颊侧的宽度约 2 cm，其前后方向为一凸形嵴面，嵴面的宽度在靠近上颌牙槽部位较宽，约 2.5 cm，至颧骨前端变窄到约 1 cm。此区无重要血管神经走行，适合作为上颌赝复体承力之用。但此区有颊肌及咬肌纤维附着。从 1978 年起，周继林、洪民通过颧颊区成形术（zygo-buccal area plasty）(也称颧颊沟成形术，zygo-buccal vestibuloplasty)，开展了充分利用颧区承受咀嚼压力的颧颊翼阻塞器（zygo-buccal flange obturator），效果良好。

（4）骨内种植体辅助上颌赝复体的固位和承力的设计（osseointegrated implant-retained or supported obturator）。1986 年，Paned 和 Brånemank 等首次报道了把种植体运用到上颌骨缺损的修复病例中，该病例主要运用种植体植入健侧无牙颌骨内，可使上颌赝复体取得固位效果。1992 年，Gnay 等利用健侧上颌牙槽骨和患侧在缺损腔内斜向旁边的颊侧颧骨做种植，在 4 枚种植体的支持下，上部设计带磁性固位体和帽状弹性卡环固位体的铸造金属支架，以支持和固定赝复体。1996 年，John Beumer 等认为缺损腔内的颧部种植体会造成一些并发症，这是由于从缺损腔向颊侧颧骨部进行种植使种植体位置过深，造成维持种植体周围清洁困难；此处覆盖的软组织过厚，种植体周围容易产生继发炎症；而且种植体的长轴方向与𬌗力方向完全不一致，呈很大的角度。在这种情况下，咀嚼𬌗力造成了对种植体非常不利的侧向力，降低存留率。1995 年，赵铱民等也报道了对上颌骨双侧缺损患者在缺损腔内向颊侧颧弓根部植入骨内种植体，但未见远期疗效的报道。总之，对上颌骨一侧或一端缺损，在剩余牙槽骨内种植作为上颌赝复体的一种固位方法有明显效果，无可非议，但对在缺损腔内种植的方法尚存在很多缺点，疗效不佳，有待改进。2001 年，周继林等提出了颧颊翼种植体上颌赝复体的概念及设计方法，即在颧颊区成形术后再做种植或在颧颊区成形术中种植，做成颧颊翼承力种植体固位的颧颊翼种植体上颌赝复体。该法直接利用整个颧区承力，使种植体上的应力可被分散减低，且可避免不利的侧向力；便于患者清洁种植体，防止炎症发生等。

3. 下颌赝复体固位方式的发展　对下颌骨的缺损，一般都会先用外科骨移植方法恢复其连续性，故对下颌赝复体承力影响不大。对前部、单侧缺损，均可利用剩余牙齿做卡环固位，当无牙时则可利用种植体固位。但对下颌骨大型缺损植骨后合并无牙颌的情况，此类病例由于口底肌肉存在不同程度的缺损，舌侧软组织向后收缩形成瘢痕，使舌下较正常人变得宽大，早期周继林等通过加宽舌翼结合唇颊沟成形术加深唇颊沟的方法增加下颌赝复体固位；近期多名学者尝试在移植骨上进行种植修复的方法，但因植骨区常被较厚的软组织覆盖，种植修复前常需二次手术修整软组织，其长期效果还需验证。

（二）面部赝复体固位方法的发展

1. 早期对耳缺失修复的固位方法是用粘接剂（skin adhesives）和发夹（hair clips）。近代发展用种植体（osseointegrated implants）固位，即耳赝复体靠种植在乳突区（mastoid process）的种植体固位，成功率很高，寿命长，摘戴方便，不受体育运动的影响。此法是耳赝复体固位方法的重要进展。

2. 早期对鼻缺失多用眼镜架（eyeglass frames）、粘接剂和周围组织倒凹固位，并利用鼻底部支持，如伴有上颌骨缺损，则用磁性附着体或插管方式，使鼻赝复体与上颌赝复体相连等方式固位。也可根据情况选择几种方法联合使用，以求获得好的固位效果。

近代发展了在前鼻底（anterior nasal floor）的骨种植技术，使鼻赝复体能较好地固位和稳定，其成功率也很高。不过，还需根据患者的情况选用适宜的固位法。如全身情况差、不能维持种植体清洁的老年患者，则不宜采用种植法；采用眼镜架固位法比用粘接剂法能维持较长的时间。

（三）数字化技术应用于颌面修复的发展

1983 年法国牙医 Francois Duret 的第一台牙科计算机辅助设计和计算机辅助制作

（computer-aided design and computer-aided manufacturing，CAD/CAM）样机问世，开创了以计算机技术为支撑平台的口腔数字化医学时代。数字化技术为口腔修复学开辟了崭新的修复治疗模式，随即又发展到颌面修复的应用中。

我国从20世纪80年代开始追踪研发相关数字化技术，北京大学口腔医学院较早开展了数字化口腔修复技术和人工智能技术的研发，2011年获批建设"口腔数字化医疗技术和材料国家工程实验室"，经过多年的努力，在数字化口腔修复方面达到国际先进水平。在数字化颌面修复方面，空军军医大学第三附属医院（第四军医大学口腔医院）、北京大学口腔医院、上海交通大学附属第九人民医院、四川大学华西口腔医院、解放军医学院口腔医学中心在此方面均开展了相应的临床实践。

颌面赝复体数字化制作系统主要由3部分组成：①数据获取装置（数字化印模），用于获取口腔颌面软硬组织的数据；②数字化赝复体设计，用于赝复体形态设计和图形处理；③数字化赝复体制作，用于赝复体设计后的数字化赝复体制作。该方法还有利于实现远程医疗服务。以面部赝复体为例，临床主诊医师将扫描获得的面部三维数据，通过互联网传输给数字化制作中心，由制作中心的医师对颌面部赝复体进行三维图形设计，再与临床主诊医师反复沟通交流，最终确定赝复体设计方案；然后由制作中心完成赝复体阴形型盒或最终赝复体蜡型的三维打印，最后再充填或替换为硅橡胶以完成赝复体；后续临床医师仅需为患者进行试戴、染色和定形。这样既提高了修复治疗质量，还可减少就诊次数。

（四）面部赝复体应用材料的发展

1901年，波士顿的Dr. Kazanjian报告了用硫化橡胶（vulcanized rubber）制作鼻腭赝复体；1910年，在德国工作的Henning发明了以明胶-甘油（a combination of gelatin, glycerin and coloring matter）为主要成分的新的面部修复材料；1940年，聚甲基丙烯酸甲酯（polymethyl methacrylate），即丙烯酸树脂（acrylic resin）材料完全取代了硫化橡胶。在20世纪40年代中期，开发者朝着弹性面部修复材料的方向努力，开发了聚氯乙烯（polyvinyl chloride）。但该材料暴露在人体环境中时会产生降解过程（undergo degradation），容易收缩变色。20世纪50年代，周继林开发了软化丙烯酸酯，性能有所改善。1960年，由在芝加哥大学Zoller牙科诊所工作的George Barnhart开发了硅橡胶（silicone rubber），并认识到该材料的潜力，说服了Dow Corning公司生产Silastic399医用硅橡胶。自从1960年硅橡胶用于面部修复以后，出现了快速发展的局面，市场上有不同品牌用于面部赝复体的硅橡胶销售。由于硅橡胶与现有的其他面部修复材料相比具有柔软和耐用性，并可配成与皮肤相似的颜色，制作过程较省时容易，所以至今仍是用于面部修复的最佳材料。当20世纪70～80年代大量应用硅橡胶时，Gonzalez和Goldberg开发了聚氨基甲酸酯（polyurethane）的面部修复材料。这种材料具有柔性，边缘强度好，所以可把赝复体的边缘做得很薄，也能配成与皮肤相似的颜色。

综上所述，现代颌面缺损修复的发展依赖于科学技术、材料及多学科合作的发展。而我国现代颌面缺损修复的发展始于20世纪50年代的朝鲜战争，大量颌面缺损伤员的增加给患者及社会带来巨大的创伤，同时也促进了颌面缺损修复学科发展。在我国颌面修复的发展历程中，周继林、高元、樊森、孙廉等前辈奠定了重要的发展基础；赵铱民、张富强、洪流等学者为该学科的进一步提高做出了重要贡献，使得在结合种植修复、数字化修复、颌面缺损修复材料研发以及多学科协作等方面取得了长足的进步，使得我国在颌面缺损修复方面与国际发展同步，其中赵铱民领衔的"严重颜面战创伤缺损与畸形的形态修复和功能重建"技术获得2011年度国家科学技术进步一等奖更体现了我国在此领域的实力；2014年9月，中华口腔医学会口腔颌面修复专委会成立，这为我国口腔颌面修复事业的发展搭建了专业合作和发展的平台。

三、未来颌面修复学科的发展方向

（一）多学科合作更加密切

对颌面部缺损的恢复，多认为可用颌面外科和整形外科的手术方法进行修复；但如果缺损范围较大且复杂，外科手术方法难以修复或手术失败者，在大多数情况下还需以颌面赝复方法为主。其实颌面部缺损仅通过手术治疗是很难获得最佳或完善修复效果的。要想达到完善或最佳的修复效果，外科医师需与颌面修复医师进行协作，而且这种协作应渗透至外科治疗的全程。例如，颌骨切除外科手术前如果没有颌面修复的配合，不事先做腭护板就做上颌骨切除术，或不事先做下颌骨导板就做下颌骨切除术等，手术效果或功能恢复将显著受到影响；又如颌骨缺损进行外科植骨、修整软组织后，患者仍需口腔颌面修复医师为其制作赝复体来修复牙齿并恢复咀嚼或美观功能等。

另一方面，颌面修复医师也需要颌面外科医师的协作，在下颌骨重建术（mandibular reconstruction）、上颌骨三维重建术（maxillary three-dimensional reconstruction）这些基础治疗外，还需要用外科手术的方法尽量创造出更有利于修复成功的条件：如骨内种植手术（osseointegrated implant）、唇颊舌沟成形术（labio-bucco-lingual vestibuloplasty）、颧颊区成形（zygo-buccal area plasty）术、牵引成骨（osteodistraction）等。随着数字化颌面外科的进展，颌面外科借助计算机工程技术可在术前更精确地设计植骨和重建手术，该方面的进展为颌面缺损的修复创造了更理想的条件。

经过多年的实践，通过对颌面修复病例成功、失败经验的分析，人们越来越认识到要想成功地修复颌面部的缺损及功能，只有通过修复科、外科、计算机工程等多学科的协作，通过进行序列治疗，共同制订治疗计划，才能使各学科发挥最大的作用，而且多学科协作会产生多倍效应并带来质的变化。所以学科发展的趋势是学科间，尤其是口腔修复科与口腔颌面外科的协作将更加紧密。

（二）数字化技术的广泛应用

颌面缺损修复具有不同于传统口腔修复的特点：①缺损区形状不规则；②缺损区深在，尤其是颌骨缺损；③常伴有手术瘢痕和张口受限，印模制取困难；④缺损区形成口鼻腔穿通或多部位的穿通，印模制取困难，且易造成误吸、误咽；⑤面部器官具有立体、镜像对称的特点，制作时对医师和技师的经验技术和操作技能依赖性高。基于CAD/CAM的数字化技术恰好能弥补上述不足，且在颌面缺损修复方面显示出巨大优势：①计算机具有海量存储，能满足三维数据的存储和大规模、快速的运算；②CT数据、口内扫描数据和面部扫描数据等多源数据可直接应用于数字化修复，可避免印模制取时遇到的张口受限、印模材误吸误咽等风险；③数字化设计功能强大，对不规则形状、立体对称形状的设计非常准确快捷；④三维打印等增材制造技术可直接加工出不同形状、任意复杂的三维几何实体（阴形型盒等），并具有高集成性、快速性和高柔性等特点；⑤采用量化的、客观的指标精确控制加工制作过程，制作的赝复体具有高精度的特点，可摆脱对医师和技师经验技术的高度依赖。因此，数字化技术在未来颌面缺损修复应用中具有广阔的前景。

（三）种植技术的拓展应用

颌面缺损修复，无论是颌骨缺损修复还是面部缺损修复都是在软硬组织大量缺损的情况下进行的修复，可想而知其难度是非常大的。因此，颌面缺损修复非常需要借助种植体来增加固位，而且对种植体成功的要求是很高的。只能盼望长期成功，而不能失败。如果种植体因过大扭力、侧向力或种植体周炎症造成松动脱落，则会使种植区骨组织严重丧失，这对颌面缺损患者来说是极大的损失。而种植体要成功的局部必要条件是种植区骨质要好，骨量要够，承受的是适当的垂直向殆力,行使咀嚼功能时赝复体很稳定,这样不会使种植体遭受过大扭力和侧向力。另外,种植要便于清洁,防止种植体周炎的发生。而这些必要的、使种植成功的条件,在颌面缺损患者中都是不容易得到的。另外,有些恶性肿瘤手术切除并做放射治疗的患者还存在放射治疗对种植体成功率影响的问题。

因此,未来迫切需要对种植区的选择及种植时机、方式等问题进行科学探讨,创造条件使种植体能在稳定、易洁的环境中持久良好地发挥功能,使颌面缺损修复领域内种植体的成功率越来越高,应用越来越普及。同时,随着适宜于颌面部修复的种植系统的不断开发和改进,种植技术在颌面缺损修复中的应用将日益广泛和拓展。

(四)赝复体功能的仿生化和智能化发展

颌面部的器官如眼、耳、鼻均具有特殊的感觉功能。如何使眼赝复体、耳赝复体、鼻赝复体等具有仿生的视觉、听觉、嗅觉功能,如何使眼赝复体具有与健侧眼同步的眨眼功能是未来研究的方向。基于医学仿生学、电子信息学、生物学、人工智能学等学科的协作,实现上述赝复体功能的仿生化和智能化必将成为现实。

(五)面部修复材料的仿生化发展

理想的面部修复材料应具备如下性质:①无刺激性;②柔韧性:有随面部组织运动而调节的能力;③重量轻,易支持而不易脱位;④颜色:具有基本的皮肤颜色,能配比合适,最好能随皮肤温度变化而改变颜色;在阳光直晒下不会褪色或变形;⑤卫生:没有孔,不疏松,可被清洗和消毒;⑥耐用性;⑦导热性:是不良热导体;⑧操作性:容易操作且不需复杂设备;⑨质地:为了化妆和固位,这种材料的表面必须能保持应用化妆品和粘接剂的能力;⑩可用性:必须是容易得到的,而且是经济的。其中柔韧性和颜色方面的功能更加强调材料的仿生性,如材料可随面部组织的运动而具调节的能力以及随皮温变化、季节变化而具有相应的变色能力等。因此,使面部材料具有上述的仿生功能是未来重要的发展方向。

(六)组织工程技术

组织工程学是20世纪80年代提出的一个崭新概念。它是利用人体的一些种子细胞或干细胞的多向分化潜能,按照人类的需求在体外构建一个有生物活性的具有定向分化能力的构建体,植入体内修复组织缺损,替代或恢复组织或器官的功能,从而达到再生组织和器官的目的。组织工程技术体现了再生"组织"和"器官"的创新思维,标志着"再生医学"的到来。因此,组织工程技术必将为口腔颌面部缺损修复带来革命性的改变。

第三节 颌骨缺损的修复
Rehabilitation of Defect of Maxilla or Mandible

颌骨缺损是口腔颌面部缺损中最常见的缺损类型,包括上颌骨和下颌骨的缺损。由于上下颌骨的位置和解剖特点不同,所以在修复的方法上略有不同;上颌骨缺损修复首先要重新建立口鼻腔的封闭;下颌骨缺损的修复首先要注意恢复其连续性;此外,由于现代口腔颌面外科技术的不断发展,颌骨切除后即刻移植骨瓣的概率很高,所以修复的难度和修复的方式也有变化。

一、颌骨缺损的修复原则

颌骨缺损无论从解剖生理方面还是从心理精神方面都对患者造成了巨大的伤害。因此,从身心两方面了解患者和进行治疗，才能使颌骨修复取得良好的效果。由于颌骨缺损后赝复体较大，赝复体周围组织固位和承力条件差，所以修复治疗相对常规口腔修复较为困难。在如此困难的条件下，要想获得修复治疗的成功，应遵守一些经多年临床实践总结出来的修复原则。

1. 早期修复 颌骨缺损不仅使口腔功能受到不同程度的影响，面部产生不同程度的畸形，而且给患者带来很大的痛苦。因此，在口腔颌面外科切除颌骨的同期应用腓骨瓣、髂骨瓣等进行颌骨重建是优先的选择；对于不能进行外科颌骨重建的患者，尽早进行修复治疗是非常必要的。虽然正式赝复体需在创口愈合后制作，但在手术后立即戴上即刻外科阻塞器（immediate surgical obturator）或腭护板（palatal stent）、下颌导（guidance stent）等预成赝复体，可保护手术区创面免受污染、减少瘢痕挛缩、减轻面部畸形程度并及早恢复部分生理功能，而且对患者在心理上还可起到一定的安慰作用。

2. 以恢复生理功能为主 颌骨缺损应以尽量恢复咀嚼、语音、吞咽、吸吮以及呼吸等生理功能为主。在恢复生理功能的基础上，再根据颌面部具体情况，尽量考虑面部外形的恢复。

3. 保护余留组织 除不能治愈的残根或过度松动的牙只得拔除，骨尖、骨突的修整，不能利用反而妨碍修复的瘢痕组织需切除外，应尽量保留剩余组织。

4. 要能有足够的固位与承力的条件 颌骨缺损后，其赝复体固位与承力的条件部分甚至全部丧失，设计新的方式，用作赝复体的固位与承力至为重要，而且必须两者兼顾，才能使赝复体就位并稳定地行使功能，此为赝复体成功的关键。

5. 轻巧、使用方便、舒适耐用 赝复体的重量对固位是不利的。因此，颌骨赝复体要尽可能设计制作得轻巧，不能过厚，阻塞部分应做成中空式或开顶式以减轻重量。赝复体还要做到容易摘戴、使用方便、舒适耐用。

二、上颌骨缺损的修复

上颌骨缺损主要由肿瘤的外科手术切除或外伤等原因导致，因此主要是获得性缺损（acquired defects of maxilla）。对于肿瘤术后预后良好的患者，口腔颌面外科一般会以自体血管化骨移植（如血管化游离腓骨、髂骨和肩胛骨的移植等）或游离组织瓣（腓骨瓣等）来修复外形并为后续的牙齿修复提供骨床；对于因恶性肿瘤切除上颌骨的患者，因其有复发的风险，临床上可优先采用较大的软组织瓣填塞缺损封闭口鼻腔或采用上颌赝复体进行修复。

（一）种植体固位和支持的修复（implant supported or retained prostheses）

对于非恶性肿瘤等长期治疗预后较好的患者，在上颌骨缺损修复时，若能采用种植体固位和支持的修复方式，将获得最佳的修复效果。但该方法的治疗难度大，治疗周期长，治疗费用也很高。种植体修复一般需要在骨移植和组织瓣的基础上进行，往往要结合个性化钛网支架的共同使用，可在植骨同期种植或延期种植；然后在种植体的基础上进行赝复体修复。种植体的植入部位包括剩余的上颌骨、上颌结节、移植骨等；大型缺损甚至双侧上颌骨全切往往要利用颧骨，通过穿颧种植体结合游离组织瓣进行上颌骨缺损的修复。

在移植骨重建的颌骨上进行种植，其难点主要包括移植骨高度不足、前庭沟浅、附着龈不足、软组织塑型困难等。如我国国人的腓骨高度约为 1.5 cm，其与牙槽骨高度差距较大，往往出现选择种植体长度受限等；针对这个不足，有的学者采用双层腓骨重建颌骨，或者需要再植骨或骨牵引技术增加骨量。为了种植成功，有时往往需要重建前庭沟，以解决唇颊侧软组织对种植体的影响，利于种植体周围的清洁以及后续的牙龈移植成型；为了预防种植体周炎，种植体周围角化龈移植有时也是十分必要的。目前，在移植骨上进行种植，其骨结合的效果与在自体颌骨上的骨结合效果无显著差异；但是一些学者建议适当延长骨结合时间再开始进行上部结构修复。目前，应用于颌骨的移植骨可以包括自体骨、异体骨、异种骨及人工骨等，但是，以自体骨疗效最佳，包括腓骨、髂骨和肩胛骨瓣等。此外，数字化技术可以辅助移植骨的术前设计和术中引导，指导移植骨的外形修整和精确定位，指导种植体的植入使得种植体的方向更加精准，更有利于在后期获得最佳的咬合重建。基于种植体固位和支持的修复类型有固定修复、覆盖义齿修复等。由于颌骨缺损后进行种植的难度比正常无牙颌的种植大，种植条件和可选种植区往往受限，并且由于远中支持组织受限，种植支持赝复体在受殆力后往往会使种植体产生更多的不利应力，因此要注意义齿的设计和种植体位置和方向的设计，避免使种植失败。

一些患者虽然应用组织瓣关闭了口鼻腔穿通，初步建立了颌骨的形态，但是因为移植骨、剩余颌骨或颧骨条件不佳、担心手术风险、经济等原因，无法做种植修复时，需要进行常规的赝复体修复。但是，由于组织瓣修复后，移植骨上的软组织较厚，此处对基托的支持作用有限，往往影响修复效果。对于这样的病例，若在残留颌骨上有余留牙，则要通过设计减少对基牙的扭力和创伤，从而使赝复体的长期固位和稳定效果达到最佳；若残留颌骨上无余留牙，或者为双侧上颌骨的缺失，其常规赝复效果很难保证。

（二）上颌赝复体修复

对于恶性肿瘤患者，开放的缺损腔便于随时检查患者肿瘤切除区域有无复发；还有一些患者因为当时手术时机的限制，或者受到自身经济等条件影响等，无法行同期移植骨修复的，需要采用上颌赝复体（maxillary prosthesis）进行修复。

通常情况下，上颌赝复体包括阻塞器（obturator）和可摘义齿（denture）两部分；阻塞器突入或与颌骨缺损腔适合，封闭口鼻腔穿通，故名阻塞器；可摘义齿部分通过与基牙、牙槽嵴、上腭等部位的适合和作用可为赝复体提供固位和支持，可同时修复缺失牙和牙槽嵴并部分恢复咀嚼功能。包含阻塞器和可摘义齿的上颌赝复体，可分为一体式赝复体和分体式（或称分段式）赝复体。一体式赝复体是阻塞器和可摘义齿为同一整体的赝复体；分体式赝复体是阻塞器和可摘义齿分为两部分的赝复体，两者靠磁性附着体等方式连接。分体式赝复体的阻塞器可用硅橡胶等弹性材料制作，可进入较深的倒凹，适用于开口受限的情况。有时，阻塞器可作为独立赝复体用于硬腭和（或）软腭区缺损的修复。

上颌骨缺损修复的初次就诊时间应安排在外科切除手术之前。在进行修复前，应该遵循常规的口腔检查、治疗设计和前期工作准备，完成常规的口腔治疗。修复治疗之前，口腔修复医师应与口腔颌面外科医师会诊，一起讨论修复治疗方法和手术计划。

获得性上颌骨缺损患者的常规赝复治疗可分为三个阶段：最初阶段应用的上颌赝复体称为即刻外科阻塞器（immediate surgical obturator），也就是腭护板；它是在手术前预制，在外科切除术后即刻戴上的赝复体；这种赝复体需要经常进行修改，以适应缺损区组织愈合时的快速变化；它的主要作用是在手术后压迫敷料止血，隔离口鼻腔，防止食物进入缺损腔，预防感染，初期恢复和保持患者的基本口腔功能。第二阶段应用的是暂时性（interim）上颌赝复体；该阶段的目的是给患者提供一个较舒适的和有一定功能的赝复体，直到组织完全愈合；暂时赝复体的阶段是可变的；如果患者的缺损腔小，而腭护板又比较合适，也可省略暂时性赝复体的阶段；不过，当手术切除范围与手术前计划有变化，手术后组织快速改变程度较大和缺损范围较大时，就需要做一个新的暂时性赝复体或对腭护板做较大的修改。因此，是否需要做和何时做暂时性上颌赝复体，取决于腭护板的功能水平；通常情况下，在手术后2～6周时开始进行暂时性上颌赝复体修复。第三阶段应用的是正式上颌赝复体；一般在手术后3～6个月、缺损腔组织愈合良好、缺损腔大小稳定时制作。

1. 腭护板 应该在手术前取印模并预制完成，在手术后能立即戴上。如果患者未能在手术前预制腭护板，还可在外科手术切除后6～10天再做，称为延迟外科阻塞器（delayed surgical obturator）。

（1）戴腭护板的优点

1）它可提供基托功能，使口鼻腔获得临时封闭；同时，也利于在其上放置外科敷料（surgical packing），并保持敷料于合适的位置，以覆盖伤口并减少伤口受口腔微生物污染和损伤，降低局部感染的发生，并有助于移植皮片（skin graft）能与创面紧密贴合，有利于移植皮片的存活。

2）覆盖缺损腔并重新形成了腭轮廓（palatal contours），利于改善语音功能。

3）有利于进食和吞咽。

4）有利于支撑软组织，以减轻瘢痕挛缩。

5）帮助患者更容易度过术后的最初恢复期，减轻手术对患者的心理冲击。

6）利于缩短住院时间，节省住院费用。

（2）设计制作腭护板的原则：其制作方法可参见《口腔修复工艺学》第九章。

1）腭护板是在手术前制取的上颌模型上预制的；口腔修复医师和口腔颌面外科医师应会诊确定手术范围，并把手术切除的范围画在模型上，腭护板要覆盖住并稍超过手术后的整个缺损腔。

2）腭护板不应进入缺损腔，当不需要用外科敷料后，可用软衬材料增添进入缺损腔的部分。

3）腭护板应该设计简单，轻巧；对有牙颌患者，用不锈钢丝制作隙卡固位。

4）对无牙颌患者只需做腭托，在腭托的适当部位钻孔，在手术完成时把阻塞器用细不锈钢丝结扎到颧骨（zygoma）、剩余牙槽嵴上，或用钉固位（pinned or screwed）在剩余硬腭上；7~10天后，将此腭护板摘下，将患者原有的上颌全口义齿修改成暂时性上颌赝复体。

5）腭护板应形成正常的腭轮廓，便于改善语音和吞咽。

6）缺损侧后牙在伤口愈合前不建立咬合关系；如果计划切除上颌中线一侧的整个上颌骨，可以在赝复体缺损侧排列3个上颌前牙以改善美观。

7）按外科切除范围修整上颌模型，将切除范围内的牙齿刮除，并降低其高度、减小宽度、特别是唇颊侧的区域，以减轻其对皮肤和唇的张力。

8）为了在手术完成时能顺利戴入腭护板，可改变常规的制作程序；即在第一个工作模型上先制作完成腭护板的健侧部分，基托不要达到手术区；在口内试戴这一部分，调整合适后戴入口内，制取第二次印模，连同腭护板的健侧部分一起从口内取出，灌制第二个工作模型，腭护板的健侧部分也在此模型上，对要切除范围内的牙齿及牙槽骨模型部分做修整，并完成整个腭护板的制作；该制作方法使戴入有困难的部分提前在手术前就已调整戴入，所以在手术完成时更有助于顺利地戴入腭护板，减少口腔颌面外科医师试戴时的困难。

（3）戴腭护板后的护理与复诊

1）术后戴6~8天时应摘下腭护板和填塞的敷料，清洗伤口及腭护板，并修改腭护板不合适的地方。

2）指导患者及其家庭成员护理缺损腔及保持腭护板卫生。

3）要求患者夜间戴用腭护板，防止愈合早期的伤口收缩。

4）患者通常需两周复诊一次；需根据术后初期组织收缩快的特点及时重衬和调改腭护板。

2. 暂时上颌赝复体　腭护板的目的是为患者在上颌骨手术完成后的一段时间内恢复部分口腔功能，有些患者可以一直戴到正式赝复体完成。而正式赝复体需等至手术伤口完全愈合、组织稳定后才能做，而在等待的时期内，有些患者（如缺损腔较大者）需在腭护板之后制作暂时性赝复体来维持适当的功能和舒适性；对于缺损较小的情况，暂时性赝复体可利用腭护板修改而成。暂时性赝复体也需要定期复诊和修整。

需要制作暂时性赝复体的原因还包括：①周期性添加暂衬材料增加了腭护板的体积和重

量，而且这些暂衬材料随着时间的延长会变得粗糙和不卫生；②如果术中同时拔除了一些牙齿，应用暂时性赝复体修复牙齿缺失可助于改善患者的心理状态；③当正式上颌赝复体需要修理、重衬或更换基托时，一个制作良好的暂时性赝复体可作为替代体临时使用。

3. 正式上颌赝复体 当上颌骨切除手术后，伤口完全愈合、组织稳定后，可制作正式上颌赝复体。

（1）上颌骨缺损的印模方法：由于颌骨缺损范围大、口腔各部分高低差度大、唇部弹性差和张口受限等情况，使印模制取的难度增大，需采取特殊的印模方法，包括：

1）个别托盘印模法：此种方法在制取颌骨缺损印模中最为常用。

①初印模修改成个别托盘：选择合适的成品托盘加印模膏（或油泥型硅橡胶）制取初印模，然后将初印模组织面和边缘均匀刮去一层（1~2 mm）并去除组织面的倒凹，需缓冲的部位应适当多刮除一些，以此为个别托盘。再加藻酸盐印模材（或高流动性硅橡胶）制取终印模。该方法简单，但印模准确性稍差。

②制作树脂个别托盘：可用软化的印模膏或蜡片放入口腔基本压合适，特别是缺损部位用手指压其边缘，使其覆盖整个工作面，冷后取出，灌制石膏模型（或者用上一方法制取的印模作为初印模灌制石膏模型）。在石膏模型上制作树脂个别托盘，再用此个别托盘加终印模材制取终印模。也可以用患者术前已有的颌骨 CT 数据，生成个别托盘的数字模型，然后用三维打印技术形成个别托盘。

2）分层印模法：此法在上颌骨缺损腔较广而深者多用。

取一大小合适的软化的印模膏压入缺损腔最深处，待冷却后取出。可趁印模膏尚柔软时在非组织面插入"U"形粗钢丝做柄，也可冷却取出后在非组织面做印模膏小柄，以便其取出后可与下部印模拼对。修整后再试，必要时可在组织面加衬弹性印模材料。然后再用前述个别托盘法制取第二层印模，凝固后分别取出，在口外拼对，接缝处可酌情加少量融化蜡，稍加固定后灌制模型。如张口度较小或缺损腔很深，双层印模不够时还可做三层印模（图 11-1）。

3）分区印模法：在唇部弹性差或张口度很小时可采用分区印模法，该方法有三种取模方式：①选择左右半侧托盘各一只，使其腭侧边缘应超过腭中缝 5~10 mm。先取一侧印模，待印模材凝固后保留在口腔，再取另一侧印模（两侧印模在腭部有重叠），分别从口内取出，在口外拼对成整体并固定后灌模型；②取半侧印模，灌模型，先制成半侧赝复体后戴入口内，再取另一侧印模，腭侧印模边缘应盖过半侧赝复体 2~3 mm，凝固后连同半侧赝复体一起取出，灌模型，加工完成整个赝复体；③取半侧印模后灌注石膏模型，再取另大半侧印模，印模取出口腔后将先有的半侧石膏模型放在其上，使两者的中部相吻合并固定。然后再灌注后取的印模部分的石膏模型，使其与先灌注好的半侧石膏模型连接，成为完整的上颌模型。

4）印模制取注意事项：①取印模前嘱患者用力漱口，去除口腔内黏稠唾液和食物残渣；②用凡士林润滑患者唇部；③用带尾线蝶形纱布堵塞口鼻穿通处，以防止印模材流入造成误吸，注意安全；④取印模过程应使患者处于直坐位。

目前，除了上述常规方法制取印模外，可以应用头部螺旋 CT 数据重建生成缺损腔的数字模型，然后三维打印缺损腔模型，常规装胶获得硅橡胶阻塞器部分。也可以将头部螺旋 CT 数据与口内扫描上颌牙列数据配准融合，形成包括缺损腔和牙列的数字模型，然后打印模型用于同时制作阻塞器与可摘式义齿部分。

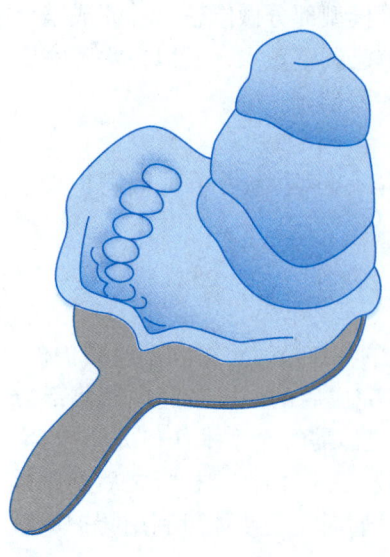

图 11-1 分层印模（将取出的三层印模拼接在一起）

（2）上颌骨单侧缺损，健侧有多数余留牙的修复

1）中空上颌赝复体：上颌骨切除后，赝复体的体积和重量一般显著超过可摘义齿。所以减轻其重量非常必要。其方法包括：①赝复体尽量做得轻巧；②赝复体的阻塞器部分做成中空式，即中空阻塞器（hollow obturator）（图11-2A，B，C）；③阻塞器部分只需有限延伸，依据固位力要求分别做成中位或低位的（图11-2B，C），而不占据整个缺损腔。除了减轻重量目的外，阻塞器部分只需有限延伸的其他原因包括：①上颌骨切除后，特别是接受放射治疗后，患者的开口度会明显受限，完全延伸的赝复体将使摘戴困难，所以阻塞器部分只需有限延伸，以降低赝复体高度；②缺损腔的近中侧和近中侧底部是呼吸黏膜衬里和很薄的骨组织，是很敏感且不能承受咀嚼压力的区域，因此阻塞器部分尽量不伸入该区域；③阻塞器与鼻腔顶部需保持足够的间隙作为通气道和发音时的共鸣腔。

设计制作要点包括：①利用余留牙安放多个固位体，包括直接固位体和间接固位体（图11-3）；②酌情利用缺损腔的软组织倒凹；③取印模做恒基托（同常法）；④试戴恒基托，制作殆堤，确定颌位关系，取上颌恒基托在口腔中就位的印模，连同上颌恒基托一起取出印模，灌注有上颌恒基托在位的石膏模型；⑤按颌位关系将模型上殆架后排牙，在口内试排牙并调整合适。后续中空阻塞器的技工室制作可参见《口腔修复工艺学》第九章。

2）开顶式颊翼上颌赝复体（buccal flange maxillary prosthesis）：此种赝复体是对中空式上颌赝复体的改进，中空阻塞器部分没有顶盖（图11-4），阻塞器的近中面只沿着缺损腔近中壁有限延伸，颊侧面沿缺损腔的颊侧壁向上延伸到颊侧瘢痕组织带上方的倒凹区成为颊翼。这种开顶式上颌赝复体重量更轻，制作简单，容易调整，而且语音质量也较中空式好一些。

有的临床医师认为，如果阻塞器是开顶式的，鼻分泌液聚集会有气味，也增加了重量；但对于接受过放射治疗的患者，其鼻分泌物较少，一般不会聚集鼻分泌液；如果分泌液确实有聚

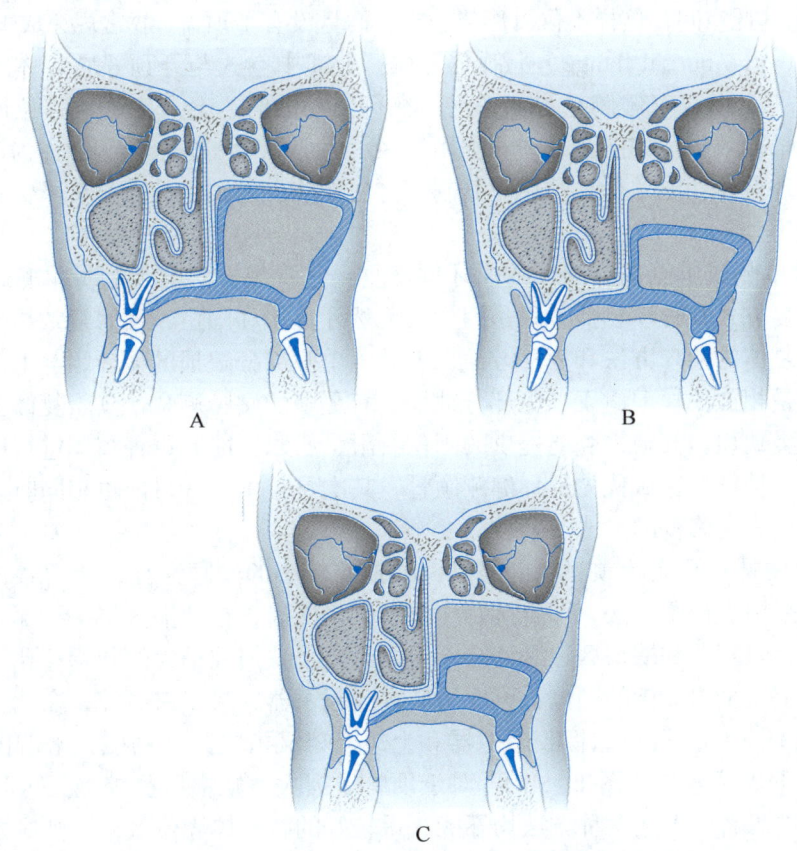

图11-2 中空式上颌赝复体（依据阻塞器的位置划分）
A.高位阻塞器；B.中位阻塞器；C.低位阻塞器

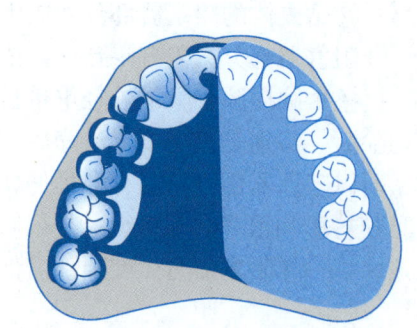

图 11-3　上颌赝复体利用天然牙作为基牙

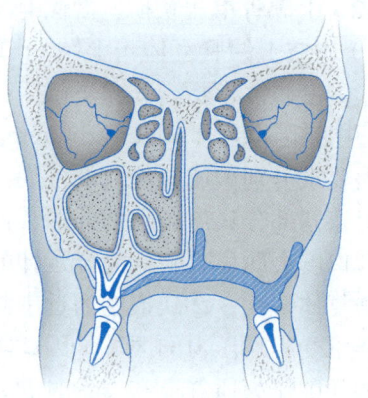

图 11-4　开顶式上颌赝复体

集，可在开顶式阻塞器颊侧相当于牙龈乳头处做个小的斜的开口道，用于引流；也可用一根细的清洁管维持此专门的引流途径；如果患者仍有鼻分泌液聚集现象，加上顶盖就可以解决问题。临床上也会遇到戴中空上颌赝复体的患者，当磨开中空阻塞器时，发现其内有恶臭液体的聚集，这可能是自凝树脂粘接得不够密合而导致的长期微渗漏形成的。从这个角度看，开顶式反而利于摘下清洁，不会出现上述情况。

此类赝复体的设计制作要点包括：①阻塞器部分沿着缺损腔的颊侧面和后侧面向上延伸，占据缺损腔的倒凹区域，成为颊翼；而阻塞器沿缺损腔的近中面只做有限延伸；②制作时在石膏模型缺损区的顶部阻塞器开口处磨三个小孔，插入三根火柴棒，填入石膏，使之堆砌在火柴棒周围形成与缺损腔形状相应的石膏核，顶端小而近腭面大，石膏核四周及腭面均匀留出2～5mm 的树脂基托空间，这样不仅可形成中空，而且没有了顶盖；③常规完成恒基托等步骤。

3）颧颊翼（zygo-buccal flange）上颌赝复体：上述中空式与开顶式赝复体虽能达到减轻重量和体积的效果，但只有健侧承力。赝复体在行使功能时，会产生下沉移位而损伤健侧基牙，不利于维持长期效果。如能在缺损侧加用颧区承力的颧颊翼，变单侧承力为双侧承力，将使赝复体能稳定地行使功能并持久戴用。其制作方法在前文有关上颌赝复体承力方法的发展部分已有阐述。

（3）上颌骨单侧或单侧部分缺损的无牙颌修复：其常规方法与上颌骨单侧缺损，健侧有多数余留牙的修复方式和程序相似，只是因为无天然牙支持和固位，其修复效果明显降低。在制作上颌正式赝复体的治疗方法和程序方面，上颌骨单侧部分缺损的无牙颌与上颌骨单侧次全缺损的无牙颌也是相似的。但由于单侧部分缺损会有更多的硬腭剩余，其赝复体会有更多的承力条件。对于这类缺损，其缺损腔能提供的固位有限，所以，能利用种植体进行固位和支持是优先考虑的方案；种植的区域优先选择健侧颌骨，其次是移植骨；目前也有同时采用健侧颌骨与移植骨进行种植固定修复的方式。

（4）上颌骨硬腭穿孔无牙颌患者的修复：缺损腔较小的硬腭穿孔，牙槽嵴较宽大，固位形好的情况，可采用直接赝复法，即直接制作上颌全口义齿，在缺损区将基托深入缺损区形成一个小的阻塞器，阻塞器和缺损区边缘密合，形成封闭。缺损腔稍大的硬腭穿孔，牙槽嵴条件较好时，为增加上颌全口义齿的固位，可应用硅橡胶阻塞器，封闭口鼻腔，在此基础上制作上颌全口义齿（图 11-5A）。可在硅橡胶阻塞器和上颌全口义齿之间加用磁性附着体固位，以增加上颌全口义齿的固位效果（图 11-5B）。对于硬腭缺损大、缺损区鼻腔侧无可利用的组织倒凹或牙槽嵴低平的患者，上述两种方法均不能获得较好的赝复体固位效果，则应采用种植体固位赝复体进行修复。当然，缺损区较小时也可应用种植体固位赝复体进行修复。

（5）上颌骨双侧缺损无牙颌患者的修复：为上颌骨双侧缺损的无牙颌患者制作赝复体所

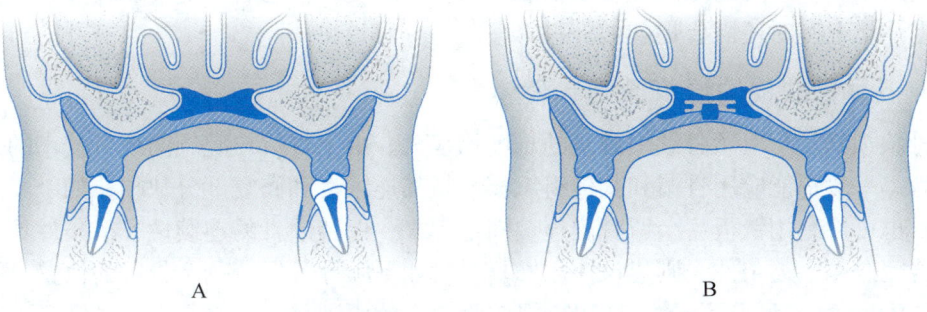

图 11-5 上颌骨硬腭穿孔无牙颌患者的修复
A.硅橡胶阻塞器与全口义齿联合修复的设计；**B**.硅橡胶阻塞器与全口义齿间增加磁性附着体的设计

能获得的功能相当有限。由于没有骨的支持，在吞咽和咀嚼时赝复体表现得相当不稳定。因此，对恶性肿瘤侵犯到要切除双侧上颌骨的患者，手术切除后无法吞咽、进食和言语，而且几乎完全丧失了赝复体固位与承力的条件，无法用常规方法进行修复。此种情况下，采用颧颊翼咽鼻突上颌赝复体进行修复有利于提高效果。该赝复体需要有颧区承力和咽腔固位的组织基础。故建议口腔颌面外科手术者在处理这类患者时，在彻底清除肿瘤的原则下，应尽可能地保存以上部位的组织，以供赝复体修复和恢复功能时利用。此外，该类患者可尝试做颧颊翼种植体支持的上颌赝复体修复。

（6）上颌骨硬软腭连接处的缺损修复：一些肿瘤可能需在硬软腭连接处做有限的外科切除，造成仅硬软腭连接处口鼻穿通的缺损。对这种类型的缺损，上颌赝复体的支持、固位稳定不会成问题，语音通常能恢复正常，不过常常会出现另一种困难，即戴上赝复体后，患者在吞咽时会出现从鼻腔漏液的现象。为了减轻这个问题，在软腭抬高时，要使阻塞器的后面和侧面保持与软腭的接触，所以要用热塑蜡取该部分的功能性印模，记录下缺损腔边缘组织的功能运动。在制作时，赝复体要延伸盖过软腭缺损缘 5～10 mm。在功能状态下，软腭抬高时，这部分延伸的遮护板将使液体和食物直接进入咽腔。另外，可将赝复体的阻塞器部分延伸进入缺损腔，当软腭抬高时能与阻塞器延伸进缺损腔部分的侧面保持接触，尽可能地减轻漏液问题。对前面几种上颌骨缺损类型，凡切除范围涉及硬软腭连接处或软腭前部时，都会存在这种问题，也都可用此类方法来解决。

三、下颌骨缺损的修复

下颌骨缺损多为获得性下颌骨缺损（acquired defect of the mandible），多由肿瘤的切除，或由创伤、火器伤、放射性骨坏死去除死骨以及颌骨骨髓炎而造成。

缺损可发生在下颌的任何部位。缺损的范围大小不等，可使下颌骨仍保持连续性或不连续。局部牙槽突缺损、下颌体或下颌升支等处的边缘缺损发生后，下颌骨仍保持连续性。无连续性的下颌骨缺损大致可分为前部下颌骨缺损、一侧或两侧下颌骨缺损和全部下颌骨缺失。因此，下颌骨缺损对功能和形态破坏程度各不相同。功能损伤的程度与手术切除或创伤的范围，是否接受过放射治疗以及接受剂量有关。无连续性的缺损比保持连续性的缺损的病情复杂、功能破坏程度严重。这会给患者带来包括功能、美观和心理方面的许多问题，如缺牙多、骨支持组织少、不连续缺损的剩余下颌骨是活动的、有不同程度的下颌偏斜、上下颌骨关系异常、咬合错乱、无稳定的咬合关系、张口受限、口裂缩小缺乏弹性、下唇后缩、下唇与舌缺乏感觉、舌体与颊黏膜粘连、舌与口周肌肉功能运动低下、唇颊沟太浅或消失、覆盖在缺损处之上的是厚且活动的软组织修补瓣等。此外，放射治疗后口腔和牙槽嵴黏膜脆弱、余留牙易患放射性龋等情况还会严重影响患者的咀嚼和吞咽功能、语音清晰度，使患者不能控制唾液，严重破坏患者容貌。上述情况有时还需要提前做外科修整。

（一）下颌骨缺损的治疗原则和程序

下颌骨缺损修复与上颌骨缺损修复的难度均很大。由于现代口腔颌面外科技术的发展，下颌骨切除后，一般都能应用骨瓣和其他组织瓣恢复其连续性和修复部分缺损；如果不适宜或无条件植骨，也可以利用钛板将余留骨段连接固定起来，保持颌骨的连续性，待条件具备时再进行植骨；若完全无上述条件，则建议使用修复手段如下颌导等保持剩余骨段的位置，不让剩余骨段偏移，为后续修复创造条件。所以，下颌骨缺损的原则是早期修复，尽早恢复下颌骨的连续性，避免残留骨段移位，然后在此基础上尽早恢复咬合关系。其治疗程序或方案见图11-6。

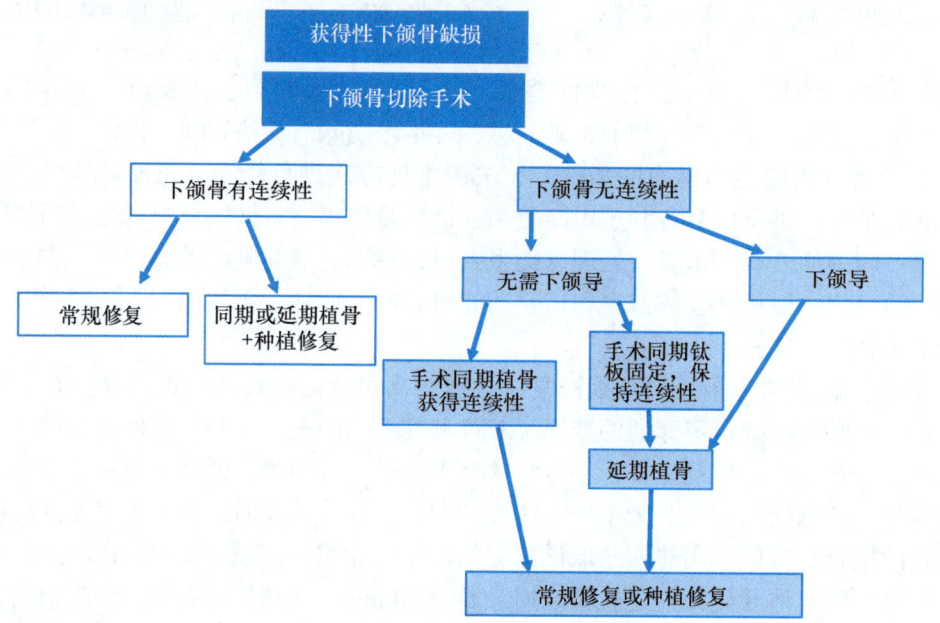

图11-6　下颌骨缺损的治疗程序和方案

（二）保持或重建连续性的下颌骨缺损的修复治疗

1. 保持连续性的下颌骨缺损的修复治疗　对手术仅去除部分牙槽骨，下颌骨连续性仍保持的缺损，其修复方法包括两种情况：①可直接用可摘局部义齿的方法进行修复；若颌骨为无牙颌，也可直接用全口义齿修复，但固位比较困难。②对缺损区先行植骨，增加骨量后再进行种植修复，这样的病例常常也需要行软组织手术；对于无牙颌骨，可按照种植全口义齿的原则进行设计。该方法获得的功能最佳，应为首选。

2. 重建连续性的下颌骨缺损的修复治疗　对外科切除手术后无连续性的下颌骨缺损，应尽量采用腓骨瓣、髂骨瓣等在手术同期重建下颌骨并恢复其连续性，然后再修复缺失牙。在植骨术中，除必须注意面部外形的恢复外，还要考虑为恢复功能建立良好条件，对有牙颌需注意恢复正常的咬合关系，对无牙颌则需注意颌间关系，否则移植骨虽然愈合良好，但仍难以恢复良好的咀嚼功能，也会影响面形的恢复。一般来说，植骨后约经过半年才能做正式赝复体。年轻人经检查骨质愈合较快较好者，可提早到3～4个月进行。但要特别注意赝复体的结构，减轻对植骨区的负担。对手术后无连续性的下颌骨缺损，有些情况不适合同期进行植骨，此时，建议口腔颌面外科用钛板等固定方法连接缺损骨段，先建立连续性，为后续延期植骨创造条件。

针对这类患者，修复的原则如下：

（1）残留部分下颌骨上有天然牙的常规修复：因移植骨侧的软组织较厚，其上的基托受力后会有较大的下沉移位，支持力显著不足；若采用常规的可摘局部义齿修复，设计时必须考虑义齿受力对基牙产生的扭力作用，减少对基牙的损伤。

（2）残留部分下颌骨上无天然牙的常规修复：若采用常规的全口义齿修复，其固位和稳定效果很差，尤其是移植骨侧因为软组织较厚，前庭沟浅等无法提供足够支持和固位，所以此类修复基本很难恢复良好的咀嚼功能，建议优先选择种植体固位和支持的修复方式。

（3）种植体固位和支持的修复：同上颌骨，对于长期预后较好的患者，若能采用种植体固位和支持的修复方式，将获得最佳的修复效果。种植体的植入部位包括剩余的下颌骨和移植骨等，应优先选择自体的下颌骨；种植体是否应植入移植骨里的重要条件之一，取决于缺损侧的运动和感觉神经的分布状况；如果缺损侧的运动和感觉神经分布未受损伤，移植骨侧的缺失牙就可用种植体来修复，就能使用种植牙有效地进行咀嚼。在移植骨重建的下颌骨上进行种植，其难点也主要包括移植骨高度不足、前庭沟浅，附着龈不足、软组织塑型困难等。针对移植骨如腓骨瓣高度不足的问题，现有的研究资料显示，采用双层腓骨重建下颌骨然后再种植具有良好的效果。同样，为了种植成功，有时需要重建前庭沟，原则上种植体基台需要比周围软组织高出 3～4 mm，这样容易维持清洁卫生以预防种植体周炎；当手术切除区和移植骨上有较厚的软组织或瘢痕组织，需要用腭黏膜或皮肤移植，以形成薄的、角化的软组织附着到剩余下颌骨或移植骨的骨膜上，种植体穿过附着的角化组织，使患者容易维持口腔卫生，并减少种植体周炎的发生。

为了修复缺损，可做可摘式覆盖义齿修复；也可用固定义齿进行修复。为了提高植骨和种植修复的精准性，可采用数字化术前设计、应用导板或术中导航等技术，上述方法已在临床得到应用。

（4）下颌骨双侧缺损重建连续性后的修复：此种重建后的颌骨一般属于无牙颌，其修复治疗是非常困难的。重建后的颌骨特点主要是全部赝复体支持区都是经过手术重建的，多数情况下缺乏种植修复的条件或者种植修复的难度极大。如果进行常规修复，其效果也难以满意，一般在修复前可能需要进行唇颊沟加深，软组织处理等修整；修复时需利用增宽的舌下区使赝复体的舌翼增宽，结合唇颊翼尽量伸入唇颊沟底的方法，可使之得到一定的固位。

（三）无连续性下颌骨缺损的下颌导治疗

1. 治疗原因及目的　当下颌骨切除或外伤等原因使下颌骨的连续性丧失后，由于肌肉牵引，使断骨移位、咬合错乱或无咬合关系。如不及时进行下颌导（mandibular guide plane prosthesis，mandibular resection prosthesis）治疗使下颌剩余骨段复位，一方面缺损处的软组织因失去支持而挛缩，另一方面牙和颌骨可能会形成严重移位。可表现为剩余的下颌骨段向舌侧偏斜移位，上颌后牙咬在下颌后牙的颊面，使下颌后牙逐渐舌倾等，导致将来下颌植骨后也无法恢复正常的咬合关系。因此，对于不能在手术同期进行植骨或使用钛板进行固定的，都必须进行下颌导治疗。

2. 下颌导治疗的方法　有几种可减轻或消除下颌偏斜的治疗方法，包括颌间结扎、颊翼下颌导、弹性翼腭托下颌导。这些方法与下颌运动练习项目相结合，能获得更好的治疗效果。

颌间结扎，即结扎固定上下颌关系的方法，只能短期应用，而且在缺损范围大，剩余牙数目少时更难达到目的，否则还会损伤剩余牙。而下颌导是目前常用的方法。

（1）颊翼下颌导：当下颌骨缺损量不多，并有较多的稳固的下颌后牙存在，剩余下颌骨段偏斜移位程度较轻、未有继发畸形时，在下颌戴用这种下颌导。当下颌骨单侧缺损时，戴在健侧后牙上；当下颌骨前部缺损而失去连续性时，需制作两个分别戴在两侧后牙上。依靠上颌后牙挡住颊翼下颌导的颊翼部分，而使下颌不偏斜。同时还要在上颌戴上牙弓固位器，防止上颌后牙因遭受颊翼的侧向力而受损并腭向移位，使上颌牙弓成为稳定的整体，并避免损伤颊侧牙龈组织。其制作方法可参见《口腔修复工艺学》（第 2 版）第九章。

（2）翼腭托下颌导：下颌骨缺损量大，下颌后牙剩余少的患者，在上颌单侧或双侧设计带翼的腭托导板，来控制下颌余留骨段，阻止其偏移。包括弹性翼腭托下颌导和固定翼腭托下颌导。弹性翼腭托下颌导由我国周继林在20世纪50年代设计，在腭托的后牙区做向下延伸的弹性翼，阻挡剩余下颌骨段的偏斜移位；当下颌骨一侧缺损时，在腭托的健侧做向下延伸的弹性翼，当下颌骨前部缺损时，腭托的两侧各做一向下延伸的弹性翼。弹性翼腭托导板适用于剩余下颌骨段偏斜移位程度较重，或已有继发畸形存在时；当然轻度下颌偏斜移位者也可以戴用，因此适用于大多数下颌骨切除后剩余下颌骨段偏斜移位的患者。固定翼腭托导板，即腭托和向下延伸的翼为固定连接，多由腭托上基托树脂直接向下延伸形成。固定翼调整操作较困难，弹性翼调整范围大，可加力，又不会使上颌牙齿移位，因此可长期戴用而不损伤牙齿；弹性翼还可对移位的剩余下颌骨段定期加力，做渐进复位治疗。

（3）下颌运动练习：一般在手术后的反应消失后进行下颌运动练习。

3. 下颌导的设计制作要点

（1）颊翼下颌导和与之配套的上颌牙弓固位器

1）在下颌健侧后牙上制备隙卡沟（有自然间隙存在则不必制备），多卡环固位。这种卡环是横过隙卡沟，颊侧向上连接树脂基托的颊翼部分，舌侧向下连接舌侧基托的形式。

2）颊翼位于双尖牙及磨牙区的口腔前庭。在正中咬合时，颊翼紧靠在戴在上颌牙上的牙弓固位器的颊板的颊侧面，使剩余下颌骨段不能向缺损侧偏斜移位。颊翼的高度要在有适当张口度时仍能起作用，而在闭口时离开上颊沟约2mm，不可过高，以免压迫颊沟顶端的黏膜。

3）上颌牙弓固位器包括整个硬腭托和颊侧挡板，多用铸造支架式的设计。

4）制取印模、灌注模型，确定颌位关系后上𬌗架制作，常法完成。

（2）弹性翼腭托下颌导

1）覆盖整个硬腭部及牙舌面的上腭托，在游离牙龈缘处做缓冲。

2）用四个卡环固位，或做成连续卡环（continuous clasps）固位。

3）上腭托上附有向下伸出抵达下颌后牙舌侧面及齿槽舌侧黏膜上的翼状树脂板。如果翼状树脂板直接与上腭托相连，就是固定的翼；如翼状树脂板与上腭托之间用两根18号不锈钢丝相连接，就成为有弹性、可进行调节的翼。翼的近远中向宽度应能与两个以上的下颌后牙接触。

4）制取印模、灌注模型后，使上下咬合关系接近正常，上𬌗架，在𬌗架上制作。也可先做成上腭托，用印模胶或热塑蜡添成翼部，在口内试戴，装盒装胶、完成。

第四节　面部缺损修复
Rehabilitation of Facial Defects

一、面部缺损的修复原则

1. 早期修复　面部缺损的修复主要是为了恢复缺损区的外形。如能尽早修复，对患者心理上会起到一定的安慰作用。而对于面颊部缺损及鼻缺损的患者，还能起到保护创面，防止周围组织挛缩的作用。同时，早期修复对恢复患者的语言、吞咽和呼吸功能也是有利的。因此，面部缺损也以早期修复为原则。

2. 尽可能恢复面部外形　虽然有时面部缺损修复也能起到一些恢复功能的作用，但主要目的在于恢复外形。因此，除形态应逼真外，面部赝复体表面颜色及透明度应力求自然。这就需要研究能达到这些要求的修复方法和应用的材料。

3. 要有足够的固位　面部赝复体因暴露在外界，容易受到碰撞或挤压等外力，所以要有足够的固位力。面部赝复体的固位方式主要包括种植体固位、磁性附着体固位、粘贴固位和倒凹固位，还包括利用眼镜架、皮管插销等固位方式；应根据患者的情况合理利用最佳的固位方式。

4. 要轻巧、使用方便、舒适耐用 应尽量减轻赝复体的重量；要使患者使用方便、易于清洁；对组织无刺激并不产生过大压迫，舒适耐用。

二、耳缺损修复

耳缺损（ear defects，auricular defects）分为部分耳缺损和全耳缺失两类。对部分耳缺损且范围不大者，用整形外科手术修复较好；如用耳赝复体修复则固位较差，颜色也难以获得一致，修复预后常不理想。对全耳缺失者，因目前整形外科手术修复耳的效果尚不能令人满意，且治疗时间长，费用高，因此多采用耳赝复体（auricular prosthesis or ear prosthesis）（或称义耳）进行修复。尤其当乳突区（mastoid process area）骨种植技术出现以后，耳赝复体靠种植体固位，使其固位问题得到了很好地解决。而且在基于种植固位的面部修复中，乳突区的骨种植成功率是最高的。利用种植体固位的耳赝复体固位可靠，寿命长，患者摘戴方便，不受体育运动的影响；同时医师在雕刻耳赝复体蜡型时因有种植体固位，其操作相对容易，从而利于提高工作效率和耳赝复体外形的逼真度。

（一）部分耳缺损的修复

部分耳缺损比全部耳缺失的修复更加困难。这是由于剩余耳组织的复杂结构和活动性，使部分耳赝复体相当难制作，而且修复预后不理想。

针对部分耳缺损，设计制作耳赝复体的方法一般有两种：

1. 将耳赝复体包住剩余耳组织 这会使其大小、外形显得笨重，同时患者也感到不舒服。

2. 不整体包住的方法 部分耳赝复体的边缘需要覆盖足够面积的剩余耳组织以用于粘着固位，否则固位会成问题。采用此法制作的部分耳赝复体边缘界限明显，不移行；其颜色配比与全耳修复相比也更加困难。

制作部分耳赝复体的操作过程与制作全耳赝复体的操作过程相同，见下。

（二）全耳缺失的修复

1. 固位设计 以往多采用眼镜架（eyeglass frames）固位、粘接剂固位（skin adhesives）、残留组织倒凹固位（self-retention，when the prosthesis engages undercut areas）、发夹固位（hair clips），或根据情况选择几种固位方式联合使用，以求获得更好的固位效果。目前，最好的固位方式是种植体固位（osseointegrated implants-retained）。

2. 修复技术要点

（1）印模技术要点

1）取印模时，患者的体位最好是直立端坐，这样耳周围的组织不易变形。也可采侧卧，使印模区呈水平面位置。

2）一般在取印模前用不脱色铅笔（indelible pencil）在患者的耳区皮肤上标画出以下方位，以便在雕刻耳赝复体时有正确的位置排列：①耳轮与头侧面的连接处；②耳垂最下点与头侧面的连接处。

3）将耳道开口处用小块纱布或棉球封住，以防止印模材流进耳道。

4）为了便于雕刻耳赝复体蜡型时参考，需要对患者健侧耳取一个印模。

（2）雕刻技术要点

1）当印模灌成硬石膏模型，标志点也转移到了模型上，方可开始进行雕刻。有几种常用的雕刻方式：①画出必要的耳的轮廓，然后进行雕刻；②参照一个相似的同侧的标准耳模型进行雕刻；③选择一个相似的同侧的耳模型，翻制成蜡耳，只需再做少量的修改，就能完成耳廓复体蜡型的雕刻；④以真耳的模型或患者健侧真耳的镜像为模板进行雕刻。

2）当雕刻耳廓复体蜡型满意后，可给患者试戴蜡型。

（3）包埋技术：把蜡耳廓复体封闭在模型上，使其边缘尽可能地薄，这样可使硅橡胶耳廓复体的边缘与自然皮肤相移行。要分三部分装盒，做法如下：

1）装下半部型盒时，先装第一部分，即将硬石膏正好装到蜡耳组织面的边缘处。

2）第二部分是将硬石膏添加到覆盖耳轮一半的高度，周边正好达到下半型盒的边缘处。

3）关闭上半部型盒，灌注石膏做第三部分的包埋。

3. 骨内种植体固位和支持的耳廓复体设计要点

（1）种植体的位置（图11-7A）：一般需植入2～3颗颅面部种植体，其植入位置需依据CT数据和耳廓复体预期外形进行设计和确定；确保种植体位于廓复体覆盖范围内，且种植体间距离1.5～2 cm。

（2）常规选择杆卡式附着体固位方式：该型固位方式固位效果稳定，且摘戴方便；常规在种植体顶端设置杆式支架，两段支架不要形成直线式（图11-7B），以防止在面部表情改变时使复体发生转动；在耳廓复体对应处安放固位卡，弹性固位卡尽量接近种植体，减小摘戴时对种植体产生不利的杠杆力；耳廓复体通过杆卡间的弹性卡抱力使其获得良好的固位力，包括抵抗侧向移位的能力。

（3）种植磁附着体的应用：该型固位方式比较容易操作，但在制作时可增加抵抗侧向力的结构。

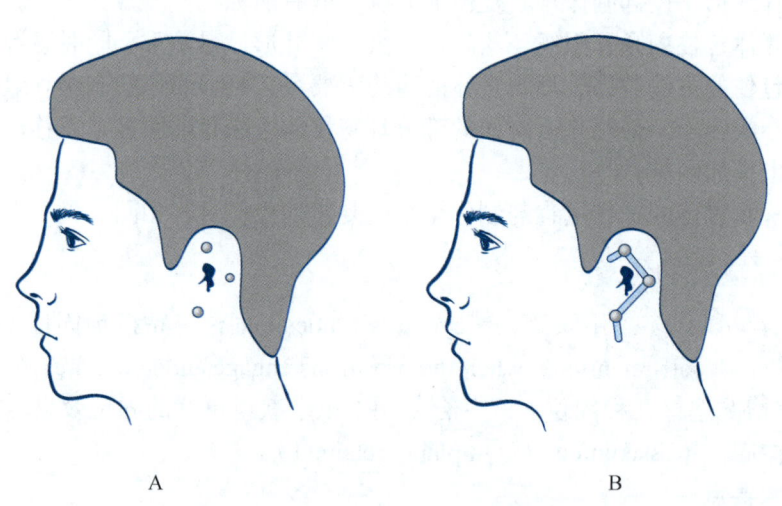

图11-7　骨内种植体支持和固位的耳廓复体
A. 根据CT和耳廓复体预期外形设计种植体位置；B. 杆的安放

三、鼻缺损修复

鼻缺损（nasal defects）界限不像耳缺损那么明确。例如有的部分鼻缺损是局限在鼻的范围内，而有的虽然鼻的范围内还剩余部分鼻组织，但在鼻缺损旁边还伴有面部组织缺损；有的除了全鼻缺损外也伴有周围面部组织缺损，有的还伴有上颌骨缺损，此类患者也被称作面中部缺损（midfacial defects）。所以用鼻廓复体（nasal prosthesis）（或称义鼻）修复的方法也常常需要对具体的缺损情况进行特定的设计。

对部分鼻缺损患者做部分鼻修复，也存在着配色和边缘移行的问题，原则上，如果鼻廓复体的边缘超过鼻子的中线或有鼻尖部缺损时，采用包住整个鼻子的修复设计，这样可用眼镜架将鼻赝复体边缘隐藏起来，或隐藏在脸上的自然折痕处。用硅橡胶包住剩余组织的部分要做得尽可能得薄，这样将容易获得较好的固位与美观的修复效果。所以，在固位设计与操作过程方面，对部分鼻缺损的修复与对全鼻缺失的修复基本上是一样的。

（一）鼻修复的固位设计

常规条件下，鼻赝复体是利用眼镜架（eyeglass frames or spectacles）、粘接剂或利用周围组织倒凹固位，利用鼻底部支持。如伴有上颌骨缺损，则用磁性附着体或插管等方式使鼻赝复体与上颌赝复体相连获得固位。也可根据情况选择几种固位方式联合使用，以求获得较好的固位效果。自从有了鼻底处骨种植技术后，鼻赝复体就有了很好的固位与稳定效果。而且在基于种植固位的面部修复中，前鼻底（in the anterior nasal floor）区的骨种植成功率是很高的，仅次于乳突区。不过还需要根据患者的整体情况选择最适合患者的固位设计。例如对于一些体弱多病者，不能很好维持种植体清洁卫生的老年人，利用眼镜架连接鼻赝复体也能获得成功，且眼镜架固位的赝复体其使用期限比用粘接剂固位更长些。

（二）眼镜架固位鼻赝复体的制作要点

1. 制作过程

（1）制取面部印模。

（2）根据设计的鼻赝复体覆盖范围，在石膏模型上将边缘区刮除一薄层，为鼻赝复体提供良好的边缘接触。

（3）制作一个可与眼镜架连接的塑料基托。这个基托的范围要盖过鼻梁处，正处在眼镜梁的后面。有时基托两侧的部分也可用于基托与眼镜架的结合。

（4）包埋鼻赝复体蜡型、冲蜡。

（5）调拌硅橡胶，进行颜色配比，填入硅橡胶，常规完成鼻赝复体。

（6）用自凝塑料将鼻赝复体与眼镜架相结合。

2. 雕刻技术要点

（1）参照患者缺损前的照片雕刻鼻赝复体蜡型的形状。

（2）根据患者的愿望，也可选择其他个体的鼻子，制取印模，获得鼻蜡型，稍加修改即可完成雕刻。

（3）要参考面部比例（facial proportions），一般具有如下特征：①两鼻翼间宽与两眼内眦间宽大致相等；②鼻的长度与耳的长度大致相等；也就是鼻底平面（鼻头的下缘）在两耳垂的连线上。

（4）鼻赝复体的下部，也就是鼻翼和鼻小柱区域（alar/columella region）的边缘从美观角度讲总是一个很难模拟的区域。而且，由于上唇在正常活动时会产生对鼻赝复体的移位力，所以其蜡型边缘应雕刻得很薄，使以后的硅橡胶赝复体边缘很薄，将有助于达到美观效果。

（5）鼻赝复体蜡型雕刻满意后，将其后面的蜡去掉，只保留3~4 mm厚的外面的一层。

3. 包埋技术要点

（1）为了使鼻赝复体边缘能紧密就位，用原始模型再翻制一个模型，将鼻赝复体边缘区的石膏磨去一薄层。将蜡鼻赝复体封闭在模型上，并使边缘修得很薄。

（2）调和少量石膏，用一个空针或小蜡刀从蜡型后面充填鼻孔的间隙。注意交接线要在鼻孔里边。

（3）常规方法装盒、填胶、完成。

(三）骨内种植体支持和固位的鼻赝复体设计要点

用于鼻赝复体支持和固位的种植体一般设计在前鼻底部（即上颌骨的前牙区上方），可植入两颗种植体（如有上前牙，则可植入颅面部种植体，如无上前牙，则可植入颌骨种植体）。为了鼻赝复体的固位，并使力得到分散，需制作硬性的杆支架（rigid framework）。一般选择杆与弹性卡结构（a bar splinted with clips），也可用杆与磁性附着体（a bar splinted with magnets）的设计（图11-8）。

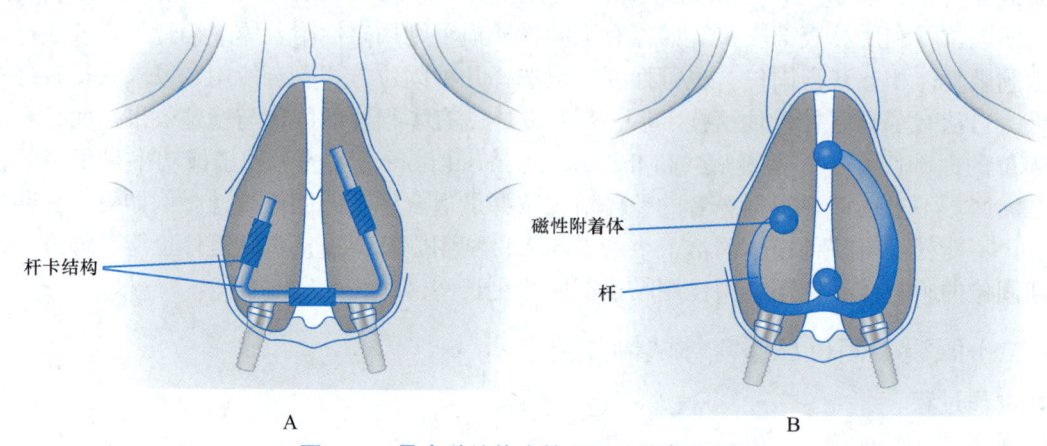

图 11-8　骨内种植体支持和固位的鼻赝复体
A. 杆卡结构设计；B. 杆与磁性附着体的结构设计

四、眼球缺失的修复

造成眼球缺失（ocular defects）的原因一般是眼球的摘除术（enucleation）。眼球摘除术有三类。相对应此三类不同手术方法，也有三类不同的修复方法：①眼内容物剜出术（evisceration）：去除眼球的内容物，但保留完整的巩膜（sclera），有时也留下角膜（cornea）。由于去除了眼球内容物，通常可放进一个16～18 mm 的球形植入物在剩余的巩膜腔内作为底座。由于眼睛的外部肌肉是完好无损的，因此手术后眼球的运动仍是非常好的。但是植入物不能太大，以防止被挤出，也防止引起外眼炎症状。必要时可装配薄型眼赝复体，以恢复眼球的自然外形。②眼球摘除术（enucleation）：是将眼球与眼肌和视神经切断分开后摘除眼球，所以仍保留有眼肌。这种手术方法与前一种相比的优点包括：摘除的整个眼球可做病理组织学检查，消除眼肿瘤扩散的危险，防止交感性眼炎，并且有足够的间隙用于制作眼球赝复体。手术时可在眼窝内植入底座，待伤口愈合后，再配制眼赝复体，由于眼肌牵动底座，使眼赝复体能与真眼有一致的视物投射运动，使形态更为逼真。③眼眶窝内全部摘除术（exenteration）：也就是把眶内的眼球、上下眼睑、眼肌等组织都去除，成为一个很大的缺损腔，此时需做眶缺损的修复。

（一）对患者的评估

修复医师要评估眼睑裂隙（palpebral fissures）在睁眼和闭眼时的开合情况和肌肉对眼睑（eyelids）运动的控制情况，还要检查结膜（conjunctiva）的健康情况、植入物的运动度和穹隆结膜存在的情况。这些对眼赝复体修复的成功与否都是很重要的。任何瘢痕带、粘连或不正常的肌肉附着也要引起注意。如有瘢痕、粘连、不正常的肌肉附着等缺陷，应在做眼赝复体之前行外科手术纠正。手术后一般要等4～12周时间，待彻底消肿后才能开始做眼赝复体。

（二）常规制作眼球赝复体的方法

眼球赝复体也称眼赝复体或义眼。可分为两类制作技术：一类是个体制作的眼赝复体，需要取印模、灌模型、做蜡型、画虹膜等一系列的制作步骤而完成；另一类是对市场上出售的成品眼赝复体（stock eye）进行修改而完成的眼赝复体，较简便实用。

1. 先选择一个形态、颜色、大小等与健侧真眼尽量相似的成品眼赝复体。
2. 把边缘和后面磨减去 2～3 mm 厚，并在后面磨刻出固位沟。
3. 在瞳孔（pupil）上粘上一小段直蜡棒，与虹膜（iris）平面垂直，作为把柄的作用，同时也为把眼赝复体排在与真眼相应的位置上起引导作用。
4. 调和少量藻酸盐印模材放在成品眼赝复体的背面，放入眼窝后，让患者直视前方的一个固定点，并用蜡柄调节眼赝复体进入与真眼相应的位置上。并检查睁眼时眼睑的轮廓是否合适。
5. 取出印模，把过多的印模材适当地去掉，将蜡柄也去掉，再把眼赝复体和印模材包埋在下半型盒里。当石膏凝固后，将两小块自凝树脂粘到眼赝复体内外眦处（the canthus areas），这两个突出的自凝树脂块是保证在以后开盒、装胶时维持眼赝复体到上半型盒里，使眼赝复体与模型之间有稳定的正确关系。
6. 在所有暴露的石膏面上都涂分离剂，然后灌上半型盒。
7. 常规填白色树脂，完成眼赝复体。

五、眶缺损的修复

眶缺损（orbital defects）也就是眼球和眼睑的同时缺损，有时还合并眼睑周围组织的缺损。对眶缺损患者只能做眶赝复体来修复缺损。因为要用一个静态的赝复体去修复一个动态的器官，由于眼睛和周围组织不停的运动，无论赝复体做得多么逼真，仍能明显地看出人工修复的痕迹，因此制作此类赝复体是最困难的。

眶部肿瘤的外科手术切除是根据肿瘤的性质和范围所决定的。当外科手术范围超出眶的边缘时，由于赝复体与皮肤之间的结合线不能很好地隐藏，赝复体很难达到美观效果。此外，此类修复还会遇到组织床的运动问题，这会使赝复体边缘与皮肤之间的结合线更加显露。通常，整形外科手术是不能完成眶修复的，但可用局部或远处组织瓣来封闭眶缺损。可是这样做的结果可使眶内容积变浅，反而会增加修复难度并影响眶赝复体的修复效果。此外，因为不能看到手术切除的边缘部分，上述整形外科处理还可能延误对肿瘤复发的诊断。

在基于种植体固位的面部修复中，以眶区种植修复的成功率最低，所以大多数眶缺损赝复体（orbital prosthesis）是利用组织倒凹、眼镜架、粘接剂来获得固位。对合并有上颌骨缺损者，也可与上颌赝复体联合起来固位。

（一）常规修复要点

1. 制取印模 取印模的目的是要尽可能精确地记录和复制眶及周围组织床。对合并眶及上颌骨缺损的患者，取印模时要避免组织移位是特别困难的。因为当颧骨也被切除后，颊区就不再有骨组织支持，对于此类患者，取眶区印模之前先做一个具有适当轮廓、适当位置的上颌赝复体是非常必要的。

（1）关于取印模的最佳体位，存在争议。一些作者建议患者仰卧位躺在牙椅上取印模，也有作者认为直坐位时面部组织不易变形，是取印模的最佳体位。

（2）确定印模范围。可以用不同的材料将要取印模的边缘围起来，这不仅是确定印模区，也有助于拢住流动的藻酸盐印模材。对于只限于眶缺损的患者，印模范围应该从额到上唇上部，留着嘴作为呼吸道。印模的宽度范围应从一侧耳屏到另一侧耳屏。

（3）缺损腔里的洞和无利用价值的组织倒凹处应使用凡士林纱布填住，基于安全的考虑，使用时和使用结束要核对纱布使用的数目，建议制作和使用带线的蝶形纱布。

（4）毛发区应涂一层凡士林，以防被藻酸盐印模材粘住。

（5）调拌比常规稀稠度略稀的藻酸盐印模材，在其凝固之前要赶快放上棉花或纱布，使其一半进入印模材，另一半为上层石膏与藻酸盐层的结合提供固位。

（6）当藻酸盐印模材凝固后，将调和很稠的快凝石膏放一层在上面。

（7）将印模整体取下之前要让患者运动脸部肌肉、皮肤，以破坏藻酸盐印模材的边缘封闭，使印模较易取下。印模应先从额部掀开取下。

（8）仔细核查取出的纱布数量，确保缺损腔里无遗留的纱布。

（9）用石膏灌注模型并修整石膏模型，在眶后壁磨出一个孔，以方便对义眼球调整时的放进取出。

2. 雕刻技术

（1）雕刻应该总是在患者在场时进行。因为眼睛和周围组织形态总是在变化运动着，只有通过连续观察，才能使赝复体雕刻成最常出现的形态。

（2）一次雕刻的时间宜控制在 60～90 min，此为患者能舒服端坐并持续凝视的时期。

（3）可戴上眼镜，用游标卡尺（vernier gauge）分别测量从内眦、外眦到眼镜框的距离。此法有助于保证缺损窝上的眼赝复体有正确的宽度，也有助于使赝复体边缘确定在眼镜架能隐蔽之处。当然同时还要考虑赝复体的边缘要到达静止组织处。

（4）为了减轻完成后赝复体的总重量，在试好蜡型后，要去掉组织面多余的蜡，将义眼球背后的蜡也去掉，并将义眼球的背后磨出一个凹型指示箭头标志。

3. 制作过程

（1）将石膏模型背面的孔中灌进石膏。

（2）常规装盒。

（3）开盒，冲蜡，义眼球可准确地就位在凸的箭头形石膏上。

（4）调拌硅橡胶，配色，装胶，并使其聚合。

（5）插入义眼球，插入或粘着人造眼睫毛（eyelash）在上眼睑上。下眼睫毛因较稀少，可用外部着色的方法在下眼睑缘模仿睫毛画几条与下眼睑缘垂直的线。

（二）骨内种植体固位的眶赝复体

1. 种植体位置　可选择的种植部位一般为缺损区的眶上缘、眶外侧缘下 1/2 部及眶下缘外 1/2 部；术前需拍 CT 确认具体位置，可在合适位置植入 3 颗颅面部种植体（图 11-9）。

2. 固位方式　种植体固位的眶赝复体有不同类型的固位方式，选择时要考虑：①缺损腔的体积；②种植体的数目；③种植体的位置；④种植体的方向；⑤邻近面部组织的活动情况。通常可选择以下四种固位方式：①杆卡结构；②杆-磁性附着体；③个别磁性附着体；④球附着体。戴种植体固位的眶赝复体，要充分告诉患者如何护理并保持种植体基台颈圈周围和赝复体的清洁卫生。

（1）杆-磁性附着体结构（图 11-9A）：种植体和杆接合在一起，把磁性附着体的衔铁（keeper）放在杆上专门接受衔铁的位置上，磁体放在赝复体就位面的相应位置；磁性附着体被安放在不同的角度，使赝复体具有足够的固位；在设计杆的时候，最重要的是要尽量减小悬臂杆的作用。

（2）磁性附着体（图 11-9B）：把磁性附着体衔铁附着到每一个基台颈圈上，而把相应的磁体放在赝复体相应部位。如果有两个或更多的种植体，就会使赝复体具有足够的固位。磁性附着体最好放在不同的角度，以避免磁面之间的滑动。对患者来说，磁性附着体容易保持种植基台周围皮肤的卫生，而且很容易使赝复体正确就位。不过采用此种固位方式时，种植体通常为个别单独受力。如果种植体的供骨区具有足够的机械强度，能使分散的种植体单独承力。

（3）杆-弹性卡结构：杆是由一根弯曲的丝和金颈圈（gold cylinder）焊接在一起，并上到

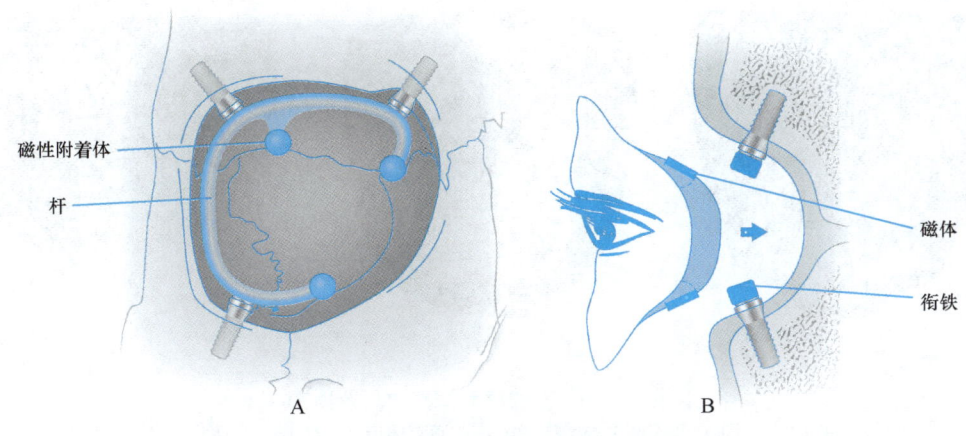

图 11-9　种植体固位和支持的眶赝复体
A. 杆-磁性附着体结构；B. 磁性附着体

基台颈圈（abutment cylinder）上，使种植体的受力呈现一个很好的分布。弹性卡（clip）是放在眶赝复体就位面的树脂基托里。此固位方式利于眶赝复体的固位和就位。如果有足够的间隙且面部缺损较大时，除了用弹性夹以外，还可以同时使用磁性附着体以加强固位。

（4）球附着体：当没有足够的间隙使用杆式结构时，可用球附着体作为固位部件。可把球附着体直接上到种植基台上。一般至少需要植入 3 个种植体，以避免赝复体倾斜。

第五节　颌面部缺损的数字化修复
Digital Rehabilitation of Oral Maxillofacial Defects

数字化技术在 20 世纪 90 年代引入颌面缺损修复领域，并首先应用于面部缺损的修复。数字化技术在颌面缺损修复中的应用优势见本章第二节。本节主要以面部缺损和上颌骨缺损修复为例介绍数字化技术在颌面缺损修复中的应用。

一、面部缺损的数字化修复

目前，面部缺损的数字化修复技术相对较为成熟，面部赝复体多采用硅橡胶材料制作，此类硅橡胶面部赝复体，还不能通过数字化方法直接制作。可采用数字化技术设计和制作出蜡或树脂材料的面部赝复体，再通过包埋装胶的方法制作硅橡胶赝复体，也可直接设计出赝复体阴模，用硅橡胶装胶后形成硅橡胶赝复体。

面部缺损的数字化修复包括以下步骤：面部三维图像获取、计算机辅助设计和计算机辅助制作。

（一）面部三维图像获取

可通过螺旋 CT、激光扫描、结构光技术扫描和立体摄影扫描等技术获取面部三维图像（图 11-10A），不同的方法各有优缺点。螺旋 CT 三维扫描和重建在获得完整的软组织形态的同时还可重建内部骨结构形态，但扫描层厚和像素影响其三维重建的精度，同时扫描时间较长，患者须接受一定剂量的辐射。激光三维扫描精度高（最高可达 1μm），但会对视网膜造成损伤，因此需患者闭眼扫描，扫描时间相对较长。立体摄影扫描系统精度相对稍差，但可获得较为精确的皮肤表面的颜色纹理信息，扫描时间很快。结构光扫描系统精度和扫描时间介于激光扫描和立体摄影扫描之间。此外，激光扫描、结构光扫描和立体摄影扫描均为光学原理，对

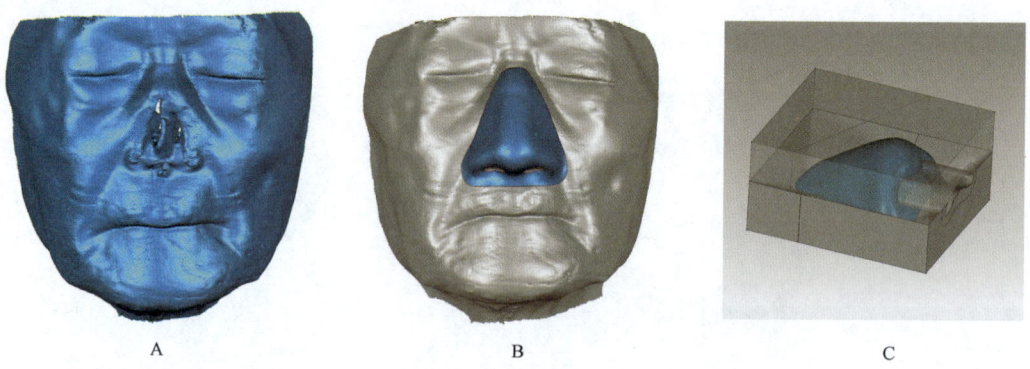

图 11-10　面部赝复体数字化设计
A. CT 扫描重建的面部三维图像；B. 面部赝复体设计；C. 赝复体阴模设计

倒凹较多和较大的缺损区或组织器官的扫描效果欠佳，同时对于头发和眼睛等特殊结构的成像也较为困难。也有学者采用两种或多种来源三维图像数据联合应用的方法获取复杂面部缺损的三维图像。随着三维扫描技术的发展，三维扫描获取的面部三维图像精度逐渐提高，已能满足面部赝复体的设计要求。

（二）计算机辅助设计

目前，面部赝复体的计算机辅助设计（computer-aided design，CAD），主要采用逆向工程软件（如 Geomagic、Imageware 等）或在其基础上二次开发的专用软件。面部赝复体的数字化设计（图 11-10B），分为对称性器官（如眼、耳）和非对称器官（如鼻）的设计。对称性器官可采用镜像对称的方法进行设计，把健侧形态完好的器官或组织三维图像，镜像翻转到患侧，再进行调整和修改完成设计。非对称性器官则需从相应的数据库中选择形态合适的器官，放到缺损处并加以调整和修改完成设计；若没有相应的数据库，可以通过扫描健康人相似外形器官获得数据，然后进行修改。

赝复体三维数据设计好后，还可再设计出赝复体装胶用的阴模（或称为型盒），并根据开盒需要，把阴模分成多个部分（图 11-10C）。

（三）计算机辅助制作

计算机辅助制作（computer-aided manufacturing，CAM）技术包括数控切削技术和三维打印技术。对于面部赝复体，三维打印技术较为常用。将设计好的面部赝复体三维数据导入三维打印机，用树脂、蜡等材料打印出面部赝复体，并酌情进行试戴和修改，再通过包埋装胶的方式，制作硅橡胶赝复体。也可直接用树脂材料三维打印已设计好的赝复体阴模，之后将硅橡胶注入阴模后，形成硅橡胶赝复体。

二、上颌骨缺损的数字化修复

上颌骨缺损的修复治疗中，数字化技术的应用尚处于初步应用阶段。本文主要介绍以下两种数字化技术。

（一）阻塞器的数字化设计和制作

对于仅需要阻塞器修复的上颌腭部缺损、阻塞器和上颌义齿分开的分段式上颌赝复体，可采用数字化方法设计和制作阻塞器。

用螺旋 CT 扫描上颌骨缺损区，扫描时保持上下颌牙齿、舌背和上腭黏膜处于分开状态，再将 CT 数据三维重建获得上颌骨缺损腔的三维图像。对缺损腔的图像进行适当的修整，保留适当的倒凹。在逆向工程软件（如 Geomagic Studio）中，根据缺损腔形态以及临床设计，设计阻塞器。再通过三维打印的方式，打印出树脂或蜡材料的阻塞器，选择合适的材料，包埋装胶制作出可在临床使用的阻塞器。也可以直接设计出阻塞器的阴模，直接装胶制作出临床可用的阻塞器。

（二）上颌骨缺损三维精确数字模型获取

上颌骨缺损最常见的是伴有口鼻腔穿通，同时有上颌余留牙的类型。此类上颌骨缺损常采用余留牙固位的一体式赝复体进行修复。此类上颌骨缺损的数字模型采用单一的直接数字模型获取方式，不能获得精确的三维模型。原因包括：①此类上颌骨缺损，缺损腔内常有较多的组织倒凹，一些倒凹需要用来辅助固位。组织倒凹的存在使得缺损区的三维图像获取只能通过 CT 等体层扫描的方式。CT 三维重建对硬组织的成像效果较好，同时也适用于软组织的三维扫描和重建。但是，CT 对牙齿的三维重建精度，达不到在重建的牙齿模型上进行赝复体设计（如卡环、支托等）的精度要求，特别是当口腔内有金属物（如银汞、金属冠、固定矫治器等）时，会产生伪影从而影响三维重建的准确度。②口内扫描可获得口内牙列、黏膜的三维图像，但无法取得完整的缺损区的三维数字模型，一是由于无法获得缺损腔内较大组织倒凹区的图像，二是由于口内扫描仪扫描景深有一定的限制。因此，可通过多源数据配准和融合技术来获取包含牙列信息的上颌骨缺损的三维精确数字模型。

用螺旋 CT 扫描缺损区和上颌牙列，扫描时保持上下颌牙齿、舌背和上腭黏膜处于分开状态。在 Mimics 软件中以不同阈值分别分割和重建出缺损腔软组织、上颌牙列的三维图像。用口内扫描仪进行口内扫描，范围包括上颌牙列、牙龈、软硬腭黏膜，尽量多地扫描缺损腔周围。在逆向工程软件中（如 Geomagic Studio）中，把 CT 扫描获得的三维图像和口内扫描获得的三维图像，以上颌牙列为共同区域进行配准、融合。融合时，上颌牙列和上腭黏膜、缺损腔口腔侧以口内扫描数据为准，缺损腔内以 CT 扫描数据为准。口内扫描获得的牙列和黏膜数据，满足可摘式义齿所有组件设计制作所需精度要求；缺损腔内的图像精度较上颌牙列差，但也满足缺损腔内阻塞器制作的精度要求；从而获得上颌骨缺损完整的三维精确数字模型（图 11-11）。

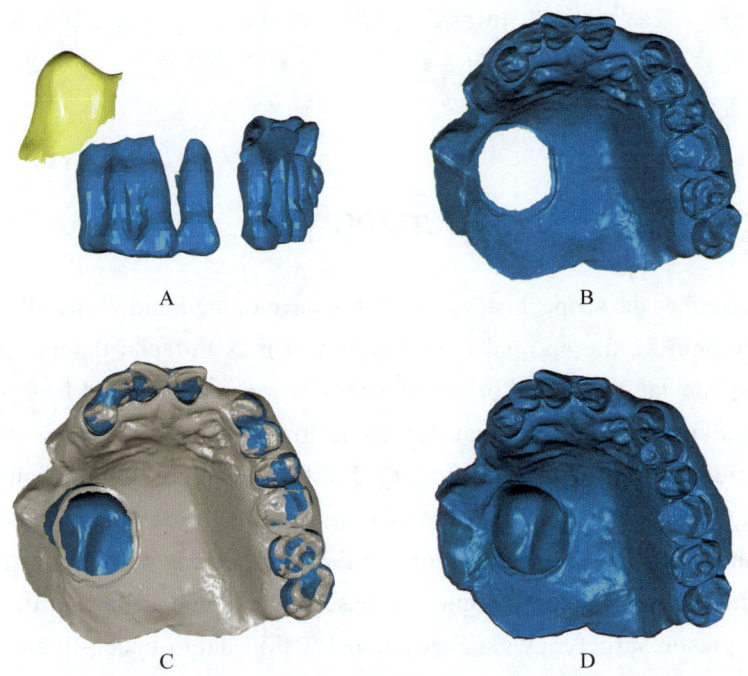

图 11-11　上颌骨缺损三维精确数字模型的建立
A. CT 扫描和重建的牙列和缺损腔三维图像；B. 口内扫描三维图像
C. CT 图像（蓝色）和口内扫描图像（灰色）配准；D. 上颌骨缺损三维数字模型

通过多源数据配准和融合技术获得的上颌骨缺损三维精确数字模型，可用三维打印法打印出树脂模型，以此模型为工作模型，用传统方法制作上颌赝复体。也可在此数字模型上直接进行上颌赝复体的设计和制作，但此方法尚在研究和探索中。

（周永胜　叶红强　洪　流）

进展与趋势

颌面修复学是应用口腔修复学的原理和方法，用人工材料修复难以用自体组织和外科手术方法重建的颌面部软硬组织缺损的一门学科。口腔颌面修复的成功开展依赖于颌面修复医师与口腔颌面外科医师等专业人员的多学科协作；口腔颌面外科医师可为后续的颌面缺损修复创造最佳的修复条件，而颌面修复医师可为外科医师在术前、术中、术后提供序列治疗支持，共同保证手术修复效果或功能恢复。随着医学技术的发展，更紧密的多学科协作和相互的序列治疗支持将为颌面缺损修复的成功提供更加坚实的保证。基于CAD/CAM的数字化修复技术具有安全、便捷的优势，具备设计制造一体化的特点，可直接加工出不同形状、任意复杂的三维几何实体（如阴形型盒等），并具有高集成性、快速性、高柔性和高精度等优点，可摆脱对医师和技师经验技术的高度依赖。因此，数字化技术在未来颌面缺损修复应用中具有广阔的前景。基于种植体固位或支持的赝复体可在一定程度上解决赝复体固位困难、支持力不够等不足；随着适宜于颌面部修复的种植系统的不断研发，种植技术在颌面缺损修复中的应用将日益广泛。颌面部器官如眼、耳、鼻、舌等均具有特殊的感觉功能；基于医学仿生学、电子信息学、生物学、人工智能学等学科的协作，实现赝复体对上述功能的仿生化和智能化代表着未来的另一发展方向。此外，发展面部仿生化修复材料，如使材料获得可随面部组织运动而调节的能力以及随皮温变化、季节变化而具有相应的变色能力等也是未来重要的发展趋势。组织工程技术体现了再生"组织"和"器官"的创新思维，标志着"再生医学"的到来。因此，组织工程技术也将为口腔颌面部缺损的修复带来福音和革命性变化，是未来颌面缺损修复的最高境界和努力目标。

Summary

This chapter describes the scope, history, the future developing trend of maxillofacial prosthetics, and the therapies to achieve the optimal rehabilitation of maxillofacial defects. The etiologies of maxillofacial defects include congenital or development factors and acquired factors such as disease, or trauma. The incidence of maxillofacial defects is low, but they normally cause catastrophic impacts on the patient's health, and life quality due to the severely compromised appearance, function, psychology, and social communication of the patients. Maxillofacial rehabilitation is hard accomplished because the support and retention for the prosthesis is normally achieved with many difficulties due to the enormous defects. Some prophase surgery such as bone graft implantation, soft tissue trimming or plastic surgery, eye socket reconstruction, labio-bucco-lingual vestibuloplasty, zygo-buccal area plasty will facilitate the support, retention, or function of maxillofacial prostheses. In this chapter, the indication, contraindication, principles for rehabilitation, the treatment planning, maxillofacial materials, treatment procedures, and maintenance of different prostheses such as obturator prosthesis, mandibular guidance, eye prostheses, ear prostheses, and nasal prostheses, etc. are detailedly delineated as well. Because of the complicated conditions encountered in maxillofacial rehabilitation, a more intensive and comprehensive multidisciplinary collaboration will be required and this will further benefits the treatment. Along with the advancing of material science and technology, the usage of osseointegrated implants, digital prosthodontics, biomimetic and bionic materials and prostheses, tissue-engineered structures and organs in maxillofacial rehabilitation will gradually make the debut and finally make the great contributions to the health and life quality of patients.

Definition and Terminology

颌面修复学 (**maxillofacial prosthetics**): A branch of prosthodontics concerned with the restoration and/or replacement of the oral maxillofacial structures or organs with prostheses that may or may not be removed on a regular or elective basis.

先天性缺损 (**congenital defect**): Defect existing at, and usually before, birth; referring to the defect or abnormality that is present at birth, irrespective of their causation.

获得性缺损 (**acquired defects**): Defect existing after birth which refers to defect, loss or abnormality of tissue or organ that caused by traumatic accident, disease (tumor, inflammation), and so on.

阻塞器 (**obturator, obturatorprosthesis**): A maxillofacial prosthesis applied to close and cover the tissue opening or maintain the integrity of the oral and nasal compartments resulting from a congenital or development disease, or acquired situations like cancer, inflammation, trauma of the palate. An obturator prosthesis is classified as three types: immediate surgical, interim or definitive according to the intervention time period used in the maxillofacial rehabilitation for a patient. The prosthesis facilitates speech and deglutition by close or replacing lost tissues resulting from a disease or trauma and can as a result, reduce nasal regurgitation and hypernasal speech, improve deglutition, articulation, and mastication.

即刻外科阻塞器 (**immediate surgical obturator**): A temporary maxillofacial prosthesis inserted during or immediately following surgical or traumatic loss of a portion or all of one or both maxillae and contiguous alveolar structures. Frequent modifications of this prosthesis are indispensable during the ensuing healing phase. Further revisions of the surgical fields (e.g. enlargement) may require fabrication of a new one.

暂时性阻塞器 (**interim obturator**): A provisional maxillofacial prosthesis which is fabricated after completion of the initial healing following surgical resection of a portion or all of one or both maxillae. This prosthesis replaces the surgical obturator which is usually inserted immediately following the surgery. This prosthesis normally needs further revising during the subsequent treatment procedures and it can compensate for further tissue shrinkage before a definitive obturator is manufactured.

正式阻塞器 (**definitive obturator**): A definitive or long-term maxillofacial prosthesis which replaces part or all of the maxillae and associated teeth lost due to surgery or trauma (including the concurrent restoration of the lost teeth before a surgery or trauma). This prosthesis is usually made when it is deemed that further tissue changes or recurrence of the disease are unlikely to happen and a more permanent effects of prosthetic rehabilitation can be achieved.

下颌导(**mandibular guide plane prosthesis, mandibular resection prosthesis**): A maxillofacial prosthesis applied to maintain a functional position or relationship between the maxillae and mandible, and improve speech and deglutition following surgery or trauma to the mandibles or/and adjacent structures.

参考文献

[1] 冯海兰，徐军. 口腔修复学. 2版. 北京：北京大学医学出版社，2013.
[2] 赵铱民. 口腔修复学. 7版. 北京：人民卫生出版社，2012.
[3] 赵铱民. 颌面赝复学（上卷）-颌骨及腭部缺损的修复. 西安：世界图书出版社. 2004.
[4] 赵铱民. 颌面赝复学（下卷）-颜面缺损的修复. 西安：世界图书出版社. 2016.
[5] 吕培军，王勇. 口腔数字化医疗技术相关问题的思考. 中华口腔医学杂志. 2012，47(8): 449-452.
[6] 张富强. 数字化口腔修复治疗技术的发展. 中华口腔医学杂志，2012，47(5): 260-263.
[7] Hou Y, Huang Z, Ye H, et al. Inflatable hollow obturator prostheses for patients undergoing an extensive maxillectomy: a case report. Int J Oral Sci. 2012, 4(2): 114-118.
[8] Ye H, Ma Q, Hou Y, Li M, Zhou Y. Generation and evaluation of 3D digital casts of maxillary defects based on multisource data registration: A pilot clinical study. J Prosthet Dent, 2017, 118(6): 790-795.
[9] Ye H, Wang Z, Sun Y, Zhou Y. Fully digital workflow for the design and manufacture of prostheses for maxillectomy defects. J Prosthet Dent. 2020.
[10] Huang Z, Wang X, Hou Y. Novel method of fabricating individual trays for maxillectomy patients by computer-aided design and rapid prototyping. J Prosthodont, 2015, 24(2): 115-120.

第十二章 口腔修复治疗与颞下颌关节

Prosthetic Treatment and Temporomandibular Joint

口腔修复治疗是用人工替代品修复口腔及颌面部组织器官的缺损，修复体不仅仅是符合机械力学、生物医学、美学原则下的缺隙充填，完善的修复治疗应符合患者个体性功能特征，能维持和促进口颌系统的功能健康。从咀嚼功能开展便利、高效、口颌系统功能健康的角度，口腔修复体的功能完成离不开颞下颌关节、咀嚼肌等的参与，在修复治疗过程中对颞下颌关节的结构和功能评估是口腔修复，特别是复杂修复的重要内容；而颞下颌关节的功能活动与咀嚼过程中牙列接触方式密切相关，部分颞下颌关节紊乱病也可以通过修复治疗手段，改变上下颌牙列的接触关系，进而影响咀嚼肌力学行为、颞下颌关节内部结构之间的相互关系和负荷分布等起到相应的治疗作用。

发生在颞下颌关节及与颞下颌关节相关的疾病有许多种，颞下颌关节紊乱病（temporomandibular disorders，TMD）仅指累及咀嚼相关肌肉和（或）颞下颌关节，具有颌面部疼痛、弹响、下颌运动障碍等相关临床症状的一组疾病的总称。颞下颌关节紊乱病并非通常医学意义上的某一个疾病，而是多种发病机制、临床表现各异的多种疾病总称，其诊断和治疗方法也不尽相同。随着人们对此类疾病研究、认识的不断深入，历史上出现过对此类疾病的多种命名和分类。目前国际上应用比较广泛的颞下颌关节紊乱病分类诊断标准是 1992 年在美国国立牙科研究院支持下由美国华盛顿大学 Samuel F Dworkin 和 Linda LeResche 提出从躯体和心理两个方面全面评估 TMD 患者"TMD 双轴诊断标准"，又称 TMD 研究诊断标准（research diagnostic criteria for temporomandibular disorders，RDC/TMD）。2005 年国内学者马绪臣、张震康结合我国 TMD 临床工作的实际情况在此基础上经过修订，也有颞下颌关节紊乱病的分类诊断标准发布并在国内广泛使用。此外，从 2000 年开始，国际牙科研究学会（International Association for Dental Research，IADR）开始对颞下颌关节紊乱病进行新分类的研究，并最终于 2014 年发布了基于症状问卷和临床检查的分类及诊断标准（diagnostic criteria for the most common TMD，DC/TMD），即颞下颌关节紊乱病的 DC/TMD 分类及诊断标准。

颞下颌关节紊乱病的病因及发病机制目前尚未明确，其患病率在口腔疾病中排列第四，有些情况下会在一段时间内对患者下颌功能、生活质量造成比较明显的影响，但越来越多的研究证实大多数颞下颌关节紊乱病其实是一种自限性疾病，基于正确诊断、妥善治疗的颞下颌关节紊乱病有良好的预后，并不会对患者口颌系统功能造成持久、严重的客观影响。但是必须充分认识到颞下颌关节紊乱病并非是发生在颞下颌关节的所有疾病，而且颞下颌关节紊乱病也是一组疾病总称，临床上对有颞下颌关节相关症状和体征疾病的判断应建立在正确的诊断和鉴别诊断基础上，以免漏诊和误诊某些对生命有重要影响的肿瘤性疾病、全身疾病在颞下颌关节表现等严重疾病，对颞下颌关节紊乱病的诊断也应该建立在明确的分类诊断基础上，否则会引起治疗上的混乱，少部分不合理的治疗会产生较严重的后果。

第一节 口腔修复治疗与颞下颌关节的理论背景
Background of Prosthetic Treatment and Temporomandibular Joint

一、颞下颌关节紊乱病的多因素致病机制

咬合因素曾经被认为是颞下颌关节紊乱病的主要致病因素，咬合参与颞下颌关节紊乱病发生的方式主要被解释为下颌移位理论和𬌗导致的神经肌肉功能异常。下颌移位理论是从形态结构入手认为由于咬合垂直距离降低、前牙闭锁、下颌过度闭合等使下颌髁突偏离正常位置；而且由于牙体组织是人体最硬的组织，上、下颌牙齿不良咬合接触中产生的咬合力量作用在牙尖斜面上使下颌移位，导致颞下颌关节内负荷分布不合理。𬌗导致的神经肌肉功能异常主要观点是咬合异常通过牙周膜感受器传入异常神经信号，引起咀嚼肌群的张力改变，发生肌肉功能不协调、肌痉挛等导致颞下颌关节紊乱病。这两种方式解释咬合对颞下颌关节和咀嚼肌影响的推理似乎有一定的合理性，但这种效应主要发生在施加咬合影响后的短期效应，忽略了人体口颌系统从乳牙𬌗到成年期间上下颌牙列的咬合关系、颞下颌关节以及咀嚼相关肌肉之间的长期互相磨合和适应，曾经认为由于牙列磨耗、后牙缺失等咬合垂直距离降低导致下颌后移压迫鼓板和鼓索神经进而引起颞下颌关节疼痛的学说也被解剖研究证实缺乏足够依据。

目前学术界主流认为颞下颌关节紊乱病是多因素发病，颞下颌关节紊乱病的发病机制除咬合因素外，还有由于精神紧张引起咀嚼肌紧张、疲劳、痉挛导致咀嚼肌、颞下颌关节疼痛、下颌运动异常的精神心理因素学说；外力和颞下颌关节过度运动、负荷造成颞下颌关节劳损；咬合异常和关节内结构运动不协调造成颞下颌关节内微小创伤引起颞下颌关节骨关节病的创伤因素学说；此外，颞下颌关节内软骨作为一种没有血管、神经支配，胚胎早期与免疫系统隔离的封闭抗原，软骨表面基质由于创伤、感染等原因被破坏，软骨成分暴露引起免疫反应的自身免疫因素学说；由于人类进化和人类食物精细化导致的咀嚼功能退化，关节功能区由后向前移动，髁突向前活动的空间加大，关节窝前后径加大变浅，髁突变小变细，髁突更易超越关节结节等出现容易受伤的解剖因素学说。

虽然TMD的多因素致病机制很难用一种学说解释某一特定患者的发病情况，一般认为发病与可能致病因素的多少有关，而且每个因素的作用可能也因人而异。但是从TMD发生中的作用和过程来看，这些发病因素可以分成易感、促发、持续三种。易感因素是指存在解剖结构、精神心理上等的因素使TMD发生危险性增高。促发因素（诱因）是指由于颞下颌关节外伤、持续大张口、突然的咬合改变、精神紧张、焦虑等因素诱发出现TMD症状和体征。持续因素是指使TMD长期不愈的可能原因，包括持续存在的咬合突变等结构性改变，情绪因素（抑郁、焦虑、躯体化等精神心理因素）、行为因素（紧咬牙、不良口腔习惯等）、社会因素（继发获益、规避工作和家庭矛盾、不同诊治医生之间的治疗方法差异、医患矛盾等）以及个体免疫、代谢因素等。当TMD发病后，持续存在的易感因素或促发因素也可以转变为持续因素造成TMD病程持续，在治疗TMD过程中应该从发病机制入手从多个方面对其进行有针对

性的个体治疗。

由于颞下颌关节紊乱病的多因素发病学说逐渐确立,在修复临床工作往往伴随着或多或少的患者咬合改变,因此要客观认识咬合改变对颞下颌关节紊乱病的影响,既不能单纯认为改变咬合可以治疗或治愈颞下颌关节紊乱病,把咬合因素当成颞下颌关节紊乱病的唯一发病因素;更不能在修复治疗开始前不注意患者现有颞下颌关节等口颌系统功能评价,在治疗中不注意口颌系统功能保护,以致在修复治疗中和治疗后使咬合因素成为颞下颌关节紊乱病的发病的促发因素。

二、颞下颌关节的功能适应性

虽然 TMD 是常见的口腔科疾病,有些严重的 TMD 对患者生活质量有一段时间的明显影响,对 TMD 的治疗理念曾出现过追求咬合形态理想和颞下颌关节结构符合医生设定的正常标准,盲目地认为只要形态和结构的理想必然会消除 TMD 出现。但是近 20 余年研究资料和临床实践证明,这种仅有形态结构符合已有知识就能消除或治愈 TMD 的设想并不符合临床现实,并没有循证医学文献证实形态理想的咬合关系可以降低和消除 TMD 的发生,从生长发育的长过程看咬合因素在 TMD 的发生只占较少的成分。颞下颌关节中髁突、关节盘位置具有相当的变异性,与 TMD 的严重程度不是必然的因果联系,约 1/3 无颞下颌关节症状人群中有不同程度的关节盘移位;有部分存在关节弹响的患者其关节盘位置正常或仅有轻度的关节盘移位,绝大多数可复性盘前移位可长期稳定;不可复性盘前移位可以存在或不存在开口受限,不可复性盘前移位的盘后组织多发生适应性改变;而且尽管关节盘移位,特别是不可复性关节盘移位或许会引起髁突骨质的改建,但是关节盘移位仅是骨关节病其中一个可能的相关因素,关节盘移位与骨关节病之间无必然因果关系;对 TMD 的认识和治疗已经从单纯的生物医学模式转变成生物、心理和社会医学模式。绝大多数 TMD 患者经过正确诊断,可经健康教育及正确、温和的可逆性保守治疗缓解或消除症状,并不需要重新建立理想的咬合形态和重建所谓理想的关节内结构达到恢复患者生活质量的目的,满足日常生活功能需求,临床实践证明颞下颌关节对多种咬合形态、颞下颌关节盘位置有比较广泛的功能适应性。

鉴于颞下颌关节具有较强的功能适应性,在口颌系统功能良好,能满足一般咀嚼、言语等情况下,患者颞下颌关节的状态是长期与咀嚼肌及咬合关系长期适应的结果,在修复治疗前后突然改变这种状态反而会带来额外的风险,因此在临床治疗中应放弃片面追求所谓正常的颞下颌关节关节盘和髁突相互的位置关系,医生用各种手法和辅助工具去获得所谓"正确的髁突位置"并无循证文献支持,无实际临床意义,在有些情况下反而会引起过度治疗及不确定的治疗风险。

三、口腔修复与颞下颌关节的治疗理念

近年来,颞下颌关节的临床和基础研究已经证实对 TMD 的治疗已经摆脱对形态和结构所谓正常和理想追求,功能恢复与否已成为最重要治疗目标,在口颌系统功能正常的前提下,维持和保护现有的口颌系统功能成为口腔修复的重要任务,口腔修复治疗作为一种重建和改变部分或全部咬合形态的治疗手段应该避免成为 TMD 发病的促发因素和持续因素。在口腔修复前应对颞下颌关节等口颌系统功能进行检查和评价,如颞下颌关节、咀嚼肌等口颌系统的器官、组织尚未处于相对稳定的状态,应该采用多种手段稳定口颌系统的症状和体征才能进行审慎的修复。在修复治疗中应该避免片面追求颞下颌关节中髁突位置的均一性,想当然地认为髁突应该位于关节窝的中央或下颌运动的铰链轴位等结构特征,忽视对颞下颌关节、咀嚼肌的功能评价,应该更多地从个体颞下颌关节的运动功能正常出发来确定修复时采取的措施。对修复医师

来说，应特别注意对咬合关系的评价需从口颌系统全局的角度进行，有些颞下颌关节的外伤、肿瘤、骨性病变、颞下颌关节盘的位置改变、急性颞下颌关节滑膜炎、咀嚼肌的痉挛等疾病也可表示为咬合关系改变，对口内的咬合改变应该进行必要的鉴别诊断以明确是否由牙列、上下颌骨、颞下颌关节紊乱以及咀嚼肌功能等原因引起相应的咬合改变。

颞下颌关节紊乱病的多因素发病机制在了解修复治疗，特别是大范围的固定修复对颞下颌关节和口颌系统的影响有重要参考意义。成年人口颌系统功能的稳定有赖于颞下颌关节、咀嚼肌和牙列咬合关系之间的长期协调工作，其口颌系统在完成各种功能运动中已经形成了相当稳定的惯性，而修复治疗可以在很短时间内建立和改变现有咬合关系，如果在治疗过程中采取的处置不当势必会对颞下颌关节和咀嚼肌功能发挥产生重大影响，结合患者的精神心理因素，会对少部分患者的生活质量在一段时间内产生明显影响。

第二节　修复治疗中的颞下颌关节功能保护
Function Protection of Temporomandibular Joint in Prosthetic Treatment

一、修复治疗对口颌系统功能的影响

修复治疗通过人工修复体来实现恢复咀嚼功能，修复体作为一种外来物是否与现有口颌系统其他器官功能协调是判断其质量完善与否的重要标志。所谓生理性修复不仅是指修复体本身的质量要达到维持和促进周围组织健康的作用，更要从整体上维持和促进口颌系统其他组织、器官的健康。一个健康的成年口颌系统是建立牙列咬合关系、咀嚼肌群和颞下颌关节三者之间长期结构和功能活动互相磨合、协调基础上，每一个体的颞下颌关节结构、牙列的咬合形态均具有唯一性并与其功能运动特征相吻合。牙列形态任何一个组成部分的变化都会引起其他两个的相应变化，特别是牙列作为一种人体最硬的组织，其对颞下颌关节与咀嚼肌具有强制引导作用，因此在修复时必须考虑颞下颌关节和咀嚼肌运动的个体特征以满足功能性的要求，在颞下颌关节和咀嚼肌的形态、功能下确定咬合形态的唯一性，尽量减少修复治疗对颞下颌关节、咀嚼肌和整个口颌系统的功能冲击。

二、修复治疗前的颞下颌关节功能检查和临床评价

在修复治疗前除对口腔内情况进行仔细的检查之外，有些特殊和复杂的修复病例还需对颞下颌关节和咀嚼肌临床情况进行检查，检查内容至少应该包括开口度、开口型、是否存在双侧髁突的运动障碍和运动不协调、颞下颌关节的弹响情况，以及颞下颌关节和咀嚼肌的触诊检查等。在临床检查发现有明显异常的情况时，需要配合适当的影像手段（颞下颌关节平片、锥形束 CT、颞下颌关节 MRI）对颞下颌关节的骨质、间隙和颞下颌关节盘的位置进行检查。

三、修复治疗中口颌系统功能保护方法

在颞下颌关节和咀嚼肌功能基本正常或稳定的情况下，修复治疗过程中对修复体咬合形态的设定应该尽量多地从颞下颌关节和咀嚼肌个体运动特征中获取有益的功能参数进行参考，避免盲目构建咬合形态而影响现有的下颌运动特性。进行下颌动作分析，正确地选择和使用各种不同形式𬌗架、适当的修复体加工制作可以最大限度地保证修复体形态的合理性。

如颞下颌关节和咀嚼肌功能状态明显不正常或不稳定，可以采用临时修复配合积极的

TMD 治疗措施，以使口颌系统功能恢复或稳定到可以修复的程度。对于有些必须要改变现有咬合状态，对现有下颌运动惯性有影响的修复治疗，可以先用临时性修复体进行诊断性修复以试探口颌系统适应能力，一般来说，在一定时间使用硬度不是很高的临时修复体，有助于为口颌系统适应新的功能运动状态创造有利的条件，当然在试探性治疗过程中应密切关注口颌系统相关组织、器官的症状和体征的变化，有时候可以辅助一些功能控制、自我保护、简单理疗措施。总之，每一个体的咬合形态具有高度特异性，其形态是颞下颌关节和咀嚼肌等口颌形态长期在功能运动中磨合的结果，在修复治疗中，如尚有一定的个性化咬合形态可利用，应从现有个性化咬合形态中借鉴、获取其特征，用于修复体的制作，如已无咬合形态可借鉴，要掌握借助一定的临床程序，逐渐确认患者个性化咬合特征，不宜制作无足够依据的功能形态修复体，以免给口颌系统的功能适应造成不可预计的冲击。

第三节　颞下颌关节紊乱病的修复治疗
Prosthetic Management of Temporomandibular Disorders

一、颞下颌关节紊乱病的修复治疗原则

随着对 TMD 发病机制、自然病程认识的深入，医师所掌握的治疗手段亦日益丰富。目前多认为不可能采用单一的"特效疗法"，而应采取"逐步升级"式的治疗程序，在明确患者的具体情况后，采取个性化的治疗策略，在着手治疗时应尽量先采用可逆性保守治疗手段，并且可使这一段治疗成为检查诊断过程的自然延续。待对该病例的病因及病变程度有更进一步的了解及较大把握时，才考虑采用不可逆的保守治疗手段。至于手术治疗，一般只有当患者颞下颌关节结构发生严重病变且痛苦较大，保守治疗无效，对正常功能产生持续的明显障碍时才考虑采用。因此，绝大多数 TMD 病例是通过保守治疗解除病痛的。

在对 TMD 实施的治疗手段中，有相当一部分通过改变𬌗接触状态达到治疗目的，统称为𬌗治疗。其中一些方法在改变𬌗接触之后，如果有必要还可以恢复到原先的状态，称为可逆的𬌗治疗（reversible occlusal therapy）。另外一些方法在改变𬌗接触状态后即无法复原，称为不可逆的𬌗治疗（irreversible occlusal therapy）。

二、颞下颌关节紊乱病的可逆性修复治疗

（一）𬌗垫

𬌗垫又称𬌗夹板、咬合板、𬌗板等，英文中亦有 bite plane、bite plate、occlusal splint 等多种称呼。在口腔医学中最早用这种装置来固定受创伤的颌骨和患牙周病而松动的牙。通过减少患牙的动度和𬌗力分散以改善牙周支持组织的状况，在牙周病治疗中起辅助作用。在应用实践中逐渐认识到𬌗垫能增进牙周支持组织健康的同时，可通过牙周膜本体感受器（proprioceptor）的反射性调节作用改善咀嚼肌功能，并以此间接地调整颞下颌关节的功能和结构。特别是夹板延伸覆盖至𬌗面的部分能改变原有𬌗接触关系，解除𬌗干扰，可缓解𬌗干扰刺激诱发的咀嚼肌功能亢进的高张力状态，𬌗垫也可由此直接或间接地调节并稳定下颌位置及髁突在关节窝中的位置，减小关节内压，改善颞下颌关节的"工作环境"。

尽管𬌗垫的治疗作用在多大程度上来自生理性或心理性调节的问题上还存在争论，但它对 TMD 的治疗作用却是明显的，因而在临床上得到广泛应用。大部分类型的𬌗垫可由患者自行摘戴，属可逆性𬌗治疗。此外，由于目前对 TMD 的病因机制尚不明确，故各种治疗方法的适

应证选择和疗效控制也无十分把握。在这种背景下，可逆性𬌗治疗手段往往成为首选疗法。

1. 𬌗垫的分类及适应证

根据戴用时间的长短，𬌗垫分为诊断性𬌗垫（diagnostic occlusalsplint）、暂时性𬌗垫（temporary occlusal splint）和长期性𬌗垫（permanent occlusal splint）。

根据𬌗垫固位方式，𬌗垫分为固定𬌗垫（内固定或外固定，fixed occlusal splint）和可摘𬌗垫（removable occlusal splint）。

因𬌗垫的治疗作用主要来自𬌗接触状态的改变，更合理的分类应是𬌗接触关系。据此，可将目前应用最多的𬌗垫分类如下：

（1）前牙接触𬌗垫：此种𬌗垫使下前牙与𬌗垫发生接触，后牙则因𬌗垫分开而不发生接触。

1）临时性前牙部分𬌗垫（Lucia Jig）：用面团期的自凝塑胶直接在口腔中塑成。介于上下颌切牙之间并部分地延伸至硬腭。它能起到分离𬌗接触的作用，有时戴用短时间即可解除肌痉挛所致的开口受限。

2）前牙𬌗垫（anterior bite plate）：一般做在上颌，由腭托、固位卡环和覆盖在两侧尖牙之间舌侧的平板构成。下前牙与此平板均匀接触，而从第一前磨牙远中开始的后牙𬌗接触则被隔开。戴此𬌗垫后，原有的牙尖嵌合斜面导向作用被解除，𬌗干扰作用于牙周膜感受器造成的异常传入冲动被阻断，原先存在于神经-肌肉中的习惯型（便利型）闭合道（habit closure）的"记忆"可被消除，重新建立利于肌肉生理位置。因对过度紧张的咀嚼肌有放松的治疗作用，这种𬌗垫又被称为"松弛𬌗垫（relaxation splint）"。由于戴用前牙𬌗垫时后牙脱离接触，有导致牙齿移位的潜在风险，其应用范围仅局限于：①治疗方案中包括有正畸目的（对深覆𬌗病例"压低下前牙"等）。②短期戴用作为治疗兼诊断措施。③预期在较短时期内能取得疗效并结束𬌗垫治疗。④𬌗垫治疗的初期阶段使用，如前牙𬌗垫有疗效但未能治愈的病例，应过渡到全牙列接触𬌗垫。

（2）全牙列接触𬌗垫

1）单颌型：𬌗垫只做在上颌或下颌。

①解剖型：𬌗垫𬌗面有沟窝尖嵴解剖形态，尖窝交错𬌗关系建立在患者治疗性颌位基础上。此𬌗垫的主要目的是补偿因磨耗等原因而明显降低的垂直距离，又称为𬌗调整性𬌗垫，患者应戴着解剖型𬌗垫行使咀嚼功能。

②平板型：平板型𬌗垫的𬌗面为一光滑平坦面，又称为稳定𬌗垫（stabilization splint）。在平坦面的形态细节上有不同处理方式。如密西根𬌗垫（Michigan University bite plate）𬌗平面做成使在正中状态时能与对𬌗牙切缘、尖顶（后牙为工作尖顶）形成同时、广泛、均匀的点状接触，在尖牙尖顶接触点的前外方形成丘状尖导，使非正中运动过程中除尖牙外其他牙均与𬌗垫脱离𬌗接触，类似真牙列的"尖牙保护𬌗型"。另一种称为俄亥俄型𬌗垫（Ohio University bite plate）在正中状态时后牙工作尖能与𬌗垫𬌗平面形成广泛、同步、均匀𬌗接触，前牙轻接触。下颌滑动前伸时前牙切缘能𬌗垫形成广泛均匀同时接触，后牙则脱离𬌗接触，这类似于真牙列的"相互保护𬌗型"（图12-1）。

单颌型𬌗垫置于上颌较易处理𬌗接触关系，临床较多用。如患者牙列存在特殊情况，戴上颌𬌗垫后出现发音困难、严重异物感导致适应困难等情形，酌情考虑采用下颌𬌗垫。

2）双颌型：在上、下颌牙列都有𬌗垫，互以解剖型的或平板型的𬌗面相向。一般需较

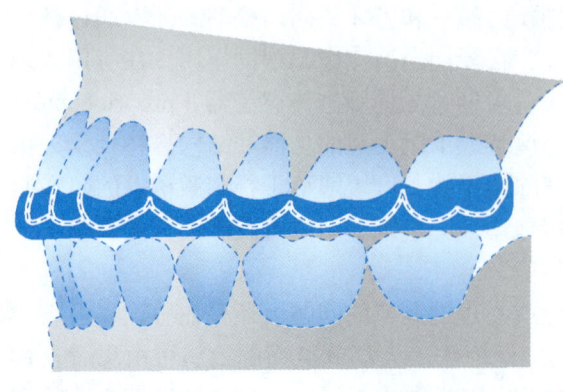

图 12-1　平板型𬌗垫（稳定𬌗垫）

多地增高垂直距离和选择合适的𬌗垫材料。

（3）特殊接触型𬌗垫：医师通过𬌗垫建立特定的𬌗接触关系，以达到治疗目的。

1）诱导型𬌗垫：𬌗垫𬌗面也有尖窝沟嵴的形态，但并非对在原𬌗关系的复制，而是利用牙尖斜面解剖形态诱导下颌滑向特定的治疗颌位。这一治疗思路常用于关节盘可复性前移位的保守治疗，故又被称为复位𬌗垫（repositioning splint）。利用𬌗垫升高垂直距离，同时以设定的尖窝关系诱导下颌向前滑动，如此使髁突和关节盘重新建立正常的位置关系并保持这一位置，将两者的关系调节到较适宜的状态，因而弹响疼痛症状可暂时消失或减轻。在𬌗"夹板"的作用下，盘突之间的受损韧带纤维可在此较稳定的治疗性颌位关系中逐渐修复。最终，在逐步磨除𬌗垫后盘突仍能保持正常关系，弹响症状消失（图12-2）。

2）枢轴𬌗垫（pivot splint）：一般在下颌牙列𬌗面同稳定𬌗垫一样成平坦状，只是在远中端做一尖丘状突起，使之与对𬌗牙有接触，其余区域无接触。此接触点起到杠杆支点（枢轴）的作用，借咬合时升颌肌群收缩力形成一类杠杆，并借头帽颏兜的辅助，形成使下颌向前、上方旋转的力矩，髁突被牵向下向前，关节间隙加宽，内压减低，有利于关节盘在后方附着韧带的牵引下达到复位。枢轴𬌗垫适用于不可复性关节盘前移位患者，使用期间应整体持续戴用，配合半流质饮食。如开口度增加且出现弹响表明盘的移位已转入可复状态，枢轴𬌗垫已产生预期效果，可改用复位𬌗垫以便进一步恢复盘突正常关系（图12-3）。

3）软弹性𬌗垫：用具有弹性的软塑胶片在患者牙列模型上热压成型，修剪成覆盖全牙列的𬌗垫，置于上、下颌均可。软弹性𬌗接触对牙齿硬组织牙周支持组织有保护作用，可用于磨牙症诊断性治疗和颞下颌关节及咀嚼肌疼痛的缓解。

2.𬌗垫的作用机制

（1）生物机械性调节作用：𬌗垫以其厚度所占据的空间或其设定的尖窝形态或生物杠杆作用诱导下颌位发生改变，进入预期的治疗性颌位。X线片观察𬌗垫戴入后髁突在关节窝中的位置立即出现变化，表明这是一种机械性调节。对关节盘可复性前移位造成弹响的病例，复位𬌗垫能诱导髁突前移，使颞下颌关节结构趋于协调，症状得以改善，𬌗垫通过升高垂直距离对咀嚼肌产生的拉伸作用，从临床实践看也有治疗意义。

（2）神经-肌肉反射性控制作用：由于牙周膜中分布有密集的感受器，牙周支持组织受力而发出的传入冲动在反馈调节神经-肌肉系统的活动中占有优势。对于口腔医师来说𬌗面形态较关节和肌肉易于修改，其中最方便且较安全的修改方法是可逆性𬌗垫治疗。特别是稳定𬌗垫，其平滑𬌗面能消除牙尖斜面对颌位的机械性"导向"作用，均匀广泛的𬌗接触能消除𬌗干扰形成的异常传入冲动，从而使下颌"有机会选择"较适宜的新颌位，此时所"选择"的颌位主要是由咀嚼肌和颞下颌关节中的感受器所发出的传入信号反馈地调节形成的，反映了肌肉与关节的"利益"，因而对减少咀嚼肌和颞下颌关节的应力，改善其功能状态有利。肌电图研究

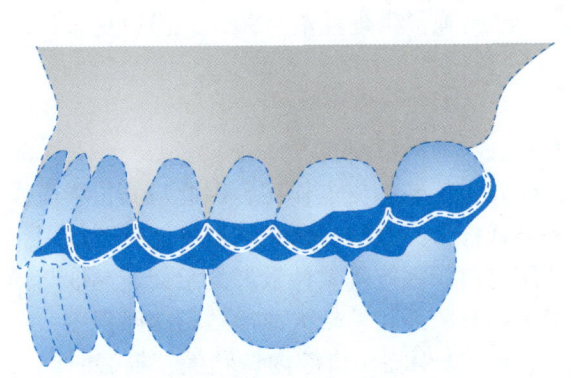

图12-2 诱导型𬌗垫（复位𬌗垫）

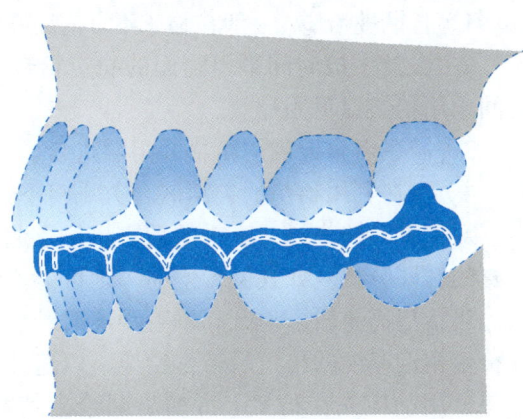

图12-3 枢轴𬌗垫

表明，戴用𬌗垫后患者咀嚼肌息止颌位肌电活动幅度显著下降，静息期出现频度降低且持续时间缩短，双侧同名肌的活动趋向对称平衡，这些都是咀嚼肌功能改善的客观指标。而肌肉功能的改善对调节关节结构、合理分配关节内应力也是有利的。

（3）心理性调节作用：曾有研究者用覆盖硬腭而不涉及𬌗面的夹板装置治疗一组颌面肌肉疼痛的患者，其中40%病例的症状得到缓解。这里除应考虑基托占据了口腔内舌的活动空间，从而通过神经-肌肉反馈调节机制对有关肌肉功能产生了影响之外，亦需考虑心理作用的影响和TMD的自限特征。

3. 𬌗垫临床应用要点

（1）颌位关系的建立：采用𬌗垫治疗多是因考虑患者原有的𬌗与颌位关系中存在不协调因素，因此首要的问题是确立治疗性颌位（treatment jaw position）。

1）垂直方向上的颌位关系：过去多认为下颌处于休息位时咀嚼肌纤维处于其生理长度，表现为肌电活动幅度最低，亦即肌紧张度最低，据此提出𬌗垫所升高的垂直距离不应超出息止𬌗间隙范围。但一些研究表明，最小幅度肌电活动（称为基础紧张电位，basal tonic EMG activity）出现于升颌肌群受到一定程度拉伸的状态。Drago曾对6名患者分别用厚度为2 mm、4 mm、6 mm𬌗垫在夜间戴用，并用肌电图仪连续观察睡眠中的夜磨牙发生情况，结果表明6 mm厚𬌗垫的治疗效果最好。息止𬌗间隙（free way space）并非不可逾越的"禁区"。关于肌肉生理的研究提示为口腔医师确定合理𬌗垫厚度提供了理论依据。

2）水平方向上的颌位关系：TMD患者就诊时咀嚼肌功能可能正处于异常状态，𬌗垫解除原有的牙尖嵌合限制后出现的颌位应被视作暂时性、试验性的治疗颌位。医师一方面通过平坦𬌗面继续为患者提供颌位调整的便利条件，另一方面应在较频繁的复诊中密切观察颌位的变化情况。在咀嚼肌功能逐渐趋于正常的过程中，机体通过自身的反射性调节而形成颌位的改变，𬌗垫也应作相应的磨改以适应这种变化，始终保持牙列𬌗垫间广泛均匀𬌗接触关系。前述的"临时性前牙部分𬌗垫"和"前牙𬌗垫"𬌗接触点数较少，有利于颌位在水平方向的调整，常应用于𬌗垫治疗的初期。平滑的𬌗垫𬌗面也能方便牙尖在水平方向上调整位置。当采用解剖型𬌗垫时，应注意𬌗接触点所在的窝沟应较"宽松"勿使对𬌗牙尖陷入紧密嵌合关系而妨碍颌位的调整，𬌗垫的戴入从某种意义上说既是治疗的开始也是诊断的继续，通过戴𬌗垫而使生理的颌位关系逐渐调整并显现出来。

复位𬌗垫所构成的颌位关系完全是由医师确定的，因此必须在明确的治疗指征时才可应用，并应密切观察由颌位变化带来的反应，如肌肉的反应和盘突关系的调整，以便𬌗垫作相应的修改。

（2）𬌗垫的设计制作：𬌗垫的关键形态构造在𬌗面。为了便于调整颌位关系，一般首选将𬌗垫设计制作成具有光滑平坦𬌗面。对下列病例可将𬌗垫𬌗面设计制作成具有尖窝解剖形态：

1）长期性𬌗垫（一般在临床不宜使用高硬度的金属铸造𬌗垫，以免对𬌗牙造成严重磨耗）。

2）经过一段时间平坦𬌗面的稳定𬌗垫戴用后，已明确了生理性治疗颌位，需以更长一段时间戴用𬌗垫以巩固疗效。

3）需患者全天戴用𬌗垫并咀嚼进食。

4）意在利用𬌗垫的尖窝嵌合关系将下颌导向既定的治疗性颌位。

对枢轴𬌗垫来说，唯一的后方接触点起到使下颌发生旋转的支点作用，因此对其位置应作认真的杠杆分析。如其位置偏前，则可能不构成一类杠杆，失去治疗意义甚至可能有副作用。

当𬌗垫需要较多地升高垂直距离时，应尽量选用与口颌系统等效性较好的𬌗架，制取与预其𬌗垫相近厚度的𬌗记录转移𬌗架，以避免𬌗架与下颌开闭弧相差较大而导致𬌗接触误差，在𬌗垫使用前应先在𬌗架上行初步调𬌗，其意义不仅在于减少临床口腔内调𬌗的"椅旁时间"，更是为了避免𬌗垫上不正确的𬌗接触关系造成对颌位的"误导"。

一般𬌗垫虽属短期戴用的临时性治疗设施，其基托伸展、卡环固位、表面抛光等仍需予以足够注意，有时还应注意其美观效果。这是因为上述因素会影响患者能否在尽可能长的时间中戴𬌗垫，而对𬌗垫的疗效有着重要意义。

（3）𬌗垫的调𬌗选磨（selective grinding）：𬌗垫因与牙列接触面积大，其就位难度也较一般可摘义齿大，因此𬌗垫开始在口腔内的调𬌗前，需首先核对𬌗垫是否已完全就位。如𬌗垫尚未完全就位情况下就调𬌗，往往造成错误的和不稳定的接触状态。透明树脂较便于观察𬌗垫的就位情况，常被选用为制作𬌗垫的材料。

解剖型𬌗垫的调𬌗方法与义齿调𬌗的要求相似，如前所述对沟窝形态应通过调𬌗达到较"宽松"的嵌合关系以利于颌位的调整。

对平坦𬌗面调𬌗时，关键在于保持𬌗接触点的面积尽量小，真正成为一个"点"，且在其周围形成一个光滑的平面。当患者𬌗曲线度过大，或是错𬌗较严重，难以在𬌗垫上形成一个统一的平面时，可采用阶段平面，以保证每个𬌗接触点周围都有一个小"平台"。

复诊时应密切注意𬌗接触状态（点数、位置、轻重）的变化，由于颞下颌关节内结构和咀嚼肌功能的调整时𬌗接触会发生一定的变化，必要时必须进行调整。每次调𬌗都应将磨削过的部位重新抛光，以避免粗糙面刺激黏膜构成异常传入冲动。

4. 𬌗垫治疗的疗程　𬌗垫是一种临时性的诊断-治疗装置，通过𬌗垫治疗缓解症状能为下一步治疗计划提供参考依据。如能确认，必要时可以采取调𬌗、修复、正畸等手段，以利最终解决𬌗干扰问题。有些患者待𬌗垫产生疗效后自行中止复诊并停用𬌗垫，常造成症状复发。也有人不来复诊但长期地戴用𬌗垫（特别是前𬌗垫）造成𬌗关系紊乱，或产生心理依赖感（摘掉𬌗垫反而出现感觉异常）。因此，必须在𬌗垫治疗开始时就向患者强调说明𬌗垫的治疗应由医师决定何时结束，并以逐层磨除的方法施行。𬌗垫治疗无效或效果不明显时，医师亦有责任及时做出改变治疗方案的决定。

各种𬌗垫有不同的疗程时限：枢轴𬌗垫的疗程一般不应超过1周，如未产生效果应改用其他疗法。前牙𬌗垫的疗程一般限制在2～3周内，最好是昼夜连续戴用，如仅在夜间戴可适当延长戴用期，延长期一般不超过4周。全牙列接触的𬌗垫疗程通常为6～8周，一般可更长时期戴用，但必须进行定期的复诊。在必要时，可设计制作长期𬌗垫戴用。长期𬌗垫除对TMD的考虑外，还应兼顾行使咀嚼、吞咽、言语等功能的需要，并应做得更牢固轻巧，以利患者适应。

5. 𬌗垫不合理使用可能导致的问题　𬌗垫虽然是一种可逆性的咬合治疗手段，但如果医生对𬌗垫治疗缺乏全面的认识，患者对治疗依从性不高，使用方法不当，𬌗垫治疗也会导致严重的不良反应，𬌗垫的副作用可以表现为以下几个方面：

（1）𬌗垫治疗后咬合紊乱：咬合紊乱是𬌗垫治疗最常见的副作用，主要是𬌗垫设计不合理、就位不良、调整不到位所致。如𬌗垫就位不理想势必导致𬌗垫组织面和其下的牙列缺乏均匀的接触，使得部分牙齿没有接触，部分牙齿接触过重，导致牙齿移位引起咬合紊乱。𬌗垫治疗需要医生丰富的经验，关键性的环节如颌位确定、咬合平衡掌握以及每次咬合调整量都是依每一个患者的具体情况而定，如果控制不当势必影响𬌗垫治疗效果和引起咬合紊乱。对于部分覆盖牙列的𬌗垫，其持续治疗的时间一定要受严格的限制，否则未被𬌗垫覆盖的牙齿由于缺乏咬合力的制约而移位。覆盖全牙列的𬌗垫如果咬合不平衡，可能导致对𬌗牙齿由于受咬合力状况的改变而出现位置变化。对𬌗垫治疗引起的咬合紊乱如果是短时间，尚未引起牙槽骨的改建，去除𬌗垫后能逐渐恢复，但是恢复过程出现的咬合不平衡可能对咀嚼等口腔功能产生不利的影响。长时间的咬合紊乱如果已经引起牙槽骨的改建，则不能自行恢复，需要借助修复、正畸手段恢复咬合接触。

（2）𬌗垫依赖：在某些情况下𬌗垫能显著改善患者的症状和体征，使个别患者对此产生心理上的依赖，但是患者的口腔状况和客观体征不支持采用长期𬌗垫，此时应该及时与患者交流沟通，逐渐磨除𬌗垫，逐渐减少其对𬌗垫的依赖，恢复咬合的本来状况。

（3）𬌗垫治疗后关节内结构紊乱：𬌗垫通过改变咬合关系间接地对关节内的结构产生影响，特别是对于已有关节内结构紊乱的患者，如果治疗性𬌗位选择不当，𬌗垫咬合调整不理想以及患者不注意限制特殊的口腔动作，可能会在𬌗垫治疗过程中出现急性的不可复性关节盘前移位，在这种情况下应该及时停止使用𬌗垫，必要时可进行颞下颌关节局部麻醉下的手法复位，恢复关节盘的正常位置，并采取进一步的治疗。过长时间地使用𬌗垫会改变关节内的负荷分布，进而引起关节内相关组织的适应性改建，因此过长时间使用𬌗垫会引起关节内结构的不可逆性改变，增加治疗的难度。

（4）口腔卫生不良引起牙周病变和继发龋坏：有些种类𬌗垫需要在口腔内长时间（包括进食时）戴用，部分患者不注意口腔卫生，致使食物残渣等在𬌗垫和口腔内组织之间存留，引起口腔黏膜和牙龈的红肿炎症，并容易在𬌗垫覆盖部位出现继发龋坏。因此，对使用𬌗垫的患者应特别强调口腔卫生的重要，避免上述情况的出现。

（5）对𬌗天然牙列的过度磨耗：如果长时间地使用金属𬌗垫等硬度比天然牙更硬、更耐磨材料制作𬌗垫就会使对𬌗的天然牙产生过度磨耗，严重会致咬合垂直距离的降低、下颌侧向运动障碍等妨碍咀嚼有效进行等情形，因此一般情况下应避免使用单颌的金属𬌗垫和其他会对天然牙有磨耗倾向的材料制作𬌗垫并在口内长时间使用。

总之，𬌗垫虽然是一种比较安全的可逆性治疗手段，仍然需要患者定期复诊，以确保整个疗程在医生的严密控制下进行和结束。

（二）可摘局部义齿

在许多情况下以可摘局部义齿修复牙列缺损，起到在咀嚼系统中合理地分布𬌗力负荷的作用，因此对TMD也会有所改善。较复杂的情况是需要以治疗性𬌗位取代患者原先的𬌗位，并在此𬌗位上重建𬌗接触关系。目前尚无准确地一次性确定治疗性𬌗位的临床技术，因此可摘局部义齿对TMD的治疗往往是𬌗垫治疗的延续。在牙列缺损情况下，可先制作人工牙与𬌗垫联为一体的胶连法修复体，经过一段时间的试戴和调整确定适宜的治疗𬌗位后，再考虑用合理的方式给患者提供一个较舒适又坚固耐用的修复体。在前牙深覆𬌗、𬌗曲线度过大、𬌗平面左右倾斜等情况下，都可利用可摘义齿的𬌗垫部分重建𬌗平面，以图对咀嚼系统构造有进一步改善。

（三）全口义齿

无牙颌的TMD可能由有牙颌时迁延而来，也可能因牙列缺失后久不修复或戴用不良修复体所导致。一副咬合关系准确、垂直距离适宜、𬌗关系良好的全口义齿不仅能恢复患者的功能和外观，也能对颞下颌关节及咀嚼肌起到调节作用，从而减轻或治愈颞下颌关节的症状。

三、颞下颌关节紊乱病的不可逆性修复治疗

不可逆性的𬌗治疗包括调𬌗（occlusal adjustment）选磨、固定冠桥修复和正畸三种手段。选用不可逆性𬌗治疗的基本原则是已确定𬌗的因素为TMD的主要病因，并已准确地将𬌗干扰（occlusal interference）定位，在此过程中明确诊断、确定𬌗干扰点的位置是首先重要问题，迄今尚未得到满意的解决，这也是临床上慎用不可逆矫治手段的原因之一，此外由于TMD的自限性被广泛认可，当其症状和体征可以通过保守、可逆的方法得以缓解，口颌系统的功能能够恢复时，现在已经很少首先用不可逆的咬合治疗对TMD进行治疗。

在排除肌肉功能紊乱后的"治疗性𬌗位"上发现的𬌗干扰点，根据其𬌗面出现部位而选择相应的不可逆𬌗治疗方法予以消除（图12-4）。

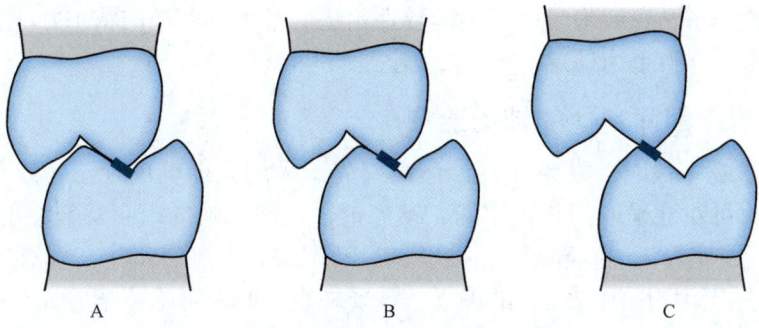

图 12-4 三种不可逆性𬌗治疗方法的选用原则

A.𬌗干扰点出现在牙尖斜面内 1/3 者，适于用调𬌗选磨消除；**B**.𬌗干扰点出现在牙尖斜面中 1/3 者，适于用固定修复体（冠、嵌体等）消除；**C**.𬌗干扰点出现在牙尖斜面外 1/3 者，适于用正畸使牙整体位移消除

（一）调𬌗

调𬌗选磨是通过对𬌗面沟窝尖嵴作有选择的磨削，以改变𬌗的形态及消除𬌗干扰，使各种咬合接触时𬌗力分布均匀合理，𬌗与颌位关系达到相互协调。由于咬合检查的手段目前还存在相当的不足，即使口颌系统功能正常的人也有一些咬合形态的不完善之处，目前并不主张为单纯追求咬合形态的合理进行预防性调𬌗，对伴有 TMD 的患者不可逆性的调𬌗治疗也应十分慎重，要充分考虑颞下颌关节、咀嚼肌群结构和功能状态的稳定，而且要密切关注患者的精神心理状况，很少部分 TMD 患者的调𬌗治疗有可能会出现明显的精神心理问题，对生活质量产生一定的影响。

（二）正畸

错𬌗畸形、正畸治疗和 TMD 之间的关系复杂，目前尚没有相关的循证医学临床证据证明三者之间有确定的关系。正畸治疗一般不作为 TMD 的首选治疗方案，但是这并不妨碍 TMD 患者进行正畸治疗，只是伴有 TMD 的正畸治疗需由口腔正畸专家制订复杂的矫治方案，在正畸过程中密切关注颞下颌关节症状和体征的变化，必要时采取相应的治疗措施。

（三）固定修复

用嵌体、冠桥等固定修复体可以改变个别牙的外形以消除𬌗干扰点，适当地恢复垂直距离，重建正常𬌗关系，改正颌位，使之适宜于颞下颌关节及颌面肌肉的解剖生理，对消除𬌗异常而引起的口颌系统紊乱可起到积极的作用。

因机体对𬌗关系改变的反应难以完全预料，在 TMD 患者进行固定修复治疗时应该慎重选择治疗时机，必要时应先有戴用可摘修复体阶段以观察新的颌位关系，再以树脂等易磨改材料作临时冠桥继续观察，最后才使用金、瓷等耐磨坚硬的材料制作长期修复体。

四、修复治疗与颞下颌关节紊乱病其他治疗手段的配合

（一）𬌗治疗在颞下颌关节紊乱病治疗程序中的位置

TMD 包涵的疾病种类多，症状复杂，治疗方法多种多样。在临床上，不仅需要通过详细了解病史、全面系统的检查作出正确的诊断和鉴别诊断，还需针对每个患者的具体情况精心选择治疗方法，并将多种疗法按照一定程序展开，不仅使治疗手段相互配合产生更好的治疗效果，还要尽量减少治疗的复杂程度及患者所付出的代价。同时，循序渐进的治疗也是一个继续探索、证实、修订原有诊断的过程。

𬌗垫作为一种可逆性治疗手段，也是温和和有针对性保守治疗步骤中选用的手段之一，此时使用的𬌗垫类型一般为前牙接触型和全牙列平板接触𬌗垫，意在协助肌肉松弛及颌位的调

整。在治疗性颌位关系已较明确时可采用诱导性𬌗垫。各种不可逆的𬌗治疗手段用以将已明确的生理性颌位关系建立得更为稳定。

（二）𬌗垫治疗期间其他的辅助治疗

𬌗垫被用作诊断手段时，在未作确诊前最好先不采用其他辅助疗法，以免掩盖病情造成假象。在确诊后，可对症采取药物（镇静、镇痛剂、肌肉松弛剂、麻醉剂注射封闭等）、理疗（电、磁、超声、红外等）、生物反馈、按摩、运动训练、心理咨询等。需强调的是𬌗垫治疗的一个关键环节——治疗性颌位关系的确立，需要在有关肌肉解除痉挛等充分松弛的状态下进行。在许多病例，多因素的作用下可能使咀嚼肌紧张痉挛，使下颌陷入继发性错𬌗的颌位关系状态。在这种情况下，有必要可使用肌监测仪（Myo-monitor）等手段使咀嚼肌群充分松弛，才可能为𬌗垫建立合理的治疗颌位。

（三）不可逆性𬌗治疗与其他辅助治疗的配合

不可逆性𬌗治疗均在诊断明确、临床证据十分明确后才能被采用，此时应调动一切可能的手段减轻患者症状和稳定患者口颌系统的相关组织的结构和功能，因而前述的各种辅助治疗手段均可考虑采用，合理地配合以期提高疗效。

需要指出的是，虽然从理论上认为𬌗稳定性不佳是 TMD 的发病因素之一，但并不意味着在临床上以治疗 TMD 为理由采用𬌗重建、正畸、正颌外科等激进的手段是明智的。这些不可逆治疗在实践中多因患者对改善功能和容貌外观的要求而启动，对改善 TMD 症状的预期不宜被置于首要地位。

（张　豪　韩　科）

进展与趋势

咬合关系的恢复是口腔修复治疗重要目标之一，而颞下颌关节功能的实现与咬合关系密切相关，修复手段是 TMD 治疗方法之一。随着近年来颞下颌关节临床和基础研究的深入，对 TMD 的认识已从追求结构和相互关系符合"定义"的正常标准的生物医学模式逐渐转变成尽量以小的代价改善口颌系统功能、提高患者生活质量的生物-心理-社会医学模式，通过对 TMD 自然病程等的研究发现其自限性的特征被普遍认可，建立在分类诊断基础上的有个体针对性 TMD 保守治疗成为其首选。可逆性修复治疗手段作为一种保守的治疗方法，由于结合牙齿咬合、咀嚼功能实现等特征在 TMD 治疗中的作用不可或缺；但是不可逆性修复治疗手段一般不首先用于治疗 TMD。口腔修复离不开颞下颌关节，特别是大范围的复杂修复更离不开个体性的颞下颌关节结构和功能评价，在颞下颌关节、咀嚼肌功能范围内的个体性功能修复有别于传统的单纯依靠结构特征建立咬合的修复方式将会有较大的发展。

Summary

One of the main purposes of prosthetic treatment is occlusal restoration. Mastication is the link between the prosthetic treatment and temporomandibular joint. The prosthetic treatment should keep or prompt the function of temporomandibular joint, muscle, and other masticatory organ. Although the etiology and the pathophysiology of TMD are poorly revealed. Now, it is generally accepted that it is a multifactorial disorder. In the past occlusion was considered to be the most important contributing factor in TMD, but more recent studies concluded that occlusal factors play less role in the developing of TMD from a longitudinal view. There are more variability of TMJ in normal, and the self-curing of temporomandibular disorders has been documented in many literatures. The functional adaption of temporomandibular joint has been accepted according to many clinical and lab researches, so the occlusal form of prosthetic treatment should be made according to the function type of TMJ individually. Based on the main management principle of temporomandibular disorders, the first choice of prosthetic way to treat TMD should be reversible, occlusal splint is the important reversible way of prosthetic management. Lucia Jig, relax splint, repositioning splint, and stabilization splint were introduced in this chapter. The mechanization, indication and clinical attention points were determined for different splints. The irreversible prosthetic way to treat TMD should be very critical. The occlusal adjustment, full mouth rehabilitation has been seldom used in TMD treatment.

Definition and Terminology

颞下颌关节紊乱病 (temporomandibular disorders): temporomandibular disorders (TMDs) encompass a group of musculoskeletal and neuromuscular conditions that involve the temporomandibular joints (TMJs), the masticatory muscles, and all associated tissues. The signs and symptoms associated with these disorders are diverse, and may include difficulties with chewing, speaking, and other orofacial functions. They also are frequently associated with acute or persistent pain, and the patients often suffer from other painful disorders (comorbidities). The chronic forms of TMD pain may lead to absence from or impairment of work or social interactions, resulting in an overall reduction in the quality of life.

磨牙症 (bruxism): The parafunctional grinding of teeth, an oral habit consisting of involuntary rhythmic or spasmodic nonfunctional gnashing, grinding, or clenching of teeth.

𬌗垫 (splint): Any removable artificial occlusal surface used for diagnosis or therapy affecting the relationship of the mandible to the maxillae.

临时性𬌗垫 (Lucia Jig): An individually fabricated anterior guide table that allows mandibular motion without the influence of tooth contacts and facilitates the recording of maxillomandibular relationship.

稳定𬌗垫 (stabilization splint): A hard acrylic splint that provides a temporary and removable ideal occlusion (ideal contact between the teeth for the muscles and the temporomandibular joints).

复位𬌗垫 (repositioning splint): An intraoral prosthesis constructed to temporarily or permanently alter the relative position of the mandible to the maxillae.

调𬌗 (occlusal adjustment): Any change in the occlusion intended to alter the occluding relation, any alteration of the occluding surfaces of the teeth or restorations.

参考文献

[1] 马绪臣，张震康. 颞下颌关节紊乱病治疗理念的进步及对规范化治疗的思考. 中华口腔医学杂志，2012，47 (1): 2-5.

[2] 马绪臣. 再谈颞下颌关节紊乱病的治疗理念——从 AADR 关于颞下颌关节紊乱病的政策声明谈起. 口腔颌面修复学杂志，2016，17 (1): 3-7.

［3］韩科，张豪. 殆学-理论与临床实践. 2 版. 北京：人民军医出版社，2014.
［4］张豪. 复杂修复的咬合设计理念及关键临床步骤. 中国实用口腔科杂志，2019，12 (1): 10-13.
［5］Ebrahim S, Montoya L, Busse JW, et al. The effectiveness of splint therapy in patients with temporomandibular disorders: a systematic review and meta-analysis. J Am Dent Assoc, 2012, 143 (8): 847-857.
［6］Hanson B, Sherman R, Ficara A. Masseter muscle silent period in patients with internal derangement of the temporomandibular joint before and after splint therapy. J Prosthet Dent, 1985, 54: 846-850.
［7］Wang Y. Prosthodontic management of temporomandibular joint dysfunction syndrome: report of cases. Chin Med J (Engl). 1986, 99 (9): 741-746.
［8］Jeffrey PO. Managemnet of temporomandibular disorders and occlusion. St. Louis: The C. V. Mosby Company, 2019.
［9］Sigurd R, Major M. Occlusion. 3rd edition. Philadelphia: W. B. Saunders Company, 1983: 384-534.
［10］Sanjivan Kandasamy, Charles S Greene, Ales Obrez. An evidence-based evaluation of the concept of centric relation in the 21st century. Quintessence Int. 2018, 49 (9): 755-760.

第十三章　牙周炎的修复治疗

Prosthetic Therapy for Periodontitis

牙周炎是指发生在牙齿支持组织（牙周组织）的一种疾病，其主要临床表现是牙龈炎症、出血、牙周袋形成、牙槽骨吸收、牙槽骨高度降低、牙齿松动、移位、咀嚼无力，严重者牙齿可自行脱落或者导致牙齿的拔除。牙周炎的发病率很高，是造成牙列缺损和牙列缺失的主要疾病之一。牙周炎的修复治疗是牙周炎综合治疗的方法之一，目的是通过口腔修复学的方法改善患牙的松动、移位、咀嚼无力等症状，促进牙周炎的愈合或延缓、终止牙周炎的发展。

牙周炎修复治疗的方法主要包括调𬌗、正畸矫治和牙周夹板固定等。牙周炎修复治疗的目的就是消除创伤因素，分散咬合力，建立协调的𬌗关系；固定松动牙，修复缺失牙，控制病理性的牙齿松动和移位；使牙周组织获得生理性休息，促进牙周组织的愈合；恢复咀嚼功能，改善全身健康。

第一节　牙周炎修复治疗的生理基础
Physiological Basis of Prosthetic Therapy for Periodontitis

对牙周炎的治疗和人类的其他疾病一样，也是从消除病因和减轻症状两方面入手。

牙周炎为多因素致病的疾病，包括局部因素和全身因素。局部因素中的菌斑细菌及其产物是牙周炎的主要病因，是引起牙周炎的必不可少的始动因子。消除菌斑细菌及其引起的炎症是牙周炎治疗的主要手段。但是𬌗创伤（occlusal trauma, trauma from occlusion）与牙周炎的关系也引起学者的广泛关注。𬌗创伤是指由于咬合关系不正常，或咬合力量不协调，导致牙齿所受𬌗力过大或异常，超出了其耐受范围而引起的牙周支持组织损伤。𬌗创伤又可分为原发性𬌗创伤和继发性𬌗创伤。原发性𬌗创伤（primary occlusal trauma）是指牙周组织健康的牙齿受到过大或异常𬌗力而导致的牙周损伤。继发性𬌗创伤（secondary occlusal trauma）是指牙周组织吸收的牙齿受到正常或过大的𬌗力而导致的牙周损伤。关于𬌗创伤在牙周炎的发生、发展中的作用，早在20世纪初已开始进行研究。有的学者认为𬌗创伤是牙周炎的重要致病因素，𬌗创伤与炎症协同作用可导致明显的牙周破坏。但另有学者认为𬌗创伤不会促进牙周炎症的扩散，不是牙周破坏的协同损伤因素。目前对于𬌗创伤与牙周炎关系的公认观点是：细菌是牙周炎的始动因子，疾病的本质是炎症及其导致的牙周组织破坏，而炎症扩展至牙周组织的途径和破坏的程度，则受𬌗力的影响。在炎症存在的情况下，𬌗创伤可以加速牙周的破坏，是牙周炎的一个重要的促进因素。在炎症和𬌗创伤都存在时，需要同时消除两种因素，才能彻底治疗牙周炎。牙周炎修复治疗的目的之一就是消除𬌗创伤。

另外，当牙周炎的基础治疗，如洁治、刮治等完成后，虽然可以消除炎症因素，但是牙周炎症导致的牙槽骨吸收、牙齿松动、移位等症状依然存在，造成牙周组织对外力的耐受阈下降，以及导致𬌗力的异常，造成继发性𬌗创伤。再者，松动、移位的牙齿不能行使正常的咀嚼功能，影响患者的身体健康。这些问题也都需要采用牙周炎修复治疗的方法来解决。

因此，牙周炎的修复治疗是牙周炎综合治疗的重要方法之一。牙周炎的基础治疗主要是为了消除牙周炎症，而牙周炎的修复治疗主要关注𬌗力对牙周组织的影响。

一、牙周夹板固定的生物力学原理

牙周夹板（periodontal splint）可以用来将松动牙固定并维持其功能状态，是牙周炎修复治疗的主要方法。为了明确牙周炎修复治疗的功能效果，避免在治疗中产生损害，必须了解和掌握夹板固定的生物力学原理，特别是牙齿在承受各种不同方向外力时的反应。

牙齿所受的力基本上有两类：垂直力（轴向力）与水平力（侧向力）。正常牙周膜抵抗垂直力的能力大于侧向力，因为垂直力使绝大多数牙周膜纤维受到牵引。骨组织受到生理性牵引力时，牙周组织能负担所受的力量。在咀嚼过程中，牙齿所受的压力是间歇性的，更有助于牙周组织的血液循环。因此，适宜的间歇性的垂直向𬌗力，有促进牙周组织健康的作用。

但是，水平向或侧向外力引起的牙周膜反应，与垂直向外力迥然不同。当牙齿受到水平或侧向力时，牙齿产生转动。单根牙以根尖 1/3 和根中 1/3 相交处为支点，向受力方向转动移位。牙周膜受力不均，使一侧牙周纤维受到拉力，另一侧受到压力（图 13-1）。久而久之，张力侧的骨组织发生骨质增生，而压力侧骨组织发生骨质吸收，使牙齿向受力方向倾斜移位。如牙齿倾斜移位过大，承受咀嚼负荷时相当于承受了倾斜外力，从而进一步损伤牙周组织，因而使牙齿松动，甚至脱落。关于对牙周组织的侧向力耐受阈的研究，国内外均有报道，结果显示牙齿对轴向力的耐受阈显著大于对侧向力的耐受阈。周书敏等（1981）的研究表明：牙齿的垂直力与侧向力的耐受阈比值为 2.7 ~ 3.9：1。因此，应减少和避免牙齿受到不良的侧向力。

当多根牙受侧向外力时，其转动中心在牙体中轴的根部，在骨中隔内。例如当下颌磨牙受到由远中向近中方向的外力时，该牙的近中根压向牙槽窝，而远中根则向𬌗面升起（图 13-2）。此时牙周膜纤维大部分承受牵引力，因此多根牙对于侧向外力的耐受性大于单根牙的耐受性。当然，过大的侧向外力，如超过其根周组织的耐受力，同样也会产生骨质吸收，导致牙齿松动或移位。

牙周炎的修复治疗是为了减少有害的侧向力。牙周夹板固定的基本原则就是将多个单根牙连接成一个新型的"多根巨牙"。这样，当受到倾斜外力时，牙根再也不会发生像单根牙那样

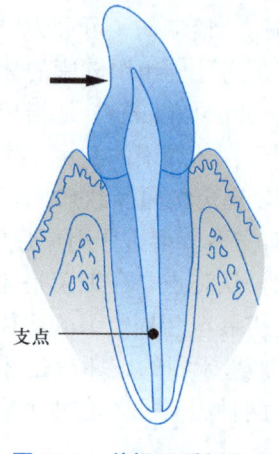

图 13-1　单根牙受侧向力

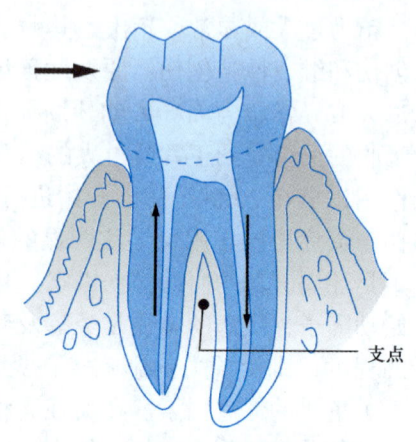

图 13-2　多根牙受侧向力

的倾斜运动，而像是一个多根磨牙，可以改变牙齿受力运动的形式，分散殆力，即由多数牙根的牙周膜纤维共同抵御此种外力。夹板固定的功能是通过一个固定器使几个牙齿连接成一个牢固的整体，形成一个新的咀嚼单位。

在咀嚼过程中，牙齿同样也产生颊、舌向的运动。若将一组牙固定在一起，当这组牙齿的转动中心连线为直线式时，这些牙受到颊舌向外力时，仍然以转动中心连线这一共同转动轴顺着颊舌方向倾斜移位。其倾斜方向虽与未固定前没有本质上的区别，然而机械外力为多个牙所分担，就可以减少每个单独牙的负担。夹板固定后牙齿受颊舌向外力时，应力的分布仍主要集中在根尖及牙颈等部位，而不像受近远中方向外力时，应力被分散到牙根各部。因此，夹板固定对抵御颊舌向外力的能力不如对近远中向外力的抵御有效。

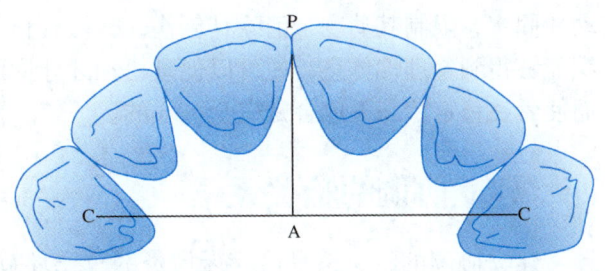

图 13-3　前牙弧形夹板受力

但是，当将中线左右两侧牙齿用夹板连接起来，形成弧形夹板时，可减少牙齿在颊舌向的移位。夹板顺着牙弓外形设计为弧形则较直线形更为有利。如用夹板固定上颌前牙，夹板中的中切牙受到外力 P，其旋转中心 C-C 穿过两侧尖牙的根尖 1/3 附近，而其他牙则环绕此旋转中心而运动（图 13-3）。由于夹板呈弧形，中切牙与侧切牙位于旋转中心的前面，弓形弧度越大，则旋转中心距各牙的距离越远，因而使牙齿受力方向发生改变，即基牙运动方向发生改变，使牙齿更趋于整体地向根尖方向运动。

根据以上理论，在临床上固定松动牙时，应尽量将固定夹板设计成弧形，即顺着牙弓外形制成。这样，不但可以求得良好的固定效果，同时也可以增加牙周支持组织的耐受力，从而减少创伤。

二、牙周组织的代偿功能

人类的牙颌器官和牙周组织在正常生理情况下有一定潜力。牙颌器官所能发挥的咀嚼力较日常咀嚼食物时要大 2～3 倍。这就说明平时咀嚼食物所需的力量仅为牙周组织耐受力的 1/3～1/2。根据殆力计测量，切牙轴向耐受力值为 8～32 kg，前磨牙为 24～32 kg，磨牙为 40～70 kg。而我们咀嚼食物所需要的切割力或磨碎力为 10～23 kg。因此，每个牙齿均有很大的功能潜力。这种潜力在一定条件下，可以产生代偿作用。当一个牙齿缺失或牙齿的牙周支持组织遭到不同程度破坏后，牙颌系统功能就降低。此时，邻牙及其他牙齿就要发挥代偿功能。一般缺失牙齿以后，主要是通过义齿发挥其他牙齿的潜力或代偿功能，借以维持牙颌系统的正常生理功能。

牙周炎修复治疗的基本原理，就是通过夹板固定使基牙充分地发挥其牙周组织的潜力，以代偿功能不全的患牙，减轻患牙的殆力负担，使其能够得到生理性休息，从而达到组织的修复和愈合。

三、促进牙周组织的愈合

当机体遭受无论何种性质的不良因素的破坏，使某些组织发生病理性变化后，如将不良因素去除，组织又会产生生理性修复而得到愈合。但是，牙齿一旦松动，尽管去除了病因，但在咀嚼过程中，因松动牙的动度很大，牙周组织得不到生理性休息，牙周组织的愈合和再生也就比较困难。甚至正常的咬合力也超出了患牙牙周的耐受范围，造成继发性殆创伤。如果能将松动牙固定，限制其动度，消除其创伤，分散其殆力，减轻每颗牙齿的负担，使松动牙的牙周组织能够得到生理性休息，便可以促进松动牙牙周组织的修复和愈合。此种治疗原理与骨折固定而使骨在稳定状态下愈合是完全一样的。

四、建立协调的殆关系

建立协调的殆关系是治疗牙周炎的重要环节之一。牙周炎修复治疗的主要方法为调殆及夹板固定。由于患牙的松动、移位可使协调的殆关系遭到破坏，造成创伤。利用调殆的方法消除创伤殆，建立上下颌间的功能性关系，以利于牙周健康。它的主要目的是清除有害的殆力，均匀地分散殆力，使更多的牙齿共同承受负荷，建立功能性刺激，以维持和促进牙周组织的健康状态，从而停止或减慢牙周组织的破坏过程。某些比较复杂而较严重的创伤殆，不能单纯通过调殆达到预期效果者，必须采用夹板固定。在用夹板固定的同时，还应恢复牙冠的外形和邻接点，矫正倾斜移位的松动牙并对缺失牙予以修复。对于因殆面过度磨耗而致面部垂直距离过低，以及患有深覆殆、闭锁殆、磨牙症的患者，在用夹板固定的同时均应予以修复或矫治。

牙槽骨因遭受破坏而吸收，则临床牙冠加长，牙齿的旋转中心移向根尖，因而杠杆力臂也相应加长，在咀嚼时牙槽骨不能承受正常的功能负担。此时若用夹板固定，就可以减轻患牙的负担，改善咀嚼器官的功能。

五、改善全身健康

牙周炎患者常因牙齿松动，导致咀嚼功能降低而影响胃肠消化及摄取营养的功能，因而损害全身健康。牙周炎修复治疗的重要目的之一，就是通过夹板固定松动牙，提高咀嚼效能。通过比较牙周炎患者修复治疗前后的咀嚼功能测定结果，证实修复后咀嚼功能提高了15%～25%。由于咀嚼功能的提高，患者对食物的选择和胃肠消化、吸收功能都得到相应的提高，改善了患者的健康状况，从而增强了患者对治疗的信心。

第二节 口腔检查
Oral Examination

在牙周炎修复治疗前，应对患者的全身与口腔颌面部的情况，作全面的了解和必要的检查，然后制订出切实可行的治疗计划。现将检查的主要内容分述如下：

一、牙齿及牙列

应首先了解牙齿有无缺损、畸形、错位以及邻接关系等，注意牙齿的排列和整个牙弓的形态、纵殆曲线与横殆曲线。并应检查解剖牙冠与临床牙冠的长度。临床牙冠的长度增加表示牙周组织破坏、有牙槽骨的吸收，是牙周炎修复治疗的指征之一。如临床牙冠短，固位体不会得到良好的固位，不宜选作基牙，可考虑增加基牙的数目，以加强夹板的固位力。牙龈组织发炎、水肿或者增生时，也影响临床牙冠的长度，应先消炎或手术切除。

应了解清楚临床牙冠的解剖外形，在牙弓中的位置以及其与邻牙和对颌牙的相互关系，以便选择和设计牙周夹板。如果被固定牙的长轴不一致，在设计口腔外成型的夹板时，应考虑就位道的问题，以免造成戴入困难。

二、牙周组织

牙周组织检查应包括牙龈的情况、牙齿松动度、牙周袋的深度、部位和有无溢脓等。

（一）牙龈的改变

注意牙龈的色、形、质的改变和有无瘘管的存在。创伤𬌗可引起牙龈的增生或附着龈呈嵴形增生，也可出现龈纵裂，多发生在单个牙的唇颊侧龈缘的正中。

（二）牙齿的松动度

牙齿的松动度是决定牙周炎修复治疗的适应证，以及判断预后的重要标志之一。影响牙齿动度的因素如下：

1. 外力的大小、方向和持续的时间。
2. 牙周支持组织的总量与牙根的长度和数量。
3. 牙齿的冠根比。牙周组织破坏多，牙槽骨高度降低，支点则更接近根端。
4. 牙周膜间隙的大小。
5. 个体支持组织的生物特点，即个体𬌗力的反应性。

牙齿的松动度一般和牙周组织的破坏程度相一致，也有骨质吸收相当严重，但牙齿松动度并不显著的情况，这与牙周组织的代偿功能有关。此外，松动牙的移动方向也是分析和判断预后的重要因素。如果牙齿出现垂直方向的松动，表明牙周组织破坏的程度，较仅有颊、舌方向松动者更严重。

（三）牙周袋

牙周袋部位、形状与深度、溢脓情况等，是保留牙齿的重要依据。牙周袋深表示牙槽骨破坏多，支点更接近根端，增加了杠杆力臂的长度。牙颈部周围出现环状牙周袋其预后不如仅一侧有牙周袋者好；如果基牙的根长而大或者是多根牙，与具有同样深度牙周袋的细小单根牙比较，前两者的预后好。牙周袋溢脓表示炎症没有得到控制，病理性破坏仍在继续进行。

（四）根周组织的破坏

患牙因创伤𬌗、不良习惯或其他原因造成根周组织的破坏，导致牙列中不同区域功能改变，形成不同的功能分化区域，反映牙周组织破坏的情况与程度。

牙列的完整性破坏后，牙列中可以分化为3个区域：

1. 功能中心区 这个区域的牙齿在全牙列中负担主要的咀嚼功能，一般都较健康，牙周组织也无特殊病理改变。

2. 创伤区 这个区域的牙齿由于负荷较大形成创伤性损害，主要表现为牙齿松动移位，牙周组织萎缩，牙周袋较深且溢脓，咀嚼功能显著减退。

3. 无功能区 由于无对𬌗牙，牙齿出现伸长，牙周组织有失用性萎缩。

牙列中出现以上功能区的分化，是牙周炎修复治疗的重要适应证之一，也是设计修复治疗的必要参考依据。

三、𬌗关系

不但要检查牙齿在牙弓中的位置是否正常，更主要的是检查𬌗关系是否良好。应注意牙尖交错𬌗、侧方𬌗以及前伸𬌗时的𬌗关系，有无早接触点和𬌗干扰。

分析下颌运动时的𬌗干扰，如过长牙、倾斜牙、移位牙、畸形牙、错位牙、过高的牙尖或斜度、过大的牙尖斜面等，根据不同情况进行仔细的调𬌗，是牙周炎矫形治疗的基本方法之一。必要时将研究模型上𬌗架，检查𬌗关系，以便得到更全面而精确的分析效果。

四、X线检查

利用X线片，观察牙根的形态、数目、长度和牙周骨组织的情况、牙周膜间隙的大小是非常重要的。不但在夹板固定前需要X线检查，在夹板戴入后也需要定期作X线检查，借以了解固定的效果。

（一）牙槽骨吸收情况

牙槽骨吸收越多预后越差，水平吸收较单侧吸收差，根尖显示骨质疏松者，预后也差。因一般性创伤或食物嵌塞造成的骨质破坏，多系由上而下的吸收。由全身因素合并局部刺激造成的牙周炎，其骨质破坏较深、较快，范围也较大。

牙槽骨骨组织破坏的速度与骨密度有关。在正常情况下，牙槽突的致密度均匀一致，也很清晰。如牙周膜间隙增宽，骨硬板变薄，为牙周炎的初期象征。骨嵴若较一般为低，但牙槽突的组织结构均匀一致，表示骨质的破坏已停止。也可见有新的密质骨呈白线状覆盖着牙槽突，形成骨硬板。支持骨的骨小梁在正常情况下分布均匀，大小一致，其排列方向与𬌗力方向相适应。如骨小梁排列紊乱，数量减少，为功能不良的表现。

（二）牙根情况

牙根的形态、长度、数目，根端有无病变，为牙齿保留和选用基牙的指征。

（三）牙髓腔情况

髓腔的大小与髓角的位置为设计固位体时的参考。若髓腔大，髓角距釉质表面较近，在牙体预备时，应注意避免发生穿髓。

第三节 牙周炎修复治疗的适应证和治疗原则
Indications and Principles of Prosthetic Therapy for Periodontitis

一、适应证

1. 个别牙或一组牙松动Ⅰ～Ⅱ度，骨质吸收达根长的1/2～2/3，经过牙周治疗，炎症已基本消失者。
2. 个别牙或一组牙有明显的创伤𬌗，有创伤𬌗症状，并且咀嚼功能障碍或降低者。
3. 牙列缺损，兼有多数余牙松动者。
4. 因牙周炎使上前牙移位而呈扇形排列，经牙周治疗后炎症消失，骨质吸收未超过根长的1/2者。如果条件允许，应该先做正畸治疗使患牙复位后再以夹板固定。
5. 个别后牙缺失未及时修复，余牙松动、移位或磨耗，使后牙咬合关系紊乱，前牙因而负担过重，存在明显𬌗创伤者。有的患者还伴有颞下颌关节紊乱病。对于余牙移位，咬合关系紊乱的情况，如果可能也应该先做正畸治疗予以纠正。

二、治疗原则

牙周炎的临床症状多种多样，必须根据牙周炎修复治疗的原则，针对不同情况做出不同的具体设计，才能取得矫治效果。需要指出的是，修复治疗一定要在患者已完成牙周系统治疗后进行。

根据临床实践和对各种牙周炎修复治疗病例的分析研究，可以从患者整个牙列的变化情况、创伤区的特征、牙周组织的破坏程度、牙齿的松动度、有无缺牙以及殆关系异常等，将牙周炎的修复治疗归纳为以下几种类型：

（一）类型名称

第一类：牙列完整，全口牙齿有不同程度的松动。
第二类：牙列完整，个别牙或一组牙松动。
第三类：牙列缺损，余牙部分或全部松动。

（二）各种类型的修复治疗原则

第一类：牙列完整，全口牙齿都有不同程度的松动，这说明患者的牙槽骨组织普遍有不同程度的吸收。就牙齿松动度，再结合牙周组织的破坏情况来分析，全部牙齿均有保留的价值。修复治疗原则是固定全部牙齿，以达到分散殆力，消除殆干扰，消除创伤，改善和恢复咀嚼功能的目的。

第二类：牙列完整，仅个别牙或一组牙有松动现象，松动牙的创伤因素比较明显，已成为创伤区，咀嚼功能发生障碍或降低。修复治疗原则是固定松动牙，解除局部创伤因素，分散殆力并发挥健康牙齿的代偿功能。

第三类：牙列有缺损，余牙有不同程度的松动，松动度不超过Ⅱ度，个别牙齿仍保持健康。修复治疗原则是修复缺失牙，固定松动牙，通过修复体及固定装置达到重建咬合关系，恢复咀嚼功能，保护余牙健康的目的。

三、患牙的去留问题

尽一切可能保存患牙，是治疗牙周炎的基本原则，只有以下情况的患牙可考虑拔除：

1. 松动牙的牙周袋深达单根牙的根尖或涉及多根牙的根分歧以下，经治疗无效者。但应与老年性退变相区别，老年性退变者的龈组织与骨组织同时萎缩，虽然根分歧暴露，但牙周组织仍然健康，有时还可以用作基牙。
2. 牙冠破坏过大，牙槽骨已吸收达根尖 1/3 者。
3. 牙齿错位且无法用正畸治疗纠正，影响颞下颌关节运动和咀嚼功能，并影响修复效果者。
4. Ⅲ度松动牙。但单纯殆创伤所造成的牙齿松动，在去除创伤因素后松动度可明显好转，不能轻易拔除。

第四节　牙周炎修复治疗的方法
Methods of Prosthetic Therapy for Periodontitis

牙周炎修复治疗是牙周炎综合疗法之一，是在消除炎症的基础上进行治疗。牙周炎修复治疗方法包括调殆、正畸疗法和牙周夹板固定等。

一、调𬌗

（一）调𬌗的目的和要求

1. 调𬌗的目的 调𬌗就是调磨患牙的创伤性牙尖或边缘嵴，改善牙体外形，消除早接触和𬌗干扰，从而消除创伤𬌗，建立符合生理要求的功能咬合，恢复对牙周组织的生理性刺激，以维持牙周组织的健康。

2. 调𬌗的要求

（1）牙周炎的修复治疗之前，应先控制炎症，治疗牙周袋。因为炎症会影响牙周组织的恢复，因而可以降低调𬌗的效果。牙周炎患牙经常出现移位，如在炎症未消除之前调𬌗，当炎症消退后，牙的位置有改变，还必须再次调𬌗，否则就不能保持稳定的𬌗关系。

（2）牙齿的松动和骨下牙周袋的形成与创伤𬌗有明显关系者，应先行调𬌗。

（3）炎症和创伤𬌗都很明显，则消炎和调𬌗同时进行。

（二）调𬌗的适应证

1. 有𬌗创伤的患牙，需要调磨引起𬌗创伤的过高牙尖等，消除早接触和𬌗干扰。

2. 某些𬌗关系，虽然没有造成明显的𬌗创伤，但可能是一种潜在的创伤因素，也需要进行调磨。例如：

（1）下颌由正中关系位到牙尖交错位有明显的向前滑动，并伴有侧向偏斜者。

（2）侧方运动时非工作侧有𬌗干扰者。

（3）上下后牙尖间关系过紧，影响下颌功能运动者。

（4）闭锁型深覆𬌗者。

3. 牙齿形态上的异常，不论有无牙周或其他损伤，均应予以调𬌗。例如：

（1）调磨因不均匀磨耗而造成的尖锐的牙尖和边缘嵴，减小牙齿所受侧向力。

（2）磨改充填式牙尖，防止食物嵌塞。

（3）减小重度磨耗所造成的过宽𬌗台，通过磨改颊舌面，减小𬌗面的颊舌径，同时改善牙尖和沟窝的形态，加深食物排溢道。

（4）调磨过长牙。

（5）修整畸形牙、扭转牙、移位牙等。

（三）调𬌗的方法

1. 首先消除显著不协调的𬌗障碍点

（1）磨短伸长牙：将超出邻牙𬌗平面的伸长牙磨短，使其𬌗平面一致。必要时可分次进行调磨，配合抛光和脱敏。严重者需根管治疗后调磨，然后全冠修复以恢复牙冠生理形态。

（2）调磨充填式牙尖：充填式牙尖嵌入对𬌗牙𬌗外展隙，造成食物嵌塞，应将其磨短、圆钝。

（3）调整磨耗不均匀的邻间边缘嵴：两邻牙边缘嵴高度不一致，可以引起食物嵌塞，造成牙周创伤。可调磨过高的边缘嵴，或用修复的方法加高过低的边缘嵴，使其高度协调。

（4）磨改磨耗小平面：磨耗小平面是由于磨耗出现在牙的凸面上的磨耗平面，大小与形态各异，可以对牙齿产生过大的侧向力，此种外力对牙周组织有害。

（5）磨改过高的牙尖和过陡的斜面：因磨耗而造成的过高的牙尖和过陡的斜面，在咬合时可以对牙齿形成过大的侧向力，应予以磨改。

（6）磨改宽平𬌗面：由于重度磨耗形成宽平𬌗面，受力时容易使牙齿受到倾斜外力。需要调磨改善外形，调改颊舌径和近远中径，改善牙尖、沟窝和边缘嵴外形。

（7）处理扭转、错位、倾斜、畸形牙和多生牙等。

2. 消除牙尖交错𬌗的早接触点 调改后退接触位的早接触点，调改后退接触位和牙尖交错位之间的障碍，调改牙尖交错位的早接触点。

3. 前伸𬌗的调𬌗 前伸𬌗时上下前牙切缘之间应有最大面积的接触。调磨时应尽量调磨上前牙，个别下前牙过长或唇向移位时，才调磨下前牙。下前牙调磨过多会影响牙尖交错位的接触。前伸𬌗调磨时，首先应磨改前伸运动中的障碍点，使下前牙能自由滑动。天然牙列要求前伸𬌗位时上下前牙有最大面积的接触，后牙没有接触。

4. 侧方𬌗的调𬌗 天然牙列的侧方𬌗要求工作侧的牙齿有接触，非工作侧的牙齿不应有接触。工作侧为上下牙同名牙尖相对，干扰点可能发生在上下颌的颊尖或舌尖。

侧方𬌗的调磨，先调磨工作侧的干扰点，然后再调磨非工作侧的干扰点。

（1）工作侧干扰点的调磨：依次先调磨一侧的工作侧和与其相应的非工作侧，再调磨另一侧的工作侧和与其相应的非工作侧。例如调磨左侧工作侧和与其相应的非工作侧时，可将咬合纸放于双侧后牙上，嘱患者先咬合在牙尖交错位，然后向左侧滑动至左侧上下后牙同名牙尖相对。取出咬合纸，检查工作侧和非工作侧牙上的咬合纸印迹。如发现工作侧牙尖有干扰，可将此侧再作为非工作侧，检查此尖是否也有干扰。如有干扰，可调磨此尖。如在工作侧的上下颊尖之间有干扰，一般调磨上牙颊尖的舌斜面，不能调磨下牙颊尖，因其与上牙的正中窝维持正常的牙尖交错位接触。如工作侧有上下舌尖干扰，则应调磨下牙舌尖的颊斜面，不能调磨上舌尖。总之，维持牙尖交错位的上牙舌尖和下牙颊尖不应轻易调磨，以免破坏牙尖交错位的接触关系。

（2）调磨非工作侧的干扰点：天然牙列非工作侧上下牙之间出现𬌗接触均要消除。非工作侧出现干扰的位置是上牙舌尖的颊斜面和下牙颊尖的舌斜面，调磨时只能调改这些斜面，尽一切可能保存牙尖顶。

5. 检查与抛光 在分别调磨牙尖交错𬌗的早接触点和非正中运动的𬌗干扰后，重新检查各个功能运动与运动中的牙齿接触关系，再仔细去除个别干扰点，最后牙面抛光。

二、正畸疗法

正畸疗法是牙周炎综合治疗的重要方法之一，它可以使松动移位牙复位，改变牙长轴及其受力方向，消除创伤𬌗，改善咬合接触，有利于牙周组织的恢复和愈合。

牙周炎的正畸治疗和儿童𬌗畸形的正畸治疗有很大的区别，主要有以下几点：

1. 成年人的生长发育基本完成，儿童正在生长发育期。
2. 成人骨密质多，骨的可塑性小，骨吸收和骨形成均较缓慢，再生能力小。
3. 牙周炎患牙的牙槽骨已有不同程度的吸收，牙齿松动、移位。因此，对患牙周炎的成年人进行正畸治疗，应慎重地选择病例。一般只能作小量的牙齿移动，而且必须要有足够的间隙以容纳移位的牙。每次加力应轻微，在整个正畸治疗过程中，还必须配合一般的牙周治疗（消炎、调𬌗等）。患牙复位后更需要较长时间的保持或长期作夹板固定。

（一）牙周炎患牙正畸治疗的适应证

牙周炎患牙伴有以下症状：
1. 上切牙唇向扇形移位，牙间隙增大。
2. 前牙拥挤，造成菌斑滞留，牙周洁治困难。
3. 牙齿倾斜、移位。

（二）牙周炎正畸治疗应注意的问题

1. 在正畸前和治疗中应严格控制牙周炎症。
2. 正畸治疗结束后，仔细检查咬合，消除𬌗创伤因素。

3. 正畸治疗中施力要轻微。

4. 正畸结束后需要保持较长的时间，或长期采用夹板固定。

除了以上特点以外，牙周炎患牙的正畸治疗方法按一般的正畸方法进行，相关内容可参照《口腔正畸学》有关章节。

三、牙周夹板

牙周夹板是一种治疗、固定松动牙的矫治器，它将多个松动牙连接在一起，或将松动牙固定在牢固的健康牙上，使其成为一个新的咀嚼单位，将功能状态下牙齿的病理性倾斜和旋转转变为以垂直向受力为主。夹板固定还可以分散𬌗力，减轻牙周组织的负荷，使患牙得到生理性休息，最终达到组织愈合与修复的目的。因此，夹板固定是牙周炎修复治疗的重要方法，也是必要的措施。

（一）良好的夹板应具备的条件

1. 固位力强，固定效果好，并能抵御各个方向的外力。
2. 制作和使用简便，应以少磨牙为原则。
3. 对口腔软组织无刺激作用。
4. 符合口腔卫生条件，有自洁作用。
5. 不妨碍牙周其他治疗的进行。
6. 舒适、美观。

（二）牙周夹板的分类

牙周夹板一般可分为暂时性与长期性夹板两类。暂时性夹板使用时间短，戴入后经观察如治疗效果良好，可考虑换用长期性夹板。长期性夹板一般固位力强，固定效果良好，使用时间较长。但操作方法复杂，一般需要切割一定的牙体组织。选择夹板的类型时需要考虑牙齿的外形、牙间间隙、夹板在牙弓中的位置、使用夹板的时间、夹板自身的适宜强度、后续治疗维护的便利性、美观等因素。

1. 暂时性夹板（provisional splints） 暂时性夹板是利用结扎的方法或其他比较简单的器械和方法，将松动牙暂时固定。暂时性夹板的固定效果不如长期性夹板效果好，使用时间也较短；一般在6个月以内。其优点是操作简便，价格较低廉。

（1）暂时性夹板的适应证

1）固定急性牙周炎的患牙。

2）固定因外伤造成的松动牙。

3）减轻或避免因𬌗创伤或牙周外科手术给患牙带来的外力，使不致因外力刺激而给患者造成痛苦。

4）在制作长期性夹板的过程中，为了防止牙周组织继续受损害，可先用暂时性夹板固定。

5）为了了解牙周炎修复治疗的疗效，可先使用暂时性夹板治疗，经观察如效果良好，再换长期性夹板。即以暂时性夹板作为过渡性治疗措施。

（2）暂时性夹板的种类和制作方法

1）结扎固定法：利用牙线、尼龙线、外科丝线、软细不锈钢丝等作为结扎材料，用连续结扎的方法，将多数松动牙固定在邻近的健康基牙上。因后牙的解剖形态不适宜结扎，结扎方法仅适用于前牙。

前牙结扎法是用双环结成外科结固定在尖牙上，然后用连续结扎"8"字形结扎其他牙齿，最后再固定于对侧尖牙上。结扎法要求注意保持各个牙间原有的牙间间隙，不使牙齿移位。为了避免结扎丝脱位并加强其固定效果,在结扎后可用自凝树脂涂抹在结扎丝上,形成联合夹板。

结扎法固定效果较差,只能用作暂时固定,一般1~2周就应更换。

2)粘接固定法:在相邻牙的邻面接触区使用高强度的树脂水门汀将松动牙粘接固定在一起。该方法操作简便,不影响牙齿的形态,舒适度好,但固定效果一般。

3)光固化树脂夹板:牙齿表面先进行粘接处理,然后将复合树脂粘接在牙面上,将多个松动牙连接在一起。该方法操作简便,最适用于下前牙的固定,不影响咬合和美观,但强度一般。为了增加强度,可采用预成的玻璃纤维带埋于树脂内,增加固定效果。

2. 长期性夹板(permanent splints) 长期性夹板是利用一种比较坚固的修复体,使多个松动牙相连而得到夹板固定的效果。它的使用时间较暂时性夹板为长,其固定效果也较暂时性夹板为好。

(1)长期性夹板的适应证

1)经暂时性夹板治疗,证明疗效良好者,可换用长期性夹板。

2)牙周炎症基本消失或控制,牙齿松动需要长期固定。

3)牙齿位置基本正常,各牙长轴接近平行。

4)其他凡适应于可摘式局部义齿或固定义齿修复的条件者。

(2)长期性夹板的种类与制作方法:长期性夹板可分为可摘式长期夹板和固定式长期夹板两种类型。

1)可摘式长期夹板:凡患者可自行摘戴的夹板,均称可摘式夹板(图13-4)。此类夹板在有无缺牙的情况下均可采用,易于保持口腔卫生,并便于进行其他牙周治疗。制作时,切割牙体组织少。可摘式夹板与可摘式局部义齿相似,除了可摘式局部义齿的各种组成结构外,可摘式夹板还设计有足够的松动牙固定装置。

①固定卡环:一般为金属铸造。固定卡环不同于常规的起固位作用的卡环,卡环的任何部分均不应进入倒凹区,卡环臂位于观测线之上,卡环的颊舌两臂相互作用,起到固定松动牙的作用。

②双翼钩:用于相邻两前牙之间的切外展隙处,一般为金属铸造,一个双翼钩固定两个松动前牙。前牙的双翼钩对美观有一定的影响。

③颊钩:类似于前牙的双翼钩,位于相邻两后牙之间,钩端位于两后牙的颊外展隙处。

④𬌗垫:用于需要升高垂直距离,恢复咬合关系,同时固定松动牙。由于牙列𬌗面均为𬌗垫所覆盖,可以达到分散𬌗力、消除创伤的目的。

可摘式长期夹板基托伸展的范围和可摘局部义齿基本相同。基托与牙齿接触的部分,一定要位于牙齿的外形高点处,并十分密合。在龈乳头处的基托,则要有足够的缓冲。这样既能使夹板获得固定松动牙的较好效果,又可以避免刺激龈组织。制取印模时要注意减少松动牙的推移变形,制取印模前对余留牙之间无用的倒凹或者间隙应该利用黏蜡等进行填塞,选

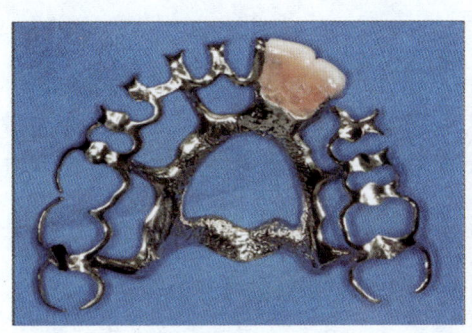
牙周夹板

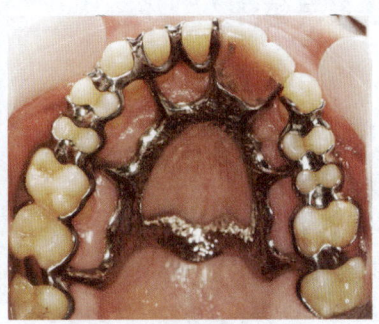
牙周夹板口内照

图13-4 上颌可摘式长期夹板

择合适的托盘，避免对余留牙产生不当的推力，选择弹性良好的印模材料，并且正确调拌和使用印模材料。

2）固定式长期夹板：指经过医生粘接固定于基牙之上，患者不能自由摘戴的夹板。固定式长期夹板类似于常规的固定义齿，设计原理和制作方法与全冠、固定桥相同。一般选择全冠为固位体，数个松动牙上的全冠采用整铸法或焊接法连接在一起，形成联冠。如有缺牙，则设计成桥体。

固定式长期夹板的全冠固位体的龈边缘一般位于龈上，保留正常的邻间隙以利于自洁，适当减小牙尖斜度、增加溢出沟、加大外展隙，减小侧向力。为了达到良好的固定效果，夹板最好跨过牙弓的中线，形成弧形夹板。

固定式长期夹板的固定效果良好，如设计得当，可以使牙齿抵御来自各个方向的外力。但操作技术较复杂，需磨除较多的牙体组织，有可能损伤牙髓，且价格较昂贵。

3）固定-可摘联合式夹板：常用的为套筒冠式夹板。这种夹板固定效果类似于固定式夹板，并且易于清洁，便于牙周卫生的保持。美观效果较好。缺点是牙体磨除量较大，制作复杂，价格较昂贵。

4）粘接翼板式夹板：类似于粘接桥，用于前牙区的牙周夹板。位于被固定牙舌侧的金属翼板连接在一起，采用树脂水门汀粘接固定于牙齿之上。此类夹板牙齿磨除量少，美观好，操作较简便。随着粘接技术的提高，已经成为一种可以中长期使用的夹板固定方法。

（三）牙周夹板修复后可能出现的问题及处理

1. 𬌗关系的变化　牙周夹板修复后要定期复查𬌗关系，发现问题，及时调整，去除𬌗干扰。对于可摘式牙周夹板，要及时调整夹板，保持𬌗的稳定及𬌗力的均匀分布，将𬌗力维持在牙周组织的耐受力的限度内，促进牙周组织的恢复和健康。同时修复缺失牙的可摘式牙周夹板，要注意保护余留牙与基牙，使得𬌗力与牙周、黏膜的耐受力相协调。对于固定式牙周夹板，有时需要调整对颌牙。对于夹板范围以外的余留牙也要定期复查𬌗关系。

2. 出现类似于可摘局部义齿和固定义齿修复时的常见问题　处理方法参照可摘局部义齿和固定义齿修复后问题的处理。

3. 牙周维护和支持治疗　牙周夹板修复后，要有积极的牙周维护和支持治疗。定期复查患牙及其他余留牙的牙槽骨的进一步吸收和松动度加重情况，以及基牙的牙周支持组织情况。如有必要，可以通过夹板修理或者重新修复，增加基牙。

（谭建国　李　健　周书敏）

进展与趋势

基于对𬌗创伤病因的进一步认识，致病微生物导致的炎症是牙周炎的主要病因，𬌗创伤是牙周炎的重要促进因素，牙周炎的修复治疗成为牙周炎多学科综合治疗的一个重要组成部分。牙周炎的修复治疗就是在控制牙周炎症的基础上消除不当𬌗力对牙周组织的影响。

牙周夹板是牙周病修复治疗的主要手段，可以稳定松动牙，使牙周组织获得生理性休息，促进牙周组织的愈合，并且可以改善患者的口腔咀嚼功能。随着牙周夹板的材料和加工技术的发展，随着粘接技术的发展，精度高、磨牙少、夹板效果优异、舒适度良好、对美观影响小的固定式长期性牙周夹板将越来越多地应用于牙周炎的修复治疗。

Summary

The prosthetic therapy is one of the comprehensive treatments on periodontitis, mainly including orthodontic correction, occlusal adjustment and periodontal splint. Periodontal splint is an appliance designed to join two or more teeth by means of fixed or removal restorations to reduce teeth mobility. The aims of prosthetic therapy on periodontitis are to eliminate the occlusal trauma on periodontal tissue, stabilize the mobile teeth, create a more stable and favorable situation for periodontal repair and provide for patient comfort and normal masticatory function.

Definition and Terminology

殆创伤 (occlusal trauma): trauma to the periodontium from functional or parafunctional forces causing damage to the attachment apparatus of the periodontium by exceeding its adaptive and reparative capacities; it may be self-limiting or progressive.

调殆 (occlusal adjustment): ① any change in the occlusion intended to alter the occluding relation. ② any alteration of the occluding surfaces of the teeth or restorations.

牙周夹板 (periodontal splint): a device that joins two or more teeth into a rigid unit by means of fixed or removable restorations; used to stabilize traumatically displaced or periodontally compromised teeth.

参考文献

[1] 朱希涛. 口腔修复学. 2版. 北京：人民卫生出版社，1987.
[2] 马轩祥. 口腔修复学. 5版. 北京：人民卫生出版社，2003.
[3] 冯海兰，徐军. 口腔修复学. 2版. 北京：北京大学医学出版社，2013.
[4] 孟焕新. 临床牙周病学. 2版. 北京：北京大学医学出版社，2014.
[5] Rateitschak KH, Wolf HF, Hassell TM. Color atlas of dental medicine: Periodontology (3rd edition). Thieme, 2005.
[6] 冯海兰. 现代口腔修复学诊疗手册. 北京：北京医科大学出版社，2000.
[7] Carr AB, Brown DT. McCracken's removable partial prosthodontics (12th edition). Mosby: Elsevier, 2011.
[8] The glossary of prosthodontic terms: ninth edition. J Prosthet Dent, 2017, 117 (5S): e1-e105.

第十四章 口腔数字化修复技术

Digital Prosthodontics

第一节 概　　述
Overview

一、口腔数字化修复技术的发展

口腔数字化修复技术是指借助各种科学与工程技术手段，实现精确、高效和质量可控的口腔修复疾病诊疗技术。这些工程技术手段主要包括三维扫描技术、计算机辅助设计技术（computer aided design，CAD）、计算机辅助制造技术（computer aided manufacturing，CAM）及相关材料技术、机器人技术和人工智能技术等。其中，目前在口腔修复领域应用最为广泛的技术是三维扫描、计算机辅助设计与计算机辅助制造技术。

第三次工业革命以来（1960年左右），CAD/CAM技术在机械制造工业、航空航天、军工等领域得到广泛应用和长足发展，使用CAD/CAM技术进行工业产品的设计与制造，可大幅提高生产效率、降低生产成本、缩短生产周期，并可提高产品质量的稳定性。1983年，法国牙医Francois Duret教授将CAD/CAM技术引入口腔修复领域，研发出世界上第一套牙科CAD/CAM样机。德国西门子公司于1985年推出了Sirona CEREC Ⅰ代数字化口腔修复系统，该系统集成了口内光学扫描仪、具有嵌体和贴面设计功能的CAD软件，以及两轴磨削加工设备。这种集口内扫描单元、修复体设计单元和椅旁加工单元于一体的系统构成，也是当今口腔修复椅旁CAD/CAM系统的主要形式。20世纪80年代末，我国以北京医科大学口腔系吕培军教授为代表的国内学者，开始跟踪研发相关技术。1989年吕培军、李国珍等报道了用幂函数、辛普森曲线积分等数学方法研究牙弓与颌弓的几何形态，并建立了相应的数学模型，1993年又报道了他们自行开发的"可摘局部义齿专家系统"。以上是我国在口腔数字化修复技术、人工智能方面研究的开端。目前为止，国内外市场可见几十种不同类型的口腔修复CAD/CAM系统，我国近10年来在国产数字化修复系统的研发方面也有所突破（尤其是三维扫描、全口/可摘局部义齿的计算机辅助设计、三维打印等技术）。口腔修复已进入全面数字化的时代。

二、口腔数字化修复技术的基本概念

（一）口腔修复CAD/CAM系统的组成和分类

口腔数字化修复技术，目前通常指"口腔修复CAD/CAM技术"，即上述的"口腔修复CAD/CAM系统"。该系统通常由三部分构成，如图14-1所示，分别是：三维扫描设备、口腔修复数字设计软件（CAD软件）及口腔修复数字加工设备（CAM设备）。这三部分的功能相

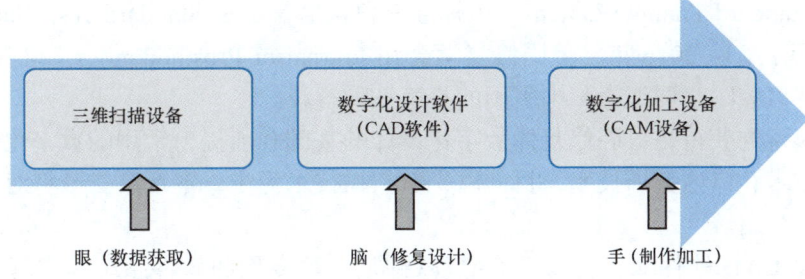

图 14-1 口腔修复 CAD/CAM 系统组成

当于医生/技师的眼（数据获取）、脑（修复体设计）和手（修复体制作），三者协同配合，共同构成了口腔修复 CAD/CAM 系统。

根据应用模式分类

现今可见的几十套口腔修复 CAD/CAM 系统，根据其应用模式可分为椅旁系统和技工室系统：

1. 椅旁系统 应用椅旁 CAD/CAM 系统，医生或口腔技师可在椅旁完成口腔数字化修复流程。椅旁系统的特点是配备口内三维扫描仪和小型椅旁高速加工设备，制作的修复材料以玻璃陶瓷和复合树脂材料为主，制作的修复体类型多以单冠、嵌体、贴面为主。近年来，随着氧化锆快速烧结技术的出现，使得氧化锆修复体的椅旁 CAD/CAM 制作成为可能。典型系统为 Sirona CEREC 系统。

2. 技工室系统 应用技工室 CAD/CAM 系统，口腔技师可在技工室完成修复体的数字化设计制作流程。技工室系统的特点在于其软、硬件系统面向口腔技师开发，配备有牙颌模型三维扫描仪、技工室 CAD 软件和更高性能的数控加工设备，可满足口腔临床对各种修复体类型及修复材料的制作需求，典型系统如 3Shape、Exocad、Sirona Inlab、Dental Wings、Procera、Lava、R&K、Datron 等。

根据数据能否输入输出分类

口腔修复 CAD/CAM 系统，根据其在扫描、设计、加工的三个环节中数据能否实现开放的输入输出，又可分为封闭式系统和开放式系统：

1. 封闭式系统 封闭式系统只能兼容其专用的扫描设备、设计软件与加工设备，且只可使用其专用的加工材料，不提供通用格式数据的输出，也不支持第三方数据的输入。典型系统如早期 CEREC Ⅰ/Ⅱ/Ⅲ代椅旁系统、Procera 系统、Lava 系统等。随着市场的发展，封闭系统走向开放是一个趋势。

2. 开放式系统 开放式系统可在扫描端、设计端、加工端的各个环节输入和输出通用开放格式的三维数据，用户可根据需要自由更换使用第三方设备或材料制作修复体。典型代表如 3Shape 系统、Exocad 系统、Sirona Inlab X5 系统和 DentalWings 系统等。部分产品某些环节需要购买授权。

使用者应关注如上非技术环节，以适合临床使用。

（二）口腔修复 CAD/CAM 系统的基础知识

1. 三维扫描设备 三维扫描设备是口腔修复 CAD/CAM 系统的输入单元。其原理是借助各种三维扫描技术，将传统牙颌模型、印模或口腔软硬组织的表面三维形态转换成三维可视化的数字模型，并尽可能在数字模型中还原实体模型的细节特征。三维扫描的过程可理解为是将"实物模型"转换成"数字模型"的过程。

通过三维扫描获得的数字模型，可在专用软件中实现三维观测，具有可操作性和可编辑性。在开放式的口腔修复 CAD/CAM 系统中，这种三维数字模型通常以一种开放式的数据格式保存，常见格式为 STL。STL 数据格式的命名目前有三种解释，分别是 Stereolithography

（立体印刷）、Standard Triangle Language（标准三角化语言）和 Standard Tessellation Language（标准细分曲面语言）。2016年，美国修复学会在 Journal of Prosthodontics（口腔修复学杂志）上发表的《数字口腔医学词汇表》中引用的是第三种解释。

三维数字模型的获得是口腔修复体数字化设计的基础和前提，常用的数字化印模技术包括牙颌模型扫描技术和口内扫描技术，目前以光学扫描技术为主，本章第二节将对各种数字化印模技术进行详细介绍。

2. 口腔修复 CAD 软件　口腔修复 CAD 软件是一种专用的软件系统，它基于三维扫描设备获得三维数字模型，借助高度自动化、智能化的软件算法及相关医学图形数据库的支持，采用人机交互式的操作模式，实现精确、量化的口腔修复体数字模型设计。

这种专用的设计软件，针对医生用户或技师用户的操作习惯，可分为椅旁设计软件和技工室设计软件两类。椅旁设计软件以三单位以下固定、种植修复设计功能为主，软件操作流程相对简单，适合椅旁快速修复体设计的需要。此类软件以 Sirona Cerec 设计软件为典型代表。技工室设计软件相比椅旁设计软件，包括更全面的固定、活动和种植修复设计功能，设计过程中各步骤还提供可供技师调整的参数，满足技师对修复体形态、功能设计的高阶需求。此类软件以 3Shape、Exocad、Sirona Inlab、DentalWings 软件为代表。

口腔修复体的数字化设计与传统技师手工雕蜡相比，优势在于：口腔修复 CAD 软件是一种凝结了修复体形态设计知识与经验的计算机程序，它的各种设计功能算法背后蕴含了大量的医学知识和专家经验，不仅可有效提高医师、技师的修复体设计水平和设计效率，也可保证修复体的设计质量。本章第三节将对各种口腔修复体的 CAD 流程进行详细介绍。

3. 口腔修复 CAM 设备　口腔修复 CAM 设备的主要功能是将 CAD 软件设计出的修复体数字模型，通过工艺规划软件生成加工设备可识别的工艺文件，并通过数控程序精确控制相应的加工设备，完成满足临床精度要求的口腔修复体制作。这个过程与三维扫描相反，是将"数字模型"转换为"实物模型"的过程。

口腔修复 CAM 技术按其技术原理可分为数控切削技术（numerical control processing，NC），是一种减法加工技术；3D 打印技术（three-dimensional printing，3DP），是一种加法加工技术，又称为增材制造、三维打印技术。目前可应用于数字化制造技术的口腔材料主要包括各种金属、陶瓷以及复合树脂材料，特别是一些传统工艺难以加工或是无法加工的材料（如氧化锆陶瓷），目前只能采用 CAM 技术加工。CAM 专用的预成修复材料采用工业生产工艺制备，结构质量通常优于手工铸件。本章第四节将对各种修复体 CAM 技术及其相关材料进行详细介绍。

三、口腔数字化修复的常见应用流程

口腔数字化修复常见临床应用流程一般包括牙体预备、三维扫描、数字化设计、数字化制造、修复体戴入等流程（图 14-2）。下面分为固定义齿修复、可摘局部义齿修复、全口义齿修复三方面进行介绍，注意以下介绍的流程是在已经完成临床检查和修复治疗前期必要的外科、牙周、牙体等治疗以后进行的。

（一）固定义齿数字化修复临床应用流程

1. 牙体预备　完成固定义齿的基牙预备，通过排龈等方法清晰暴露预备体边缘。

2. 三维扫描　①选择口内扫描系统直接扫描口内预备体、邻牙、对颌牙三维形态信息，以

图 14-2　口腔数字化修复的一般应用流程

及咬合状态下的上下牙唇颊面信息，以用于上下颌牙齿的咬合配准；②按常规方法制取上下印模及咬合记录，通过模型扫描仪完成印模及咬合记录扫描，随后数字印模可通过反转法向转换为数字模型；③按常规方法制取上下印模并灌注模型，再通过模型扫描仪完成上下颌模型及咬合关系扫描。

3. 数字化设计 使用计算机辅助设计软件完成固定修复体的形态设计。

4. 数字化制造 采用数控切削或3D打印工艺完成修复体加工。

5. 临床戴入 临床调整、染色、上釉、抛光、粘接。

上述流程中，如果在三维扫描时采用的是口内扫描的方法（步骤2中的第①种方法），可配合椅旁CAD/CAM设备实现椅旁全数字化修复，可在单次就诊时间内完成修复体的戴入。

（二）可摘局部义齿数字化修复临床应用流程

1. 初模型扫描 制取初印模，直接扫描印模并反转法向，或灌注初模型后扫描模型。

2. 虚拟模型观测 在CAD软件中对数字化模型进行虚拟观测，确定就位道，确定修复方案。可进一步进行虚拟牙体预备并设计和制作牙体预备导板，以及基于初模型数字化设计和制作个别托盘。

3. 牙体预备 完成可摘局部义齿的牙体预备（如已制作牙体预备导板，可在导板引导下进行预备），并制取终印模（可借助数字化设计和制作的个别托盘）。

4. 终模型扫描 由于可摘局部义齿涉及的修复范围通常较大，口内直接扫描效率较低，且精度受到影响，通常按常规方法制取上下印模并灌注模型，再通过模型扫描仪完成上下颌模型及咬合关系扫描。

5. 数字化设计 使用计算机辅助设计软件完成可摘局部义齿支架的设计，也可同时进行人工牙和基托设计。

6. 数字化制造 临床常规采用数控切削或3D打印技术完成可摘局部义齿支架的加工，随后由技工室进行手工排牙和基托制作，完成可摘局部义齿加工。

7. 临床戴入 临床调整、戴牙。

（三）全口义齿数字化修复临床应用流程

1. 初模型扫描 制取初印模，直接扫描印模并反转法向，或灌注石膏模型后扫描模型。

2. 个别托盘的设计和制作 基于初模型数字化设计和制作个别托盘。

3. 终模型扫描 由于无牙颌黏膜存在较大面积平坦区域，以及需要特殊的肌功能整塑，当前不适合使用口内直接扫描，通常利用上一步骤制作的个别托盘按常规方法制取上下印模，通过模型扫描仪扫描印模，或者灌注模型后再通过模型扫描仪完成上下颌模型扫描。

4. 颌位关系扫描 基于终模型数据数字化设计暂基托并三维打印，然后制作蜡堤，使用临床常规方法记录颌位关系，并通过模型扫描仪扫描颌位关系。

5. 数字化设计 基于印模和颌位关系三维扫描数据，使用计算机辅助设计软件完成全口义齿的设计。

6. 数字化制造 采用数控切削或3D打印技术完成最终全口义齿修复体制作。或者先完成全口义齿"蜡型"（材质可以是蜡，也可以是聚乳酸、树脂等）的数字化制造，然后再装胶或注塑。

7. 临床戴入 临床调整、戴牙。

功能易适数字化全口义齿

以上是将数字化技术融合到常规全口义齿修复方法后所实现的临床应用流程，患者临床就诊次数与传统方法一致。2018年孙玉春等研发出"功能易适数字化全口义齿"，用数字化技术简化临床与技工室的操作流程，减少患者就诊次数，提高修复效率，流程如下：

1. 初印模及初始颌位关系扫描 使用成品托盘制取上下颌初印模，并使用改良的上颌成品托盘与印模膏记录上下颌初始颌位关系，然后由模型扫描仪直接扫描获取初印模与初始颌位关系数据。

2. 全口诊断义齿数字化设计与制造　基于初印模与初始颌位关系数据，使用专用计算机辅助设计软件完成全口诊断义齿（兼具闭口式印模托盘、𬌗托、试戴义齿功能）的设计。采用3D技术完成全口诊断义齿（材质可以是蜡，也可以是聚乳酸、树脂等）的制造。

3. 终印模和最终咬合关系数据获取　使用诊断义齿制取上下颌终印模，并进一步调整、确定和记录上下颌戴用诊断义齿后准确的咬合关系，必要时还可以结合患者意见对诊断义齿的外形（如丰满度、口角线位置等）进行调整和重新标记，然后由模型扫描仪再次扫描调整后的诊断义齿及其咬合关系，获取相应数据。

4. 全口义齿数字化设计与制作　基于终印模和诊断义齿最终形态和咬合关系数据，使用计算机辅助设计软件完成最终全口义齿的设计。采用3D打印技术完成全口义齿"蜡型"（材质可以是蜡，也可以是聚乳酸、树脂等）的制造，并通过装胶或注塑完成终义齿制作。

5. 临床戴入　临床调整、戴牙。

（王　勇　赵一姣　孙玉春）

第二节　数字化印模技术
Digital Impression Technology

数字化印模（digital impression）技术（也称为口腔三维扫描技术）是一种获得口腔各类软、硬组织三维表面形貌的扫描测量技术，根据扫描对象不同，可分为：①直接数字印模技术（扫描对象为口腔软硬组织）；②间接数字印模技术（扫描对象为临床印模、石膏模型等）。以下分别介绍。

一、直接数字印模技术

根据扫描对象不同，直接数字印模技术包括口内三维扫描技术和颜面部三维扫描技术。

（一）口内三维扫描技术

口内三维扫描技术是将小型光学三维扫描设备伸进患者口腔内对牙齿、牙龈等口腔软硬组织进行直接扫描测量，获取直接数字印模。该技术彻底改变了传统口腔修复的印模获取模式，是口腔数字医学的里程碑。与传统技术相比，该方法减少了应用各种流动性印模材时患者可能产生的恶心等不适感，并且可通过实时补充扫描等操作，更容易保证印模表面的完整性，避免传统实体印模易产生表面缺陷、伸展不足等常见临床问题。

但当前的口内三维扫描技术存在局限。主要包括：①此类扫描设备的单视场扫描面积较小（小于磨牙𬌗面），在扫描大跨度（如多单位固定桥）、大面积（如无牙颌）区域时耗时较长。②当前主流口内三维扫描设备的基本原理，是通过单视场扫描数据的连续重叠拼接获取对象的全表面三维数据，需要每幅单视场数据中具有可用于多视三维数据拼接所需的明确曲率变化特征（如牙齿𬌗面上的沟窝点隙等）。当被扫描对象表面区域缺乏此类特征时（如无牙上颌腭部黏膜），极易出现拼接误差甚至错层。③黏膜支持或混合支持式活动义齿修复时，需要获取承载个体肌肉功能整塑信息的"肌静力"边界和黏膜受到功能压力时"变形后"的形态，口内光学三维扫描技术从原理上很难实现。

因此，截止到目前，基于口内三维扫描的口腔直接数字印模技术多用于固定义齿类修复，尚不适合于活动类修复，后者的适宜技术为应用牙颌印模/模型三维扫描技术获取间接数字印模。

（二）颜面部三维扫描技术

颜面部三维数据的获取技术，近年来被越来越广泛地应用于口腔临床，该技术侧重于快速地获取人颜面部瞬时三维形态，常借助光栅扫描技术和立体摄影技术实现。在口腔修复领域，颜面部扫描数据可用于口腔修复治疗前后面部三维形态改变的分析，为前牙区美学重建、颜面部赝复体CAD等提供重要的数据基础。

二、间接数字印模技术

间接数字印模技术主要对制取的口腔印模或灌注的石膏模型进行扫描，避免了口内直接扫描时牙齿反光、半透明及体液等干扰因素可能造成的精度损失。以光学非接触式测量技术为主，其原理是采用光栅投影、线激光、三维立体摄影等采集模型三维表面数据，高效率、高分辨率是其突出的优点。但对于高反光的藻酸盐、硅橡胶等印模，需在表面喷涂遮光粉。

与口内扫描仪相比，模型扫描仪单视场扫描范围大，减少了拼接次数，对跨度比较大的全牙弓扫描也能取得稳定可靠的效果，但是其获取牙颌数据的准确性除自身精度影响外，还受制于印模或模型的准确性。

（孙玉春）

第三节　计算机辅助设计技术在口腔修复领域的应用
Application of CAD in Prosthodontics

口腔修复体设计的目的是获得符合患者个体解剖形态、生理功能需求的修复体外形和内部结构，口腔修复CAD软件是一种专用的软件系统，它基于三维扫描设备采集的数字印模，借助高度自动化、智能化的向导式算法模块，辅以必要的人机交互操作，可模拟从业者熟知的手工流程完成修复体边缘线定义、组织面提取与功能外表面的个性化定制设计，实现高效率、高精度的修复体数字化造型。与传统手工制作流程相比，其优势在于：将经典设计理论知识、专家经验高度凝练为逻辑关系明确且充分必要的数学和三维图形学语言，快速、有效提高技师、医师的修复体设计水平和效率。当前几乎所有的修复体都可以数字化设计，主要包括：牙体缺损修复体、固定义齿、可摘局部义齿、全口义齿、赝复体、种植个性化基台等。

一、固定修复体的数字化设计

固定修复体的设计，包括嵌体/高嵌体、全冠/部分冠、贴面/𬌗贴面、固定桥、基底冠/基底桥、桩核、种植个性化基台/全冠/固定桥等修复体的设计。基底冠和基底桥不是完整的修复体，但可用数字化方法设计和制作，在基底上加饰面瓷后形成全冠和固定桥，所以也在本章节进行介绍。

（一）数字化设计流程

固定修复体数字化设计流程，主要包括自动化设计和交互式设计两个步骤。

1. 自动化设计　是计算机根据预备体形态、选定的设计模式和设计好的参数进行自动化、智能化计算，生成修复体形态。固定修复体的数字化设计，主要有三种模式：

（1）数据库/生物再造法：这种设计方式的原理是在数据库中储存大量天然牙冠形态数据，根据所修复牙齿的位置和大小、邻牙和对颌牙的形态等信息，采用智能算法，选择一个大致相似的牙齿形态，并根据边缘位置、邻牙和对颌牙形态进行调整，生成修复体形态。不同的数字化设计系统有不同的名称。登士柏西诺德公司的数字化设计软件，称其为"生物再造"（biogeneric）。这种方式比较适用于后牙单个或少数修复体的设计。

（2）镜像模式：是将同颌对侧的同名牙的形态通过镜像翻转的方法复制到修复牙上，生成修复体形态。这种方式要求参考的对侧同名牙形态完好，可使生成的修复体和其对侧的同名牙形态对称和协调，快速形成和对侧同名牙相似的个性化形态特征。比较适用于前牙单个或单侧修复体的设计。

（3）复制模式：是将牙齿牙体预备前的完整形态、诊断蜡型或诊断饰面的形态，复制到牙体预备后的修复牙上生成修复体形态。可复制𬌗面形态完整的后牙，或患者满意的前牙诊断蜡型或诊断饰面的形态。可用于所有修复体的设计。

以上三种设计模式，选择其中一种后，通过计算可自动、快速生成修复体形态，其优点是具有高度的智能化和自动化。但这三种方式直接生成的修复体，绝大部分都还需进行少量的调整和修改，也就是需要用自由编辑模式。

2. 交互式设计　即自由编辑模式，相当于传统修复体制作方法中技师修整修复体蜡型的过程，操作者通过软件提供的编辑工具，对修复体形态进行调整和修改。不同的 CAD 软件提供的编辑工具不完全相同，主要包括平移、旋转、放大/缩小、添加/减少/平滑等，其中智能化的添加/减少编辑工具，是不同 CAD 软件的特色所在。随着设计软件的发展，交互设计编辑工具的智能化不断提高，如 CEREC 系统中，可以一键调整后牙全冠修复体的邻接面形态。在数字化设计中，应通过选择合适的自动化设计模式，尽量减少自由编辑的操作。

（二）设计软件

1. 椅旁数字化设计软件　主要面向医师或椅旁技师，主要在进行椅旁修复时使用，需要能快速设计出修复体，以缩短医师和患者的等待时间，如 CEREC 系统的 CAD 软件。这类软件有以下特点：①设计功能专一：这类软件的设计功能不追求全面，仅需椅旁常规修复需要的设计功能，如嵌体、高嵌体、全冠、贴面和种植个性化基台等。②设计流程简单：步骤简单，便于学习和使用。③设计参数预置：修复体的设计参数根据经验值预置于软件后台，不在常规设计流程中。需要调整参数时，也可进行调整。④设计智能化：智能化程度高，简化交互设计的难度，缩短了设计所需时间。

2. 非椅旁数字化设计软件　主要面向技师，主要在技工室或非椅旁修复时使用，如 exocad 软件。这类软件需要设计功能尽量全面，能设计尽量多种类的修复体。也需要设计流程尽量简单、设计软件智能化。同椅旁设计软件比，交互式设计步骤较多和难度较大，可调整的参数多，技师经过学习熟练掌握后，能进行一些复杂的设计。

两种软件根据其特点，倾向性地适用于各自的面向对象和使用环境，但并非只能固定地用于特定的对象和使用环境。

（三）嵌体/高嵌体、全冠/部分冠、贴面/𬌗贴面的数字化设计

这些修复体的数字化设计步骤相似，基本包括以下步骤（图 14-3）：

1. 三维扫描　用直接或间接数字印模技术获取数字模型，要求预备体、邻牙邻接面和对颌牙𬌗面图像清晰、完整，也包含其他设计时需要参考的图像。

2. 确定边缘线　修复体边缘线的生成，有自动和手工两种方式，也可以采用两种方法结合的方式。边缘线的绘制是修复体数字化设计的关键步骤，要从不同的角度观察，确定边缘线准确地位于预备体边缘，才能设计和制作出边缘密合的修复体。

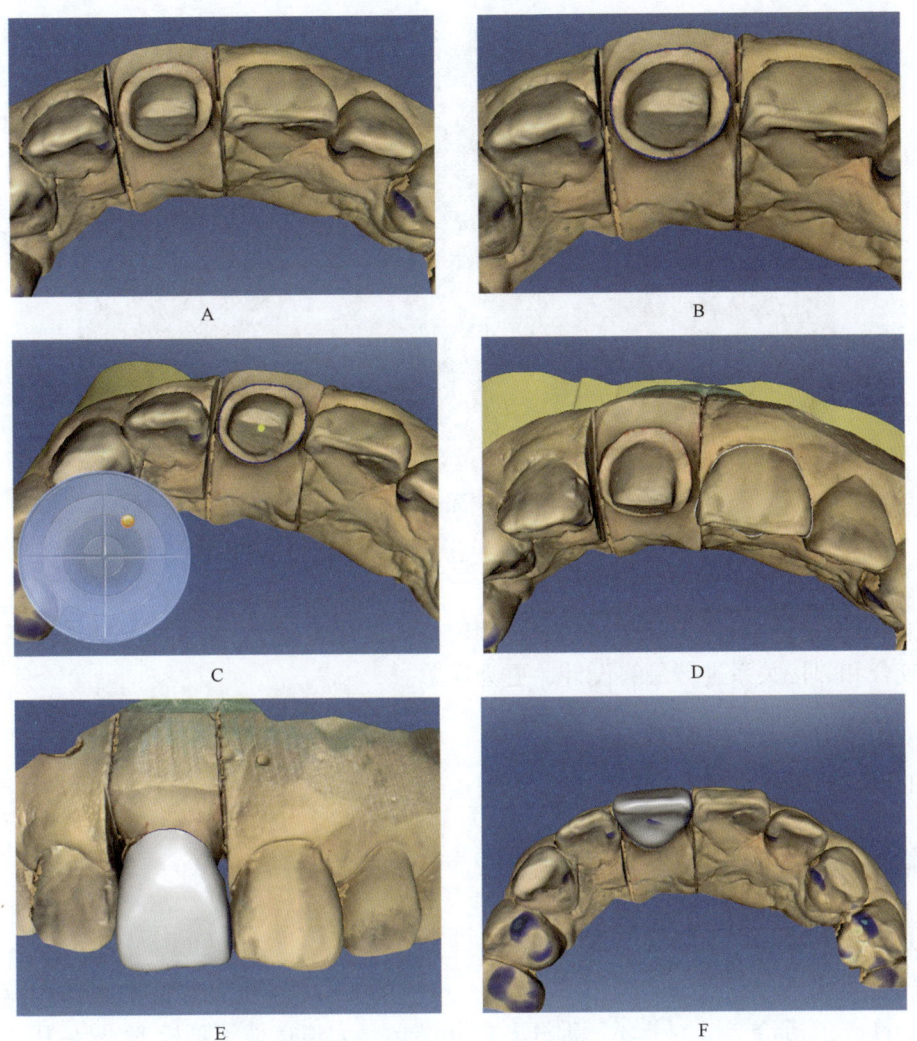

图 14-3　全冠数字化设计（镜像法）

A. 三维扫描；B. 确定边缘线（蓝色）；C. 确定就位道；D. 镜像翻转复制线（白色）；E. 修复体生成；F. 形态微调（包括咬合调整等）

3. 确定就位道　一般而言，计算机软件会根据预备体和邻牙情况计算出就位道，大部分情况这个计算得到的就位道都比较合适。当软件自动确定的就位道和临床所需的就位道不一致时，可进行相应调整。当存在少许倒凹时，大部分软件可以自动填倒凹。

4. 修复体生成　选择合适的修复体自动生成模式，必要时可调整设计参数，计算生成修复体形态。

5. 形态微调　可进行修复体表面形态、咬合、邻接关系的调整。部分修复体也可以进行特殊的设计，如前牙修复体可设计出唇面发育沟、烤瓷修复体虚拟回切等。

（四）固定桥的数字化设计

固定桥的设计同全冠类似，相当于全冠、桥体和连接体的设计，不同之处在于就位道需要根据所有基牙共同确定。连接体设计时，可定量地显示连接体的面积与龈向高度，以保证连接体的强度。部分软件可以设计双层结构固定桥（图 14-4），即将固定桥设计成内外两层，内层基底支架采用强度高、半透明性差的材料（如氧化锆）切削，外层结构采用强度稍差、半透明性好的材料（如二硅酸锂增强型玻璃陶瓷）切削，试戴合适后在体外通过特殊的方式粘接成一体。

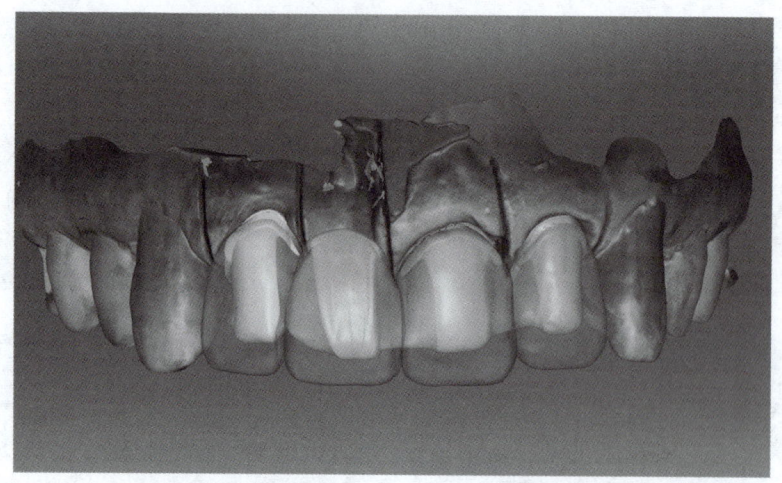

图 14-4 双层结构固定桥的数字化设计

（五）基底冠/基底桥的数字化设计

基底冠和基底桥的设计，分别同全冠和固定桥的设计类似。不同的是，基底冠和基底桥通常无需对咬合和邻接关系进行最终设计，更为简单。

（六）桩核的数字化设计

桩核的设计流程同嵌体、全冠的设计流程类似。

二、可摘局部义齿的数字化设计

（一）可摘局部义齿支架的数字化设计

可摘局部义齿数字化设计相对比较复杂，现有的 CAD 路线大多按支架结构拆解成各个组件分别设计，包括𬌗支托、卡环、舌杆、网状结构、大连接体（腭板），最后用小连接体将各个组件连接起来，构成完整的可摘局部义齿支架。参考设计流程和结果如图 14-5 和图 14-6 所示。

2019 年，孙玉春等研发了可摘局部义齿支架的智能设计系统，该系统通过标记关键特征

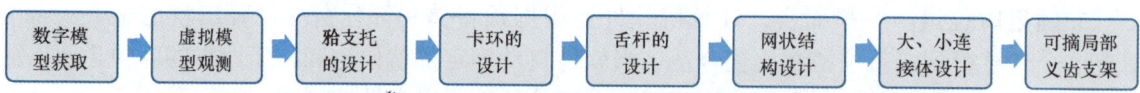

图 14-5 可摘局部义齿的数字化设计流程

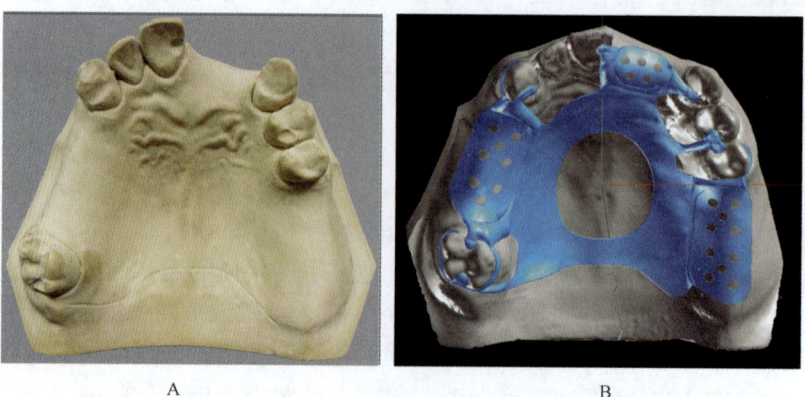

图 14-6 可摘局部义齿的 CAD
A. 牙列缺损石膏模型；B. 可摘局部义齿 CAD 模型虚拟试戴效果

点提取牙颌模型的解剖信息,采用智能匹配算法筛选基础模板库中的修复体整体形态,并自动变形匹配到患者牙列缺损模型上,大幅提高了系统的设计效率,其应用流程如图14-7所示,设计效果如图14-8所示。

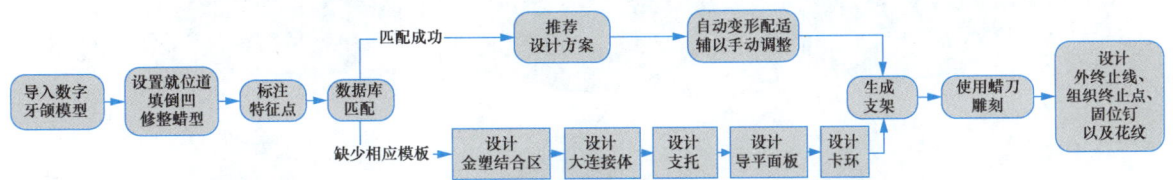

图14-7 可摘局部义齿的数字化智能设计流程

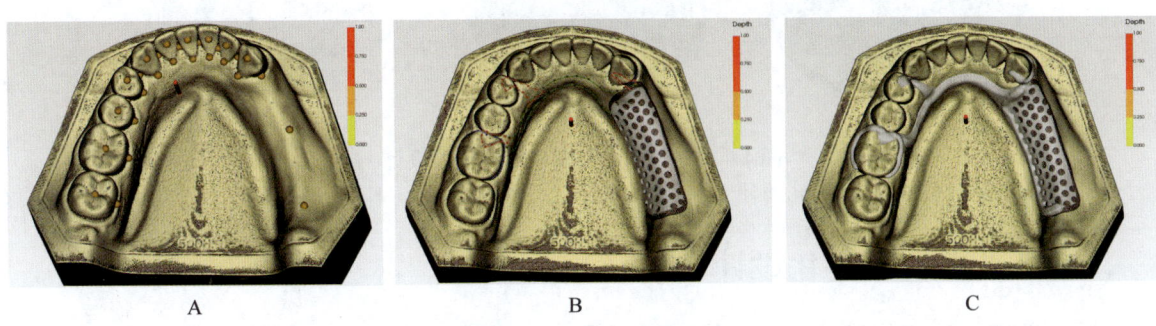

图14-8 可摘局部义齿的数字化智能设计效果
A.特征点标注;B.设计方案自动生成;C.自适应变形生成支架

(二)一体化可摘局部义齿的全数字化设计

一体化可摘局部义齿,指的是将可摘局部义齿的固位体、连接体、义齿基托和人工牙设计为一个整体,再用同一种(如聚醚醚酮)或不同材料通过数字化技术制作成一体的可摘局部义齿。目前,还没有专用的口腔科CAD软件能设计一体化可摘局部义齿,需要结合CAD软件和逆向工程软件(如geomagic STUDIO)进行设计。设计流程见图14-9。

在CAD软件中,建立可摘局部义齿支架订单,根据数字化模型观测的结果,设计可摘局部义齿支架。需注意的是,卡环、支托、大小连接体等组件的体积大小,需要根据后期一体化可摘局部义齿的制作材料进行相应的调整。另外再建立固定局部义齿订单,将缺失牙设置为桥体,进行人工牙的排列。把牙列缺损数字模型、支架和人工牙数据以STL格式导出。有的CAD软件可同时建立可摘局部义齿支架和桥体订单,能同时设计可摘局部义齿支架和人工牙。

把牙列缺损模型、设计好的支架和人工牙三维图像导入逆向工程软件,通过偏移或抽壳的方式设计义齿基托,把支架、人工牙和义齿基托三维图像通过布尔运算融合,即可完成一体化可摘局部义齿的数字化设计(图14-10)。

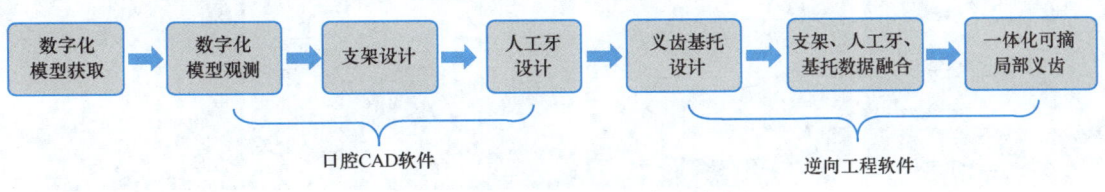

图14-9 一体化可摘局部义齿设计流程

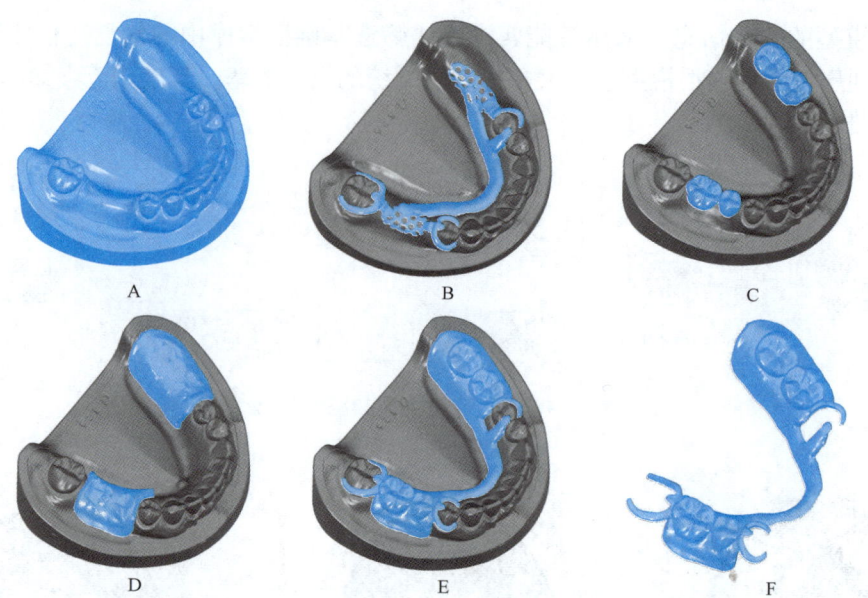

图 14-10　一体化可摘局部义齿的设计

A. 牙列缺损数字模型；**B**. 设计支架；**C**. 排列人工牙；**D**. 设计基托；**E**. 数据融合；**F**. 设计完成

三、全口义齿的数字化设计

全口义齿的数字化设计技术发展相对缓慢。20 世纪 80 年代，吕培军等用函数生成排牙线，编制全口义齿排牙程序，实现了机器手排列人工牙的技术。1994 年日本 Maeda 等通过三维扫描无牙颌患者闭口式印模、预排人工牙列和预制基托形态，实现了"仿全口义齿"的设计。1997 年日本 Kawahata 等通过扫描全口义齿表面数据的同时用数控加工设备加工全口义齿蜡型，进行了复制全口义齿的研究。2007 年孙玉春等采用"二步法"技术数字化设计制作全口义齿装胶前阴形型盒，再将人工牙插入型盒完成全口义齿的制作。这种将 CAD/CAM 技术与成熟的口腔修复材料（人工牙和基托树脂）结合应用的方式，推动了全口义齿数字化设计制造技术的发展，其技术流程如图 14-11 所示，设计效果如图 14-12 所示。

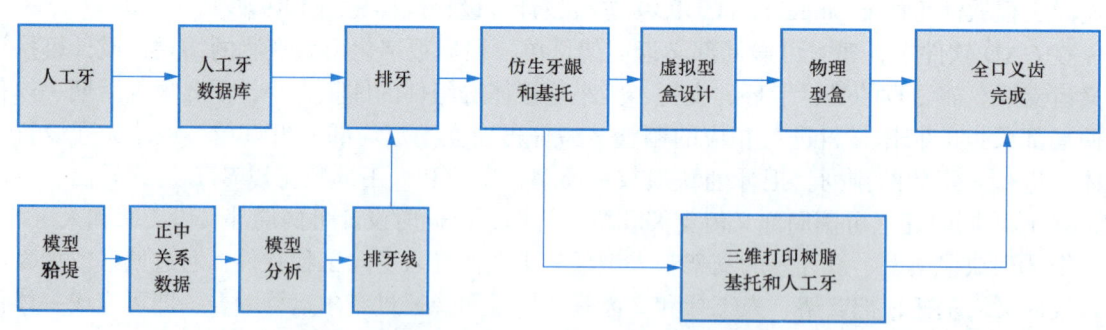

图 14-11　全口义齿的 CAD 设计流程

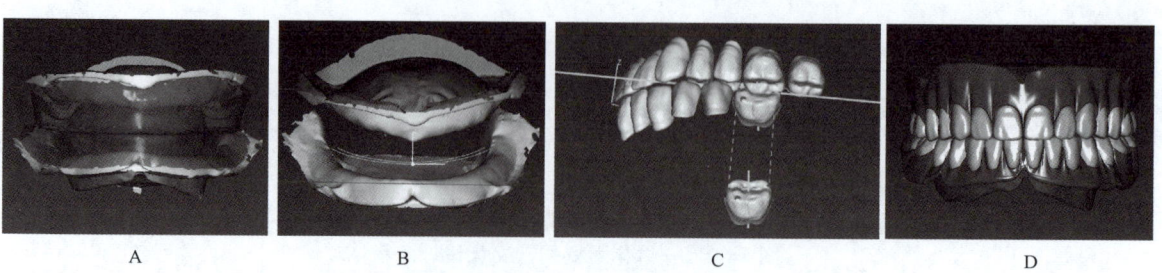

图 14-12　全口义齿数字化设计

A. 无牙颌及𬌗堤模型；**B**. 前牙排牙线构建；**C**. 排列人工牙；**D**. 设计结果

2017年孙玉春等提出功能易适数字全口义齿（functionally suitable denture, FSD）系统，使用自主研发的全口义齿人工智能设计软件，采用专家设计模板搜索匹配法进行设计，可对既往专家级全口义齿的功能美学设计结果进行批量保存与参数化，形成义齿整体的参数化模板，在新患者设计时实现智能化自动匹配。将设计好的义齿数字模型三维打印作为蜡型，使用装盒/注塑工艺完成最终义齿的制作，步骤如下：

交互式创建𬌗平面、正中矢状面，绘制上下颌牙槽嵴顶线与基托边缘线、口角线等标志线，定义颌间距离。从模板数据库中自动筛选模板并匹配出合适的平衡𬌗牙列，微调上下颌牙列的空间姿态，连接牙列与基托边缘线生成基托，完成义齿设计。技术流程如图 14-13 所示，效果如图 14-14 所示，该方案大大提高了数字义齿设计的效率及牙龈美学形态效果，并具有良好的可扩展性，随着模板库的不断扩充，该软件的设计功能将不断强大。

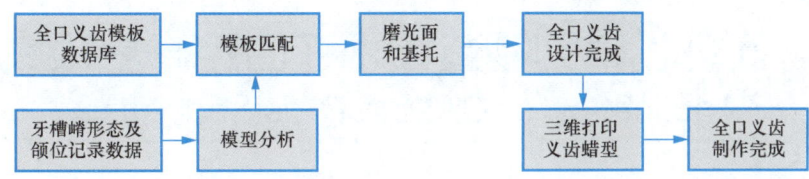

图 14-13　全口义齿人工智能 CAD 流程

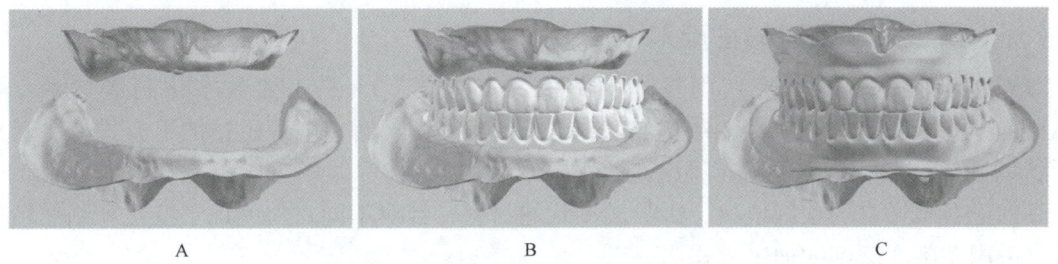

图 14-14　全口义齿人工智能 CAD 设计
A. 无牙颌模型；B. 牙列模板自动匹配；C. 全口义齿智能设计结果

四、种植个性化基台的数字化设计

个性化基台有助于提高前牙区美学种植修复效果、优化后牙区的𬌗力分布及减少食物嵌塞。目前较成熟的软件，如 3shape、exocad 等，采用了如标准形态库、镜像技术、虚拟回切技术等 CAD 设计方法，关键步骤如图 14-15 所示，设计结果如图 14-16 所示。

图 14-15　种植基台的数字化设计流程

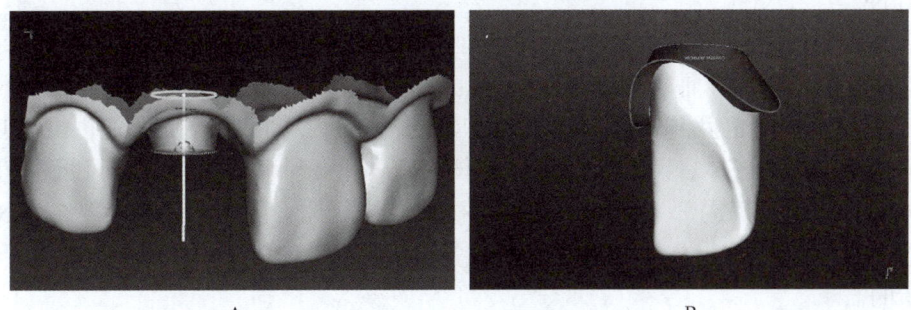

图 14-16　个性化种植基台的 CAD
A. 种植区域及邻牙三维数字模型；B. 个性化种植基台 CAD 模型

个性化基台的设计流程中，依据种植区域预期修复体形态而设计基台的方法，体现了以修复为导向的基台设计理念，这也是近年来各主流种植CAD软件功能发展的趋势。

五、赝复体的数字化设计

颌面缺损是指口腔颌面部的缺损，颌面缺损的修复体一般称为赝复体。以上下颌骨赝复体和面部赝复体最为常见。计算机辅助设计技术在面部赝复体的设计方面应用相对较为成熟，在颌面缺损赝复体的设计方面尚处于初步应用阶段。详见第十一章第十节。

（孙玉春　叶红强　陈　虎　周永胜）

第四节　计算机辅助制造技术在口腔修复领域的应用
Application of CAM in Prosthodontics

一、口腔修复体的减材制造技术

（一）数控切削技术的基础知识

减材制造技术也称数控切削技术（简称"NC技术"），是工业数字化制造技术（简称"CAM技术"）中应用较为成熟的一类，它是指用车、铣、磨、削等机械加工方式，将已具一定形状的固体坯料去除部分材料而形成所需形状的加工技术。用于口腔修复体制作的NC设备，其加工对象通常为预制块状、饼状或棒状的材料，针对不同材料的加工特性和制作精度要求，常采用铣削或磨削的加工方式。

目前，可用于数控切削的材料包括各种金属（贵金属、非贵金属合金、纯钛等）、陶瓷（长石瓷、玻璃陶瓷、软质氧化锆陶瓷等）、复合树脂和可铸造蜡材等。其中，金属材料的NC加工技术工业上较为成熟，修复体制作精度较高。可切削复合树脂与临床常用的充填复合树脂特性有所不同，通过在体外快速切削形成实现间接修复，树脂材料的聚合收缩发生在坯料工业化制作过程中，不存在口内聚合收缩的问题，材料内部聚合程度的均匀性较好。陶瓷类材料也如此，尤其是氧化锆材料，目前主要采用数控切削工艺。

本章第一节提到，CAM设备需要读取一种修复体数字模型转换成的加工工艺文件才能实现修复体制作，在NC技术中，这个过程是通过NC工艺软件实现的。NC工艺软件可以根据修复体数字模型的形态特征、加工材料特性、加工设备性能和加工刀具性能等因素，生成控制NC设备加工主轴（安装有刀具）或坯料做指定机械运动的程序代码，从而精确控制加工设备实现修复体的制作。目前常用的专业NC工艺软件包括PowerMILL、HyperDENT、WorkNC等，或内置专用NC工艺软件。

现有商品化的口腔科NC设备，根据其切削单元运动轴（包含刀具主轴与坯料夹持轴）的自由度数，可分为3轴、4轴、5轴等设备类型。轴数（自由度）越多，加工的灵活性越好，可加工模型的复杂程度也就越高。常见椅旁NC设备多为3轴和3.5轴设备，配合块状坯料，用于单次单个切削冠、嵌体、贴面等修复体；技工室常用4轴和5轴设备，可批量切削解剖形态冠桥、种植基台、可摘局部义齿支架、种植桥架等修复体。图14-17为典型5轴NC设备的自由度示意图。目前，较为先进的5轴NC设备可实现5～10μm的加工精度，可更好地满足口腔临床的需求。

(二)数控切削技术的应用及特点

在金属及其合金材料方面,数控切削技术可用来制作金属基底冠桥、覆盖义齿连接杆、可摘局部义齿支架等。在陶瓷材料方面,该技术适用于初烧结软质氧化锆材料,可用于制作氧化锆基底冠桥、个性化种植基台、一体化桩核、一体化全瓷冠桥等;该技术也同样适用于主要针对椅旁修复CAD/CAM系统的长石瓷、玻璃陶瓷等材料,工艺上以磨削为主,可制作嵌体、贴面及解剖式全冠等。此外,数控切削制作暂时性或永久性的复合树脂修复体,可实现个性化的即刻修复体制作。

数控切削技术是最早应用于口腔修复体制作的数字化制造技术,其优势在于技术成熟、加工精度高、材料适用范围广,几乎可直接加工各种口腔常用材料,并适用于绝大部分类型口腔修复体制作。其不足在于,对加工材料的浪费较多,坯料被切除去的材料无法重复利用,导致修复体制作成本偏高。虽然可通过工艺软件对饼料上修复体的摆放进行合理布局和规划,尽可能提高材料的利用率,但材料成本仍然是修复体NC制作成本的主体。另外,对于一些形态较为复杂的修复体或模型(如可摘局部义齿支架、全口义齿蜡型、种植导板等),NC加工对设备性能和工艺要求都较高,加工效率较低,实现难度较大。

二、口腔修复体的增材制造技术

(一)增材制造技术的定义与原理

增材制造(additive manufacturing,AM)也称三维打印(three-dimensional printing,3DP)、3D打印,其通过逐层累加材料将三维数据实体化。从机械学角度来看,三维打印设备是原理相对简单的机器人装置,最早在20世纪80年代开始用于制造模型和铸造蜡型,当时被称为快速原型或快速成形(rapid prototyping,RP)。口腔修复体形态复杂、个性化特征强且常需多种材料一体化成形,方能满足功能与美学的需求,这与3D打印原理的契合度较高,目前3D打印在口腔修复学的发展中扮演越来越重要的角色。

3D技术首先被应用于航天工业,其最显著的特点就是克服了传统去除式加工技术的局限性,能够在较短的时间内批量制作出各种复杂形态模型,特别针对有内部结构的传统NC加工无法制作的模型,3D打印技术是较好的解决方案。3D打印技术的这种特性很好地适应了口腔修复体制作的需求,已成为金属基底冠桥批量制作的主流技术手段。目前工业上较先进的树脂3D打印技术可实现16 μm的成型精度,金属3D打印的较高精度可达30 μm。

(二)增材制造技术的分类及其应用

根据材料成形原理,可将目前已应用于口腔修复领域的各种三维打印工艺分为3大类,即光固化成形、烧结成形和熔凝成形。

1.光固化成形 适用于各种光固化树脂基的非金属材料,成形精度较高,制件表面质量优良,但强度较低,多用于制作模型、导板和蜡型。常见的打印工艺:①立体平版印刷(stereolithography,SLA),通过逐点扫描光固化液态材料打印制件,应用历史最悠久,但逐点固化效率较低,且单次打印只能应用同种材料,逐渐被其他改良光固化成形工艺替代。②数字光处理(digital light processing,DLP),用整幅的投影光图案替代逐点扫描,单层材料同时固化,效率大幅度提高,是目前光固化成形的主流工艺类型;借助连续液态界面成形(continuous liquid interface production,CLIP)技术,

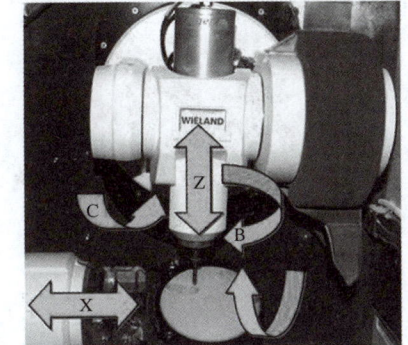

图14-17 5轴数控加工设备(其中X、Z为平移轴,A、B、C为旋转轴)

可成百倍提升DLP打印效率，打印分辨率＜0.1 mm，但单次打印仅能使用同种材料，实际打印效果尚待全面评价。③感光聚合物喷射（photopolymer jetting，PPJ），采用逐点喷射的方式供给液态光固化材料并同步光固化，通过多个喷头供料可实现多种材料一体化打印；若借助材料混合喷头，还可实现多种材料的梯度比例混合打印，可用于弹性与刚性梯度混合体、真彩色制件等，但逐点打印效率较低。

各种光固化成形的树脂基制件密度、机械强度较低，难以与压铸成形的人工牙和基托媲美，所以目前还不适用于人工牙和基托的打印，主要用于打印口内三维扫描实体模型、各类手术导板等，并逐渐扩展到制作诊断性临时冠桥和用于失蜡铸造的树脂熔模。近年，光固化成形工艺也开始用于陶瓷制品素坯的三维打印，通过烧结等后处理工艺，可使树脂基陶瓷制件致密化，强度大幅度提高，但仍存在较大的体积收缩问题。

2. 烧结成形　采用高能量激光或电子束作能源，将材料粉末直接烧结至熔点后相互连接，适用于树脂、金属和陶瓷制件的直接成形。烧结成形加工速度快、强度大、材料适用面广且利用率高，但设备购置与应用成本较高，单次打印也仅能使用同种材料。常见工艺分为：①选区激光烧结（selective laser sintering，SLS），适用于非金属材料，目前主要用于打印尼龙、聚醚醚酮等高性能树脂基材料和氧化锆、氧化铝等陶瓷材料。②选区激光熔化（selective laser melting，SLM），适用于金属材料，目前主要用于打印不锈钢、纯钛、钛合金以及钴铬合金粉末等（图14-18）。③电子束熔化（electron beam melting，EBM），加工原理与SLM类似，主要差异在于EBM采用高能电子束而非激光束熔融金属粉末，功率更高，但制件表面粗糙度较大，加工精度仅为0.3～0.4 mm，因此不适合加工冠桥等修复体；但可生成具有高度孔隙率的结构，所加工的种植体更接近骨的弹性模量。

烧结成形原理上类似于逐点微铸造或注塑，与传统整体铸造或注塑技术相比，可较易加工至100%的致密度。大型激光烧结成形设备可在24 h内打印完成400～500个全冠，批量加工效率是铸造技术无法比拟的。

3. 熔凝成形　将蜡、低熔点树脂等材料加热至融化状态后挤出或喷出，通过冷却凝固定形。打印工艺包括熔融沉积成形和多点喷射成形。

（1）熔融沉积成形（fused deposition modeling，FDM）：设备与材料成本均较低，材料收缩补偿后的打印精度可达50 μm。常规打印材料为生物降解性聚乳酸，适用于打印精度要求相对较低、形态不复杂的口腔医用制品，例如全口义齿注塑蜡型、个别托盘等。价格较高的高精度FDM打印设备也可打印固定修复模型、种植导板和铸造或注塑蜡型，但效率明显下降。FDM设备可微型化，且使用丝状材料、操作简单，因此更适用于口腔诊疗环境。此外，FDM可通过增加材料挤出头的数量支持多种材料一体化成形，但会显著减少打印喷头的运动行程。

A

B

C

图14-18　SLM技术进行金属修复体加工

A. 批量打印金属口腔修复体；B. 双激光并行3D打印；C. 我国自主研发的口腔医用金属3D打印系统

（2）多点喷射成形：通过喷头阵列，多点喷射融化的蜡滴成形制件。主要用于打印可铸造熔模，但直径达 10 μm 级的喷头非常容易堵塞，维护成本较高。

（孙玉春　赵一姣　周永胜）

进展与趋势

口腔数字医学最先起源于数字化修复，经历近半个世纪的发展，口腔修复体的数字化设计制作技术已进入成熟期，并成为未来口腔修复医学发展的主流方向之一。当前，以口腔修复 CAD/CAM 为代表的技工类口腔数字化技术渐趋成熟，进一步的研究主要集中于复杂修复体的人工智能高效设计和与精准仿生成形制造的实现机制和方法。当今，口腔数字化医疗新技术的研发已开始聚焦于临床诊疗过程，并正在从"技工室"走向"临床"。3D 打印不但可辅助口腔技师更快捷、低成本地制作质量稳定的修复体，还可辅助临床医师更精准地完成种植体植入、牙体预备等临床操作，甚至还可通过跨尺度宏微结构一体化设计实现修复材料的个性化定制，这均得利于 3D 打印工艺可直接成形复杂宏观表面与微观内部结构的特性。结构设计与 3D 打印是有效的仿生制造手段。今后可用 3D 打印制作许多创新的口腔修复体以及创造更多的制作修复体的方法，例如一体化 3D 打印的金属烤瓷冠桥和全口义齿、耐磨性仿生的全氧化锆冠桥等。但打印精度、跨尺度仿生结构设计以及多材料一体化打印工艺等瓶颈问题需要突破。同时，口腔修复机器人技术也在蓬勃发展中，该技术有望进一步推动口腔修复医学的发展。

Summary

Digital prosthodontics is a kind of comprehensive technology that applies industrial advanced computer software technology and numerical control processing technology into the design and manufacture of prosthesis. This chapter introduces the principle, formation, character, and category of digital technologies in prosthodontics, and also gives a brief introduction of classical commercial systems. Four major technologies in digital prosthodontics are specifically illustrated: digital impression technology, CAD technology, CAM technology, and related materials.

Definition and Terminology

计算机辅助设计 (computer aided design): CAD is the use of computer systems to assist in the creation, modification, analysis, or optimization of a design.

计算机辅助制造 (computer aided manufacturing): CAM is the use of computer software to control machine tools and related machinery in the manufacturing of workpieces.

STL (standard triangulation language/standard tessellation language): STL is a file format native to the stereo lithography CAD software created by 3D Systems and is also known as a standard triangulation language. This file format is supported by many other software packages and is widely used for rapid prototyping and computer aided manufacturing. STL files describe only the surface geometry of a three dimensional object without any representation of color, texture or other common

CAD model attributes.

数控加工 (numerical control processing): Numerical control processing is the automation of machine tools that are operated by abstractly programmed commands encoded on a storage medium, as opposed to controlled manually via hand wheels or levers, or mechanically automated via CAMs alone.

增材制造 (additive manufacturing): Additive Manufacturing refers to a process by which digital 3D design data is used to build up a component in layers by depositing material. The term "3D printing" is increasingly used as a synonym for Additive Manufacturing.

3D 打印 (three-dimensional printing): Fabrication of objects through the deposition of a material using a print head, nozzle, or another printer technology.

数字化印模 (digital impression): Digital impression is the 3D model of oral hard and soft tissues formed by digital scanner. This model is used in different area of dentistry including prosthetics, restorative, diagnosis and oral maxillofacial surgery.

参考文献

[1] 吕培军. 数学与计算机技术在口腔医学中的应用. 北京：中国科学技术出版社，2001.

[2] Rekow ED. Digital dentistry: The new state of the art—Is it disruptive or destructive? Dent Mater, 2020, 36 (1): 9-24.

[3] 赵一姣，王勇. 口腔医学与数字化制造技术. 中国实用口腔科杂志，2012，5 (5)：257-260.

[4] 孙玉春，吕培军，王勇. 基于逆向工程技术的烤瓷固定义齿基底支架计算机辅助设计. 中华口腔医学杂志，2006，41 (3)：175-177.

[5] Ye H, Li X, Wang G, et al. A novel computer-aided design/computer-assisted manufacture method for one-piece removable partial denture and evaluation of fit. Int J Prosthodont, 2018, 31 (2): 149-151.

[6] 孙玉春，李榕，周永胜，等. 三维打印在口腔修复领域中的应用. 中华口腔医学杂志，2017，52 (6): 381-385.

[7] 孙玉春，孙儒，邓珂慧，等. 全口义齿数字化修复技术的研发和应用进展. 中华口腔医学杂志，2018，53 (1): 60-65.

[8] Sun Y, Lü P, Wang Y. Study on CAD&RP for removable complete denture. Comput Methods Programs Biomed, 2009, 93 (3): 266-272.

[9] Deng K, Wang Y, Zhou Y, et al. Functionally suitable digital removable complete dentures: A dental technique. J Prosthet Dent, 2020, 123 (6): 795-799.

[10] 孙玉春，赵一姣，王勇，等. 上颌中切牙种植体全瓷基台的计算机辅助设计. 中华口腔医学杂志，2010，45 (10): 631-634.

[11] 孙玉春，王勇，邓珂慧，等. 功能易适数字化全口义齿的自主创新研发. 北京大学学报（医学版），2020，52 (2): 390-394.

[12] 王冠博，叶红强，陈虎，等. 无牙颌印模用个别托盘椅旁计算机辅助设计和三维打印系统建立与临床初步评价. 北京大学学报（医学版），2019, 51 (2): 349-355.

[13] Ye H, Ma Q, Hou Y, et al. Generation and evaluation of 3D digital casts of maxillary defects based on multisource data registration: A pilot clinical study. J Prosthet Dent, 2017, 118 (6): 790-795.

[14] Ye H, Wang KP, Liu Y, et al. Four-dimensional digital prediction of the esthetic outcome and digital implementation for rehabilitation in the esthetic zone. J Prosthet Dent, 2020, 123 (4): 557-563.

中英文专业词汇索引

A

鞍式桥体（saddle pontic）145
按扣式附着体（stud attachment）257

B

半固定桥（semi-rigid bridge）136
半解剖式牙（semi-anatomic tooth）203
半精密附着体（semi-precision attachment）256
半可调𬌗架（semi-adjustable articulator）20
半透明性（translucency）46
包埋（investing）52
包绕型（overlap type）101
饱和度（chroma）45
鼻翼耳屏线（Camper's line or ala-tragus line）310
比色（shade selection）75
比色板（shade guide）75
边缘（margin）37
边缘封闭区（border seal area）294
边缘整塑（border molding）303
变异腭板（modified palatal plate）194
玻璃离子水门汀（glass ionomer cement）40
玻璃陶瓷（glass ceramics）47
补偿曲线（compensating curve）321
补偿曲线曲度（prominence of compensating curve）324
不透明层（opaque）68
部分冠（partial coverage crown）35

C

侧腭杆（lateral palatal bar）193
侧方𬌗平衡（balanced lateral occlusion）323
颤动线（vibrating line）290
长正中（long centric）309
成品托盘（stock impression tray）303
初印模（primary impression）303

唇侧前庭（labial vestibule）290
唇低线（low lip line）312
唇高线（high lip line）312
瓷贴面（porcelain veneers or all ceramic veneers）99
瓷牙（porcelain tooth）316
磁性附着体（magnetic attachment）257

D

大连接体（major connector）190
大气压力（atmospheric pressure）214
单端固定桥（cantilever fixed bridge）136
单颌全口义齿（single complete denture）337
导平面板（guiding plate）213
倒凹（undercut area）206
倒钩卡环（reverse hook clasp）186
低流动型（heavy body）232
调𬌗（occlusal adjustment）426
定位平面斜度（inclination of orientation plane）324
洞缘斜面（cavo-surface angle）48

E

腭板（palatal plate）192
腭杆（palatal bar）192
腭隆突（torus palatinus）290
腭小凹（palatine fovea）290
腭中缝（median palatal suture）289
腭皱（palatal rugae）290
二次印模技术（technique of secondary impression）303

F

反回力卡环（reverse back action clasp）184
反斜面（contra bevel）50
非附着黏膜（non-attached mucosa）289
非贵金属（base metal or non-noble metal）65
非解剖式𬌗（non-anatomical occlusion）322

461

非解剖式牙（non-anatomic tooth） 203，317
分析杆（analysis rod） 205
附着力（adhesion） 295
附着黏膜（attached mucosa） 289
附着体（attachment） 256
复合固定桥（compound bridge） 135
副承托区（secondary stress-bearing area） 294
覆盖义齿（overdenture） 271

G

改良盖嵴式桥体（modified ridge lap pontic） 145
盖嵴式桥体（ridge lap pontic） 145
杆卡式附着体（bar-clip attachment） 257
杆形卡环（bar clasp） 186
高/中流动型（light/medium body） 232
个别托盘（custom/individual impression tray） 303
工作模型（master cast） 51，205，305
功能尖斜面（functional or centric cusp bevel） 54
功能性印模（functional impression） 231，303
固定-活动联合修复（fixed-removable prostheses） 256
固定局部义齿（fixed partial dentures） 134
固定连接体（rigid connector） 135
固位（retention） 39
固位臂（retentive arm） 180
固位钉（retention pin） 200
固位沟（retention groove） 58
固位体（retainer） 135
固位指（retentive finger） 189
观测线（survey line） 205
冠内附着体（intracoronal attachment） 257
冠内固位体（intra-coronal retainer） 179
冠外附着体（extracoronal attachment） 179，257
冠外固位体（extra-coronal retainer） 179
硅烷偶联剂（silane coupling） 125
贵金属（noble metal） 65

H

𬌗干扰（occlusal interference） 331
𬌗架（articulator） 312
𬌗面沟（occlusal offset） 61
𬌗面预备（occlusal reduction） 56
𬌗平面板（fox plane） 310
𬌗型（occlusal scheme/occlusal pattern） 322
𬌗支托（occlusal rest） 179

核（core） 94
颌位（jaw position） 307
颌位关系（maxillomandibular relationship or jaw relation） 307
颌位关系记录（maxillomandibular relationship records, jaw relation records） 307
恒基托（permanent denture base） 310
横𬌗曲线（transverse occlusal curve） 321
后堤（post dam） 290
后腭杆（posterior palatal bar） 193
后缘封闭区（posterior palatal seal area） 290
化学结合（chemical bonding） 67
缓冲区（relief area） 295
换托（rebase） 251
回力卡环（back action clasp） 184
回切（cutback） 78
混合层（hybrid layer） 41
混合支持式义齿（tooth-and mucosa-borne denture） 176

J

机械固位（mechanical retention） 68
机械嵌合（mechanical interlock） 40
机械式附着体（mechanical attachment） 257
基托蜡片（baseplate wax） 310
基牙（abutment） 134
颊侧前庭（buccal vestibule） 290
颊棚区（buccal shelf area） 291
尖牙卡环（cuspid clasp） 185
间接法贴面修复（indirect veneer restoration） 99
间隙卡环（embrasure clasp） 185
简单𬌗架（simple articulator） 20
交互作用（reciprocation） 213
胶连式义齿（plastic denture） 176
铰链𬌗架（hinge articulator） 20
解剖式𬌗（anatomical occlusion） 322
解剖式牙（anatomic tooth） 203，317
解剖式印模（anatomic impression） 231，303
界面的表面张力（interfacial surface tension） 296
界面的黏张力（interfacial viscous tension） 296
金属内冠（metal coping） 68
金属前处理剂（metal primer） 125
精密附着体（precision attachment） 256

静态印模（static impression） 303
就位道（insertion path） 206
咀嚼黏膜（masticatory mucosa） 289
聚合度（taper） 41
聚羧酸锌水门汀（zinc polycarboxylate cement） 40

K

卡抱（bracing） 182
卡环肩（shoulder of clasp） 180
卡环体（body of clasp） 179
开窗型（window type） 101
开放网格（open lattice） 199
烤瓷熔附金属全冠（porcelain-fused-to-metal crown, PFMC） 35, 63
髁导（condylar guidance） 315
髁道（condylar path） 315
可摘局部义齿（removable partial denture, RPD） 175
克里斯坦森现象（Christensen phenomenon） 315
口角线（line at mouth corner） 312
宽腭杆（palatal strap） 192

L

蜡𬌗堤（occlusal rim） 309
蜡型（wax pattern） 51
连接体（connector） 135
连续卡环（continuous clasp） 186
联合卡环（combined clasp） 185
亮度（value or lightness） 45
邻面预备（proximal axial reduction） 58
磷酸锌水门汀（zinc phosphate cement） 40
卵圆形桥体（ovate pontic） 146

M

面弓（face bow） 313
面弓转移（face bow transfer） 313
模型观测（cast surveying） 205
模型观测器（dental surveyor） 204
摩擦力（frictional force） 39
磨光面（polishing surface） 294
磨牙后垫（retromolar pad） 292

N

内聚力（cohesion） 295
内线角（internal line angle） 38
黏膜支持式义齿（mucosa-borne denture） 176

O

偶联剂（coupling agent） 41

P

排龈（gingival displacement） 37
平衡𬌗（balanced occlusion） 322
平均值𬌗架（average value articulator） 20
平面𬌗（monoplane occlusion） 322

Q

前处理剂（primer） 89, 108
前腭板（anterior palatal plate） 193
前腭杆（anterior palatal bar） 193
前伸𬌗平衡（balanced protrusive occlusion） 322
嵌体（inlay） 35, 47
桥体（pontic） 135
切导斜度（inclination of incisal guidance） 315
切道（incisal path） 315
切端沟（incisal offset） 61
切端磨除（incisal reduction） 73
切牙乳突（incisive papilla） 290
切支托（incisal rest） 180
球帽式附着体（ball socket attachment） 257
圈形卡环（ring clasp） 183
全瓷冠（all-ceramic crown） 35
全腭板（full palatal plate） 194
全冠（complete crown） 35
全冠（full crown） 94
全可调𬌗架（full adjustable articulator） 20
全酸蚀（total etching） 41
颧突（zygomatic process） 290
缺牙间隙（edentulous space） 13

R

热膨胀系数（coefficient of thermal expansion, CTE） 66
热压铸（heat-press casting） 47
人工牙（artificial teeth） 202, 288
刃状边缘（knife edge） 38
乳光现象（opalescence） 46
软衬材料（soft liner） 302, 336

S

色调（color hue） 45
筛网（mesh） 200

上颌结节（maxillary tuberosity） 290
上𬌗架（mounting the articulator） 16
上釉（glazing） 83，107
烧圈（burn-out） 239
舌板（lingual plate） 191
舌杆（lingual bar） 190
舌隆突支托（cingulum rest） 180
舌系带（lingual frenum） 292
舌下腺（sublingual glands） 292
舌向集中𬌗（lingualized occlusion） 326
深无角肩台（heavy chamfer） 38
生物相容性（biocompatibility） 66
生物学宽度（biologic width） 27，95
剩余牙槽嵴（residual ridge） 289
树脂改良玻璃离子水门汀（resin-modified glass ionomer cement） 40
树脂水门汀（resin cement） 40
树脂牙（acrylic resin tooth） 316
竖斜面（flare） 38
双侧联合设计（bilateral combined design） 217
双端固定桥（rigid fixed bridge） 135
双舌杆（double lingual bar） 191
双相两步法（putty-wash） 117
双相一步法（double mixing） 117
司皮曲线（Spee's curve） 321
松软牙槽嵴（flabby alveolar ridge） 302
塑料固位区（plastic retention area） 199
酸蚀（acid-etching） 108
缩合型/加成型硅橡胶（condensation/addition silicone） 116

T

套筒冠（telescopic crown） 179，256
体瓷（body porcelain） 81
贴面（laminate veneer） 35
凸点上卡环（suprabulge clasp） 183
凸点下卡环（infrabulge clasps） 186
脱位（dislodge） 212
脱位力（dislodging force） 212

U

U形腭板（U shaped palatal plate） 194

W

弯制卡环（wrought wire clasp） 183

微漏（microleakage） 40
无尖牙（cuspless teeth） 317
无角肩台（chamfer） 38
无压力印模（impression without pressure） 231
无牙颌（edentulous jaw） 288
无牙颌牙槽嵴（edentulous jaw ridge） 289

X

吸附力（adsorption） 214
息止颌位（rest position） 307
息止𬌗间隙（interocclusal space or freeway space） 307
下颌隆突（torus mandibularis） 292
下颌舌骨后间隙（retromylohyoid space） 292
下颌舌骨后窝（retromylohyoid fossa） 292
下颌舌骨嵴（mylohyoid ridge） 292
线性𬌗（linear occlusion） 322
小连接体（minor connector） 190
悬锁卡环（swing lock clasp） 189
选磨（selective grinding） 330
选择性压力印模（selective pressure impression） 303

Y

压力结合（compression bonding） 68
压力印模（pressure impression） 303
压力指示剂（pressure indicator） 334
牙本质肩领（ferrule） 95
牙本质粘接剂（dentin bonding agent） 108
牙槽嵴侧斜面（slope of residual ridge） 289
牙槽嵴顶（crest of residual ridge） 289
牙尖斜度（inclination of cusp） 324
牙体缺损（tooth defect） 33
牙体预备（tooth preparing） 36
牙体预备体（tooth preparation） 36
牙支持式义齿（tooth-borne denture） 176
延伸卡环（extension clasp） 185
研究模型（study cast） 16
阳型（patrix） 256
氧化锆（zirconia） 90
氧化铝（alumina） 80，90
咬合垂直距离（vertical dimension of occlusion） 307
咬合面（occlusal surface） 294
咬颊（cheek biting） 335
翼上颌切迹（pterygomaxillary notch） 291
翼下颌韧带（pterygomandibular raphe） 291

阴型（matrix） 256
龈边缘（gingival margin） 37
龈阶（gingival ledge） 49
龈上边缘（supragingival margin） 37
龈下边缘（subgingival margin） 37
引伸臂（approach arm） 186
印模（impression） 51
印模膏（modelling compound） 303
印模制取（impression taking） 105
硬腭（hard palate） 289
油泥型（putty） 116
有角肩台（shoulder） 38
余留牙（remaining teeth） 225
预成桩（prefabricated post） 94
圆环形卡环（circumferential clasp） 183
远中颊角区（distobuccal corner area） 292

Z

暂基托（temporal denture base，trial denture base or record base） 310
早接触（premature contact） 331
藻酸盐（alginate） 303
粘接剂（adhesive） 40
粘接力（adhesion） 40
粘接水门汀（cement or luting agent） 40
针道（pin hole） 37，41
诊断模型（diagnostic cast） 205
正中𬌗（centric occlusion） 307
正中关系（centric relation） 307
支持（support） 181，211

支点（fulcrum） 216
支点线（fulcrum line） 216
支托（rest） 179
支托凹（rest seat） 179
直接法贴面修复（direct veneer restoration） 99
指示沟（guiding groove） 56
中流动型（medium body） 232
中线（midline） 312
中性区（neutral zone） 295
终印模（final impression） 303
终止线（finish line） 37，200
重衬（relining） 336
珠状封闭线（beading line） 192
主承托区（primary stress-bearing area） 294
铸道（sprue） 52，79，239
铸型腔（mould cavity） 239
铸造（casting） 52
铸造合金（casting alloy） 53
铸造金属全冠（complete cast crown） 53
铸造卡环（cast clasp） 183
铸造支架式义齿（framework denture） 176
桩（post or dowel） 93
桩冠（dowel crown） 93
桩核冠（post-and-core crown） 35
装胶（packing） 242
自酸蚀（self-etching） 41
自由正中（freedom in centric） 309
组织面（tissue surface） 294
组织终止点（tissue stop） 200